CTET & TETs

केन्द्रीय एवं राज्य स्तरीय शिक्षक पात्रता परीक्षा

चैप्टरवाइज सॉल्वड पेपर्स 2020-2011

हिन्दी एवं शिक्षाशास्त्र

पेपर 1 व 2 दोनों के लिए

CTET & TETs

केन्द्रीय एवं राज्य स्तरीय शिक्षक पात्रता परीक्षा

चैप्टरवाइज सॉल्वड पेपर्स 2020-2011

हिन्दी एवं शिक्षाशास्त्र

पेपर 1 व 2 दोनों के लिए

अरिहन्त 'विशेषज्ञ मंडल'
द्वारा संग्रहित एवं सम्पादित

arihant
अरिहन्त पब्लिकेशन्स (इण्डिया) लिमिटेड

arihant

अरिहन्त पब्लिकेशन्स (इण्डिया) लिमिटेड

रजि. कार्यालय

'रामछाया' 4577/15, अग्रवाल रोड, दरिया गंज, नई दिल्ली- 110002

फोन: 011-47630600, 43518550

मुख्य कार्यालय

कालिन्दी, टी०पी० नगर, मेरठ (यूपी)– 250002

फोन: 0121-7156203, 7156204

शाखा कार्यालय

आगरा, अहमदाबाद, बरेली, बंगलुरु, चेन्नई, दिल्ली, गुवाहाटी, हैदराबाद, जयपुर, झाँसी, कोलकाता, लखनऊ, नागपुर तथा पुणे

ISBN 978-93-24193-55-1

PO No : TXT-XX-XXXXXXX-X-XX

PUBLISHED BY ARIHANT PUBLICATIONS (INDIA) LTD.

'अरिहन्त' की पुस्तकों के बारे में अधिक जानकारी के लिए हमारी वेबसाइट **www.arihantbooks.com** पर लॉग इन करें या **info@arihantbooks.com** पर सम्पर्क करें।

Follow us on...

विषय-सूची

सॉल्वड पेपर्स

सॉल्वड पेपर

08 जनवरी, 2020

UPTET

उत्तर प्रदेश शिक्षक पात्रता परीक्षा

पेपर I (कक्षा I-V)

हिन्दी*

निर्देश (प्र.सं. 1-16) *निम्नलिखित पूछे गए प्रश्नों के सबसे उपयुक्त उत्तर वाले विकल्प चुनिए।*

1. 'प्रयोजन' का समानार्थी शब्द नहीं है
(1) हेतु (2) लक्ष्य
(3) उद्‌देश्य (4) नियोजन

2. 'ऋजु' का विलोम शब्द है
(1) त्रिकोण (2) सरल
(3) सीधा (4) वक्र

3. निम्नलिखित विकल्पों में किस विकल्प में विशेषण का निर्देश अशुद्ध है?
(1) दूसरा — क्रमवाचक
(2) ढाई — अपूर्णांक बोधक
(3) छब्बीस — पूर्णांक बोधक
(4) वह नौकर — कोई विशेषण नहीं है

4. 'आप भला तो जग भला' वाक्य में सर्वनाम के किस भेद का बोध होता है?
(1) अनिश्चय वाचक सर्वनाम (2) निजवाचक सर्वनाम
(3) सम्बन्ध वाचक सर्वनाम (4) प्रश्नवाचक सर्वनाम

5. निम्नलिखित में से कौन-सा शब्द पुल्लिंग है?
(1) कढ़ी (2) चील
(3) सन्तान (4) सरसों

6. प्रकाशन वर्ष की दृष्टि से डॉ. हरिवंश राय बच्चन की रचनाओं का सही अनुक्रम है
(1) मधुशाला, मधुबाला, मधुकलश, निशा निमन्त्रण
(2) मधुकलश, मधुबाला, मधुशाला, निशा निमन्त्रण
(3) मधुबाला, मधुशाला, निशा निमन्त्रण, मधुकलश
(4) निशा निमन्त्रण, मधुबाला, मधुकलश, मधुशाला

7. सुमेलित कीजिए

सूची I	सूची II
A. हिन्दी साहित्य सम्मेलन	1. वर्ष 1893
B काशी नागरी प्रचारिणी सभा	2. वर्ष 1918
C. राष्ट्रभाषा प्रचार समिति, वर्धा	3. वर्ष 1910

कूट

	A	B	C		A	B	C
(1)	3	2	1	(2)	1	2	3
(3)	3	1	2	(4)	2	1	3

8. 'तुलसीदास' के रचनाकार हैं
(1) केशवदास (2) महादेवी वर्मा
(3) डॉ. रामविलास शर्मा (4) सूर्यकान्त त्रिपाठी 'निराला'

9. 'अन्या से अनन्या' आत्मकथा किसकी है?
(1) प्रभा खेतान (2) मन्नू भण्डारी
(3) उषा प्रियवन्दा (4) सुषम वेदी

10. 'प्रभु जी तुम चन्दन हम पानी' किसका वाक्य है?
(1) दादू (2) कबीर
(3) रैदास (4) नानक

11. 'राम आम खाता है' में वाच्य का कौन-सा रूप है?
(1) भाववाच्य (2) कर्मवाच्य
(3) कर्तृवाच्य (4) उभयवाच्य

12. 'रहिमन पानी राखिए बिन पानी सब सून।
पानी गए न ऊबरे मोती मानस चून।।'
उपरोक्त दोहे में कौन-सा अलंकार है?
(1) रूपक (2) उपमा
(3) श्लेष (4) उत्प्रेक्षा

13. निम्नलिखित में से कौन-सा शब्द शुद्ध है?
(1) चांद (2) अंगना
(3) अँक (4) आंख

14. निम्न में से किस शब्द की वर्तनी सही है?
(1) सम्निधि (2) संनिधि
(3) सन्निधि (4) सन्निधी

15. उपचारात्मक शिक्षण की सफलता निर्भर करती है
(1) समय व अवधि पर
(2) भाषिक नियमों के ज्ञान पर
(3) उपचारात्मक शिक्षण की सामग्री पर
(4) समस्याओं के कारणों की सही पहचान पर

* इस प्रश्न-पत्र में केवल हिन्दी सेक्शन से सम्बन्धित प्रश्न दिए गए हैं।

16. 'घोंसले में चिड़िया है' में कौन-सा कारक है?
(1) सम्बन्ध (2) अपादान
(3) अधिकरण (4) सम्प्रदान

निर्देश (प्र.सं. 17 और 18) *निम्नलिखित गद्यांश को पढ़कर नीचे दिए गए प्रश्नों के उत्तर दीजिए*

गाँधीवाद में राजनीतिक और आध्यात्मिक तत्त्वों का समन्वय मिलता है। यही इस वाद की विशेषता है। आज संसार में जितने भी वाद प्रचलित हैं, वह प्रायः राजनीतिक क्षेत्र में सीमित हो चुके हैं। आत्मा से उनका सम्बन्ध-विच्छेद होकर केवल बाह्य संसार तक उनका प्रसार रह गया है। मन की निर्मलता और ईश्वर निष्ठा से आत्मा को शुद्ध करना गाँधीवाद की प्रथम आवश्यकता है। ऐसा करने से निःस्वार्थ बुद्धि का विकास होता है और मनुष्य सच्चे अर्थों में जन सेवा के लिए तत्पर हो जाता है। गाँधीवाद में साम्प्रदायिकता के लिए कोई स्थान नहीं है। इसी समस्या को हल करने के लिए गाँधीजी ने अपने जीवन का बलिदान कर दिया था।

17. दिए गए गद्यांश के आधार पर बताइए कि संसार के सारे वाद सीमित हैं
(1) साम्प्रदायिकता तक
(2) राजनीतिक क्षेत्र तक
(3) धर्म तक
(4) आत्मा तक

18. उपर्युक्त गद्यांश में गाँधीवाद का आधार किसे बताया गया है?
(1) जनसेवा और आध्यात्म को
(2) राजनीतिक और आध्यात्मिक तत्त्व को
(3) राजनीतिक आध्यात्म और साम्प्रदायिकता को
(4) ईश्वर निष्ठा और मन की निर्मलता को

19. 'कनुप्रिया' के रचनाकार कौन हैं?
(1) रांगेय राघव
(2) धर्मवीर भारती
(3) नागार्जुन
(4) भगवतीचरण वर्मा

20. प्लुत स्वर कौन-सा है?
(1) ओउम् (2) अउम
(3) ओम (4) ओम्

21. निम्नलिखित में से कौन-सा शब्द तद्भव है?
(1) खेत (2) त्रिकुटी
(3) नाथ (4) प्रभु

22. निम्नलिखित में से कौन-सा शब्द देशज है?
(1) लाश (2) धड़ाम
(3) पतलून (4) औरत

23. 'छछूँदर के सिर पर चमेली का तेल' का अर्थ है
(1) मिथ्या आडम्बर
(2) अयोग्य व्यक्ति को अच्छी चीज देना
(3) योग्य व्यक्ति को अच्छी चीज देना
(4) अधिक पाने का लालच करना

24. 'ऋग्वेद' का सन्धि-विच्छेद क्या है?
(1) ऋक् + वेद (2) ऋ + वेद
(3) ऋग + वेद (4) ऋ + गवेद

25. 'आपबीती' शब्द में समास है
(1) द्वन्द्व समास (2) कर्मधारय समास
(3) तत्पुरुष समास (4) द्विगु समास

निर्देश (प्र.सं. 56 और 57) *दिए गए पद्यांश को पढ़कर नीचे दिए गए प्रश्नों के उत्तर दीजिए।*

वरदन्त की पंगति कुन्दकली अधराधर पल्लव लोचन की।
चपला चमकै घन बीच जगै छवि मोतिन माल अमोलन की।।
घुँघरारि लटैं लटकैं मुख ऊपर कुण्डल लाल कपोलन की।
निवछावर प्राण करैं 'तुलसी' बलि जाऊँ ललाइन बोलन की।।

26. इस पद्यांश में कौन-सा रस है?
(1) वात्सल्य (2) करुण
(3) शान्त (4) शृंगार

27. उपरोक्त पद्य किस कवि का है?
(1) सूरदास (2) जायसी
(3) कबीर (4) तुलसीदास

28. उच्चारण स्थान की दृष्टि से कौन-सा विकल्प शुद्ध है?
(1) स-दन्त्य (2) श-मूर्धन्य
(3) ष-तालव्य (4) च-कण्ठ्य

29. निम्नलिखित में कौन-सा कथन अशुद्ध है?
(1) हिन्दी में ज्ञ का उच्चारण परम्परा से भिन्न हो गया है
(2) दो महाप्राण व्यंजनों का उच्चारण एक साथ हो सकता है
(3) विसर्ग कण्ठ्य वर्ण है
(4) 'क्ष' संयुक्त व्यंजन है

30. 'मेरे लड़के ने मेरी आज्ञा का पालन नहीं किया' वाक्य में 'लड़के' के विषय में कौन-सा विकल्प अशुद्ध है?
(1) कर्ता (2) पुल्लिंग
(3) एकवचन (4) बहुवचन

उत्तरमाला

1	(4)	2	(4)	3	(4)	4	(2)	5	(3)	6	(1)	7	(3)	8	(4)	9	(1)	10	(3)
11	(3)	12	(3)	13	(2)	14	(3)	15	(4)	16	(3)	17	(2)	18	(2)	19	(2)	20	(1)
21	(1)	22	(2)	23	(2)	24	(1)	25	(3)	26	(1)	27	(4)	28	(1)	29	(2)	30	(4)

व्याख्या

1. (4) 'प्रयोजन' के समानार्थी शब्द हेतु, लक्ष्य, उद्देश्य आदि हैं। अतः नियोजन, प्रयोजन का समानार्थी नहीं है। नियोजन का अर्थ है- नियुक्त करने की क्रिया या सेवायोजन।

2. (4) 'ऋजु' का विलोम 'वक्र' होता है, क्योंकि ऋजु का अर्थ है- सीधा तथा वक्र का अर्थ है- टेढ़ा। इस प्रकार ये दोनों शब्द एक-दूसरे के विपरीत अर्थ देते हैं। अन्य विकल्पों में त्रिकोण-षट्कोण, सरल-कठिन, सीधा-उल्टा विलोम शब्द हैं।

3. (4) 'वह नौकर-कोई विशेषण नहीं है' अशुद्ध विशेषण निर्देश है, क्योंकि 'वह नौकर'-सार्वनामिक विशेषण है, जो सर्वनाम शब्द संज्ञा के लिए विशेषण का कार्य करते हैं, उन्हें सार्वनामिक विशेषण कहते हैं; जैसे- यह, वह, जो, कौन, क्या, ऐसा, वैसा इत्यादि ऐसे सर्वनाम हैं, जो संज्ञा शब्दों से पहले प्रयुक्त होकर विशेषण का कार्य करते हैं, इसलिए इन्हें सार्वनामिक विशेषण कहते हैं।

4. (2) वक्ता या लेखक जहाँ अपने लिए 'आप' या अपने आप शब्द का प्रयोग करता है, वहाँ निजवाचक सर्वनाम होता है, जैसे- 'आप भला तो जग भला।' यहाँ 'आप' शब्द का प्रयोग स्वयं अर्थात् अपने आप के लिए किया गया है। अतः इस वाक्य में निजवाचक सर्वनाम है।

5. (3) जिन संज्ञा शब्दों से यथार्थ या कल्पित पुरुषत्व का बोध होता है, उन्हें पुल्लिंग कहते हैं; जैसे-बैल, लड़का, घोड़ा, पेड़, नगर, सरसों आदि। अतः सन्तान पुल्लिंग शब्द है, जबकि कढ़ी, चील, सरसों स्त्रीलिंग शब्द हैं।

6. (1) प्रकाशन वर्ष की दृष्टि से डॉ. हरिवंश राय बच्चन की रचनाओं का सही अनुक्रम इस प्रकार है-मधुशाला (1935), मधुबाला (1936), मधुकलश (1937), निशा निमन्त्रण (1938)।

7. (3) हिन्दी साहित्य सम्मेलन की स्थापना वर्ष 1910, काशी नागरी प्रचारिणी सभा की स्थापना वर्ष 1893 तथा राष्ट्रभाषा प्रचार समिति की स्थापना वर्ष 1918 में हुई थी।

8. (4) 'तुलसीदास' सूर्यकान्त त्रिपाठी 'निराला' की प्रसिद्ध रचना है। यह खण्ड काव्य वर्ष 1938 में प्रकाशित हुआ। इसका कथानक जनसामान्य में प्रचलित उस कहानी पर आधारित है, जिसमें गोस्वामी तुलसीदास को अपनी स्त्री पर अत्यधिक आसक्त बताया गया है।

9. (1) 'अन्या से अनन्या' प्रभा खेतान की आत्मकथा है। यह आत्मकथा पहले साहित्यिक पत्रिका 'हंस' में धारावाहिक के रूप में छपी थी। पुस्तक के रूप में राजकमल प्रकाशन ने इसे वर्ष 2007 में प्रकाशित किया। इस पुस्तक में प्रभा खेतान ने अपनी जिन्दगी के सफरनामें को बेबाकी के साथ प्रस्तुत किया है।

10. (3) 'प्रभु जी तुम चन्दन हम पानी' रैदास जी की पंक्ति है। उनकी यह चौपाई भजन के रूप में प्रचलित है। इस पंक्ति में कवि ने स्वयं को पानी तथा प्रभु को चन्दन माना है। अतः यहाँ प्रभु की श्रेष्ठता सिद्ध की गई है।

11. (3) क्रिया के जिस रूप में कर्ता की प्रधानता रहती है और क्रिया का सीधा तथा प्रधान सम्बन्ध कर्ता से होता है, उसे कर्तृवाच्य कहते हैं। इस वाच्य में क्रिया के लिंग और वचन कर्ता के अनुसार होते हैं; जैसे- 'राम आम खाता है।' इस वाक्य में 'राम' कर्ता की प्रधानता है तथा क्रिया का लिंग और वचन, कर्ता के अनुसार हैं।

12. (3) जब किसी शब्द का प्रयोग एक ही बार किया जाता है, लेकिन उसके कई अर्थ निकलते हैं, तब वहाँ श्लेष अलंकार होता है; जैसे-

'रहिमन पानी राखिए बिन पानी सब सून
पानी गए न ऊबरे मोती मानस चून।'

इस दोहे में 'पानी' शब्द का प्रयोग तीन अर्थों में किया गया है। मनुष्य के सन्दर्भ में आत्मसम्मान, मोती के सन्दर्भ में चमक या कान्ति, आटे के सन्दर्भ में जल। अतः यहाँ श्लेष अलंकार है।

13. (2) दिए गए विकल्पों में 'अंगना' शुद्ध शब्द है, इसका अर्थ है- सुन्दर अंगों वाली स्त्री। अन्य विकल्प अशुद्ध हैं, जिनके शुद्ध रूप हैं-चांद-चाँद, अँक-अंक, आंख-आँख।

14. (3) दिए गए विकल्पों में 'सन्निधि' शब्द शुद्ध वर्तनी वाला शब्द है। जिसका अर्थ है- पास होने का भाव। अन्य विकल्प अशुद्ध हैं।

15. (4) उपचारात्मक शिक्षण की सफलता समस्याओं के कारणों की सही पहचान पर निर्भर करती है।

16. (3) संज्ञा या सर्वनाम के जिस रूप से क्रिया का आधार सूचित होता है, उसे अधिकरण कारक कहते हैं। इसके परसर्ग (कारक चिह्न) में, पर हैं; जैसे-घोंसले में चिड़िया है' वाक्य के 'घोंसले में' 'में' अधिकरण कारक है।

17. (2) गद्यांश में स्पष्ट रूप से कहा गया है कि आज संसार में जितने भी वाद प्रचलित हैं, वह प्रायः राजनीतिक क्षेत्र में सीमित हो चुके हैं।

18. (2) गद्यांश की आरम्भिक पंक्ति में कहा गया है कि गाँधीवाद में राजनीतिक और आध्यात्मिक तत्त्वों का समन्वय मिलता है। यही इस वाद की विशेषता है। अतः गाँधीवाद का आधार राजनीतिक और आध्यात्मिक तत्त्वों को बताया गया है।

19. (2) 'कनुप्रिया' के रचनाकार धर्मवीर भारती हैं। यह एक खण्डकाव्य है, जिसका प्रथम संस्करण वर्ष 1959 में प्रकाशित हुआ। अब तक इसके दस से अधिक संस्करण प्रकाशित हो चुके हैं। इस रचना में धर्मवीर भारती ने नारी के अन्तर्मन की एक-एक परत खोलकर रख दी है। इसमें नारी के मन की संवेदनाओं और प्यार के नैसर्गिक सौन्दर्य का अप्रतिम चित्रण हुआ है।

20. (1) जिन स्वरों के उच्चारण में दीर्घ स्वरों से भी अधिक समय लगता है, उन्हें प्लुत स्वर कहते हैं। प्रायः इनका प्रयोग दूर से बुलाने में किया जाता है; जैसे राऽऽम, ओऽम् आदि।

21. (1) वे शब्द जो संस्कृत से उत्पन्न या विकसित हुए हैं, तद्भव शब्द कहलाते हैं: जैसे-मोर, बच्चा, फूल आदि। प्रश्न में दिए गए विकल्पों में से 'खेत' तद्भव शब्द है, जिसका तत्सम रूप 'क्षेत्र' है।

22. (2) देशज उन शब्दों को कहते हैं, जो बोलचाल तथा देश की अन्य भाषाओं से लिए गए हैं; जैसे- लुटिया, डिबिया, घरौंदा, धड़ाम आदि। अन्य विकल्पों में 'लाश'-तुर्की, 'पतलून'- पुर्तगाली, 'औरत'-अरबी का शब्द है।

23. (2) छछूँदर के सिर पर चमेली का तेल का अर्थ है अयोग्य व्यक्ति को अच्छी चीज देना; जैसे-राजू को हिन्दी भाषा का तनिक भी ज्ञान नहीं था, किन्तु वह हिन्दी विषय का प्रवक्ता बन गया। यह तो छछूँदर के सिर पर चमेली का तेल के समान है।

24. (1) 'ऋग्वेद' का सही सन्धि विच्छेद ऋक् + वेद है। यह व्यंजन सन्धि का उदाहरण है। व्यंजन सन्धि के नियमानुसार, यदि स्पर्श व्यंजनों के प्रथम अक्षर क्, च्, ट्, त्, प् के आगे कोई स्वर अथवा किसी वर्ग का तीसरा या चौथा वर्ण अथवा य, र, ल, व आए तो क्, च्, ट्, त्, प् के स्थान पर उसी वर्ग का तीसरा अक्षर हो जाता है; जैसे-ऋक् + वेद = ऋग्वेद में 'क्' के सामने असमान वर्ण आने पर 'क्' अपने की वर्ग के तीसरे वर्ण 'ग' में परिवर्तित हो गया है।

25. (3) जिस समास में पूर्वपद गौण तथा उत्तर पद प्रधान होता है, वह तत्पुरुष समास कहलाता है। इसमें दोनों पदों के बीच परसर्ग का लोप रहता है; जैसे- आपबीती। इसका समास विग्रह होगा 'आप (स्वयं) पर बीती'। यहाँ पूर्व पद 'आप' गौण तथा उत्तर पद 'बीती' प्रधान है तथा दोनों पदों के मध्य 'पर' परसर्ग का लोप होने के कारण यहाँ अधिकरण तत्पुरुष समास है।

26. (1) वात्सल्य रस का सम्बन्ध छोटे बालक-बालिकाओं के प्रति माता-पिता एवं सगे-सम्बन्धियों का प्रेम एवं ममता भाव से है। प्रश्न में दी गई पंक्तियों में तुलसीदास ने राम के बाल रूप के सौन्दर्य का वर्णन वात्सल्यपूर्वक किया है। इनमें राम के प्रति तुलसी का प्रेम भाव उजागर हुआ है। अतः इन पंक्तियों में वात्सल्य रस है।

27. (4) प्रस्तुत पंक्तियाँ कवि तुलसीदास द्वारा रचित हैं।

28. (1) जिन व्यंजनों के उच्चारण में जिह्वा की नोंक ऊपरी दाँतों को स्पर्श करती है, दन्त्य व्यंजन कहलाते हैं; जैसे- त, थ, द, ध, स। अतः 'स' दन्त्य व्यंजन है, जबकि श-तालव्य, ष-मूर्धन्य, च-तालव्य व्यंजन हैं।

29. (2) जिन व्यंजनों के उच्चारण में मुख से अधिक हवा निकले, उन्हें महाप्राण व्यंजन कहते हैं। प्रत्येक वर्ग का दूसरा और चौथा वर्ण महाप्राण ध्वनि होता है; जैसे-ख, घ, छ, झ, ठ, ढ आदि। अतः स्पष्ट है कि दो महाप्राण व्यंजनों का उच्चारण एक साथ नहीं हो सकता।

30. (4) 'मेरे लड़के ने मेरी आज्ञा का पालन नहीं किया' वाक्य में 'लड़के' शब्द कर्ता, पुल्लिंग तथा एकवचन में प्रयुक्त हुआ है। इस सन्दर्भ में बहुवचन शब्द का प्रयोग नहीं हुआ है।

सॉल्वड पेपर

08 जनवरी, 2020

UPTET

उत्तर प्रदेश शिक्षक पात्रता परीक्षा

पेपर II (कक्षा VI-VIII)

हिन्दी

निर्देश (प्र.सं. 1-15) *निम्नलिखित पूछे गए प्रश्नों के सबसे उपयुक्त उत्तर वाले विकल्प चुनिए*

1. 'वह बहुत अच्छा लड़का है' वाक्य में 'वह' कौन-सा सर्वनाम है?
(1) निजवाचक (2) सम्बन्धवाचक
(3) अनिश्चयवाचक (4) निश्चयवाचक

2. 'मनोहर जीवनभर पूरा सुख भोगता रहा' इसमें कौन-सा विशेषण है?
(1) संख्यावाचक विशेषण (2) सार्वनामिक विशेषण
(3) गुणवाचक विशेषण (4) परिमाणवाचक विशेषण

3. दाँत और जीभ के स्पर्श से बोले जाने वाले वर्ण को क्या कहते हैं?
(1) मूर्द्धन्य (2) कण्ठोष्ठ्य
(3) दन्तोष्ठ्य (4) दन्त्य

4. निम्नलिखित ध्वनियों की निर्दिष्ट विशेषताओं में कौन-सा अशुद्ध है?
(1) च-तालव्य, महाप्राण (2) म-ओष्ठ्य, सघोष
(3) त-अल्पप्राण, दन्त्य (4) ख-महाप्राण, कण्ठ्य

5. 'बाण' का पर्यायवाची नहीं है
(1) शिलीमुख (2) सारंग
(3) आशुग (4) विशिख

6. उपचारात्मक शिक्षण का आधार निम्न में से कौन-सा है?
(1) व्याख्यान परीक्षण
(2) निदानात्मक परीक्षण
(3) पाठ्य-पुस्तक परीक्षण
(4) स्व-परीक्षण

7. 'अयोगवाह' कहा जाता है
(1) अल्पप्राण को (2) संयुक्त व्यंजन को
(3) महाप्राण को (4) विसर्ग को

8. सुमेलित कीजिए

सूची I		सूची II	
A.	सत्यार्थ प्रकाश	1.	नाभादास
B.	रामचरितमानस	2.	सूरदास
C.	सूरसागर	3.	दयानन्द सरस्वती
D.	भक्तमाल	4.	तुलसीदास

कूट

	A	B	C	D		A	B	C	D
(1)	2	3	4	1	(2)	4	3	2	1
(3)	3	4	2	1	(4)	1	2	3	4

9. निम्न में भाव वाच्य का उदाहरण है
I. उससे बैठा नहीं जाता।
II. राम से खाया नहीं जाता।
III. राम पत्र लिखता है।
IV. सीता पुस्तक पढ़ती है।

कूट
(1) I, II और IV (2) I, II, III और IV
(3) I, II और III (4) I और II

10. निम्नलिखित में से कौन-सा सही है?
I. अनुस्वार पूर्ण अनुनासिक ध्वनि है।
II. वर्ग का पंचमाक्षर अनुनासिक होता है।
III. अनुनासिक के उच्चारण के दौरान नाक से बहुत कम साँस निकलती है और मुँह से अधिक।

कूट
(1) केवल III (2) केवल I
(3) I और II (4) I, II और III

11. निम्नलिखित में से कौन-सा शब्द एकवचन तथा बहुवचन दोनों में प्रयोग हो सकता है?
(1) मुनि (2) बेटा
(3) लड़का (4) बालिका

12. तत्सम और तद्भव का कौन-सा युग्म सही है?
(1) कर्हाट - कड़ाह (2) कपित्थ - कैथा
(3) कुक्षि - कोख (4) अष्ठ - आठ

13. निम्नलिखित शब्दों में किसमें उपसर्ग का निर्देश अशुद्ध है?
(1) निम् + अज्जित = निमज्जित
(2) उत् + ग्रीव = उद्ग्रीव
(3) अध + सेरा = अधसेरा
(4) नि + खरा = निखरा

14. किस शब्द में तत्पुरुष समास है?
(1) दौड़धूप (2) त्रिभुवन
(3) पीताम्बर (4) मधुमक्खी

15. 'सिर पर सवार रहना' मुहावरे का अर्थ है
(1) पीछे पड़ना (2) मरने-मारने पर उतारू होना
(3) भाग जाना (4) बाधक होना

निर्देश (प्र.सं. 16-17) *निम्नलिखित गद्यांश के आधार पर नीचे दिए गए प्रश्नों के उत्तर दीजिए*

कला और जीवन का सम्बन्ध अन्योन्याश्रित है। कलाकार, कल्पना और यथार्थ का समन्वय कर समाज के समक्ष आदर्श रूप प्रस्तुत करता है। इसी कारण जीवन का कला के स्वरूप पर व्यापक प्रभाव पड़ता है। कलाकार जीवन के यथार्थ रूप को ही चित्रित नहीं करता, वरन् वह आदर्श रूप को भी प्रस्तुत करता है। इस प्रकार जीवन का कला पर और कला का जीवन पर व्यापक प्रभाव पड़ता है। कलावाद अर्थात् कला के लिए सम्बन्धी विचारों में जीवन के लिए उपयोगी कला ही श्रेयस्कर मानी गई है।

16. कला और जीवन अन्योन्याश्रित है का तात्पर्य है
(1) जीवन में दोनों उपयोगी हैं
(2) किसी अन्य तत्त्व पर आश्रित हैं
(3) एक-दूसरे पर आश्रित हैं
(4) एक-दूसरे से पृथक् हैं

17. कौन-सी कला श्रेष्ठ मानी गई है?
(1) जो कलावाद पर आधारित हो
(2) जो जीवनोपयोगी हो
(3) जो कल्पना पर आधारित हो
(4) जो प्रकृति का चित्रण करती हो

निर्देश (प्र. सं. 18-19) *निम्नलिखित पद्यांश के आधार पर नीचे दिए गए प्रश्नों के उत्तर दीजिए*

"स्याम गौर किमि कहौं बखानी।
गिरा अनयन नयन बिनु बानी।।"

18. इस पद्य में कौन-सा भाव है?
(1) करुण (2) मधुर
(3) सुकुमार (4) ओज

19. यह पद्यांश किस कवि का है?
(1) कुम्भनदास (2) नाभादास
(3) तुलसीदास (4) सूरदास

20. 'चाँदनी चौक' में कौन-सी संज्ञा है?
(1) द्रव्यवाचक (2) भाववाचक
(3) व्यक्तिवाचक (4) जातिवाचक

21. निम्नलिखित में से कौन-सा विकल्प विलोम की दृष्टि से सही नहीं है?
(1) सुबुद्धि - असुबुद्धि (2) कीर्ति - अपकीर्ति
(3) उत्कर्ष - अपकर्ष (4) आरोह - अवरोह

22. सुमेलित कीजिए

	सूची I		सूची II
A.	तलवार	1.	वृक्ष
B.	टेढ़ा	2.	प्रवीण
C.	तरु	3.	वक्र
D.	पटु	4.	कृपाण

कूट

	A	B	C	D		A	B	C	D
(1)	4	3	1	2	(2)	3	4	2	1
(3)	2	1	3	4	(4)	1	2	3	4

23. निम्नलिखित में से कौन-सा मिश्र वाक्य है?
(1) उसमें न पत्ते थे, न फूल थे।
(2) वह उड़ती हुई चिड़िया पहचानता है।
(3) यज्ञदत्त देवदत्त को व्याकरण पढ़ाता है।
(4) मैंने सुना है कि आपके देश में अच्छा राजप्रबन्ध है।

24. 'वह द्वार-द्वार भीख माँगता चलता है' वाक्य में कौन-सा कारक है?
(1) सम्बन्ध (2) सम्बोधन (3) अधिकरण (4) अपादान

25. 'आयुष्मान' का स्त्रीलिंग क्या है?
(1) आयुष्मती (2) आयुष्यमयी
(3) आयुषी (4) आयुष्मयी

26. 'मिट्टी का माधो' होने का अर्थ है
(1) समझदार होना (2) बहुत ही मूर्ख
(3) कृष्ण की मूर्ति (4) मिट्टी की मूर्ति

27. 'तद्धित' का सन्धि-विच्छेद क्या है?
(1) तत + धित (2) तद + हित्
(3) तत् + हित (4) तद् + धित

28. 'उद्विग्न' का सन्धि-विच्छेद क्या है?
(1) उद + दिग्न (2) उत + विग्न
(3) उत् + विग्न (4) उत + दिग्न

29. "बीती विभावरी जागरी अम्बर पनघट में डुबो रही ताराघट उषा नागरी" पंक्ति में कौन-सा अलंकार है?
(1) यमक (2) उपमा (3) रूपक (4) उत्प्रेक्षा

30. "बिन घनस्याम धाम-धाम ब्रज मण्डल में, उधौ नित बसति बहार बरसा की है।" इस पंक्ति में प्रयुक्त अलंकार है
(1) रूपक (2) श्लेष (3) यमक (4) उपमा

उत्तरमाला

1 (4)	2 (3)	3 (4)	4 (1)	5 (2)	6 (2)	7 (4)	8 (3)	9 (4)	10 (3)
11 (1)	12 (*)	13 (1)	14 (4)	15 (1)	16 (3)	17 (2)	18 (2)	19 (3)	20 (3)
21 (1)	22 (1)	23 (4)	24 (3)	25 (1)	26 (2)	27 (3)	28 (3)	29 (3)	30 (2)

✓ व्याख्या

1. (4) जिन सर्वनाम शब्दों से किसी निश्चित वस्तु का बोध होता है, उन्हें **निश्चयवाचक** सर्वनाम कहते हैं; जैसे- यह, वह, जो, ये, वे आदि। प्रश्न में दिए गए वाक्य ''वह लड़का बहुत अच्छा है'' में 'वह' शब्द से निश्चित लड़के का बोध होने के कारण 'वह' निश्चयवाचक सर्वनाम का उदाहरण है।

2. (3) जिन विशेषण शब्दों से संज्ञा या सर्वनाम शब्दों के गुण-दोष का बोध हो, वे **गुणवाचक** सर्वनाम कहलाते हैं; जैसे- 'मनोहर जीवनभर पूरा सुख भोगता रहा' वाक्य में 'जीवनभर' शब्द समय के सन्दर्भ में प्रयुक्त हुआ है। समय गुणवाचक विशेषण का ही एक रूप है। अतः इस वाक्य में गुणवाचक विशेषण है।

3. (4) जिन व्यंजनों के उच्चारण में जिह्वा की नोंक ऊपरी दाँतों का **स्पर्श** करती है, **दन्त्य** व्यंजन कहलाते हैं। दूसरे शब्दों में, दाँत और जीभ के स्पर्श से बोले जाने वाले वर्ण को दन्त्य कहते हैं; जैसे— त, थ, द, ध, स आदि दन्त्य व्यंजन है।

4. (1) **'च-तालव्य, महाप्राण'** अशुद्ध है, क्योंकि 'च' तालव्य व्यंजन तो है, परन्तु यह महाप्राण व्यंजन नहीं है। 'च' अल्पप्राण व्यंजन है, जबकि दिए गए अन्य विकल्प सही हैं।

5. (2) बाण का पर्यायवाची सारंग नहीं है। बाण शब्द के पर्यायवाची शिलीमुख, आशुग, विशिख, तीर, शर, इषु, नाराच, शायक आदि हैं। सारंग, हिरण का पर्यायवाची है। इसके अन्य पर्यायवाची मृग, कुरंग, सुरभि, हरिन आदि हैं।

6. (2) उपचारात्मक शिक्षण का आधार **निदानात्मक** परीक्षण है। निदानात्मक परीक्षण में वस्तुनिष्ठ प्रश्नों को सम्मिलित किया जाता है। इस प्रकार के परीक्षण शाब्दिक तथा अशाब्दिक होते हैं। इनके प्रयोग से छात्रों के विभिन्न पक्षों के व्यवहारों का मापन किया जाता है।

7. (4) हिन्दी में अं (-) तथा अः (.) ध्वनियाँ होती हैं। ये न तो स्वर होती हैं और न ही व्यंजन। आचार्य किशोरीदास वाजपेयी ने इन्हें अयोगवाह कहा है, क्योंकि ये बिना किसी से योग किए ही अर्थ वहन करती हैं। अतः अयोगवाह ध्वनि 'अः' को **विसर्ग** (:) भी कहा जाता है।

8. (3) सभी सुमेलन निम्न प्रकार है प्रकाश (1875) - स्वामी दयानन्द सरस्वती,

रामचरितमानस (1574) - गोस्वामी तुलसीदास

सूरसागर (संवत् 1658) - सूरदास

भक्तमाल (1585) - नाभादास

9. (4) क्रिया के जिस रूप में भाव की प्रधानता होती है और क्रिया का सीधा सम्बन्ध भाव से होता है, उसे भाव वाच्य कहते हैं। यह केवल अकर्मक क्रिया के ही वाक्यों में प्रयुक्त होता है; जैसे - उससे बैठा नहीं जाता, राम से खाया नहीं जाता।

10. (3) अनुस्वार स्वर के बाद आने वाला व्यंजन है। अनुस्वार पूर्ण अनुनासिक ध्वनि है। इसका उच्चारण नाक से होता है इसमें नाक से बहुत कम साँस निकलती है, और मुँह से अधिक इसलिए इसे नासिक तथा अनुनासिक भी कहते हैं। प्रत्येक का पंचमाक्षर अनुनासिक होता है; जैसे - ङ, ञ, ण् , न् , म् आदि।

11. (1) दिए गए विकल्पों में **मुनि** शब्द का प्रयोग एकवचन तथा बहुवचन दोनों में हो सकता है, जबकि अन्य तीनों शब्दों का प्रयोग दोनों में अलग-अलग होता है; जैसे-बेटा-बेटे, लड़का-लड़के, बालिका-बालिकाएँ।

12. (*) यह प्रश्न त्रुटिपूर्ण है। कपित्थ-कैथा, कुक्षि-कोख, अष्ठ-आठ के सही तत्सम्, तद्भव रूप है। किन्तु कर्हाट-कड़ाह सही नहीं है। इसका सही रूप कटाह-कहाड़ है। अतः तत्सम और तद्भव शब्द का सही रूप कहटि-कहाड़ नहीं है।

13. (1) दिए गए विकल्पों में निम् + अज्जित = निमज्जित में अशुद्ध उपसर्ग का प्रयोग हुआ है। इसका शुद्ध रूप नि + मज्ज् + क्त होगा। जबकि अन्य तीनों विकल्पों में सही उपसर्ग का प्रयोग किया गया है।

14. (4) जिस समास का उत्तर पद प्रधान होता है तथा पूर्वपद गौण होता है तथा समास करते समय विभक्ति चिन्ह का लोप हो जाता है, उसे तत्पुरुष समास कहते हैं; जैसे- **मधुमक्खी**। इसका समास विग्रह होगा 'मधु की मक्खी'। यहाँ उत्तरपद मक्खी प्रधान है तथा समास करते समय 'की' विभक्ति चिन्ह का लोप होने के कारण तत्पुरुष समास है।

15. (1) 'सिर पर सवार होना' मुहावरे का अर्थ है— **पीछे पड़ना**। जैसे–रमेश अपने उधार दिए गए पैसों को वापस प्राप्त करने के लिए राजू के सिर पर सवार हो गया।

16. (3) गद्यांश के अनुसार, कला और जीवन अन्योन्याश्रित हैं, इसका तात्पर्य यह है कि वे एक-दूसरे पर आश्रित हैं।

17. (2) गद्यांश की अन्तिम पंक्ति में स्पष्ट किया गया है कि जीवन के लिए उपयोगी कला ही श्रेयस्कर है। अतः जीवनोपयोगी कला श्रेष्ठ मानी गई है।

18. (2) प्रस्तुत पद में कवि ने माधुर्य भाव से श्रीराम की भक्ति की है। इसलिए यहाँ **मधुर** भाव की प्रधानता है।

19. (3) प्रस्तुत पद्यांश के कवि गोस्वामी **तुलसीदास** हैं। यह पंक्ति उनकी प्रसिद्ध रचना 'रामचरितमानस' के 'बालकाण्ड' से उद्धृत है।

20. (3) जिन संज्ञा शब्दों से किसी एक ही व्यक्ति, वस्तु या स्थान आदि का बोध होता है, उन्हें व्यक्तिवाचक संज्ञा कहते हैं; जैसे- चाँदनी चौक। इस शब्द से नगर अर्थात् स्थान का बोध हो रहा है। अतः यह **व्यक्तिवाचक** संज्ञा का उदाहरण है।

21. (1) दिए गए विकल्पों में कीर्ति-अपकीर्ति, उत्कर्ष-अपकर्ष, आरोह-अवरोह विलोम शब्द हैं, जबकि **सुबुद्धि-असुबुद्धि** सही नहीं है। सुबुद्धि का विलोम कुबुद्धि होता है।

22. (1) तलवार-कृपाण, टेढ़ा-वक्र, तरु-वृक्ष, पटु-प्रवीण के पर्यायवाची शब्द हैं।

23. (4) वे वाक्य, जिनमें एक साधारण वाक्य हो तथा उसके अधीन या आश्रित दूसरा उपवाक्य हो, मिश्र वाक्य कहलाते हैं; जैसे- 'मैंने सुना है कि आपके देश में अच्छा राज प्रबन्ध हैं' इस वाक्य में 'मैंने सुना है' प्रधान उपवाक्य 'कि आपके देश में अच्छा राज प्रबन्ध है' आश्रित उपवाक्य है।

24. (3) संज्ञा या सर्वनाम के जिस रूप से क्रिया का आधार सूचित होता है, उसे **अधिकरण** कारक कहते हैं। इसके परसर्ग 'में, पर' है। जैसे- 'वह द्वार-द्वार भीख माँगता चलता है' वाक्य में 'पर' विभक्ति चिन्ह का लोप है, अतः इसमें अधिकरण कारक है।

25. (1) जिन संज्ञा शब्दों से स्त्री जाति का बोध होता है, वे स्त्रीलिंग शब्द कहलाते हैं; जैसे-नदी, रानी, गाय, शेरनी आदि। 'आयुष्मान' शब्द का स्त्रीलिंग रूप 'आयुष्मती' होता है।

26. (2) मिट्टी का माधो मुहावरे का अर्थ है— **बहुत ही मूर्ख**। जैसे-अभिनव बिल्कुल मिट्टी का माधो है, उसे कितना भी समझाओ, उस पर कोई असर नहीं होता है।

27. (3) 'तद्धित' का सही सन्धि-विच्छेद 'तत् + हित' है। यह व्यंजन सन्धि का उदाहरण है। व्यंजन सन्धि के नियमानुसार, यदि त्, द् के आगे 'ह' आए, तो त् का द् और ह का ध हो जाता है। जैसे- तत् + हित = तद्धित।

28. (3) 'उद्विग्न' का सही सन्धि-विच्छेद उत् + विग्न होगा। यह व्यंजन सन्धि का उदाहरण है। यहाँ 'त्' 'द्' में परिवर्तित हो गया है।

29. (3) जहाँ उपमेय में उपमान का निषेधरहित आरोप हो अर्थात् उपमेय और उपमान को एक रूप कह दिया जाए, वहाँ रूपक अलंकार होता है; जैसे-''बीती विभावरी जागरी अम्बर पनघट में डुबो रही तारा-घट-ऊषा नागरी''

यहाँ अम्बर-पनघट, तारा-घट, ऊषा-नागरी में उपमेय उपमान एक हो गए हैं।

30. (2) जहाँ एक ही शब्द के अनेक अर्थ निकलते हैं, वहाँ श्लेष अलंकार होता है; जैसे-

''बिन घनश्याम-धाम धाम ब्रज मण्डल में उधौ नित बसति बहार बरसा की है''

यहाँ घनश्याम शब्द के दो अर्थ है - श्रीकृष्ण तथा काले बादल। अतः यहाँ **श्लेष** अलंकार प्रयुक्त हुआ है।

सॉल्वड पेपर

08 दिसम्बर, 2019

CTET

केन्द्रीय शिक्षक पात्रता परीक्षा

पेपर I (कक्षा I-V)

हिन्दी

निर्देश (प्र.सं. 1-9) *निम्नलिखित गद्यांश को पढ़कर पूछे गए प्रश्नों के सबसे उपयुक्त उत्तर वाले विकल्प चुनिए*

आधुनिक शिक्षा का नतीजा हमने देख लिया। हमने उस शिक्षा का नतीजा भी देख लिया, जिसमें 'विकसित विज्ञान' का सबसे महत्त्वपूर्ण स्थान है, जिसके कारण व्यक्ति को कहीं भी या कितना भी मिलने के बावजूद तृप्ति नहीं होती। इसका कारण यही है कि शिक्षा के स्वाभाविक और आवश्यक अंगों को छोड़कर हमने ऐसे विषयों पर अधिक ध्यान दिया, जो मनुष्य का एकतरफा विकास करते हैं, जिनके कारण व्यक्तित्व का बड़े-से-बड़ा भाग अतृप्त रह जाता है। बाल्यावस्था में भी कला-शिक्षा को अभी तक उचित स्थान नहीं मिला है। जहाँ मिलता भी है, वहाँ बच्चा ग्यारह-बारह वर्ष का होते ही उसके शिक्षा-क्रम में से कला-प्रवृत्तियों को निकाल दिया जाता है। ऐसा ही हरबर्ट रीड ने कहा है

"हमारा अनुभव हमें बताता है कि हर व्यक्ति ग्यारह साल की उम्र के बाद, किशोर-अवस्था और उसके बाद भी सारे जीवन-काल तक किसी-न-किसी कला-प्रवृत्ति को अपने भाव-प्रकटन का जरिया बनाए रख सकता है। आज के सभी विषय-जिन पर हम अपनी एकमात्र श्रद्धा करते हैं; जैसे–गणित, भूगोल, इतिहास, रसायनशास्त्र और यहाँ तक कि साहित्य भी-जिस तरह पढ़ाए जाते हैं, उन सबकी बुनियाद तार्किक है। इन पर एकमात्र जोर देने के कारण कला-प्रवृत्तियाँ, जो भावना-प्रधान होती हैं, पाठ्यक्रम से करीब-करीब निकल जाती हैं। ये प्रवृत्तियाँ केवल पाठ्यक्रम से ही नहीं निकल जातीं, बल्कि इन तार्किक विषयों को महत्त्व देने के कारण व्यक्ति के दिमाग से भी बिल्कुल निकल जाती हैं। किशोर-अवस्था को इस तरह गलत रास्ते पर ले जाने का नतीजा भयानक हो रहा है। सभ्यता रोज-ब-रोज बेढब होती जा रही है। व्यक्ति का गलत विकास हो रहा है। उसका मानस अस्वस्थ है, परिवार दुखी है। समाज में फूट पड़ी है और दुनिया पर ध्वंस करने का ज्वर चढ़ा है। इन भयानक अवस्थाओं को हमारा ज्ञान-विज्ञान सहारा दे रहा है। आज की तालीम भी इसी दौड़ में साथ दे रही है।"

1. अनुच्छेद के आधार पर हमें किस पर सर्वाधिक ध्यान देने की जरूरत है?
(1) विज्ञान पर (2) कला-प्रवृत्ति पर
(3) किशोरावस्था पर (4) बाल्यावस्था पर

2. अनुच्छेद के अनुसार गणित, भूगोल, इतिहास आदि विषय
(1) तर्क प्रधान हैं (2) भाव प्रधान हैं
(3) कला प्रधान हैं (4) बोध प्रधान हैं

3. ज्ञान-विज्ञान को बहुत अधिक महत्त्व देने के कारण
(1) समाज उन्नति कर रहा है
(2) समाज में विभाजन हो रहा है
(3) व्यक्ति सृजन की राह पर है
(4) व्यक्ति विध्वंस की राह पर नहीं है

4. किशोरावस्था तार्किकता की प्रधानता और भाव के अभाव में .... का रास्ता अपना रही है।
(1) पतन (2) ज्ञान
(3) प्रगति (4) कर्म

5. इनमें से कौन-सा शब्द समूह से भिन्न है?
(1) तार्किक (2) स्वाभाविक
(3) साहित्यिक (4) अभिव्यक्ति

6. 'आज की तालीम भी इसी दौड़ में साथ दे रही है।' वाक्य में निपात है
(1) आज (2) भी
(3) इस (4) में

7. 'विकसित' शब्द में प्रत्यय है
(1) सित (2) इत
(3) त (4) सत

8. अनुच्छेद के आधार पर कहा जा सकता है कि आधुनिक शिक्षा का नतीजा
(1) सुखद है (2) दुःखद है
(3) औसत है (4) पता नहीं

9. आधुनिक शिक्षा में किस विषय को सबसे अधिक महत्त्व दिया जाता है?
(1) कला को (2) भाषा को
(3) विज्ञान को (4) इतिहास को

निर्देश (प्र. सं. 10-15) *काव्यांश को पढ़कर पूछे गए प्रश्नों के सही/सबसे उपयुक्त उत्तर वाले विकल्प को चुनिए*

साकार, दिव्य गौरव विराट!
पौरुष के पुँजीभूत ज्वाल!
मेरी जननी के हिमकिरीट!
मेरे भारत के दिव्य भाल!
मेरे नगपति ! मेरे विशाल!
युग-युग अजेय, निर्बन्ध, मुक्त,
युग-युग गर्वोन्नत नित महान,
निस्सीम व्योम में तान रहे,
युग से किस महिमा का वितान?
कैसी अखण्ड यह चिर समाधि?
यतिवर ! कैसा यह अमर ध्यान?
तू महाशून्य में खोज रहा
किस जटिल समस्या का निदान?
उलझन का कैसा विषम-जाल
मेरे नगपति ! मेरे विशाल !

10. 'हिमकिरीट' का आशय है
(1) ठण्डा मुकुट (2) बर्फ का मुकुट
(3) चाँदी का मुकुट (4) स्वर्णिम मुकुट

11. 'नगपति' का विग्रह और समास होगा
(1) रत्नों (नग) का पति-तत्पुरुष
(2) नगों (पर्वतों) का पति है जो-कर्मधारय
(3) नगों (पर्वतों) का पति-तत्पुरुष
(4) नगों का पति है जो, ऐसा-बहुव्रीहि

12. किस पंक्ति में कहा गया है कि हिमालय शक्ति की ज्वालाओं का ढेर है?
(1) युग-युग अजेय, निर्बन्ध, मुक्त (2) मेरे भारत के दिव्य भाल
(3) पौरुष के पुँजीभूत ज्वाल (4) साकार, दिव्य गौरव विराट

13. 'जिसे जीता न जा सके' उसके लिए कविता में कौन-सा शब्द प्रयुक्त हुआ है?
(1) अजेय (2) अखण्ड
(3) अमर (4) दिव्य

14. 'निस्सीम' शब्द में कौन-सी सन्धि है?
(1) स्वर (2) व्यंजन
(3) विसर्ग (4) दीर्घ

15. हिमालय को 'यतिवर' ! कहकर सम्बोधित किया गया है, क्योंकि वह
(1) भारत का प्रहरी है
(2) पर्वतों का स्वामी है
(3) समाधि में लीन है
(4) समस्या का हल ढूँढ़ रहा है

निर्देश (प्र. सं. 16-30) *नीचे दिए गए प्रश्नों के सही/सबसे उपयुक्त उत्तर वाले विकल्प को चुनिए।*

16. प्राथमिक स्तर पर बच्चों की भाषा का आकलन करने का उद्देश्य है
(1) उसकी पठन क्षमता का आकलन
(2) उसके भाषा-प्रयोग की क्षमता का आकलन
(3) उसकी लेखन क्षमता का आकलन
(4) उसकी बोलने की कुशलता का आकलन

17. इनमें से कौन-सा भाषा-आकलन में सबसे कम प्रभावी तरीका है?
(1) कहानी कहना (2) कहानी लिखना
(3) घटना-वर्णन (4) श्रुतलेख

18. आकलन की प्रक्रिया मे केवल बच्चे की क्षमताओं का आकलन नहीं होता बल्कि शिक्षक की शिक्षण-प्रक्रिया का भी आकलन होता है। यह विचार
(1) पूर्णत: सही है (2) अंशत: सही है
(3) पूर्णत: गलत है (4) निराधार है

19. रीमा ने तीसरी कक्षा में पढ़ने वाली ऋतिका की भाषा-क्षमता, भाषा-निष्पादन सम्बन्धी क्रमिक प्रगति का ब्यौरा उसके अभिभावकों को दिया। रीमा ने .... के आधार पर यह जानकारी दी।
(1) अवलोकन (2) पोर्टफोलियो
(3) जाँच सूची (4) लिखित परीक्षा

20. पहली कक्षा में .... भी लिखना के अन्तर्गत आता है।
(1) वाक्य लिखना (2) शब्द लिखना
(3) अक्षर बनाना (4) चित्र बनाना

21. प्राथमिक स्तर पर पढ़ना सीखने में सबसे कम महत्त्वपूर्ण है
(1) अनुमान लगाना (2) सन्दर्भानुसार अर्थ
(3) अक्षरों की पहचान (4) पढ़ने का उद्देश्य

22. 'भाषा अर्जन क्षमता' किसके साथ सम्बन्धित है
(1) पियाजे (2) चॉमस्की
(3) स्किनर (4) ब्रूनर

23. प्राथमिक स्तर पर भाषा सीखने में भाषा सम्बन्धी कौन-सा संसाधन सर्वाधिक महत्त्वपूर्ण है?
(1) कम्प्यूटर (2) बाल साहित्य
(3) समाचार-पत्र (4) टेलीविजन

24. बच्चे अपनी मातृभाषा का प्रयोग करते हुए हिन्दी भाषा की कक्षा में अपनी बात कहते हैं। यह बात .... है।
(1) स्वाभाविक (2) निन्दनीय
(3) विचारणीय (4) अनुचित

25. बहु-भाषिकता हमारी पहचान भी है और हमारी ...... व .... का अभिन्न अंग भी।
(1) सभ्यता, संस्कृति (2) सभ्यता, साहित्य
(3) संस्कृति, साहित्य (4) संस्कृति, चुनौतियों

26. प्राथमिक स्तर की पाठ्य-पुस्तक में कार्टून, भाषण, विज्ञापन आदि बच्चों के भाषा-क्षमता विकास में .... है।
(1) सहायक (2) बाधक (3) निरर्थक (4) अनुपयोगी

27. पाँचवी कक्षा की सुहानी 'पाँचों, किन्हें, आँखें, दोनों' आदि शब्द लिखती है। आप सुहानी के लेखन क्षमता के बारे में क्या कहेंगे?
(1) वह अनुनासिक चिह्न का प्रयोग बिलकुल नहीं जानती
(2) वह अनुनासिक चिह्न के प्रयोग के प्रति सजग है
(3) वह अनुनासिक चिह्न के प्रयोग के प्रति लापरहवाह है
(4) वह अनुनासिक चिह्न के नियम का अति सामान्यीकरण करती है

28. विद्यालय में भाषा शिक्षण के लिए कोई कार्यक्रम शुरू करते समय सबसे महत्त्वपूर्ण है
(1) बच्चे की लिखित क्षमता को पहचानना
(2) बच्चे की सहज भाषायी क्षमता को पहचानना
(3) बच्चे की सहज मौखिक अभिव्यक्ति को पहचानना
(4) बच्चे की पठन क्षमता को पहचानना

29. कई बार बच्चे जब स्कूल आते हैं तो दो या तीन भाषाओं को .....और बोलने की क्षमता से लैस होते हैं।
(1) पढ़ने (2) लिखने (3) रटने (4) समझने

30. किसी विषय को सीखने का मतलब है उसकी .... को सीखना, उसकी .... को सीखना।
(1) अवधारणाओं, विषय-वस्तु (2) विषय-वस्तु, उपयोगी
(3) अवधारणाओं, शब्दावली (4) शब्दावली, विषय

उत्तरमाला

1 (2)	2 (1)	3 (2)	4 (1)	5 (4)	6 (2)	7 (2)	8 (2)	9 (3)	10 (2)
11 (3)	12 (3)	13 (1)	14 (3)	15 (3)	16 (2)	17 (4)	18 (1)	19 (2)	20 (4)
21 (4)	22 (2)	23 (2)	24 (1)	25 (1)	26 (1)	27 (2)	28 (2)	29 (4)	30 (3)

✓ व्याख्या

1. (2) अनुच्छेद के आधार पर हमें 'कला-प्रवृत्ति पर' सर्वाधिक ध्यान देने की जरूरत है, क्योंकि प्रवृत्ति पर ध्यान देकर ही मनुष्य का सर्वांगीण विकास हो सकता है।

2. (1) अनुच्छेद के अनुसार आज के सभी विषय-जिन पर हम अपनी एकमात्र श्रद्धा करते हैं, जैसे–गणित, भूगोल, इतिहास आदि जिस तरह पढ़ाए जाते हैं, उन सबकी बुनियाद तार्किक है अर्थात् यह सभी विषय **तर्क प्रधान** हैं।

3. (2) ज्ञान-विज्ञान को बहुत अधिक महत्त्व देने के कारण 'समाज में विभाजन हो रहा है।' व्यक्ति का गलत विकास हो रहा है। उसका मानस अस्वस्थ है, परिवार दुःखी है तथा समाज में फूट पड़ी है।

4. (1) अनुच्छेद के अनुसार, कला-प्रवृत्तियों को किशोरावस्था में शिक्षा-क्रम से निकाल दिया जाता है। कला-प्रवृत्तियाँ भावना प्रधान होती हैं। किशोरावस्था तार्किकता की प्रधानता और भाव के अभाव में पतन का रास्ता अपना रही है।

5. (4) दिए गए विकल्पों में से 'अभिव्यक्ति' शब्द समूह से भिन्न है। क्योंकि अन्य सभी शब्दों का प्रयोग अनुच्छेद में किया गया है, जबकि अभिव्यक्ति शब्द का प्रयोग अनुच्छेद में नहीं हुआ है।

6. (2) किसी भी बात पर अतिरिक्त भार देने के लिए जिन शब्दों का प्रयोग किया जाता है, वह निपात कहलाते है; जैसे—भी, तो, तक आदि।

7. (2) प्रत्यय किसी भी सार्थक मूल शब्द के पश्चात् जोड़े जाने वाले वे अविकारी शब्दांश हैं, जो शब्द के अन्त में जुड़कर उसके अर्थ में या भाव में परिवर्तन कर देते हैं। मूल शब्द 'विकास' तथा प्रत्यय 'इत' के संयोग से विकसित शब्द बना है।

8. (2) अनुच्छेद के आधार पर कहा जा सकता है कि आधुनिक शिक्षा का नतीजा 'दुःखद' है, क्योंकि आधुनिक शिक्षा से व्यक्ति का सर्वांगीण विकास नहीं हो पाया है।

9. (3) अनुच्छेद में स्पष्टतः दर्शाया गया है कि आधुनिक शिक्षा में **विज्ञान** को सबसे अधिक महत्त्व दिया जाता है, किन्तु विज्ञान से मनुष्य को कहीं भी या कितना भी मिलने पर तृप्ति नहीं होती है और न ही यह व्यक्ति व समाज के लिए पूर्णतः हितकर सिद्ध हुआ है।

10. (2) प्रस्तुत काव्य पंक्तियों में दिए गए शब्द 'हिमकिरीट' का आशय **बर्फ का मुकुट** है, जबकि अन्य विकल्प 'हिमकिरीट' शब्द के आशय को स्पष्ट नहीं करते हैं।

11. (3) जिस समास में बाद का उत्तरपद प्रधान होता है तथा दोनों पदों के बीच कारक-चिन्ह का लोप हो जाता है। वहाँ तत्पुरुष समास होता है। नगपति में बाद का या उत्तरपद प्रधान है तथा उनके बीच 'का' कारक चिह्न का लोप है अतः यहाँ तत्पुरुष समास है इसका समास विग्रह '**नगो (पर्वतों) का पति**' है।

12. (3) दिए गए विकल्पों में से **पौरुष के पुंजीभूत ज्वाल** पंक्ति में कहा गया है कि हिमालय शक्ति की ज्वालाओं का ढेर है। पंक्ति में हिमालय को आग के समान तेजवान कहा गया है।

13. (1) 'जिसे जीता न जा सके' कविता में उसके लिए **अजेय** शब्द प्रयुक्त हुआ है, जबकि जिसके टुकड़े न किए जा सकें-अखण्ड, जिसकी मृत्यु न हो वह-अमर तथा जो अलौकिक होता है वह-दिव्य कहलाता है

14. (3) जब सन्धि करते समय विसर्ग के बाद स्वर या व्यंजन वर्ण के आने से जो विकार उत्पन्न होता है, उसे विसर्ग सन्धि कहते हैं। 'निस्सीम' शब्द में **विसर्ग सन्धि** है। निस्सीम का सन्धि विच्छेद–निः + सीम होगा।

15. (3) हिमालय को 'यतिवर'! कहकर सम्बोधित किया गया है क्योंकि वह **समाधि में लीन** है।

16. (2) प्राथमिक स्तर पर बच्चों की भाषा का आकलन करने का उद्देश्य **उसके भाषा-प्रयोग की क्षमता का आकलन करना** है। इसी के आधार पर बच्चे की सीखने, समझने तथा अपनी बात को समझाने की क्षमता का आभास होता है।

17. (4) दिए गए विकल्पों में भाषा-आकलन में सबसे कम प्रभावी तरीका 'श्रुतलेख' है, क्योंकि इस विधि में एक व्यक्ति बोलता है तथा दूसरा सुनकर उसे लिखता है। श्रुतलेख का प्रयोग भाषा-आकलन के लिए न होकर वर्तनी सुधारने हेतु होता है।

18. (1) आकलन की प्रक्रिया में केवल बच्चे की क्षमताओं का आकलन न होकर शिक्षक की शिक्षण का भी आकलन होता है। यह विचार **पूर्णतः सही** है, क्योंकि आकलन के द्वारा ही शिक्षण-प्रक्रिया में विकास व परिणाम का पता चलता है।

19. (2) रीमा द्वारा **पोर्टफोलियो** के आधार पर ऋतिका की भाषा-क्षमता, भाषा-निष्पादन सम्बन्धी क्रमिक प्रगति का ब्यौरा उसके अभिभावकों को दिया गया। पोर्टफोलियो किसी संस्था या व्यक्ति द्वारा किए गए निवेशों का एक उचित संयोजन या संग्रह होता है।

20. (4) प्रस्तुत वाक्य में रिक्त स्थान की पूर्ति **चित्र बनाना** शब्द द्वारा होगी, क्योंकि पहली कक्षा के अन्तर्गत 'चित्र बनाने' को भी लिखने के अन्तर्गत रखा जाता है।

21. (4) प्राथमिक स्तर पर पढ़ना सीखने में सबसे कम महत्त्वपूर्ण **पढ़ने का उद्देश्य** है, क्योंकि प्राथमिक स्तर पर अक्षरों की पहचान, अनुमान लगाना तथा सन्दर्भानुसार अर्थ जैसे कार्य किए जाते हैं।

22. (2) 'भाषा अर्जन क्षमता' **चॉमस्की** के साथ सम्बन्धित है। चॉमस्की को जेनरेटिव ग्रामर के सिद्धान्त का प्रतिपादक एवं बीसवीं सदी के भाषा विज्ञान में सबसे बड़ा योगदानकर्ता माना जाता है।

23. (2) प्राथमिक स्तर पर भाषा सीखने में भाषा सम्बन्धी 'बाल साहित्य' सर्वाधिक महत्त्वपूर्ण है। बाल साहित्य की भाषा सहज व सरल होती है।

24. (1) प्रस्तुत वाक्य में रिक्त स्थान की पूर्ति **स्वाभाविक** शब्द द्वारा की जाएगी, क्योंकि बच्चों की मातृभाषा हिन्दी है। इसलिए वह हिन्दी की कक्षा में अपनी बात कहेंगे यह बात स्वाभाविक है।

25. (1) प्रस्तुत वाक्य में रिक्त स्थान की पूर्ति **सभ्यता व संस्कृति** शब्दों द्वारा होगी। दिए गए अन्य सभी विकल्प रिक्त स्थान की पूर्ति हेतु तर्कसंगत प्रतीत नहीं होते हैं।

26. (1) प्रस्तुत वाक्य में रिक्त स्थान की पूर्ति **सहायक** शब्द द्वारा होगी, क्योंकि प्राथमिक स्तर की पाठ्य पुस्तकों में कार्टून, भाषण, विज्ञापन आदि बच्चों के भाषा-क्षमता विकास में सहायता प्रदान करते हैं। इनके द्वारा बच्चे विषय को सरलता से समझ सकते हैं।

27. (2) पाँचवी कक्षा की सुहानी द्वारा लिखे गए शब्दों 'पाँचों, किन्हें, आँखें, दोनों' से सुहानी की लेखन क्षमता के बारे में यह पता चलता है कि **वह अनुनासिक चिह्न के प्रयोग के प्रति सजग है।** अनुनासिक चिह्न प्रायः चन्द्र बिन्दु (ँ), विसर्ग (:) तथा बिन्दु (·) हैं।

28. (2) विद्यालय में भाषा शिक्षण के लिए कोई कार्यक्रम शुरू करते समय सबसे महत्त्वपूर्ण **बच्चे की सहज भाषायी क्षमता को पहचानना है,** क्योंकि बच्चे की भाषायी क्षमता को आधार बनाकर शिक्षण के लिए कार्यक्रम शुरू करना लाभप्रद होगा।

29. (4) प्रस्तुत वाक्य में रिक्त स्थान की पूर्ति **समझने** शब्द द्वारा होगी। अन्य सभी विकल्प वाक्य की पूर्ति हेतु तर्कसंगत प्रतीत नहीं होते हैं।

30. (3) किसी विषय को सीखने का तात्पर्य है उसकी अवधारणाओं को सीखना, उसकी शब्दावली को सीखना। अन्य सभी विकल्प वाक्यपूर्ति हेतु तर्क संगत नहीं है।

सॉल्वड पेपर

08 दिसम्बर, 2019

CTET

केन्द्रीय शिक्षक पात्रता परीक्षा

पेपर II (कक्षा VI-VIII)

हिन्दी

निर्देश (प्र.सं. 1-9) *निम्नलिखित गद्यांश को पढ़कर पूछे गए प्रश्नों के सबसे उपयुक्त उत्तर वाले विकल्प चुनिए*

हम श्वास द्वारा ऑक्सीजन ग्रहण करते हैं और कार्बन डाइ-ऑक्साइड छोड़ते हैं। ऐसा ही अधिकार जानवरों, चिड़ियों, रेंगने वाले जन्तुओं, कीड़े-मकोड़ों के द्वारा भी किया जाता है। दूसरी ओर सभी प्रकार की वनस्पतियाँ कार्बन डाइ-ऑक्साइड ग्रहण करती हैं और ऑक्सीजन छोड़ती हैं। यदि हवा में लम्बे समय तक ऑक्सीजन और कार्बन डाइ-ऑक्साइड का अनुपात एक जैसा रहे, तब उसका अर्थ होगा कि पौधों और प्राणियों का जीवन एक-दूसरे के अस्तित्व के मामले में समान स्तर पर आ जाएगा। लेकिन यदि हम कार्बन डाइ-ऑक्साइड का अनुपात वातावरण में बढ़ा दें, तब प्रकृति के द्वारा लाखों सालों से बनाकर रखा गया सन्तुलन बदल जाएगा।
वातावरण और वनस्पतियाँ कार्बन डाइ-ऑक्साइड का लगातार विनिमय करती रहती हैं। वातावरण से वह वनस्पतियों में जाती हैं। जब वनस्पतियाँ सड़ने लगती हैं, तब उनमें से कार्बन डाइ-ऑक्साइड निकलकर पुन: वातावरण में समा जाती है। वनस्पतियाँ इस प्रकार कार्बन डाइ-ऑक्साइड वसन्त और ग्रीष्म ऋतु में ग्रहण करती हैं और जब वे सर्दियों में नष्ट होने लगती हैं, तब उसे छोड़ती हैं। इस प्रकार वातावरण में मौजूद कार्बन डाइ-ऑक्साइड की मात्रा में मौसम दर मौसम फर्क होता है।

1. वनस्पतियाँ जब सड़ने लगती हैं तो वातावरण को .... मिलती है।
(1) ऑक्सीजन
(2) नाइट्रोजन
(3) कार्बन डाइ-ऑक्साइड
(4) जैविक खाद

2. पौधों और प्राणियों का जीवन एक-दूसरे के अस्तित्व के समान आ जाएगा, जब हवा में लम्बे समय तक ....।
(1) सूर्य का प्रकाश मिलता रहे
(2) कार्बन डाइ-ऑक्साइड मिलनी बन्द हो जाए।
(3) कार्बन डाइ-ऑक्साइड और ऑक्सजीन का अनुपात समान रहे।
(4) वनस्पतियाँ कार्बन डाइ-ऑक्साइड का विनिमय करती रहें।

3. 'वातावरण' का विग्रह और समास होगा
(1) वात और आवरण — द्वन्द्व
(2) वात का आवरण — तत्पुरुष
(3) वात का बना ऐसा आवरण — बहुव्रीहि
(4) वातावरण रूपी वात — कर्मधारय

4. 'श्वास' और 'ऑक्सीजन' शब्द हैं
(1) तत्सम तद्भव (2) तद्भव देशज
(3) देशज आगत (4) तत्सम आगत

5. 'लम्बे समय तक' पद व्याकरण की दृष्टि से है
(1) संज्ञा (2) सर्वनाम
(3) विशेषण (4) क्रिया-विशेषण

6. गद्यांश का मुख्य विषय है
(1) ऑक्सीजन और कार्बन डाइ-ऑक्साइड का सन्तुलन
(2) श्वास द्वारा ऑक्सीजन ग्रहण
(3) पौधों और प्राणियों का जीवन
(4) वसन्त और ग्रीष्म ऋतु में वनस्पतियाँ

7. 'विनिमय' का अर्थ है
(1) लेना-पहुँचाना (2) देना-खरीदना
(3) लेना-देना (4) आना-जाना

8. हम साँस के साथ
(1) ऑक्सीजन छोड़ते और ग्रहण करते है
(2) ऑक्सीजन लेते और कार्बन डाइ-ऑक्साइड छोड़ते हैं
(3) कार्बन डाइ-ऑक्साइड लेते और छोड़ते हैं
(4) कार्बन डाइ-ऑक्साइड लेते और ऑक्सीजन छोड़ते हैं

9. ऑक्सीजन ग्रहण करने में अधिकांश जीवधारियों का स्वभाव
(1) मानव से भिन्न है (2) मानव में विपरीत है
(3) मानव की तरह है (4) विचित्र प्रकार का है

निर्देश (प्र.सं. 10-15) *निम्नलिखित काव्यांश को पढ़कर पूछे गए प्रश्नों के सबसे उपयुक्त उत्तर वाले विकल्प को चुनिए*

वह आता–
दो टूक कलेजे के करता पछताता पथ पर आता।
पेट-पीठ दोनों मिलकर हैं एक,
चल रहा लकुटिया टेक,
मुट्ठी-भर दाने को–भूख मिटाने को
मुँह फटी पुरानी झोली को फैलाता–
दो टूक कलेजे के करता पछताता पथ पर आता।

10. 'पेट-पीठ दोनों मिलकर हैं एक' इसका कारण क्या हो सकता है?
(1) सिकुड़कर बैठना (2) झुककर चलना
(3) कुछ भी भोजन न करना (4) भीख माँगने का नाटक करना

11. 'कलेजे के दो टूक करना' का आशय है
(1) टुकड़े-टुकड़े करना (2) मन को कष्ट पहुँचाना
(3) दिल की चीर-फाड़ करना (4) कठिनाई पैदा करना

12. भिखारी अपनी झोली क्यों फैलाता है?
(1) भूख मिटाने के लिए कुछ अन्न चाहता है
(2) झोली में कुछ छिपाना चाहता है
(3) मुट्ठी-भर अनाज दिखाना चाहता है
(4) अपनी गरीबी के बारे में बताना चाहता है

13. 'मुँह' शब्द में प्रयुक्त चन्द्रबिन्दु है
(1) अनुस्वार (2) अनुनासिक
(3) नासिक्य (4) शिरोरेखा

14. काव्यांश से हमारे मन में उठने वाला मुख्य भाव है
(1) शृंगार (2) हास्य
(3) करुणा (4) वीरता

15. 'वह आता' में 'वह' सर्वनाम किसका द्योतक हो सकता है?
(1) गाँधीजी (2) अतिथि
(3) भिक्षुक (4) विकलांग

16. उच्च प्राथमिक स्तर पर भाषा सीखने का उद्देश्य है
(1) प्रश्नोत्तरी, भाषण, अन्त्याक्षरी का मात्र आयोजन करना
(2) भाषा की बारीकी और सौन्दर्यबोध को सही रूप से समझना
(3) दूसरों के अनुभवों से जुड़कर सवालों के जवाब देना
(4) निजी अनुभवों को केवल लिखकर अभिव्यक्त करना

17. 'ज्ञान से सम्बन्धित अन्य विषयों की समझ का विकास तथा उससे आनन्द उठाने की क्षमता का विकास' उच्च प्राथमिक स्तर पर भाषा सीखने का
(1) एकमात्र उद्देश्य है (2) एक महत्त्वपूर्ण उद्देश्य है
(3) सर्वाधिक महत्त्वपूर्ण उद्देश्य है (4) सबसे कम महत्त्वपूर्ण उद्देश्य है

18. पढ़ने का अर्थ है
(1) पढ़कर समझना (2) वर्णमाला का ज्ञान
(3) वाक्यों को पढ़ना (4) शब्दों को पढ़ना

19. कविता में कई बार 'अभी भी' का प्रयोग करके बातें रची गई हैं''···· बिना रुके चलने वाले किसी कार्य का भाव निकल रहा है या नहीं?' प्रश्न ········ की ओर संकेत करता है।
(1) व्याकरणिक ज्ञान (2) भाषा की बारीकी
(3) व्याकरण की परिभाषा (4) भाषा-संरचना

20. उच्च प्राथमिक स्तर पर भाषा सीखने में पाठ्य-पुस्तक के अतिरिक्त कौन-सी संसाधन सामग्री सर्वाधिक महत्त्वपूर्ण है?
(1) रेडियो नाटक (2) कविता पाठ
(3) आयु अनुरूप साहित्य (4) समाचार-पत्र

21. गणित, विज्ञान आदि विषयों की कक्षाओं में भी बच्चे भाषा सीखते हैं। यह विचार
(1) पूर्णतः सत्य है (2) पूर्णतः असत्य है
(3) आंशिक रूप से सत्य है (4) निराधार है

22. उच्च प्राथमिक स्तर पर पाठ्य-पुस्तकों में हिन्दीतर भाषा को ही जगह मिलनी चाहिए, ताकि बच्चे
(1) भाषा की विभिन्न रंगतों से परिचित हो सकें
(2) हिन्दीतर भाषी साहित्यकारों से परिचित हो सकें
(3) सामाजिक संस्कृति से परिचित हो सकें
(4) उपरोक्त सभी

23. बच्चे भाषा तब बेहतर तरीके से सीखते हैं, जब
(1) अनेक पाठ्य-पुस्तकें हों (2) भाषा समृद्ध परिवेश हो
(3) सरल साहित्य का चयन हो (4) परीक्षाओं का आयोजन हो

24. उच्च प्राथमिक स्तर पर भाषा-आकलन की दृष्टि से सर्वाधिक महत्त्वपूर्ण है
(1) अवलोकन (2) जाँच सूची
(3) साक्षात्कार सूची (4) लिखित परीक्षा

25. द्वितीय भाषा की पाठ्यचर्या का एक लक्ष्य है—प्राकृतिक भाषा ज्ञान में अर्जित दक्षता के अनुरूप ········ दक्षता प्राप्त करना।
(1) उच्च (2) सर्वोच्च
(3) औसत (4) बुनियादी

26. भाषा के विभिन्न कौशलों को ········ रूप में पढ़ाने की अनुशंसा की जाती है।
(1) क्रमिक (2) एकीकृत
(3) उच्च (4) निम्न

27. व्याकरण शिक्षण की कौन-सी विधि अपेक्षाकृत प्रभावी है?
(1) आगमन विधि (2) निगमन विधि
(3) सूत्र विधि (4) पाठ्य-पुस्तक विधि

28. उच्च प्राथमिक स्तर पर भाषा की पाठ्य-पुस्तक में 'रक्त और हमारा शरीर' पाठ शामिल करने का विचार ········ से जुड़ा है।
(1) विषयों की विभिन्न भाषाओं (2) सम्पूर्ण पाठ्यचर्या में भाषा
(3) हिन्दी भाषा की विभिन्न रंगतों (4) विज्ञान सम्बन्धी शब्दावली

29. त्रिभाषा-फार्मूला भारत की ········ की चुनौतियों और ········ को सम्बोधित करने का प्रयास है।
(1) संस्कृति, समाधानों (2) समस्याओं, अवसरों
(3) भाषा-स्थिति, संस्कृति (4) भाषा-स्थिति, अवसरों

30. लिखने की क्षमता का विकास बोलने, सुनने और पढ़ने की क्षमता की संगति में होना चाहिए। यह विचार इस प्रश्न का हल नहीं है।
(1) पूर्णतः असत्य है (2) पूर्णतः सत्य है
(3) आंशिक रूप से सत्य है (4) पूर्णतः निराधार है

उत्तरमाला

1 (3)	**2** (3)	**3** (2)	**4** (4)	**5** (4)	**6** (1)	**7** (3)	**8** (2)	**9** (3)	**10** (3)
11 (2)	**12** (1)	**13** (2)	**14** (3)	**15** (3)	**16** (2)	**17** (2)	**18** (3)	**19** (2)	**20** (3)
21 (1)	**22** (4)	**23** (2)	**24** (4)	**25** (2)	**26** (2)	**27** (1)	**28** (1)	**29** (3)	**30** (2)

✓ व्याख्या

1. (3) गद्यांश में स्पष्ट रूप से बताया गया है कि जब वनस्पतियाँ सड़ने लगती हैं, तब उनमें से कार्बन डाइ-ऑक्साइड निकल कर पुनः वातावरण में समा जाती है। इस प्रकार कह सकते हैं कि वनस्पतियाँ सड़ने पर वातावरण को कार्बन डाइ-ऑक्साइड मिलती है।

2. (3) गद्यांश में कहा गया है कि यदि हवा में लम्बे समय तक ऑक्सीजन और कार्बन डाइ-ऑक्साइड का अनुपात एक जैसा रहे, तब पौधे और प्राणियों का जीवन एक-दूसरे के अस्तित्व के समान आ जाएगा।

3. (2) वातावरण का समास विग्रह होगा–'वात का आवरण' यहाँ पूर्वपद 'वात' गौण तथा उत्तर पद आवरण प्रधान है तथा समास करते समय विभक्ति चिन्ह 'का' का लोप होने के कारण इसमें तत्पुरुष समास है।

4. (4) जो शब्द संस्कृत भाषा से हिन्दी में आए हैं और ज्यों के त्यों प्रयुक्त हो रहे हैं, तत्सम शब्द कहलाते हैं; जैसे–श्वास। इसका तद्भव रूप होगा–साँस। जो शब्द दूसरी भाषाओं से हिन्दी में आए हैं, उन शब्दों को आगत शब्द या विदेशी शब्द कहा जाता है; जैसे–ऑक्सीजन। अतः 'श्वास' और 'ऑक्सीजन' शब्द तत्सम आगत है।

5. (4) जिन शब्दों से क्रिया की विशेषता का पता चलता है, उन्हें क्रिया-विशेषण कहते हैं। 'लम्बे समय तक' पद व्याकरण की दृष्टि से क्रिया-विशेषण है, क्योंकि यह क्रिया की विशेषता की ओर संकेत कर रहा है।

6. (1) गद्यांश में ऑक्सीजन और कार्बन डाइ-ऑक्साइड गैस तथा वातावरण में मौजूद होने तथा प्राणियों एवं जीव-जन्तुओं द्वारा उनके प्रयोग के विषय में बताते हुए इन दोनों गैसों का वातावरण में सन्तुलन होने पर बल दिया गया है। अतः गद्यांश का मुख्य विषय ऑक्सीजन और कार्बन डाइ-ऑक्साइड का सन्तुलन है।

7. (3) विनिमय का अर्थ है–लेना-देना। गद्यांश में यह शब्द वातावरण से वनस्पतियों द्वारा कार्बन डाइ-ऑक्साइड तथा आक्सीजन का लेना-देना करने के सन्दर्भ में प्रयुक्त हुआ है।

8. (2) गद्यांश की प्रथम पंक्ति में स्पष्ट कहा गया है कि हम साँस के साथ ऑक्सीजन लेते और कार्बन-डाइ-ऑक्साइड छोड़ते हैं।

9. (3) ऑक्सीजन ग्रहण करने में अधिकांश जीवधारियों का स्वभाव मानव की तरह है। वे भी मानव की भाँति साँस के साथ ऑक्सीजन लेते और कार्बन-डाइ ऑक्साइड छोड़ते हैं।

10. (3) 'पेट-पीठ दोनों मिलकर हैं एक' पंक्ति का कारण कुछ भी भोजन न करना हो सकता है। भोजन न करने के कारण भिखारी अत्यन्त कमजोर हो गया है, जिससे उसकी पीठ और पेट दोनों मिलकर एक समान लगते हैं।

11. (2) 'कलेजे के दो टूक करना' का आशय है- मन को कष्ट पहुँचाना। भोजन न मिलने तथा भूख से बेहाल होकर भिखारी अपनी दीन-हीन अवस्था के कारण मन से अत्यन्त दुःखी होता है।

12. (1) भिखारी अपनी झोली इसलिए फैलाता है, क्योंकि वह अपनी भूख मिटाने के लिए कुछ अन्न चाहता है, ताकि अन्न से वह अपना पेट भर सके।

13. (2) जिन स्वरों के उच्चारण में मुँह से अधिक तथा नाक से बहुत कम साँस निकलती है, उन्हें अनुनासिक कहते हैं। इन स्वरों पर चन्द्रबिन्दु (ँ) का प्रयोग होता है, जो शिरोरेखा के ऊपर लगता है। 'मुँह' शब्द में प्रयुक्त चन्द्रबिन्दु अनुनासिक है।

14. (3) काव्यांश को पढ़कर हमारे मन में उठने वाला मुख्य भाव करुणा है। भिखारी की दीन-हीन दशा को देखकर मन में करुणा उत्पन्न होती है, जो करुण रस में परिवर्तित हो जाती है।

15. (3) 'वह आता' में 'वह' सर्वनाम 'भिक्षुक' का द्योतक है। भिक्षुक को अपना पेट भरने के लिए भीख माँगते हुए दिखाया गया है।

16. (2) उच्च प्राथमिक स्तर पर भाषा सीखने का उद्देश्य भाषा की बारीकी और सौन्दर्यबोध को सही रूप में समझना है, क्योंकि इसके माध्यम से विद्यार्थी में भाषा के शब्द, अर्थ तथा उसके प्रयोग की क्षमता विकसित होगी। वह भाव पक्ष के साथ-साथ कला पक्ष को अच्छी तरह समझ पाएगा।

17. (2) ज्ञान से सम्बन्धित अन्य विषयों की समझ का विकास तथा उसके आनन्द उठाने की क्षमता का विकास उच्च प्राथमिक स्तर पर भाषा सीखने का एक महत्त्वपूर्ण उद्देश्य है।

18. (3) उच्च प्राथमिक स्तर पर पढ़ने का अर्थ वाक्यों को पढ़ना है। प्राथमिक स्तर पर शब्दों को पढ़ना तथा वर्णमाला का ज्ञान विद्यार्थी को हो जाता है, साथ ही वह पढ़कर समझना भी सीख जाता है।

19. (2) दिया गया वाक्य भाषा की बारीकी की ओर संकेत करता है। 'भाषा की बारीकी' से अभिप्राय भाव, विचार आदि की सूक्ष्मता से है। इस वाक्य में 'अभी-भी' शब्द भाषा की बारीकी की ओर संकेत करता है।

20. (3) उच्च प्राथमिक स्तर पर भाषा सीखने में पाठ्य-पुस्तक के अतिरिक्त आयु अनुरूप साहित्य संसाधन सामग्री सर्वाधिक महत्त्वपूर्ण है। इससे विद्यार्थी अपनी आयु एवं समझ के अनुसार साहित्य पढ़कर भाषा सीख सकेगा।

21. (1) गणित, विज्ञान आदि विषयों की कक्षाओं में भी बच्चे भाषा सीखते हैं। यह विचार पूर्णतः सत्य है।

22. (4) उच्च प्राथमिक स्तर पर पाठ्य-पुस्तकों में हिन्दीतर भाषा को ही जगह मिलनी चाहिए, ताकि बच्चे भाषा की विभिन्न रंगतों से परिचित हो सकें।

23. (2) भाषा का समृद्ध परिवेश से तात्पर्य यह है कि बोलने-सुनने, पढ़ने-लिखने के अधिक से अधिक अवसर होना। जब विद्यार्थी को भाषा सुनने, बोलने के अधिक अवसर प्राप्त होंगे, तब वह भाषा को अच्छी तरह सीख सकेगा।

24. (4) उच्च प्राथमिक स्तर पर भाषा-आकलन की दृष्टि से सर्वाधिक महत्त्वपूर्ण लिखित परीक्षा है, क्योंकि इसके माध्यम से विद्यार्थियों की भाषा क्षमता का परीक्षण किया जा सकता है।

25. (2) द्वितीय भाषा की पाठ्यचर्या का एक लक्ष्य है–प्राकृतिक भाषा ज्ञान में अर्जित दक्षता के अनुरूप सर्वोच्च दक्षता प्राप्त करना।

26. (2) भाषा के विभिन्न कौशलों को एकीकृत रूप में पढ़ाने की अनुशंसा की जाती है। भाषा कौशल चार प्रकार के हैं–श्रवण कौशल, मौखिक अभिव्यक्ति कौशल, पठन कौशल तथा लेखन कौशल।

27. (1) व्याकरण शिक्षण की आगमन विधि अपेक्षाकृत प्रभावी है। आगमन विधि द्वारा विशिष्ट उदाहरणों द्वारा बालकों को सामान्यीकरण अथवा सामान्य नियमों को निकलवाने के लिए प्रोत्साहित किया जाता है। व्याकरण पढ़ाते समय छात्रों के सामने विभिन्न व्यक्तियों, वस्तुओं तथा स्थानों एवं गुण के उदाहरण प्रस्तुत करके विश्लेषण द्वारा सामान्य नियम निकलवाए जाते हैं।

28. (1) उच्च प्राथमिक स्तर पर भाषा की पाठ्य-पुस्तक में 'रक्त और हमारा शरीर' पाठ शामिल करने का विचार विषयों की विभिन्न भाषाओं से जुड़ा है।

29. (3) त्रिभाषा-फॉर्मूला भारत की **भाषा-स्थिति** की चुनौतियों और **संस्कृतियों को** सम्बोधित करने का एक प्रयास है। अतः दिए गए वाक्य के रिक्त स्थानों में भाषा स्थिति व संस्कृति शब्द आएगा।

30. (2) लिखने की क्षमता का विकास बोलने सुनने व पढ़ने की क्षमता की संगति में होना चाहिए। यह विचार इस प्रश्न का हल नहीं है जो पूर्णतः सत्य है। वास्तव में लेखक कौशल भाषा के प्रतीक रूप की शिक्षा, प्रतीकों को पहचानकर उन्हें बनाने की क्रिया या ध्वनि को लिपिबद्ध करना तथा इसमें दक्षता प्राप्त करना है। लेखन अभ्यास, सुलेख, अनुलेख स्वतन्त्र अनुकरण विधि तथा रूप रेखानुकरण विधि आदि अच्छे लेखन की क्षमता को विकसित करने की प्रमुख प्रविधियाँ हैं।

सॉल्वड पेपर

17 नवम्बर, 2019

HTET

हरियाणा शिक्षक पात्रता परीक्षा

पेपर II (कक्षा VI-VIII)

हिन्दी

1. किस विकल्प में विसर्ग सन्धि का प्रयोग नहीं हुआ है?
(1) तिरोधान (2) शिरोधार्य
(3) दीपोत्सव (4) रजोभव

2. 'हेमन्त को खीर अच्छी लगती है'—वाक्य किस कारक का उदाहरण है?
(1) कर्म कारक (2) सम्बन्ध कारक
(3) सम्प्रदान कारक (4) अधिकरण कारक

3. एकवचन से बहुवचन बने विकल्पों में असंगत चुनिए
(1) डाकू-डाकुओं (2) वधू-वधुएँ
(3) तरबूजा-तरबुजाओं (4) भालू-भालुओं

4. वार्तनिक दृष्टि से अशुद्ध विकल्प चुनिए
(1) दवाईयाँ (2) प्राणिविज्ञान
(3) वृत्यानुप्रास (4) मृत्युपरान्त

5. किस वाक्य में 'आज्ञार्थ' (विध्यर्थ) वृत्ति का प्रयोग हुआ है?
(1) तुम अगर कहते तो मैं ऐसा जरूर करती
(2) सभी को अपरिग्रह की भावना रखनी चाहिए
(3) नेता को चाहिए कि वह समूह के प्रत्येक व्यक्ति का सम्मान करे
(4) मैं चाहता हूँ कि तुम भले इन्सान बनो

6. प्रत्यय की दृष्टि से असंगत विकल्प बताइए
(1) विचारण + ईय = विचारणीय
(2) दृश् + तव्य = द्रष्टव्य
(3) वृष्णि + एय = वार्ष्णेय
(4) वल्मीक + इ = वाल्मीकि

7. किस विकल्प में द्वन्द्व समास का उदाहरण नहीं है?
(1) भक्ष्याभक्ष्य (2) कृष्णार्जुन (3) रुद्रप्रिया (4) उचितानुचित

8. स्त्रीलिंग-पुल्लिंग की दृष्टि से अनुचित विकल्प छाँटिए
(1) कुँजड़ा-कुँजड़िन (2) तीतर-तीतरिन
(3) धोबी-धोबिन (4) पापी-पापिन

9. किस विकल्प में 'आ' उपसर्ग का प्रयोग हुआ है?
(1) आत्यन्तिक (2) आतिथ्य
(3) आख्यायिका (4) आधिपत्य

10. विलोम की दृष्टि से बेमेल को छाँटिए
(1) आर्य-अनार्य (2) उर्वर-अनुर्वर
(3) ऐच्छिक-अनिवार्य (4) खल-दुर्जन

11. पर्यायवाची की दृष्टि से असंगत विकल्प चुनिए
(1) पक्षी-शकुंत, द्विज, नभचर (2) बैल-ऋषभ, वृषभ, अक्षधर
(3) वेद-आम्नाय, आगम, आकर (4) हरिण-कुरंग, प्लवंग, सारंग

12. 'भाववाच्य' वाला विकल्प चुनिए
(1) नानी द्वारा कहानी सुनाई गई
(2) गर्मियों में रोज नहाया जाता है
(3) भारत द्वारा नया उपग्रह छोड़ा गया
(4) कोहली ने शतक लगाया

13. निम्न में से किस विकल्प में 'कम' शब्द का विशेषणीय प्रयोग किया गया है?
(1) गर्मी में 'कम' खाना खाया (2) आज उसने 'कम' खाना खाया
(3) 'कम' ही पढ़ पाते हैं (4) 'कम' बोलना ही श्रेयस्कर है

14. किस वाक्य में 'निपात' का प्रयोग हुआ है?
(1) राम और श्याम दिनभर से खेल रहे हैं
(2) कविता आज दिल्ली जा रही है
(3) तुम आज दिनभर सोते ही रहोगे
(4) मेरी भारी भूल थी जो उसके बहकावे में आ गया

15. 'दुर्घटना क्यों और कैसे हुई'—वाक्य में प्रयुक्त क्रिया-विशेषण का भेद इंगित कीजिए
(1) परिमाणवाचक (2) कालवाचक
(3) रीतिवाचक (4) स्थानवाचक

उत्तरमाला

1 (3)	**2** (1)	**3** (3)	**4** (4)	**5** (4)	**6** (2)	**7** (3)	**8** (2)	**9** (2)	**10** (4)
11 (3)	**12** (2)	**13** (2)	**14** (3)	**15** (3)					

व्याख्या

1. (3) दिए गए विकल्पों में से **दीपोत्सव** में विसर्ग सन्धि नहीं है। दीपोत्सव का सन्धि-विच्छेद होगा – दीप + उत्सव। यहाँ अ + उ = ओ में परिवर्तित होने के कारण गुण सन्धि है। अन्य विकल्पों में, तिरोधान - तिरः + धान, शिरोधार्य - शिरः + धार्य तथा रजोभव - रजः + भव में विसर्ग सन्धि हैं।

2. (1) वाक्य में क्रिया का प्रभाव या फल जिस शब्द पर पड़ता है, उसे **कर्म कारक** कहते हैं; जैसे—'हेमन्त को खीर अच्छी लगती है'। इस वाक्य में 'हेमन्त' कर्ता है और 'अच्छी लगती है' का प्रभाव खीर पर पड़ता है। अतः 'खीर' कर्म है। यहाँ 'को' विभक्ति चिह्न है।

3. (3) एकवचन से बहुवचन बने शब्दों में **तरबुजा-तरबुजाओं** असंगत विकल्प है। तरबूजा का बहुवचन तरबुजों होगा, क्योंकि अकारान्त, आकारान्त तथा एकारान्त संज्ञाओं में अन्तिम अ, आ या 'ए' के स्थान पर बहुवचन बनाने पर 'ओं' कर दिया जाता है।

4. (4) वर्तनी की दृष्टि से दिए गए विकल्पों में से 'मृत्युपरान्त' अशुद्ध शब्द है। इसका शुद्ध रूप **मृत्योपरान्त** होगा, जबकि अन्य तीनों विकल्प शुद्ध वर्तनी वाले शब्द हैं।

5. (4) वे वाक्य, जिनसे किसी प्रकार की आज्ञा का बोध होता है, आज्ञार्थ या आज्ञावाचक वाक्य कहलाते हैं; जैसे—मैं चाहता हूँ कि तुम भले इन्सान बनो।

6. (2) दिए गए शब्दों में प्रत्यय की दृष्टि से दृश + तव्य = द्रष्टव्य शब्द असंगत है। इस शब्द में तव्य के स्थान पर 'व्य' प्रत्यय का प्रयोग होगा।

7. (3) भक्ष्याभक्ष्य-भक्ष्य और भक्ष्य, कृष्णार्जुन-कृष्ण और अर्जुन, उचितानुचित-उचित और अनुचित शब्द द्वन्द्व समास के उदाहरण हैं। अतः **रुद्रपिया** द्वन्द्व समास का उदाहरण नहीं है। रुद्रप्रिया-रुद्र की प्रिया यह तत्पुरुष समास का उदाहरण है।

8. (2) दिए गए विकल्पों में, कुँजड़ा-कुँजड़िन, धोबी-धोबिन, पाप-पापिन स्त्रीलिंग-पुल्लिंग की दृष्टि से सही हैं, जबकि **तीतर-तीतरिन** अनुचित विकल्प है। इसका शुद्ध रूप 'तीतर-तीतरी' होगा।

9. (2) **आतिथ्य** शब्द में 'आ' उपसर्ग का प्रयोग हुआ है। आत्यन्तिक में 'इक' प्रत्यय, आख्यायिका में 'इका' प्रत्यय का प्रयोग हुआ है।

10. (4) दिए गए विकल्पों में आर्य-अनार्य, उर्वर-अनुर्वर, ऐच्छिक-अनिवार्य आदि विलोम शब्द हैं, जबकि खल-दुर्जन समानार्थी शब्द है। खल का विलोम सज्जन होगा। इसलिए **खल-दुर्जन** विलोम शब्द की दृष्टि से बेमेल शब्द है।

11. (3) दिए गए विकल्पों में **वेद-आम्नाय, आगम, आकर** असंगत विकल्प हैं। वेद शब्द के पर्यायवाची श्रुति, आम्नाय, यज्ञांग आदि हैं।

12. (2) क्रिया के जिस रूप में भाव की प्रधानता होती है और क्रिया का सीधा सम्बन्ध भाव से होता है, उसे भाववाच्य कहते हैं। भाववाच्य में जब 'नहीं' का प्रयोग न हो तो मूल कर्ता जन सामान्य होता है; जैसे—**गर्मियों में रोज नहाया जाता है**।

13. (2) जो शब्द संज्ञा या सर्वनाम की विशेषता बताते हैं, उन्हें विशेषण कहते हैं; जैसे—**आज उसने कम खाना खाया**। यहाँ 'कम' शब्द विशेषण है, जो अनिश्चित परिमाणवाचक विशेषण के अन्तर्गत आता है, क्योंकि इससे निश्चित मात्रा का बोध नहीं हो रहा है।

14. (3) मूलतः निपात का प्रयोग अव्ययों के लिए होता है। इनका अपना कोई अर्थ नहीं होता, परन्तु वे जिस शब्द के बाद आते हैं, उसके अर्थ में विशेष प्रभाव उत्पन्न करते हैं। इनका वाक्य में स्वतन्त्र प्रयोग नहीं होता। हिन्दी में प्रयोग होने वाले कुछ निपात इस प्रकार हैं—भी, तो, भर, तक, ही, मात्र आदि। अतः 'तुम आज दिनभर सोते ही रहोगे वाक्य में **ही** निपात है।

15. (3) जिन शब्दों से क्रिया की रीति सम्बन्धी विशेषता प्रकट होती है, उन्हें **रीतिवाचक** क्रिया विशेषण कहते हैं; जैसे—'दुर्घटना क्यों और कैसे हुई'। वाक्य में कैसे तथा क्यों शब्द रीतिवाचक क्रिया विशेषण के अन्तर्गत आते हैं।

हिन्दी एवं शिक्षाशास्त्र

अध्याय 01

वर्ण-विचार एवं वर्तनी

» State TETs

वर्ण-विचार

1. जिनका उच्चारण ऊपर के दाँतों पर जीभ लगाने से होता है, उसे क्या कहते हैं? *(UPTET 2018, I-V)*

(a) कण्ठ्य (b) दन्त्य (c) मूर्धन्य (d) अनुनासिक

व्याख्या (b) जिन व्यंजनों का उच्चारण ऊपर के दाँतों पर जीभ लगाने से होता है, उन्हें 'दन्त्य व्यंजन' कहते हैं;
जैसे–त, थ, द, ध, न, ल, स आदि।
अन्य विकल्पों में,
जिन व्यंजनों का उच्चारण कण्ठ से होता है, उन्हें 'कण्ठ्य व्यंजन' कहते हैं; जैसे–'क' वर्ग के सभी व्यंजन तथा 'ह' आदि।
जिन व्यंजनों का उच्चारण स्थान मूर्धा (कोमल तालु) होता है, उन्हें 'मूर्धन्य व्यंजन' कहते हैं;
जैसे–'ट' वर्ग के व्यंजन, 'र', ष आदि।
जिन व्यंजनों का उच्चारण नासिका से होता है, उन्हें 'अनुनासिक व्यंजन' कहते हैं; जैसे–सभी वर्गों के पाँचवें अक्षर।

2. निम्नलिखित में से 'ऊष्म व्यंजन' कौन-से हैं? *(UPTET 2018, I-V, VI-VIII)*

(a) श, ष, स (b) अ, ब, स (c) च, छ, ज (d) य, र, ल

व्याख्या (a) जिन व्यंजनों के उच्चारण में मुख से रगड़ या घर्षण करने के पश्चात् ऊष्म (गर्म) वायु उत्पन्न होती है, उन्हें 'ऊष्म व्यंजन' कहते हैं; जैसे–श, ष, स, ह।

3. निम्न में से संयुक्त व्यंजन कौन-सा नहीं है? *(UPTET 2018, I-V)*

(a) य (b) क्ष (c) त्र (d) ज्ञ

व्याख्या (a) 'य' संयुक्त व्यंजन नहीं है। यह अन्त:स्थ व्यंजन है। इनकी संख्या चार होती है– य, र, ल, व।
संयुक्त व्यंजन दो व्यंजनों के मेल से बनते हैं। इनकी संख्या चार होती है– क्ष = क् + ष; ज्ञ = ज् + ञ
त्र = त् + र; श्र = क्ष + र

4. 'स्वर' किसका भेद है? *(UPTET 2018, VI-VIII)*

(a) सन्धि (b) समास (c) वर्ण (d) लिंग

व्याख्या (c) 'स्वर' हिन्दी वर्णमाला के वर्णों अर्थात् ध्वनियों का एक भेद है। ध्वनियाँ दो प्रकार की होती हैं–स्वर तथा व्यंजन।
अन्य विकल्पों में,
सन्धि दो वर्णों के मेल से उत्पन्न विकार को कहते हैं;
जैसे–विद्या + आलय = विद्यालय (आ + आ = आ)
परस्पर सम्बन्ध रखने वाले दो या दो से अधिक शब्दों के मेल को समास कहते हैं; जैसे–देश का भक्त अर्थात देशभक्त।
संज्ञा के जिस रूप से उसकी पुरुष जाति या स्त्री जाति का बोध होता है, उसे 'लिंग' कहा जाता है

5. 'ङ' का उच्चारण स्थान होता है *(UPTET 2017, I-V)*

(a) नासिक्य (b) कण्ठोष्ठ्य
(c) मूर्धन्य (d) कण्ठतालव्य

व्याख्या (a) 'ङ' का उच्चारण स्थान नासिका है, इसलिए यह 'नासिक्य' वर्ण है। सभी वर्गों के पंचमाक्षर (ङ, ञ, ण, न, म) नासिक्य होते हैं।
अन्य विकल्पों में,
जिनका उच्चारण स्थान कण्ठ और ओष्ठ होता है, वे 'कण्ठोष्ठ्य' वर्ण होते हैं; जैसे–ओ, औ।
जिनका उच्चारण स्थान कण्ठ और तालु होता है, वे 'कण्ठतालव्य' वर्ण होते हैं; जैसे–ए, ऐ।

6. 'श' ध्वनि का उच्चारण स्थान क्या है? *(UPTET 2017, I-V)*

(a) दन्त (b) मूर्द्धा
(c) तालु (d) दन्तालु

व्याख्या (c) 'श' ध्वनि का उच्चारण स्थान तालु है, इसलिए इसे तालव्य वर्ण कहते हैं। इ, ई, 'च' वर्ग के व्यंजन (च, छ, ज, झ, ञ) तथा य भी तालव्य वर्ण होते हैं।

7. अयोगवाह कहा जाता है *(UPTET 2017, 16, VI-VIII)*

(a) महाप्राण को (b) अनुस्वार एवं विसर्ग को
(c) संयुक्त व्यंजन को (d) अल्पप्राण को

व्याख्या (b) अनुस्वार (अं) तथा विसर्ग (अ:) को अयोगवाह कहते हैं। ये वर्ण न तो स्वर ही होते हैं और न ही व्यंजन, इसलिए इन्हें 'अयोगवाह' कहा जाता है।
अन्य विकल्पों में, जिन वर्णों के उच्चारण में प्राणवायु अधिक मात्रा में बाहर निकलती है, उन्हें 'महाप्राण व्यंजन' कहते हैं। किसी भी वर्ग का दूसरा व चौथा वर्ण तथा श, ष, ह तथा 'ढ' महाप्राण व्यंजन होते हैं। जिन वर्णों के उच्चारण में प्राणवायु कम मात्रा में बाहर निकलती है, उन्हें 'अल्पप्राण व्यंजन' कहते हैं। किसी भी वर्ग का पहला, तीसरा तथा पाँचवाँ वर्ण व अन्त:स्थ व्यंजन (य, र, ल, व) अल्पप्राण व्यंजन कहलाते हैं।

8. हिन्दी व्यंजन ध्वनियों में चार अन्त:स्थ व्यंजन हैं *(UPTET 2017, I-V)*

(a) श, ष, स, ह (b) ङ, ञ, ण, म
(c) य, र, ल, व (d) क्ष, त्र, ज्ञ, श्र।

हल (c) जिन व्यंजन ध्वनियों का उच्चारण जिह्वा, तालु, दन्त और होठों के आपस में मिलने, परन्तु पूर्ण स्पर्श न होने से होता है, उन्हें अन्त:स्थ व्यंजन कहते हैं। अन्त:स्थ व्यंजन चार होते हैं– य, र, ल, व।

9. हिन्दी भाषा में स्पर्श व्यंजनों की संख्या *(UPTET 2017, VI-VIII)*

(a) 22 (b) 23 (c) 24 (d) 25

व्याख्या (d) हिन्दी भाषा में स्पर्श व्यंजनों की संख्या 25 है। स्पर्श व्यंजन कण्ठ, तालु, मूर्धा, दन्त, ओष्ठ आदि स्थानों के स्पर्श से बोले जाते हैं। इन्हें 'वर्गीय व्यंजन' भी कहा जाता है, क्योंकि ये पाँच वर्गों में बँटे होते हैं—
'क' वर्ग = क ख ग घ ङ
'च' वर्ग = च छ ज झ ञ
'ट' वर्ग = ट ठ ड ढ ण
'त' वर्ग = त थ द ध न
'प' वर्ग = प फ ब भ म

10. निम्नांकित में मूर्धन्य व्यंजन बताइए। *(UTET 2017, VI-VIII)*

(a) प, फ, ब, भ (b) क, ख, ग, घ (c) ट, ठ, ड, ढ (d) त, थ, द, ध

व्याख्या (c) ट, ठ, ड, ढ का उच्चारण स्थान मूर्धा है, इसलिए उन्हें 'मूर्धन्य' व्यंजन कहा जाता है। ऋ, र, ष आदि वर्ण भी मूर्धन्य व्यंजन होते हैं। अन्य विकल्पों में, प, फ, ब, भ ओष्ठ्य व्यंजन और क, ख, ग, घ कण्ठ्य व्यंजन तथा त, थ, द, ध दन्त्य व्यंजन होते हैं।

11. निम्न शब्दों में से कौन-सा शब्द हिन्दी शब्दकोश में सबसे अन्त में आएगा? *(UPTET 2016, I-V)*

(a) क्लीव (b) क्रम (c) कृषक (d) कृशानु

व्याख्या (a) हिन्दी शब्दकोश में सबसे अन्त में 'क्लीव' शब्द आएगा, क्योंकि
क्लीव = क् + ल् + ई + व
क्रम = क् + र् + म् + अ
कृषक = क् + ऋ + ष् + अ + क् + अ
कृशानु = क् + ऋ + श् + आ + न् + उ
वर्ण-विच्छेद करने पर उपर्युक्त शब्दों का शब्दकोश में क्रम होगा—
कृशानु → कृषक → क्रम → क्लीव

12. 'अर्द्ध-स्वर' है *(UPTET 2016, I-V)*

(a) य, व (b) इ, उ (c) ऋ, लृ (d) ऋ, ष

व्याख्या (a) 'य' तथा 'व' 'अर्द्ध स्वर' कहलाते हैं। इनका निर्माण स्वरों के मेल से ही होता है। अ + इ = य तथा अ + उ = व।

13. 'ट' वर्ग में किस प्रकार के व्यंजन हैं? *(UPTET 2016, I-V)*

(a) कण्ठ्य (b) तालव्य (c) मूर्धन्य (d) दन्त्य

व्याख्या (c) 'ट' वर्ग के व्यंजनों (ट, ठ, ड, ढ, ण) का उच्चारण स्थान मूर्धा (कोमल तालु) है। इसलिए इन्हें 'मूर्धन्य व्यंजन' कहा जाता है। 'ऋ', 'र' तथा 'ष' भी मूर्धन्य व्यंजन होते हैं।

14. 'थ' किस वर्ग का व्यंजन है? *(UTET 2016, I-V)*

(a) ओष्ठ्य (b) तालव्य (c) दन्त्य (d) ऊष्म

व्याख्या (c) 'थ' का उच्चारण स्थान दन्त है, इसलिए यह 'दन्त्य व्यंजन' है। अन्य दन्त्य व्यंजन हैं— त, थ, द, ध, न, ल, स आदि।

15. निम्नांकित में सघोष ध्वनि कौन है? *(UTET, REET 2016, I-V, VI-VIII)*

(a) त, थ (b) द, ध (c) प, फ (d) क, ख

व्याख्या (b) जिन वर्णों के उच्चारण में स्वरतन्त्रियों में कम्पन होता है, उन्हें सघोष ध्वनियाँ कहते हैं। प्रत्येक वर्ग का तीसरा, चौथा, पाँचवाँ तथा य, र, ल, व, इ आदि सघोष ध्वनियाँ हैं। अत: द, ध सघोष ध्वनियाँ हैं।

16. शब्दकोश में निम्न शब्दों का सही क्रम बताइए *(REET 2016, I-V)*

(a) विश्व, विश्वम्भरा, विश्वस्त, विश्वास
(b) विश्वस्त, विश्व, विश्वम्भरा, विश्वास
(c) विश्वम्भरा, विश्वस्त, विश्व, विश्वास
(d) विश्वम्भरा, विश्व, विश्वस्त, विश्वास

व्याख्या (d) विश्व = व् + इ + श् + व् + अ
विश्वम्भरा = व् + इ + श् + व् + अ + म् + भ् + अ + र् + आ
विश्वस्त = व् + इ + श् + व् + अ + स् + त् + अ
विश्वास = व् + इ + श् + व् + आ + स् + अ
उपर्युक्त वर्ण-विच्छेद से स्पष्ट होता है कि शब्दकोश में शब्दों का सही क्रम होगा
विश्वम्भरा → विश्व → विश्वस्त → विश्वास

17. 'तृ' की ध्वनियाँ हैं *(REET 2016, I-V)*

(a) त् + ऋ (b) त + र
(c) त् + ऋ + अ (d) त्र + अ

व्याख्या (a) 'तृ' की ध्वनियाँ हैं— त् + ऋ।

18. निम्नलिखित में से कौन-सा प्रकम्पित वर्ण है? *(HTET 2015, I-V)*

(a) र (b) ल (c) य (d) व

व्याख्या (a) जिन वर्णों के उच्चारण में जिह्वा में कम्पन होता है, उन्हें प्रकम्पित वर्ण या लुण्ठित वर्ण कहते हैं। 'र' प्रकम्पित वर्ण होता है।

19. मुखावयवों के निकट आने से संघर्ष के पश्चात् प्रकट होने वाली ध्वनि कौन-सी है? *(HTET 2015, I-V)*

(a) स्पर्श (b) अन्त:स्थ (c) वर्त्स्य (d) ऊष्म

व्याख्या (d) मुखावयवों के निकट आने से संघर्ष के पश्चात् प्रकट होने वाली ध्वनि को 'संघर्षी' या 'ऊष्म ध्वनि' कहते हैं। ऊष्म ध्वनियाँ हैं- श, ष, स, ह।

अन्य विकल्पों में, जिन ध्वनियों के उच्चारण में जिह्वा मुखावयवों (कण्ठ, तालु, मूर्धा, दन्त, ओष्ठ, नासिका आदि) को स्पर्श करती है, उन्हें 'स्पर्शी ध्वनियाँ' कहते हैं। सभी पंच वर्गीय व्यंजन स्पर्शी ध्वनियाँ हैं। जिन व्यंजनों के उच्चारण में जीभ, तालु, दाँत, होंठ आपस में पूर्ण रूप से मिल नहीं पाते, उन्हें 'अन्त:स्थ ध्वनियाँ' कहते हैं; जैसे— य, र, ल, व

जिन व्यंजनों या वर्णों का उच्चारण मसूढ़ों से होता है, उन्हें 'वर्त्स्य ध्वनियाँ' कहते हैं। न, स, ज, र, ल आदि वर्त्स्य ध्वनियाँ हैं।

20. निम्न में से कौन-सा शब्द अमात्रिक है? *(UPTET 2014, VI-VIII)*

(a) कारखाना (b) अमिताभ (c) कलरव (d) चहचहाना

व्याख्या (c) जिन शब्दों में किसी भी मात्रा का प्रयोग नहीं किया जाता, उन्हें 'अमात्रिक शब्द' कहते हैं; जैसे-कलरव, अदरख, शलजम, अमरख आदि। जिन शब्दों में किसी मात्रा का प्रयोग किया जाता है, उन्हें 'मात्रिक शब्द' कहते हैं; जैसे-

कारखाना = क + ा (आ की मात्रा) + र + ख + ा (आ की मात्रा) + न + ा (आ की मात्रा)।

अमिताभ = अ + म + ि (इ की मात्रा) + त + ा (आ की मात्रा) + भ

चहचहाना = च + ह + च + ह + ा (आ की मात्रा) + न + ा (आ की मात्रा)।

21. 'ख' है *(HTET 2014, I-V)*

(a) अघोष व्यंजन (b) अल्पप्राण व्यंजन
(c) घोष व्यंजन (d) विवृत्त

व्याख्या (a) जिन ध्वनियों का उच्चारण करते समय स्वरतन्त्रियों में कम्पन नहीं होता, उन्हें 'अघोष ध्वनियाँ' कहते हैं। प्रत्येक वर्ग का पहला, दूसरा वर्ण तथा श, ष, स अघोष व्यंजन होते हैं। अत: 'ख' अघोष व्यंजन है। अन्य विकल्पों में,
घोष व्यंजनों के उच्चारण में स्वरतन्त्रियों में कम्पन होता है। सभी स्वर ध्वनियाँ, प्रत्येक वर्ग का तीसरा, चौथा, पाँचवाँ वर्ण तथा य, र, ल, व 'घोष व्यंजन' होते हैं।

यदि किसी वर्ण के उच्चारण में मुख-विवर पूरा खुला हो, तो वे 'विवृत्त वर्ण' कहलाते हैं। 'आ' विवृत्त स्वर कहलाता है।

22. ऊष्म महाप्राण वर्ण है *(HTET 2014, I-V)*

(a) ख् (b) च् (c) द् (d) ष्

व्याख्या (d) 'ष्' ऊष्म महाप्राण वर्ण है। जिन वर्णों के उच्चारण में एक प्रकार के घर्षण के साथ ऊष्मा या गर्म वायु उत्पन्न हो, उसे 'ऊष्म महाप्राण वर्ण' कहते हैं; जैसे-श, ष, स, ह। जिन वर्णों के उच्चारण में श्वास अधिक निकले, उन्हें 'महाप्राण वर्ण' कहते हैं। प्रत्येक वर्ग के दूसरे, चौथे वर्ण तथा श, ष, ह, ढ आदि महाप्राण वर्ण हैं।

23. शब्दकोष में निम्न में से सर्वप्रथम आने वाला शब्द है *(HTET 2014, VI-VIII)*

(a) प्याऊ (b) प्रकम्प (c) प्लवन (d) प्रकीर्ण

व्याख्या (a) हिन्दी शब्दकोष में सर्वप्रथम आने वाला शब्द 'प्याऊ' है, क्योंकि

प्याऊ = प् + य + आ + ऊ

प्रकम्प = प् + र + क् + अ + म् + प् + अ

प्लवन = प् + ल + अ + व् + अ + न् + अ

प्रकीर्ण = प् + र, क् + ई + र् + ण् + अ

यहाँ 'प' से पहले 'प्' आएगा तथा 'र' से पहले 'य' आएगा, इसलिए दिए गए चारों शब्दों का शब्दकोश में क्रम होगा— प्याऊ, प्रकीर्ण, प्रकम्प, प्लवन।

24. 'ज्ञ' को वर्णमाला में माना जाता है *(HTET 2014, VI-VIII)*

(a) संयुक्त व्यंजन (b) स्वर सन्धि
(c) अनुस्वार (d) व्यंजन

व्याख्या (a) 'ज्ञ' एक संयुक्त व्यंजन है। हिन्दी वर्णमाला में चार संयुक्त व्यंजन होते हैं- क्ष, त्र, ज्ञ और श्र।

संयुक्त व्यंजन दो व्यंजनों के मेल से बनते हैं

क्ष = क् + ष ; त्र = त् + र; ज्ञ = ज् + ञ; श्र = श् + र

अन्य विकल्पों में

स्वर सन्धि स्वरों के मेल से होती है; जैसे—

मेघ + आलय = मेघालय (अ + आ = आ)

अनुस्वार वर्णमाला में 'अं' अनुस्वार होता है। इसका चिह्न (ं) होता है। पंचमाक्षरों (ङ, ञ, ण, न, म) के लिए भी अब अनुस्वार का प्रयोग किया जाता है; जैसे-सम्बन्ध = संबंध।

व्यंजन स्वरों की सहायता से बोले जाने वाले वर्ण व्यंजन कहलाते हैं; जैसे-क, घ, ट, ङ, त आदि। हिन्दी वर्ण माला में मुख्यत: 35 व्यंजन होते हैं।

25. 'क्ष' वर्ण किसके योग से बना है? *(UPTET 2013, I-V)*

(a) क् + ष (b) क् + च
(c) क् + छ (d) क् + श

व्याख्या (a) 'क्ष' संयुक्त व्यंजन है, यह दो व्यंजनों क् + ष के योग से बनता है। अन्य विकल्प असंगत हैं।

26. 'घ' का उच्चारण स्थान कौन-सा है? *(UPTET 2013, I-V)*

(a) मूर्धा (b) कण्ठ
(c) तालु (d) दन्त

व्याख्या (b) 'घ' का उच्चारण स्थान कण्ठ होता है। इसलिए इसे कण्ठ्य वर्ण कहते हैं; जैसे- अ, आ, क, ख, ग, घ, ङ, ह आदि।

27. निम्नलिखित में से 'दन्तव्य' वर्ण है *(UPTET 2013, VI-VIII)*

(a) ट् (b) च् (c) त् (d) उ

व्याख्या (c) जिन वर्णों का उच्चारण स्थान दन्त होता है अर्थात् उनके उच्चारण में जिह्वा दाँतों को स्पर्श करती है, उन्हें 'दन्तव्य वर्ण' कहते हैं; जैसे—त, थ, द, ध, न, ल, स आदि।

अन्य विकल्पों में, 'ट्' मूर्धन्य, 'च' तालव्य तथा 'उ' ओष्ठ्य वर्ण हैं।

28. हिन्दी शब्दकोष में 'अं' किस वर्ण से पहले आता है? *(UPTET 2013, VI-VIII)*

(a) औ (b) अ (c) अ: (d) आ

व्याख्या (b) हिन्दी शब्दकोष में 'अं, 'अ' वर्ण से पहले आता है।

29. हिन्दी शब्दकोष में पहले आने वाला शब्द है *(UPTET 2013, VI-VIII)*

(a) वक्त (b) वरक (c) वक्र (d) वर्ग

व्याख्या (a) 'वक्त' शब्द हिन्दी शब्दकोश में पहले आएगा, क्योंकि
वक्त = व् + अ + क् + त् + अ
वरक = व् + अ + र् + अ + क् + अ
वक्र = व् + अ + क् + र् + अ
वर्ग = व् + अ + र् + ग् + अ
उपर्युक्त वर्ण विच्छेद के बाद पता चलता है कि शब्दकोष में इनका क्रम होगा
वक्त → वक्र → वरक → वर्ग

30. निम्न में से महाप्राण वर्ण है *(HTET 2012, I-V)*

(a) आ (b) क (c) थ (d) च

व्याख्या (c) जिन व्यंजनों के उच्चारण में श्वास वायु अधिक मात्रा में बाहर निकलती है, तो उन्हें महाप्राण वर्ण कहते हैं। किसी वर्ग का दूसरा, चौथा वर्ण, ष, श, ह, ढ आदि महाप्राण वर्ण होते हैं। अत: 'थ' ('त' वर्ग का दूसरा वर्ण) महाप्राण वर्ण है।

31. हिन्दी शब्दकोष के अनुसार संतान, सकल, सचल, सक्षम शब्दों का सही क्रम है *(HTET 2012, I-V)*

(a) संतान, सकल, सचल, सक्षम (b) सकल, संतान, सचल, सक्षम
(c) सकल, सचल, संतान, सक्षम (d) संतान, सकल, सक्षम, सचल

व्याख्या (d) संतान = सं + त् + आ + न् + अ
सकल = स् + अ + क् + अ + ल् + अ
सक्षम = स् + अ + क् + ष् + अ + म् + अ
सचल = स् + अ + च् + अ + ल् + अ
उपर्युक्त शब्दों के वर्ण-विच्छेद के बाद उनका शब्दकोश में सही क्रम होगा।
शब्दकोष में पंचमाक्षरों (ङ, ञ, ण, न, म) के लिए अनुस्वार का प्रयोग होता है। अत: 'सन्तान' को 'संतान' पढ़ा जाएगा।
संतान → सकल → सक्षम → सचल

32. भिन्न-भिन्न स्वरों के मेल से जो स्वर उत्पन्न होता है उसे *(CGTET 2011, VI-VIII)*

(a) संयुक्त स्वर (b) दीर्घ स्वर (c) सन्धि स्वर (d) मूल स्वर

व्याख्या (a) भिन्न-भिन्न स्वरों के मेल से जो स्वर उत्पन्न होता है उसे 'संयुक्त स्वर' कहते है; जैसे-ऐ (अ + ए) और औ (अ + ओ) अन्य विकल्पों में, 'दीर्घ स्वर' वे होते हैं, जिनके उच्चारण में लघु स्वरों की अपेक्षा अधिक समय लगता है; जैसे- आ, ई, ऊ, ए, ऐ, ओ, औ। लघु स्वरों को 'मूल स्वर' कहते हैं। अ, इ, उ मूल स्वर हैं।

33. कौन-सा व्यंजन 'त' वर्ग का नहीं है? *(CGTET 2011, VI-VIII)*

(a) न (b) म (c) द (d) ध

व्याख्या (b) 'म' 'त' वर्ग का व्यंजन नहीं है, यह 'प' वर्ग (प, फ, ब, भ, म) का व्यंजन है।
हिन्दी वर्णमाला में वर्णों का क्रम है
स्वर-अ, आ, इ, ई, उ, ऊ, ऋ, ए, ऐ, ओ, औ
अयोगवाह-अं, अ:
व्यंजन- क वर्ग - क, ख, ग, घ, ङ
च वर्ग - च, छ, ज, झ, ञ
ट वर्ग - ट, ठ, ड, ढ, ण
त वर्ग - त, थ, द, ध, न
प वर्ग - प, फ, ब, भ, म
अन्त:स्थ व्यंजन - य, र, ल, व
ऊष्म व्यंजन - श, ष, स, ह

34. हिन्दी भाषा में वे ध्वनियाँ कौन-सी हैं, जो स्वतन्त्र रूप से बोली या लिखी जाती हैं? *(UTET 2011, I-V)*

(a) स्वर (b) व्यंजन (c) वर्ण (d) अक्षर

व्याख्या (a) हिन्दी वर्णमाला में ध्वनियाँ दो प्रकार की होती हैं—स्वर तथा व्यंजन।
स्वर स्वतन्त्र रूप से बोले तथा लिखे जाते हैं। ये संख्या में 11 होते हैं—अ, आ, इ, ई, उ, ऊ, ऋ, ए, ऐ, ओ, औ। अन्य विकल्पों में, व्यंजन स्वरों की सहायता से बोले जाते हैं।
ध्वनि का लिखित रूप वर्ण या अक्षर कहलाता है।

35. कौन वर्ण घोष नहीं है? *(REET 2011, VI-VIII)*

(a) ए (b) छ (c) अ (d) ड

व्याख्या (b) किसी वर्ग का तीसरा, चौथा, पाँचवाँ वर्ण, य, र, ल, व तथा सभी स्वर घोष वर्ण होते हैं।
अत: यहाँ अ, ए (स्वर), ड ('ट' वर्ग का तीसरा वर्ण) घोष वर्ण हैं, परन्तु 'छ' अघोष वर्ण है। अत: 'छ' घोष वर्ण नहीं है।

36. किस शब्द में 'ऋ' स्वर नहीं है? *(REET 2011, VI-VIII)*

(a) कृपा (b) कृष्ण (c) दृष्टि (d) रिवाज

व्याख्या (d) कृपा = क् + ऋ + प् + आ
कृष्ण = क् + ऋ + ष् + ण् + अ
दृष्टि = द् + ऋ + ष् + ट् + इ
रिवाज = र् + इ + व् + आ + ज् + अ
अत: शब्दों के उपर्युक्त वर्ण-विच्छेदन से स्पष्ट है कि 'रिवाज' शब्द में 'ऋ' स्वर का प्रयोग नहीं हुआ है।

37. किन ध्वनियों को 'अनुस्वार' कहा जाता है? *(REET 2011, VI-VIII)*

(a) स्वर के बाद आने वाली नासिक्य ध्वनियाँ
(b) स्वतन्त्र रूप से उच्चारित ध्वनियाँ
(c) स्वर के साथ आने वाली ध्वनियाँ
(d) व्यंजन के बाद में आने वाली ध्वनियाँ

व्याख्या (a) स्वर के बाद आने वाली नासिक्य ध्वनियाँ 'अनुस्वार' कहलाती हैं। अं, ङ, ञ, ण, न, म सभी नासिक्य ध्वनियाँ हैं।

वर्तनी

1. व्याकरण की दृष्टि से कौन-सा शब्द अशुद्ध है? *(UPTET 2018, I-V)*

(a) विरहणी (b) गृहिणी (c) विभीषण (d) जगद्गुरु

व्याख्या (a) व्याकरण की दृष्टि से 'विरहणी' शब्द अशुद्ध है। इसका शुद्ध रूप होगा—'विरहिणी'। अन्य विकल्पों के शब्द शुद्ध हैं।

2. निम्नलिखित में से शुद्ध वर्तनी वाले शब्द का चयन कीजिए। *(UPTET 2018, VI-VIII)*

(a) शुसुप्त (b) द्रष्टा (c) रचइता (d) सृष्टा

व्याख्या (b) यहाँ शुद्ध वर्तनी का शब्द है- द्रष्टा।
अन्य विकल्पों के शुद्ध रूप हैं

अशुद्ध	**शुद्ध**
शुसुप्त	सुसुप्त
रचइता	रचयिता
सृष्टा	स्रष्टा

3. वार्तनिक दृष्टि से अशुद्ध विकल्प चुनिए *(HTET 2018, VI-VIII)*

(a) दुरावस्था (b) मातृभक्त
(c) मन: कामना (d) अन्तर्धान

व्याख्या (a) 'दुरावस्था' वर्तनी की दृष्टि से अशुद्ध शब्द है। शुद्ध शब्द 'दुरवस्था' होगा। अन्य विकल्प शुद्ध हैं।

4. निम्न में से किस शब्द की वर्तनी सही है? *(UPTET 2017, I-V)*

(a) अनुग्रहीत (b) अनुगृहीत (c) अनग्रहीत (d) अनुग्रहित

व्याख्या (b) 'अनुगृहीत' शब्द की वर्तनी सही है। अन्य विकल्प असंगत तथा त्रुटिपूर्ण हैं।

5. निम्नांकित में से शुद्ध वर्तनी का चयन कीजिए। *(UTET 2017, I-V)*

(a) सर्वोत्तम (b) संसारिक (c) दीघार्यु (d) ज्योत्स्ना

व्याख्या (*) प्रश्न गलत है। a व d दोनों विकल्प ठीक हैं।

6. निम्नांकित में वर्तनी की दृष्टि से अशुद्ध शब्द बताइए। *(UTET 2017, 16, VI-VIII)*

(a) अनधिकार (b) कवयित्री (c) पुरस्कार (d) सन्यास

व्याख्या (d) 'सन्यास' शब्द वर्तनी की दृष्टि से अशुद्ध शब्द है। सही शब्द होगा-संन्यास। अन्य सभी विकल्प शुद्ध हैं।

7. नीचे दिए शब्दों में से किसकी वर्तनी शुद्ध है? *(HTET 2017, I-V)*

(a) जाग्रति (b) पूज्यानीया (c) अन्तर्ध्यान (d) अभ्यारण्य

व्याख्या (d) 'अभ्यारण्य' वर्तनी की दृष्टि से शुद्ध शब्द है।

8. निम्नलिखित में से शुद्ध वर्तनी वाला शब्द है *(UPTET 2016, I-V)*

(a) अन्तर्राष्ट्रीय (b) अन्तरराष्ट्रीय (c) अर्न्तराष्ट्रीय (d) अन्तराष्ट्रीय

व्याख्या (a) 'अन्तर्राष्ट्रीय' वर्तनी की दृष्टि से शुद्ध शब्द है। अन्य विकल्प अशुद्ध हैं।

9. निम्नलिखित में वर्तनी की दृष्टि से कौन-सा शब्द-युग्म शुद्ध है? *(UPTET 2016, I-V)*

(a) बारात, बसंत (b) बारात, बसंत
(c) बरात, वसंत (d) बारात, वसंत

व्याख्या (c) 'बरात, वसंत' शब्द-युग्म वर्तनी की दृष्टि से शुद्ध है। अन्य विकल्प अशुद्ध हैं।

10. शुद्ध वर्तनी वाला शब्द है *(UPTET 2016, VI-VIII)*

(a) शृंगार (b) श्रृंगार
(c) श्रृगांर (d) श्रृंगर

व्याख्या (a) 'शृंगार' वर्तनी की दृष्टि से शुद्ध शब्द है। अन्य शब्द अशुद्ध हैं।

11. वर्तनी की दृष्टि से निम्नलिखित में शुद्ध शब्द है *(UPTET 2016, VI-VIII)*

(a) रचियता (b) रचयिता
(c) रचईता (d) रचियिता

व्याख्या (b) 'रचयिता' वर्तनी की दृष्टि से शुद्ध शब्द है। शेष विकल्प अशुद्ध हैं।

12. निम्न में से शुद्ध शब्द पहचानिए *(REET 2016, I-V)*

(a) सहानुभूती (b) अश्रू
(c) अनुपातिक (d) ऐतिहासिक

व्याख्या (d) वर्तनी की दृष्टि से शुद्ध शब्द 'ऐतिहासिक' है। अन्य शब्दों का शुद्ध रूप होगा

अशुद्ध	**शुद्ध**
सहानुभूती	सहानुभूति
अनुपातिक	आनुपातिक
अश्रू	अश्रु

13. शुद्ध वर्तनी का चयन कीजिए *(HTET 2015, I-V)*

(a) अहुण्य (b) अक्षुण्य
(c) अक्षुण्ण (d) अक्ष्णुण

व्याख्या (c) वर्तनी की दृष्टि से शुद्ध शब्द 'अक्षुण्ण' है। अन्य विकल्प अशुद्ध हैं।

14. निम्नलिखित में से शुद्ध वर्तनी वाला शब्द है *(UPTET 2014, I-V)*

(a) आशिर्वाद (b) आशीरवाद
(c) आशीर्वाद (d) आर्शिवाद

व्याख्या (c) 'आशीर्वाद' वर्तनी की दृष्टि से शुद्ध शब्द है। अन्य विकल्प अशुद्ध हैं।

15. कौन-सी वर्तनी शुद्ध है? *UPTET (VI-VIII)*

(a) विशेष (b) विशेश
(c) विषेष (d) बिसेष

व्याख्या (a) 'विशेष' शब्द की वर्तनी शुद्ध है। अन्य विकल्प अशुद्ध हैं।

16. वर्तनी की दृष्टि से अशुद्ध शब्द है *(HTET 2014, I-V)*
(a) सदुपदेश (b) तदोपरान्त (c) वाल्मीकि (d) अकिंचन

व्याख्या (b) वर्तनी की दृष्टि से यहाँ अशुद्ध शब्द 'तदोपरान्त' है, जिसका शुद्ध रूप 'तदुपरान्त' (तद् + उपरान्त) होगा। अन्य विकल्प वर्तनी की दृष्टि से शुद्ध हैं।

17. वर्तनी की दृष्टि से शुद्ध शब्द है *(HTET 2014, VI-VIII)*
(a) इक्षा (b) आव्हान (c) श्रृंगार (d) प्रत्यूष

व्याख्या (d) यहाँ 'प्रत्यूष' शब्द वर्तनी की दृष्टि से शुद्ध है। अन्य विकल्पों के शुद्ध रूप होंगे

अशुद्ध	शुद्ध
इक्षा	इच्छा
आव्हान	आह्वान
श्रृंगार	शृंगार

18. शुद्ध वर्तनी का चयन कीजिए *(UPTET 2013, I-V)*
(a) अस्प्रस्यता (b) अस्पृष्यता (c) अस्पृश्यता (d) अस्प्रश्यता

व्याख्या (c) वर्तनी की दृष्टि से शुद्ध शब्द 'अस्पृश्यता' है। अन्य विकल्प अशुद्ध हैं।

19. निम्नलिखित शब्द की सही वर्तनी कौन-सी है? *(UTET 2013, I-V)*
(a) ज्योत्सना (b) ज्योत्स्ना
(c) ज्योतस्ना (d) ज्योस्तना

व्याख्या (b) वर्तनी की दृष्टि से शुद्ध शब्द 'ज्योत्स्ना' है। अन्य विकल्प अशुद्ध हैं।

20. निम्न में से शुद्ध शब्द पहचानिए *(HTET 2012, I-V)*
(a) कार्यकारणी (b) अभ्यन्तर
(c) एकतारा (d) जिजीविषा

व्याख्या (*) यह प्रश्न त्रुटिपूर्ण है, क्योंकि इसमें तीन विकल्प (b, c, d) शुद्ध रूप में हैं।

निर्देश (प्र. सं. 21-23) *निम्नलिखित शब्दों में वर्तनी के अनुसार शुद्ध शब्द का चयन कीजिए।* *(UPTET 2011, I-V)*

21. (a) आनुषंगिक (b) आनुसंगिक
(c) अनुसंगिक (d) आनुषंगीक

व्याख्या (a) वर्तनी की दृष्टि से 'आनुषंगिक' शब्द शुद्ध है। अन्य विकल्प अशुद्ध हैं।

22. (a) अन्ताक्षरी (b) अन्त्याक्षरी
(c) अन्तअक्षरी (d) अन्ताक्षरि

व्याख्या (b) 'अन्त्याक्षरी' शब्द शुद्ध है। अन्य विकल्प अशुद्ध हैं।

23. (a) सुषमा (b) सुशमा (c) शुषमा (d) सुसमा

व्याख्या (a) वर्तनी की दृष्टि से 'सुषमा' शब्द शुद्ध है, जबकि अन्य विकल्प अशुद्ध हैं।

24. वर्तनी के अनुसार शुद्ध रूप का चयन कीजिए *(UPTET, BTET 2011, VI-VIII)*
(a) ईर्ष्या (b) ईर्षा (c) इर्षा (d) ईरषा

व्याख्या (a) वर्तनी के अनुसार शुद्ध रूप 'ईर्ष्या' है। अन्य विकल्प अशुद्ध हैं।

25. वर्तनी के अनुसार शुद्ध शब्द का चयन कीजिए *(UPTET 2011, VI-VIII)*
(a) पूज्यनीय (b) पूजनीय (c) पुज्यनीय (d) पुजनीय

व्याख्या (b) वर्तनी की दृष्टि से 'पूजनीय' शब्द शुद्ध है। अन्य विकल्प अशुद्ध हैं।

26. वर्तनी के अनुसार शब्द का शुद्ध रूप चुनिए *(UPTET 2011, VI-VIII)*
(a) पुरुस्कार (b) पुरष्कार (c) पुरुष्कार (d) पुरस्कार

व्याख्या (d) वर्तनी की दृष्टि से 'पुरस्कार' शब्द शुद्ध है। अन्य विकल्प अशुद्ध हैं।

27. शब्द की सही वर्तनी है *(CGTET 2011, I-V)*
(a) सौन्दर्यवर्द्धक (b) सौन्दर्यवर्दक
(c) सौन्दर्य वर्दक्य (d) सौन्दर्यवर्धक

व्याख्या (a) वर्तनी की दृष्टि से शुद्ध शब्द 'सौन्दर्यवर्द्धक' है। अन्य विकल्प अशुद्ध हैं।

28. वर्तनी की दृष्टि से कौन-सा शब्द सही है? *(CGTET 2011, VI-VIII)*
(a) द्वन्द (b) दन्द्व (c) द्वद्व (d) द्वन्द्व

व्याख्या (d) 'द्वन्द्व' शब्द वर्तनी की दृष्टि से शुद्ध शब्द है। अन्य विकल्प अशुद्ध हैं।

29. निम्नलिखित शब्दों में से शुद्ध रूप है *(UTET 2011, I-V)*
(a) प्रज्वलित (b) प्रज्ज्वलित (c) प्रजलित (d) प्रजवलित

व्याख्या (a) वर्तनी की दृष्टि से 'प्रज्वलित' शब्द शुद्ध है। अन्य विकल्प अशुद्ध हैं।

30. शब्द के सही रूप का चयन कीजिए *(REET 2011, I-V)*
(a) त्रिष्णा (b) तिरिष्णा (c) तृशणा (d) तृष्णा

व्याख्या (d) वर्तनी की दृष्टि से शुद्ध शब्द 'तृष्णा' है। अन्य विकल्प अशुद्ध हैं।

31. शुद्ध शब्द है *(REET 2011, I-V)*
(a) उज्जवल (b) उज्ज्रवल (c) उजवल (d) उज्ज्वल

व्याख्या (d) वर्तनी की दृष्टि से शुद्ध शब्द 'उज्ज्वल' है। अन्य शब्द वर्तनी की दृष्टि से अशुद्ध हैं

अध्याय 02

शब्द भेद

» State TETs

शब्द भेद का परिचय

1. शब्द रचना विधि के आधार पर चार विधियाँ हैं

(a) तत्सम, तद्भव, देशज, विदेशज *(CGTET 2017, I-V)*
(b) विकारी, अविकारी, यौगिक, मिश्रित
(c) तत्सम, तद्भव, उपसर्ग, प्रत्यय
(d) उपसर्ग, प्रत्यय, सन्धि, समास

व्याख्या (a) शब्द रचना विधि के आधार पर चार विधियाँ हैं—तत्सम, तद्भव, देशज, विदेशज।
तत्सम शब्द संस्कृत के वे शब्द होते हैं, जो हिन्दी में ज्यों के त्यों प्रयुक्त होते हैं; जैसे—रात्रि, धर्म, कर्म, शिष्ट, घृत, लौह आदि।
तद्भव शब्द, संस्कृत भाषा के शब्दों से विकसित हुए हैं; जैसे—दुग्ध = दूध, रात्रि = रात, लौह = लोहा आदि।
देशज शब्द किसी क्षेत्र विशेष के वे शब्द हैं, जो हिन्दी में प्रचलित हो गए हैं; जैसे-खिड़की, खिचड़ी, लोटा, पगड़ी आदि।
विदेशज शब्द दूसरी भाषाओं के वे शब्द हैं, जो हिन्दी में प्रचलित हैं; जैसे—कार (अंग्रेजी), परदा (फारसी), अदालत (अरबी), दारोगा (तुर्की), आलपिन (पुर्तगाली) आदि।

2. निम्नांकित में योगरूढ़ शब्द बताइए। *(UTET 2017, VI-VII)*

(a) मलयज (b) दिवाकर (c) लम्बोदर (d) माधव

व्याख्या (c) लम्बोदर या लम्बे उदर वाला अर्थात् गणेश जी। अत: यह शब्द योगरूढ़ शब्द है, क्योंकि योगरूढ़ शब्द किसी अन्य अर्थ की ओर संकेत करते हैं अर्थात् जो यौगिक शब्द किसी अन्य अर्थ के लिए रूढ़ हो जाते हैं, उन्हें 'योगरूढ़ शब्द' कहते हैं।

3. निम्नांकित शब्दों में संकर शब्द है *(UTET 2016, VI-VIII)*

(a) प्रकाश (b) कपूर (c) छायादार (d) पगड़ी

व्याख्या (c) 'छायादार' संकर शब्द है, क्योंकि यह दो भाषाओं से मिलकर से बना है।
छाया (हिन्दी) + दार (फारसी) = छायादार।

4. निम्नलिखित में से कौन-से शब्द अपने विभाजन के पश्चात् अन्य अर्थ में प्रचलित हो जाते हैं? *(HTET 2015, I-V)*

(a) सार्थक (b) योगरूढ़ (c) रूढ़ (d) यौगिक

व्याख्या (b) 'योगरूढ़' शब्द अपने विभाजन के पश्चात् अन्य अर्थ में प्रचलित हो जाते हैं; जैसे-महावीर अर्थात् महान् वीर अर्थात् हनुमान।
अन्य विकल्पों में,
जो शब्द अपना कोई अर्थ रखता हो, उसे सार्थक शब्द कहते हैं।
यौगिक शब्द दो या दो से अधिक शब्दों के मेल से बने होते हैं। यह मेल उपसर्ग, प्रत्यय, रूढ़ आदि शब्दों का हो सकता हैं; जैसे—निज (रूढ़) + ता (प्रत्यय) = निजता, अ (उपसर्ग) + शिष्ट (रूढ़) + ता (प्रत्यय) = अशिष्टता।
रूढ़ शब्द वे मूल शब्द होते हैं, जो काफी लम्बे समय से किसी विशेष अर्थ में प्रयुक्त होते आ रहे हैं और इनके खण्ड नहीं हो सकते; जैसे—दिन, कमल, अदरख आदि।

5. 'संकर' शब्द किसे कहते हैं? *(UPTET 2014, I-V)*

(a) ग्रामीण भाषा का शब्द
(b) संस्कृत भाषा का शब्द
(c) ग्रामीण व संस्कृत भाषा के कुछ विशेष शब्द
(d) दो भाषाओं के शब्दों से मिलकर बना शब्द

व्याख्या (d) दो भाषाओं के शब्दों से मिलकर बना शब्द 'संकर' शब्द कहलाता है; जैसे—कोचवान = कोच (अंग्रेजी) + वान (हिन्दी)।

6. वे शब्द जो प्रकृति प्रत्यय अथवा दूसरे शब्दों के योग से बने हों, कहलाते हैं *(CGTET 2011, I-V)*

(a) योगरूढ़ (b) रूढ़ (c) सरल (d) यौगिक

व्याख्या (d) वे शब्द जो प्रकृति प्रत्यय अथवा दूसरे शब्दों के योग से बने हैं, यौगिक शब्द कहलाते हैं; जैसे—मनुष्य (रूढ़) + ता (प्रत्यय) = मनुष्यता।

तद्भव-तत्सम

1. तद्भव और इसके तत्सम का कौन-सा मेल गलत है? *(UPTET 2018, I-V)*

(a) लौंग-लवंग (b) आँत-अन्त्र
(c) लुनाई-लावण्यता (d) आयसु-आदेश

व्याख्या (c) 'लुनाई और लावण्यता' तद्भव और तत्सम का असंगत शब्द-युग्म है। अन्य युग्म सही हैं। लुनाई का अर्थ 'सलोनापन' और लावण्यता का अर्थ 'सुकुमारता' होता है।

2. 'मेंढक' का तत्सम रूप क्या है? *(UPTET 2018, VI-VIII)*

(a) मंडूक (b) बंदूक
(c) मुद्ग (d) मुष्टि

व्याख्या (a) 'मेंढक' का तत्सम रूप 'मंडूक' है। अन्य विकल्प असंगत हैं।

3. 'सीस' का तत्सम रूप क्या है? *(UPTET 2017, I-V)*

(a) शीशा (b) शीर्ष (c) सिरा (d) शीर्षक

व्याख्या (b) 'सीस' का तत्सम रूप 'शीर्ष' है। अन्य विकल्प असंगत हैं।

4. 'गोधूम' शब्द का तद्भव है *(UPTET 2017, I-V)*

(a) गेहूँ (b) गाय
(c) गोबर (d) गोधन

व्याख्या (a) 'गोधूम' का तद्भव रूप 'गेहूँ' है। अन्य विकल्पों में, गाय तद्भव शब्द है, जिसका तद्भव रूप 'गौ' है। 'गोबर' भी तद्भव शब्द है, जिसका तत्सम रूप 'गोमय' होता है। 'गोधन' तत्सम शब्द है।

5. 'सूई' का तत्सम रूप क्या है? *(UPTET 2017, VI-VII)*

(a) सुज्जा (b) सूचि (c) सलाई (d) सूची

व्याख्या (b) 'सूई' का तत्सम रूप 'सूचि' है। अन्य विकल्पों में, 'सलाई' का तत्सम रूप सूचिका होता है। अन्य विकल्प असंगत हैं।

6. 'मुंदरी' का तत्सम रूप है *(UPTET 2016, I-V)*

(a) मुश्वी (b) मुन्दरी
(c) मुदरिका (d) मुद्रिका

व्याख्या (d) 'मुंदरी' तद्भव शब्द है, जिसका तत्सम रूप 'मुद्रिका' होता है। अन्य विकल्प असंगत हैं।

7. इनमें कौन-सा शब्द तद्भव है? *(UPTET 2016, I-V)*

(a) मधुप (b) भ्रमर
(c) मधुकर (d) भँवरा

व्याख्या (d) यहाँ 'भँवरा' तद्भव शब्द है, जिसका तत्सम रूप 'भ्रमर' होता है। अन्य विकल्प तत्सम की दृष्टि से असंगत हैं।

8. निम्नलिखित में तद्भव शब्द है *(UPTET 2016, I-V)*

(a) भ्रमर (b) अग्नि (c) मस्तक (d) मछली

व्याख्या (d) 'मछली' एक तद्भव शब्द है, जिसका तत्सम शब्द 'मत्स्य' है। अन्य विकल्पों में, भ्रमर, अग्नि तथा मस्तक तत्सम शब्द हैं। इनके तद्भव रूप क्रमश: हैं—भँवरा, आग तथा माथा।

9. कर्पट का तद्भव रूप है *(UPTET 2016, I-V)*

(a) कपट (b) कारपेट
(c) कपूर (d) कपड़ा

व्याख्या (d) 'कर्पट' तत्सम शब्द है, जिसका तद्भव रूप 'कपड़ा' होता है। अन्य विकल्पों में, 'कपूर' एक तद्भव शब्द है, जिसका तत्सम रूप 'कर्पूर' होता है। अन्य शब्द असंगत हैं।

10. तद्भव शब्द है *(UPTET 2016, VI-VIII)*

(a) अँधेरा (b) प्रकाश
(c) रात्रि (d) चन्द्र

व्याख्या (a) 'अँधेरा' तद्भव शब्द है, जिसका तत्सम रूप 'अन्धकार' होता है। अन्य विकल्पों में,
रात्रि, चन्द्र तथा प्रकाश तत्सम शब्द हैं। 'रात्रि' का तद्भव रूप 'रात' तथा 'चन्द्र' का तद्भव 'चाँद' होता है। 'प्रकाश' का तद्भव रूप नहीं होता।

11. 'कटघरा' शब्द का तत्सम रूप क्या है? *(UPTET 2016,VI-VIII)*

(a) कटहल (b) कड़वा (c) काष्ठगृह (d) कंटफल

व्याख्या (c) 'कटघरा' एक तद्भव शब्द है, जिसका तत्सम रूप 'काष्ठगृह' होता है। अन्य विकल्पों में, 'कड़वा' का तत्सम रूप 'कटुक' होता है, जबकि 'कटहल' का तत्सम रूप 'कंटफल' होता है।

12. 'कपूर' शब्द है *(UPTET 2016, VI-VIII)*

(a) तत्सम (b) तद्भव (c) देशज (d) विदेशज

व्याख्या (b) 'कपूर' तद्भव शब्द होता है, जिसका तत्सम रूप है—'कर्पूर'।

13. 'साखी' का मूल तत्सम शब्द क्या है? *(UTET 2016, I-V)*

(a) शिक्षा (b) साक्षी
(c) सखी (d) इनमें से कोई नहीं

व्याख्या (b) 'साखी' एक तद्भव शब्द है, जिसका तत्सम रूप 'साक्षी' होता है। अन्य विकल्प असंगत हैं।

14. निम्न में से तद्भव शब्द है *(REET 2016, I-V)*

(a) कुमार (b) कुक्कुर (c) काजल (d) कोण

व्याख्या (c) 'काजल' तद्भव शब्द है, जिसका तत्सम रूप 'कज्जल' होता है। अन्य विकल्पों में, कुमार, कुक्कुर, कोण संस्कृत शब्द हैं।

15. निम्न में से तत्सम शब्द है *(REET 2016, I-V)*

(a) अगम (b) अमिय
(c) आँवला (d) आशीष

व्याख्या (d) 'आशीष' तत्सम शब्द है, जिसका तद्भव रूप 'शीश' है। अन्य विकल्पों में, अगम, अमिय तथा आँवला तद्भव शब्द हैं, जिनके तत्सम रूप क्रमश: हैं- अगम्य, अमृत तथा आमलक।

16. 'अखरोट' शब्द का तत्सम रूप है *(HTET 2015, I-V)*

(a) अक्षवाट (b) अक्षोट
(c) अक्षरोट (d) अषरोट

व्याख्या (b) 'अखरोट' तद्भव शब्द है, जिसका तत्सम रूप 'अक्षोट' है। अन्य विकल्प असंगत हैं।

17. 'सियार' का तत्सम क्या है? *(HTET 2015, I-V)*

(a) शृंगार (b) स्यार
(c) श्यालक (d) शृंगाल

व्याख्या (d) 'सियार' एक तद्भव शब्द है, जिसका तत्सम रूप 'शृंगाल' है। अन्य विकल्पों में, 'शृंगार' तत्सम शब्द है, जिसका तद्भव रूप 'सिंगार' है। अन्य विकल्प असंगत हैं।

18. निम्न में से तत्सम शब्द है *(HTET 2014, I-V)*

(a) लौंग (b) बहिन (c) पृष्ठ (d) जवान

व्याख्या (c) 'पृष्ठ' तत्सम शब्द है, जिसका तद्भव रूप 'पन्ना' होता है। अन्य विकल्पों में, लौंग, बहिन तथा जवान शब्द तद्भव हैं, जिसके तत्सम रूप क्रमश: लवंग, भगिनी तथा युवा हैं।

19. निम्नलिखित में से तत्सम शब्द है *(UPTET 2013, VI-VIII)*

(a) ऊँट (b) काठ
(c) दुग्ध (d) काम

व्याख्या (c) यहाँ तत्सम शब्द 'दुग्ध' है, जिसका तद्भव रूप 'दूध' है। अन्य विकल्पों में, ऊँट, काठ तथा काम तद्भव शब्द हैं, जिनके तत्सम रूप हैं—उष्ट्र, काष्ठ तथा कार्य।

20. निम्नलिखित विकल्पों में से तद्भव शब्द है *(UTET 2013, I-V)*

(a) अगम (b) आश्रय (c) अवगुण (d) स्नेह

व्याख्या (a) 'अगम' तद्भव शब्द है, जिसका तत्सम 'अगम्य' होता है। अन्य विकल्पों में, आश्रय, अवगुण, स्नेह तत्सम शब्द हैं, जिनके तद्भव रूप क्रमश: आसरा, औगुन, सनेह होते हैं।

21. निम्नलिखित विकल्पों में से तत्सम शब्द है *(UTET 2013, I-V)*

(a) नारियल (b) उपरोक्त (c) तुरन्त (d) आलस्य

व्याख्या (d) 'आलस्य' तत्सम शब्द है, जिसका तद्भव रूप 'आलस' होता है। अन्य विकल्पों में, नारियल, उपरोक्त तथा तुरन्त तद्भव शब्द हैं, जिनके तत्सम रूप क्रमश: नारिकेल, उपर्युक्त तथा त्वरित हैं।

22. निम्नलिखित शब्दों में कौन-सा शब्द तत्सम नहीं है? *(UTET 2013, VI-VIII)*

(a) आकाश (b) मेघ
(c) पवन (d) सियार

व्याख्या (d) 'सियार' तत्सम शब्द नहीं है। यह 'तद्भव' शब्द है। इसका तत्सम रूप 'शृंगाल' होता है। अन्य विकल्पों में आकाश, मेघ तथा पवन तत्सम (संस्कृत) शब्द हैं।

23. निम्नलिखित में तत्सम शब्द है *(UTET 2013, VI-VIII)*

(a) जलद (b) बादल
(c) हवा (d) पानी

व्याख्या (a) 'जलद' एक तत्सम शब्द है। बादल, हवा तथा पानी तद्भव शब्द हैं।

24. निम्न में से तत्सम शब्द है *(HTET 2012, I-V)*

(a) अटारी (b) अहीर (c) आँख (d) अखिल

व्याख्या (d) 'अखिल' तत्सम शब्द है। अन्य सभी विकल्प तद्भव शब्द हैं। अटारी का तत्सम शब्द 'अट्टालिका', अहीर का 'आभीर' तथा आँख का तत्सम शब्द 'अक्षि' होता है।

25. दिए गए विकल्पों में से तद्भव शब्द का चयन कीजिए *(UPTET 2011, I-V)*

(a) बैंक (b) अमीर (c) अग्नि (d) मुँह

व्याख्या (d) यहाँ 'मुँह' तद्भव शब्द है, जिसका तत्सम रूप 'मुख' होता है। अन्य विकल्पों में, 'बैंक' (अंग्रेजी), अमीर (अरबी) विदेशज शब्द हैं, जबकि 'अग्नि' तत्सम शब्द है, जिसका तद्भव रूप 'आग' होता है।

26. नीचे दिए गए विकल्पों में से तत्सम शब्द का चयन कीजिए *(UPTET 2011, I-V)*

(a) आम्र (b) दूध (c) शहीद (d) खिड़की

व्याख्या (a) 'आम्र' तत्सम शब्द है, जिसका तद्भव रूप 'आम' होगा। अन्य विकल्पों में, 'दूध' तद्भव शब्द है। इसका तत्सम रूप 'दुग्ध' होता है। 'शहीद' (फारसी) विदेशज तथा 'खिड़की' देशज शब्द हैं।

27. निम्नलिखित शब्दों के दिए गए विकल्पों में तत्सम शब्द का चयन कीजिए *(UPTET 2011, VI-VIII)*

(a) कलश (b) कलस
(c) कल्स (d) कल्श

व्याख्या (a) 'कलश' तत्सम शब्द है, क्योंकि यह हिन्दी में अपने मूल रूप में ही प्रयुक्त होता है।

28. स्वर्ण शब्द है *(CGTET 2011, I-V)*

(a) तत्सम (b) तद्भव (c) देशज (d) विदेशी

व्याख्या (a) 'स्वर्ण' शब्द तत्सम शब्द है, क्योंकि यह संस्कृत का वह शब्द है, जो हिन्दी में बिना परिवर्तन के प्रयुक्त होता है।

29. संस्कृत के मूल शब्द जो हिन्दी भाषा में प्रचलित हैं वे कहलाते हैं *(CGTET 2011, VI-VIII)*

(a) तद्भव शब्द (b) विदेशी शब्द
(c) तत्सम शब्द (d) देशज शब्द

व्याख्या (c) संस्कृत के मूल शब्द जो हिन्दी भाषा में प्रचलित हैं, 'तत्सम' शब्द कहलाते हैं; जैसे—अज्ञानी, आशीष, कर्ण, कर्पूर, कुष्ठ, कदली आदि।

30. कौन-सा शब्द तद्भव होगा? *(UTET 2011, I-V)*

(a) घृत (b) अतिन (c) दुग्ध (d) आँसू

व्याख्या (d) 'आँसू' तद्भव शब्द है, जिसका तत्सम रूप 'अश्रु' होता है। अन्य विकल्प घृत (घी), दुग्ध (दूध) आदि तत्सम शब्द हैं।

31. संस्कृत के वे शब्द जो हिन्दी में बिना किसी परिवर्तन के प्रयुक्त होते हैं, कहलाते हैं *(REET 2011, I-V)*

(a) संस्कृत (b) तद्भव (c) तत्सम (d) देशज

व्याख्या (c) संस्कृत के वे शब्द जो हिन्दी में बिना किसी परिवर्तन के प्रयुक्त होते हैं, तत्सम कहलाते हैं; जैसे—गौ (गाय), गृह (घर), मयूर (मोर), घृत (घी) आदि।

32. निम्न में से किस समूह में सभी शब्द तत्सम हैं? *(REET 2011, I-V)*

(a) शर्करा, पवन, ज्येष्ठ, अग्नि
(b) काष्ठ, घृत, घोड़ा, कारीगर
(c) ओष्ठ, किताब, नानी, चाकू
(d) निष्ठुर, चम्मच, हाथी, कार्य

व्याख्या (a) शर्करा (शक्कर), पवन (पौन), ज्येष्ठ (जेठ) तथा अग्नि (आग) शब्द समूह में सभी शब्द तत्सम हैं।
अन्य विकल्पों में,
(b) काष्ठ, घृत तत्सम तथा घोड़ा, कारीगर तद्भव हैं
(c) ओष्ठ, तत्सम तथा किताब, नानी, चाकू तद्भव हैं
(d) निष्ठुर, कार्य तत्सम तथा चम्मच, हाथी तद्भव शब्द हैं

33. 'श्मश्रु' शब्द का तद्भव रूप होगा *(REET 2011, VI-VIII)*

(a) मूँछ (b) अश्रु
(c) आँसू (d) ससुर

व्याख्या (a) 'श्मश्रु' शब्द का तद्भव रूप मूँछ होता है। अन्य विकल्पों में, 'अश्रु' तत्सम शब्द है, जिसका तद्भव 'आँसू' होता है। 'ससुर' तद्भव शब्द है, जिसका तत्सम रूप 'श्वसुर' होता है।

देशज विदेशज

1. निम्नांकित शब्द समूह देशज हैं *(CGTET 2017, I-V)*

(a) चिड़िया, घरौंदा, जूता (b) जादू, कमीना, सूद
(c) औरत, किताब, बाकी (d) फुनगी, पगड़ी, पलंग

व्याख्या (a) वे शब्द, जो अपने ही देश के आमजन की बोल-चाल की भाषा से विकसित हुए हैं अर्थात् जो शब्द क्षेत्रीय भाषाओं से हिन्दी में आए हैं, उन्हें 'देशज शब्द' कहते हैं; जैसे-चिड़िया, घरौंदा, जूता, गाड़ी, लोटा, तेंदुआ आदि। अन्य विकल्प असंगत हैं।

2. 'शहद' शब्द है *(UPTET 2016, I-V)*

(a) तत्सम
(b) तद्भव
(c) देशज
(d) आगत

व्याख्या (d) 'शहद' शब्द 'आगत' शब्द है। आगत (विदेशज) शब्द वे होते हैं, जो किसी अन्य भाषा से आकर हिन्दी में प्रचलित हो गए हैं। यहाँ 'शहद' शब्द अरबी भाषा का शब्द है।

अध्याय 03

पद परिचय

» State TETs

संज्ञा

1. <u>ऊँचाइयाँ</u> नापनी हैं, तो पर्वतों की सैर करो। रेखांकित पद का संज्ञा भेद इंगित कीजिए *(HTET 2018, VI-VIII)*

(a) भाववाचक संज्ञा (b) समूहवाचक संज्ञा
(c) व्यक्तिवाचक संज्ञा (d) जातिवाचक संज्ञा

व्याख्या (a) ऊँचाइयाँ नापनी हैं, तो पर्वतों की सैर करो वाक्य में 'ऊँचाइयाँ' भाववाचक संज्ञा शब्द है। भाववाचक संज्ञा से किसी व्यक्ति, प्राणी, वस्तु आदि के गुण, दोष, अवस्था आदि का बोध होता है।

2. विशेषण से निर्मित भाववाचक संज्ञा पद नहीं है *(HTET 2018, VI-VIII)*

(a) आत्मीयता (b) नैपुण्य
(c) धैर्यवत्ता (d) सारल्य

व्याख्या (c) 'धैर्यवत्ता' विशेषण से निर्मित भाववाचक संज्ञा पद नहीं है। यह संज्ञा शब्द 'धैर्य' से बना है।
अन्य सभी विकल्प में विशेषण से निर्मित भाववाचक संज्ञा पद हैं
- नैपुण्य-निपुण से बना है।
- आत्मीयता-आत्मीय से बना है।
- सारल्य-सरल से बना है।

3. 'बाजार' से किस संज्ञा का बोध होता है? *(UPTET 2016, VI-VIII)*

(a) भाववाचक (b) समूहवाचक
(c) जातिवाचक (d) व्यक्तिवाचक

व्याख्या (b) 'बाजार' समूहवाचक संज्ञा है। जिस संज्ञा से वस्तु अथवा व्यक्ति के समूह का बोध हो, उसे 'समूहवाचक संज्ञा' कहते हैं; जैसे—सभा, दल, गिरोह, मण्डल आदि।
अन्य विकल्पों में, जिस संज्ञा शब्द से व्यक्ति, वस्तु के गुण अवस्था, दशा या धर्म का बोध होता है, उसे 'भाववाचक संज्ञा' कहते है; जैसे—लम्बाई, बुढ़ापा, नम्रता, मिठास, ईमानदारी, चाल आदि।
जिस विशिष्ट शब्द से किसी वस्तु या व्यक्ति के नाम का बोध हो, उसे 'व्यक्तिवाचक संज्ञा' कहते हैं;
जैसे—राम, गाँधी, यमुना, बनारस इत्यादि।
जिन संज्ञा शब्द से एक ही प्रकार की वस्तुओं अथवा व्यक्तियों का बोध हो, उन्हें 'जातिवाचक संज्ञा' कहते हैं;
जैसे-मनुष्य, घर, पहाड़, नदी इत्यादि।

4. 'राम ने सुरेश के साथ मित्रता का निर्वाह किया' इसमें भाववाचक संज्ञा है *(UPTET 2016, VI-VIII)*

(a) राम (b) सुरेश (c) निर्वाह (d) मित्रता

व्याख्या (d) 'राम ने सुरेश के साथ मित्रता का निर्वाह किया।' इसमें भाववाचक संज्ञा 'मित्रता' है। मित्रता से शब्द के भाव का बोध हो रहा है। अत: यह भाववाचक संज्ञा है।

5. 'कवि' शब्द में कौन-सी संज्ञा है? *(HTET, UTET 2016, 14, I-V)*

(a) व्यक्तिवाचक (b) जातिवाचक (c) द्रव्यवाचक (d) भाववाचक

व्याख्या (b) 'कवि' शब्द में जातिवाचक संज्ञा है। जातिवाचक संज्ञाओं में एक ही प्रकार की वस्तुओं अथवा व्यक्तियों का बोध होता है।

6. क्रिया से बनने वाली भाववाचक संज्ञा है *(UTET 2016, I-V)*

(a) थकावट (b) बुराई (c) आलस्य (d) बुढ़ापा

व्याख्या (a) 'थकावट' क्रिया से बनने वाली भाववाचक संज्ञा है। अन्य विकल्पों में—बुराई, आलस्य, बुढ़ापा आदि भाववाचक संज्ञाएँ हैं।

7. 'पण्डित' से बनी भाववाचक संज्ञा है *(REET 2016, I-V)*

(a) पाण्डित्य (b) पण्डिताइन (c) पठन (d) ये सभी

व्याख्या (a) 'पण्डित' से बनी भाववाचक संज्ञा 'पाण्डित्य' है। भाववाचक संज्ञा से किसी वस्तु या व्यक्ति के गुण-धर्म, दशा या व्यापार आदि का बोध होता है; जैसे—बुढ़ापा, भलाई आदि।

8. 'बुढ़ापा' शब्द में कौन-सी संज्ञा है? *(UPTET 2014, VI-VIII)*

(a) जातिवाचक संज्ञा (b) भाववाचक संज्ञा
(c) व्यक्तिवाचक संज्ञा (d) इनमें से कोई नहीं

व्याख्या (b) 'बुढ़ापा' शब्द में भाववाचक संज्ञा है।

9. जातिवाचक एवं व्यक्तिवाचक संज्ञाओं का कौन-सा युग्म गलत है? *(HTET 2014, I-V)*

(a) कुत्ता-पिल्ला (b) नगर-जयपुर
(c) पर्वत-हिमालय (d) स्त्री-श्वेता

व्याख्या (a) 'कुत्ता-पिल्ला' इस युग्म के दोनों शब्द जातिवाचक संज्ञा शब्द हैं, जबकि अन्य विकल्पों में, 'नगर-जयपुर' में नगर जातिवाचक तथा जयपुर (नगर का नाम) व्यक्तिवाचक; पर्वत-हिमालय' में पर्वत जातिवाचक तथा हिमालय (पर्वत का नाम) व्यक्तिवाचक और 'स्त्री-श्वेता' में स्त्री जातिवाचक तथा श्वेता (स्त्री का नाम) व्यक्तिवाचक संज्ञा है।

10. व्युत्पत्ति के आधार पर संज्ञा के कितने भेद होते हैं? *(UPTET 2013, I-V)*

(a) तीन (b) चार
(c) पाँच (d) छः

व्याख्या (a) व्युत्पत्ति के आधार पर संज्ञा के तीन भेद होते हैं व्यक्तिवाचक संज्ञा, जातिवाचक संज्ञा तथा भाववाचक संज्ञा। द्रव्यवाचक तथा समूहवाचक संज्ञा जातिवाचक संज्ञा के उपभेद हैं।

11. 'हरियाली' है *(UTET 2013, I-V)*

(a) जातिवाचक संज्ञा (b) समूहवाचक संज्ञा
(c) भाववाचक संज्ञा (d) विशेषण

व्याख्या (c) 'हरियाली' भाववाचक संज्ञा का उदाहरण है।

12. 'पशुता' शब्द उदाहरण है *(CGTET 2011, I-V)*

(a) व्यक्तिवाचक संज्ञा का
(b) द्रव्यवाचक संज्ञा का
(c) भाववाचक संज्ञा का
(d) जातिवाचक संज्ञा का

व्याख्या (c) 'पशुता' भाववाचक संज्ञा का उदाहरण है।

13. 'कहु रावण, रावण जग केते' पद में रावण शब्द का प्रयोग क्रमशः हुआ है *(CGTET 2011, VI-VIII)*

(a) जातिवाचक संज्ञा एवं व्यक्तिवाचक संज्ञा
(b) व्यक्तिवाचक संज्ञा एवं जातिवाचक संज्ञा
(c) व्यक्तिवाचक संज्ञा एवं जातिवाचक संज्ञा
(d) जातिवाचक संज्ञा एवं भाववाचक संज्ञा

व्याख्या (c) 'कहु रावण, रावण जग केते' में पहले रावण का प्रयोग व्यक्तिवाचक संज्ञा तथा दूसरे रावण का प्रयोग जातिवाचक संज्ञा के रूप में हुआ है।

14. 'मानव' शब्द के लिए उपयुक्त भाववाचक संज्ञा का चयन कीजिए *(UTET 2011, I-V)*

(a) मनस्वी (b) मानवता (c) मनुष्यत्व (d) 'b' व 'c' दोनों

व्याख्या (d) 'मानवता' व 'मनुष्यत्व' भाववाचक संज्ञाएँ हैं। अन्य विकल्पों में 'मनस्वी' विशेषण शब्द है।

15. जातिवाचक संज्ञा नहीं है *(REET 2011, I-V)*

(a) शैशव (b) लोहा
(c) लकड़ी (d) पुस्तक

व्याख्या (a) 'शैशव' जातिवाचक संज्ञा नहीं है। यह भाववाचक संज्ञा है, जबकि अन्य विकल्प लोहा, लकड़ी, पुस्तक सभी जातिवाचक संज्ञा शब्द हैं।

16. भाववाचक संज्ञा के अन्तर्गत आते हैं *(REET 2011, VI-VIII)*

(a) पशु-पक्षी आदि (b) गुण-दोष आदि
(c) दिशाएँ आदि (d) आभूषण आदि

व्याख्या (b) भाववाचक संज्ञा के अन्तर्गत किसी व्यक्ति, वस्तु, पदार्थ आदि के गुण-दोष तथा दशा, अवस्था आदि आते हैं।

17. व्यक्तिवाचक संज्ञा है *(BTET 2011, I-V)*

(a) लिपि (b) देवनागरी (c) बच्चे (d) भाषा

व्याख्या (b) 'देवनागरी' भाषा की लिपि का नाम है, इसलिए यह व्यक्तिवाचक संज्ञा शब्द है, जबकि लिपि, बच्चे, भाषा आदि जातिवाचक संज्ञा शब्द हैं, क्योंकि इनसे एक ही प्रकार की वस्तुओं, व्यक्तियों, अवस्थाओं आदि का बोध होता है।

सर्वनाम

1. 'यह समस्या मैं आप ही हल कर लूँगा' रेखांकित पद का सर्वनाम भेद बताइए। *(HTET 2018, VI-VIII)*

(a) सम्बन्धवाचक (b) पुरुषवाचक
(c) निजवाचक (d) निश्चयवाचक

व्याख्या (c) 'यह समस्या मैं आप ही हल कर लूँगा' वाक्य में 'आप' निजवाचक सर्वनाम है। जो सर्वनाम शब्द स्वयं के लिए प्रयोग किया जाता है, उसे निजवाचक सर्वनाम कहते हैं; जैसे—स्वतः, स्वयं, अपने आप आदि।
अन्य विकल्पों में, जिस सर्वनाम का सम्बन्ध वाक्य में किसी अन्य सर्वनाम से हो, उसे सम्बन्धवाचक सर्वनाम कहते हैं; जैसे—**जैसा** आप कहोगे, **वैसा** ही होगा।
किसी वक्ता, श्रोता या अन्य पुरुष के लिए प्रयुक्त किया जाने वाला सर्वनाम पुरुषवाचक सर्वनाम कहलाता है; जैसे—मैं, तुम, आप, वह आदि।
किसी निश्चित वस्तु या व्यक्ति की ओर संकेत करने वाला सर्वनाम निश्चयवाचक सर्वनाम कहलाता है; जैसे—यह वही व्यक्ति है।

2. सर्वनाम के कितने भेद होते हैं? *(UPTET 2011, I-V)*

(a) छः (b) पाँच (c) सात (d) चार

व्याख्या (a) संज्ञा के स्थान पर प्रयुक्त होने वाला शब्द सर्वनाम कहलाता है, इसके छः भेद होते हैं

1. पुरुषवाचक सर्वनाम
2. निजवाचक सर्वनाम
3. निश्चयवाचक सर्वनाम
4. अनिश्चयवाचक सर्वनाम
5. सम्बन्धवाचक सर्वनाम
6. प्रश्नवाचक सर्वनाम

3. 'मैं खाना खा चुका, तब वह आया' वह वाक्य है *(CGTET 2011, VI-VIII)*

(a) सरल वाक्य (b) संयुक्त वाक्य
(c) मिश्र वाक्य (d) संक्षिप्त वाक्य

व्याख्या (c) 'मैं खाना खा चुका, तब वह आया' यह मिश्र वाक्य का उदाहरण है। मिश्र वाक्य में एक प्रधान वाक्य और दूसरा उपवाक्य होता है, उपवाक्य स्वतन्त्र न होकर प्रधान वाक्य पर निर्भर रहता है। यहाँ पर प्रधान वाक्य 'मैं खाना खा चुका' है एवं उपवाक्य है 'वह आया' और दोनों समुच्चयबोधक शब्द 'तब' से जुड़े हैं।
अन्य विकल्पों में,
जिन वाक्यों में केवल एक क्रिया हो, उन्हें सरल वाक्य कहते हैं; जैसे—राम आया था।
जिन वाक्यों में दो स्वतन्त्र उपवाक्य हों, उन्हें संयुक्त वाक्य कहते हैं; जैसे—
राम घर आया और खाना खाकर चला गया।

4. 'वह स्वतः ही जान जाएगा' में वह सर्वनाम है *(REET 2011, I-V)*

(a) पुरुषवाचक सर्वनाम
(b) निजवाचक सर्वनाम
(c) सम्बन्धवाचक सर्वनाम
(d) अनिश्चयवाचक सर्वनाम

व्याख्या (a) 'वह स्वतः ही जान जाएगा' वाक्य में 'वह' पुरुषवाचक सर्वनाम है।
पुरुषवाचक सर्वनाम तीन प्रकार के होते हैं
उत्तम पुरुष जो वक्ता अपने लिए प्रयुक्त करता है, उसे उत्तम पुरुष सर्वनाम कहते हैं; जैसे-मैं, हम आदि।
मध्यम पुरुष जो सर्वनाम वक्ता श्रोता के लिए प्रयुक्त करता है, उसे मध्यम पुरुष सर्वनाम कहते हैं; जैसे-तुम, आप आदि।
अन्य पुरुष जिस सर्वनाम का प्रयोग वक्ता तथा श्रोता परस्पर बातचीत करते हुए किसी अन्य के लिए करते हैं, उसे अन्य पुरुष सर्वनाम कहते हैं; जैसे-यह, वह, ये, वे आदि।
अन्य विकल्पों में, जिस सर्वनाम से किसी निश्चित वस्तु की ओर संकेत न हो, उसे अनिश्चयवाचक सर्वनाम कहते हैं; जैसे—कोई, कुछ। यहाँ कोई आया था।

क्रिया

1. 'उसने नहाकर भोजन किया'-इस वाक्य में नहाकर निम्नांकित में से किस क्रिया का उदाहरण है? *(UPTET 2017, VI-VIII)*

(a) संयुक्त क्रिया (b) प्रेरणार्थक क्रिया
(c) द्विकर्मक क्रिया (d) पूर्वकालिक क्रिया

व्याख्या (d) जहाँ कर्ता एक क्रिया को समाप्त करने के बाद दूसरी क्रिया का प्रयोग करता है, तो पहली क्रिया को पूर्वकालिक क्रिया कहते हैं; जैसे—उसने नहाकर भोजन किया। यहाँ पहले नहाने की क्रिया समाप्त हुई, फिर भोजन करने की क्रिया का प्रयोग हुआ।
अन्य विकल्पों में, जब किसी वाक्य को पूर्ण करने में दो क्रियाओं का प्रयोग हो, वहाँ संयुक्त क्रिया होती है; जैसे—राम खाना खा चुका।
जहाँ कर्ता स्वयं कार्य न करके किसी अन्य से करवाए, वहाँ प्रेरणार्थक क्रिया होती है; जैसे—यह पत्र मैंने श्याम से लिखवाया।
जहाँ क्रिया के दो कर्म हों, वहाँ द्विकर्मक क्रिया होती है; जैसे-राम ने रावण को तीर से मारा।

2. मुख्य क्रिया के अर्थ को स्पष्ट करने वाली क्रिया होती है *(UPTET 2016, VI-VIII)*

(a) सहायक क्रिया (b) प्रेरणार्थक क्रिया
(c) नामबोधक (d) नामधातु

व्याख्या (a) मुख्य क्रिया के अर्थ को स्पष्ट करने वाली क्रिया सहायक क्रिया होती है; जैसे-रामू पढ़ता है; यहाँ मुख्य क्रिया 'पढ़ता' है तथा सहायक क्रिया 'है' है।

अन्य विकल्पों में जो धातु संज्ञा या विशेषण से बनती है, उसे 'नामधातु' कहते हैं। संज्ञा अथवा विशेषण के साथ क्रिया जोड़ने से जो संयुक्त क्रिया बनती है, उसे 'नामबोधक क्रिया' कहते हैं।

3. 'एककर्मक' क्रिया वाला वाक्य है *(HTET 2016, VI-VIII)*

(a) महर्षि वेदव्यास ने जयसंहिता लिखी
(b) उसने हमें पुस्तकें दीं
(c) बहन ने भाई को राखी बाँधी
(d) मैंने पिताजी को पत्र लिखा

व्याख्या (a) जिस वाक्य में एक क्रिया का प्रयोग हुआ हो, वहाँ 'एककर्मक' क्रिया होती है; जैसे—महर्षि वेदव्यास ने जयसंहिता लिखी, यहाँ वाक्य में एक ही कर्म (जयसंहिता) का प्रयोग हुआ है।
अन्य विकल्पों में, 'उसने हमें पुस्तकें दीं' (दो कर्म-हमें, पुस्तकें), 'बहन ने भाई को राखी बाँधी' (दो कर्म-भाई, राखी), 'मैंने पिताजी को पत्र लिखा' (दो कर्म-पिताजी, पत्र)।

4. इनमें से किस वाक्य में 'पूर्वकालिक' क्रिया का प्रयोग हुआ है? *(HTET 2015, I-V)*

(a) ठोकर लगते ही लड़का बेहोश हो गया
(b) विद्यार्थी पढ़ेंगे तो पास होंगे
(c) श्याम दूध पीकर घूमने जाता है
(d) अध्यापक बच्चों को प्रतिदिन हिन्दी पढ़ाता है

व्याख्या (c) 'श्याम दूध पीकर घूमने जाता है', वाक्य में पहले 'पीना' क्रिया की समाप्ति हुई तथा बाद में 'घूमने जाने' क्रिया का प्रयोग हुआ है, अत: यहाँ पूर्वकालिक क्रिया का प्रयोग हुआ है।

5. निम्न में से अकर्मक क्रिया बताइए *(HTET 2014, I-V)*

(a) पढ़ना (b) लेना (c) खाना (d) रोना

व्याख्या (d) जिस वाक्य में क्रिया को कर्म की आवश्यकता नहीं पड़ती, उसे अकर्मक क्रिया कहते हैं; जैसे-वह रोती है।
अन्य विकल्पों में, पढ़ना, खाना, लेना सकर्मक क्रियाएँ हैं, क्योंकि इन्हें करने में कर्म की आवश्यकता पड़ती हैं;
जैसे—रामू पत्र पढ़ता है।
श्याम भोजन खाता है।
रवि उपहार लेता है।

6. निम्न में से सकर्मक क्रिया है *(HTET 2014, I-V)*

(a) हँसना (b) पढ़ना (c) सोना (d) रोना

व्याख्या (b) जिस क्रिया का प्रभाव कर्म पर पड़ता है, अर्थात् जिस क्रिया को करने या होने के लिए कर्म की आवश्यकता पड़ती है, उसे सकर्मक क्रिया कहते हैं; जैसे-राम पुस्तक पढ़ता है। यहाँ पढ़ने' के लिए 'पुस्तक' की आवश्यकता पड़ी है। अत: यहाँ 'पढ़ना' सकर्मक क्रिया है।
अन्य विकल्पों में हँसना, सोना, रोना आदि अकर्मक क्रियाएँ हैं, क्योंकि इनको करने या होने के लिए कर्म की आवश्यकता नहीं पड़ती; जैसे—
(i) राजू हँसता है। (ii) रीना सो रही है। (iii) बच्चा रोता है।

7. निम्न में कौन-सी सकर्मक क्रिया है? *(HTET 2012, I-V)*

(a) दौड़ना (b) रूठना (c) मुस्कराना (d) पीना

व्याख्या (d) यहाँ 'पीना' सकर्मक क्रिया है, क्योंकि इसे करने में कर्म की आवश्यकता पड़ती है; जैसे-दिवाकर पानी पीता है।
अन्य विकल्पों में-दौड़ना, रूठना तथा मुस्कुराना अकर्मक क्रियाएँ हैं; जैसे—
(i) रवि दौड़ता है। (ii) सीमा रूठ गई। (iii) रीमा मुस्कुराई।

8. 'मैं अपना सिर खुजाता हूँ।' इस वाक्य में है *(CGTET 2011, VI-VIII)*

(a) अकर्मक क्रिया (b) सकर्मक क्रिया
(c) a और b दोनों (d) इनमें से कोई नहीं

व्याख्या (b) 'मैं अपना सिर खुजाता हूँ' वाक्य में सकर्मक क्रिया है, क्योंकि 'खुजाना' क्रिया को करने में कर्म 'सिर' की आवश्यकता पड़ी है।

9. जिस मूल शब्द में विकार होने से क्रिया बनती है, उसे क्या कहते हैं? *(CGTET 2011, VI-VIII)*

(a) धातु (b) क्रिया
(c) मूल धातु (d) यौगिक धातु

व्याख्या (d) मूल शब्द में विकार होने से जो क्रिया बनती है, उसे यौगिक धातु कहते हैं; जैसे— 'भू' धातु में ही क्रिया लगाकर 'होना' शब्द बना है। इसलिए मूलशब्द 'धातु' होती है, उसमें क्रिया लगाकर यौगिक धातु बनाई जाती है।

10. निम्नलिखित वाक्यों में अकर्मक क्रियार्थक वाक्य है *(CGTET 2011, I-V)*

(a) बूँद-बूँद से घड़ा भर जाता है
(b) इस टब को पानी से भर दो
(c) माँ बेटे को खाना खिला रही है
(d) चाचाजी ने मुझे पत्र लिखा है

व्याख्या (a) 'बूँद-बूँद से घड़ा भर जाता है' वाक्य अकर्मक क्रियार्थक वाक्य है, क्योंकि यहाँ क्रिया के होने का प्रभाव कर्ता पर पड़ रहा है। यहाँ कर्म की आवश्यकता नहीं पड़ती।
अन्य विकल्पों में, सभी सकर्मक क्रियार्थक वाक्य हैं—
इस टब को पानी से भर दो।
कर्ता = टब, कर्म = पानी, क्रिया = खिला रही है,
माँ बेटे को खाना खिला रही है।
कर्ता = माँ, कर्म = बेटा, खाना, क्रिया = खिला रही है,
चाचाजी ने मुझे पत्र लिखा है।
कर्ता = चाचा जी, कर्म = पत्र, क्रिया = लिखा है।

11. निम्न विकल्पों में से सकर्मक क्रिया का चयन कीजिए *(UTET 2011, I-V)*

(a) लेटना (b) छूटना (c) पिघलना (d) तड़पना

व्याख्या (d) 'तड़पना' सकर्मक क्रिया का उदाहरण है।

12. 'हँसना' कैसी क्रिया है? *(REET 2011, I-V)*

(a) सकर्मक क्रिया
(b) अकर्मक क्रिया
(c) संयुक्त क्रिया
(d) प्रेरणार्थक क्रिया

व्याख्या (b) 'हँसना' एक अकर्मक क्रिया है, क्योंकि इस क्रिया का फल, कर्म पर न पड़कर कर्ता पर पड़ता है; जैसे—रामू हँसता है।

13. संयुक्त क्रिया का उदाहरण कौन-सा वाक्य है? *(REET 2011, I-V)*

(a) रस्सी जल गई
(b) सीमा पढ़ रही है
(c) तुम प्रतिदिन पढ़ने आया करो
(d) बच्चा सोता है

व्याख्या (c) 'तुम प्रतिदिन पढ़ने आया करो', वाक्य में संयुक्त क्रिया का प्रयोग हुआ है। संयुक्त क्रिया दो या दो से अधिक धातुओं के मेल से बनती है।

विशेषण

1. यह पुस्तक किसकी है? में रेखांकित शब्द का पद परिचय दीजिए *(UPTET 2018, I-V)*

(a) सार्वनामिक विशेषण (पुस्तक विशेष्य), एकवचन, स्त्रीलिंग
(b) सर्वनाम, एकवचन, स्त्रीलिंग
(c) गुणवाचक विशेषण (पुस्तक विशेष्य), एकवचन
(d) सम्बोधन अव्यय

व्याख्या (a) 'यह पुस्तक किसकी है?' वाक्य में यह-सार्वनामिक विशेषण, एकवचन, स्त्रीलिंग, पुस्तक विशेष्य।

2. मोहन सातवीं कक्षा में पहले स्थान पर रहा। रेखांकित पदों में विशेषण का भेद इंगित करें *(HTET 2018, VI-VIII)*

(a) क्रमवाचक निश्चित संख्यावाचक विशेषण
(b) पूर्णांकबोधक निश्चित संख्यावाचक विशेषण
(c) समुदायवाचक निश्चित संख्यावाचक विशेषण
(d) आवृत्तिवाचक निश्चित संख्यावाचक विशेषण

व्याख्या (b) मोहन सातवीं कक्षा में पहले स्थान पर रहा वाक्य के रेखांकित पदों में पूर्णांकबोधक निश्चित संख्यावाचक विशेषण है, क्योंकि इसमें पूर्ण संख्याओं का प्रयोग हुआ है; जैसे-सातवीं, पहले।

3. 'चार गज मलमल' में कौन-सा विशेषण है? *(UPTET 2017, I-V)*

(a) संख्यावाचक (b) गुणवाचक (c) परिमाणबोधक (d) सार्वनामिक

व्याख्या (c) 'चार गज मलमल' में 'चार गज' विशेषण, संज्ञा 'मलमल' की नाप-तौल की विशेषता बता रहा है, इसलिए यह परिमाणबोधक विशेषण है। अन्य विकल्पों में, जो संज्ञा की संख्या सम्बन्धी विशेषता बताते हैं, उन्हें संख्यावाचक सर्वनाम कहते हैं; जैसे-दसवाँ भाग। जो संज्ञा के गुण-दोष आकार, दशा, काल आदि का बोध कराए, उसे गुणवाचक विशेषण कहते हैं; जैसे—मीठा आम।

4. 'अपेक्षा' का विशेषण रूप क्या है? *(UPTET 2017, I-V)*

(a) सापेक्ष
(b) उपेक्षा
(c) निरपेक्ष
(d) अपेक्षित

व्याख्या (d) 'अपेक्षा' भाववाचक संज्ञा तथा स्त्रीलिंग शब्द है। इसमें 'इत' प्रत्यय लगाकर 'अपेक्षित' विशेषण बनता है। अन्य विकल्प असंगत हैं।

5. 'मेरा घर इसी शहर में है'- में कौन-सा विशेषण है? *(UPTET 2016, VI-VIII)*

(a) गुणवाचक विशेषण
(b) सार्वनामिक विशेषण
(c) संख्यावाचक विशेषण
(d) परिमाणबोधक विशेषण

व्याख्या (b) 'मेरा घर इसी शहर में है' वाक्य में सर्वनाम 'मेरा' संज्ञा 'घर' की विशेषता बता रहा है। अतः यहाँ सार्वनामिक विशेषण है।

6. 'बुद्धिहीन' शब्द व्याकरण की दृष्टि से किस संवर्ग में है? *(UPTET 2016, I-V)*

(a) संज्ञा
(b) सर्वनाम
(c) विशेषण
(d) क्रिया

व्याख्या (c) 'बुद्धिहीन' शब्द व्याकरण की दृष्टि से विशेषण है। इस शब्द में बुद्धि की हीनता का भाव स्पष्ट होता है, जैसे—बुद्धिहीन व्यक्ति।

7. निम्नलिखित में से कौन गुणवाचक विशेषण नहीं है? *(UPTET 2016, VI-VII)*

(a) गोल
(b) अधिक
(c) नुकीला
(d) भीतरी

व्याख्या (b) 'अधिक' परिमाणवाचक विशेषण है, क्योंकि इससे संज्ञा की नाप-तौल की विशेषता का बोध होता है; जैसे-अधिक आम। अन्य शब्द गोल, नुकीला, भीतरी गुणवाचक विशेषण हैं।

8. 'वह श्रेष्ठ उपासक है' में विशेष्य है *(HTET 2015, I-V)*

(a) वह
(b) श्रेष्ठ
(c) उपासक
(d) है

व्याख्या (c) 'वह श्रेष्ठ उपासक है' वाक्य में 'श्रेष्ठ' विशेषण 'उपासक' संज्ञा की विशेषता बता रहा है। विशेषण जिस संज्ञा शब्द की विशेषता बताता है, उसे विशेष्य कहते हैं। अतः यहाँ 'उपासक' विशेष्य है।

9. 'पापी' में कौन-सा विशेषण है? *(UPTET 2014, I-V)*

(a) संख्यावाचक विशेषण
(b) सार्वनामिक विशेषण
(c) गुणवाचक विशेषण
(d) परिमाणवाचक विशेषण

व्याख्या (c) 'पापी' में गुणवाचक विशेषण है, क्योंकि यह शब्द संज्ञा के गुण-दोष के विषय में बता रहा है;
जैसे-पापी मनुष्य। गुणवाचक विशेषण संख्या में सबसे ज्यादा हैं
काल नया, पुराना, अगला, पिछला, भूत, भविष्य
स्थान भीतरी, बाहरी, दायाँ, बायाँ, स्थानीय, देशीय, बंगाली, नेपाली
आकार गोल, लम्बा, सुन्दर, सुडौल, चौकोर, नुकीला, सीधा, तिरछा
रंग लाल, पीला, नीला, हरा, सफेद, सुनहरा, चमकीला, फीका
दशा दुबला, पतला, मोटा, भारी, गीला, सूखा, गरीब, अमीर, पालतू, रोगी
गुण भला, बुरा, उचित, अनुचित, सच्चा, झूठा, पापी, दानी, न्यायी, सीधा, शान्त, दुष्ट

10. निम्न में से किस वाक्य में विशेषण का प्रयोग हुआ है? ***(UPTET 2014, I-V)***

(a) राम जाता है
(b) सीता फल खाती है
(c) मेरी गाय काली है
(d) जल्दी उठना स्वास्थ्यवर्द्धक होता है

व्याख्या (c) 'मेरी गाय काली है' वाक्य में 'काली' विशेषण है, क्योंकि यह संज्ञा 'गाय' की विशेषता बता रहा है। विशेषण के चार भेद होते हैं
- सार्वनामिक विशेषण
- गुणवाचक विशेषण
- संख्यावाचक विशेषण
- परिमाणवाचक विशेषण

11. मदन काली पतलून पहनकर खेलने आया में विशेषण है ***(REET 2014,VI-VIII)***

(a) काली (b) पतलून
(c) मदन (d) खेलने

व्याख्या (a) मदन काली पतलून पहनकर खेलने आया वाक्य में 'काली' शब्द संज्ञा 'पतलून' की विशेषता बता रहा है। अत: यह विशेषण शब्द है।

12. बच्चे <u>बहुत-सी</u> गलतियाँ मात्राओं के प्रयोग में करते हैं वाक्य में रेखांकित अंश है ***(BTET 2014, I-V)***

(a) गुणवाचक विशेषण
(b) निश्चित संख्यावाचक विशेषण
(c) अनिश्चित संख्यावाचक विशेषण
(d) अनिश्चित परिमाणवाचक विशेषण

व्याख्या (d) बच्चे <u>बहुत-सी</u> गलतियाँ मात्राओं के प्रयोग में करते हैं। वाक्य में रेखांकित अंश में अनिश्चित परिमाणवाचक विशेषण है। अनिश्चित परिमाणवाचक विशेषण किसी वस्तु की नाप तथा तौल की अनिश्चित मात्रा का बोध कराते हैं;
जैसे—बहुत दूध, पूरा आनन्द, बहुत गलतियाँ आदि।

13. गुणवाचक, परिमाणबोधक, सार्वनामिक, संख्यावाचक-ये सभी निम्न में से किसके उदाहरण हैं? ***(BTET 2014, I-V)***

(a) संज्ञा (b) सर्वनाम
(c) विशेषण (d) इनमें से कोई नहीं

व्याख्या (c) गुणवाचक, परिमाणबोधक, सार्वनामिक, संख्यावाचक ये सभी विशेषण के भेद हैं, जबकि अन्य विकल्पों में—भाववाचक, जातिवाचक, व्यक्तिवाचक, गुणवाचक तथा द्रव्यवाचक सभी संज्ञा के भेद हैं तथा पुरुषवाचक, निजवाचक, निश्चयवाचक, अनिश्चयवाचक, सम्बन्धवाचक, प्रश्नवाचक आदि सर्वनाम के भेद हैं।

14. महात्मा गाँधी में अमूल्य गुण थे। इस वाक्य में 'अमूल्य' शब्द है ***(UPTET 2011, VI-VIII)***

(a) विशेषण (b) संज्ञा (c) सर्वनाम (d) क्रिया

व्याख्या (a) महात्मा गाँधी में अमूल्य गुण थे। यहाँ 'अमूल्य' विशेषण शब्द है, जो संज्ञा शब्द 'गुण' की विशेषता बता रहा है। जिस संज्ञा शब्द की विशेषता बताई जाती है, उसे विशेष्य कहते हैं।

15. यह नई साड़ी है। वाक्य में 'नई' शब्द है ***(UPTET 2011, I-V)***

(a) सर्वनाम (b) क्रिया (c) क्रिया विशेषण (d) विशेषण

व्याख्या (d) यह नई साड़ी है। वाक्य में 'नई' विशेषण है। यह संज्ञा 'साड़ी' की विशेषता बता रहा है।

16. कबीर कल बहुत <u>सुन्दर</u> दिख रहा था।
उपर्युक्त वाक्य में रेखांकित शब्द व्याकरण की दृष्टि से क्या है ***(CGTET 2011, I-V)***

(a) संज्ञा (b) सर्वनाम (c) कारक (d) विशेषण

व्याख्या (d) कबीर कल बहुत <u>सुन्दर</u> दिख रहा था। यहाँ वाक्य में 'सुन्दर' विशेषण है, क्योंकि यह संज्ञा 'कबीर' की विशेषता बता रहा है।
अन्य विकल्पों में,
- किसी वस्तु व्यक्ति, प्राणी, स्थान आदि के नाम को संज्ञा कहते हैं।
- संज्ञा या सर्वनाम के जिस रूप से वाक्य के अन्य शब्दों के साथ उनका सम्बन्ध ज्ञात हो, उसे कारक कहते हैं।
- संज्ञा के स्थान पर प्रयुक्त होने वाले शब्द सर्वनाम कहलाते हैं।

17. मेरा कुत्ता काला है। इस वाक्य में काला शब्द है ***(CGTET 2011, VI-VIII)***

(a) सर्वनाम (b) संज्ञा (c) विशेषण (d) क्रिया

व्याख्या (c) मेरा कुत्ता काला है। में 'काला' शब्द विशेषण है, क्योंकि यह संज्ञा 'कुत्ता' की विशेषता बता रहा है।

18. 'परिश्रमी' शब्द में कौन-से विशेषण का बोध होता है? ***(UTET 2011,I-V)***

(a) गुणवाचक विशेषण (b) संख्यावाचक विशेषण
(c) परिमाणवाचक विशेषण (d) सार्वनामिक विशेषण

व्याख्या (a) 'परिश्रमी' गुणवाचक विशेषण शब्द है, क्योंकि यह संज्ञा के गुण का बोध करा रहा है। गुणवाचक विशेषण संज्ञा के गुण, रंग, दशा, काल, स्थान और आकार का बोध कराते हैं।

वचन

1. 'अनेक' शब्द का बहुवचन अनके ही होता है, क्योंकि यह *(CGTET 2017, I-V)*

(a) विकारी शब्द है (b) उपसर्ग युक्त शब्द है
(c) अकारान्त है (d) अविकारी शब्द है।

व्याख्या (*) यह प्रश्न गलत है, परन्तु देखा जाए तो इसका उत्तर विकल्प (d) हो सकता है, क्योंकि 'अनेक' शब्द एक अविकारी शब्द है। इसमें कोई परिवर्तन नहीं होता है।

2. वह कौन-सा शब्द है, जो प्रायः बहुवचन में प्रयुक्त होता है? *(UTET 2017, I-V)*

(a) देव (b) नक्षत्र
(c) छात्र (d) प्राण

व्याख्या (d) जो शब्द हमेशा बहुवचन में ही प्रयुक्त होते हैं, उन्हें हमेशा बहुवचन शब्द कहते हैं; जैसे– प्राण, होश, आँसू, हस्ताक्षर आदि।

3. निम्न में से कौन शब्द हमेशा बहुवचन में प्रयुक्त होता है? *(REET 2016, I-V)*

(a) हस्ताक्षर (b) समाचार-पत्र
(c) चिड़िया (d) तिजोरी

व्याख्या (a) जो शब्द हमेशा बहुवचन में प्रयुक्त होते हैं, उन्हें हमेश बहुवचन कहते हैं; जैसे—बाल, दर्शन, हस्ताक्षर, आँसू, प्राण, होश, समाचार, दाम, लोग आदि।

4. 'आगरा' का बहुवचन होगा *(REET 2011, I-V)*

(a) आगरे (b) आगरों
(c) आगरें (d) बहुवचन नहीं होगा

व्याख्या (d) 'आगरा' व्यक्तिवाचक संज्ञा है और व्यक्तिवाचक संज्ञा का कोई बहुवचन नहीं होता।

5. 'छात्र' का बहुवचन है *(BTET 2011, I-V)*

(a) छात्रों (b) छात्र (c) छात्राएँ (d) छात्रे

व्याख्या (a) 'छात्र' का बहुवचन 'छात्रों' होगा। अन्य विकल्प असंगत हैं।

6. हिन्दी में वचन होते हैं *(REET 2011, I-V)*

(a) एक (b) दो (c) तीन (d) अनगिनत

व्याख्या (b) हिन्दी में दो वचन होते हैं—एकवचन तथा बहुवचन।

लिंग

1. निम्न में से पुल्लिंग शब्द का चयन कीजिए *(UPTET 2018, I-V)*

(a) पहिया (b) लिखावट (c) पखावज (d) मँझधार

व्याख्या (a) 'पहिया' शब्द पुल्लिंग है, क्योंकि यह पुरुष जाति का बोध कराता है; जैसे-पहिया घूमता है। अन्य शब्द स्त्रीलिंग हैं।

2. निम्न में से पुल्लिंग शब्द है *(UPTET 2016, VI-VIII)*

(a) रात (b) बात (c) गीत (d) मात

व्याख्या (c) 'गीत' पुरुष जाति का बोध कराता है। अतः यह पुल्लिग शब्द है; जैसे—उसने गीत गाया। अन्य शब्द स्त्रीलिंग हैं; जैसे—रात बीत गई। बात पूरी हो गई। राहुल ने तुम्हें मात दे दी।

3. निम्नांकित में कौन-सा शब्द पुल्लिंग में प्रयोग नहीं होता? *(UTET 2016, VI-VIII)*

(a) हाथी (b) नदी (c) दही (d) पानी

व्याख्या (b) 'नदी' शब्द स्त्री जाति का बोध कराता है; इसलिए यह स्त्रीलिंग शब्द है; जैसे-नदी चढ़ गई।
अन्य विकल्प पुल्लिग हैं; जैसे—
(i) हाथी भाग गया। (ii) दही जम गया।(iii) पानी पी लिया है।

4. 'दाता' शब्द का स्त्रीलिंग शब्द क्या है? *(UPTET 2014, I-V)*

(a) दाती (b) दातृ (c) दात्री (d) धात्री

व्याख्या (c) 'दाता' का स्त्रीलिंग शब्द 'दात्री' होगा। अन्य सभी विकल्प असंगत हैं।

5. 'कवि' का स्त्रीलिंग है *UPTET 2013, I-V), (REET 2011, I-V)*

(a) कविइत्री (b) कवित्री
(c) कवयित्री (d) कवियित्री

व्याख्या (c) 'कवि' का स्त्रीलिंग 'कवयित्री' होता है। अन्य विकल्प असंगत हैं।

6. हिन्दी के शब्दों का लिंग निर्धारण किसके आधार पर होता है? *(UPTET 2013, I-V)*

(a) प्रत्यय (b) संज्ञा
(c) क्रिया (d) सर्वनाम

व्याख्या (b) हिन्दी के शब्दों का लिंग निर्धारण 'संज्ञा' के आधार पर होता है।
अन्य विकल्पों में, प्रत्यय, शब्दों के अन्त में जुड़ने वाले शब्दांश होते हैं; जैसे-जंगल + ई = जंगली।
किसी व्यक्ति, वस्तु, स्थान, प्राणी का नाम संज्ञा होता है; जैसे—रवि, अस्पताल, शेर आदि।
जिससे किसी कार्य को करने या होने का बोध होता है, उसे क्रिया कहते हैं; जैसे-रवि चला गया।
संज्ञा के स्थान पर प्रयुक्त होने वाले शब्द सर्वनाम कहलाते हैं; जैसे—रवि घर चला गया। उसने खाना खाया। यहाँ उसने रवि के स्थान पर प्रयोग हुआ है। अतः यह सर्वनाम है।

7. निम्नलिखित में 'पुल्लिंग' शब्द है *(UTET 2013, I-V)*

(a) बुढ़ापा (b) जड़ता (c) घटना (d) दया

व्याख्या (a) 'बुढ़ापा' शब्द से पुरुष जाति का बोध होता है, अत: यह पुल्लिंग शब्द है; जैसे-बुढ़ापा खतरनाक होता है। अन्य विकल्प स्त्रीलिंग हैं; जैसे—वृक्षों में जड़ता होती है।
यह घटना मैंने भी सुनी है। मुझे दया आ गई।

8. 'वीर' का स्त्रीलिंग है *(UPTET 2012, I-V)*
(a) वारांगना (b) वीरवति (c) वीरांगना (d) वीरावती

व्याख्या (c) 'वीर' का स्त्रीलिंग 'वीरांगना' है। शेष सभी विकल्प असंगत हैं।

9. निम्नलिखित में से पुल्लिंग शब्द कौन-सा है? *(UPTET 2011, I-V)*
(a) नदी (b) पानी (c) इलायची (d) प्यास

व्याख्या (b) 'पानी' से पुरुष जाति का बोध होता है, अत: यह पुल्लिंग शब्द है; जैसे-वह पानी पीता है। अन्य शब्द स्त्रीलिंग हैं; जैसे—
(i) नदी चढ़ गई है।
(ii) उसने इलायची खा ली है।
(iii) प्यास लगी है।

10. कौन-सा शब्द 'हरिण' का स्त्रीलिंग रूप है? *(CGTET 2011, I-V)*
(a) हरिणी (b) हिरिनी
(c) हिरणी (d) हिरिणी

व्याख्या (a) 'हरिण' शब्द का स्त्रीलिंग 'हरिणी' होता है। अन्य सभी विकल्प असंगत हैं।

11. 'पुस्तक' है *(BTET 2011, I-V)*
(a) पुल्लिंग
(b) स्त्रीलिंग
(c) नपुंसकलिंग
(d) उपरोक्त में से कोई नहीं

व्याख्या (b) 'पुस्तक' स्त्रीलिंग शब्द है, क्योंकि इससे स्त्री जाति का बोध होता है; जैसे—मैंने पुस्तक पढ़ ली है। अन्य विकल्पों में, हिन्दी में लिंग दो प्रकार के होते हैं
पुल्लिंग पुरुष जाति का बोध कराने वाले शब्द
स्त्रीलिंग स्त्री जाति का बोध कराने वाले शब्द
नपुंसकलिंग यह संस्कृत में लिंग का एक भेद होता है। यह हिन्दी में स्वीकार्य नहीं है।

कारक

1. 'से' विभक्ति निम्न में से किस कारक के लिए प्रयुक्त होती है? *(UPTET 2017, VI-VIII)*
(a) कर्ता (b) कर्म (c) सम्प्रदान (d) करण

व्याख्या (d) 'से' विभक्ति करण कारक की होती है। कारण का अर्थ है-माध्यम या साधन।
संज्ञा के जिस रूप से क्रिया के साधन का बोध होता है अर्थात् जिसके द्वारा क्रिया की जाती है, उसे करण कारक कहते हैं; जैसे-यह फल चाकू से काटो।
अन्य विकल्पों में,
जहाँ क्रिया का फल कर्ता पर पड़ता है, वहाँ कर्ता कारक होता है और जहाँ क्रिया का फल कर्म पर पड़ता है, वहाँ कर्म कारक होता है; जैसे—
राम ने रावण को मारा।
राम = कर्ता, रावण = कार्य
सम्प्रदान का अर्थ होता है-देना अर्थात् जिसको कुछ दिया जाए या जिसके लिए कुछ किया जाए, वहाँ सम्प्रदान कारक होता है। इसके विभक्ति चिह्न 'के लिए' तथा 'को' होते है; जैसे—यह चादर भिखारी के लिए है।

2. 'परसर्ग' किसे किहते हैं? *(CGTET 2017, I-V)*
(a) उपसर्ग को (b) कारक चिह्नों को
(c) प्रत्यय को (d) वाक्य के अंगों को

व्याख्या (b) कारक चिह्न 'परसर्ग' कहलाते हैं। हिन्दी में आठ कारक होते हैं और सबके अपने-अपने कारक चिह्न या परसर्ग होते हैं।

3. निम्नलिखित में से किस वाक्य में अपादान कारक है? *(UTET 2017, I-V)*
(a) राम ने रावण को तीर से मारा
(b) मोहन से अब सहा नहीं जाता
(c) हिमालय से गंगा निकलती है
(d) चाकू से फल काटो

व्याख्या (c) 'हिमालय से गंगा निकलती है' वाक्य में गंगा का अलगाव हिमालय से हो रहा है। इसलिए यहाँ अपादान कारक है।
अन्य विकल्पों में,
राम ने रावण को तीर से मारा - कर्ता, कर्म, करण
मोहन से अब सहा नहीं जाता—करण
चाकू से फल काटो - करण

4. 'कर्म कारक' का चिह्न है *(UPTET 2016, VI-VIII)*
(a) ने
(b) से, द्वारा
(c) को
(d) को, के लिए, हेतु

व्याख्या (c) 'कर्म कारक' में क्रिया का प्रभाव कर्म पर पड़ता है। इसका विभक्ति चिह्न 'को' होता है; जैसे-राम ने रावण को मारा। अन्य विकल्पों में,
ने - कर्ता कारक
से, द्वारा - करण
को, के लिए, हेतु - सम्प्रदान

5. 'पेड़ से बन्दर कूदा', वाक्य में कौन-सा कारक है?

(UPTET 2016, I-V)

(a) अपादान (b) कर्म कारक
(c) सम्प्रदान कारक (d) करण कारक

व्याख्या (a) 'पेड़ से बन्दर कूदा' वाक्य में बन्दर का पेड़ से अलग होना प्रकट हो रहा है। अत: यहाँ अपादान कारक है। इसका विभक्ति चिह्न 'से' होता है।

6. 'चूहा बिल से बाहर निकला' में कौन-सा कारक है?

(UPTET 2016, VI-VII)

(a) सम्प्रदान कारक (b) अपादान कारक
(c) करण कारक (d) सम्बन्ध कारक

व्याख्या (b) 'चूहा बिल से बाहर निकला' वाक्य में चूहे का बिल से अलगाव प्रकट हो रहा है। अत: यहाँ अपादान कारक है। अन्य विकल्पों में,
संज्ञा के जिस रूप से वाक्य के किसी शब्द का अन्य शब्दों से सम्बन्ध प्रकट होता है, वहाँ सम्बन्ध कारक होता है;
जैसे-राजा का लड़का अभी छोटा है।

7. 'छत से ईंट गिरी' वाक्य में कौन-सा कारक है?

(UPTET 2016, I-V)

(a) अपादान (b) सम्बन्ध
(c) अधिकरण (d) सम्प्रदान

व्याख्या (a) 'छत से ईंट गिरी' वाक्य में ईंट का छत से अलगाव प्रकार हो रहा है। अत: यहाँ अपादान कारक है।
अन्य विकल्पों में,
अधिकरण का अर्थ होता है- आधार।
संज्ञा के जिस रूप से क्रिया के आधार का बोध होता है, उसे अधिकरण कारक कहते हैं; जैसे-
चिड़िया पेड़ पर बैठी है।

8. निम्नलिखित वाक्यों में से अपादान कारक का उदाहरण कौन-सा है?

(HTET 2015, I-V)

(a) राधा घर से निकली (b) सीता गीता से अच्छा गाती है
(c) मुझे आपसे बहुत डर लगता है (d) ये सभी

व्याख्या (d) दिए गए सभी उदाहरण अपादान कारक में हैं। जहाँ अलगाव, तुलना, डर आदि का भाव होता है, वहाँ अपादान कारक होता है।

9. ये फल उसके लिए हैं। इस वाक्य में रेखांकित अंश है

(HTET 2015, I-V)

(a) अन्य पुरुष, एकवचन, सम्प्रदान
(b) मध्यम पुरुष, बहुवचन, कर्ता
(c) मध्यम पुरुष, एकवचन, सम्प्रदान
(d) उत्तम पुरुष, एकवचन, सम्प्रदान

व्याख्या (a) ये फल उसके लिए हैं। वाक्य में रेखांकित अंश में अन्य पुरुष, एकवचन तथा सम्प्रदान कारक है।
सम्प्रदान कारक में क्रिया किसी के लिए की जाती है या किसी को कुछ दिया जाता है।

10. निम्न शब्द में अधिकरण कारक का प्रयोग हुआ है

(UPTET 2014, I-V)

(a) वाहनारूढ़ (b) सत्ताधीश
(c) गंगाजल (d) रेखाचित्र

व्याख्या (a) जहाँ अधिकरण तत्पुरुष में कारक चिह्न का लोप हो, वहाँ अधिकरण तत्पुरुष समास होता है। इसके कारक चिह्न 'में' तथा 'पर' होते हैं।
वाहनारुढ़ = वाहन पर आरूढ़ (अधिकरण तत्पुरुष समास)
गंगाजल = गंगा का जल (सम्बन्ध तत्पुरुष समास)
सत्ताधीश = सत्ता के अधीश (सम्बन्ध तत्पुरुष समास)

11. 'लड़का पेड़ से गिरा' में कौन-सा कारक है?

(UPTET 2014, I-V), (UPTET 2011, VI-VIII)

(a) अपादान कारक (b) सम्प्रदान कारक
(c) कर्म कारक (d) अधिकरण कारक

व्याख्या (a) 'लड़का पेड़ से गिरा'। इस वाक्य में लड़के का पेड़ से पृथक्करण हुआ है।
अत: यहाँ अपादान कारक है।

12. 'को' से किस कारक चिह्न का बोध होता है?

(UPTET 2014, I-V)

(a) कर्म कारक (b) करण कारण
(c) सम्प्रदान कारक (d) अधिकरण कारक

व्याख्या (a) 'को' से कर्म कारक चिह्न का बोध होता है। कर्म कारक में क्रिया का प्रभाव कर्म पर पड़ता है;
जैसे- मोहन राम को पीटता है।

13. 'हे राम! तुम कहाँ हो?' वाक्य में कौन-सा कारक है?

(UPTET 2014, VI-VIII)

(a) सम्बन्ध (b) अधिकरण
(c) सम्बोधन (d) अपादान

व्याख्या (c) संज्ञा के जिस रूप से किसी को पुकारा, बुलाया या सावधान किया जाता है, उसे 'सम्बोधन कारक' कहते हैं;
जैसे-'हे राम! तुम कहाँ हो'?

14. 'पण्डित दूध पीता है।' इस वाक्य में कारक है

(HTET 2014, I-V)

(a) कर्म, करण
(b) सम्प्रदान, सम्बन्ध
(c) कर्ता, कर्म
(d) उपरोक्त में से कोई नहीं

व्याख्या (c) 'पण्डित दूध पीता है' वाक्य में कर्ता और कर्म कारक हैं। यहाँ कर्ता 'पण्डित' है तथा कर्म 'दूध' है।
क्रिया को करने वाला 'कर्ता' होता है तथा क्रिया का प्रभाव जिस संज्ञा या सर्वनाम पर पड़ता है, उसे कर्म कारक कहते हैं।
यहाँ कर्ता 'पण्डित' द्वारा की गई क्रिया 'पीता है' का प्रभाव संज्ञा 'दूध' पर पड़ रहा है।

15. कारक के कितने भेद होते हैं? *(UPTET 2013, I-V)*

(a) 7 (b) 8 (c) 9 (d) 10

व्याख्या (b) कारक के आठ भेद होते हैं–

कारक		**विभक्ति/परसर्ग**
कर्ता कारक	–	ने
कर्म कारक	–	को
करण कारक	–	से, के द्वारा
सम्प्रदान कारक	–	को, के लिए
अपादान कारक	–	से (पृथक्करण हेतु)
सम्बन्ध कारक	–	का, के, की, रा, रे, री
अधिकरण कारक	–	में, पर
सम्बोधन कारक	–	हे, अजी, अहो इत्यादि।

16. 'पेड़ पर पक्षी बैठे हैं।' इस वाक्य में 'पेड़ पर' पद में कौन-सा कारक है? *(UTET 2013, VI-VIII)*

(a) करण (b) अपादान (c) सम्बन्ध (d) अधिकरण

व्याख्या (d) पेड़ पर पक्षी बैठे हैं। वाक्य में 'पेड़ पर' में अधिकरण कारक हैं। अधिकरण कारक में क्रिया के होने के स्थान या समय को बताया जाता है

17. 'कारक' का अर्थ है *(REET 2012, I-V)]*

(a) कार्यकर्ता (b) क्रिया को करने वाला
(c) कार वाला (d) कारखाने वाला

व्याख्या (b) 'कारक' का अर्थ होता है- क्रिया को करने वाला। अत: संज्ञा या सर्वनाम का क्रिया के साथ सम्बन्ध जोड़ने वाला कारक कहलाता है।

18. 'बिल्ली छत से कूद पड़ी' में कौन-सा कारक है? *(UPTET 2011, I-V)*

(a) अधिकरण कारक (b) कर्म कारक
(c) सम्प्रदान कारक (d) अपादान कारक

व्याख्या (d) 'बिल्ली छत से कूद पड़ी' वाक्य में अपादान कारक है।

19. लोगों ने शोरगुल करके डाकुओं को भगाया। उपर्युक्त वाक्य में कारक बताइए *(UPTET 2011, VI-VIII)*

(a) कर्ता कारक (b) करण कारक
(c) सम्प्रदान कारक (d) कर्म कारक

व्याख्या (d) लोगों ने शोरगुल करके डाकुओं को भगाया में 'कर्म कारक' है। क्रिया का प्रभाव या फल जिस संज्ञा या सर्वनाम पर पड़ता है, उसे कर्म कारक कहते हैं। इसका विभक्ति चिह्न 'को' होता है।

20. संज्ञा का वह रूप जिससे क्रिया के आधार का बोध होता है *(CGTET 2011, VI-VIII)*

(a) करण कारक (b) सम्बन्ध कारक
(c) सम्प्रदान कारक (d) अधिकरण कारक

व्याख्या (d) संज्ञा का वह रूप जिससे क्रिया के आधार का बोध होता है, वह अधिकरण कारक कहलाता है। इसका परसर्ग या कारक चिह्न 'में', या 'पर' होता है; जैसे-
पक्षी पेड़ पर बैठे हैं।
रवि कमरे में है।

21. रिक्त स्थानों की पूर्ति के लिए उपयुक्त कारक चिह्न का चयन कीजिए
प्रत्येक प्रश्न ....चार सम्भावित व्याख्या दिए गए हैं। *(UTET 2011, I-V)*

(a) के लिए (b) में
(c) के (d) से

व्याख्या (a) प्रत्येक प्रश्न के लिए चार सम्भावित उत्तर दिए गए हैं। यहाँ सम्प्रदान कारक के विभक्ति चिह्न 'के लिए' का प्रयोग किया गया है, क्योंकि यहाँ किसी को कुछ देने की बात की गई है।

22. 'को' और 'के लिए' किस कारक के चिह्न हैं? *(REET 2011, VI-VIII)*

(a) सम्प्रदान कारक (b) करण कारक
(c) अपादान कारक (d) सम्बोधन कारक

व्याख्या (a) 'को' और 'के लिए' सम्प्रदान कारक के कारक चिह्न हैं। जहाँ किसी के लिए कुछ किया जाता है या किसी को कुछ दिया जाता है, वहाँ सम्प्रदान कारक होता है; जैसे–
यह रोटी कुत्ते को दे दो। यह कम्बल रवि के लिए है।

23. निम्न में से किस वाक्य में 'सम्प्रदान कारक' है? *(REET I-V)*

(a) मेरा घर स्टेशन से बहुत दूर है
(b) राम घर पर सो रहा है
(c) राजा ने निर्धनों को कम्बल दिए
(d) निसार खेलता है

व्याख्या (c) राजा ने निर्धनों को कम्बल दिए। वाक्य में 'सम्प्रदान कारक' है, क्योंकि यहाँ राजा निर्धनों को कम्बल दे रहा है। सम्प्रदान कारक के परसर्ग या कारक चिह्न 'को' या 'के लिए' होते हैं।
अन्य विकल्पों में,
- मेरा घर स्टेशन से बहुत दूर है- अपादान कारक
- राम घर पर सो रहा है– अधिकरण कारक
- निसार खेलता है–कर्ता कारक।

वाच्य

1. 'मुझसे खड़ा भी हुआ नहीं जाता।' इस वाक्य का वाच्य होगा *(UPTET 2018, I-V)*

(a) भाववाच्य (b) कर्मवाच्य
(c) कर्तृवाच्य (d) अन्य

व्याख्या (a) 'मुझसे खड़ा भी हुआ नहीं जाता' वाक्य में भाववाच्य है, क्योंकि यहाँ वाक्य में भाव की प्रधानता है

2. 'मुझसे उठा नहीं गया' वाक्य में वाच्य है *(UPTET 2017, I-V)*

(a) कर्तृवाच्य
(b) कर्मवाच्य
(c) भाववाच्य
(d) उपरोक्त में से कोई नहीं

व्याख्या (c) 'मुझ से उठा नहीं गया' वाक्य में भाववाच्य है। क्रिया के जिस रूप से यह पता चले कि क्रिया का मुख्य विषय कर्ता है, कर्म है या भाव, तो उसे 'वाच्य' कहते हैं।
मुख्यत: वाच्य के तीन भेद होते हैं
(i) **कर्तृवाच्य** इसमें क्रिया का स्वरूप कर्ता के अनुसार होता है; जैसे-राम खेलता है।
राम पत्र लिखता है।
(ii) **कर्मवाच्य** इसमें क्रिया का स्वरूप कर्म के अनुसार होता है; जैसे-यह पत्र राम के द्वारा लिखा गया।
सोनिया से गीत गाया गया।
(iii) **भाववाच्य** इसमें क्रिया का स्वरूप भाव के अनुसार होता है; जैसे—मुझसे अब सहा नहीं जाता।

अव्यय

1. निम्न में से किस विकल्प में 'अविकारी पद' नहीं है? *(HTET 2018, VI-VIII)*

(a) सम्बन्धसूचक (b) सर्वनाम
(c) समुच्चयबोधक (d) क्रिया-विशेषण

व्याख्या (b) 'सर्वनाम' अविकारी पद नहीं है। इसमें लिंग, वचन तथा कारक के कारण विकार उत्पन्न हो जाता है; जैसे-मैं, मेरा आदि।
अन्य विकल्पों में, सम्बन्धसूचक अविकारी अर्थात् अव्यय है। ये संज्ञा या सर्वनाम के साथ जुड़कर उनका सम्बन्ध वाक्य के दूसरे शब्दों के साथ बताते हैं। के मारे, की ओर, की तरफ, के पीछे आदि सम्बन्धसूचक शब्द हैं। समुच्चयबोधक अव्यय दो शब्दों, वाक्यांशों या वाक्यों को परस्पर मिलाते हैं;
जैसे—और, या, एवं, किन्तु, यदि, क्योंकि आदि।
क्रिया-विशेषण अव्यय क्रिया की विशेषता बताते हैं;
जैसे-धीरे-धीरे, जल्दी, तेज, आराम से आदि।

2. वे अविकारी शब्द जो वाक्यों, वाक्यांशों अथवा एकाधिक शब्दों को जोड़ते हैं, कहलाते हैं *(UTET 2016, VI-VIII)*

(a) सम्बन्धवाचक शब्द
(b) विस्मयादिबोधक शब्द
(c) क्रिया-विशेषण शब्द
(d) समुच्चयबोधक शब्द

व्याख्या (d) वे अविकारी शब्द जो वाक्यों, वाक्यांशों अथवा एकाधिक शब्दों को जोड़ते हैं, समुच्चयबोधक शब्द कहलाते हैं। समुच्चयबोधक शब्द हैं-और, तथा, किन्तु, परन्तु, इसलिए, एवं, वरन् आदि।

3. निम्नांकित में अविकारी शब्द है *(UTET 2016, VI-VIII)*

(a) नारी (b) सरदी
(c) परन्तु (d) मीठा

व्याख्या (c) 'परन्तु' अविकारी शब्द है, क्योंकि इसमें लिंग, वचन, कारक आदि के कारण कोई परिवर्तन नहीं होता।

4. 'गीता मन्द-मन्द मुस्कुरा रही है' इस वाक्य में 'मन्द-मन्द' व्याकरण की दृष्टि से क्या है? *(UTET 2016, I-V)*

(a) विशेषण (b) क्रिया-विशेषण (c) संज्ञा (d) सर्वनाम

व्याख्या (b) 'गीता मन्द-मन्द मुस्कुरा रही है' इस वाक्य में 'मन्द-मन्द' व्याकरण की दृष्टि से रीतिवाचक क्रिया विशेषण है। इससे क्रिया के होने की रीति या ढंग का पता चलता है।

5. 'वह थोड़ा बीमार है'-इस वाक्य में 'थोड़ा' में कौन-सा क्रिया-विशेषण है? *(UPTET 2014, VI-VIII)*

(a) परिमाणवाचक क्रिया-विशेषण (b) कालवाचक क्रिया-विशेषण
(c) स्थानवाचक क्रिया-विशेषण (d) रीतिवाचक क्रिया-विशेषण

व्याख्या (a) 'वह थोड़ा बीमार है' वाक्य में परिमाणवाचक क्रिया-विशेषण है। जिन विशेषणों से क्रिया की मात्रा या उसमें परिमाण का बोध होता है, उसे परिमाणवाचक क्रिया विशेषण कहते हैं; जैसे-लगभग, बिल्कुल, अत्यन्त, कई, कम, अधिक आदि।
अन्य विकल्पों में, कालवाचक क्रिया विशेषण से क्रिया के होने में समय की सूचना मिलती है; जैसे-अभी, अब, परसों।
स्थानवाचक क्रिया विशेषण से क्रिया के होने के स्थान या दिशा का बोध होता है; जैसे-ऊपर, अन्दर, यहाँ, इधर।
रीतिवाचक क्रिया-विशेषण से क्रिया के होने का ढंग पता चलता है; जैसे-ध्यानपूर्वक, भली-भाँति, जैसे, ऐसे, वैसे, ज्यों-त्यों आदि।

6. 'वह आजकल दिल्ली में है'। इस वाक्य में रेखांकित शब्द है- *(UTET 2013, VI-VIII)*

(a) क्रिया-विशेषण (b) अव्यय (c) सर्वनाम (d) क्रिया

व्याख्या (b) 'वह आजकल दिल्ली में है' वाक्य में 'आजकल' अव्यय है। 'आजकल' कालवाचक क्रिया-विशेषण अव्यय है। अव्यय पाँच प्रकार के होते हैं— क्रिया-विशेषण, सम्बन्धबोधक, समुच्चयबोधक, विस्मयादिबोधक तथा निपात।

7. 'मैंने तो कुछ नहीं किया' वाक्य में 'तो' व्याकरण की दृष्टि से क्या है? *(UTET 2013, VI-VIII)*

(a) क्रिया-विशेषण (b) कर्ता (c) कारक (d) निपात

व्याख्या (d) 'मैंने तो कुछ नहीं किया' वाक्य में 'तो' निपात है। सामान्यत: निपात अव्यय ही है। हिन्दी में अधिकतर निपात उन शब्द समूह के बाद आते हैं, जिनको वे बल प्रदान करते हैं। निपात के नौ प्रकार होते हैं

1. स्वीकार्य निपात हाँ, जी, जी हाँ।
2. नकारार्थक निपात नहीं, जी नहीं।
3. निषेधात्मक निपात मत।
4. प्रश्नबोधक क्या? न
5. विस्मयादिबोधक क्या!, काश!, काश कि!
6. सीमाबोधक निपात तो, ही, तक, पर, सिर्फ, केवल।
7. तुलनाबोधक निपात सा।
8. अवधारण बोधक निपात ठीक, लगभग।
9. आदर बोधक निपात जी।

8. कौन-सा शब्द 'अव्यय' नहीं है? *(UTET 2013, I-V)*

(a) आज (b) कल (c) इधर (d) किसे

व्याख्या (d) 'किसे' प्रश्नवाचक शब्द है। यह 'अव्यय' नहीं है क्योंकि अव्यय में लिंग, वचन, कारक के कारण कोई परिवर्तन नहीं होता, परन्तु 'किसे' में परिवर्तन होता है; जैसे—किसी, किसके, किसको आदि।

9. रीतिवाचक क्रिया-विशेषण है *(UTET 2013, I-V)*

(a) अत्यन्त (b) आजकल (c) कदाचित् (d) बाहर

व्याख्या (c) 'कदाचित्' रीतिवाचक क्रिया-विशेषण है, क्योंकि यह क्रिया के होने के ढंग को बताता है; जैसे-कदाचित् आज राम नहीं आएगा।

अन्य विकल्प में,

अत्यन्त—परिमाणवाचक क्रिया-विशेषण

आजकल—कालवाचक क्रिया-विशेषण

बाहर—दिशावाचक क्रिया-विशेषण

10. निम्नलिखित वाक्यों में क्रिया-विशेषण युक्त वाक्य कौन-सा है? *(UPTET 2013, VI-VIII)*

(a) मैं कल नहीं जाऊँगा (b) यह फूल सुन्दर है

(c) हवा धीरे-धीरे बह रही है (d) आज हम स्कूल जाएँगे

व्याख्या (c) 'हवा धीरे-धीरे बह रही है।' वाक्य में 'धीरे-धीरे' शब्द क्रिया-विशेषण है।

यहाँ 'धीरे-धीरे' रीतिवाचक क्रिया-विशेषण है, जिससे क्रिया के होने में ढंग का बोध हो रहा है।

11. 'अहा! आप आ गए' वाक्य में 'अहा' शब्द है *(UPTET 2011, I-V)*

(a) संज्ञा (b) सर्वनाम

(c) अव्यय (d) विशेषण

व्याख्या (c) 'अहा! आप आ गए' वाक्य में 'अहा!' शब्द अव्यय है। अव्यय अविकारी शब्द होते हैं। इनमें 'लिंग, वचन, कारक के कारण कोई विकार नहीं होता।

12. 'श्याम धीरे-धीरे चलता है। 'धीरे-धीरे' शब्द है *(HTET 2011, I-V)*

(a) क्रिया (b) क्रिया-विशेषण

(c) विशेषण (d) इनमें से कोई नहीं

व्याख्या (b) 'श्याम धीरे-धीरे चलता है', वाक्य में 'धीरे-धीरे' रीतिवाचक क्रिया-विशेषण है। जिन अविकारी शब्दों से क्रिया के होने की रीति या विधि का पता चले, उन्हें रीतिवाचक क्रिया-विशेषण कहते हैं; जैसे-कैसे, ऐसे, ज्यों आदि।

13. 'हमें सफलता मिलने तक प्रयास करना चाहिए' इस वाक्य में 'तक' है *(REET 2011, VI-VIII)*

(a) समुच्चयबोधक अव्यय (b) क्रिया-विशेषण

(c) सम्बन्धबोधक अव्यय (d) विस्मयादिबोधक अव्यय

व्याख्या (c) 'हमें सफलता मिलने तक प्रयास करना चाहिए' इस वाक्य में 'तक' सम्बन्धबोधक अव्यय है, क्योंकि यह संज्ञा-सर्वनाम के साथ जुड़कर उनका सम्बन्ध वाक्य में अन्य शब्दों से बता रहा है।

अन्य विकल्पों में—हर्ष, शोक, आश्चर्य, प्रशंसा, घृणा आदि भावों को प्रकट करने वाले अविकारी शब्द विस्मयादिबोधक व्यय कहलाते हैं; जैसे-

अहा!, ऐ!, छि!, शाबाश! आदि।

14. जिन शब्दों में प्रयोग के अनुसार कोई परिवर्तन नहीं होता है, उन्हें कहा जाता है *(REET 2011, I-V)*

(a) पद (b) विकारी शब्द

(c) अविकारी शब्द (d) पदबन्ध

व्याख्या (c) जिन शब्दों में प्रयोग के अनुसार कोई परिवर्तन नहीं होता है, उन्हें अविकारी शब्द कहा जाता है। अन्य विकल्पों में, जिन शब्दों में लिंग, वचन, पुरुष, कारक आदि में परिवर्तन होने पर विकार उत्पन्न हो जाता है, तो उन्हें विकारी शब्द कहते हैं। जब शब्दों में प्रत्ययों को जोड़ दिया जाता है, तो वे पद कहलाते हैं।

वाक्य के वह भाग जिसमें एक से अधिक पद परस्पर सम्बद्ध होकर अर्थ तो देते हैं, किन्तु पूरा अर्थ नहीं देते, पदबन्ध या वाक्यांश कहलाते हैं।

15. ''रमेश 'जीवनभर' दु:ख भोगता रहा।'' इस वाक्य में जीवनभर शब्द है *(CGTET 2011, I-V)*

(a) परिमाणवाचक विशेषण (b) क्रिया विशेषण

(c) गुणवाचक विशेषण (d) विशेष्य विशेषण

व्याख्या (b) जो अविकारी शब्द क्रिया की विशेषता बताते हैं, उन्हें क्रिया विशेषण कहते हैं; जैसे-रमेश जीवनभर दु:ख भोगता रहा। यहाँ 'जीवनभर' शब्द क्रिया 'भोगने' की विशेषता बता रहा है, इसलिए यहाँ 'जीवनभर' क्रिया विशेषण शब्द है।

अध्याय 04

उपसर्ग एवं प्रत्यय

» State TETs

उपसर्ग

1. 'प्रागैतिहासिक' में किस उपसर्ग का प्रयोग हुआ है? *(UPTET 2018, I-V)*

(a) प्राक् (b) प्राग (c) प्रा (d) प्रागैति

व्याख्या (a) प्रागैतिहासिक = प्राक् + ऐतिहासिक
अत: यहाँ पर 'प्राक्' उपसर्ग का प्रयोग हुआ है। प्राक् का अर्थ प्राचीन, पुरातन आदि होता है
'प्राक्' उपसर्ग से बनने वाले अन्य शब्द हैं
प्राक्कथन, प्राक्कलन आदि।
उपसर्ग वह शब्दांश है, जो किसी शब्द के प्रारम्भ में जुड़कर उसके अर्थ में परिवर्तन कर देता है।

2. 'संकल्प' शब्द में उपसर्ग बताइए *(UPTET 2018, I-V)*

(a) सम् (b) सक् (c) सन् (d) सन्क

व्याख्या (a) सम् + कल्प = संकल्प
अत: 'संकल्प' शब्द में 'सम्' उपसर्ग लगा हुआ है।
'सम्' का अर्थ होता है- पूर्णता या संयोग।
'सम्' उपसर्ग से बने अन्य शब्द हैं- सम्भव, सम्भाग, संग्रह, सन्तोष, संहार, सम्मुख आदि।
अन्य विकल्प असंगत हैं।

3. 'अलंकार' में किस उपसर्ग का प्रयोग है? *(UPTET 2018, VI-VIII)*

(a) अल् (b) अल (c) अलन् (d) अलम्

व्याख्या (d) अलम् + कार = अलंकार।
अत: 'अलंकार' में 'अलम्' उपसर्ग का प्रयोग हुआ है।
'अलम्' उपसर्ग से बने अन्य शब्द हैं- अलंकार, अलंकृत आदि।
'अलम्' का अर्थ होता है—भूषण अर्थात् सुन्दरता, शोभा, सज्जित।
अन्य विकल्प असंगत हैं।

4. किस शब्द में 'अव' उपसर्ग का प्रयोग नहीं हुआ है? *(UPTET 2018, VI-VIII)*

(a) अवनद्ध (b) अवलेह (c) अवेक्षण (d) अवधी

व्याख्या (d) 'अवधी' में 'अव' उपसर्ग का प्रयोग नहीं हुआ है।
अन्य विकल्पों में, 'अव' उपसर्ग का प्रयोग हुआ है-
अवनद्ध = अव + नद्ध
अवलेह = अव + लेह
अवेक्षण = अव + ईक्षण

5. 'अत्यन्त' शब्द में प्रयुक्त उपसर्ग है *(UPTET 2017, I-V)*

(a) अत् (b) अ
(c) अत्य (d) अति

व्याख्या (d) अत्यन्त = अति + अन्त
अत: यहाँ 'अति' उपसर्ग का प्रयोग हुआ है।
अन्य विकल्प असंगत हैं।

6. निम्नलिखित में से कौन-सा उपसर्ग रहित शब्द है? *(UTET 2017, I-V)*

(a) सुयोग (b) सुरेश
(c) विदेश (d) अत्यधिक

व्याख्या (b) सुयोग (सु + योग), विदेश (वि + देश), अत्यधिक (अति + अधिक) में क्रमश: 'सु', 'वि' तथा 'अति' उपसर्ग का प्रयोग हुआ है, लेकिन सुरेश (सुर + ईश) दो शब्दों 'सुर' तथा 'ईश' के योग से बना है। 'सुर' का अर्थ 'देवता' होता है, जबकि उपसर्ग शब्दांश होता है, जोकि अव्यय की तरह व्यवहार करता है।
अत: स्पष्ट है कि 'सुरेश' उपसर्ग रहित शब्द है।

7. 'अत्याचार' शब्द में उपसर्ग है *(UPTET 2016, VI-VIII)*

(a) अति (b) आ
(c) अत् (d) अत्यु

व्याख्या (a) अत्याचार = अति + आचार
अत: दिए गए शब्द में 'अति' उपसर्ग का प्रयोग हुआ है।
'अति' का अर्थ होता है- अधिक, ऊपर आदि।
'अति' उपसर्ग से बने अन्य शब्द हैं- अतिशय, अत्यन्त, अतिक्रमण, अतिव्यापि, अत्यधिक आदि।

8. 'अभ्यागत' शब्द में कौन-सा उपसर्ग है? *(UPTET 2016, I-V)*

(a) अ (b) अभ्य
(c) अभि (d) अभ्या

व्याख्या (c) अभ्यागत = अभि + आगत (आगत)
अत: यहाँ पर 'अभि' उपसर्ग का प्रयोग हुआ है। अभि का अर्थ होता है- समीप, आधिक्य आदि।
'अभि' उपसर्ग से बनने वाले अन्य शब्द हैं- अभ्यर्थी, अभिज्ञान, अभिशाप, अभियान, अभिनय, अभिमान आदि।

9. 'प्रत्युत्पन्नमति' में कौन-सा उपसर्ग है? *(HTET 2015, I-V)*

(a) प्रत्य (b) प्रत् (c) प्रति (d) प्रत्यु

व्याख्या (c) प्रत्युत्पन्नमति = प्रति + उत्पन्न + मति
अत: यहाँ 'प्रति' उपसर्ग का प्रयोग हुआ है।
'प्रति' का अर्थ होता है- विरोध, बराबरी आदि।
'प्रति' उपसर्ग से बनने वाले अन्य शब्द हैं- प्रत्यर्पण, प्रत्यागत, प्रतिदान, प्रत्यक्ष।
अन्य विकल्प असंगत हैं।

10. निम्न में किस शब्द में उपसर्ग का प्रयोग हुआ है? *(UPTET 2014, VI-VIII)*

(a) लिखाई (b) हानिकारक (c) उपकार (d) अपनापन

व्याख्या (c) 'उपकार' में 'उप' (उप + कार) उपसर्ग का प्रयोग हुआ है। 'उप' का अर्थ होता है- निकटता, सदृश या सहायक आदि। 'उप' से बनने वाले अन्य शब्द हैं- उपहार, उपवन, उपचार आदि।

11. 'प्राक्तन' शब्द में उपसर्ग एवं मूल शब्द का सही विकल्प है *(HTET 2014, I-V)*

(a) प्रा + तन (b) प्राक् + तन
(c) पर् + तन (d) प्रा + कतन

व्याख्या (b) प्राक्तन = प्राक् + तन
अत: यहाँ 'प्राक्' उपसर्ग तथा 'तन' मूल शब्द है। उपसर्ग वे शब्दांश होते हैं, जो किसी मूल शब्द के पहले अर्थात् आरम्भ में जुड़कर उसके अर्थ में परिवर्तन कर देते हैं अथवा अर्थ को पूर्णता प्रदान करते हैं;
जैसे- वि + हार = विहार
प्र + कार = प्रकार

12. 'निरपराध' में प्रयुक्त उपसर्ग है *(HTET 2014, I-V)*

(a) नि (b) ने
(c) निर् (d) इनमें से कोई नहीं

व्याख्या (c) निरपराध = निर् + अपराध
अत: यहाँ 'निर्' उपसर्ग का प्रयोग हुआ है। 'निर्' का अर्थ निषेध, रहित या बाहर होता है।
उपसर्ग शब्द के प्रारम्भ में लगकर उसके अर्थ में परिवर्तन कर देते हैं।
अन्य विकल्पों में,
'नि' उपसर्ग से बनने वाले शब्द हैं—निषेध, निडर 'ने' उपसर्ग नहीं है।

13. 'अधि' उपसर्ग से बना शब्द नहीं है *(HTET 2014, I-V)*

(a) अध्यापन (b) अध्यवसाय (c) अधीर (d) अध्यादेश

व्याख्या (c) अध्यापन = अधि + आपन
अध्यवसाय = अधि + अवसाय
अध्यादेश = अधि + आदेश
अधीर = अ + धीर
उपर्युक्त से स्पष्ट है कि 'अधीर' शब्द में 'अ' उपसर्ग तथा अन्य शब्दों में 'अधि' उपसर्ग का प्रयोग हुआ है।
अत: 'अधीर' 'अधि' उपसर्ग से बना शब्द नहीं है।

14. किस शब्द में कोई भी उपसर्ग नहीं है? *(HTET 2014, I-V)*

(a) असुरक्षित (b) अप्रत्याशित
(c) स्वागत (d) स्वार्थ

व्याख्या (d) 'स्वार्थ' अपने आप में मूल शब्द है, इसमें कोई भी उपसर्ग नहीं लगा है। अन्य विकल्पों में,
'असुरक्षित' में 'अ' तथा 'सु', अप्रत्याशित में 'अ' तथा 'प्रति' और स्वागत में 'सु' उपसर्ग का प्रयोग हुआ है।
असुरक्षित = अ + सु + रक्षित
अप्रत्याशित = अ + प्रति + आशित
स्वागत = सु + आगत

15. निम्नलिखित में से किस शब्द का निर्माण, उपसर्ग से नहीं हुआ है? *(UTET 2013, I-V)*

(a) अवसाद (b) उन्नति
(c) सज्जन (d) प्रहार

व्याख्या (*) अवसाद = अव + साद
उन्नति = उत् + नति
सज्जन = सत् + जन
प्रहार = प्र + हार
स्पष्ट है कि उपर्युक्त चारों शब्दों में क्रमश: 'अव', 'उत्' 'सत्' तथा 'प्र' उपसर्गों का प्रयोग हुआ है।
अत: प्रश्न गलत है।

16. 'अ' उपसर्ग के प्रयोग से बना शब्द है *(HTET 2012, I-V)*

(a) अनन्त (b) अन्वेषण
(c) अवैतनिक (d) अपेक्षा

व्याख्या (c) अनन्त = अन् + अन्त
अन्वेषण = अनु + एषण
अवैतनिक = अ + वैतनिक
अपेक्षा = अप + ईक्षा
अत: स्पष्ट है कि अवैतनिक में 'अ' उपसर्ग का प्रयोग हुआ है। 'अ' का अर्थ होता है- निषेध। 'अ' उपसर्ग से बनने वाले अन्य शब्द हैं- अमोल, अपच, अपथ्य, अलंघ्य, अगाध, अथाह, अजान आदि।

निर्देश (प्र. सं. 17-19) नीचे कुछ शब्द दिए गए हैं, उनमें प्रयुक्त उपसर्ग चुनकर लिखिए।

17. अपमान *(UPTET 2011, I-V)*

(a) अव (b) उप
(c) अति (d) अप

व्याख्या (d) अप = अप + मान।
अत: यहाँ 'अप' उपसर्ग का प्रयोग हुआ है। 'अप' का अर्थ होता है- लघुता, हीनता, निषेध, अभाव आदि। 'अप' उपसर्ग से बनने वाले अन्य शब्द हैं- अपहरण, उपकार, अपभ्रंश, अपवाद, अपकर्ष आदि।
अन्य विकल्पों में,
अव—अवतल, अवनत, अवगत, अवज्ञा।
उप—उपकार, उपहार, उपगत, उपहास।
अति—अत्याचार, अत्यन्त, अतिक्रमण, अतिकाल।

18. पराजय *(UPTET 2011, I-V)*

(a) परि (b) प्र (c) परा (d) आ

व्याख्या (c) 'पराजय' शब्द में उपसर्ग है
पराजय = परा + जय
अत: यहाँ 'परा' उपसर्ग है। 'परा' का अर्थ होता है- विपरीत, अनादर आदि।
'परा' से बनने वाले अन्य शब्द हैं—पराधीन, पराभव, पराक्रम आदि।
अन्य विकल्पों में,
परि—परिवर्तन, परिक्रमा, परिवहन, परिव्रजा।
प्र—प्रख्यात, प्रसाद, प्रलय, प्रसन्न, प्रपंच।
आ—आगमन, आचरण, आमरण, आजीवन।

19. दुरवस्था *(UPTET 2011, I-V)*

(a) दुस् (b) दुर् (c) अव (d) दु

व्याख्या (b) दुरवस्था = दुर् + अवस्था
अत: यहाँ 'दुर्' उपसर्ग का प्रयोग हुआ है। 'दुर्' का अर्थ होता है- बुरा, कठिन आदि।
दुर् से बने अन्य शब्द हैं— दुर्दशा, दुर्लभ, दुर्जन आदि।
अन्य विकल्पों में,
दुस् = दुष्कर्म, दुस्साहस, दु:सह।
अव = अवगमन, अवकलन, अवकेन्द्र।
दु = दुकाल, दुबला।

20. 'अभिशाप' शब्द में उपसर्ग चुनिए *(UPTET 2011, VI-VIII)*

(a) अति (b) अधि (c) आ (d) अभि

व्याख्या (d) अभि + शाप = अभिशाप; अत: दिए गए शब्द में 'अभि' उपसर्ग का प्रयोग हुआ है।
'अभि' का अर्थ होता है-सामीप्य, आधिक्य, ओर आदि।
'अभि' उपसर्ग से बनने वाले अन्य शब्द हैं—अभियान, अभिभावक, अभ्यागत, अभिमुख, अभ्युदय आदि।
अन्य विकल्पों में,
अति = अत्यधिक, अत्याचार, अत्यन्त, अतिक्रमण।
अधि = अधिमान, अधिदिवस, अधिराज।
आ = आगत, आगमन, आमरण, आजीवन।

21. 'दुस्साहस' शब्द का उपसर्ग चुनिए *(UPTET 2011, VI-VIII)*

(a) दुस् (b) दुर् (c) दु (d) स

व्याख्या (a) दुस्साहस = दुस् + साहस
अत: 'दुस्साहस' में 'दुस्' उपसर्ग लगा है।
'दुस्' का अर्थ होता है- कठिन, बुरा आदि।
'दुस्' से बनने वाले अन्य शब्द हैं—
दुष्कर, दु:सह, दु:साध्य।

22. 'आमरण' शब्द के प्रारम्भ में लगे 'आ' को व्याकरण की दृष्टि से क्या कहते हैं? *(CGTET 2011, I-V)*

(a) मूलशब्द (b) उपसर्ग (c) प्रत्यय (d) तद्धित प्रत्यय

व्याख्या (b) 'आमरण' (आ + मरण) शब्द के प्रारम्भ में लगे 'आ' को व्याकरण की दृष्टि से उपसर्ग कहते हैं।
उपसर्ग वह शब्दांश है, जो किसी शब्द के प्रारम्भ में आकर उसके अर्थ में परिवर्तन कर देता है। अन्य विकल्पों में, शब्दों के बाद जो अक्षर या अक्षर समूह लगाया जाता है, उसे 'प्रत्यय' कहते हैं।
संज्ञा, सर्वनाम और विशेषण के अन्त में लगने वाले प्रत्यय को 'तद्धित प्रत्यय' कहा जाता है।
रूढ़ शब्द दूसरे शब्दों के मेल से नहीं बनते हैं (जैसे-नाक, कान, मुँह, पेट इत्यादि)। इन शब्दों के सार्थक खण्ड नहीं होते हैं, अत: ये 'मूलशब्द' होते हैं।

23. स्वयंवर शब्द में कौन-सा उपसर्ग प्रयुक्त है? *(UTET 2011, I-V)*

(a) स्व (b) स (c) स्वयं (d) सम्

व्याख्या (c) स्वयं + वर = स्वयंवर
अत: यहाँ 'स्वयं' उपसर्ग का प्रयोग हुआ है। 'स्वयं' का अर्थ होता है-अपना/अपने आप/खुद।
स्वयं' उपसर्ग से बने अन्य शब्द हैं- स्वयंसेवक, स्वयंभू आदि।
अन्य विकल्पों में,
स्व—स्वजन, स्वगत, स्वतन्त्र।
स—सफल, सजग, सकल।
सम्—संकल्प, संयोग, सम्मुख।

24. किस शब्द में 'कु' उपसर्ग नहीं है? *(REET 2011, I-V)*

(a) कुरूप (b) कुशल (c) कुकर्म (d) कुचाल

व्याख्या (b) कुरूप = कु + रूप
कुकर्म = कु + कर्म
कुचाल = कु + चाल
अत: उपर्युक्त तीनों शब्दों के अतिरिक्त कुशल में 'कु' उपसर्ग का प्रयोग नहीं हुआ है, क्योंकि 'कु + शल' में 'शल' निरर्थक शब्द है।
'कु' उपसर्ग का अर्थ 'बुरा या हीन' होता है।

25. आवरण में कौन-सा उपसर्ग लगाकर नया शब्द बनाया जा सकता है? *(BTET 2011, VI-VIII)*

(a) नि (b) निवा (c) परि (d) पर्य

व्याख्या (c) परि + आवरण = पर्यावरण
अत: स्पष्ट है कि 'आवरण' में 'परि' उपसर्ग लगाकर 'पर्यावरण' शब्द बनाया जा सकता है।

प्रत्यय

1. निम्न में से किस विकल्प में 'अपत्यवाचक प्रत्यय' का प्रयोग हुआ है? ***(HTET 2018, VI-VIII)***

(a) दाम्पत्य (b) पाशविक (c) दाशरथि (d) आस्तिक

व्याख्या (c) जिन प्रत्ययों के लगने से किसी वंशज या पुत्र होने का बोध होता है, उन्हें अपत्यवाचक प्रत्यय कहते हैं; जैसे–
दशरथ + इ = दाशरथि (दशरथ का पुत्र)
रघु + अ = राघव (रघु का पुत्र)
कुन्ती + एय = कौन्तेय (कुन्ती का पुत्र)
गंगा + एय + गांगेय (गंगा का पुत्र)
कुरु + अ = कौरव (कुरु का वंशज)

2. निम्नांकित में तद्धित प्रत्ययान्त शब्द बताइए। ***(UTET 2017, VI-VIII)***

(a) शान्त (b) निन्दित (c) पतित (d) आदित्य

व्याख्या (b) निन्दित = निन्दा + इत
संज्ञा, सर्वनाम और विशेषण के अन्त में लगने वाले प्रत्यय, तद्धित प्रत्ययान्त कहलाते हैं। यहाँ 'निन्दा' भाववाचक संज्ञा शब्द है, जिसमें 'इत' प्रत्यय लगाकर 'निन्दित' शब्द बना है।

3. 'रमणीय' में कौन-सा प्रत्यय है? ***(UPTET 2016, I-V)***

(a) अनीय (b) ईय (c) रम (d) णीय

व्याख्या (a) 'रमणीय' में 'अनीय' प्रत्यय का प्रयोग हुआ है प्रत्यय वे शब्दांश होते हैं, जो किसी शब्द के अन्त में जुड़कर उनका अर्थ बदल देते हैं।

4. 'कृत्' प्रत्यय किन शब्दों के साथ जुड़ते हैं? ***(UTET 2016, VI-VIII)***

(a) क्रिया (b) संज्ञा (c) सर्वनाम (d) विशेषण

व्याख्या (a) क्रिया या धातु के बाद जो प्रत्यय लगाए जाते हैं, उन्हें 'कृत्' प्रत्यय कहते हैं; जैसे–

धातु/क्रिया	कृत प्रत्यय	कृदन्त
लिख	आवट	लिखावट
गाना	वाला	गाने वाला
गा	अक	गायक
कस	औटी	कसौटी

5. जो शब्दांश किसी शब्द के अन्त में जुड़कर नया शब्द बनाते हैं, उसे कहते हैं- ***(UTET, 2016 I-V)***

(a) समास (b) सन्धि (c) प्रत्यय (d) उपसर्ग

व्याख्या (c) जो शब्दांश किसी शब्द के अन्त में जुड़कर नया शब्द बनाते हैं, उन्हें प्रत्यय कहते हैं; जैसे–
पूज + अनीय = पूजनीय।
दिख + आवट = दिखावट।
अन्य विकल्पों में,
दो वर्णों के मेल से होने वाले विकार को सन्धि कहते हैं; जैसे–
विद्या + आलय = विद्यालय।
सत् + जन = सज्जन।

6. टिकाऊ में प्रत्यय है ***(REET 2016, I-V)***

(a) ऊ (b) आऊ
(c) वू (d) उक

व्याख्या (b) टिकाऊ = टिक + आऊ
अत: यहाँ 'टिक' धातु में 'आऊ' प्रत्यय लगाने से 'टिकाऊ' शब्द का निर्माण हुआ है।
'टिकाऊ' यहाँ कृदन्त शब्द है।
अन्य विकल्पों में,
ऊ = झाड़ू, कालू
उक = भावुक, चाबुक

7. कृदन्त प्रत्यय किसके साथ जुड़ते हैं? ***(HTET 2015, I-V)***

(a) संज्ञा (b) सर्वनाम
(c) धातु (d) विशेषण

व्याख्या (c) धातु के बाद जो प्रत्यय लगाते हैं, उन्हें कृत् प्रत्यय कहते हैं तथा कृत् प्रत्ययों के मेल से जो शब्द बनते हैं, उन्हें 'कृदन्त प्रत्यय' कहा जाता है।
अन्य विकल्पों में,
संज्ञा के स्थान पर प्रयुक्त होने वाले शब्द सर्वनाम कहलाते हैं।
किसी व्यक्ति, वस्तु, स्थान या भाव के नाम को संज्ञा कहते हैं।
किसी संज्ञा या सर्वनाम शब्द की विशेषता बताने वाले शब्द विशेषण कहलाते हैं।

8. निम्नलिखित में से किस शब्द में एक प्रत्यय लगा हुआ है? ***(HTET 2015, I-V)***

(a) सागर (b) नगर (c) अगर (d) जादूगर

व्याख्या (d) जादूगर शब्द में 'गर' प्रत्यय लगा हुआ है
जादू + गर = जादूगर।
अन्य विकल्प असंगत हैं।

9. 'सावधानी' शब्द में कौन-सा प्रत्यय है? ***(UPTET 2015, I-V)***

(a) नी (b) ई (c) इ (d) आनी

व्याख्या (b) 'सावधानी' शब्द में 'ई' प्रत्यय लगा है
सावधान + ई = सावधानी
अन्य विकल्पों में,
नी = चटनी, नटनी; आनी = मथानी, कहानी।

10. 'सुत्' शब्द को स्त्रीवाचक बनाने के लिए किस प्रत्यय का प्रयोग होगा? ***(UPTET 2014, I-V)***

(a) ईय (b) ई
(c) इक (d) आ

व्याख्या (d) 'सुत' शब्द में 'आ' प्रत्यय लगाने से स्त्रीवाचक शब्द बनेगा; जैसे–सुत + आ = सुता।

11. वे शब्द जो धातु या शब्द के अन्त में जोड़े जाते हैं, उन्हें क्या कहते है? ***(UPTET 2014, VI-VIII)***

(a) समास (b) अव्यय (c) उपसर्ग (d) प्रत्यय

व्याख्या (d) वे शब्द जो धातु या शब्द के अन्त में जोड़े जाते हैं, प्रत्यय कहलाते हैं; जैसे—
अक = बालक, गायक, दायक
आवट = लिखावट, सजावट, बनावट
अन्य विकल्पों में
जहाँ दो या दो से अधिक शब्द मिलकर किसी अन्य शब्द का निर्माण करते हैं, तो उसे समास कहते हैं; जैसे—
यथा + शक्ति = यथाशक्ति।
चार भुजाएँ हैं जिसकी = चतुर्भुज।
नीला कमल = नीला कमल।
जिन शब्दों में लिंग, वचन, कारक आदि व्याकरणिक कोटियों के कारण कोई विकार परिवर्तन नहीं होता, उन्हें अव्यय कहते हैं; जैसे-परन्तु, आजकल, धीरें-धीरे, तो आदि।

12. 'अन्त और विदेश' शब्दों में क्रमशः प्रत्यय का शुद्ध विकल्प है *(HTET 2014, I-V)*
(a) त्य और य (b) य और श
(c) य और ईय (d) इनमें से कोई नहीं

व्याख्या (d) 'अन्त' और 'विदेश' शब्दों में दिए गए विकल्पों के अनुसार कोई भी प्रत्यय का शुद्ध विकल्प नहीं है।

13. किस शब्द में 'ल' प्रत्यय रूप में नहीं आया है? *(HTET 2014, VI-VIII)*
(a) कुशल (b) मृदुल (c) विमल (d) रोमल

व्याख्या (c) विमल अपने आप में पूर्ण शब्द है, इसलिए इसमें 'ल' प्रत्यय नहीं है, परन्तु अन्य विकल्पों में 'ल' प्रत्यय के रूप में लगा है-

शब्द	मूल शब्द	प्रत्यय
कुशल	कुश	ल
मृदुल	मृदु	ल
रोमल	रोम	ल

14. कौन-सा शब्द 'ईन' प्रत्यय के योग से नहीं बना है? *(HTET 2014, VI-VIII)*
(a) मनोहारिन (b) नमकीन (c) युगीन (d) ग्रामीण

व्याख्या (a) मनोहारिन = मनोहर + इन
नमकीन = नमक + ईन
युगीन = युग + ईन
ग्रामीण = ग्राम + ईन
अतः उपर्युक्त शब्दों में 'मनोहारिन' में 'इन' प्रत्यय लगा है तथा अन्य सभी शब्दों में 'ईन' प्रत्यय का प्रयोग हुआ है।

15. 'लेखक' शब्द के अन्त में कौन-सा प्रत्यय लगा हुआ है? *(UPTET 2013, I-V)*
(a) क (b) इक (c) आक (d) अक

व्याख्या (d) 'लेखक' शब्द के अन्त में 'अक' प्रत्यय लगा है।
लेख + अक = लेखक
अन्य विकल्पों में,
क = बालक, पूजक, शतक।
इक = दैनिक, साप्ताहिक, वार्षिक।
आक = नापाक, तैराक, भड़ाक।

16. निम्नलिखित में प्रत्यय युक्त शब्द है *(UTET 2013, I-V)*
(a) सादर (b) सावधान
(c) स्वभाव (d) समझदार

व्याख्या (d) समझदार = समझ + दार
अतः 'समझदार' में 'दार' प्रत्यय का प्रयोग हुआ है।
'दार' से बनने वाले अन्य शब्द हैं- वजनदार, असरदार।

17. निम्नलिखित में प्रत्यय युक्त शब्द नहीं है *(UTET 2013, I-V)*
(a) बोली (b) भाषा (c) पिपासा (d) अंकुर

व्याख्या (d) 'अंकुर' शब्द में किसी भी प्रत्यय का प्रयोग नहीं हुआ है।
अन्य विकल्पों में,
बोली = बोल + ई
भाषा = भाष् + आ
पिपासा = पिपास् + आ
अतः अन्य विकल्पों में क्रमशः ई, आ, आ प्रत्यय का प्रयोग हुआ है।

18. निम्न में से किस शब्द में प्रत्यय का प्रयोग नहीं हुआ है? *(HTET 2013, I-V)*
(a) बसन्त (b) रटन्त (c) भिड़न्त (d) धड़न्त

व्याख्या (a) 'बसन्त' में कोई भी प्रत्यय का प्रयोग नहीं हुआ है।
अन्य विकल्पों में
रट + अन्त = रटन्त
भिड़ + अन्त = भिड़न्त
धड़ + अन्त = धड़न्त
अतः स्पष्ट है कि अन्य विकल्पों में 'अन्त' प्रत्यय का प्रयोग हुआ है।

निर्देश (प्र. सं. 19-21) *नीचे कुछ शब्द दिए गए हैं। प्रत्येक शब्द में प्रयुक्त प्रत्यय विकल्पों से चुनिए।*

19. घुमक्कड़ *(UPTET 2011, I-V)*
(a) ओड़ा (b) अक्कड़ (c) आक (d) ऊ

व्याख्या (b) 'घुमक्कड़' शब्द में 'अक्कड़' प्रत्यय प्रयुक्त हुआ है।
घूम + अक्कड़ = घुमक्कड़
अन्य विकल्पों में,
आक = तैराक, उड़ाक।
ऊ = खाऊ, चालू, लागू, बिकाऊ।
ओड़ा = भगोड़ा, हँसोड़ा।

20. डिबिया *(UPTET 2011, I-V)*
(a) इया (b) आ (c) आई (d) ई

व्याख्या (a) 'डिबिया' शब्द में 'इया' प्रत्यय का प्रयोग हुआ है।
अन्य विकल्पों में,
डिब्बी + इया = डिबिया
आई = लिखाई, लड़ाई, चढ़ाई, पिटाई।
ई = हँसी, बोली, धमकी, घुड़की।
आ = चढ़ा, रखा, कटा, फोड़ा।

21. भिक्षुक *(UPTET 2011, I-V)*

(a) अ (b) उ (c) उक (d) अक

व्याख्या (c) 'भिक्षुक' शब्द में 'उक' (भिक्षा + उक) प्रत्यय का प्रयोग हुआ है।
अन्य विकल्पों में,
अक = चालक, लेखक, पालक, वाचक।
अ = काम, भार, देव, सर्प।
उ = तनु, बन्धु, पृथु।

22. 'सजावट' शब्द का प्रत्यय बताइए। *(UPTET 2011, VI-VIII)*

(a) आव (b) आवट (c) आहट (d) टा

व्याख्या (b) सजा + आवट = सजावट
अत: सजावट में 'आवट' प्रत्यय लगा है।
'आवट' प्रत्यय से बनने वाले अन्य शब्द हैं-
बनावट, लिखावट, गिरावट आदि।
अन्य विकल्पों में,
आव = बनावट, लगाव, दिखाव।
आहट = चहचहाहट, चिल्लाहट।

23. वर्ण में 'इक' प्रत्यय लगाने पर बनने वाला शब्द होगा *(CGTET 2011, I-V)*

(a) वर्णिक (b) वणिक (c) वर्णइक (d) वार्णिक

व्याख्या (d) वर्ण + इक = वार्णिक। अत: वर्ण में 'इक' प्रत्यय लगाने पर बनने वाला शब्द 'वार्णिक' होगा।

24. 'अनुकरणीय' में प्रत्यय लगा है *(CGTET 2011, VI-VIII)*

(a) अनु (b) करण (c) इय (d) ईय

व्याख्या (d) अनुकरण + ईय = अनुकरणीय। अत: अनुकरण में 'ईय' प्रत्यय का प्रयोग हुआ है। अन्य विकल्पों में, इय व ईय प्रत्यय हैं तथा 'अनु' व 'करण' प्रत्यय नहीं हैं।
इय = क्षत्रिय,
ईय = पठनीय, रमणीय

25. 'गवैया' किस प्रत्यय का शुद्ध रूप है? *(UTET 2011, I-V)*

(a) कर्तृवाच्य (b) कर्मवाचक कृत् प्रत्यय
(c) करणवाचक कृत् प्रत्यय (d) भाववाचक कृत् प्रत्यय

व्याख्या (a) गा + वैया = गवैया
यहाँ 'गा' धातु में वैया' प्रत्यय लगाकर 'गवैया' शब्द का निर्माण हुआ है। अत: जो प्रत्यय धातु के अन्त में जुड़ते हैं, उन्हें 'कर्तृवाच्य' कहते हैं।
अन्य विकल्पों में,
जो प्रत्यय धातुओं के अन्त में जुड़कर कर्म का अर्थ प्रकट करते हैं, उन्हें कर्मवाचक कृत् प्रत्यय कहते हैं;
जैसे-ओढ़ + नी = ओढ़नी।
जो प्रत्यय धातुओं के अन्त में जुड़कर माध्यम या साधन का अर्थ प्रकट करते हैं, करणवाचक कृत् प्रत्यय कहलाते हैं;
जैसे-फाँस + ई = फाँसी।
जो प्रत्यय धातुओं के अन्त में जुड़कर क्रिया या व्यापार का भाव प्रकट करते हैं, उन्हें भाववाचक कृत् प्रत्यय कहते हैं;
जैसे—लड़ + आई = लड़ाई।

26. 'इन' प्रत्यय का प्रयोग किस शब्द में हुआ है? *(REET 2011, I-V)*

(a) पुजारिन (b) कठिन (c) चिहन (d) मीन

व्याख्या (a) पुजारी + इन = पुजारिन
यहाँ पुजारी शब्द में 'इन' प्रत्यय लगाकर 'पुजारिन' शब्द का निर्माण हुआ है। 'इन' प्रत्यय से बनने वाले अन्य शब्द हैं- नागिन, मालकिन, बाँझिन आदि।

27. 'कल्पना', 'शिक्षा' में इक प्रत्यय का प्रयोग करने से शब्द बनेंगे *(BTET 2011, VI-VIII)*

(a) काल्पनिक, शिक्षिक (b) कल्पनिक, शैक्षिक
(c) कल्पनिक, शिक्षिक (d) काल्पनिक, शैक्षिक

व्याख्या (d) कल्पना + इक = काल्पनिक
शिक्षा + इक = शैक्षिक
अत: स्पष्ट है कि 'कल्पना' तथा 'शिक्षा' शब्द में 'इक' प्रत्यय लगाने से क्रमश: 'काल्पनिक' तथा 'शैक्षिक' शब्द बनते हैं।

28. किस शब्द में 'इत' प्रत्यय है? *(BTET 2011, I-V)*

(a) प्रत्येक (b) प्रोत्साहित (c) उपस्थिति (d) निश्चित

व्याख्या (b) प्रोत्साह + इत = प्रोत्साहित
अत: स्पष्ट है कि 'प्रोत्साह' शब्द में 'इत' प्रत्यय लगाने से 'प्रोत्साहित' शब्द का निर्माण हुआ है। अन्य विकल्प प्रत्यय की दृष्टि से असंगत हैं।

अध्याय 05

सन्धि विच्छेद

State TETs

1. 'बहिष्कार' का सन्धि-विच्छेद क्या है? *(UPTET 2018, I-V)*

(a) वहि: + ष्कार (b) बहिष + अकार
(c) बहि: + कार (d) बहिर + कार

व्याख्या (c) 'बहिष्कार' का सन्धि विच्छेद होगा-बहि: + कार। यदि विसर्ग से पहले 'इ' या 'उ' और आगे क, ट, प, फ, ठ हो, तो विसर्ग का 'ष' हो जाता है।

2. 'उड्डयन' के सन्धि-विच्छेद का सही विकल्प कौन-सा है? *(UPTET 2018, VI-VIII)*

(a) उत् + डयन (b) उड् + डयन
(c) उच्च + डयन (d) उड् + डयन

व्याख्या (a) 'उड्डयन' का सन्धि-विच्छेद होगा—उत् + डयन। व्यंजन सन्धि के नियमानुसार यदि 'त्' के बाद 'ड' हो, तो 'त्' के स्थान पर 'ड्' हो जाता है।

3. 'दिग्गज' का सन्धि-विच्छेद क्या है? *(UPTET 2018, VI-VIII)*

(a) दिग् + गज (b) दिक् + गज
(c) दि: + गज (d) दिग् + अगज

व्याख्या (b) 'दिग्गज' का सन्धि-विच्छेद होगा—दिक् + गज। व्यंजन सन्धि के नियमानुसार, यदि क्, च्, ट्, त्, प् के बाद किसी वर्ग का तीसरा या चौथा वर्ण आए या य, र, ल, व या कोई स्वर आए, तो क्, च्, ट्, त्, प् के स्थान पर अपने ही वर्ग का तीसरा वर्ण हो जाता है।

4. 'गुण स्वर सन्धि' का उदाहरण चुनिए *(HTET 2018, VI-VIII)*

(a) यमुनोर्मि (b) दध्योदन (c) मनोदशा (d) शिरोरेखा

व्याख्या (a) 'गुण स्वर सन्धि' का उदाहरण यमुनोर्मि है। यमुनोर्मि = यमुना + ऊर्मि (आ + ऊ = ओ)। गुण सन्धि के अनुसार यदि अ-आ के बाद इ-ई, उ-ऊ तथा ऋ आए तो क्रमश: ए, ओ तथा अर् हो जाता है।

5. गलत सन्धि-विच्छेद वाला विकल्प चुनिए *(HTET 2018, VI-VIII)*

(a) उद् + डयन = उड्डयन
(b) पद् + हति = पद्धति
(c) तत् + टीका = तट्टीका
(d) शरद् + उल्लास = शरदोल्लास

व्याख्या (a) उद् + डयन = उड्डयन गलत सन्धि-विच्छेद है। व्यंजन सन्धि के अनुसार, यदि त् के सामने च-छ, ज-झ, ट-ठ ड-ढ होगा, तो क्रमश: च्, ज्, ट्, ड् हो जाएगा, लेकिन यहाँ 'द्' के आगे 'ड' है। इसलिए सन्धि-विच्छेद गलत है।
अन्य विकल्पों में,

- पद् + हति = पद्धति। व्यंजन सन्धि के अनुसार त् या द् के सामने 'ह' हो, तो त्-द्, 'द्' में और ह 'ध' में बदल जाता है।
- तत् + टीका = तट्टीका (उड्डयन वाले नियमानुसार ही)
- शरद् + उल्लास = शरदोल्लास (अ + उ = ओ)

6. 'निष्कपट' शब्द का सन्धि-विच्छेद है *(UPTET 2017, I-V)*

(a) नि: + कपट (b) निष् + कपट
(c) नि + कपट (d) निश् + कपट

व्याख्या (a) 'निष्कपट' का सन्धि-विच्छेद होगा- नि: + कपट।

7. 'विद्यार्थी' में कौन-सी सन्धि है? *(UPTET 2017, VI-VIII)*

(a) दीर्घ (b) वृद्धि (c) गुण (d) यण्

व्याख्या (a) 'विद्यार्थी' में दीर्घ सन्धि है। विद्यार्थी = विद्या + अर्थी (आ + अ = आ)। दीर्घ सन्धि के अनुसार जब अ/आ के बाद अ/आ, इ/ई के बाद इ/ई, उ/ऊ के बाद उ/ऊ आए, तो दोनों मिलकर दीर्घ— हो जाते हैं।

8. 'नीरव' शब्द का सन्धि-विच्छेद है *(CGTET 2017, I-V)*

(a) नि: + रव (b) नी: + रव (c) नि + रव (d) नी + रव।

व्याख्या (a) 'नीरव' शब्द का सन्धि-विच्छेद होगा- नीरव = नि: + रव। विसर्ग सन्धि के अनुसार, यदि विसर्ग से पूर्व इ, उ हो तथा उसके बाद र हो, तो विसर्ग का लोप हो जाता है तथा इ, उ दीर्घ (ई, ऊ) हो जाते हैं।

9. 'व्यर्थ' शब्द में किन वर्णों की सन्धि हुई है? *(UTET 2017, I-V)*

(a) व + अ (b) वि + अ
(c) ई + अ (d) इ + अ

व्याख्या (d) 'व्यर्थ' = वि + अर्थ (इ + अ)। यहाँ यण् सन्धि है। यण् सन्धि के अनुसार यदि इ-ई, उ-ऊ तथा ऋ के बाद कोई स्वर आए, तो क्रमश: य, व तथा र हो जाता है।

10. निम्नलिखित शब्दों में से किसमें स्वर सन्धि है? *(UTET 2017, I-V)*

(a) अतएव (b) रजनीश (c) तपोगुण (d) सदाचार

व्याख्या (b) स्वर सन्धि के अन्तर्गत स्वर का स्वर से मेल होता है; जैसे-रजनीश = रजनी + ईश (ई + ई = ई)। यहाँ 'दीर्घ स्वर सन्धि' है।
अन्य विकल्पों में,
अतएव = अतः + एवं (विसर्ग सन्धि)
तपोगुण = तपः + गुण (विसर्ग सन्धि)
सदाचार = सत् + आचार (व्यंजन सन्धि)

11. 'पित्राज्ञा' में कौन-सी सन्धि है? *(UPTET 2017, VI-VIII)*

(a) गुण सन्धि (b) यण सन्धि
(c) पूर्वरूप सन्धि (d) पररूप सन्धि

व्याख्या (b) 'पित्राज्ञा' में यण् सन्धि प्रयुक्त हुई है।
पित्राज्ञा = पितृ + आज्ञा (ऋ + आ = रा)।

17. 'सूर्योदय' शब्द का सन्धि-विच्छेद है *(UPTET 2016, I-V)*

(a) सूर्यो + दय (b) सूर्य + उदय
(c) सूर्य: + उदय (d) सूर्ये + उदय

व्याख्या (b) 'सूर्योदय' का सन्धि-विच्छेद होगा- सूर्य + उदय = 'सूर्योदय' (अ + उ = ओ)।

13. 'महोर्मि' का सन्धि-विच्छेद है *(UPTET 2016, I-V)*

(a) महत् + उर्मि (b) महा + उर्मि
(c) महा + ऊर्मि (d) महत् + मर्मि

व्याख्या (c) 'महोर्मि' का सन्धि-विच्छेद होगा-
महा + ऊर्मि (आ + अ = ओ)।

14. 'महोत्सव' का सही सन्धि-विच्छेद क्या है? *(UPTET 2016, VI-VIII)*

(a) महा + उत्सव (b) महो + उत्सव
(c) महोत् + सव (d) महे + उत्सव

व्याख्या (a) 'महोत्सव' का सन्धि-विच्छेद होगा- महा + उत्सव (आ + उ = ओ)।

15. 'तथैव' शब्द का सन्धि-विच्छेद है *(UPTET 2016, VI-VIII)*

(a) तथ + एव (b) तथे + एव
(c) तथा + ऐव (d) तथा + एव

व्याख्या (d) 'तथैव' शब्द का सन्धि-विच्छेद होगा- तथा + एव (आ + ए = ऐ)। वृद्धि सन्धि के अनुसार, यदि अ-आ के बाद ए-ऐ तथा अ-आ के बाद ओ-औ आए, तो क्रमशः 'ऐ' तथा 'औ' हो जाता है।

16. 'लघूर्मि' में कौन-सी सन्धि है? *(UPTET 2016, VI-VIII)*

(a) अयादि स्वर सन्धि (b) दीर्घ स्वर सन्धि
(c) वृद्धि स्वर सन्धि (d) यण स्वर सन्धि

व्याख्या (b) 'लघूर्मि' में दीर्घ स्वर सन्धि है।
लघूर्मि = लघु + ऊर्मि (उ + ऊ = ऊ)। दीर्घ सन्धि के अनुसार, अ, आ, इ, ई, उ, ऊ, ऋ के बाद अ, आ, इ, ई, उ, ऊ आए, तो क्रमशः आ, ई, ऊ और 'ऋ' हो जाते हैं।

17. 'रीत्यनुसार' का सही सन्धि-विच्छेद है- *(UTET 2016, I-V)*

(a) रीत्य + अनुसार (b) रीत + अनुसार
(c) रीति + अनुसार (d) रीत्य + नुसार

व्याख्या (c) 'रीत्यनुसार' का सन्धि-विच्छेद होगा-
रीति + अनुसार (इ + अ = य)।

18. 'प्रत्युपकार' में सन्धि है *(UTET 2016, VI-VIII)*

(a) यण् (b) गुण (c) अयादि (d) वृद्धि

व्याख्या (a) 'प्रत्युपकार' में यण् सन्धि है।
प्रत्युपकार = प्रति + उपकार (इ + उ = यु)।

19. 'हृषीकेश' की सन्धि है *(REET 2016, I-V)*

(a) हृषी + केश (b) ऋषी + केश
(c) हृषीक + ईश (d) ऋषी + ईश

व्याख्या (c) 'हृषीकेश' का सन्धि-विच्छेद होगा-
हृषीक + ईश (अ + ई = ए)।

20. 'तत् + शंकर' सन्धि विच्छेद से बनने वाला शब्द है *(HTET 2015, I-V)*

(a) तच्छंकर (b) तत्शंकर (c) तच्शंकर (d) तत्संकर

व्याख्या (a) तत् + शंकर = तच्छंकर। व्यंजन सन्धि के अनुसार, त् के बाद यदि 'श' हो तो त् का 'च' तथा 'श' का 'छ' हो जाता है।

21. 'पुनर्जन्म' शब्द का सही सन्धि-विच्छेद है *(UPTET 2014, I-V)*

(a) पुनः + जन्म (b) पुरन् + जन्म
(c) पुन् + जन्म (d) पुनः + आजन्म

व्याख्या (a) 'पुनर्जन्म' शब्द का सन्धि-विच्छेद होगा-
पुनः + जन्म। विसर्ग सन्धि के अनुसार, यदि विसर्ग से पहले स्वर 'अ' के अतिरिक्त अन्य कोई स्वर हो तथा विसर्ग के बाद कोई स्वर या किसी वर्ग का तीसरा, चौथा, पाँचवाँ वर्ण हो, तो विसर्ग 'र' में बदल जाता है; जैसे-
बहिः + भाग = बहिर्भाग, प्रादुः + भाव = प्रादुर्भाव,
परन्तु यहाँ (पुनर्जन्म = पुनः + जन्म) विसर्ग से पहले 'अ' आने पर भी सन्धि हो रही है। अतः यह इस सन्धि का अपवाद है।

22. यण् सन्धि का उदाहरण नहीं है *(HTET 2014, I-V)*

(a) स्वल्प (b) स्वच्छ (c) स्वागत (d) स्वांग

व्याख्या (d) 'स्वांग' शब्द यण् सन्धि का उदाहरण नहीं है।
स्व + अंग = स्वांग (अ + अ = आ) दीर्घ सन्धि।
अन्य सभी विकल्प यण् सन्धि के उदाहरण हैं।
- स्वल्प = सु + अल्प (उ + अ = व)
- स्वच्छ = सु + अच्छ (उ + अ = व)
- स्वागत = सु + आगत (उ + आ = वा)

23. किस शब्द में विसर्ग सन्धि नहीं है? *(HTET 2014, I-V)*

(a) अनुस्वार (b) मनोनुकूल (c) मनस्ताप (d) पयोद

व्याख्या (a) 'अनुस्वार' में कोई भी सन्धि नहीं है। यहाँ 'स्वर' मूल शब्द में 'अनु' उपसर्ग लगाकर 'अनुस्वार' शब्द की निष्पत्ति हुई है। अन्य विकल्पों में विसर्ग सन्धि है
मनोनुकूल = मनः + अनुकूल; मनस्ताप = मनः + ताप
पयोद = पयः + द

24. किस शब्द का सन्धि-विच्छेद शुद्ध नहीं है? *(HTET 2014, I-V)*

(a) मात्रा + आनन्द = मात्रानन्द (b) सदा + एव = सदैव
(c) पितृ + अनुमति = पित्रनुमति (d) परम + औदार्य = परमौदार्य

व्याख्या (a) मात्रा + आनन्द = मात्रानन्द, यह अशुद्ध सन्धि-विच्छेद है। सही सन्धि विच्छेद होगा
मातृ + आनन्द = मात्रानन्द।
अन्य विकल्पों में,
सदा + एव = सदैव, आ + ए = ऐ (वृद्धि सन्धि)
पितृ + अनुमति = पित्रनुमति; ऋ + अ = र (यण् सन्धि)
परम + औदार्य = परमौदार्य; अ + औ = औ (वृद्धि सन्धि)

25. विसर्ग सन्धि का उदाहरण है *(HTET 2014, VI-VIII)*

(a) अतएव (b) विस्मरण (c) उच्चारण (d) विसर्ग

व्याख्या (a) अतएव = अत: + एव विसर्ग सन्धि का उदाहरण है यदि विसर्ग से पहले 'अ' हो तथा उसके सामने 'अ' के अतिरिक्त और कोई स्वर हो, तो वहाँ विसर्ग का लोप हो जाता है। अत: 'अतएव' में विसर्ग सन्धि है।

26. किस शब्द का सन्धि-विच्छेद सही नहीं है? *(HTET 2014, VI-VIII)*

(a) प्र + ऊढ़ = प्रौढ़ (b) नी + ऊन = न्यून
(c) अम्बु + ऊर्मि = अम्बूर्मि (d) शची + इन्द्र = शचीन्द्र

व्याख्या (b) नी + ऊन = न्यून, यह सन्धि-विच्छेद की दृष्टि से गलत है। सही सन्धि-विच्छेद होगा-नि + ऊन = न्यून।
यहाँ नि (इ) + ऊन = न्यून, सन्धि हुई है।
अन्य विकल्पों में सन्धि-विच्छेद सही हैं
- प्र + ऊढ़ = प्रौढ़ (गुण सन्धि)

नियम के अनुसार यहाँ 'अ + ऊ = ओ' होना चाहिए, परन्तु यह गुण सन्धि का अपवाद है।
- अम्बु + ऊर्मि = अम्बूर्मि (दीर्घ सन्धि)
- शची + इन्द्र = शचीन्द्र (दीर्घ सन्धि)

27. 'इत्यादि' शब्द में कौन-सी सन्धि है? *(UPTET 2013, I-V)*

(a) यण् सन्धि (b) वृद्धि सन्धि (c) गुण सन्धि (d) दीर्घ सन्धि

व्याख्या (a) इति + आदि = इत्यादि; इ + आ = या (यण् सन्धि)।

28. 'पवन' का सन्धि-विच्छेद है *(UPTET 2013, I-V)*

(a) प + अवन (b) प + वन
(c) पो + अन (d) पौ + अन

व्याख्या (c) 'पवन' का सन्धि-विच्छेद होगा-
पो + अन (ओ + अ = व)
अयादि सन्धि के अनुसार, ए, ऐ, ओ, औ के बाद कोई भिन्न स्वर आए, तो क्रमश: अय, आय, अव तथा आव हो जाता है।

29. 'गुडाकेश' का सन्धि-विच्छेद है *(UTET 2013, I-V)*

(a) गुडा + केश (b) गुडाके + ईश
(c) गुडाका + ईश (d) गुड + आकेश

व्याख्या (c) 'गुडाकेश' में सन्धि-विच्छेद होगा-
गुडाका + ईश (आ + ई = ए)।

30. 'महर्षि' शब्द में कौन-सी सन्धि है? *(UTET 2013, VI-VIII)*

(a) दीर्घ सन्धि (b) वृद्धि सन्धि
(c) गुण सन्धि (d) यण् सन्धि

व्याख्या (c) 'महर्षि' का सन्धि-विच्छेद होगा- महा + ऋषि (आ + ऋ = अर्)।

31. 'उल्लास' का सन्धि-विच्छेद है *(UTET 2013, VI-VIII)*

(a) उल + आस (b) उल्ल + आस
(c) उल् + लास (d) उत् + लास

व्याख्या (d) उल्लास का सन्धि-विच्छेद होगा—उत् + लास। अत: व्यंजन सन्धि के अनुसार, यदि त् या द् के बाद 'ल' आए तो त, द दोनों 'ल्' में परिवर्तित हो जाते हैं।

32. 'यश: + दा' का सन्धि युक्त पद होगा *(HTET 2012, I-V)*

(a) जसोदा (b) यशोदा (c) यशुदा (d) यश:दा

व्याख्या (b) 'यश: + दा' का सन्धि युक्त पद होगा- यश: + दा = यशोदा। विसर्ग सन्धि के अनुसार, यदि विसर्ग से पहले 'अ' स्वर हो तथा बाद में घोष वर्ण (किसी वर्ग का तीसरा, चौथा व पाँचवाँ व्यंजन तथा य, र, ल, व) आए, तो विसर्ग 'ओ' हो जाता है।

33. 'अक्षौहिणी' का सन्धि-विच्छेद है *(HTET 2012, I-V)*

(a) अक्ष: + हिणी (b) अक्ष + ऊहिनी
(c) अक्षो + अहिणी (d) अक्ष + ओहिणी

व्याख्या (d) 'अक्षौहिणी' का सन्धि विच्छेद होगा- अक्ष + ओहिणी (अ + ओ = औ)। वृद्धि सन्धि के अनुसार अ-आ के बाद ए-ऐ आने पर 'ऐ' तथा ओ-औ आने पर 'औ' हो जाता है।

34. 'मनोरथ' का सन्धि-विच्छेद होगा *(UPTET 2011, I-V)*

(a) मन: + रथ (b) मन + ओरथ
(c) मनो + रथ (d) मन + रथ

व्याख्या (a) 'मनोरथ' का सन्धि-विच्छेद होगा- मन: + रथ। विसर्ग सन्धि के अनुसार, यदि विसर्ग से पहले 'अ' स्वर हो तथा उसके सामने कोई घोष व्यंजन (वर्ग का तीसरा, चौथा, पाँचवाँ व्यंजन तथा य, र, ल, व) हो, तो विसर्ग का 'ओ' हो जाता है।

35. विद्यार्थी उदाहरण है *(UPTET 2011, I-V)*

(a) वृद्धि स्वर सन्धि का (b) गुण स्वर सन्धि का
(c) व्यंजन सन्धि का (d) दीर्घ स्वर सन्धि का

व्याख्या (d) विद्या + अर्थी = विद्यार्थी (आ + अ = आ) दीर्घ सन्धि का उदाहरण है। दीर्घ सन्धि के अनुसार, यदि अ, आ, इ, उ, ऊ, ऋ के बाद समान वर्ण आएँ हो दोनों दीर्घ स्वर हो जाते हैं।

36. दिग्भ्रम उदाहरण है *(UPTET 2011, I-V)*

(a) विसर्ग सन्धि का (b) अयादि स्वर सन्धि का
(c) व्यंजन सन्धि का (d) यण् स्वर सन्धि का

व्याख्या (c) दिग्भ्रम = दिक् + भ्रम व्यंजन सन्धि का उदाहरण है।

37. 'निर्गुण' का सन्धि -विच्छेद होगा– *(UPTET 2011, VI-VIII)*

(a) निर + गुण (b) नि + गुण
(c) निः + गुण (d) निर + गूण

व्याख्या (c) 'निर्गुण' का सन्धि विच्छेद होगा– निः + गुण। विसर्ग सन्धि के अनुसार, यदि विसर्ग से पहले 'अ' और 'आ' को छोड़कर कोई दूसरा स्वर आए और विसर्ग के बाद कोई स्वर हो या किसी वर्ग का तृतीय, चतुर्थ या पंचम वर्ण हो अथवा य, र, ल, व, ह हो तो विसर्ग के स्थान पर 'र' हो जाता है।

38. भानुदय शब्द का सन्धि-विच्छेद क्या होगा? *(UPTET 2011, VI-VIII)*

(a) भानु + उदय
(b) भानू + उदय
(c) भानू + ऊदय
(d) भानु + ऊदय

व्याख्या (a) 'भानुदय' का सन्धि विच्छेद होगा– भानु + उदय (उ + उ = ऊ)।

39. 'जगन्नाथ' किस सन्धि का उदाहरण है? *(UPTET 2011, VI-VIII)*

(a) व्यंजन सन्धि (b) विसर्ग सन्धि
(c) दीर्घ स्वर सन्धि (d) यण स्वर सन्धि

व्याख्या (a) 'जगन्नाथ' का सन्धि विच्छेद होगा– जगत् + नाथ। व्यंजन सन्धि के अनुसार, यदि क, च, ट, त, प के बाद न या म आए तो क, च, ट, त, प अपने वर्ण के पंचम वर्ण में बदल जाते हैं।

40. विद्या + आलय = विद्यालय शब्द में है *(CGTET 2011, I-V)* *(REET 2011, I-V)*

(a) गुण स्वर सन्धि
(b) वृद्धि स्वर सन्धि
(c) यण स्वर सन्धि
(d) दीर्घ स्वर सन्धि

व्याख्या (d) विद्या + आलय = विद्यालय (आ + आ = आ) में दीर्घ स्वर सन्धि है। दीर्घ सन्धि के अनुसार यदि अ, आ, इ, ई, उ, ऊ और ऋ के बाद वे ही ह्रस्व या दीर्घ स्वर आएँ, तो दोनों मिलकर क्रमशः आ, ई, ऊ और ऋ हो जाते हैं।

41. भगवद्भक्ति में सन्धि है *(CGTET 2011, VI-VIII)*

(a) विसर्ग सन्धि (b) स्वर सन्धि
(c) व्यंजन सन्धि (d) गुण स्वर सन्धि

व्याख्या (c) भगवद्भक्ति = भगवत् + भक्ति में व्यंजन सन्धि है।

42. 'अन्वेषण' का सन्धि-विच्छेद होगा *(UTET 2011, I-V)*

(a) अन + वेषण (b) अनु + एषण
(c) अनु + ऐषण (d) अन् + वेषण

व्याख्या (c) 'अन्वेषण' का सन्धि विच्छेद होगा– अनु + ऐषण।

43. किस शब्द में 'गुण सन्धि' है? *(REET 2011, VI-VIII)*

(a) सिन्धूर्मि (b) भारतेन्दु
(c) नारीश्वर (d) लोकैश्वर्य

व्याख्या (b) भारतेन्दु = भारत + इन्दु (अ + इ = ऐ) में गुण सन्धि है।
अन्य विकल्पों में,
- सिन्धूर्मि = सिन्धु + ऊर्मि (उ + ऊ = ऊ) दीर्घ सन्धि
- नारीश्वर = नारी + ईश्वर (ई + ई = ई) दीर्घ सन्धि
- लोकैश्वर्य = लोक + ऐश्वर्य (अ + ऐ = ऐ) वृद्धि सन्धि

44. 'वृक्षच्छाया' का सन्धि-विच्छेद होगा *(REET 2011, VI-VIII)*

(a) वृक्षः + छाया (b) वृक्षः + च्छाया
(c) वृक्षच् + छाया (d) वृक्ष + छाया

व्याख्या (d) 'वृक्षच्छाया' का सन्धि विच्छेद होगा– वृक्ष + छाया। व्यंजन सन्धि के अनुसार, यदि स, त् या द् (दन्त्य वर्ण) के सामने श् या च वर्ग का कोई भी वर्ण आए, तो वह 'च्' में परिवर्तित हो जाता है।

45. 'प्रत्येक' का सन्धि-विच्छेद है *(BTET 2011, I-V)*

(a) प्र + त्येक (b) प्रत्य + एक
(c) प्रति + एक (d) प्रति + ऐक

व्याख्या (c) 'प्रत्येक' का सन्धि विच्छेद होगा– प्रति + एक (इ + ए = ये)।

अध्याय 06

समास

» State TETs

1. 'गौशाला' में कौन-सा समास है? *(UPTET 2018, I-V)*

(a) तत्पुरुष (b) द्वन्द्व (c) बहुव्रीहि (d) द्विगु

***व्याख्या* (a)** 'गौशाला' अर्थात् गाय के लिए शाला (स्थान) में सम्प्रदान तत्पुरुष समास है। तत्पुरुष समास में उत्तर पद की प्रधानता होती है। तत्पुरुष समास में दोनों पदों (पूर्व व उत्तर पद) के बीच में विभक्ति चिह्न होता है; जैसे—सम्प्रदान तत्पुरुष समास में 'के लिए' चिह्न का लोप होता है।

अन्य विकल्पों में,

- **द्वन्द्व समास** में पूर्व पद व उत्तर पद दोनों प्रधान होते हैं और उनके बीच योजक शब्द होते हैं;
  जैसे—माता-पिता अर्थात् माता और पिता।
- **बहुव्रीहि समास** में दोनों पद प्रधान न होकर अन्य पद प्रधान होता है; जैसे—पीताम्बर अर्थात् पीले हैं वस्त्र जिसके अर्थात् विष्णु।
- **द्विगु समास** में पहला पद संख्यावाची होता है तथा दोनों पद मिलकर समाहार का बोध कराते हैं; जैसे—त्रिलोक अर्थात् तीनों लोकों का समाहार।

2. 'मृत्युंजय' पद में कौन-सा सही है? *(UPTET 2018, I-V)*

(a) द्विगु (b) कर्मधारय (c) बहुव्रीहि (d) द्वन्द्व

***व्याख्या* (c)** 'मृत्युंजय' अर्थात् मृत्यु पर विजय प्राप्त करने वाला अर्थात् शिव। यहाँ पर दोनों पद प्रधान न होकर अन्य पद प्रधान हैं। अतः इसमें बहुव्रीहि समास है। अन्य विकल्पों में, कर्मधारय समास में प्रथम पद विशेषण या उपमान तथा दूसरा पद विशेष्य या उपमेय होता है। इसमें दूसरा पद प्रधान होता है; जैसे-नील कमल—नीला कमल, कमल नयन—कमल रूपी नयन।

3. 'देशभक्ति' में कौन-सा समास है? *(UPTET 2018, I-V)*

(a) द्वन्द्व (b) कर्मधारय (c) तत्पुरुष (d) द्विगु

***व्याख्या* (c)** 'देशभक्ति' अर्थात् देश की भक्ति; यहाँ सम्बन्ध तत्पुरुष समास है। तत्पुरुष समास में द्वितीय पद की प्रधानता होती है। सम्बन्ध तत्पुरुष में दोनों पदों के बीच में सम्बन्ध कारक के विभक्ति चिन्ह, का, की, के आदि का लोप होता है।

4. किस समास में कोई पद प्रधान नहीं होता? *(UPTET 2018, VI-VIII)*

(a) द्विगु (b) अव्ययीभाव (c) बहुव्रीहि (d) तत्पुरुष

***व्याख्या* (c)** 'बहुव्रीहि समास' में कोई पद प्रधान नहीं होता। इसमें अन्य पद प्रधान होता है; जैसे—

घनश्याम – वह जो श्याम वर्ण के घन (बादल) के समान है अर्थात् कृष्ण

चतुर्भुज – चार भुजाओं वाले अर्थात् विष्णु

जलज – जो जल से जन्मा हो अर्थात् कमल

5. 'चौराहा' में कौन-सा समास है? *(UPTET 2018, I-V, VI-VIII)*

(a) द्विगु (b) तत्पुरुष (c) बहुव्रीहि (d) कर्मधारय

***व्याख्या* (a)** 'चौराहा' अर्थात् चार राहों का समाहार में द्विगु समास प्रयुक्त हुआ है।

यहाँ प्रथम पद संख्यावाची है तथा दोनों पद मिलकर समूह का बोध करा रहे हैं। अतः यहाँ द्विगु समास है।

6. 'यावज्जीवन' पद में समास है *(HTET 2018, VI-VIII)*

(a) अव्ययीभाव (b) तत्पुरुष (c) कर्मधारय (d) बहुव्रीहि

***व्याख्या* (a)** 'यावज्जीवन' अर्थात् जीवन-पर्यन्त। यहाँ पूर्व पद अव्यय है तथा दोनों पद मिलकर अव्यय बना रहे हैं, अतः इस पद में अव्ययीभाव समास है।

7. योगी शिवेन्द्र <u>कुशासन</u> पर विराजमान हैं। रेखांकित पद में समास है *(HTET 2018, VI-VIII)*

(a) मध्यम पद लोपी तत्पुरुष (b) कर्मधारय
(c) बहुव्रीहि (d) द्वन्द्व

***व्याख्या* (b)** कुशासन अर्थात् बुरा है जो शासन। यहाँ विशेषण-विशेष्य का सम्बन्ध है। अतः 'कुशासन' में कर्मधारय समास प्रयुक्त हुआ है।

8. 'पंकज' में कौन-सा समास है? *(UPTET 2017, VI-VIII)*

(a) द्वन्द्व (b) द्विगु (c) कर्मधारय (d) बहुव्रीहि

***व्याख्या* (d)** 'पंकज' अर्थात् पंक (कीचड़) में जन्मा/कमल बहुव्रीहि समास है।

9. 'वाक्य विग्रह' का अर्थ है *(UPTET 2017, VI-VIII)*

(a) शब्दों को जोड़ना
(b) वाक्य रचना करना
(c) वाक्य खण्डों को अलग-अलग करके उनका सम्बन्ध बताना
(d) सन्धि और समास बताना

***व्याख्या* (c)** वाक्य खण्डों को अलग-अलग करके उनका सम्बन्ध बताना 'वाक्य-विग्रह' कहलाता है।

10. द्विगु समास का उदाहरण नहीं है *(CGTET 2017, I-V)*
(a) अठन्नी (b) द्विरद (c) सतसई (d) सप्ताह

***व्याख्या* (b)** द्विरद अर्थात् दो दाँतों (रद) वाला अर्थात् हाथी। अत: यहाँ बहुव्रीहि समास है। बहुव्रीहि समास में दोनों पद प्रधान न होकर अन्य पद प्रधान होता है।
अन्य विकल्पों में,
अठन्नी (आठ आनों का समूह), सतसई (सात सौ पदों या दोहों का समूह), सप्ताह (सात दिनों का समाहार)। इन सभी में द्विगु समास है, क्योंकि द्विगु समास में पूर्व पद संख्यावाची होता है।

11. 'वनगमन' में समास है *(CGTET 2017, I-V)*
(a) द्वन्द्व समास (b) तत्पुरुष समास
(c) कर्मधारय समास (d) अव्ययीभाव समास

***व्याख्या* (b)** 'वनगमन' अर्थात् वन को गमन।
यहाँ पर कर्म तत्पुरुष समास है। तत्पुरुष समास में द्वितीय पद प्रधान होता है।

12. निम्नांकित में से किस शब्द में तत्पुरुष समास है? *(UTET 2017, VI-VIII)*
(a) वाचस्पति (b) घनश्याम (c) त्रिभुवन (d) चन्द्रशेखर

***व्याख्या* (a)** 'वाचस्पति' अर्थात् वाचस् (वाणी का पति)। यहाँ इस समास में पहले शब्द के बाद कारक-चिह्न (वाचस् – वाणी का) किसी न किसी रूप में उपस्थित है।
अत: यहाँ अलुक तत्पुरुष समास है।
अन्य विकल्पों में,
घनश्याम अर्थात् जो श्याम (काले) वर्ण के बादलों के समान है अर्थात् कृष्ण (बहुव्रीहि समास)। त्रिभुवन अर्थात् तीन भुवनों का समाहार (द्विगु समास)। चन्द्रशेखर अर्थात् जिसके शिखर पर चाँद है अर्थात् शिव (बहुव्रीहि समास)।

13. 'यथाशक्ति' में समास है *(UPTET 2016, I-V, IV-VIII)*
(a) अव्ययीभाव (b) तत्पुरुष (c) द्विगु (d) कर्मधारय

***व्याख्या* (a)** 'यथाशक्ति' अर्थात् शक्ति के अनुसार, अव्ययीभाव समास में पहला पद अव्यय और दूसरा पद संज्ञा होता है तथा समस्त पद मिलकर अव्यय होते हैं।

14. 'कृष्णार्जुन' में कौन-सा समास है? *(UPTET 2016, I-V)*
(a) तत्पुरुष (b) द्वन्द्व (c) बहुव्रीहि (d) कर्मधारय

***व्याख्या* (b)** कृष्णार्जुन अर्थात् कृष्णा और अर्जुन, यहाँ दोनों पद प्रधान हैं तथा दोनों पद योजक शब्द 'और' से जुड़े हैं।
इसलिए 'कृष्णार्जुन' में द्वन्द्व समास है।

15. 'चौमासा' में समास है *(UPTET 2016, VI-VIII)*
(a) द्विगु (b) द्वन्द्व (c) कर्मधारय (d) तत्पुरुष

***व्याख्या* (a)** 'चौमासा' अर्थात् चार महीनों का समाहार।
यहाँ पहला पद संख्यावाची है। अत: 'चौमासा' में द्विगु समास है।

16. 'अजातशत्रु' में कौन-सा समास है? *(UPTET 2016, VI-VIII)*
(a) तत्पुरुष (b) द्वन्द्व (c) कर्मधारय (d) बहुव्रीहि

***व्याख्या* (d)** 'अजातशत्रु', जिसका कोई शत्रु न हो, अत: यहाँ बहुव्रीहि समास है।

17. 'अनुरूप' समस्त पद में कौन-सा समास है? *(UTET 2016, I-V)*
(a) तत्पुरुष (b) कर्मधारय (c) अव्ययीभाव (d) बहुव्रीहि

***व्याख्या* (c)** 'अनुरूप' शब्द में अव्ययीभाव समास है। अनुरूप शब्द में 'अनु' एक अव्यय है तथा यहाँ पूर्वपद की प्रधानता है और समस्त पद अव्यय है।

18. 'परमेश्वर' शब्द में समास है *(UTET 2016, VI-VIII)*
(a) तत्पुरुष (b) अव्ययीभाव (c) द्विगु (d) कर्मधारय

***व्याख्या* (d)** 'परमेश्वर' अर्थात् परम है जो ईश्वर। यहाँ पहला पद विशेषण तथा दूसरा पद संज्ञा विशेष्य है।
अत: 'परमेश्वर' शब्द में कर्मधारय समास है।

19. 'पतझड़' में समास है *(REET 2016, I-V)*
(a) करण तत्पुरुष (b) कर्म तत्पुरुष
(c) बहुव्रीहि (d) द्वन्द्व

***व्याख्या* (c)** पतझड़-जिसके झड़ते हो पत्ते। अत: 'पतझड़' में दोनों पद प्रधान न होकर अन्य पद प्रधान है। इसलिए यहाँ बहुव्रीहि समास है।
अन्य विकल्पों में,
करण तत्पुरुष में करण कारक के चिन्ह से, के द्वारा का लोप होता है; जैसे—अकालपीड़ित = अकाल से पीड़ित।
कर्म तत्पुरुष में कर्म कारक के चिह्न 'को' का लोप होता है; जैसे—स्वर्ग प्राप्त = स्वर्ग को प्राप्त।

20. 'देहलता' इस सामासिक पद में कौन-सा समास है? *(HTET 2015, I-V)*
(a) कर्मधारय (b) द्विगु (c) अव्ययीभाव (d) द्वन्द्व

***व्याख्या* (a)** 'देहलता' में कर्मधारय समास प्रयुक्त हुआ है। देहलता का अर्थ है देह रूपी लता।
इस शब्द में एक पद उपमान और दूसरा पद उपमेय है।

21. 'समास' का अर्थ है *(UPTET 2014, I-V)*
(a) संक्षेप (b) विच्छेद (c) विस्तार (d) नवीन अर्थ

***व्याख्या* (a)** 'समास' का अर्थ होता है—संक्षेप।
अत: जिसमें दो या दो से अधिक शब्दों को मिलाकर एक नया शब्द बनाया जाता है, उसे समास कहते हैं।

22. 'उपकूल' में कौन-सा समास है? *(UPTET 2014, VI-VIII)*
(a) द्वन्द्व (b) द्विगु (c) अव्ययीभाव (d) तत्पुरुष

***व्याख्या* (c)** 'उपकूल' में अव्ययीभाव समास है। अव्ययीभाव समास में पूर्व पद प्रधान होता है और उत्तर पद गौण होता है अथवा जिसका पहला पद अव्यय की प्रकृति का हो, वहाँ अव्ययीभाव समास होता है।

23. 'स्त्री-पुरुष' में प्रयुक्त समास है *(HTET 2014, I-V)*

(a) अव्ययीभाव (b) कर्मधारय
(c) द्वन्द्व (d) द्विगु

***व्याख्या* (c)** 'स्त्री-पुरुष' अर्थात् स्त्री और पुरुष, अत: यहाँ द्वन्द्व समास है।

24. 'ऋणमुक्त' समस्त पद का विग्रह है *(HTET 2014, I-V)*

(a) ऋण + मुक्त
(b) ऋण की मुक्ति
(c) ऋण और मुक्त
(d) ऋण से मुक्त

***व्याख्या* (d)** 'ऋणमुक्त' अर्थात् ऋण से मुक्त है। यहाँ उत्तर पद प्रधान है तथा अपादान कारक का विभक्ति चिह्न 'से' का लोप है। अत: यहाँ अपादान तत्पुरुष समास है।

25. बहुव्रीहि समास का उदाहरण नहीं है *(HTET 2014, I-V)*

(a) पंसेरी (b) बारहसिंगा
(c) कुसुमायुध (d) दीर्घ-बाहु

***व्याख्या* (b)** 'बारहसिंगा' में बहुव्रीहि समास नहीं है।
बारहसिंगा अर्थात् बारह सिंगों का समाहार, अत: यहाँ द्विगु समास है।
अन्य विकल्पों में,
बहुव्रीहि समास है 'पंसेरी' अर्थात् पाँच सेर है जो,
'कुसुमायुध' अर्थात् कुसुम है आयुध जिसका अर्थात् कामदेव,
'दीर्घ-बाहु' अर्थात् दीर्घ (लम्बी) हैं भुजाएँ जिसकी अर्थात् राम।

26. 'रघुपति' शब्द किस समास का उदाहरण है? *(HTET 2014, I-V*

(a) द्विगु (b) द्वन्द्व
(c) बहुव्रीहि (d) कर्मधारय

***व्याख्या* (c)** 'रघुपति शब्द बहुव्रीहि समास का उदाहरण है। इसका विग्रह है रघुकुल का पति (राजा) है जो अर्थात् राम।

27. निम्न में से किस शब्द में बहुव्रीहि समास है? *(HTET 2014, VI-VIII)*

(a) चौराहा (b) पंसेरी
(c) शताब्दी (d) पंजाब

***व्याख्या* (d)** 'पंजाब' का सामासिक विग्रह होगा-पाँच आब (नदियों) वाला क्षेत्र अर्थात् पंजाब।
अत: 'पंजाब' शब्द में दोनों पद प्रधान न होकर अन्य पद प्रधान है। इसलिए इसमें बहुव्रीहि समास है।
अन्य विकल्पों में,
चौराहा = चार राहों का समाहार
पंसेरी = पाँच सेरों का समाहार
शताब्दी = सौ अब्दों (वर्षों) का समाहार
उपर्युक्त तीनों में पहला पद संख्यावाची है, अत: इनमें द्विगु समास है।

28. 'निर्विवाद' मे समास है *(UTET 2013, I-V)*

(a) कर्मधारय (b) अव्ययीभाव
(c) तत्पुरुष (d) बहुव्रीहि

***व्याख्या* (b)** 'निर्विवाद' शब्द में अव्ययीभाव समास है।
निर्विवाद = बिना विवाद का।
अव्ययीभाव समास में प्रथम पद अव्यय तथा द्वितीय पद संज्ञा होता है। समस्त पद में अव्यय के अर्थ की ही प्रधानता रहती है। समस्त पद क्रिया-विशेषण के अर्थ में व्यवहृत होता है।

29. निम्न में तत्पुरुष समास का उदाहरण है *(UTET 2013, I-V)*

(a) एकतरफा (b) धनंजय (c) आत्मनिर्भर (d) वक्रतुण्ड

***व्याख्या* (c)** 'आत्मनिर्भर' अर्थात् अपने आप पर निर्भर (तत्पुरुष समास)। जिस समास का उत्तर पद अर्थात् अन्तिम पद प्रधान हो, उसे तत्पुरुष समास कहते हैं। तत्पुरुष कर्ता कारक और सम्बोधन को छोड़कर अन्य सभी कारकों की आवश्यकतानुसार विभक्तियाँ लगाकर इनका समास विग्रह होता है।
अन्य विकल्पों में,
एकतरफा = एक तरफ होना (अव्ययीभाव समास)
धनंजय = धन को जीतने वाला अर्थात् अर्जुन (ब्रहुव्रीहि समास)
वक्रतुण्ड = टेढ़ी है कुण्ड (सूँड़) जिसकी अर्थात् गणेश जी (बहुव्रीहि समास)

30. 'चन्द्रशेखर' शब्द में समास है *(UTET 2013, VI-VIII*

(a) तत्पुरुष (b) द्विगु
(c) बहुव्रीहि (d) कर्मधारय

***व्याख्या* (c)** 'चन्द्रशेखर' शब्द में बहुव्रीहि समास है। चन्द्रशेखर का विग्रह है—चन्द्र है शिखर पर जिसके अर्थात् शिव। बहुव्रीहि समास इस समास में दोनों में से कोई भी पद प्रधान नहीं होता, बल्कि दोनों पद मिलकर किसी तीसरे अर्थ को स्पष्ट करते हैं।

31. निम्नलिखित में से द्विगु समास का उदाहरण है *(HTET 2012, I-V)*

(a) त्रिभुवन (b) त्रिनेत्र (c) एकदन्त (d) दशानन

***व्याख्या* (a)** 'त्रिभुवन' में 'द्विगु समास' है। जब संख्यावाची शब्द समूह या समाहार प्रकट करने के लिए प्रयुक्त हों, तो द्विगु समास होता है। त्रिनेत्र, एकदन्त एवं दशानन में बहुव्रीहि समास है।

32. द्विगु समास का उदाहरण है *(UPTET 2011, I-V)*

(a) माता-पिता (b) यथाशक्ति (c) नवग्रह (d) पीताम्बर

***व्याख्या* (c)** 'नवग्रह' अर्थात् नौ ग्रहों का समूह (द्विगु समास)
जिस समास का प्रथम पद संख्यावाचक हो और जिससे एक समुदाय का बोध हो, उसे द्विगु समास कहते हैं।
अन्य विकल्प में,
यथाशक्ति - शक्ति के अनुसार (अव्ययीभाव समास)
माता-पिता - माता और पिता (द्वन्द्व समास)
पीताम्बर - पीत (पीला) है जो अम्बर (कर्मधारय समास)

33. 'यथाशीघ्र' शब्द का समास बताइए *(UPTET 2011, VI-VIII)*

(a) अव्ययीभाव (b) द्वन्द्व
(c) कर्मधारय (d) तत्पुरुष

***व्याख्या* (a)** 'यथाशीघ्र' में अव्ययीभाव समास होगा। 'यथाशीघ्र' का समास विग्रह है-'जितना शीघ्र हो'। जिसमें पूर्व पद प्रधान और उत्तर पद गौण, वह अव्ययीभाव समास होता है।

34. 'जनतन्त्र' शब्द निम्नांकित में से किस समास-प्रकार के अन्तर्गत है? *(CGTET 2011, I-V)*

(a) सम्प्रदान तत्पुरुष समास (b) कर्म तत्पुरुष समास
(c) सम्बन्ध तत्पुरुष समास (d) करण तत्पुरुष समास

***व्याख्या* (c)** 'जनतन्त्र' अर्थात् जन (जनता) का तन्त्र।
यहाँ सम्बन्ध कारक की विभक्ति 'का' का लोप है।
अत: यहाँ सम्बन्ध तत्पुरुष समास है।
अन्य विकल्पों में,

- जिसमें सम्प्रदान कारक की विभक्ति 'के लिए' का लोप हो, वहाँ सम्प्रदान तत्पुरुष समास होता है;
  जैसे—देशभक्ति अर्थात् देश के लिए भक्ति
- जिसमें करण कारक की विभक्ति 'से', 'के द्वारा' का लोप हो, वहाँ करण तत्पुरुष समास होता है; जैसे—अकालपीड़ित अर्थात् अकाल से पीड़ित।

35. 'पॉकिटमार' शब्द में समास है *(CGTET 2011, VI-VIII)*

(a) अव्ययीभाव (b) तत्पुरुष
(c) कर्मधारय (d) द्वन्द्व

***व्याख्या* (b)** 'पॉकिटमार' अर्थात् 'पाकिट को मारने वाला'। यहाँ इस समास में अन्तिम पद प्रधान 'को' कारक का लोप है, अत: इस पद में कर्म तत्पुरुष समास है।

36. निम्नांकित शब्दों में से 'सम्बन्ध बहुव्रीहि' सामासिक शब्द है *(CGTET 2011, VI-VIII)*

(a) दशानन (b) लुप्तपद
(c) प्राप्तोदक (d) उपहृतपशु

***व्याख्या* (a)** दशानन अर्थात् दश है आनन जिसके अर्थात् रावण।

37. कौन-सा शब्द अव्ययीभाव समास का उदाहरण है? *(UTET 2011, I-V)*

(a) नवग्रह (b) गाँठकर
(c) महात्मा (d) आमरण

***व्याख्या* (d)** 'आमरण' का अर्थ है— मरने तक।
इस शब्द में पहला पद अव्यय है तथा दोनों पद मिलकर अव्यय पद बना रहे हैं। अत: यहाँ अव्ययीभाव समास है।
अन्य विकल्पों में,
नवग्रह - नवग्रहों का समाहार (द्विगु समास)
महात्मा - महान आत्मा है जो (कर्मधारय समास)

38. जब किसी समास में दोनों शब्द प्रधान हों तो उसको कहते हैं *(REET 2011, I-V)*

(a) द्वन्द्व समास (b) द्विगु समास
(c) प्रधान समास (d) तत्पुरुष समास

***व्याख्या* (a) द्वन्द्व समास** जिस समास में दोनों पद प्रधान होते हैं, उसे द्वन्द्व समास कहते हैं। इसके दो पदों के बीच 'और' अथवा 'या' योजक अव्यय लगे रहते हैं।
रात-दिन — रात और दिन।
सीता-राम — सीता और राम।

39. जिसमें पहला पद संख्यावाचक हो और जो किसी समूह विशेष का बोध कराए उसे कहते हैं *(REET 2011, I-V)*

(a) कर्मधारय समास (b) द्वन्द्व समास
(c) अव्ययीभाव समास (d) द्विगु समास

***व्याख्या* (d)** जिस समास का प्रथम पद संख्यावाचक हो और अन्तिम पद संज्ञा हो उसे 'द्विगु समास' कहते हैं; जैसे—
त्रिफला — तीन फलों का समाहार।
दोपहर — दो पहरों का समाहार।
सतसई — सात सौ दोहों का समूह।

40. 'द्वन्द्व' समास है *(REET 2011, I-V)*

(a) लम्बोदर (b) अंधकूप (c) नर-नारी (d) शरणागत

***व्याख्या* (c)** नर-नारी अर्थात् नर और नारी।
यहाँ दोनों पद प्रधान हैं तथा दोनों पद 'और' योजक अव्यय से जुड़े रहते हैं। अत: इस पद में 'द्वन्द्व समास' है।
अन्य विकल्पों में,
लम्बोदर — लम्बा है उदर जिसका अर्थात् गणेश (बहुव्रीहि समास)।
अन्धकूप — अन्धा कुआँ (कर्मधारय समास)।
शरणागत — शरण में आया हुआ (तत्पुरुष समास)।

41. 'लिखने-पढ़ने' में कौन-सा समास है? *(BTET 2011, I-V)*

(a) द्विगु (b) द्वन्द्व (c) तत्पुरुष (d) कर्मधारय

***व्याख्या* (b)** 'लिखने-पढ़ने' में द्वन्द्व समास प्रयुक्त हुआ है। लिखने-पढ़ने यहाँ लिखने और पढ़ने दोनों पद प्रधान हैं तथा योजक अव्यय 'और' से जुड़े हैं। अत: इस पद में द्वन्द्व समास है।

42. 'अष्टाध्यायी' में समास है *(BTET 2011, VI-VIII)*

(a) द्वन्द्व (b) द्विगु
(c) तत्पुरुष (d) कर्मधारय

***व्याख्या* (b)** 'अष्टाध्यायी' में द्विगु समास प्रयुक्त हुआ है। अष्टाध्यायी अर्थात् आठ अध्याओं का समाहार। अत: यहाँ पूर्व पद संख्यावाची विशेषण है तथा इसका दूसरा पद संज्ञा है इसलिए यहाँ द्विगु समास है।

अध्याय 07

विराम चिह्न

» State TETs

1. विराम-चिह्न की दृष्टि से कौन-सा वाक्य अशुद्ध है? *(UPTET 2018, I-V)*

(a) वह ईमानदार, परिश्रमी, कर्मठ और मृदुभाषी है।
(b) उसके पास धन-वैभव, नौकर-चाकर आदि सभी कुछ था।
(c) हाँ मेरा यही विचार है।
(d) आप हमारे घर आना चाहते हैं, तो आइए ठहरना चाहते हैं, तो ठहरिए।

व्याख्या (c) विराम-चिह्न की दृष्टि से अशुद्ध वाक्य है—
'हाँ मेरा यही विचार है।'
यहाँ 'हाँ' शब्द के बाद विस्मयादिबोधक चिह्न (!) का प्रयोग होना चाहिए।
अत: शुद्ध वाक्य होगा
हाँ! मेरा यही विचार है।

2. विराम-चिह्न की दृष्टि से कौन-सा वाक्य अशुद्ध है? *(UPTET 2018, VI-VIII)*

(a) नहीं कल मैं तुम्हारे घर नहीं आ सकूँगा।
(b) मैं क्या कहता?
(c) महक, रागिनी, श्वेता आदि भी आई हैं; ये सब अब गाना गाएँगी।
(d) उसने पूछा, "तुम कहाँ थे"?

व्याख्या **(a)** विराम चिह्न की दृष्टि से अशुद्ध वाक्य है—
'नहीं कल मैं तुम्हारे घर नहीं आ सकूँगा।' यहाँ 'नहीं' शब्द के बाद विस्मयादिबोधक चिह्न (!) का प्रयोग होना चाहिए।
अत: शुद्ध वाक्य होगा—
नहीं! कल मैं तुम्हारे घर नहीं आ सकूँगा।

3. आकाश-पाताल के बीच लगने वाला (-) चिह्न है *(UPTET 2011, I-V)*

(a) अल्पविराम चिह्न
(b) विस्मयादिबोधक
(c) योजक चिह्न
(d) उद्धरण चिह्न

व्याख्या (c) आकाश-पाताल के बीच लगने वाला चिह्न योजक चिह्न (-) है। 'योजक चिह्न' दो शब्दों को परस्पर जोड़ता है;
जैसे—स्वर्ग-नरक, यहाँ-वहाँ आदि।
अन्य विकल्पों में,
जब पूर्णविराम की अपेक्षा वाक्य में थोड़े समय के लिए रुकना पड़े, तो वहाँ अल्पविराम (,) चिह्न का प्रयोग होता है;
जैसे-राम, सीता और लक्ष्मण वन गए।
शोक, हर्ष, खेद, आश्चर्य आदि प्रकट करने के लिए विस्मयादिबोधक चिह्न (!) का प्रयोग करते हैं;
जैसे—
शाबास! तुम अच्छा खेले।
किसी संवाद या कथन को प्रदर्शित करने के लिए उद्धरण चिह्न (" ") का प्रयोग करते है; जैसे—राम ने कहा—"सीता का वन में जाना सरल काम नहीं है।"

4. निम्नलिखित वाक्य में एक विराम चिह्न का लोप है वह विराम चिह्न कौन-सा है? वाक्य है *(CGTET 2011, VI-VIII)*
आप एक ऐसे मनुष्य की खोज कराइए, जिसने कभी दु:ख का नाम न सुना हो

(a) अर्द्ध विराम (b) आश्चर्यसूचक (c) अल्पविराम (d) पूर्णविराम

व्याख्या **(d)** जब वाक्य पूर्ण रूप से समाप्त हो जाता है, तो वहाँ 'पूर्णविराम चिह्न' (।) का प्रयोग करते हैं।
आप एक ऐसे मनुष्य की खोज कराइए, जिसने कभी दु:ख का नाम न सुना हो।
अन्य विकल्पों में,
जहाँ वाक्य में रुकने के लिए पूर्ण विराम से कम तथा अल्प विराम से अधिक समय लगे, वहाँ अर्द्ध विराम (;) का प्रयोग होता है; जैसे—आपको ये तीन कार्य करने ही होंगे— राधा को बुलाना पड़ेगा; जमींदार से मिलना पड़ेगा और रेणु को सारी बातें समझानी पड़ेंगी।
विस्मयादिबोधक चिह्न (!) को ही आश्चर्यसूचक चिह्न कहते है; जैसे—क्या! राजा अनुत्तीर्ण हो गया।

5. 'गौरव-गाथा' इन दोनों शब्दों के बीच में लगा चिह्न कहलाता है? *(CGTET 2011, VI-VIII)*

(a) लाघव चिह्न (b) हंसपद चिह्न
(c) योजक चिह्न (d) अवतरण चिह्न

***व्याख्या* (c)** गौरव-गाथा के बीच लगने वाला चिह्न योजक चिह्न (-) होता है।
अन्य विकल्पों में, किसी शब्द के संक्षिप्त रूप को प्रकट करने के लिए लाघव चिह्न (०) का प्रयोग होता है; जैसे–
डॉक्टर – डॉ०
पण्डित – पं०
इंस्पेक्टर – इं०
यदि वाक्य में कोई पद छूट जाए, तो वहाँ हंसपद या त्रुटिपूरक चिह्न (^) का प्रयोग करते हैं; जैसे–
महात्मा गाँधी का पूरा नाम मोहनदास करमचन्द गाँधी था।
अवतरण चिह्न या उद्धरण, चिह्न किसी वार्तालाप या कथन को प्रदर्शित करते हैं; जैसे–
रवि बोला–'मुझे जाना ही होगा।'

6. नीचे लिखे वाक्यों में से किसमें विराम चिह्नों का सही प्रयोग हुआ है? *(UTET 2011, I-V)*

(a) हाँ मैं सच कहता हूँ बाबू जी। माँ बीमार है। इसलिए मैं नहीं गया।
(b) हाँ मैं सच कहता हूँ। बाबू जी, माँ बीमार है। इसलिए मैं नहीं गया।
(c) 'हाँ, मैं सच कहता हूँ, बाबू जी। माँ बीमार है, इसलिए मैं नहीं गया।'
(d) हाँ मै सच कहता हूँ, बाबू जी। माँ बीमार है इसलिए मैं नहीं गया।

व्याख्या (c) 'हाँ, मैं सच कहता हूँ, बाबू जी। माँ बीमार है, इसलिए मैं नहीं गया।'
इस वाक्य में 'विराम चिह्नों' का सही प्रयोग हुआ है। अन्य विकल्प असंगत हैं।

7. किसी के कथन को उद्धृत करते समय किस विराम चिह्न का प्रयोग किया जाता है? *(REET 2011, I-V)*

(a) विस्मयादिबोधक चिह्न (b) अवतरण का उद्धरण चिह्न
(c) प्रश्नवाचक चिह्न (d) निर्देशक चिह्न

व्याख्या (b) किसी के कथन को उद्धृत करते समय 'अवतरण या उद्धरण चिह्न (" ")' का प्रयोग किया जाता है।

8. सही विराम चिह्नों वाला वाक्य है *(REET 2011, I-V)*

(a) जो पत्र आज आया है, कहाँ है?
(b) जो पत्र आज आया है, कहाँ है?
(c) जो पत्र आज आया है, कहाँ है।
(d) जो पत्र आज आया है, कहाँ है।

व्याख्या (*) जो पत्र आज आया है, कहाँ है? वाक्य में सही विराम चिह्नों का प्रयोग हुआ है, लेकिन विकल्प (a), (b) एक समान हैं तथा विकल्प (c), (d) एक समान हैं। अत: यह प्रश्न त्रुटिपूर्ण है।

9. विराम चिह्न (;) का नाम है *(REET 2011, VI-VIII)*

(a) अर्द्धविराम (b) विराम (c) अल्पविराम (d) हंसपद

***व्याख्या* (a)** अर्द्धविराम चिह्न का प्रतीक (;) होता है
अन्य विकल्पों में,
पूर्णविराम चिह्न – (।)
अल्पविराम – (,); हंसपद – (^)

10. किसी कठिन शब्द को स्पष्ट करने के लिए किस विराम चिह्न का प्रयोग होता है? *(REET 2011, I-V)*

(a) विवरण चिह्न (b) निर्देशक (c) कोष्ठक (d) उप विराम

***व्याख्या* (c)** किसी कठिन शब्द को स्पष्ट करने के लिए 'कोष्ठक' का प्रयोग करते हैं; जैसे–
यह बात मुझे अप्रिय (बुरी) लगी।

अध्याय 08

वाक्य एवं वाक्य भेद

State TETs

वाक्य

1. वाक्य के गुण की श्रेणी में नहीं है *(CGTET 2017, I-V)*

(a) आकांक्षा (b) योग्यता
(c) सन्निधि/आसक्ति (d) उद्देश्य

व्याख्या (d) वाक्य में निम्न गुण होने चाहिए-सार्थकता, आकांक्षा, योग्यता, आसक्ति, पदक्रम तथा अन्वय। अत: स्पष्ट है कि यहाँ 'उद्देश्य' वाक्य का गुण नहीं है। उद्देश्य, वाक्य का अंग होता है।

2. 'मेरा छोटा भाई प्रशान्त धार्मिक पुस्तकें अधिक पढ़ता है।' इस वाक्य में विधेय का विस्तार है *(REET 2016, I-V)*

(a) छोटा भाई
(b) धार्मिक पुस्तकें अधिक
(c) मेरा भाई प्रशान्त
(d) पढ़ता है

व्याख्या (b) 'मेरा छोटा भाई प्रशान्त धार्मिक पुस्तकें अधिक पढ़ता है।' वाक्य में,
उद्देश्य विस्तार – मेरा छोटा भाई प्रशान्त
विधेय विस्तार – धार्मिक पुस्तकें अधिक पढ़ता है।

3. सही कथन है *(REET 2012, I-V)*

(a) कर्ता का स्थान प्राय: वाक्य के प्रारम्भ में होता है
(b) कर्ता का स्थान प्राय: वाक्य के अन्त में होता है
(c) कर्ता का स्थान प्राय: वाक्य के मध्य में होता है
(d) कर्ता का वाक्य में कोई स्थान नहीं होता है

व्याख्या (a) 'कर्ता का स्थान प्राय: वाक्य के प्रारम्भ में होता है' यह सही कथन है।
वाक्य का प्रारूप होता है–
कर्ता + कर्म + क्रिया (मुख्य क्रिया + सहायक क्रिया)।

4. किसी वाक्य के अंश को हम निम्नलिखित में से क्या कहेंगे? *(CGTET 2011, VI-VIII)*

(a) पदबन्ध (b) पदतल (c) पदरूप (d) पदत्राण

व्याख्या (a) किसी वाक्य के अंश को हम 'पदबन्ध' कहते हैं। पदबन्ध वाक्य का वह भाग होता है, जिसमें एक से अधिक पद मिलकर सार्थक अर्थ प्रकट करते हैं। अन्य विकल्प असंगत हैं।

5. 'उद्देश्य' और 'विधेय' किसके अंग हैं? *(REET 2011, VI-VIII)*

(a) वाक्य (b) रचना (c) शब्द (d) अर्थ

व्याख्या (a) 'उद्देश्य' और 'विधेय' वाक्य के अंग होते हैं।
वस्तुत: वाक्य के दो अंग होते हैं
(i) **उद्देश्य** वाक्य में जिसके विषय में कुछ कहा जाता है, उसे उद्देश्य कहते हैं; जैसे- चिड़ियाँ पेड़ पर बैठी हैं। यहाँ 'चिड़ियाँ' के विषय में बताया गया है, अत: यहाँ 'चिड़ियाँ' उद्देश्य है। उद्देश्य एक या एक से अधिक शब्दों के हो सकते हैं।
(ii) **विधेय** उद्देश्य के विषय में जो कुछ भी कहा जाता है, उसे विधेय कहते हैं; जैसे- 'चिड़ियाँ पेड़ पर बैठी हैं' वाक्य में 'चिड़ियाँ' उद्देश्य है तथा इसके बारे में 'पेड़ पर बैठी हैं' कहा गया है, जोकि विधेय है।

6. 'तेन्दुलकर ने एक ओवर में पाँच छक्के लगाए', इस वाक्य में उद्देश्य है *(REET 2011, VI-VIII)*

(a) छक्के (b) तेन्दुलकर (c) ओवर (d) पाँच

व्याख्या (b) 'तेन्दुलकर ने एक ओवर में पाँच छक्के लगाए' वाक्य में 'तेन्दुलकर' उद्देश्य है, क्योंकि वाक्य में इसके बारे में ही बताया गया है।

7. 'सरल' या 'साधारण' वाक्य किसे कहते हैं? *(REET 2011, I-V)*

(a) जो छोटा हो
(b) जिसका अर्थ सरलता से समझ में आ जाए
(c) जिसमें एक कर्ता और अनके क्रियाएँ हों
(d) जिसमें एक उद्देश्य, एक विधेय और एक ही क्रिया हो

व्याख्या (d) 'सरल' या 'साधारण' वाक्य में एक उद्देश्य, एक विधेय और एक ही क्रिया होती है; जैसे- राजू मुम्बई गया हुआ है।

8. 'मोहन बाजार जा रहा है' इस वाक्य में उद्देश्य है *(REET 2011, I-V)*

(a) मोहन (b) खरीददारी (c) घूमना (d) बाजार

व्याख्या (a) 'मोहन बाजार जा रहा है' वाक्य में 'मोहन' के विषय में कहा गया है कि वह बाजार जा रहा है।
अत: यहाँ 'मोहन' उद्देश्य है।

वाक्य-भेद

1. वाक्य और उसके भेद से सम्बन्धित कौन-सा जोड़ा गलत है? *(UPTET 2018, VI-VIII)*

(a) बच्चे नाश्ता करके विद्यालय गए — सरल वाक्य
(b) जो प्रथम आएगा वह पुरस्कार पाएगा — मिश्र वाक्य
(c) नेता ने भाषण दिया और चला गया — संयुक्त वाक्य
(d) लक्ष्मी गई और सोफिया आ गई — सरल वाक्य

व्याख्या (d) 'लक्ष्मी गई और सोफिया आ गई' वाक्य में 'लक्ष्मी गई' व 'सोफिया आ गई' दोनों उपवाक्य स्वतन्त्र हैं, जोकि 'और' योजक चिह्न से जुड़े हैं, जबकि सरल वाक्य में एक उद्देश्य, एक विधेय तथा एक क्रिया होती है। अत: यह वाक्य सरल वाक्य न होकर संयुक्त वाक्य है। अत: विकल्प (d) असंगत है।

2. 'राम ने कहा गाड़ी पलट गई' *(CGTET 2017, I-V)*

(a) सरल वाक्य है
(b) द्वित्व वाक्य है
(c) संयुक्त वाक्य है
(d) मिश्र वाक्य है

व्याख्या (d) 'राम ने कहा गाड़ी पलट गई' वाक्य में 'गाड़ी पलट गई' प्रधान उपवाक्य तथा 'राम ने कहा' आश्रित उपवाक्य है। अत: यह मिश्र वाक्य है।

3. 'मैं सुबह घूमने जाता हूँ।' *(CGTET 2017, I-V)*

(a) इच्छार्थक वाक्य है
(b) आज्ञार्थक वाक्य है
(c) विधानार्थक वाक्य है
(d) संकेतार्थक वाक्य है

व्याख्या (c) 'मैं सुबह घूमने जाता हूँ।' वाक्य में क्रिया 'जाता हूँ' से सामान्य सूचना का बोध हो रहा है। अत: यह विधानार्थक वाक्य है।
अन्य विकल्पों में,
इच्छा या आशीर्वाद व्यक्त करने वाले वाक्य इच्छार्थक वाक्य कहलाते हैं; जैसे—ईश्वर तुम्हारा भला करे।
आज्ञा या अनुमति देने का बोध कराने वाले वाक्य आज्ञार्थक वाक्य कहलाते हैं; जैसे-रामू, घर चलो।
संकेतार्थक वाक्यों में एक क्रिया, दूसरी क्रिया पर निर्भर करती है; जैसे—वर्षा हो तो फसल अच्छी हो।

4. 'पिता ने समझाया कि सदा सत्य बोलना चाहिए।' यह वाक्य उदाहरण है *(UPTET 2016, VI-VIII)*

(a) सरल वाक्य का
(b) इच्छावाचक वाक्य का
(c) मिश्र वाक्य का
(d) आज्ञावाचक वाक्य का

व्याख्या (c) 'पिता ने समझाया कि सदा सत्य बोलना चाहिए।'' वाक्य में एक प्रधान उपवाक्य (सदा सत्य बोलना चाहिए) तथा एक गौण (आश्रित) उपवाक्य (पिता ने समझाया कि) है। अत: यह मिश्र वाक्य का उदाहरण है।

5. 'राजनीति अब एक व्यवसाय बन गई है, जो अनैतिकता के बल पर चलती है।' यह किस प्रकार का वाक्य है? *(UTET 2016, VI-VIII)*

(a) सरल वाक्य
(b) संयुक्त वाक्य
(c) मिश्र वाक्य
(d) इनमें से कोई नहीं

व्याख्या (c) 'राजनीति एक व्यवसाय बन गई है, जो अनैतिकता के बल पर चलती है।' वाक्य में एक आश्रित उपवाक्य तथा एक गौण उपवाक्य है, जो परस्पर 'जो' अव्यय शब्द से जुड़े हैं। अत: यह एक मिश्र वाक्य है।

6. संरचना के आधार पर किए गए वाक्य के वर्गीकरण में इनमें से कौन-सा प्रकार नहीं है? *(REET 2016, I-V)*

(a) सरल वाक्य
(b) मिश्र वाक्य
(c) आज्ञार्थक वाक्य
(d) संयुक्त वाक्य

व्याख्या (c) संरचना के आधार पर वाक्य के तीन भेद होते हैं

(i) **सरल वाक्य** जिन वाक्यों में एक उद्देश्य, एक विधेय तथा एक क्रिया होती है, उसे सरल वाक्य कहते हैं; जैसे- रवि क्रिकेट खेल रहा है।

(ii) **मिश्र वाक्य** जिन वाक्यों में एक आश्रित उपवाक्य तथा एक प्रधान उपवाक्य होता है, जो परस्पर 'कि', 'जो', 'जिसे', 'यदि', 'क्योंकि' आदि अव्ययों से जुड़े होते हैं, उन्हें मिश्र वाक्य कहते हैं; जैसे-यदि आप आओगे, तो हम आएँगे।

(iii) **संयुक्त वाक्य** जिन वाक्यों में दो स्वतन्त्र उपवाक्य होते हैं, जो योजक अव्यय 'या', 'और', 'किन्तु' आदि से जुड़े होते हैं, उन्हें संयुक्त वाक्य कहते हैं; जैसे-या तो राम आएगा या श्याम आएगा।

अत: स्पष्ट है कि आज्ञार्थक वाक्य संरचना के आधार पर वाक्य का भेद नहीं है।

7. 'ईश्वर तुम्हें सफलता प्रदान करें। यह वाक्य है *(REET 2016, I-V)*

(a) संकेतवाचक
(b) विधानवाचक
(c) इच्छावाचक
(d) विस्मयवाचक

व्याख्या (c) 'ईश्वर तुम्हें सफलता प्रदान करें।' वाक्य में किसी के द्वारा किसी के लिए इच्छा व्यक्त की गई है। अत: यह इच्छावाचक वाक्य है।

8. अर्थ के आधार पर वाक्य का कौन-सा भेद इनमें से नहीं है? *(REET 2016, VI-VIII)*

(a) विस्मयबोधक
(b) विधानवाचक
(c) मिश्र
(d) प्रश्नात्मक

व्याख्या (c) 'मिश्र वाक्य' रचना के आधार पर वाक्य का भेद है। अर्थ के आधार पर वाक्य के आठ भेद होते हैं

(i) विधानवाचक वाक्य
(ii) निषेधवाचक वाक्य
(iii) प्रश्नवाचक वाक्य
(iv) विस्मयादिवाचक वाक्य
(v) आज्ञावाचक वाक्य
(vi) इच्छावाचक वाक्य
(vii) सन्देहवाचक वाक्य
(viii) संकेतवाचक वाक्य

रचना के आधार पर वाक्य के तीन भेद होते हैं

(i) साधारण या सरल वाक्य
(ii) मिश्र वाक्य
(iii) संयुक्त वाक्य

9. 'आपका जीवन मंगलमय हो।' यह वाक्य किस प्रकार का है? *(REET 2016, VI-VIII)*

(a) इच्छावाचक
(b) सन्देहवाचक
(c) विधान (निश्चय) वाचक
(d) संकेतवाचक

व्याख्या (a) 'आपका जीवन मंगलमय हो' वाक्य इच्छावाचक है। जिस वाक्य से किसी प्रकार की इच्छा या कामना का बोध होता है, वह वाक्य इच्छावाचक कहलाता है।
अन्य विकल्पों में,
जिन वाक्यों में कार्य के होने में सन्देह अथवा सम्भावना का बोध हो, उन्हें सन्देहवाचक वाक्य कहते हैं;
जैसे-शायद आज रीमा आए।

10. एक उद्देश्य एवं एक विधेय से मिलकर बनने वाला वाक्य क्या कहलाता है? *(HTET 2015, I-V)*

(a) संयुक्त वाक्य
(b) साधारण वाक्य
(c) मिश्र वाक्य
(d) आज्ञार्थक

व्याख्या (b) जिस वाक्य में एक उद्देश्य, एक विधेय तथा एक क्रिया हो, उसे साधारण वाक्य कहते हैं:
जैसे—विद्यार्थी विद्यालय में पढ़ रहे हैं।

11. 'शबरी प्रतिदिन राम की प्रतीक्षा करती थी।' वाक्य का सही भेद है *(HTET 2015, I-V)*

(a) सन्देहार्थक (b) विधानार्थक (c) प्रश्नार्थक (d) आज्ञार्थक

व्याख्या (b) 'शबरी प्रतिदिन राम की प्रतीक्षा करती थी' वाक्य अर्थ की दृष्टि से विधानार्थक वाक्य है। विधानार्थक वाक्यों से किसी कार्य के करने या होने की सामान्य जानकारी मिलती है।
अन्य विकल्पों में, जिन वाक्यों में प्रश्न किया जाए, उन्हें प्रश्नवाचक वाक्य कहते हैं; जैसे—क्या आप आज आओगे?

12. सरल वाक्य है *(REET 2012, I-V)*

(a) श्रमिक श्रम करता है, किन्तु उसके फल से वंचित रहता है
(b) राम और सीता जाते हैं
(c) चाहे सुबह हो जाए, मुझे यह काम पूरा करना है
(d) जो करे सो भरे

व्याख्या (b) 'राम और सीता जाते हैं' वाक्य सरल वाक्य है, क्योंकि इसमें एक उद्देश्य (राम और सीता) एक विधेय तथा एक ही मुख्य क्रिया है।

13. 'पैसा कमाना एक बात है, उसे ठीक से खर्च करना दूसरी बात है' यह वाक्य है *(REET 2012, I-V)*

(a) मिश्र वाक्य
(b) संयुक्त वाक्य
(c) सरल वाक्य
(d) युगल वाक्य

व्याख्या (b) 'पैसा कमाना एक बात है, उसे ठीक से खर्च करना दूसरी बात है।' इसमें दो स्वतन्त्र उपवाक्य हैं, इसलिए यह एक संयुक्त वाक्य है।

14. 'राजा-नगर में आए' अर्थ के अनुसार यह वाक्य निम्नलिखित में से किस प्रकार के अन्तर्गत है? *(CGTET 2011, VI-VIII)*

(a) सन्देश सूचक वाक्य
(b) विधानार्थक वाक्य
(c) संकेतार्थक वाक्य
(d) इच्छाबोधक वाक्य

व्याख्या (b) 'राजा नगर में आए' वाक्य से क्रिया के होने की सामान्य सूचना मिल रही है, इसलिए यह विधानार्थक वाक्य है।

15. निम्न में से मिश्रित वाक्य है *(REET 2011, I-V)*

(a) वर्षा हो रही है
(b) मैं पढ़ता हूँ और वह खेलता है
(c) सुधीर पढ़ता है
(d) मैंने सुना है कि नीना पास हो गई है

व्याख्या (d) 'मैंने सुना है कि नीना पास हो गई है' वाक्य एक भिन्न या मिश्रित वाक्य है, क्योंकि इसमें एक प्रधान उपवाक्य तथा एक आश्रित (गौण) उपवाक्य है, जोकि 'कि' अव्यय से जुड़े हैं।
अन्य विकल्पों में,
वर्षा हो रही है - सरल वाक्य।
मैं पढ़ता हूँ और वह खेलता है - संयुक्त वाक्य।
सुधीर पढ़ता है - सरल वाक्य।

अध्याय 09

शब्द भण्डार

State TETs

विलोम शब्द

1. 'विश्लेषण' शब्द का विलोम होगा *(UPTET 2018, I–V, VI-VIII)*

(a) विवेचन (b) संश्लेषण (c) व्याख्या (d) विभाजित

व्याख्या (b) 'विश्लेषण' का विलोम शब्द 'संश्लेषण' होगा
अन्य विकल्पों में,

शब्द	**विलोम**
विवेचन	निर्विवेचन
विभाजित	अविभाजित

2. 'अर्वाचीन' शब्द का विलोम होगा *(UPTET 2018, I-V)*

(a) प्राचीन (b) अद्यतन (c) अधुनातन (d) सनातन

व्याख्या (a) 'अर्वाचीन' (नवीन) का विलोम शब्द 'प्राचीन' होगा।
अन्य विकल्पों में,

शब्द	**विलोम**
अधुनातन (अद्यतन)	पुरातन
सनातन (स्थायी)	अस्थायी

3. 'अत्यधिक' का विलोम शब्द क्या है? *(UPTET 2018, I-V)*

(a) अत्यल्प (b) अत्याधिक
(c) अनधिगत (d) अनधीन

व्याख्या (a) 'अत्यधिक' का विलोम शब्द 'अत्यल्प' होगा। अन्य विकल्प असंगत हैं।

4. 'ऋत' का विलोम शब्द क्या है? *(UPTET 2018, I-V)*

(a) अनृत (b) वक्र
(c) विकीर्ण (d) अनैक्य

व्याख्या (a) 'ऋत' (सत्य) का विलोम शब्द 'अनृत' (असत्य) होगा। अन्य विकल्पों में,

शब्द	**विलोम**
वक्र	ऋजु
विकीर्ण	संकीर्ण
अनैक्य	ऐक्य

5. 'चिरन्तन' शब्द का विलोम निम्नलिखित में से कौन-सा होगा? *(UPTET 2018, VI-VIII)*

(a) शाश्वत (b) सनातन (c) अविच्छिन्न (d) नश्वर

व्याख्या (d) 'चिरन्तन' का विलोम शब्द 'नश्वर' होगा।
अन्य विकल्पों में,

शब्द	**विलोम**
शाश्वत	नश्वर
सनातन	अस्थायी
अविच्छिन्न	विच्छिन्न

6. 'गुप्त' का विलोम शब्द क्या है? *(UPTET 2018, VI-VIII)*

(a) मुक्त (b) भुक्त (c) प्रकट (d) लिप्त

व्याख्या (c) 'गुप्त' का विलोम शब्द 'प्रकट' होता है।
अन्य विकल्पों में,

शब्द	**विलोम**
मुक्त	ग्रस्त
लिप्त	निर्लिप्त

7. अशुद्ध विलोम युग्म है *(HTET 2018, VI-VIII)*

(a) संश्लेषण-विश्लेषण
(b) श्लील-अश्लील
(c) सति-कुलटा
(d) ससीम-असीम

व्याख्या (c) 'सति-कुलटा' अशुद्ध विलोम युग्म है। अन्य विलोम युग्म शुद्ध हैं।

8. 'परिसीमन' का विलोम शब्द है *(UPTET 2017, VI-VIII)*

(a) ससीम (b) निरसीमन
(c) असीमन (d) ससीमन

व्याख्या (c) 'परिसीमन' का विलोम शब्द 'असीमन' होगा। अन्य विकल्प असंगत हैं।

9. 'अथ' का विलोम शब्द है *(UPTET 2017, I-V)*

(a) पूर्व (b) अन्त (c) इति (d) अनन्त

व्याख्या (c) 'अथ' का विलोम शब्द 'इति' होता है।
अन्य विकल्पों में,

शब्द	विलोम
पूर्व	उत्तर या पश्चिम
अन्त	आदि

10. 'समष्टि' का विपरीतार्थी शब्द है *(UPTET 2016, I-V)*

(a) विशिष्ट (b) अशिष्ट (c) अपुष्टि (d) व्यष्टि

व्याख्या (d) 'समष्टि का विपरीतार्थी (विलोम) शब्द व्यष्टि होता है।
अन्य विकल्पों में,

शब्द	विलोम
विशिष्ट	सामान्य
अशिष्ट	शिष्ट
अपुष्टि	पुष्टि

11. 'उत्कर्ष' शब्द का विलोम लिखिए *(UPTET 2016, I-V)*

(a) पतन (b) अपकर्ष (c) अपभ्रष्ट (d) विकर्ष

व्याख्या (b) 'उत्कर्ष' का विलोम शब्द 'अपकर्ष' होगा। पतन का विलोम 'उत्थान' होता है।

12. 'निर्बल' का विलोम शब्द है *(UPTET 2016, VI-VIII)*

(a) सुदृढ़ (b) सबल (c) बाहुबली (d) समुन्नत

व्याख्या (b) 'निर्बल' का विलोम शब्द 'सबल' होता है। अन्य विकल्प असंगत हैं।

13. निम्नांकित में 'अभिज्ञ' का विलोम है *(UPTET 2016, VI-VIII)*

(a) अल्पज्ञ (b) सर्वज्ञ (c) अनभिज्ञ (d) विज्ञ

व्याख्या (c) यहाँ 'अभिज्ञ' का विलोम शब्द 'अनभिज्ञ' होगा।
अन्य विकल्पों में,

शब्द	विलोम
अल्पज्ञ	बहुज्ञ
सर्वज्ञ	अल्पज्ञ
विज्ञ	अज्ञ

14. 'त्यक्त' शब्द का सही विलोम है *(REET 2016, I-V)*

(a) गृहीत (b) त्याज्य (c) तुच्छ (d) प्रिय

व्याख्या (a) 'त्यक्त' का सही विलोम शब्द 'गृहीत' होगा।
अन्य विकल्पों में,

शब्द	विलोम
त्याज्य	ग्राह्य
तुच्छ	महान्
प्रिय	अप्रिय

15. 'ऋजुता' का सही विलोम है *(UTET 2016, I-V)*

(a) टेढ़ापन (b) वक्रता
(c) बाँकापन (d) तिरछापन

व्याख्या (b) 'ऋजुता' का सही विलोम शब्द 'वक्रता' होता है। अन्य विकल्प असंगत हैं।

16. 'स्थावर' का विलोम शब्द है *(HTET 2015, I-V)*

(a) जंगल (b) सम्पत्ति
(c) जंगम (d) स्थापना

व्याख्या (c) 'स्थावर' का विलोम शब्द 'जंगम' होगा।
अन्य विकल्पों में,

शब्द	विलोम
जंगल	बस्ती
सम्पत्ति	विपत्ति
स्थापना	नष्ट करना

17. 'निर्दय' का विलोम शब्द है *(HTET 2015, I-V)*

(a) सहृदय (b) सह्य
(c) सभय (d) सदय

व्याख्या (d) 'निर्दय' का विलोम शब्द 'सदय' होगा। अन्य विकल्प असंगत हैं।

18. 'अवर' शब्द का विलोम होगा *(HTET 2014, I-V)*

(a) दूसरा (b) अपर
(c) प्रवर (d) अधम

व्याख्या (c) 'अवर' (निम्न) शब्द का विलोम 'प्रवर' (उच्च) होगा। अन्य विकल्पों में,

शब्द	विलोम
दूसरा	पहला
अधम	उत्तम

19. 'उन्मूलन' का विलोम शब्द क्या है? *(UPTET 2013, I-V)*

(a) उत्थान (b) उत्कर्ष
(c) रोपण (d) अवनति

व्याख्या (c) 'उन्मूलन' का विलोम शब्द 'रोपण' होता है।

20. 'निषिद्ध' का विलोम शब्द है *(UTET 2013, I-V)*

(a) विहित (b) संदिग्ध
(c) अनुपयोगी (d) प्रतिबन्धित

व्याख्या (a) 'निषिद्ध' का विलोम शब्द 'विहित' होता है।
अन्य विकल्पों में,

शब्द	विलोम
संदिग्ध	असंदिग्ध
अनुपयोगी	उपयोगी
प्रतिबन्धित	स्वतन्त्र

21. 'नैसर्गिक' का विलोम शब्द है *(UTET 2013, VI-VIII)*

(a) सात्विक (b) कल्पित
(c) कृत्रिम (d) जटिल

व्याख्या (c) 'नैसर्गिक' का विलोम शब्द 'कृत्रिम' होता है।
अन्य विकल्पों में,

शब्द	विलोम
सात्विक	तामासिक
कल्पित	वास्तविक
जटिल	सरल

22. अधोलिखित विलोम शब्द युग्मों में से कौन-सा सही नहीं है? *(HTET 2012, I-V)*

(a) प्रसारण-संकुचन
(b) ओजस्वी-निस्तेज
(c) भिज्ञ-सभिज्ञ
(d) देहाती-शहरी

व्याख्या (c) यहाँ 'भिज्ञ-सभिज्ञ' उचित विलोम शब्द युग्म नहीं है। 'भिज्ञ' का विलोम 'अनभिज्ञ' होता है। अन्य विकल्प शुद्ध विलोम शब्द युग्म हैं।

23. 'आचार' का विलोम शब्द है *(UPTET 2012, VI-VIII)*

(a) आनाचार (b) अनाचार
(c) अत्याचार (d) विचार

व्याख्या (b) 'आचार' का विलोम शब्द 'अनाचार' होता है। अन्य शब्द विलोम की दृष्टि से असंगत हैं।

24. 'पाश्चात्य' का विपरीतार्थी शब्द है *(CGTET 2012, I-V)*

(a) पौर्वात्य (b) पूर्वात्य
(c) पौरवात्य (d) पुरूवात्य

व्याख्या (a) 'पाश्चात्य' शब्द का विपरीतार्थी शब्द 'पौर्वात्य' होगा। अन्य सभी विकल्प असंगत हैं।

25. 'लाघव' शब्द का विपरीतार्थक शब्द है *(UTET 2011, I-V)*

(a) विस्तार (b) संक्षेप
(c) लम्बा (d) दीर्घकालीन

व्याख्या (a) 'लाघव' शब्द का विपरीतार्थक (विलोम) शब्द 'विस्तार' होगा।
अन्य विकल्पों में,

शब्द	विलोम
संक्षेप	विस्तृत
लम्बा	छोटा
दीर्घकालीन	अल्पकालीन

26. 'अनुरक्त' का विलोम शब्द है *(REET 2011, I-V)*

(a) आरक्त (b) विरक्त (c) निरक्त (d) आसक्त

व्याख्या (b) 'अनुरक्त' का विलोम शब्द 'विरक्त' होगा तथा 'आसक्त' का विलोम शब्द 'अनासक्त' होता है। अन्य विकल्प असंगत हैं।

27. विपरीत अर्थ का बोध कराने वाले शब्द को कहते हैं? *(REET 2011, VI-VIII)*

(a) पर्यायवाची शब्द (b) विलोम शब्द
(c) समानार्थक शब्द (d) एकार्थक शब्द

व्याख्या (b) विपरीत अर्थ का बोध कराने वाले शब्द को 'विलोम शब्द' कहते हैं; जैसे– जन्म-मृत्यु, सत्य-असत्य, स्वार्थ-परार्थ आदि।
अन्य विकल्पों में,
किसी शब्द के लगभग समान अर्थ का बोध कराने वाले शब्द पर्यायवाची शब्द कहलाते हैं; जैसे–चन्द्रमा, शशि।

28. 'निषेध' का विलोम शब्द है *(BTET 2011, VI-VII)*

(a) विधि (b) स्वीकृत (c) निश्चित (d) स्वीकार

व्याख्या (a) 'निषेध' का विलोम शब्द 'विधि' होता है।
अन्य विकल्पों में,

शब्द	विलोम
निश्चित	अनिश्चित
स्वीकार	अस्वीकार
स्वीकृत	अस्वीकृत

पर्यायवाची या समानार्थी शब्द

1. 'निमिष' शब्द का पर्याय है *(UPTET 2018, I-V)*

(a) प्रकाश (b) छिद्र (c) पूर्ण (d) क्षण

व्याख्या (d) 'निमिष' का पर्यायवाची 'क्षण' होगा।
अन्य विकल्पों में, प्रकाश का पर्यायवाची रोशनी, चमक, द्युति; छिद्र का छेद तथा पूर्ण का पूरा, होंगे।

2. 'धूसर' शब्द का पर्याय है *(UPTET 2017, VI-VIII)*

(a) अश्व (b) मेघ (c) गर्दभ (d) अजा

व्याख्या (c) 'धूसर' के पर्यायवाची होंगे– गर्दभ, खर, रासभ, वैशाखनन्दन आदि।
अन्य विकल्पों में, अश्व के पर्यायवाची घोड़ा, घोटक, हय, बाजि, सैन्धव, तुरंग होगे तथा अजा का पर्यायवाची बकरी होगा।

3. 'कानन' का पर्यायवाची शब्द है *(UPTET 2017, VI-VIII)*

(a) पुष्प (b) विहिप
(c) वन (d) इनमें से कोई नहीं

व्याख्या (c) 'कानन' के पर्यायवाची हैं— विपिन, वन, जंगल, कान्तर, वन, जबकि पुष्प के पर्यायवाची प्रसून, सुमन, कुसुम, पुहुप तथा फूल होगें।

4. नीचे लिखे शब्द समूहों में जो भिन्न है *(CGTET 2017, I-V)*
(a) आदमी, समाज, लड़की, सेना
(b) टोली, दल, बाजार, नगर
(c) गुच्छा, ढेर, शृंखला, झुण्ड
(d) परिवार, संघ, बालक, कक्षा

व्याख्या (c) गुच्छा, ढेर, शृंखला, झुण्ड ये सभी 'समूह' के पर्यायवाची हैं, लेकिन अन्य विकल्पों में कोई भी शब्द किसी से सम्बन्धित नहीं है।

5. दिए गए शब्दों में समानार्थक नहीं है *(CGTET 2017, I-V)*
(a) सरोवर (b) तालाब
(c) पुष्कर (d) नद्य

व्याख्या (d) 'नद्य' नदी का पर्यायवाची है, जबकि सरोवर, तालाब, पुष्कर एक-दूसरे के समानार्थक (पर्यायवाची) शब्द हैं। नद्य के अन्य पर्यायवाची होंगे— सलिला, तटिनी, तरंगिनी आदि।

6. दिए गए शब्दों में भिन्न अर्थ वाला शब्द है *(UTET 2017, I-V)*
(a) तुरंग (b) मृगेन्द्र
(c) मृगराज (d) व्याघ्र

व्याख्या (a) 'तुरंग' घोड़े का पर्यायवाची है, जबकि मृगेन्द्र, मृगराज, व्याघ्र सभी शेर के पर्यायवाची हैं।
तुरंग के अन्य पर्यायवाची होंगे— घोटक, हय, बाजि, सैन्धव आदि।

7. 'मुकुन्द' किसका पर्याय है *(UPTET 2017, I-V)*
(a) विष्णु (b) शिव (c) सूर्य (d) कामदेव

व्याख्या (a) 'मुकुन्द' विष्णु का पर्यायवाची है। इसके अन्य पर्यायवाची हैं— पुण्डरीकाक्ष, जनार्दन, चक्रपाणि, उपेन्द्र, चतुर्भुज, गरुड़ध्वज, विश्वम्भर आदि, जबकि शिव के पर्यायवाची हैं— आशुतोष, महादेव, खटवांगी, महेश, शम्भु, स्वयंभू, वैद्यनाथ आदि।
सूर्य के पर्यायवाची— दिनकर, दिवाकर, प्रभाकर, भानु तथा कामदेव के पर्यायवाची कुसुमायुध, अनंग, भार, काम आदि हैं।

8. 'वनिता' का प्रयोग किस अर्थ में होता है? *(UPTET 2016, I-V)*
(a) जंगल (b) स्त्री
(c) पुस्तक (d) व्यवसायी

व्याख्या (b) 'वनिता' के पर्यायवाची हैं— स्त्री, नारी, वामा, कान्ता, प्रमदा, रमणी, कामिनी, सुन्दरी, भामा आदि।
अन्य विकल्पों में,
जंगल के पर्यायवाची विपिन, कान्तार, कानन, वन, अरण्य; पुस्तक के पर्यायवाची किताब, विद्या, अभ्यास पुस्तिका तथा व्यवसायी के पर्यायवाची वैश्य, व्यापारी, वणिक हैं।

9. 'पन्नग' का समानार्थी शब्द है *(UTET 2016, I-V)*
(a) उरग (b) पिक (c) पिनाक (d) केशरी

व्याख्या (a) 'पन्नग' का समानार्थी शब्द हैं— उरग, नाग, सर्प, व्याल, भुजंग, अहि, विषधर, साँप आदि हैं।
अन्य विकल्पों के समानार्थी होंगे— पिक का कोयल; पिनाक का धनुष, दण्ड तथा केशरी के सिंह, शार्दूल, केहरी, नाहर आदि हैं।

10. कौन-सा शब्द 'भ्रमर' का पर्यायवाची नहीं है? *(UTET 2016, I-V)*
(a) षट्पद (b) मधुकर (c) अलि (d) प्रभाकर

व्याख्या (d) 'प्रभाकर' सूर्य का पर्यायवाची होता है। इसके अन्य पर्यायवाची हैं— भास्कर, दिवाकर, भानु, रवि, सविता, पतंग आदि, जबकि षट्पद, मधुकर, अलि ये सभी 'भ्रमर' के पर्यायवाची हैं।

11. निम्नांकित शब्दों में से सरस्वती का पर्यायवाची है *(UTET 2016, VI-VIII)*
(a) पद्मा (b) गिरा (c) शैलजा (d) अर्कजा

व्याख्या (b) 'गिरा' सरस्वती का पर्यायवाची है। इसके अन्य पर्यायवाची हैं— वीणापाणि, महाश्वेता, पुस्तक धारिणी, श्वेतवरणी, हंसवाहिनी, ज्ञानदायिनी, वाग्देवी, ज्ञानदा, भारती, शारदा, वागेश्वरी। अन्य विकल्पों में,

12. निम्न में से कौन-सा समूह 'विष्णु' के पर्यायवाची शब्दों का है? *(RTET 2016, I-V)*
(a) सुदेश, चक्रपाणि, चतुर्भुज, फणीश
(b) चक्रपाणि, चतुर्भुज, शेषशायी, गरुड़ध्वज
(c) शेखर, शशांक, दामोदर, विट्ठल
(d) महीधर, वैनतेय, वासव, देवराज

व्याख्या (b) चक्रपाणि, चतुर्भुज, शेषशायी, गरुड़ध्वज आदि 'विष्णु' के पर्यायवाची शब्द हैं।

13. 'षट्पद' का पर्यायवाची है *(HTET 2015, I-V)*
(a) तितली (b) भ्रमर (c) मकड़ी (d) केकड़ा

व्याख्या (b) 'षट्पद' के पर्यायवाची हैं—भ्रमर, अलि, मधुकर, भौंरा, भृंग। अन्य विकल्प असंगत हैं।

14. 'जनार्दन' किसका पर्यायवाची है? *(HTET 2015, I-V)*
(a) राम (b) कृष्ण (c) विष्णु (d) ब्रह्मा

व्याख्या (c) 'जनार्दन' के पर्यायवाची शब्द हैं—विष्णु, नारायण, हरि, मुकुंद, चतुर्भुज, गोविन्द, श्रीपति, चक्रपाणि आदि।
अन्य विकल्पों में,
कृष्ण का पर्यायवाची है— केशव, घनश्याम, गोपाल, श्याम, वासुदेव, माधव आदि।
ब्रह्मा का पर्यायवाची विधाता, विरंचि, सृष्टिकर्ता आदि।
राम के पर्यायवाची हैं—रघुवर, रघुपति, राघव, रघुनन्दन, सीतापति, अवधेश, पुरुषोत्तम आदि।

15. 'अश्व' का पर्यायवाची शब्द निम्नलिखित में से कौन-सा नहीं है? *(UPTET 2015, I-V)*

(a) घोड़ा (b) घोटक (c) कटक (d) हय

व्याख्या (c) घोड़ा, घोटक, हय, 'अश्व' के पर्यायवाची हैं, जबकि कटक के पर्यायवाची हैं— झुण्ड, समूह, ढेर, गुच्छा।

16. निम्न में से कौन-सा 'वारिद' का पर्यायवाची शब्द नहीं है? *(HTET 2015, I-V)*

(a) मेघ (b) पयोद (c) घन (d) अम्बुज

व्याख्या (d) 'अम्बुज' कमल का पर्यायवाची है। इसके अन्य पर्यायवाची हैं— सरसिज, अरविन्द, सरोज, राजीव, उत्पल, शतदल, पंकज, मयंक, पुण्डरीज, पयोज आदि।
अन्य विकल्प मेघ, घन, पयोद 'वारिद' के पर्यायवाची हैं।

17. 'इन्द्र' के पर्यायवाची शब्दों का समूह है *(HTET 2014, VI-VIII)*

(a) वैनतेय, चन्द्रमौलि, सुरपति, देवराज
(b) मधवा, पुरन्दर, शचीपति, वासव
(c) सुरपति, पुरन्दर, उपेन्द्र, अंशुमाली
(d) वैनतेय, मधवा, सुरपति, वासव

व्याख्या (b) 'इन्द्र' के पर्यायवाची शब्द हैं— सुरपति, मधवा, शक्र, देवराज, वासव, शचीपति, पुरन्दर आदि।
अन्य विकल्पों में,
वैनतेय 'गरुड़' का, चन्द्रमौलि 'शिव' का, उपेन्द्र 'विष्णु' का तथा अंशुमाली 'सूर्य' का पर्यायवाची है।

18. कौन-सा शब्द 'कामदेव' का पर्याय नहीं है? *(HTET 2014, I-V)*

(a) अनंग (b) मनसिज
(c) कंदर्प (d) अरविन्द

व्याख्या (d) अनंग, कंदर्प, मनसिज आदि सभी 'कामदेव' के पर्यायवाची हैं, जबकि अरविन्द 'कमल' का पर्यायवाची है।

19. 'तरणि' का पर्यायवाची शब्द है? *(UPTET 2013, I-V)*

(a) सूर्य (b) नाम (c) युवती (d) नदी

व्याख्या (a) 'तरणि' सूर्य का पर्यायवाची है। अन्य पर्यायवाची हैं— दिनकर, रवि, भानु, दिवाकर, भास्कर, प्रभाकर आदि।

20. 'मीन' का पर्यायवाची शब्द है? *(UPTET 2013, I-V)*

(a) शिखी (b) शापक (c) विभावरी (d) मत्स्य

व्याख्या (d) 'मीन' के पर्यायवाची हैं—मछली, झष, शफली आदि।
अन्य विकल्पों में, विभावरी के पर्यायवाची रात्रि, रजनी, रैन, रात, निशा, यामिनी, विभा; शिखी का पर्यायवाची शिखायुक्त।

21. 'अनुपम' का पर्यायवाची शब्द है *(UPTET 2013, (I-V)*

(a) स्वर्गीय (b) लौकिक (c) पार्थिव (d) अद्वितीय

व्याख्या (d) 'अनुपम' के पर्यायवाची हैं—अद्वितीय, अद्भुत, विचित्र, अनोखा।

22. दिए हुए शब्दों में भिन्न अर्थ वाला शब्द है *(UPTET 2013, I-V)*

(a) आत्मजा (b) नन्दिनी (c) भार्या (d) कन्या

व्याख्या (c) 'भार्या' पत्नी का पर्यायवाची है। इसके अन्य पर्यायवाची हैं—दारा, वधु, अर्द्धांगिनी, प्राणवल्लभा, प्रिया, भामिनी आदि, जबकि आत्मजा, नन्दिनी, कन्या ये सभी पुत्री के पर्यायवाची हैं।

23. 'कालिन्दी' का पर्यायवाची क्या है? *(UPTET 2013, I-V)*

(a) सरस्वती (b) लक्ष्मी (c) गंगा (d) यमुना

व्याख्या (d) 'कालिन्दी' यमुना का पर्यायवाची है। इसके अन्य पर्यायवाची हैं— अर्कजा, यमभगिनी, सूर्यसुता, रविसुता, रवितनया, जमुना आदि।

24. निम्नलिखित में से कौन-सा शब्द 'रात्रि' का पर्यायवाची नहीं है? *(UTET 2013, I-V)*

(a) क्षपा (b) शशक (c) शर्वरी (d) यामिनी

व्याख्या (b) 'शशक' खरगोश का पर्यायवाची शब्द है, जबकि क्षपा, शर्वरी, यामिनी, रैन, रात्रि, रजनी, निशा, निशीथ, विभावरी, तमी, तमिस्र तथा विभा आदि 'रात्रि' के पर्यायवाची हैं।

25. निम्नलिखित शब्दों में से 'अग्नि' का पर्यायवाची है *(UTET 2013, I-V)*

(a) पीयूष (b) पावक (c) अम्बर (d) मयंक

व्याख्या (b) 'अग्नि' के पर्यायवाची हैं— पावक, अनल, आग, वह्नि, वैश्वानर, दहन, हुताशन, जातदेव।

26. निम्नलिखित में से 'पवन' का पर्यायवाची शब्द है *(UTET 2013, VI-VII)*

(a) अनल (b) अनिल (c) नलिन (d) सलिल

व्याख्या (b) अनिल 'पवन' का पर्यायवाची है। इसके अन्य पर्यायवाची हैं—हवा, पवन, वायु, समीर, मारुत।

27. 'सूर्य' का पर्याय कौन नहीं है? *(UTET 2013, VI-VII)* *(UPTET 2011, I-V)*

(a) आदित्य (b) सुधांशु (c) दिवाकर (d) अंशुमाली

व्याख्या (b) 'सुधांशु' शब्द 'चन्द्रमा' का पर्यायवाची है न कि 'सूर्य' का। चन्द्रमा के अन्य पर्यायवाची शब्द हैं— चाँद, हिमांशु, सुधाकर, कलानिधि, राकेश, राकापति आदि।
जबकि सूर्य के पर्यायवाची हैं— आदित्य, दिवाकर, अंशुमाली, भानु, मार्तण्ड, भास्कर आदि।

28. निम्न में से 'हाथी' का पर्याय है? *(HTET 2012, I-V)*

(a) कुरंग (b) कुंजर (c) कलहंस (d) केहरि

व्याख्या (b) 'हाथी' का पर्यायवाची शब्द 'कुंजर' है। कुरंग हिरण का, कलहंस और केहरि सिंह के पर्यायवाची शब्द हैं। हाथी के अन्य पर्यायवाची शब्द हैं— गज, द्विप, द्विरद, तरणि आदि।

29. निम्नलिखित में से कौन-सा शब्द 'बादल' का पर्यायवाची है? *(UPTET 2011, I-V)*

(a) नीरद (b) नीरज (c) अम्बुज (d) अम्बु

व्याख्या (a) नीरद 'बादल' का पर्यायवाची है। बादल के अन्य पर्यायवाची हैं— अभ्र, जीभूत, वारिद, पयोदि, बलाधर, वारिधर आदि। नीरज, अम्बुज और अम्बु सभी कमल के पर्यायवाची हैं।

30. 'पुत्री' का पर्यायवाची शब्द नहीं है? *(UPTET 2011, VI-VII)*

(a) तनय (b) सुता (c) आत्मजा (d) दुहिता

व्याख्या (a) तनय शब्द 'पुत्री' का पर्यायवाची नहीं है, बल्कि पुत्र का है। पुत्री के अन्य पर्यायवाची हैं— तनया, सुता, नन्दिनी, तनुजा, बेटी आदि।

31. निम्नलिखित में से कौन-सा शब्द 'कमल' का पर्यायवाची शब्द नहीं है? *(UPTET 2011, VI-VIII)* *(REET 2011, VI-VIII)*

(a) सरोज (b) अरविन्द
(c) सलिल (d) पंकज

व्याख्या (c) 'सलिल' शब्द जल का पर्यायवाची है न कि 'कमल' का। जल के अन्य पर्यायवाची हैं— तोय, पय, पानी, वारि, उदक आदि। अन्य विकल्प कमल के पर्यायवाची हैं।

32. 'चन्द्रमा' का पर्यायवाची शब्द चुनिए *(UPTET 2011, VI-VIII)*

(a) निशाकर (b) निशाचर
(c) तरणि (d) कृशानु

व्याख्या (d) 'निशाकर' चन्द्रमा का पर्यायवाची शब्द है। निशापति, कलानिधि, मयंक 'चन्द्रमा' के अन्य पर्यायवाची शब्द हैं। 'निशाचर' राक्षस का, 'तरणि' सूर्य का और 'कृशानु' अग्नि का पर्यायवाची शब्द है।

33. जो शब्द 'धन' का पर्यायवाची नहीं है, उसे चुनिए *(UPTET 2011, VI-VIII)*

(a) द्रव्य (b) द्रव
(c) सम्पदा (d) दौलत

व्याख्या (b) 'द्रव' तरल पदार्थों का पर्यायवाची शब्द है, जबकि द्रव्य, सम्पदा और दौलत सभी धन के पर्यायवाची शब्द हैं।

34. 'महादेव' का पर्यायवाची शब्द चुनिए *(UPTET 2013, VI-VII)*

(a) गरुड़ध्वज (b) नारायण
(c) चन्द्रशेखर (d) विश्वम्भर

व्याख्या (c) 'चन्द्रशेखर' अर्थात् चन्द्रमा हैं जिसके सिर पर—महादेव । महादेव के अन्य पर्यायवाची हैं— चन्द्रमौलि, शंकर, रवि, पशुपति, उमापति, त्रिपुरारि, मदनारि आदि। अन्य तीनों विकल्प विष्णु के पर्यायवाची हैं।

35. 'अनुपम' शब्द का पर्यायवाची शब्द इनमें से कौन-सा नहीं है? *(CGTET 2011, I-V)*

(a) अतुल (b) अनिल
(c) अपूर्व (d) अनोखा

व्याख्या (b) 'अनिल' हवा का पर्यायवाची शब्द है। हवा के अन्य पर्यायवाची हैं—मारुत, वात, पवन, वायु आदि। प्रश्न में अन्य विकल्प 'अनुपम' के पर्यायवाची हैं।

36. 'कोप' शब्द का पर्यायवाची शब्द है? *(CGTET 2011, VI-VIII)*

(a) अवितथ (b) कृतान्त
(c) अमर्ष (d) मृषा

व्याख्या (c) अमर्ष 'कोप' शब्द का पर्यायवाची है। कोप के अन्य पर्यायवाची हैं— क्रोध, आक्रोश, रोष, गुस्सा आदि।

37. 'निर्वात' का समानार्थी शब्द है *(UTET 2011, I-V)*

(a) भ्रम (b) विवाद रहित
(c) बिना हवा वाला (d) बुराई

व्याख्या (c) 'निर्वात' अर्थात् 'बिना हवा वाला'। 'वात' शब्द में 'निर' उपसर्ग जोड़कर 'निर्वात' शब्द बनाया गया है। निर का अर्थ है बिना विपरीत, निषेध, हीन आदि। 'भ्रम' का भ्रान्ति, 'विवाद रहित' का निर्विवाद और 'बुराई' निन्दा का समानार्थी शब्द है।

38. कौन-सा शब्द 'जंगल' शब्द का पर्यायवाची नहीं है? *(UTET 2011, I-V)*

(a) अटवी (b) कान्ता
(c) कान्तार (d) कानन

व्याख्या (b) कान्ता 'जंगल' का पर्यायवाची नहीं है, बल्कि स्त्री का पर्यायवाची है। स्त्री के अन्य पर्यायवाची हैं— वनिता, रमणी, अबला, कामिनी, भामिनी, ललना, प्रमदा, तरुणी, अंगना आदि। प्रश्न में अन्य विकल्प 'जंगल' के पर्यायवाची हैं।

39. 'द्रौपदी' का पर्याय नहीं है? *(BTET 2011, VI-VIII)*

(a) द्रुपद सुता (b) याज्ञसेनी (c) पांचाली (d) रमणी

व्याख्या (d) रमणी शब्द 'द्रौपदी' का पर्याय नहीं है। 'रमणी' स्त्री का पर्यायवाची है। अन्य सभी विकल्प द्रौपदी के पर्यायवाची हैं।

शब्द युग्म या समश्रुति भिन्नार्थक शब्द

1. कौन-सा शब्द भिन्न अर्थ और प्रकृति का है? *(UPTET 2018, I-V)*

(a) चिरन्तन (b) शाश्वत
(c) सनातन (d) अधुनातन

व्याख्या (d) 'अधुनातन' शब्द का अर्थ 'आज तक' होता है। इसमें सदियों से चले आने का भाव नहीं होता, जबकि अन्य तीनों विकल्पों के शब्दों का अर्थ सदियों या लम्बे समय से चली आ रही प्रवृत्ति, परम्परा, सभ्यता या लम्बे कालखण्ड के भाव से होता है।

2. 'सुधा' का अनेकार्थक शब्द क्या है? *(UPTET 2018, VI-VIII)*

(a) बादल, बिजली (b) अमृत, पानी
(c) प्राण, प्रियतम (d) सेना, शक्ति

व्याख्या (b) 'सुधा' शब्द के अनेकार्थी शब्द पानी, अमृत, रस आदि होते हैं।

3. 'लक्ष्य' का अनेकार्थक शब्द है *(UPTET 2018, VI-VIII)*

(a) निशाना, उद्देश्य (b) नाम, बल
(c) गति, चाल (d) सही, गलत

व्याख्या (a) 'लक्ष्य' शब्द के अनेकार्थी शब्द हैं— निशाना, उद्देश्य, मंजिल, गन्तव्य, ध्येय आदि।

4. 'जहाँ-जहाँ' शब्द व्याकरण की दृष्टि से क्या है? *(UTET 2016, I-V)*

(a) भिन्नार्थी शब्द-युग्म (b) विपरीतार्थक शब्द-युग्म
(c) पुनरुक्त शब्द-युग्म (d) एकार्थी शब्द-युग्म

व्याख्या (c) 'जहाँ-जहाँ' शब्द व्याकरण की दृष्टि से पुनरुक्ति (पुनरुक्त) शब्द-युग्म है। यहाँ पर 'पुनरुक्ति प्रकाश' अलंकार होता है। जहाँ पर कोई शब्द पुन: क्रम से आए वहाँ पुनरुक्त होता है।
अन्य विकल्पों में,
भिन्नार्थी शब्द-युग्म भिन्न अर्थ वाले शब्दों का जोड़ा।
विपरीतार्थक शब्द-युग्म विपरीत अर्थ वाले शब्दों का जोड़ा।
एकार्थी शब्द-युग्म एक ही अर्थ वाले शब्दों का जोड़ा।
कहाँ-कहाँ, अभी-अभी, कभी-कभी आदि पुनरुक्त शब्दों के उदाहरण हैं।

5. शब्द युग्म 'अवर-अपर' का सही अर्थ है *(RTET 2016, I-V)*

(a) अतिरिक्त-निम्न (b) निम्न-अन्य
(c) उच्च-निम्न (d) निम्न-उच्च

व्याख्या (b) 'निम्न-अन्य' शब्द 'अवर और अपर' के सही अर्थ हैं। 'अवर' का अर्थ कनिष्ठ या निम्न है, जबकि 'अपर' का अर्थ दूसरा या अतिरिक्त होता है; जैसे— अवर अभियन्ता, अपर आयुक्त आदि।

6. निम्नलिखित में से एक अनेकार्थी शब्द 'खग' का अर्थ नहीं है? *(HTET 2016, I-V)*

(a) मन (b) तीर (c) पक्षी (d) आकाश

व्याख्या (a) 'मन' शब्द 'खग' का अनेकार्थी नहीं है। तीर, पक्षी, आकाश आदि खग के अनेकार्थी हैं, जो विभिन्न प्रसंगों में भिन्न-भिन्न अर्थ में प्रयुक्त होते हैं। काव्य में चमत्कार उत्पन्न करने अथवा शब्दालंकार में प्रयोग किए जाते हैं।

7. 'कनक' शब्द का अर्थ समूह चुनिए *(HTET2014, VI-VIII)*

(a) वृक्ष, स्वर्ण, धतूरा (b) स्वर्ण, धतूरा, गेहूँ,
(c) स्त्री, पलाश, आभूषण (d) इनमें से कोई नहीं

व्याख्या (b) 'कनक' अनेकार्थी शब्द है, इसके अनेक अर्थ होते हैं— स्वर्ण, धतूरा, टेसू, गेहूँ आदि। शेष विकल्प असंगत हैं।

8. अधोलिखित शब्द-युग्म का सही अर्थ विकल्प चुनिए। *(HTET 2014, VI-VIII)*

अनुलम्ब- अनुलग्न

(a) ऊर्ध्वाकार-समय के अनुसार
(b) ऊपरी-जुड़ा हुआ
(c) अनिश्चित-किसी के साथ जुड़ा हुआ।
(d) लम्बाई के अनुसार-शुभकाल

व्याख्या (c) 'अनुलम्ब-अनुलग्न' शब्द युग्म हैं। इनके सही अर्थ होंगे—
अनुलम्ब — अनिश्चय की स्थिति
अनुलग्न — किसी के साथ जुड़ा हुआ।

9. 'अनुरोध-आग्रह' शब्द युग्म में अनुरोध का अर्थ होता है- विनयपूर्वक पालन करना, तो 'आग्रह' का आशय होगा *(UTET 2014, I-V)*

(a) अधिकार भावना से उद्धृत याचना
(b) अधिकार भावना से सहृदय याचना करना
(c) अधिकार भावना को स्वीकार करना
(d) अधिकार भावना की कदापि उपेक्षा न करना

व्याख्या (b) 'अनुरोध-आग्रह' शब्द युग्म में 'अनुरोध' का अर्थ विनयपूर्वक याचना, जबकि 'आग्रह' शब्द का अर्थ 'अधिकार-भावना से सहृदय याचना करना' होता है।

10. 'वर्ण' शब्द का अर्थ नहीं होता है *(REET 2014, VI-VIII)*

(a) रंग (b) आकाश
(c) जाति (d) अक्षर

व्याख्या (b) 'वर्ण' शब्द का अर्थ आकाश नहीं होता है। यह अनेकार्थक शब्द है, जो रंग, जाति और अक्षर के अर्थ में प्रयोग होता है। वर्णाश्रम में; जैसे— ब्राह्मण वर्ण, क्षत्रिय वर्ण, वैश्यवर्ण, शूद्रवर्ण रंग के अर्थ में गौर वर्ण, कृष्णवर्ण आदि।

11. 'धर्म-कर्म' किस प्रकार का शब्द है? *(UTET 2014, VI-VII)*

(a) विकारी (b) युग्म (c) विशेषण (d) अव्यय

व्याख्या (b) 'धर्म-कर्म' दो अलग-अलग शब्द हैं। धर्म का अर्थ आध्यात्मिक सत्ता में विश्वास से है, कर्म का अर्थ—'किसी कार्य को करने की प्रवृत्ति से' है। दोनों शब्दों को जोड़कर 'युग्म' बनाया गया है अर्थात् ये युग्म या युग्मक शब्द कहे जाते हैं।

12. 'अन्तर-अनन्तर' शब्द युग्म का सही अर्थ चुनिए *(HTET 2014,I-VI)*

(a) भेद-बाद में (b) भेद-अनन्त
(c) मध्य का-अनन्त (d) आन्तरिक-बाह्य

व्याख्या (a) 'अन्तर-अनन्तर' शब्द युग्म का सही अर्थ है— अन्तर-भेद, असमान, अलग प्रवृत्ति होना। अनन्तर-उपरान्त, पश्चात्, बाद में, पीछे आदि। अन्य सभी शब्द युग्म गलत हैं।

अनेक शब्दों के लिए एक शब्द

1. वाक्यांश के लिए एक शब्द से सम्बन्धित कौन-सा जोड़ा गलत है? *(UPTET 2018, VI-VIII)*

(a) जिसका इलाज कठिन हो-दु:साध्य
(b) जो मनुष्यता से दूर हो-अमानुषिक
(c) जो कम खर्च करने वाला हो-अपव्ययी
(d) जो इतिहास लिखे जाने के युग से पूर्व का हो-प्रागैतिहासिक

व्याख्या (c) 'जो कम खर्च करने वाला हो', उसे 'मितव्ययी' कहते हैं। आवश्यकता से अधिक खर्च करने वाले को 'अपव्ययी' कहते हैं। अन्य सभी विकल्प सही हैं।

2. 'जिसकी पूर्व से कोई आशा न हो' के लिए एक शब्द है? *(UPTET 2017, I-V)*

(a) प्रत्याशा (b) अप्रत्याशित
(c) अपरिमेय (d) अनाहूत

व्याख्या (b) 'जिसकी पूर्व से कोई आशा न हो' वाक्यांश के लिए एक शब्द 'अप्रत्याशित' प्रयुक्त होता है। अन्य विकल्पों के लिए वाक्यांश हैं—

प्रत्याशा — जिसकी आशा की गई है
अपरिमेय — जिसकी माप सम्भव न हो
अनाहूत — बिन बुलाए आने वाला

3. 'धूतों अर्थात् जीवों द्वारा होने वाला दु:ख' - वाक्य के लिए एक शब्द है? *(UPTET 2017, VI-VIII)*

(a) आधिदैविक (b) आधिभौतिक
(c) आधिदैहिक (d) आत्मघाती

व्याख्या (b) 'धूतों अर्थात् 'जीवों द्वारा होने वाला दु:ख', वाक्य के लिए एक शब्द है 'आधिभौतिक'। प्राकृतिक दु:ख को 'आधिदैविक' कहा जाता है। और देह या शरीर में होने वाले दु:ख को 'आधिदैहिक' कहा जाता है। आपदाएँ तीन प्रकार की होती हैं— प्राकृतिक (दैविक), भौतिक (मनुष्यकृत), दैहिक (शारीरिक कष्ट)।

4. जिसे तुरन्त उचित उत्तर सूझ जाए, उसे कहते हैं *CGTET (I-V) UTET 2013, (I-V) (UPTET 2011, VI-VIII)*

(a) मेधावी (b) प्रत्युत्पन्नमति
(c) कुशाग्रबुद्धि (d) जिर्गाणु

व्याख्या (b) 'जिसे तुरन्त उचित उत्तर सूझ जाए', उसे 'प्रत्युत्पन्नमति' कहते हैं। किसी के उत्तर में जो ठीक समय पर उत्पन्न हो' उसे 'प्रत्युत्पन्न' कहते हैं। मेधा (बुद्धि) का सदुपयोग करने वाला 'मेधावी' होता है। कुशा घास (दूब) के अग्रभाग के समान नुकीली या तेज बुद्धि वाला 'कुशाग्रबुद्धि' कहा जाता है।

5. 'निरामिष' किसे कहते हैं? *(UPTET 2016, I-V)*

(a) मांस रहित भोजन (b) मोक्ष का इच्छुक
(c) रात्रि में विचरण करने वाला (d) मृत्यु का इच्छुक

व्याख्या (a) 'निरामिष' शब्द का अर्थ है 'मांस रहित भोजन'। निरामिष और अमिष समानार्थी शब्द हैं। 'सामिष' मांसाहारी भोजन होता है।

मुमुक्षु — मोक्ष का इच्छुक
निशाचर — रात्रि में विचरण करने वाला
मुमुर्षु — मृत्यु का इच्छुक

6. 'जो वाणी द्वारा व्यक्त न किया जा सके' *(UPTET I-V)*

(a) आत्मसाक्षात्कार (b) स्वानुभूति
(c) अनिर्वचनीय (d) रहस्य

व्याख्या (c) 'जो वाणी द्वारा व्यक्त न किया जा सके' वाक्यांश के लिए एक शब्द है—'अनिर्वचनीय'

अन्य विकल्पों में,
आत्मसाक्षात्कार अर्थात् स्वयं को जानने की प्रक्रिया।
स्वानुभूति अर्थात् स्वयं द्वारा की गई अनुभूति।
रहस्य अर्थात् जो किसी को भी ज्ञात न हो।

7. 'एक बार कही बात को दुहराते रहना' वाक्यांश के लिए एक शब्द है *(UPTET 2017, I-V)*

(a) आगार (b) प्राक्कथन (c) पिष्टपेषण (d) प्रस्तावना

व्याख्या (c) 'एक बार कही बात को दुहराते रहना' वाक्यांश के लिए 'पिष्टपेषण' शब्द है।

अन्य विकल्पों में,
आगार — रहने का स्थान।
प्राक्कथन — पहले कही गई बात।
प्रस्तावना — किसी विषय-वस्तु से पूर्व की भूमिका

8. 'कृतज्ञ' किसका संक्षिप्तीकरण है? *UPTET 2016, VI-VIII)*

(a) उपकार करने वाला
(b) उपकार कराने वाला
(c) किए हुए उपकार को न मानने वाला
(d) किए हुए उपकार को मानने वाला

व्याख्या (d) 'कृतज्ञ' शब्द के लिए वाक्यांश है 'जो किए गए उपकार को मानता हो।'

9. 'जो पसीने से उत्पन्न हो' के लिए उपयुक्त शब्द है *(UTET 2016, I-V)*

(a) स्वयंभू (b) जरायुज
(c) स्वेदज (d) अण्डज

व्याख्या (c) 'जो पसीने से उत्पन्न हो' के लिए 'स्वेदज' शब्द प्रयोग किया जाता है।
अण्डज – अण्डे से जन्म लेने वाला
स्वयंभू – स्वयं उत्पन्न होने वाला
जरायुज – गर्भाशय से उत्पन्न होने वाला

10. 'मरने की इच्छा' के लिए एक शब्द है *(REET 2016, I-V)*

(a) मृत्यकांक्षी (b) मुमुर्षा (c) मरणेच्छु (d) मरणासन्न

व्याख्या (b) 'मरने की इच्छा' के लिए एक शब्द 'मुमुर्षा' है। जो मरने के निकट हो –मरणासन्न।

11. 'मुद्रा' शब्द का अर्थ समूह चुनिए *(REET 2016, I-V)*

(a) मोहर, छाप, सिक्का, अँगूठी
(b) चेहरे का भाव, छाप, अँगूठी, प्रति
(c) नाम, लिखना, सिक्का, छापाखाना
(d) चोट, छापा, धन, स्टाम्प

व्याख्या (a) 'मुद्रा' शब्द का अर्थ समूह है–मोहर, छाप, सिक्का, अँगूठी। इसके अलावा अन्य अर्थ धन, पैसा, द्रव्य रुपया आदि हैं।

12. 'जो पहले कभी नहीं हुआ हो' कहलाता है *(REET 2016, I-V)*

(a) अद्‌भुत (b) अप्रत्याशित
(c) अनुपम (d) अभूतपूर्व

व्याख्या (d) 'जो कभी पहले नहीं हुआ हो' वाक्यांश के लिए एक शब्द 'अभूतपूर्व' है। अन्य शब्द हैं
अप्रत्याशित – जिसकी आशा न की गई हो
अनुपम – जिसकी कोई उपमा न हो
अद्‌भुत – विचित्र प्रकार का

13. 'अनश्वर' शब्द के लिए एक वाक्य है *(HTET 2015, I-V)*

(a) नष्ट होने वाला (b) ईश्वर को न मानने वाला
(c) नष्ट न होने वाला (d) जो इन्द्रियों के द्वारा न जाना जा सके

व्याख्या (c) 'अनश्वर' शब्द 'नष्ट न होने वाला' के लिए प्रयुक्त होता है। ईश्वर को न मानने वाला 'नास्तिक' कहलाता है। 'जो इन्द्रियों के द्वारा न जाना जा सके' के लिए 'अगोचर' शब्द है अर्थात्
अ – नहीं, विपरीत, निषेध
गो – इन्द्रियाँ
चर – विचरण करना
जिस तक इन्द्रियाँ न पहुँच पाएँ। आँख देख न सकें। हाथ छू न सकें, पैर जा न सकें, कान सुन न सकें आदि।

14. 'गुरु के समीप रहकर शिक्षा ग्रहण करने वाला' के लिए एक शब्द है *(HTET 2015, I-V)*

(a) गुरुकुलवासी (b) छात्रावासी
(c) अन्तेवासी (d) आश्रमवासी

व्याख्या (c) 'गुरु के समीप रहकर शिक्षा ग्रहण करने वाले' को 'अन्तेवासी' कहा जाता है।

15. 'सव्यसाची' शब्द के लिए एक वाक्य है *(HTET 2015, I-V)*

(a) सदा सत्य बोलने वाला
(b) बाएँ हाथ से कार्य करने वाला
(c) जिसने बहुत कुछ सुना हो
(d) अपनी इच्छा के अनुसार आचरण करने वाला

व्याख्या (b) 'सव्यसाची' वह जो बाएँ तथा दाएँ दोनों हाथों से कार्य कर लेता है।
अन्य विकल्पों में–
सदा सत्य बोलने वाला – सत्यवादी
जिसने बहुत कुछ सुना हो – बहुश्रुत
अपनी इच्छा के अनुसार आचरण करने वाला – स्वेच्छाचारी

16. 'जिसके पास कुछ न हो' उसके लिए उपयुक्त शब्द है *(HTET 2015, I-V)*

(a) अभावग्रस्त (b) अकिंचन
(c) दीनहीन (d) महादीन

व्याख्या (b) 'जिसके पास कुछ भी न हो, उसके लिए 'अकिंचन' शब्द प्रयोग होता है।

17. 'जो एक स्थान पर टिककर नहीं रहता' वाक्य के लिए एक शब्द कौन-सा है? *(UPTET 2014, I-V)*

(a) अस्थिर (b) अडिग
(c) यायावर (d) गतिशील

व्याख्या (c) 'जो एक स्थान पर टिककर नहीं रहता' वाक्यांश के लिए 'यायावर' शब्द प्रयुक्त होता है।
अन्य विकल्पों में,
अस्थिर – जो स्थिर न हो
अडिग – जो अपने स्थान या अपनी बात से न हटे
गतिशील – जो हमेशा चलायमान रहे

18. जो अच्छे कुल में उत्पन्न हुआ हो' इस शब्द समूह के लिए एक शब्द क्या है? *(UPTET 2014, I-V)*

(a) कुलीन (b) समृद्ध
(c) धनी (d) कृपण

व्याख्या (a) 'जो अच्छे कुल में जन्मा हो' शब्द समूह के लिए एक शब्द 'कुलीन' है। अन्य विकल्पों में,
समृद्ध – जिसके पास धन सम्पदा है
धनी – जिसके पास बहुत अधिक धन हो
कृपण – जो बहुत मुश्किल से और बहुत कम धन व्यय करता हो

19. 'बिना पढ़ा हुआ अंश' वाक्यांश के लिए शब्द होगा- *(UPTET 2014, VI-VIII)*
(a) अपठित (b) अपभ्रंश
(c) मौलिक (d) अपठनीय

व्याख्या (a) 'बिना पढ़ा हुआ अंश' वाक्यांश के लिए 'अपठित' शब्द होगा।
अन्य विकल्पों में,
अपठनीय – जो पढ़ने योग्य नहीं
अपभ्रंश – जिसका रूप भ्रष्ट हो गया हो
मौलिक – जो अपने मूल रूप में हो

20. 'किसी बात का गूढ़ रहस्य जानने वाला' वाक्य के लिए एक शब्द क्या होगा? *(UPTET 2014, VI-VIII)*
(a) मर्मज्ञ (b) सुविज्ञ
(c) विद्वान् (d) निगूढ़

व्याख्या (a) 'किसी बात का गूढ़ रहस्य जानने वाला' वाक्यांश के लिए एक शब्द 'मर्मज्ञ' होता है।
अन्य विकल्पों में,
सुविज्ञ – अच्छा जानकार
विद्वान् – शिक्षित व्यक्ति
निगूढ़ – अत्यन्त गुप्त

21. वाक्यांश के लिए कौन-सा शब्द अशुद्ध है? *(HTET 2014, I-V)*
(a) क्षण में या शीघ्र टूटने वाला–खण्डहर
(b) जिसकी आशा न की गई हो– अप्रत्याशित
(c) जिसे जाना न जा सके– अज्ञेय
(d) दोपहर के पहले का समय – पूर्वाह्न

व्याख्या (a) क्षण में या शीघ्र टूटने वाला 'क्षणभंगुर' होता है न कि खण्डहर। खण्डहर टूटे-फूटे मकान को या उसके अवशेष को कहते हैं। अन्य विकल्पों में वाक्यांश के लिए दिए गए सभी 'एक शब्द' शुद्ध हैं।

22. रंगमंच पर पर्दे के पीछे का स्थान कहलाता है *(HTET 2014, VI-VIII)*
(a) नैऋत्य (b) नेपथ्य
(c) प्रेक्षागृह (d) अलिन्द

व्याख्या (b) रंगमंच पर पर्दे के पीछे का स्थान 'नेपथ्य' कहलाता है। अन्य विकल्पों में 'नैऋत्य' दक्षिण-पश्चिम की दिशा को कहते हैं। प्रेक्षागृह वह स्थान होता है, जहाँ अभिनय किया जाता है तथा अलिन्द को 'छज्जा' कहते हैं।

23. इन्द्रियों को जीतने वाले के लिए एक शब्द है *(UPTET 2013, I-V)*
(a) दूरदर्शी (b) दत्तचित्त (c) कुशाग्रबुद्धि (d) जितेन्द्रिय

व्याख्या (d) इन्द्रियों को जीतने वाले के लिए एक शब्द 'जितेन्द्रिय' प्रयोग किया जाता है।
'दत्तचित्त' को मन लगाकर कार्य करने वाला कहते हैं।

24. 'उपकार को न मानने वाला' वाक्यांश के लिए सही शब्द है *(UPTET 2013, VI-VIII)*
(a) कृतघ्न (b) उपकारी
(c) कृतज्ञ (d) अपकारी

व्याख्या (a) 'किए हुए उपकार को न मानने वाला' वाक्यांश के लिए एक शब्द 'कृतघ्न' है।
उपकारी – दूसरों पर उपकार करने वाला

25. 'मोक्ष की इच्छा करने वाला' वाक्यांश के लिए सही शब्द है *(UPTET 2013, VI-VIII)*
(a) मुमुक्षा (b) मुमूर्षू (c) मुमुक्षु (d) मुमूर्षा

व्याख्या (c) 'मोक्ष की इच्छा रखने वाले' के लिए एक शब्द 'मुमुक्षु' है।
मुमुक्षा 'मोक्ष की इच्छा' को कहते हैं।

26. 'नि:स्पृह' शब्द का अर्थ है *(HTET 2012, I-V)*
(a) जो स्पर्श रहित हो (b) जो प्रेम रहित हो
(c) जो इच्छा रहित हो (d) जो प्रेरणावान हो

व्याख्या (c) 'नि:स्पृह' शब्द का अर्थ है– जो इच्छा रहित हो।

27. 'युद्ध की इच्छा रखने वाला' कहलाता है *(HTET 2012, I-V)*
(a) युयुत्सु (b) लड़ाकू (c) युदेच्छु (d) ये सभी

व्याख्या (a) युद्ध की इच्छा रखने वाला' के लिए 'युयुत्सु' शब्द का प्रयोग होता है।

28. नीचे लिखे वाक्य के लिए एक शब्द बताइए जो युद्ध में स्थिर रहता है *(UPTET 2011, I-V)*
(a) यशस्वी (b) सत्याग्रही (c) युधिष्ठिर (d) अश्वारोह

व्याख्या (c) 'जो युद्ध में स्थिर रहता है', उसके लिए एक शब्द है–'युधिष्ठिर'। अन्य विकल्पों में,
यशस्वी – यश को प्राप्त करने वाला
सत्याग्रही– सत्य के लिए आग्रह करने वाला
अश्वारोही – जो अश्व (घोड़े) पर सवार हो।

29. वाचाल कहते हैं *(UPTET 2011, I-V)*
(a) जो जल्दी चलता है (b) जिसकी चाल ठीक न हो
(c) जो बहुत बोलता है (d) जो चुप रहता है

व्याख्या (c) 'जो बहुत ज्यादा बोलता हो' उसे 'वाचाल' कहा जाता है।

30. शैव कहते हैं *(UPTET 2011, I-V)*

(a) जो शक्ति की उपासना करता है
(b) जो शिव की उपासना करता है
(c) जो विष्णु की उपासना करता है
(d) जो किसी की उपासना नहीं करता है।

व्याख्या (b) 'शैव' वह होता है, जो शिव की उपासना करता है।
शाक्त – शक्ति की उपासना करने वाला
वैष्णव – विष्णु की उपासना करने वाला

31. 'इन्द्रियों को जीतने वाले' के लिए एक शब्द है *(UPTET 2011,I-V)*

(a) दूरदर्शी (b) दत्तचित्त
(c) कुशाग्र बुद्धि (d) जितेन्द्रिय

व्याख्या (d) 'इन्द्रियों को जीतने वाले' के लिए एक शब्द 'जितेन्द्रिय' होता है।

32. 'जिसका जन्म पहले हुआ हो' इसके लिए एक शब्द, जो उपयुक्त हो, लिखिए। *(UPTET 2011, VI-VIII)*

(a) अनुज (b) द्विज
(c) अग्रज (d) सर्वज्ञ

व्याख्या (c) 'जिसका जन्म पहले हुआ हो' वाक्यांश के लिए एक शब्द 'अग्रज' होता है।
अन्य विकल्पों में,
अनुज – जिसका जन्म बाद में हुआ हो।
द्विज – जिसने दो बार जन्म लिया हो
सर्वज्ञ – जो सब कुछ जानता हो

33. 'बलिदान की भावना के प्रेरक होते हैं' *(UTET 2011, I-V)*

(a) समाज-सुधारक (b) संस्कृति पुरुष
(c) देशभक्त (d) स्वामिभक्त

व्याख्या (c) 'बलिदान की भावना के प्रेरक होते हैं' वाक्यांश के लिए एक शब्द 'देशभक्त' है। अन्य विकल्प हैं—
समाज सुधारक— समाज-सुधार के कार्य करने वाला
संस्कृति-पुरुष— संस्कृति का संरक्षक एवं प्रचारक-प्रसारक
स्वामिभक्त —अपने स्वामी के लिए श्रद्धा एवं निष्ठा रखने वाला।

34. 'जिसको व्याकरण का ज्ञान हो' के लिए एक शब्द का चयन कीजिए- *(UTET 2011, I-V)*

(a) व्याकरण पण्डित (b) वैयाकरण
(c) व्याकरण प्रणेता (d) व्याकरणाचार्य

व्याख्या (b) 'जिसको व्याकरण का ज्ञान हो' के लिए एक शब्द 'वैयाकरण' है।

35. 'नगर में रहने वाला' को कहा जाता है *(REET 2011, I-V)*

(a) शहरी (b) नागर (c) नर-नारी (d) शरणागत

व्याख्या (b) 'नगर में रहने वाला' के लिए 'नागर' शब्द का प्रयोग होता है। 'शरणागत' शरण में आने वाला होता है।

36. 'जिसका मन व ध्यान दूसरी तरफ हो' के लिए एक शब्द होगा *(REET 2011, VI-VIII)*

(a) मनन (b) बेध्यान (c) मनवा (d) अन्यमनस्क

व्याख्या (d) 'जिसका मन व ध्यान दूसरी तरफ हो, के लिए एक शब्द 'अन्यमनस्क' है।

37. दो पहाड़ों के बीच खाली स्थान को क्या कहते हैं? *(BTET 2011, VI-VIII)*

(a) घाटी (b) उपत्यका (c) जमीन (d) ये सभी

व्याख्या (b) दो पहाड़ों के बीच खाली स्थान' को 'उपत्यका' कहते हैं अर्थात् पर्वत के पास की वह समतल भूमि जिस पर खेती आदि की जाती है।

शब्दार्थ

1. निम्नलिखित में से कौन-सा विकल्प सही नहीं है? *(UPTET 2018, VI-VIII)*

(a) अन्यान्य—और
(b) अन्योन्य—परस्पर
(c) कृति—रचना
(d) कृती—निकृष्ट पुरुष

व्याख्या (d) 'कृति' शब्द होता है, 'कृती' नहीं। निकृष्ट पुरुष का अर्थ होता है—नीच पुरुष। अन्य सभी विकल्प सही हैं।

2. 'उत्कोच' शब्द का सही अर्थ है *(HTET 2018, VI-VIII)*

(a) घूस लेने वाला
(b) घूस देने वाला
(c) घूस
(d) रिश्वत लेने का इच्छुक

व्याख्या (c) 'उत्कोच' शब्द का अर्थ 'घूस' अथवा 'रिश्वत' होता है।

3. 'नेपथ्य' का अर्थ है *(UTET 2017, I-V)*

(a) रंगमंच के सामने विशिष्ट दर्शकों का स्थान
(b) कलाकारों का मेकअप रूम
(c) वाद्ययन्त्रों का रखने का स्थान
(d) रंगमंच के पीछे का स्थान

व्याख्या (d) 'नेपथ्य' का अर्थ 'रंगमंच के पीछे का स्थान' होता है। रंगमंच को भी दो भागों में बाँटा गया है
1. रंग शीर्ष—पर्दे के बाहर का रंगमंच।
2. रंगपीठ—पर्दे के पीछे का भाग।

4. 'अन्योन्याश्रित' का अर्थ है *(UTET 2017, I-V)*

(a) किसी पर आश्रित होना (b) किसी पर आश्रित न होना
(c) एक-दूसरे पर आश्रित होना (d) किसी को आश्रित बना देना

व्याख्या (c) 'अन्योन्याश्रित' का अर्थ 'एक-दूसरे पर आश्रित होना' होता है। अन्य सभी विकल्प असंगत हैं।

5. 'विरासत' शब्द का अर्थ है *(UPTET 2016, VI-VIII)*

(a) प्रकृति से प्राप्त (b) पुरखों से प्राप्त
(c) मित्रों से प्राप्त (d) मूल्य देकर खरीदा हुआ

व्याख्या (b) 'विरासत' शब्द का अर्थ 'पुरखों से प्राप्त' होता है। अन्य विकल्प असंगत हैं।

6. किसी वस्तु को दूसरे देश से अपने देश में क्रय कर लाने की क्रिया कहलाती है *(UTET 2016, I-V)*

(a) आयात (b) निर्यात (c) प्रेषण (d) वाहन

व्याख्या (a) किसी वस्तु को दूसरे देश से अपने देश में क्रय कर लाने की क्रिया 'आयात' कहलाती है। 'निर्यात' में वस्तु अपने देश से दूसरे देश को बेचते हैं। किसी पत्र या वस्तु को भेजने की प्रक्रिया 'प्रेषण' कहलाती है।

7. वर्णों के उस समूह को, जिससे कोई निश्चित अर्थ निकलता हो, कहा जाता है *(UPTET 2014, VI-VIII)*

(a) शब्द (b) वर्ण (c) वर्ण-समूह (d) वक्तव्य

व्याख्या (a) वर्णों के उस समूह को, जिससे कोई निश्चित अर्थ निकलता हो 'शब्द' कहा जाता है अर्थात् वर्णों के सार्थक समूह को 'शब्द' कहते हैं। वर्ण वह मूल ध्वनि है, जिसके खण्ड नहीं हो सकते अर्थात् वर्ण भाषा की लघुत्तम इकाई है।

8. 'प्रागैतिहासिक' का अर्थ है *(UPTET 2013, I-V)*

(a) सभ्यता के विकास का इतिहास
(b) आदिमानव की संस्कृति
(c) लिखित इतिहास के बाद का
(d) लिखित इतिहास के पहले का

व्याख्या (d) 'प्रागैतिहासिक' = प्राक् + ऐतिहासिक अर्थात् लिखित इतिहास से पहले का समय।

9. 'काकु' शब्द का सर्वाधिक उपयुक्त अर्थ कौन-सा है? *(UTET 2011, I-V)*

(a) कौआ (b) कटु
(c) चाचा (d) व्यङ्ग्य

व्याख्या (a) 'काकु' शब्द का सर्वाधिक उपयुक्त अर्थ 'कौआ' होता है। 'काकु' संस्कृत भाषा का शब्द है।

10. 'कष्ट' का अर्थ है *(BTET 2011, VI-VIII)*

(a) खेद
(b) शारीरिक असुविधा
(c) दुख
(d) शोक

व्याख्या (c) 'कष्ट' का अर्थ 'दु:ख' होता है। दर्द एवं पीड़ा आदि कष्ट के पर्याय हैं।

अध्याय 10

मुहावरे एवं लोकोक्तियाँ

State TETs

मुहावरे

1. निम्न में से कौन-सा युग्म गलत है? *(UPTET 2018, I-V)*

(a) लुटिया डूबना-सारा काम चौपट होना
(b) सब्ज बाग दिखलाना-हरा-भरा करना
(c) मुट्ठी गरम करना-रिश्वत देना
(d) माई का लाल-साहसी व्यक्ति

व्याख्या (b) 'सब्ज बाग दिखलाना' का सही अर्थ 'लालच देकर बहकाना' है। अत: यह युग्म गलत है। इसका अर्थ हरा-भरा करना नहीं होता।
सौरभ ने लीना को 'सब्ज बाग दिखलाकर' उसके साथ शादी कर ली।

2. 'गाँठ का पूरा' मुहावरे का क्या अर्थ है? *(UPTET 2018, VI-VIII)*

(a) ईमानदार (b) दुकानदार
(c) लापरवाह (d) मालदार

व्याख्या (d) 'गाँठ का पूरा' एक मुहावरा है, जिसका अर्थ होता है—धनी या मालदार होना।
रोहन भले ही सामान्य व्यक्ति की तरह रहता हो, परन्तु 'गाँठ का पूरा' है।

3. 'अन्दर-अन्दर कड़ाही में गुड़ पकना' का अर्थ है *(UPTET 2018, VI-VIII)*

(a) ज्ञान होना (b) गुप्त मंत्रणा होना
(c) अपने में सीमित होना (d) काम न आना

व्याख्या (b) 'अन्दर-अन्दर कड़ाही में गुड़ पकना' एक मुहावरा है, जिसका अर्थ 'गुप्त मंत्रणा होना' होता है।
वे लोग 'अन्दर-अन्दर कड़ाही में गुड़ पका' रहे हैं, आखिर कुछ तो बात है।

4. निम्नलिखित युग्मों में से कौन-सा गलत है? *UPTET 2018, VI-VIII)*

(a) लोहा लेना-सामना करना
(b) रास्ता नापना-आकलन करना
(c) रग-रग जानना-अच्छी तरह से परिचित होना
(d) शैतान के कान काटना-बहुत चतुर होना

व्याख्या (b) रास्ता नापना का अर्थ 'चले जाना' होता है। इसका अर्थ 'आकलन करना' नहीं होता। अत: यह युग्म विकल्प गलत है।
अपना रास्ता नापो, मुझे तुम्हारी जरूरत नहीं है।

5. 'आँख की किरकिरी होना' का अर्थ है *(UPTET 2017, I-V)*

(a) अप्रिय लगना (b) धोखा देना
(c) कष्टदायक होना (d) बहुत प्रिय होना

व्याख्या (a) 'आँख की किरकिरी होना' एक मुहावरा है, जिसका अर्थ होता है—अप्रिय लगना।
जब से राहुल ने मेरी नोटबुक फाड़ी है, वह मेरी आँख की किरकिरी बन गया है।

6. 'अँगूठा दिखाना' मुहावरा का अर्थ है *(CGTET 2017, I-V)*

(a) धोखा देना (b) काम न करना
(c) झूठ बोलना (d) अँगूठा को दिखाना

व्याख्या (a) 'अँगूठा दिखाना' एक मुहावरा है, जिसका अर्थ होता है-धोखा देना।
राहुल ने मुझे जरूरत के समय पर पैसे के लिए मना करके अँगूठा दिखा दिया, जबकि मैंने उसकी पहले बहुत मदद की थी।

7. 'प्रतिकूल कार्य करने के लिए' उचित मुहावरा होगा *(CGTET 2017, I-V)*

(a) उल्टी गंगा बहाना
(b) उठा न रखना
(c) उन्नीस बीस होना
(d) एक आँख से देखना

व्याख्या (a) 'प्रतिकूल कार्य करने के लिए' उचित मुहावरा होगा- उल्टी गंगा बहाना।
निशिका के एक पैर में पोलियो होने के बावजूद दौड़ जीतकर उल्टी गंगा बहा दी।
अन्य विकल्पों में,
उन्नीस-बीस होना-लगभग समान होना।
एक आँख से देखना-सबको समान देखना।

8. 'गरीब के घर में गुणवान का उत्पन्न होना' के लिए उपयुक्त विकल्प होगा *(CGTET 2017, I-V)*

(a) गुदड़ी का लाल
(b) छप्पर फाड़ के देना
(c) घी के दीए जलाना
(d) दिन दूना रात चौगुना

व्याख्या (a) 'गरीब के घर में गुणवान का उत्पन्न होना', इस मुहावरे का अर्थ है—गुदड़ी का लाल।
मनीष गुदड़ी का लाल है, उसके पिता ऑटो रिक्शा चलाते हैं, लेकिन उसने आई.ए.एस. की परीक्षा उत्तीर्ण कर उनका नाम रोशन कर दिया।
अन्य विकल्पों में,
छप्पर फाड़ के देना—बहुत ज्यादा धन देना।
घी के दीये जलाना—खुशियाँ मनाना।
दिन दूना रात चौगुना—खूब तरक्की करना।

9. मुहावरे-लोकोक्तियों के शिक्षण में आपके लिए सबसे अधिक महत्त्वपूर्ण है *(UTET 2017, I-V)*

(a) मुहावरे-लोकोक्तियों का वाक्यों में प्रयोग करना
(b) अधिक-से-अधिक मुहावरे-लोकोक्तियों के प्रयोग से भाषा को सौन्दर्यपूर्ण बनाना
(c) सन्दर्भानुसार मुहावरे-लोकोक्तियों के प्रयोगों को समझना और उनका प्रयोग करना
(d) मुहावरे-लोकोक्तियों के अर्थ समझाने का प्रयत्न करना

व्याख्या (c) दिए गए 'सन्दर्भानुसार मुहावरे और लोकोक्तियों के प्रयोग को समझकर उनका प्रयोग करना' मुहावरे-लोकोक्तियों के शिक्षण में सबसे अधिक महत्त्वपूर्ण है। जब हम उन्हें भली-भाँति समझ लेते हैं, तो फिर बच्चों को उन्हें हम बड़ी आसानी से समझा सकते हैं।

10. 'नाक पर सुपारी तोड़ना' का अर्थ है *(UTET 2017, VI-VIII)*

(a) इज्जत हल्की करना
(b) घृणा करना
(c) असम्भव को सम्भव करना
(d) बहुत परेशान करना

व्याख्या (c) 'नाक पर सुपारी तोड़ना' एक मुहावरा है, जिसका अर्थ है—असम्भव को सम्भव करना।
तरुण इतना मेहनती है, कि नाक पर सुपारी तोड़ सकता है।

11. 'चोर की दाढ़ी में तिनका' मुहावरे का सही अर्थ है *(UPTET 2016, I-V)*

(a) अपराधी का अपनी दाढ़ी खुजलाना
(b) अपराधी का शंकाग्रस्त रहना
(c) अपराधी की पहचान हो जाना
(d) अपराधी की अपनी पहचान छिपाना

व्याख्या (b) 'चोर की दाढ़ी में तिनका' एक मुहावरा है, जिसका अर्थ है—अपराधी का शंकाग्रस्त रहना। अन्य विकल्प तर्कसंगत नहीं हैं।
जब ऑफिस से एक कीमती सामान चोरी हो गया, तो पुलिस ने सभी कर्मचारियों को एक कमरे में खड़े होने के लिए कहा। जिनमें से एक कर्मचारी के कमरे में ए.सी. होने के बावजूद उसको पसीने छूटने लगे। सभी समझ गए थे कि 'चोर की दाढ़ी में तिनका' दिख गया है।

12. 'आगे कुआँ पीछे खाई' का अर्थ है *(UPTET 2016, I-V)*

(a) चारों तरफ जल ही जल होना
(b) रास्ते का बन्द होना
(c) दोनों ओर मुसीबत
(d) बीच में निकल भागना

व्याख्या (c) 'आगे कुआँ पीछे खाई' एक मुहावरा है, जिसका अर्थ है—दोनों ओर मुसीबत।
एक तो वेतन न आने के कारण कमरे का किराया नहीं गया, ऊपर से बीमे की किश्त भी देनी है। मेरे तो आगे कुआँ पीछे खाई बन गई है।

13. 'एक मुँह दो बात' मुहावरे का अर्थ है *(UPTET 2016, VI-VIII)*

(a) अत्यधिक बातें करना
(b) बहुत कम बोलना
(c) अपनी बात से पलट जाना
(d) बात बनाना

व्याख्या (c) 'एक मुँह दो बात', एक मुहावरा है, जिसका अर्थ होता है— अपनी बात से पलट जाना।
राहुल की तो एक मुँह दो बात, कभी कुछ बोलता है, तो कभी कुछ।

14. 'सुदामा के तन्दुल' का अर्थ है *(REET 2016, I-V)*

(a) गरीबी में जीना
(b) गरीबी में भी तन्दुल का शौक रखना
(c) सामान्य किन्तु प्रेमपूर्वक भेंट
(d) बढ़-चढ़ कर बातें करना

व्याख्या (c) 'सुदामा के तन्दुल' एक मुहावरा है, जिसका उपयुक्त अर्थ है— सामान्य किन्तु प्रेमपूर्वक भेंट।
उस बेचारी बुढ़िया के मन्दिर में दानार्थ दिए गए दस रुपए सुदामा के तन्दुल के समान हैं।

15. 'पाखण्डी व्यक्ति' के लिए उपयुक्त मुहावरा है *(REET 2016, VI-VIII)*

(a) बछिया के ताऊ
(b) बगुला भगत
(c) पैंतरेबाज
(d) माई का लाल

व्याख्या (b) 'पाखण्डी व्यक्ति' इस मुहावरे का उपयुक्त अर्थ है— बगुला भगत।
आजकल के ये नेता बगुला भगत हैं, जो कि पैंतरेबाज होते हैं।
अन्य विकल्पों में,
बछिया के ताऊ—मूर्ख
पैंतरेबाज—मौकापरस्त
माई का लाल—होनहार पुत्र

16. 'नाक का बाल होना' मुहावरे का अर्थ है *(UPTET 2014, I-V)*

(a) अधिक समीप होना
(b) कष्ट देना
(c) अधिक प्रिय होना
(d) पालतू होना

व्याख्या (c) 'नाक का बाल होना' एक मुहावरा है, जिसका अर्थ है—अधिक प्रिय होना।
नितिश तो हिन्दी के अध्यापक का नाक का बाल बन गया है और हो भी क्यों न, उनके हर प्रश्न का जवाब जो दे देता है।

17. 'औंधी खोपड़ी' मुहावरे का अर्थ है *(UPTET 2014, VI-VIII)*

(a) मूर्ख होना
(b) कुछ निर्णय न कर पाना
(c) किंकर्त्तव्यविमूढ़ होना
(d) झगड़ालू होना

व्याख्या (a) 'औंधी खोपड़ी' एक मुहावरा है, जिसका अर्थ होता है—मूर्ख होना। ऋतिका भी औंधी खोपड़ी ही है, कोई भी बात जल्दी-से समझती ही नहीं है।

18. 'नाक रगड़ना' का क्या अर्थ है? *(UPTET 2013, I-V)*

(a) नाक में चोट लगना
(b) इज्जत देना
(c) दीनतापूर्वक प्रार्थना करना
(d) चापलूसी करना

व्याख्या (c) 'नाक रगड़ना' एक मुहावरा है, जिसका अर्थ है—दीनतापूर्वक प्रार्थना करना।

सेठ अमीचन्द के सामने सतबीर की पत्नी ने नाक तक रगड़ दी, लेकिन अमीचन्द ने उसे एक भी रुपया नहीं दिया।

19. 'कार्य के आरम्भ में ही विघ्न पड़ना' किस मुहावरे का अर्थ है? *(UPTET 2013, I-V)*

(a) सिर मारना
(b) सिर पर सेहरा बँधा होना
(c) सिर मुड़ाते ही ओले पड़ना
(d) सिर पर शैतान सवार होना

व्याख्या (c) 'कार्य के आरम्भ में ही विघ्न पड़ना' मुहावरे का अर्थ है— सिर मुड़ाते ही ओले पड़ना।

यहाँ क्या कैम्पिंग करें, बारिश ही शुरू हो गई। ये तो सिर मुड़ाते ही ओले पड़ गए।

अन्य विकल्पों में—

सिर मारना—माथा-पच्ची करना

सिर पर शैतान सवार होना—अधिक गुस्सा आना

20. 'कान का कच्चा' होने का अर्थ है *(UPTET 2013, I-V)*

(a) कम सुनना
(b) सुनी बात पर विश्वास करना
(c) दूसरे की बात मानना
(d) कान का कमजोर होना

व्याख्या (b) 'कान का कच्चा होना' एक मुहावरा है, जिसका अर्थ होता है— सुनी हुई बातों पर विश्वास करना।

रवि कान का कच्चा है सबकी बात मानकर घर में झगड़ता रहता है।

21. 'कपटी मित्र' के लिए सही मुहावरा है *(UPTET 2013, I-V)*

(a) दाँत काटी रोटी
(b) आस्तीन का साँप
(c) अक्ल की दुम
(d) आबनूस का कुन्दा

व्याख्या (b) आस्तीन का साँप मुहावरे का अर्थ 'कपटी मित्र' होता है।

रवि तो आस्तीन का साँप निकला। मित्र होने के बावजूद उसने मेरे गल्ले से दस हजार रुपये निकाल लिए।

अन्य विकल्पों में,

दाँत काटी रोटी—अत्यधिक घनिष्ठता।

अक्ल की दुम—स्वयं को बुद्धिमान समझना।

आबनूस का कुन्दा—अत्यधिक काला।

22. 'प्राय: निर्दलीय, सत्तारूढ़ दल में सम्मिलित होकर लाभ उठा लेते हैं।' उपरोक्त वाक्य के लिए सर्वाधिक उपयुक्त मुहावरा होगा *(UTET 2013, I-V)*

(a) बहती गंगा में हाथ धोना
(b) पाँव जमीन पर न रखना
(c) नहले-पे-दहला मारना
(d) दो नावों पर पाँव रखना

व्याख्या (a) 'प्राय: निर्दलीय, सत्तारूढ़ दल में सम्मिलित होकर लाभ उठा लेते हैं।' उपरोक्त वाक्य के लिए सर्वाधिक उपयुक्त मुहावरा 'बहती गंगा में हाथ धोना' है। इसका भावार्थ होता है—अवसर का लाभ उठाना।

प्राय: निर्दलीय, सत्तारूढ़ दल में सम्मिलित होकर बहती गंगा में हाथ धो लेते हैं।

23. प्रधान अध्यापक की बातें सुनकर '<u>मैं शर्म के मारे चुप हो गया</u>'। रेखांकित वाक्यांश का भाव किस मुहावरे से व्यक्त होता है *(CGTET 2011, VI-VIII)*

(a) आकाश-पाताल एक कर गया
(b) अपना-सा मुँह लेकर रह गया
(c) अपना उल्लू सीधा करने लग गया
(d) उल्टी गंगा बहाने लगा

व्याख्या (b) 'मैं शर्म के मारे चुप हो गया' इस मुहावरे का अर्थ है-अपना-सा मुँह लेकर रह गया।

अन्य विकल्पों में,

आकाश-पाताल एक करना—अत्यधिक खोजबीन करना।

अपना उल्लू सीधा करना—अपना काम निकालना।

24. 'आँखे दिखाना' मुहावरा किस अर्थ में प्रयुक्त होता है? *(CGTET 2011, VI-VIII)*

(a) लज्जित करना
(b) स्वागत करना
(c) सावधान करना
(d) क्रोध से देखना

व्याख्या (d) 'आँख दिखाना' एक मुहावरा है जिसका अर्थ है—डराना या क्रोध से देखना।

निशिथ ने जैसे ही लतिका को बाहर देखा, तो वह उसे आँखें दिखाने लगा।

25. 'अनिश्चितता' के भाव को प्रकट करने के लिए उपयुक्त मुहावरे का चयन कीजिए। *(UTET 2011, I-V)*

(a) बन्द मुट्ठी में क्या है?
(b) पर्दे के पीछे कौन है?
(c) न जाने भाग्य में क्या है?
(d) न जाने ऊँट किस करवट बैठेगा?

व्याख्या (d) जब भी कोई अनिश्चितता हो, उसके भाव को प्रकट करने के लिए उपयुक्त मुहावरा होगा—'न जाने ऊँट किस करवट बैठेगा'।

अबकी बार लोकसभा चुनाव में कुछ भी हो सकता है। न जाने ऊँट किस करवट बैठेगा।

26. 'सिर फिर जाना' का अभिप्राय है *(REET 2011, I-V)*

(a) चक्कर आ जाना
(b) अहंकारी हो जाना
(c) सर दर्द हो जाना
(d) पीछे मुड़कर देखने लगना

व्याख्या (b) 'सिर फिर जाना' एक मुहावरा है, जिसका अर्थ है 'अहंकारी हो जाना'। जब से व्यापार में सेवकलाल को मुनाफा होने लगा है, उसका सिर फिरने लगा है।

27. शेर को सामने देख कर ……… यह वाक्य किस मुहावरे से पूर्ण होगा? *(REET 2011, I-V)*

(a) मैं सातवें आसमान पर पहुँच गया
(b) मैं आग बबूला हो उठा
(c) मैंने आसमान सिर पर उठा लिया
(d) मेरे प्राण सूख गए

व्याख्या (d) शेर को सामने देखकर 'मेरे प्राण सूख गए'।
अन्य विकल्पों में,
सातवें आसमान पर पहुँचना—अत्यधिक खुश होना
आग बबूला होना—अत्यधिक क्रोधित होना
आसमान सिर पर उठाना—गुस्से से चिल्लाना

28. सही मुहावरा है *(REET 2011, I-V)*

(a) नेत्रों में मिट्टी डालना
(b) आँखों में रेत फेंकना
(c) आँखों में धूल झोंकना
(d) आँखों में कचरा डालना

व्याख्या (c) उपर्युक्त विकल्पों में आँखों में धूल झोंकना' मुहावरा ही सही है। इसका अर्थ है—धोखा देना।
आजकल के नेता जनता की आँखों में धूल झोंकने में लगे हैं।

29. 'हाथ न आना' इस मुहावरे का निकटतम अर्थ है *(REET 2011, I-V)*

(a) पकड़ में न आना
(b) बहुत बड़ा होना
(c) हाथों का व्यायाम करना
(d) हाथ-फैलाना

व्याख्या (a) 'हाथ न आना' एक मुहावरा है, जिसका अर्थ होता है— 'पकड़ में न आना'।
वह चोर आखिरकार पुलिस के हाथ नहीं आया।

30. 'अपना हाथ जगन्नाथ' का अर्थ है *(REET 2011, VI-VIII)*

(a) मनमानी करना
(b) अपना हाथ पूजनीय होता है
(c) अपने हाथ से काम करना ही उपयुक्त होता है
(d) अपने हाथ से दान करना

व्याख्या (c) 'अपना हाथ जगन्नाथ' एक मुहावरा है, जिसका उपयुक्त अर्थ है— अपने हाथ से काम करना ही उपयुक्त होता है।
रामू इस काम को नहीं करेगा। इसे फिर भी तुम्हें ही करना पड़ेगा। अपना हाथ जगन्नाथ होता है।

31. 'अवसर का लाभ उठाना' के लिए उपयुक्त है *(REET 2011, VI-VIII)*

(a) बहती गंगा में हाथ धोना
(b) आकाश-पाताल एक करना
(c) फूला न समाना
(d) अंगारों पर पैर रखना

व्याख्या (a) 'बहती गंगा में हाथ धोना' मुहावरे का अर्थ— 'अवसर का लाभ उठाना' होता है।
अन्य विकल्पों में,
फूला न समाना—अत्यधिक खुश होना।
अंगारों पर पैर रखना—जान-बूझकर हानिकारक कार्य करना।

32. 'बाधा डालना' किस मुहावरे का अर्थ है *(REET 2011, VI-VIII)*

(a) पाला पड़ना
(b) रोड़ा अटकाना
(c) बरस पड़ना
(d) दाँतों में जीभ होना

व्याख्या (b) 'रोड़ा अटकाना' मुहावरे का अर्थ होता है 'बाधा डालना।'
अन्य विकल्पों में,
पाला पड़ना—सामना करना।
बरस पड़ना—क्रोध करना।
दाँतों में जीभ होना—मुश्किल में पड़ना।

लोकोक्तियाँ

1. लोकोक्ति और उसके अभिप्राय का कौन-सा जोड़ा गलत है? *(UPTET 2018, VI-VIII*

(a) ओस चाटे प्यास नहीं बुझती-बड़े काम के लिए विशेष प्रयत्न की जरूरत होती है।
(b) कढ़ाही से गिरा, चूल्हे में पड़ा-एक आपत्ति से छूटकर दूसरी विपत्ति में पड़ना
(c) घी भी खाओ और पगडी भी रक्खो-इतना खर्च करो कि इज्जत बनी रहे
(d) काठ की हाँडी बार-बार चूल्हे पर नहीं चढ़ती-काठ की हाँडी बार-बार जल जाती है।

व्याख्या (d) 'काठ की हाँडी बार-बार चूल्हे पर नहीं चढ़ती' लोकोक्ति का उपयुक्त अर्थ है—किसी को हर बार धोखा नहीं दिया जा सकता।
रामू, तुम हर दिन सेठ जी के गल्ले से रुपये निकाल लेते हो। ऐसा मत करो, किसी न किसी दिन तो सेठ जी को पता चल ही जाएगा, क्योंकि काठ की हाँडी बार-बार चूल्हे पर नहीं चढ़ती।

2. 'आँख का अंधा नाम नयनसुख' लोकोक्ति का क्या अर्थ है?
(UPTET 2018, VI-VIII)

(a) गुण के विरुद्ध नाम का होना (b) आँख की रोशनी जाना
(c) नामकरण करना (d) सन्तुष्ट होना

व्याख्या (a) 'आँख का अंधा नाम नयनसुख' लोकोक्ति का अर्थ है—गुण के विरुद्ध नाम का होना।
भले ही तुम्हारा नाम 'ज्ञान लाल' हो, लेकिन पढ़ने-लिखने के मामले में तुम शून्य ही हो। किसी ने सत्य ही कहा है—आँख का अंधा नाम नयनसुख।

3. लोकोक्ति और उसके अर्थ के जोड़े में से कौन-सा जोड़ा गलत है?
(UPTET 2018, VI-VIII)

(a) उल्टा चोर कोतवाल को डाँटे-अपना दोष न मानकर दूसरे पर मढ़ना
(b) आँख का अंधा नाम नयनसुख-नाम के प्रतिकूल कार्य करना
(c) अक्ल बड़ी या भैंस-बल की अपेक्षा बुद्धि अधिक शक्तिशाली होती है
(d) आ बैल मुझे मार-बैल को मारना

व्याख्या (d) 'आ बैल मुझे मार' लोकोक्ति का उपयुक्त अर्थ होगा—जान-बूझकर मुसीबत मोल लेना।
कूल्लू पहलवान को मत छेड़ना, वह बड़ा झगड़ालू प्रवृत्ति का है, उसे छेड़ने पर वही बात होगी—आ बैल मुझे मार।

4. 'ऊँट की चोरी निहुरे निहुरे' का अर्थ है *(UPTET 2018, VI-VIII)*

(a) जान जोखिम में डालना
(b) बड़े काम छिपकर नहीं किए जा सकते
(c) उद्दंड व्यक्ति की दुष्टता
(d) किसी की वस्तु किसी दूसरे को देना

व्याख्या (b) 'ऊँट की चोरी निहुरे-निहुरे' लोकोक्ति का उपयुक्त अर्थ होगा—बड़े काम छिपकर नहीं किए जा सकते हैं।
तुम इतनी बड़ी बात छिपाकर नहीं रख सकते। ये तो वही बात होगी—ऊँट की चोरी निहुरे-निहुरे।

5. कवि सम्मेलन में कविता पाठ करेंगे और साथ ही वहाँ की ऐतिहासिक इमारतों को भी देखेंगे। इस कथन में लोकोक्ति है
(CGTET 2018, VI-VIII)

(a) जिन ढूँढ़ा तिन पाइयाँ (b) आम के आम गुठली के दाम
(c) एक पन्थ दो काज (d) होनहार बिरवान के।

व्याख्या (c) कवि सम्मेलन में कविता पाठ करेंगे और साथ ही वहाँ की ऐतिहासिक इमारतों को भी देखेंगे। इस कथन में लोकोक्ति है—एक पन्थ दो काज।
एक पन्थ दो काज का अर्थ है—एक साथ दो कार्य का होना।
अन्य विकल्पों में,
जिन ढूँढा तिन पाइयाँ—ढूँढने से हर वस्तु मिल जाती है।
आम के आम गुठली के दाम—दो गुना लाभ होना।
होनहार बिरवान के—होनहार बच्चों का पता बचपन में ही चिल जाता है।

6. 'आये थे हरि भजन को ओटन लगे कपास' लोकोक्ति का अर्थ क्या है?
(UPTET 2018, VI-VIII)
(HTET 2012, I-V)

(a) हरि भक्ति का मार्ग कठिन होता है
(b) उद्देश्य की प्राप्ति में असफल होना
(c) ईश्वर भक्ति को छोड़कर व्यापार में लग जाना
(d) किसी कार्य विशेष की उपेक्षा कर दूसरे कार्य को करना

व्याख्या (d) 'आये थे हरि भजन को ओटन लगे कपास' एक लोकोक्ति है, जिसका अर्थ है—किसी कार्य विशेष की उपेक्षा कर दूसरे कार्य को करना।
राजू बाजार से सामान लेने गया था, लेकिन मदारी का खेल देखने में लग गया। ये तो वही बात हुई 'आए थे हरि भजन को ओटन लगे कपास'।

7. आँख एक नहीं कजरौटा दस-दस' लोकोक्ति का क्या अर्थ है?
(UPTET 2016, VI-VIII]

(a) व्यर्थ आडम्बर (b) आँख में काजल लगाना
(c) आँख की देखभाल करना (d) लाइलाज बीमारी

व्याख्या (a) 'आँख एक नहीं कजरौटा दस-दस' लोकोक्ति का उपयुक्त अर्थ होगा—व्यर्थ आडम्बर।
रामलाल ने अपनी पुत्री की शादी में अपने गाँव के साथ-साथ दूसरे गाँव को भी न्यौता दिया। उसने दहेज में गाड़ी तो दी ही, साथ में नकद पैसे भी दिए।
यह तो वही बात हुई-आँख एक नहीं कजरौटा दस-दस।

8. स्थिति में परिवर्तन न होने के भाव को व्यक्त करने वाली सही कहावत है
(UTET 2016, I-V)

(a) जस दूल्हा तस बनी बरात
(b) न सुख में मोटे न दु:ख में दुबले
(c) न गरजे न बरसे वही धूप की धूप
(d) वही ढाक के तीन पात

व्याख्या (d) स्थिति में परिवर्तन न होने के भाव को व्यक्त करने वाली कहावत है— वही ढाक के तीन पात।
काफी कोशिश कर ली कि रवि सुधर जाए, लेकिन नतीजा—वही ढाक के तीन पात।
अन्य विकल्पों में, जस दूल्हा तस बनी बरात—जैसा नेतृत्वकर्ता वैसे अनुसरणकर्ता।

9. 'यह प्रेम का पंथ कराल महा' के लिए सही लोकोक्ति है
(UTET 2016, VI-VIII)

(a) अरु पेड़ सों बातों बड़ावतों है
(b) मन की मन में डर भावनी है
(c) तलवार की धार पै धावनों है
(d) दु:खदाई और घोर सातवनी है

व्याख्या (c) 'यह प्रेम को पंथ कराल महा' के लिए प्रसिद्ध लोकोक्ति है 'तलवार की धार पर धावनों'। यह पंक्ति रीतिकाल के रीतिमुक्त कवि बोधा की है। अन्य विकल्प असंगत हैं।

10. 'खरी मजूरी चोखा काम' का अर्थ है *(REET 2016, I-V)*

(a) लोग मजदूरी की परवाह करते हैं कार्य की नहीं
(b) पूरी मजदूरी देने पर अच्छा कार्य होता है
(c) साधारण काम के अधिक पैसे माँगना
(d) बिना काम के दौलत चाहना

व्याख्या (b) 'खरी मजूरी चोखा काम' एक लोकोक्ति है, जिसका अर्थ होता है—पूरी मजदूरी देने पर अच्छा कार्य होता है।
मजदूरों ने मिल मालिकों को काम करने से मना कर दिया, क्योंकि मिल मालिक उन्हें सही वेतन नहीं दे रहा था। उनका कहना था खरी मजूरी चोखा काम।

11. 'जमात में करामात' का अर्थ है *(REET 2016, VI-VIII)*

(a) जमात में रहने लोग खुराफात करते हैं
(b) जमात में रहकर लोग गड़बड़ियाँ करते हैं
(c) साथ रहने से कुछ-न-कुछ गड़बड़ होती है
(d) एकता में शक्ति होती है

व्याख्या (d) 'जमात में करामात' का अर्थ होता है—एकता में शक्ति।
हामिद की अम्मा ने उसे बताया कि बेटा सभी के साथ प्यार से रहना चाहिए, क्योंकि जमात में करामात होती है।

12. 'उतर गई लोई तो क्या करेगा कोई' कहावत का सही अर्थ है *(HTET 2015, I-V)*

(a) कंगले को किसी हानि का आशंका नहीं होती
(b) गम्भीर रोगी की चिकित्सा सम्भव नहीं होती
(c) खोई हुई प्रतिष्ठा वापस नहीं मिल सकती
(d) बेशर्म हो चुके व्यक्ति को इज्जत गवाँ देने का भय नहीं रहता

व्याख्या (d) 'उतर गई लोई तो क्या करेगा कोई' कहावत का सही अर्थ होता है— बेशर्म हो चुके व्यक्ति को इज्जत गवाँ देने का भय नहीं रहता।
हरिप्रसाद को राशन देते समय गड़बड़ करते हुए कई बार पकड़ लिया गया। यहाँ तक कि उसे बेइज्जत भी किया गया। लेकिन वह अपनी हरकतों से अब भी बाज नहीं आता। यह तो वही बात हुई-उतर गई लोई तो क्या करेगा कोई।

13. 'अनजान सुजान, सदा कल्याण' लोकोक्ति का भावार्थ है *(HTET 2014, VI-VIII)*

(a) अनजान और सुजान के साथ सदैव लाभ मिलता है
(b) भोला-भाला ज्ञानी कल्याणकारक होता है
(c) मूर्ख और ज्ञानी दोनों मजे में रहते हैं
(d) मूर्ख स्वयं को ज्ञानी समझकर नुकसान कराता है

व्याख्या (c) 'अनजान (मूर्ख) सुजान (ज्ञानी), सदा कल्याण' एक लोकोक्ति है, जिसका भावार्थ होता है—मूर्ख और ज्ञानी दोनों हमेशा मजे में अर्थात् आनन्द में रहते हैं।

14. 'दुष्ट अपनी दुष्टता नहीं छोड़ता' के लिए उचित लोकोक्ति है *(HTET 2014, VI-VIII)*

(a) खिसियानी बिल्ली खम्भा नोचे
(b) गंगा गए तो गंगादास, जुमना गए तो जमुनादास
(c) कबहुँ निरामिष होय न कागा
(d) जिस पत्तल में खाया, उसी में छेद करना

व्याख्या (c) 'कबहुँ निरामिष होय न कागा' अर्थात् 'दुष्ट अपनी 'दुष्टता नहीं छोड़ता'।
रवि को कितना भी समझा लो, लेकिन वह भानू काका को परेशान किए बिना नहीं रहता किसी ने सत्य ही कहा है कबहुँ निरामिष होय न कागा।
अन्य विकल्पों के अर्थ हैं,
खिसियानी बिल्ली खम्भा नोंचे—अपनी शर्म छिपाने के लिए व्यर्थ का क्रोध करना।
गंगा गए तो गंगादास, जमुना गए तो जमुनादास—परिस्थिति के अनुसार स्वभाव या सिद्धान्त बदलना।
जिस पत्तल में खाया, उसी में छेद करना—धोखा देना।

15. निम्नलिखित में लोकोक्ति कौन-सी है? *(UTET 2013, I-V)*

(a) आसमान पर थूकना
(b) उल्टा चोर कोतवाल को डाँटे
(c) गूलर का फूल होना
(d) कोढ़ में खाज होना

व्याख्या (b) 'उल्टा चोर कोतवाल को डाँटे' लोकोक्ति है। शेष मुहावरे हैं। इसका अर्थ होता है—दोषी व्यक्ति का निर्दोष पर ही दोष लगाना।
अन्य विकल्पों में,
आसमान पर थूकना—महापुरुषों का निरादर करना।
कोढ़ में खाज होना—दु:ख में और दु:ख होना।
गूलर का फूल होना—कभी-कभी दिखाई पड़ना।

16. 'न नौ मन तेल होगा न राधा नाचेगी' का भाव है *(UTET 2013, VI-VIII)*

(a) काम न करने का बहाना बनाना
(b) खूब काम करना
(c) काम से दिल ऊबना
(d) काम में आलस्य करना

व्याख्या (a) 'न नौ मन तेल होगा, न राधा नाचेगी' एक लोकोक्ति है, जिसका अर्थ है—काम न करने का बहाना बनाना।
राजा को कोई काम करना तो आता नहीं, लेकिन हाँ करके मीनमेख निकालता रहता है।
यह तो वही बात हुई न नौ मन तेल होगा न राधा नाचेगी।

17. 'कार्य करने के बाद उसके बारे में जाँच करना' अर्थ वाली कहावत है *(HTET 2012, I-V)*

(a) साँप निकलने पर लकीर पीटते रहना
(b) पानी पीकर जाति पूछना
(c) अब पछताए होत का जब चिड़िया चुग गई खेत
(d) उपर्युक्त सभी

व्याख्या (b) 'कार्य करने के बाद उसके बारे में जाँच करना' अर्थ वाली कहावत है—पानी पीकर जाति पूछना।
वाह, अजीब आदमी हो, अभी आपके सामने ही सुधीर ने रिश्वत ली और तुम कह रहे हो कि क्या सबूत है? ये तो पानी पीकर जाति पूछने वाली बात हुई।
अन्य विकल्पों में,
साँप निकलने पर लकीर पीटते रहना-समय निकल जाने पर कार्य करना।
अब पछताए होत का जब चिड़िया चुग गई खेत-समय निकल जाने पर पछताना।

18. 'अशर्फियाँ लुटें, कोयलों पर मुहर' का आशय है *(REET 2012, I-V)*

(a) कोयलों की रखवाली करना
(b) बेपरवाह हो जाना
(c) महँगी चीज की बजाय सस्ती चीज की परवाह करना
(d) सोने के सिक्के चुराना

व्याख्या (c) 'अशर्फियाँ लुटें, कोयलों पर मुहर' लोकोक्ति का आशय है—महँगी चीज की बजाय सस्ती चीज की परवाह करना।
राजकुमार ने बाजार में जाकर बर्फी, रसगुल्लों के बदले चाउमीन, बर्गर खाए। यह तो वही बात हुई अशर्फियाँ लुटें, कोयलों पर मुहर।

19. 'घी का लड्डू टेढ़ा भला' का अर्थ है *(REET 2012, I-V)*

(a) घी का लड्डू अच्छा होता है
(b) उपयोगी वस्तु हर दशा में ठीक होती है
(c) घी बहुत महँगा होता है
(d) लड्डू सीधा नहीं होता है

व्याख्या (b) 'घी का लड्डू टेढ़ा भला' लोकोक्ति का अर्थ है–'उपयोगी वस्तु हर दशा में ठीक होती है।
यह अँगूठी भले ही अच्छी न हो, लेकिन है तो सोने की ही, क्योंकि घी का लड्डू टेढ़ा भला।

20. 'हमेशा आनन्द का अनुभव करना' अर्थ को व्यक्त करने के लिए सटीक लोकोक्ति है *(CGTET 2011, I-V)*

(a) सदा दीवाली सन्त की, बारह मास बसन्त
(b) न सावन सूखा, न भादो हरा
(c) जहाँ चाह वहाँ राह
(d) आप भला तो जग भला

व्याख्या (a) 'हमेशा आनन्द का अनुभव करना' अर्थ को व्यक्त करने के लिए सटीक लोकोक्ति है— सदा दीवाली सन्त की, बारह मास बसन्त।
अरे हमारी मत पूछो, यहाँ तो सदा दीवाली सन्त की, बारह मास बसन्त।
अन्य विकल्पो में,
न सावन सूखा, न भादो हरा— सदा एक-सा रहना।
जहाँ चाह वहाँ राह—दृढ़ इच्छा शक्ति हो, तो कार्य करने का रास्ता निकल ही आता है।

21. कौन-सा तुमने यह मोबाइल फोन मॉल में खरीदा है, जो इसके मॉडल की इतनी बुराई कर रहे हो। अरे भाई ……… खाली स्थान के लिए सर्वाधिक उपयुक्त लोकोक्ति पर चिह्न लगाइए। *(CGTET 2011, I-V)*

(a) नया नौ दिन पुराना सौ दिन
(b) दान की बछिया के दाँत नहीं देखे जाते
(c) नाक कटी पर घी तो चाटा
(d) नाम बड़े और दर्शन छोटे

व्याख्या (b) कौन-सा तुमने यह मोबाइल फोन मॉल में खरीदा है, जो इसके मॉडल की इतनी बुराई कर रहे हो। अरे भाई दान की बछिया के दाँत नहीं देखे जाते।
अन्य विकल्पों में,
नया नौ दिन पुराना सौ दिन—नई वस्तुओं का विश्वास नहीं होता।
नाक कटी पर घी तो चाटा—निर्लज्ज होकर कुछ पाना।
नाम बड़े और दर्शन छोटे—बड़ी-बड़ी बातें करना, पर असलियत में कुछ न होना।

22. इस वाक्य में किस लोकोक्ति का प्रयोग होगा? *(CGTET 2011, VI-VIII)*

'तीर्थों के पण्डे पुजारी प्राय: ऐसे यजमानों की खोज में रहते हैं जो ………… हों'

(a) आँख के अन्धे, गाँठ के पूरे
(b) मान न मान, मैं तेरा मेहमान
(c) गंगा गए गंगादास, जुमना गए जमुनादास
(d) आप काज महाराज

व्याख्या (a) तीर्थों के पण्डे पुजारी प्राय: ऐसे यजमानों की खोज में रहते हैं 'जो आँख के अन्धे, गाँठ के पूरे हों।' यहाँ आँख के अन्धे, गाँठ के पूरे का सही अर्थ है—
जो धनवान होने के साथ-साथ मूर्ख भी हो।
अन्य विकल्पों में,
मान न मान मैं तेरा मेहमान — जबरदस्ती गले पड़ना।
गंगा गये गंगादास, जमुना गये जमुनादास—परिस्थिति के अनुसार बदलना।
आप काज महाराज—अपना कार्य ही अधिक महत्त्वपूर्ण।

23. 'एक अनार सौ बीमार' यह एक *(CGTET 2011, VI-VIII)*

(a) मुहावरा है
(b) वाक्य है
(c) वाक्यांश है
(d) लोकोक्ति है

व्याख्या (d) 'एक अनार सौ बीमार' एक लोकोक्ति है, जिसका अर्थ है वस्तु एक, चाहने वाले अनेक।

जब कोई वाक्य या वाक्यांश अपने साधारण अर्थ को छोड़कर विशेष अर्थ प्रकट करे, तो उसे मुहावरा कहा जाता है। यह एक वाक्यांश होता है। इसका स्वतन्त्र रूप से प्रयोग नहीं किया जा सकता। ऐसी प्रचलित उक्तियाँ जो अपने विशेष अर्थों में किसी सच्चाई को प्रकट करती हैं, उन्हें लोकोक्तियाँ कहते हैं। लोकोक्तियाँ शब्द दो शब्दों के योग से बना है – लोक + उक्ति यह एक पूर्ण कथन होता है, जिसका स्वतन्त्र रूप से प्रयोग किया जा सकता है।

24. 'कुपात्र की सहायता करना व्यर्थ है' इस उक्ति को चरितार्थ करने वाली कहावत है ***(UTET 2011, I-V)***

(a) अन्धे को न्यौता, दो जने आए
(b) कुत्ते को खिलाई खीर, पाप में न पुण्य में
(c) गधे की खाई खेती, ना पाप में न पुण्य में
(d) बन्दर क्या जाने अदरक का स्वाद

व्याख्या (b) 'कुपात्र की सहायता करना व्यर्थ है' इस उक्ति को चरितार्थ करने वाली कहावत है 'कुत्ते को खिलाई खीर, पाप में न पुण्य में'।

दुर्योधन को पाँडवों ने गन्धर्वराज से छुड़ाया लेकिन फिर भी उसने पाँडवों से नफरत ही की। इसे कहते हैं कुत्ते को खिलाई खीर, पाप में न पुण्य में।

अन्य विकल्पों में,

अन्धे को न्यौता, दो जने आये–किसी विशेष काम के करने के कारण विपत्ति का आना।

बन्दर क्या जाने अदरक का स्वाद–मूर्ख गुणों का महत्त्व नहीं समझता।

25. 'मैं तुम सबको खूब समझता हूँ, तुम सब एक जैसे हो' के लिए उपयुक्त है ***(REET 2011, VI-VIII)***

(a) चोर-चोर मौसेरे भाई
(b) एक ही थैली के चट्टे-बट्टे
(c) केर-बेर का संग
(d) जैसे नागनाथ वैसे साँपनाथ

व्याख्या (b) 'मैं तुम सब को खूब समझता हूँ, तुम सब एक थैली के चट्टे-बट्टे हो।'

अन्य विकल्पों में,

चोर-चोर मौसेरे भाई–एक जैसे बदमाश होना।

केर-बेर का संग—विरुद्ध स्वभाव वालों का एक साथ मिलना।

जैसे नागनाथ वैसे साँपनाथ—दो व्यक्तियों में एक जैसे दोष होना।

अध्याय 11

रस, छन्द एवं अलंकार

» State TETs

रस

1. एक ओर अजगरहिं लखि एक ओर मृगराय।
विकल बटोही बीच ही पर्यो मूरछा खाय।।
इन पंक्तियों में प्रयुक्त रस है *(UPTET 2017, VI-VIII)*

(a) रौद्र रस
(b) वीर रस
(c) भयानक रस
(d) करुण रस

व्याख्या (c) प्रस्तुत पंक्तियों में 'भयानक रस' है। भयानक रस का स्थायीभाव 'भय' होता है। जहाँ किसी वस्तु, प्राणी आदि के रूप, रंग, स्थिति को देखकर भय नामक स्थायीभाव उत्पन्न होता है; जैसे— रोंगटे खड़े जो जाना, मूर्च्छित होना, डर से चिल्लाना, काँपना, आवाज ना निकलना, इधर-उधर दौड़कर बचने की कोशिश करना, वहाँ भयानक रस होता है। यहाँ मृग को एक ओर अजगर और दूसरी ओर शेर द्वारा घेरने पर बीच में ही मूर्च्छित होकर गिर जाने का वर्णन है।
अत: यहाँ भयानक रस की पुष्टि होती है।

2. 'वाक्यं रसात्मकं काव्यम्' किसका कथन है? *(UPTET 2017, VI-VIII)*

(a) विश्वनाथ (b) मम्मट
(c) राजशेखर (d) पण्डितराज जगन्नाथ

व्याख्या (a) 'वाक्यं रसात्मकं काव्यम्' (साहित्य दर्पण में) आचार्य विश्वनाथ का कथन है अर्थात् 'रस से युक्त वाक्य ही काव्य कहलाता है'। अन्य आचार्यों के कथन इस प्रकार हैं
'तददोषौ सगुणावनलंकृति पुन: क्वापि'—मम्मट
'शब्दार्थौ सहितौ काव्यम्'—आचार्य भामह
'रमणीयार्थ प्रतिपादक: शब्द काव्यम्'—पण्डित जगन्नाथ।

3. शृंगार रस का स्थायीभाव है *(UPTET 2016, I-V)*

(a) हास (b) रति (c) क्रोध (d) उत्साह

व्याख्या (b) शृंगार रस का स्थायीभाव 'रति' होता है। हास्य रस का स्थायीभाव 'हास', रौद्र का 'क्रोध' तथा वीर का 'उत्साह' होता है।

4. 'उत्साह' किस रस का स्थायीभाव है? *(UPTET 2016, I-V)*

(a) करुण (b) वीर (c) हास्य (d) शृंगार

व्याख्या (b) 'उत्साह' वीर रस का स्थायीभाव होता है। स्थायीभाव हृदय में सदैव विद्यमान रहता है।
मूलत: स्थायीभाव नौ माने गए हैं।

5. 'बोरौ सबै रघुवंश कुठार की धार में बारन बजि सरत्थहिं।
बान की वायु उड़ाव के लच्छन लच्छ करौं अरिहा समरत्थहिं।
इन काव्य पंक्तियों में कौन-सा रस है? *(UPTET 2016, I-V)*

(a) रौद्र रस (b) भयानक रस
(c) वीभत्स रस (d) वीर रस

व्याख्या (a) दी गई पंक्तियों में 'रौद्र रस' है। रौद्र रस का स्थायीभाव 'क्रोध' होता है।

6. 'जहाँ सुमति तहँ संपति नाना, जहाँ कुमति तहँ विपति निदाना' पद में कौन-सा रस है? *(UPTET 2016, VI-VIII)*

(a) करुण (b) भयानक (c) शृंगार (d) शान्त

व्याख्या (d) दी गई पक्तियों में 'शान्त' रस है और शान्त रस का स्थायीभाव 'निर्वेद' (शान्त) होता है। इसमें सांसारिक वस्तुओं से वैराग्य, संसार की नश्वरता का ज्ञान, इच्छाएँ शान्त हो जाना, मोह-माया से ऊपर उठ जाना, आलम्बन विभाव होते हैं।

7. रसों की उदित और उद्दीप्त करने वाली सामग्री क्या कहलाती है? *(UPTET 2016, VI-VIII)*

(a) विभाव (b) अनुभाव (c) स्थायीभाव (d) संचारीभाव

व्याख्या (a) रसों की उदित और उद्दीप्त करने वाली सामग्री को विभाव कहा जाता है।
विभाव दो प्रकार के होते हैं
(i) **आलम्बन विभाव** जिस वस्तु या व्यक्ति के कारण स्थायीभाव जाग्रत होता है।
(ii) **उद्दीपन विभाव** आलम्बन की चेष्टाएँ एवं बाह्य वातावरण, जो स्थायीभाव को अधिक उद्दीप्त, प्रबुद्ध एवं उत्तेजित करते हैं।

8. **'अधरों में राग अमन्द पिए, अलकों में मलयज बन्द किए, तू अब तक सोई है आली। आँखों में भरे विहाग री।' पंक्ति में कौन-सा रस है?** *(UPTET 2016, VI-VIII)*
(a) करुण (b) शान्त (c) श्रृंगार (d) वात्सल्य

व्याख्या (c) प्रस्तुत पंक्तियों में 'श्रृंगार रस' है। जहाँ नायक-नायिका के सौन्दर्य और मिलन की प्रेम सम्बन्धी अवस्था हो, वहाँ श्रृंगार रस होता है।

9. **'शोक' किस रस का स्थायीभाव है?** *(UPTET 2014, I-V)*
(a) शान्त (b) करुण (c) हास्य (d) वीर

व्याख्या (b) 'शोक' करुण रस का स्थायीभाव होता है। जहाँ पर अपने प्रिय व्यक्ति, वस्तु आदि के बिछुड़ने या विनष्ट होने से शोक का भाव उत्पन्न हो, वहाँ करुण रस होता है।

10. **किस रस को 'रसराज' कहा जाता है?** *(UPTET 2014, I-V)*
(a) श्रृंगार रस (b) वीर रस
(c) हास्य रस (d) इनमें से कोई नहीं

व्याख्या (a) 'श्रृंगार रस' को रसराज की संज्ञा देने वाले महाराज भोज हैं। गुप्त ने रसों की संख्या नौ मानी है।

11. **'विभावानुभावव्यभिचारिसंयोगाद्रसनिष्पतिः' सूत्र किसका है?** *(UPTET 2013, VI-VIII)*
(a) भरतमुनि (b) कुन्तक
(c) वामन (d) क्षेमेन्द्र

व्याख्या (a) उपर्युक्त सूत्र आचार्य भरत मुनि का है अर्थात् 'विभाव, अनुभाव और व्यभिचारी भावों के संयोग से रस की निष्पत्ति होती है।' भरत मुनि के ग्रन्थ 'नाट्यशास्त्र' में यह रस सूत्र दिया गया है।

छन्द

1. **निम्नांकित पद्य किस छन्द में है?**
''नवल सुन्दर श्याम शरीर की
सजल नीरद सी कल कान्ति थी।'' *(UPTET 2017, VI-VIII)*
(a) मालिनी (b) इन्द्रवज्रा (c) द्रुतविलम्बित (d) शालिनी

व्याख्या (c) प्रस्तुत पंक्तियों में 'द्रुतविलम्बित वर्णिक' छन्द है। इस छन्द के प्रत्येक चरण में एक नगण (।।।), दो भगण (ऽ।।) और एक रगण (ऽ।ऽ) के क्रम में 12 वर्ण होते हैं तथा चार-चार वर्णों पर यति होती है; जैसे-

नगण	भगण	भगण	रगण	
।।।	ऽ।।	ऽ। ।ऽ।ऽ		
नवल	सुन्दर	श्याम शरीर की		=12 वर्ण

नगण	भगण	भगण	रगण
।।।	ऽ।।	ऽ ।।	ऽ। ऽ
सजल	नीरद	सी कल	कान्ति थी।

2. **'चौपाई' छन्द के प्रत्येक चरण में कितनी मात्राएँ होती हैं?** *(UPTET 2016, I-V)*
(a) चौबीस (b) सोलह
(c) ग्यारह (d) तेरह

व्याख्या (b) 'चौपाई' एक सममात्रिक छन्द है, जिसके प्रत्येक चरण में 'सोलह' मात्राएँ होती हैं। अन्त में दो गुरु वर्ण होते हैं और अन्त में जगण और तगण नहीं आने चाहिए; जैसे–

।। ।।ऽ। ऽ। ।। ऽ।।
जय हनुमान ज्ञान गुण सागर =16 वर्ण
।। ।ऽ। ।। ऽ। ।ऽ।।
जय कपीश तिहुँ लोक उजागर =16 वर्ण

3. **''श्री गुरु चरन सरोज रज, निज मन मुकुर सुधार।**
बरनौ रघुवर विमल जस, जो दायक फल चार।।''
में छन्द है *(UPTET 2016, 14, I-V)*
(a) दोहा (b) सोरठा
(c) रोला (d) बरवै

व्याख्या (a) प्रस्तुत पंक्तियों में 'दोहा' छन्द प्रयुक्त हुआ है। इसके प्रथम और तृतीय चरण में 13-13 मात्राएँ और द्वितीय एवं चतुर्थ चरण में 11-11 मात्राएँ होती हैं। सोरठा छन्द दोहा का विपरीत होता है। बरवै में 12 एवं 7 मात्राओं पर यति होती है एवं रोला छन्द में प्रत्येक चरण में 24 मात्राएँ होती हैं।

4. **प्रत्येक चरण में 16 मात्रा वाला चार चरणों का सममात्रिक छन्द है** *(UPTET 2016, VI-VIII)*
(a) दोहा (b) सोरठा
(c) रोला (d) चौपाई

व्याख्या (d) 'चौपाई' छन्द में प्रत्येक चरण में 16 मात्राएँ एवं चार चरण होते हैं और यह एक सममात्रिक छन्द है।

5. **'मूक होई वाचाल, पंगु चढ़ै गिरिवर गहन।**
जासु कृपा सु दयाल, द्रवहु सकल कलिमल दहन।'।
उपर्युक्त में छन्द है *(UPTET 2016, VI-VIII)*
(a) दोहा (b) चौपाई
(c) सोरठा (d) रोला

व्याख्या (c) प्रस्तुत पंक्तियों में 'सोरठा' छन्द है। यह अर्द्ध सममात्रिक छन्द है। सोरठा छन्द दोहा का उल्टा होता है। इसके पहले और तीसरे चरण में 11-11 मात्राएँ एवं दूसरे और चौथे चरण में 13-13 मात्राएँ होती हैं।

6. **निम्नांकित में से कौन-सी रचना संस्कृत के वर्णिक छन्दों में वर्णित है?** *(UPTET 2016, VI-VIII)*
(a) साकेत (b) प्रिय प्रवास
(c) विनय पत्रिका (d) दीपशिखा

व्याख्या (b) श्री अयोध्या सिंह उपाध्याय 'हरिऔध' कृत 'प्रियप्रवास' की रचना संस्कृत के वर्णिक छन्दों में हुई है। हरिऔध जी ने प्रियप्रवास में मन्दाक्रान्ता, वंशस्थ मालिनी, द्रतविलम्बित, वसन्ततिलका आदि वर्णिक छन्दों का प्रयोग किया है

अलंकार

1. **''मेरी भव बाधा हरौ, राधा नागरि सोय।**
जा तन की झाँईं परै, स्याम हरित दुति होय।।''
उपर्युक्त दोहे में कौन-सा अलंकार है? *(UPTET 2018, I-V)*
(a) अन्योक्ति (b) यमक (c) श्लेष (d) रूपक

व्याख्या [(c) & (d)] दिए गए दोहे में 'मेरी भव बाधा हरौ' में 'रूपक अलंकार' है अर्थात् 'मेरी भव रूपी बाधा को दूर कीजिए' यहाँ उपमेय (भव) में उपमान (बाधा) का भेद रहित आरोप है। दिए गए दोहे के एक से अधिक अर्थ निकलने के कारण इसमें 'श्लेष अलंकार' भी है; जैसे— एक ओर तो बिहारी जी यहाँ राधा की वन्दना करते हुए उनसे सांसारिक बाधाओं के निवारण की प्रार्थना कर रहे हैं और दूसरी ओर यहाँ यह भी अर्थ निकलता है कि राधा के स्मरण करने से ही व्यक्ति मोक्ष रूपी आनन्द में डूब जाता है। अत: इस प्रकार यहाँ श्लेष अलंकार भी है।

2. **''अम्बर पनघट में डुबो रही ताराघट उषा नागरी'' में कौन-सा अलंकार है?** *(UPTET 2018, VI-VIII)*
(a) उपमा (b) यमक (c) रूपक (d) उत्प्रेक्षा

व्याख्या (c) 'अम्बर पनघट में डुबो रही ताराघट उषा नागरी' में 'रूपक अलंकार' का प्रयोग हुआ है। यहाँ कवि ने अम्बर (आकाश) को पनघट, तारे को घट (घड़ा) तथा उषा को नगर में रहने वाली महिला की उपमा दी है। यहाँ उपमेय (अम्बर, तारा, उषा) और उपमान (पनघट, घड़ा, नागरी) का भेद रहित आरोप है। अत: दिए गए पद में रूपक अलंकार है।

3. **''बिनु पग चलै सुनै बिनु काना,**
कर बिनु कर्म करै विधि नाना।''
उपर्युक्त दोहों में प्रयुक्त अलंकार है *(UPTET 2017, VI-VIII)*
(a) विभावना (b) विशेषोक्ति (c) असंगति (d) दृष्टान्त

व्याख्या (a) प्रस्तुत पंक्तियों में 'विभावना' अलंकार है। जहाँ किसी कारण के बिना अथवा कारण के विपरीत किसी कार्य का वर्णन हो, वहाँ 'विभावना अलंकार' होता है।
उपर्युक्त पंक्तियों में कवि कह रहा है कि ईश्वर का नाम लेने से बिना पैर वाला चलने लगता है, बिना कान के सुनने लगता है और का नाम लेले बिना हाथों के ही बहुत से कार्य करने लगता है। अत: यहाँ हाथ, पैर, कान न होते हुए भी कार्य हो रहा है, इसलिए इन पंक्तियों में 'विभावना अलंकार' है।
विशेषोक्ति अलंकार इसके विपरीत होता है अर्थात् जहाँ कारण होने पर भी कार्य न हो वहाँ 'विशेषोक्ति अलंकार' होता है; जैसे—
दो-दो मेघ बरसते है पर; मैं प्यासी की प्यासी हूँ।
कारण और कार्य में संगति न होने पर 'असंगति अलंकार' होता है; जैसे— हृदय घाव मेरे पीर रघुवीरै।
जहाँ उपमेय और उपमान तथा उनके साधारण धर्मों में बिम्ब-प्रतिबिम्ब का भाव हो, वहाँ 'दृष्टान्त अलंकार' होता है; जैसे— सुख-दु:ख के मधुर मिलन में यह जीवन हो परिपूर्ण।

4. **'तेरी बरछी ने बर छीने हैं, खलन के' पंक्ति में कौन-सा अलंकार है?** *(UPTET 2016, I-V)*
(a) रूपक (b) अनुप्रास
(c) श्लेष (d) यमक

व्याख्या (d) 'तेरी बरछी ने बर छीने हैं, खलन के' इस पंक्ति में 'यमक अलंकार' है। यहाँ 'बर' शब्द दो स्थानों पर प्रयोग हुआ है। एक जगह यह बरछीं अर्थात् तलवार तथा दूसरी जगह 'श्रेष्ठ योद्धा' के रूप में आया है। जहाँ कोई शब्द एक से अधिक बार प्रयुक्त हो और उसके अर्थ अलग-अलग हों, वहाँ यमक अलंकार होता है।

5. **निम्नलिखित पंक्तियों में कौन-सा अलंकार है?**
''बालधी बिसाल बिकराल ज्वाल जाल मानौ,
लंकलीलिबै को काल रसना पसारी है''।।
(UPTET 2016, VI-VIII)
(a) उपमा और रूपक (b) यमक और श्लेष
(c) उत्प्रेक्षा और अनुप्रास (d) अनुप्रास और यमक

व्याख्या (c) प्रस्तुत पंक्तियों में 'उत्प्रेक्षा और अनुप्रास अलंकार' हैं। यहाँ पर लंका दहन के समय आग की लपटों में काल की जिह्वा (जीभ) की सम्भावना की गई है, इसलिए यहाँ उत्प्रेक्षा अलंकार तथा 'ब' वर्ण की आवृत्ति होने के कारण यहाँ पर अनुप्रास अलंकार है।

6. **'चरण-कमल बन्दौ हरिराई ।'**
उपर्युक्त पंक्ति में अलंकार है *(UPTET 2016, VI-VIII)*
(a) उत्प्रेक्षा (b) यमक
(c) रूपक (d) उपमा

व्याख्या (c) 'चरण-कमल बन्दौ हरिराई' पंक्ति में 'रूपक अलंकार' है। जहाँ पर उपमेय पर उपमान का अभेद आरोप हो, वहाँ 'रूपक' अलंकार होता है। यहाँ पर हरि के पदों (पैरों) उपमेय पर कमल उपमान का अभेद प्रभाव है, इसलिए उपर्युक्त पंक्ति में रूपक अलंकार है।

7. **'उल्का-सी रानी दिशा दीप्त करती थी', पंक्ति में कौन-सा अलंकार है?** *(UPTET 2016, VI-VIII)*
(a) यमक (b) रूपक
(c) उत्प्रेक्षा (d) उपमा

व्याख्या (d) 'उल्का-सी रानी दिशा दीप्त करती थी' पंक्ति में 'उपमा अलंकार' है। यहाँ पर रानी को उल्का पिण्ड के समान दीप्तिमान बताया गया है और 'सी' वाचक शब्द से तुलनात्मक भाव है। अत: यहाँ पर उपमा अलंकार है।

8. **''सोहत ओढ़े पीत पटु, श्याम सलोने गात।**
मनो नीलमणि शैल पर, आतप पर्‌यो प्रभात।''
प्रस्तुत पंक्तियों में कौन-सा अलंकार है? *(UPTET I-V)*
(a) अनुप्रास (b) उपमा
(c) रूपक (d) उत्प्रेक्षा

व्याख्या (d) प्रस्तुत पंक्ति में 'उत्प्रेक्षा अलंकार' है। जहाँ उपमेय में उपमान की कल्पना या सम्भावना हो वहाँ उत्प्रेक्षा अलंकार होता है। श्रीकृष्ण जी के पीले वस्त्र उसी प्रकार शोभायमान हो रहे हैं; जैसे– नीलमणियों से जड़ित पर्वत पर सूर्य का प्रकाश पड़ता है अर्थात् कृष्ण के शरीर में (उपमेय) नीलमणि पर्वत (उपमान) की सम्भावना की गई है।
जहाँ पर जनु, जनहुँ, जानौ, मनहुँ, मानौ, मनो आदि शब्द हों, वहाँ उत्प्रेक्षा अलंकार होता है।

9. 'उसी तपस्वी से लम्बे थे, देवदार दो चार खड़े' इस पंक्ति में कौन-सा अलंकार है? *(UTET 2016, VI-VIII)*

(a) उपमा (b) प्रतीप (c) रूपक (d) उत्प्रेक्षा

व्याख्या (b) प्रस्तुत पंक्ति में 'प्रतीप अलंकार' है। प्रतीप का अर्थ होता है– उल्टा या विपरीत । यह उपमा अलंकार के विपरीत होता है। साधारणतः लम्बे तपस्वी की उपमा देवदार के वृक्ष से की जाती है, किन्तु यहाँ उपमान की तुलना उपमेय से करके उपमान को लज्जित, पराजित या हीन दिखाया गया है और उपमेय को श्रेष्ठ दिखाया गया है। अतः यहाँ पर 'प्रतीप' अलंकार है।

10. 'नवल सुन्दर श्याम-शरीर की, सजल नीरद-सी कल-कान्ति थी।' में कौन-सा अलंकार है? *(UPTET 2014, I-V)*

(a) उपमा (b) रूपक (c) श्लेष (d) उत्प्रेक्षा

व्याख्या (a) 'नवल सुन्दर श्याम-शरीर की, सजल नीरद-सी कल-कान्ति थी।' प्रस्तुत पंक्तियों में 'उपमा अलंकार' है। जहाँ पर उपमेय की तुलना उपमान से गुण, क्रिया के आधार पर वाचक शब्द द्वारा की जाये, वहाँ 'उपमा अलंकार' होता है। यहाँ पर 'नीरद–सी' में उपमा अलंकार है।

11. 'तरनि-तनूजा तट तमाल तरुवर बहु छाए' में कौन-सा अलंकार है? *(UPTET 2014, VI-VIII)*

(a) अनुप्रास (b) यमक
(c) उत्प्रेक्षा (d) उपमा

व्याख्या (a) 'तरनि-तनूजा तट तमाल तरुवर बहु छाए' पंक्ति में 'अनुप्रास अलंकार' है। यहाँ 'त' वर्ण की आवृत्ति हुई है। अतः यहाँ अनुप्रास अलंकार है। अनुप्रास के पाँच भेद होते हैं–

1. छेकानुप्रास 2. वृत्यानुप्रास
3. लाटानुप्रास 4. श्रुत्यानुप्रास
5. अन्त्यानुप्रास।

12. निम्नलिखित पंक्तियों में कौन-सा अलंकार है?
'फूले कास सकल महि छाई ।
जनु बरसा रितु प्रकट बुढ़ाई ।।' *(UPTET 2013, VI-VIII)*

(a) उपमा (b) उत्प्रेक्षा
(c) रूपक (d) श्लेष

व्याख्या (b) उपर्युक्त पंक्तियों में 'उत्प्रेक्षा अलंकार' है। उत्प्रेक्षा का अर्थ होता है–'देखने की उत्कट इच्छा'।

13. 'हरि-पद कोमल कमल से' इस पद में अलंकार है? *(UTET 2013, VI-VIII)*

(a) उपमा (b) रूपक
(c) प्रतीप (d) उत्प्रेक्षा

व्याख्या (a) 'हरि-पद कोमल कमल से' प्रस्तुत पंक्ति में उपमा अलंकार है। यहाँ पर हरि के पदों की तुलना कोमल कमल के फूल से की गई है अर्थात् हरि के पद (पैर) कमल के समान कोमल हैं।

अध्याय 12

वाक्य शुद्धि

» State TETs

1. कौन-सा वाक्य शुद्ध है? *(UPTET 2017, VI-VIII)*

(a) खेतों में लम्बे-लम्बे घास उग आए
(b) परशुराम की क्रोधाग्नि ने क्षत्रियों को जला दिया
(c) गलियों को चौड़ा करना आवश्यक है
(d) वृक्षों पर कोयल कूक रही है

व्याख्या (c) शुद्ध वाक्य है—'गलियों को चौड़ा करना आवश्यक है।'
अन्य विकल्पों में,
- खेतों में लम्बी-लम्बी घास उग आई (शुद्ध)।
- परशुराम की क्रोधाग्नि ने क्षत्रियों को जला दिया। (शुद्ध)।
- वृक्ष पर कोयल कूक रही है (शुद्ध)।

2. शुद्ध वाक्य है *(UPTET 2017, VI-VIII)*

(a) राम ने एक थैला और दो पुस्तकें खरीदी
(b) राम ने एक थैला और दो पुस्तकें खरीदीं
(c) राम ने एक थैला और दो पुस्तकें खरीदा
(d) राम ने एक थैला और दो पुस्तक खरीदे

व्याख्या (b) शुद्ध वाक्य है—'राम ने एक थैला और दो पुस्तकें खरीदीं।' अन्य वाक्य व्याकरण की दृष्टि से अशुद्ध हैं। 'ने' विभक्ति चिह्न लगने से क्रिया कर्म के अनुसार लगेगी।

3. वाक्य शुद्ध है *(UPTET 2016, I-V)*

(a) मोहन और गीत गा रही है
(b) गीता और मोहन गा रहा है
(c) मोहन और गीता गा रहे हैं
(d) मोहन और गीता गा रही हैं

व्याख्या (c) निम्नलिखित वाक्यों में शुद्ध वाक्य होगा—'मोहन और गीता गा रहे हैं।' अन्य विकल्प अशुद्ध हैं।

4. निम्नलिखित में से कौन-सा वाक्य शुद्ध है? *(UPTET 2014, VI-VIII)*

(a) उसने मुझे पास आने के लिए कहा
(b) उसने मुझसे पास आने को कहा
(c) उसने मुझे पास आने को कहा
(d) उसने मेरे को पास आने के लिए कहा

व्याख्या (c) निम्नलिखित वाक्यों में शुद्ध वाक्य है 'उसने मुझे पास आने को कहा।' अन्य वाक्य अशुद्ध हैं।

5. निम्न में से शुद्ध रूप से लिखा वाक्य है *(HTET 2014, VI-VIII)*

(a) किसी आदमी को भेज दो
(b) हम तो अवश्य ही जाएँगे।
(c) तब शायद यह काम अवश्य हो जाएगा।
(d) कृपया आने का अनुग्रह करें।

व्याख्या (a) दिए गए वाक्यों में शुद्ध वाक्य है—'किसी आदमी को भेज दो।' अन्य विकल्पों के शुद्ध रूप होंगे

अशुद्ध वाक्य	**शुद्ध वाक्य**
हम तो अवश्य ही जाएँगे	हम अवश्य जाएँगे।
तब शायद यह काम अवश्य हो जाएगा	तब शायद यह काम हो जाएगा।
कृपया आने का अनुग्रह करें	आने की कृपा करें।

6. निम्नलिखित वाक्यों में से कौन-सा वाक्य सर्वाधिक सही है? *(UPTET 2013, I-V)*

(a) यद्यपि तुम अजनबी हो, परन्तु मैं तुम्हें अपना मानता हूँ
(b) यद्यपि तुम अजनबी हो, मैं तुम्हें अपना मानता हूँ
(c) यद्यपि तुम अजनबी हो, किन्तु मैं तुम्हें अपना मानता हूँ
(d) यद्यपि तुम अजनबी हो, तथापि मैं तुम्हें अपना मानता हूँ

व्याख्या (d) निम्नलिखित में सर्वाधिक सही वाक्य है—'यद्यपि तुम अजनबी हो, तथापि मैं तुम्हें अपना मानता हूँ।' अन्य सभी वाक्य अशुद्ध हैं।

7. निम्नलिखित में से शुद्ध वाक्य है *(UPTET 2013, VI-VIII)*

(a) तुलसी की कविता में माधुर्यता है
(b) तुलसी की कविता माधुर्यगुण प्रधान है
(c) तुलसी की कविता में मधुरतापन है
(d) तुलसी की कविता मधुराई से पूर्ण है

व्याख्या (b) निम्न में शुद्ध वाक्य है—'तुलसी की कविता माधुर्यगुण प्रधान है।' यहाँ पर 'मधुरतापन' और 'माधुर्यता' शब्द अशुद्ध है, इनका शुद्ध रूप 'माधुर्य' एवं 'मधुरता' होता है।

8. निम्न में से अशुद्ध वाक्य पहचानिए *(HTET 2012, I-V)*

(a) वह अपना चश्मा भूल गया।
(b) पिताजी ने मुझसे कहा।
(c) तुम तो अपना काम करो।
(d) ये सच्चे इन्सान हैं।

व्याख्या (c) 'पिताजी ने मुझसे कहा।' 'वह अपना चश्मा भूल गया।' एवं 'ये सच्चे इन्सान हैं।' सभी शुद्ध वाक्य हैं, परन्तु 'तुम तो अपना काम करो।' वाक्य अशुद्ध है। इसका शुद्ध रूप होगा 'तुम अपना काम करो।'

9. निम्नलिखित वाक्यों में से शुद्ध रूप चुनिए *(UPTET 2011, VI-VIII)*

(a) हमारी सौभाग्यवती कन्या का विवाह होने जा रहा है
(b) हमारी आयुष्मती कन्या का विवाह होने जा रहा है
(c) हमारी सौभाग्यवती कन्या का विवाह होने जा रही है
(d) हमारी आयुष्मती कन्या की विवाह होने जा रहा है

व्याख्या (b) निम्न में से शुद्ध वाक्य है—'हमारी आयुष्मती कन्या का विवाह होने जा रहा है।' पुत्री या कन्या के लिए 'आयुष्मती या सौभाग्यकांक्षिणी' शब्द-प्रयोग होता है। सौभाग्यवती शब्द विवाहित स्त्री के लिए प्रयोग होता है।

10. निम्नलिखित वाक्यों में से शुद्ध रूप चुनिए *(UPTET 2011, VI-VIII)*

(a) हमारे यहाँ तरुण नवयुवकों की शिक्षा का अच्छा प्रबन्ध है
(b) हमारे यहाँ तरुण नवयुवकों की शिक्षा का अच्छा प्रबन्ध है
(c) हमारे यहाँ नवयुवकों की शिक्षा की अच्छा प्रबन्ध है
(d) हमारे यहाँ नवयुवकों की शिक्षा का अच्छा प्रबन्ध है

व्याख्या (d) 'हमारे यहाँ नवयुवकों की शिक्षा का अच्छा प्रबन्ध है' उपर्युक्त वाक्य शुद्ध है। 'तरुण और नवयुवक' दोनों पर्याय शब्द हैं।

11. नीचे लिखे वाक्यों में कौन-सा वाक्य शुद्ध है? *(CGTET 2011, I-V)*

(a) इन दस वर्षों में देश ने काफी प्रगति की
(b) इन दस वर्ष में देश ने काफी प्रगति की
(c) इधर दस वर्ष में देश ने काफी प्रगति की
(d) इन दस वर्षों में देश ने काफी प्रगति करना है

व्याख्या (a) निम्नलिखित वाक्यों में शुद्ध वाक्य है—'इन दस वर्षों में देश ने काफी प्रगति की', जबकि अन्य सभी वाक्य अशुद्ध हैं।

12. नीचे लिखे वाक्यों में से कौन-सा वाक्य सही है? *(UPTET 2011, I-V)*

(a) उसकी आयु तीस वर्ष है इस समय
(b) इस समय उसकी अवस्था तीस वर्ष है
(c) तीस वर्ष की अवस्था में इस समय उसकी
(d) इस समय तीस वर्ष की अवस्था है उसकी

व्याख्या (b) निम्नलिखित वाक्यों में शुद्ध वाक्य है—'इस समय उसकी अवस्था तीस वर्ष है।' अन्य सभी विकल्प अशुद्ध हैं।

13. निम्नांकित में कौन-सा वाक्य सही है? *(BTET 2011, I-V)*

(a) तमाम देश भर में बात फैल गई
(b) देश भर में बात फैल गई
(c) पूरे देश भर में बात फैल गई
(d) सम्पूर्ण देश भर में बात फैल गई

व्याख्या (b) निम्नलिखित वाक्यों में शुद्ध वाक्य है—'देश भर में बात फैल गई।' तमाम, देश भर, सम्पूर्ण यहाँ पर्याय हैं।

14. निम्न में कौन-सा सही है? *(BTET 2011, VI-VIII)*

(a) वह टका-सा व्याख्या देता है (b) वह टका-सा प्रश्न करता है
(c) वह टका-सा जवाब देता है (d) ये सभी

व्याख्या (c) निम्नलिखित वाक्यों में शुद्ध वाक्य है—'वह टका-सा जवाब देता है।'

अध्याय 13

रचनाएँ एवं उनके रचनाकार

State TETs

1. 'वैदेही वनवास' किसकी रचना है? *(UPTET 2018, I-V)*

(a) अयोध्या सिंह उपाध्याय 'हरिऔध'
(b) रामधारी सिंह 'दिनकर'
(c) मैथिलीशरण गुप्त
(d) श्रीधर पाठक

व्याख्या (a) 'वैदेही वनवास' द्विवेदी युग के प्रमुख कवि अयोध्या सिंह उपाध्याय 'हरिऔध' कृत प्रबन्ध काव्य है, जिसकी रचना वर्ष 1941 में की गई। इस ग्रन्थ में श्रीराम द्वारा सीता के राज्य से निर्वासन की घटना का हृदय विदारक वर्णन किया गया है। 'हरिऔध' जी द्वारा रचित 'प्रियप्रवास' खड़ीबोली हिन्दी का प्रथम महाकाव्य माना जाता है, जो वर्ष 1914 में लिखा गया था।

2. 'तुलसीदास' किसकी कविता है? *(UPTET 2018, I-V)*

(a) मुक्तिबोध
(b) अज्ञेय
(c) हरिवंशराय बच्चन
(d) सूर्यकान्त त्रिपाठी 'निराला'

व्याख्या (d) 'तुलसीदास' एक अभिनन्दन ग्रन्थ है, जो छायावाद के चार स्तम्भों में एक, महाप्राण सूर्यकान्त त्रिपाठी 'निराला' द्वारा लिखा गया। निराला को क्रान्तिकारी कवि और मुक्तक छन्द का प्रणेता भी कहा जाता है।

3. कवि और उसकी रचना का कौन-सा जोड़ा सही नहीं है? *(UPTET 2018, I-V)*

(a) शिवराज भूषण – भूषण
(b) शब्द रसायन – देव
(c) परिमल – सूर्यकान्त त्रिपाठी निराला
(d) उद्धव शतक – भारतेन्दु हरिश्चन्द्र

व्याख्या (d) 'उद्धव शतक' आधुनिक काल में ब्रजभाषा में रचना करने वाले कवि जगन्नाथ दास रत्नाकर की रचना है। रत्नाकर जी ने 'बिहारी सतसई' की टीका ब्रजभाषा में 'बिहारी रत्नाकर' के नाम से लिखी है।

4. लेखक और उसकी कृति के युग्म में कौन-सा युग्म गलत है? *(UPTET 2018, I-V)*

(a) बोल्गा से गंगा – राहुल सांकृत्यायन
(b) सूरज का सातवाँ घोड़ा – धर्मवीर भारती
(c) आर्यों का आदि देश – डॉ सम्पूर्णानन्द
(d) दर्शन दिग्दर्शन – रामचन्द्र शुक्ल

व्याख्या (d) 'दर्शन दिग्दर्शन' राहुल सांकृत्यायन की दर्शन पर आधारित विवेचनात्मक पुस्तक है न कि शुक्ल जी की। राहुल सांकृत्यायन जी की अन्य कृतियाँ—सिंह सेनापति, जय यौधेय, वोल्गा से गंगा तक आदि हैं।

5. लेखक और उसकी रचना का कौन-सा जोड़ा गलत है? *(UPTET 2018, I-V)*

(a) संस्कृति के चार अध्याय – रामधारी सिंह 'दिनकर'
(b) रसज्ञ-रंजन – आचार्य महावीर प्रसाद द्विवेदी
(c) स्कन्दगुप्त – लक्ष्मीनारायण मिश्र
(d) अशोक के फूल – आचार्य हजारी प्रसाद द्विवेदी

व्याख्या (c) 'स्कन्दगुप्त' नाटक ऐतिहासिक नाटककार जयशंकर प्रसाद द्वारा रचित है। प्रसाद जी ने स्कन्दगुप्त नाटक में नायक स्कन्दगुप्त और नायिका देवसेना के प्रेम का बड़े ही सुन्दर ढंग से वर्णन किया है। इसके अतिरिक्त देशभक्ति अर्थात् राष्ट्रभक्ति भी प्रसाद जी के नाटकों का विषय रहा है।

6. 'वीरों का कैसा हो वसंत' कविता किसने लिखी है? *(UPTET 2017, I-V)*

(a) सुमित्रा कुमारी चौहान
(b) सुभद्रा कुमारी चौहान
(c) माखनलाल चतुर्वेदी
(d) रामधारी सिंह दिनकर

व्याख्या (b) 'वीरों का कैसा हो वसंत' कवयित्री श्रीमती सुभद्रा कुमारी चौहान द्वारा रचित कविता है। कविता में कवयित्री ने वीरों के स्वागत और उनके सच्चे सम्मान की बात की है। उनकी कविता 'झाँसी की रानी' बुन्देलखण्ड में बड़ी शान से गायी जाती है।

7. 'सूरसागर' किस भाषा की रचना है? *(UPTET 2017, I-V)*

(a) अवधी
(b) बुन्देली
(c) ब्रज
(d) छत्तीसगढ़ी

व्याख्या (c) 'सूरसागर' भक्तिकाल के कृष्णभक्ति शाखा के प्रमुख कवि सूरदास की रचना है, जो ब्रजभाषा में रचित है। सूरदास 'अष्टछाप' के प्रमुख कवि माने जाते हैं। सूरसागर महाकाव्य का दशम स्कन्ध 'भ्रमरगीत' प्रकरण के कारण मर्मस्पर्शी है, जिसमें श्रीकृष्ण की विरह में व्याकुल गोपियों का उद्धव से तर्क-वितर्क होता है।

8. 'बारह बरस लौ कूकर जीवै, अरु तेरह लौ जिये सियार' यह पंक्ति किसकी है? *(UPTET 2017, I-V)*

(a) विद्यापति (b) चन्दबरदाई
(c) नरपति नाल्ह (d) जगनिक

व्याख्या (d) उपर्युक्त पंक्तियाँ जगनिक द्वारा रचित 'परमालरासो' (आल्हाखण्ड) से उद्धृत हैं। परमालरासो में महोबा के दो वीर योद्धाओं, 'आल्हा' और 'ऊदल' के युद्धों का वर्णन है। यह ग्रन्थ आल्हा छन्द में ही लिखा वीर रस प्रधान है एवं गेयता इसकी प्रमुख विशेषता है।

9. भारतेन्दु युग में निकलने वाली पत्रिका-युग्म है? *(UPTET 2017, I-V)*

(a) कविवचन सुधा-हिन्दी प्रदीप (b) सरस्वती-माधुरी
(c) कल्पना-ज्ञानोदय (d) नवनीत-कादम्बिनी

व्याख्या (a) 'कविवचन सुधा' तथा 'हिन्दी प्रदीप' दोनों पत्रिकाएँ भारतेन्दु युग की हैं। 'कविवचन सुधा' का प्रकाशन भारतेन्दु जी ने मात्र अट्ठारह वर्ष की आयु में काशी से और 'हिन्दी प्रदीप' का सम्पादन बालकृष्ण भट्ट ने प्रयाग से किया। दोनों ही साहित्यिक पत्रिकाएँ थीं, जिन्होंने हिन्दी भाषा के विकास में महत्त्वपूर्ण भूमिका निभाई। भारतेन्दु युग की समय सीमा वर्ष 1857 से 1900 तक मानी जाती है।

10. 'तद्भव' पत्रिका के सम्पादक का नाम है *(UPTET 2017, I-V)*

(a) लीलाधर जगूड़ी (b) विश्वनाथ प्रसार तिवारी
(c) हरे प्रकाश उपाध्याय (d) अखिलेश

व्याख्या (d) 'तद्भव' लखनऊ से प्रकाशित होने वाली साहित्यिक पत्रिका है, जिसके सम्पादक कहानीकार अखिलेश जी हैं। यह एक त्रैमासिक पत्रिका है, जो कहानी और आधुनिक रचनाकारों को मंच प्रदान करती है।

11. निम्नलिखित में से कौन-सा रासो 'आल्हाखण्ड' के नाम से प्रसिद्ध है? *(UPTET 2017, 16, I-V)*

(a) पृथ्वीराजरासो (b) खुमाणरासो
(c) परमालरासो (d) बीसलदेवरासो

व्याख्या (c) 'परमालरासो' ग्रन्थ का लोक प्रचलित नाम 'आल्हाखण्ड' है। यह वीर रस प्रधान है और बड़ी तन्मयता से लोग वर्षा ऋतु में इसको गाते हैं।

12. हिन्दी का पहला पत्र है *(UPTET 2017, VI-VIII)*

(a) उदन्त मार्तण्ड
(b) इतिहास तिमिरनाशक
(c) बनारस अखबार
(d) हरिश्चन्द्र मैगजीन

व्याख्या (a) 'उदन्त मार्तण्ड' पत्र को हिन्दी का प्रथम पत्र माना जाता है, जिसका अर्थ हिन्दी में 'उगता सूरज' होता है। इसके सम्पादक पण्डित युगलकिशोर शुक्ल थे। यह पत्र 30 मई, 1826 को कलकत्ता के 'कोल्हुटीला' नामक स्थान से प्रकाशित हुआ था और यह एक साप्ताहिक पत्र था।

13. हिन्दी साहित्य के इतिहास के सम्बन्ध में 'मॉडर्न वर्नाक्यूलर लिट्रेचर ऑफ हिन्दोस्तान' किसने लिखा है? *(UPTET 2017, VI-VIII)*

(a) जॉर्ज अब्राहम ग्रियर्सन (b) सुमित कुमार चटर्जी
(c) गार्सा द तासी (d) धीरेन्द्र वर्मा

व्याख्या (a) 'मॉडर्न वर्नाक्यूलर लिट्रेचर ऑफ हिन्दुस्तान' हिन्दी साहित्य के इतिहास ग्रन्थ के लेखक 'सर जॉर्ज अब्राहम ग्रियर्सन' ने लिखा है। डॉ. ग्रियर्सन के इतिहास ग्रन्थ का सम्पादन वर्ष 1888 ई. में 'एशियाटिक सोसायटी ऑफ बंगाल' की पत्रिका के विशेषांक के रूप में हुआ था। यह ग्रन्थ वर्णानुक्रमिक पद्धति के आधार पर लिखा गया है और यह ग्यारह खण्डों में विभक्त है, इसके ग्यारह अध्याय हैं। इसमें भक्तिकाल को हिन्दी साहित्य का 'स्वर्णयुग' कहा गया है।

**14. ''बिरहनी बावरी सी भई
ऊँची चढ़ि अपने भवन में टेरत हाय दई
ले अंचरा मुख अँसुवन पोंछत उघरे गात सही।''
किसकी पंक्तियाँ हैं?** *(UPTET 2017, VI-VIII)*

(a) सहजोबाई (b) मीराबाई (c) झीमा चारिणी (d) दयाबाई

व्याख्या (b) प्रस्तुत पंक्तियाँ भक्तिकाल की कृष्ण भक्त कवयित्री मीराबाई की हैं। वे कृष्ण भक्ति में अपने तन-मन की सुध-बुध खो देती हैं। मीरा ने श्रीकृष्ण को पति रूप में स्वीकार किया है। इन्होंने किसी सम्प्रदाय को स्वीकार नहीं किया। इन्होंने परिवार द्वारा पीड़ा देने पर भी कृष्ण भक्ति नहीं छोड़ी। 'राग सोरठा के पद', 'राग गोविन्द', 'गीत गोविन्द की टीका' और 'नरसी जी का मायरा' इनकी अन्य रचनाएँ हैं।

15. 'भक्तमाल' के रचनाकार हैं *(UPTET 2017, VI-VIII)*

(a) नाभादास (b) केशवदास (c) विष्णुदास (d) सुन्दरदास

व्याख्या (a) 'भक्तमाल' के रचनाकार नाभादास हैं, जो कृष्णभक्त कवि अग्रदास के शिष्य माने जाते हैं। 'भक्तमाल' में कृष्ण एवं राम की दिनचर्या का वर्णन किया गया है और साथ ही लगभग दो सौ कवियों का वर्णन किया गया है।

16. गोस्वामी तुलसीदास का निधन वाराणसी के किस घाट पर हुआ? *(UPTET 2017, VI-VIII)*

(a) दशाश्वमेध घाट (b) अस्सी घाट
(c) राम घाट (d) मणिकर्णिका घाट

व्याख्या (b) गोस्वामी तुलसीदास का निधन वाराणसी के 'अस्सी घाट' पर हुआ था। रत्नावली से रूठकर जब तुलसीदास चित्रकूट चले गए थे, तो बहुत मनाने पर तुलसी जी ने वचन दिया था कि 'मैं जीवन के अन्त समय में तुम्हें अकेला नहीं छोड़ूँगा'। वे बाद में लौट आए और काशी में रहने लगे और अस्सी घाट पर उनकी मृत्यु हुई। उनकी मृत्यु सम्बन्धी एक प्रसिद्ध पंक्ति है
''संवत सौलह सौ असी, असी गंग के तीर।
श्रावण शुक्ल सप्तमी, तुलसी तज्यो शरीर।।''

17. 'सौ अजान एक सुजान' के रचनाकार का नाम है *(UPTET 2017, 13, VI-VIII)*

(a) बदरीनारायण चौधरी (b) बालकृष्ण भट्ट
(c) बालमुकुन्द गुप्त (d) सरदार पूर्ण सिंह

व्याख्या (b) 'सौ अजान एक सुजान' और 'हिन्दी प्रदीप' पत्रिका के रचनाकार यशस्वी सम्पादक पं. बालकृष्ण भट्ट हैं। 'रहस्यकथा' और 'नूतन ब्रह्मचारी' उनके अन्य उपन्यास हैं।

18. 'गुड़िया भीतर गुड़िया' के रचनाकार कौन हैं? *(UPTET 2017, VI-VIII)*

(a) कृष्णा सोबती (b) मैत्रेयी पुष्पा
(c) प्रभा खेतान (d) उषा प्रियंवदा

व्याख्या (b) 'गुड़िया भीतर गुड़िया' आत्मकथा की लेखिका मैत्रयी पुष्पा जी हैं। इनकी आत्मकथा का प्रथम भाग 'कस्तूरी कुण्डल बसै' है और 'गुड़िया भीतर गुड़िया' आत्मकथा का दूसरा भाग है। ये स्त्रीविमर्श की लेखिका हैं, जो स्त्री की अस्मिता और उसके हक की लड़ाई लड़ रही हैं।

19. 'हिन्दी शब्दानुशासन' के रचनाकार का नाम बताइए *(UTET 2017, VI-VIII)*

(a) पं. किशोरीदास वाजपेयी
(b) महावीर प्रसाद द्विवेदी
(c) आचार्य रामचन्द्र शुक्ल
(d) विद्या निवास मिश्र

व्याख्या (a) 'हिन्दी शब्दानुशासन' के रचनाकार पण्डित किशोरी दास वाजपेयी हैं। इन्हें आधुनिक काल का 'पाणिनी' भी कहा जाता है।

20. मंगलेश डबराल की कृति जिसके लिए इन्हें साहित्य अकादमी पुरस्कार मिला *(UTET 2017, VI-VIII)*

(a) घर का रास्ता
(b) हम जो देखते हैं
(c) पहाड़ पर लालटेन
(d) उपरोक्त में से कोई नहीं

व्याख्या (b) 'हम जो देखते हैं' काव्य कृति पर मंगलेश डबराल को साहित्य अकादमी पुरस्कार प्रदान किया गया। 'घर का रास्ता', 'पहाड़ पर लालटेन' इनकी अन्य काव्य कृतियाँ हैं।

21. ''काहे री नलिनी तू कुम्हलानी, तेरे ही नाल सरोवर पानी'' पंक्ति के रचनाकार कौन हैं? *(UPTET 2016, I-V)*

(a) जायसी (b) रैदास
(c) कबीर (d) दादू

व्याख्या (c) प्रस्तुत पंक्ति सन्त कवि ज्ञानाश्रयी के समाज सुधारक, निर्गुण ब्रह्म के उपासक तथा धर्माडम्बर के विरोधी कबीरदास जी की है।

22. 'आनन्द कादम्बिनी' पत्रिका का प्रकाशन कहाँ से होता है? *(UPTET 2016, I-V)*

(a) बनारस (b) मिर्जापुर
(c) इलाहाबाद (d) लखनऊ

व्याख्या (b) 'आनन्द कादम्बिनी' पत्रिका के सम्पादक बद्रीनारायण चौधरी 'प्रेमघन' जी थे। 'आनन्द कादम्बिनी' एक साहित्यिक पत्रिका थी, जिसने हिन्दी भाषा और साहित्य के विकास में महत्त्वपूर्ण योगदान दिया और यह भारतेन्दु युग की प्रमुख पत्रिका थी। इसका प्रकाशन मिर्जापुर से होता था।

23. आचार्य रामचन्द्र शुक्ल का निबन्ध संग्रह है *(UPTET 2016, I-V)*

(a) माटी का फूल (b) चिन्तामणि
(c) क्षण बोले कण मुस्काए (d) आलोक पर्व

व्याख्या (b) आचार्य रामचन्द्र शुक्ल का निबन्ध संग्रह 'चिन्तामणि' है। 'श्रद्धा और भक्ति', 'मित्रता', 'लज्जा', 'क्रोध', 'ग्लानि' आदि उनके अन्य निबन्ध हैं।

24. 'हिन्दी प्रदीप' पत्रिका का सम्पादन किया है *(UPTET 2016, 14, I-V, VI-VIII)*

(a) बदरीनारायण चौधरी प्रेमघन (b) बालकृष्ण भट्ट
(c) प्रतापनारायण मिश्र (d) भारतेन्दु हरिश्चन्द्र

व्याख्या (b) 'हिन्दी प्रदीप' का सम्पादन पं. बालकृष्ण भट्ट द्वारा 1877 ई. में किया गया था। 'प्रेमघन' जी ने 'आनन्द कादम्बिनी', भारतेन्दु जी ने 'कवि वचन सुधा', 'हरिश्चन्द्र मैगजीन', 'बालाबोधिनी' और प्रतापनारायण मिश्र जी ने कानपुर से 'ब्राह्मण' पत्र का सम्पादन किया।

25. 'आचरण की सभ्यता' किसका निबन्ध है? *(UPTET 2016, I-V)*

(a) महावीरप्रसाद द्विवेदी (b) सरदार पूर्ण सिंह
(c) रामचन्द्र शुक्ल (d) पद्मसिंह

व्याख्या (b) 'आचरण की सभ्यता' निबन्ध के लेखक सरदार पूर्णसिंह जी हैं। सरदार जी भावनात्मक निबन्धकार हैं। इनके अन्य निबन्ध हैं—सच्ची वीरता, मज़दूरी और प्रेम, पवित्रता, कन्यादान और अमेरिका का मस्त कवि वाल्ट हिटमैन।

26. 'विनय पत्रिका' की भाषा कौन-सी है? *(UPTET 2016, I-V)*

(a) अवधी (b) खड़ीबोली (c) ब्रजभाषा (d) अपभ्रंश

व्याख्या (c) गोस्वामी तुलसीदास द्वारा रचित काव्य कृति 'विनय पत्रिका' की भाषा 'ब्रजभाषा' है। यह एक गीतिकाव्य है और इसकी रचना कलिकाल (कलयुग) से बचने के लिए श्रीराम के दरबार में अर्जी के रूप में की गई थी। तुलसी जी की भक्ति दास्य भाव की है।

27. 'दुलहिन गावहु मंगलचार, हम घरि आए राजा राम भरतार'। ये किसकी पंक्तियाँ हैं? *(UPTET 2016, I-V)*

(a) तुलसीदास (b) कबीरदास (c) सूरदास (d) रैदास

व्याख्या (b) 'दुलहिन गावहु मंगलचार, हम घरि आए राजा राम भरतार।' प्रस्तुत पंक्तियाँ सन्त कवि कबीर का मंगलाचरण का पद है, जिसमें कबीरदास जी ने अपनी आत्मा को पत्नी और श्रीराम अर्थात् ईश्वर को पति के रूप में माना है। कबीर की आत्मा प्रकृति के तत्त्वों को साक्षी मानकर राम जी को दूल्हा बनाकर जन्म-जन्म के बन्धन में बँधना चाहती है।

28. 'मृगावती' किसकी रचना है? *(UPTET 2016, I-V)*

(a) उसमान (b) मंझन
(c) कुतुबन (d) जायसी

व्याख्या (c) 'मृगावती' सूफी कवि कुतुबन की रचना है, जो 1503 ई. में लिखी गई। जायसी की 'पद्मावत' 1540 में, मंझन की 'मधुमालती' 1545 ई. में और उस्मान की 'चित्रावली' 1613 ई. में लिखी गई। समस्त सूफी काव्य ठेठ अवधी भाषा में लिखा गया, जबकि तुलसी की अवधी साहित्यिक अवधी भाषा है, जिसमें संस्कृत के कोमलकांत शब्द हैं। आचार्य शुक्ल ने कुतुबन को प्रथम सूफी कवि माना है।

29. निम्नलिखित में से कौन-सा निबन्ध हजारी प्रसाद द्विवेदी का नहीं है? *(UPTET 2016, I-V)*

(a) अशोक के फूल (b) कुटज
(c) विचार प्रवाह (d) वृत्त और विकास

व्याख्या (d) 'वृत्त और विकास' शान्तिप्रिय द्विवेदी का निबन्ध है। शान्तिप्रिय द्विवेदी जी के अन्य निबन्ध 'धरातल', 'प्रतिष्ठान', 'साकल्य आधान', 'युग और साहित्य सामयिकी', 'संचारिणी', 'जीवन यात्रा', 'साहित्यिकी', 'कवि और काव्य' आदि हैं, जबकि हजारी प्रसाद द्विवेदी जी के निबन्ध हैं— विचार और वितर्क, अशोक के फूल, कुटज, कल्पलता, मध्यकालीन धर्म साधना, विचार प्रवाह, आलोक पर्व आदि।

30. 'रामचरितमानस' की भाषा क्या है? *(UPTET 2016, I-V)* *(UPTET 2016, VI-VIII)*

(a) अवधी (b) ब्रज
(c) खड़ीबोली (d) भोजपुरी

व्याख्या (a) तुलसीदास द्वारा रचित श्रीरामचरितमानस की भाषा साहित्यिक अवधी है। इसमें सात काण्डों में श्रीराम के जीवन की कथा का वर्णन किया गया है। इस ग्रन्थ की रचना तुलसी जी ने 1574 ई. में प्रारम्भ की थी और 2 वर्ष 7 माह 26 दिन में इसे सम्पन्न किया था।

31. 'अँधेर-नगरी' के लेखक हैं *(UPTET 2016, I-V)*

(a) प्रतापनारायण मिश्र
(b) हरिकृष्ण प्रेमी
(c) भारतेन्दु हरिश्चन्द्र
(d) रामकुमार वर्मा

व्याख्या (c) भारतेन्दु युग के प्रमुख साहित्यकार बाबू भारतेन्दु हरिश्चन्द्र ने तत्कालीन प्रशासन में व्याप्त भ्रष्टाचार को दिखाने के लिए व्यंग्य नाटक 'अँधेर नगरी' लिखा था। भारतेन्दु जी के मौलिक नाटक इस प्रकार हैं—भारत दुर्दशा, नील देवी, अन्धेर नगरी, प्रेम जोगिनी, सती प्रताप (अधूरा), विषस्य विषमौषधम, चन्द्रावली नाटिका, वैदिही हिंसा-हिंसा न भवति।

32. 'कवितावली' के रचनाकार हैं *(UPTET 2016, I-V)*

(a) सूरदास (b) जायसी
(c) तुलसीदास (d) घनानन्द

व्याख्या (c) 'कवितावली' ब्रजभाषा में रचित तुलसीदास जी की कृति है, जो कवित्त छन्द, पद शैली और 7 काण्डों में विभक्त मुक्तक काव्य है। यह तुलसीदास के बड़े ग्रन्थों में आता है और उनके सात छोटे ग्रन्थ हैं, जो इस प्रकार हैं— रामलला नहछू, वैराग्य सन्दीपनी, श्रीकृष्ण गीतावली, बरवै रामायण, रामाज्ञा प्रश्नावली, पार्वती मंगल और जानकी मंगल।

33. 'आधे-अधूरे' नाटक के रचनाकार हैं *(UPTET 2016, VI-VIII)*

(a) अमृतलाल नागर (b) मन्नू भण्डारी
(c) मोहन राकेश (d) निर्मल वर्मा

व्याख्या (c) 'आधे-अधूरे' नाटक के रचनाकार मोहन राकेश हैं। मोहन राकेश जी आधुनिक काल के सशक्त नाटककार माने जाते हैं। 'आधे-अधूरे' से पहले मोहन राकेश जी के दो नाटक 'आषाढ़ का एक दिन', 'लहरों के राजहंस' आ चुके थे। 'आधे-अधूरे' नाटक मध्यमवर्गीय जीवन की विडम्बना को प्रस्तुत करता है, जिससे यह निष्कर्ष निकलता है कि सब आधे-अधूरे हैं, यहाँ कोई पूर्ण नहीं है।

34. 'तोड़ने ही होंगे मठ और गढ़ सब' किसकी पंक्ति है? *(UPTET 2016, VI-VIII)*

(a) निराला (b) नागार्जुन (c) रघुवीर सहाय (d) मुक्तिबोध

व्याख्या (d) 'तोड़ने ही होंगे मठ और गढ़ सब' प्रस्तुत पंक्ति प्रयोगवादी और तारसप्तक के कवि गजानन माधव 'मुक्तिबोध' जी की है। 'अँधेरे में' नामक कविता में मुक्तिबोध जी ने फैंटेसी के माध्यम से राजनीतिक भ्रष्टाचारियों की बखिया उधेड़ी है। 'तारसप्तक' सात कवियों की प्रयोगवादी कविताओं का संग्रह है, जो अज्ञेय द्वारा प्रकाशित हुआ था।

35. 'सावधान मनुष्य! यदि विज्ञान है तलवार, तो इसे दे फेंक, तजकर मोह, स्मृति के पार' पंक्तियों के रचयिता हैं *(UPTET 2016, VI-VIII)*

(a) नागार्जुन (b) दिनकर (c) अज्ञेय (d) निराला

व्याख्या (b) उपर्युक्त पंक्तियों के कवि रामधारी सिंह 'दिनकर' जी हैं। 'दिनकर' जी प्रगतिवादी कविता के प्रमुख पैरोकार हैं, जिन्होंने साम्यवादी विचारधारा से प्रभावित होकर काव्य रचना की है। प्रस्तुत पंक्तियों में भी दिनकर जी ने परमाणु खतरों से बचने और विश्व युद्ध के खतरों को टालने के लिए मनुष्य जाति को सावधान किया है।

36. 'अन्धा-कुआँ' नाटक के लेखक हैं *(UPTET 2016, VI-VIII)*

(a) मोहन राकेश (b) विष्णु प्रभाकर
(c) जगदीशचन्द्र माथुर (d) लक्ष्मीनारायण लाल

व्याख्या (d) 'अन्धा-कुआँ' नाटक के लेखक लक्ष्मीनारायण लाल हैं। डॉ. लाल प्रसादोत्तर युग के बहुचर्चित नाटककार हैं। डॉ. लक्ष्मीनारायण लाल के नाटकों में भौतिकतावादी अंधी दौड़ और मानवीय जीवन की विसंगतियों का यथार्थ चित्रण हुआ है। उनके अन्य नाटक हैं— दर्पण, मादा-कैक्टस, सूर्यमुख, मिस्टर अभिमन्यु , कर्फ्यू , अब्दुल्ला दीवाना, व्यक्तिगत, एक सत्य हरिश्चन्द्र, सगुन पंछी और सब रंग मोह भंग।

37. प्रथम 'तारसप्तक' का प्रकाशन वर्ष है *(UPTET 2016, VI-VIII)*

(a) वर्ष 1943 (b) वर्ष 1938
(c) वर्ष 1954 (d) वर्ष 1941

व्याख्या (a) 'तारसप्तक' का प्रकाशन वर्ष 1943 में प्रयोगवादी कविता के प्रवर्तक सच्चिदानन्द हीरानन्द वात्स्यायन 'अज्ञेय' द्वारा हुआ था। 'तारसप्तक' से ही 'प्रयोगवाद' का प्रारम्भ माना जाता है। प्रयोगवादी कवि 'प्रयोग' करने में विश्वास करते हैं। वे प्रयोग को कविता का साधन मानते हैं साध्य नहीं। 'तारसप्तक' के अतिरिक्त तीन सप्तक और प्रकाशित हुए, जिनमें सात-सात प्रयोगवादी कवियों की कविताएँ संकलित थीं। दूसरा सप्तक वर्ष 1951, तीसरा सप्तक वर्ष 1959, तथा चौथा सप्तक वर्ष 1979 में प्रकाशित हुआ।

38. 'मधुलिका' जयशंकर प्रसाद की किस कहानी की पात्र है? *(UPTET 2016, VI-VIII)*

(a) आकाशदीप (b) इन्द्रजाल
(c) गुण्डा (d) पुरस्कार

व्याख्या (d) मधुलिका, अरुण, सेनापति आदि जयशंकर प्रसाद की 'पुरस्कार' कहानी के पात्र हैं। प्रसाद जी के पात्र प्रेम, करुणा, त्याग और बलिदान से ओत-प्रोत हैं, जो पाठकों के दिल में एक अमिट छाप छोड़ते हैं। प्रसाद जी के कहानी संकलन निम्न प्रकार हैं—छाया, प्रतिध्वनि, आकाशदीप, आँधी और इन्द्रजाल। इनमें 69 कहानियाँ संकलित हैं। प्रसाद जी व्यक्तिकेन्द्रित कहानियों के लिखने के लिए प्रसिद्ध हैं।

39. 'हिन्दी भाषा और साहित्य' नामक ग्रन्थ के लेखक हैं *(UPTET 2016, VI-VIII)*

(a) भगवत शरण उपाध्याय
(b) आचार्य रामचन्द्र शुक्ल
(c) डॉ. श्यामसुन्दर दास
(d) डॉ. हरदेव बाहरी

व्याख्या (c) 'हिन्दी भाषा और साहित्य' नामक ग्रन्थ के लेखक डॉ. श्यामसुन्दर दास जी हैं। 'काशी नागरी प्रचारिणी सभा' (1893 ई.) की स्थापना करके आपने हिन्दी साहित्य का मार्ग सुगम कर दिया। आपके अन्य ग्रन्थ साहित्यलोचन, भाषा रहस्य, हिन्दी कोविन्द, रत्नमाला और भाषा विज्ञान आदि हैं।

40. ''या लकुटी अरु कामरिया पर राज तिहूँ पुर को तजि डारौं'' किसकी पंक्ति है? *(UPTET 2016, VI-VIII)*

(a) सूरदास (b) नन्ददास
(c) रसखान (d) मीराबाई

व्याख्या (c) उपर्युक्त पंक्ति के कवि 'रसखान' हैं। हिन्दी के मुसलमान कवियों में रसखान का महत्त्वपूर्ण स्थान है। गोकुलनाथ की रचना 'दो सौ बावन वैष्णवन की वार्ता' में भी इनका वर्णन है। 'मूल गोसाईं चरित' में यह उल्लेख है कि तुलसीदास ने 'श्रीरामचरितमानस' सर्वप्रथम रसखान को सुनाया था। उनकी अन्य रचनाएँ-प्रेमवाटिका, दानलीला, अष्टयाम, सुजान रसखान आदि हैं।

41. 'वह तोड़ती पत्थर,
देखा मैंने उसे इलाहाबाद के पथ पर'
उपरोक्त पंक्तियाँ किसकी हैं? *(UTET 2016, I-V)*

(a) सुमित्रानन्दन पन्त (b) भवानी शंकर पन्त
(c) सूर्यकान्त त्रिपाठी 'निराला' (d) नागार्जुन

व्याख्या (c) 'वह तोड़ती पत्थर, देखा मैंने उसे इलाहाबाद के पथ पर' उपर्युक्त पंक्तियाँ प्रमुख छायावादी कवि महाप्राण सूर्यकान्त त्रिपाठी 'निराला' की हैं। वर्ष 1918 से 1936 तक छायावादी युग माना जाता है।
पन्त प्रकृति के 'सुकुमार कवि' कहे जाते हैं और नागार्जुन प्रगतिवादी चेतना के साथ मार्क्सवाद और साम्यवाद से साम्य रखते हैं।

42. 'यामा' किसकी रचना है? *(UTET 2016, I-V)*

(a) भवानी प्रसाद मिश्र (b) महादेवी वर्मा
(c) अज्ञेय (d) मुक्तिबोध

व्याख्या (b) 'यामा' छायावाद की प्रमुख कवयित्री महादेवी वर्मा का काव्य-संग्रह है। महादेवी वर्मा जी की अन्य रचनाएँ—नीहार, रश्मि, नीरजा और सांध्यागीत हैं। महादेवी वर्मा को आधुनिक युग की मीरा कहा जाता है।

43. तुलसीदास की रचना 'कवितावली' किस भाषा में लिखी गई है? *(UTET 2016, VI-VIII)*

(a) अवधी (b) ब्रजभाषा
(c) मैथिली (d) भोजपुरी

व्याख्या (b) तुलसीदास जी की रचना 'कवितावली' की भाषा ब्रजभाषा है। तुलसीदास जी का ब्रजभाषा और अवधी भाषा पर समान अधिकार था। इनकी कृतियाँ इस प्रकार हैं
ब्रजभाषा विनय पत्रिका, गीतावली, दोहावली, श्रीकृष्ण, गीतावली, कवितावली
अवधी भाषा में श्री रामचरितमानस, पार्वती मंगल, जानकी मंगल, बरवै रामायण।

44. 'राम की शक्तिपूजा' कविता के कवि कौन हैं? *(UTET 2016, VI-VIII)*

(a) सूर्यकान्त त्रिपाठी 'निराला'
(b) सुमित्रानन्दन पन्त
(c) महादेवी वर्मा
(d) जयशंकर प्रसाद

व्याख्या (a) 'राम की शक्तिपूजा' कविता के रचयिता सूर्यकान्त त्रिपाठी निराला हैं। 'राम की शक्तिपूजा' में राम की हताशा, निराशा में कवि के अपने जीवन की निराशा है। उन्हें जीवन भर लोगों का विरोध झेलना पड़ा। 'राम की शक्तिपूजा' पर कृतिवास की बांग्ला रामायण (कृतिवासी रामायण) का प्रभाव है। निराला की अन्य कृतियाँ हैं— अनामिका, गीतिका, परिमल, तुलसीदास कुकुरमुत्तर, बेला और नए पत्ते, सरोजस्मृति, आराधना, अपरा आदि।

45. निम्नांकित में हजारी प्रसाद द्विवेदी की रचना कौन-सी है? *(UTET 2016, VI-VIII)*

(a) बाणभट्ट की आत्मकथा (b) चिन्तामणि
(c) कायाकल्प (d) अग्निरथ

व्याख्या (a) 'बाणभट्ट की आत्मकथा' उपन्यास के लेखक आचार्य हजारी प्रसाद द्विवेदी जी हैं। उनके अन्य उपन्यास हैं— 'चारु चन्द्रलेख', 'पुनर्नवा', 'अनामदास' का पोथा। हजारी प्रसाद द्विवेदी जी के उपन्यासों में संस्कृत की शब्दावली बहुलता से मिलती है।

46. 'मानस का हंस' उपन्यास के लेखक कौन हैं? *(UTET 2016, VI-VIII)*

(a) यशपाल (b) आचार्य चतुरसेन
(c) अमृतलाल नागर (d) श्रीलाल शुक्ल

व्याख्या (c) 'मानस का हंस' उपन्यास के लेखक अमृतलाल नागर हैं, यह तुलसीदास के जीवन की कथा पर आधारित है। नागर जी के अन्य उपन्यास हैं— बूँद और समुद्र, सुहाग के नूपुर, सेठ बाँकेमल, अमृत और विष, खंजन नयन, महाकाल, शतरंज के मोहरे। 'खंजन नयन' सूरदास के जीवन पर आधारित है।

47. 'बीजक' किसकी रचना है? *(UPTET 2014, I-V)*

(a) सूर (b) तुलसी (c) कबीर (d) जायसी

व्याख्या (c) 'बीजक' भक्तिकाल के सन्त कवि कबीरदास की रचना है, इसमें साखी, सबद और रमैनी का संकलन है, जिसके सम्पादक कबीर के प्रमुख शिष्य धर्मदास हैं और श्यामसुन्दर दास ने 'कबीर ग्रन्थावली' नाम से इसका सम्पादन किया था। हजारी प्रसाद द्विवेदी ने कबीर को 'भाषा का डिक्टेटर' कहा है।

48. "बुन्देले हरबोलों के मुँह हमने सुनी कहानी थी। खूब लड़ी मर्दानी वह तो झाँसी वाली रानी थी।" प्रस्तुत पंक्तियों के रचयिता कौन हैं? *(UPTET 2014, I-V)*

(a) माखनलाल चतुर्वेदी (b) सुभद्राकुमारी चौहान
(c) सोहनलाल द्विवेदी (d) रामनरेश त्रिपाठी

व्याख्या (b) "बुन्देले हरबोलों के मुँह हमने सुनी कहानी थी। खूब लड़ी मर्दानी वह तो झाँसी वाली रानी थी।" प्रस्तुत पंक्तियों की कवयित्री सुभद्राकुमारी चौहान हैं। 'झाँसी की रानी' कविता की ये पंक्तियाँ बुन्देली, अवध और मध्य प्रदेश की जनता में लोकप्रिय मानी जाती है और जन-जन की वाणी है।

49. सच्चिदानन्द हीरानन्द वात्स्यायन का उपनाम है *(UPTET 2014, I-V)*

(a) हरिऔध (b) निराला (c) अज्ञेय (d) गुलेरी

व्याख्या (c) सच्चिदानन्द हीरानन्द वात्स्यायन का उपनाम 'अज्ञेय' है। क्रान्तिकारी गतिविधियों में लिप्त पाए जाने पर अज्ञेय को जेल हो गई थी। इसके पश्चात् भी वे बिना नाम के साहित्य लिखते रहे और किसी को नाम और पहचान का ज्ञान न होने के कारण साहित्यकारों ने इन्हें अज्ञेय नाम दे दिया। अज्ञेय अर्थात् जिसके विषय में कुछ भी ज्ञात न हो।

50. 'सूरदास' ने किस भाषा में 'सूरसागर' की रचना की? *(UPTET 2014, I-V)*

(a) अवधी (b) ब्रज
(c) खड़ीबोली (d) राजस्थानी

व्याख्या (b) 'सूरसागर' की रचना कृष्णभक्त कवि सूरदास ने ब्रजभाषा में की थी। 'सूरसागर' की कथा भागवत पुराण के दशम स्कन्ध से ली गई है। इसमें कृष्ण जन्म से लेकर श्री कृष्ण के मथुरा जाने तक की कथा फुटकर पदों में है। 'सूरसारावली' और 'साहित्य लहरी' इनके अन्य ग्रन्थ हैं, जो ब्रजभाषा में ही लिखे गए हैं। साहित्य लहरी में सूरदास के दृष्टकूट (दोहरे अर्थ वाले) पद संकलित हैं।

51. 'मेरी तिब्बत-यात्रा' के रचनाकार कौन हैं? *(UPTET 2014,VI-VIII)*

(a) श्री राम शर्मा (b) बनारसीदास चतुर्वेदी
(c) महादेवी वर्मा (d) राहुल सांकृत्यायन

व्याख्या (d) 'मेरी तिब्बत-यात्रा' के रचनाकार राहुल सांकृत्यायन हैं। राहुल जी के अन्य यात्रा वृतान्त हैं

1. रूस में पच्चीस मास
2. घुमक्कड़ शास्त्र
3. मेरी यूरोप यात्रा
4. यात्रा के पन्ने
5. मेरी लद्दाख यात्रा
6. एशिया के दुर्लभ भूखण्डों में
7. किन्नर देश में

52. 'त्याग-पत्र' उपन्यास के उपन्यासकार कौन हैं? *(UPTET 2014, VI-VIII)*

(a) यशपाल (b) जैनेन्द्र
(c) अज्ञेय (d) उपेन्द्रनाथ अश्क

व्याख्या (b) 'त्याग-पत्र' जैनेन्द्र कुमार का वर्ष 1937 में लिखा हुआ उपन्यास है। 'त्याग-पत्र' उपन्यास में मृणाल बुआ के आत्म पीड़न की कथा का मनोवैज्ञानिक चित्रण हुआ है। जैनेन्द्र कुमार के उपन्यासों में पात्रों के मन की उलझनों, गुत्थियों एवं शंकाओं का निरूपण कथा के माध्यम से किया गया है। जैनेन्द्र जी के अन्य उपन्यास हैं—परख, सुनीता, कल्याणी, सुखदा, विवर्त, व्यतीत आदि। जैनेन्द्र जी ने आधुनिक समाज में नारी की स्थिति को यथार्थ रूप में प्रस्तुत किया है।

53. 'सरस्वती पत्रिका' के सम्पादक कौन थे? *(UPTET 2014, VI-VIII)*

(a) भारतेन्दु हरिश्चन्द्र
(b) बालकृष्ण भट्ट
(c) महावीर प्रसाद द्विवेदी
(d) बालमुकुन्द गुप्त

व्याख्या (c) 'सरस्वती पत्रिका' के सम्पादक के रूप में आचार्य महावीर प्रसाद द्विवेदी जी ने वर्ष 1903 में कार्यभार सँभाला। इससे पहले वे रेलवे में ₹ 50 महीना की नौकरी करते थे, परन्तु सरस्वती के सम्पादक पद पर वे ₹ 20 महीना वेतन पर कार्य करते रहे और हिन्दी की असीम सेवा की। महावीर प्रसाद द्विवेदी से पहले वर्ष 1901 में सरस्वती पत्रिका का सम्पादन श्यामसुन्दरदास कर रहे थे और वर्ष 1920 में इसका कार्यभार देवीदत्त शुक्ल जी ने सँभाला।

54. 'पराधीन सपनेहुँ सुख नाहीं' किस रचनाकार की पंक्ति है? *(UPTET 2014, VI-VIII)*

(a) कबीरदास (b) रैदास
(c) सूरदास (d) तुलसीदास

व्याख्या (d) 'पराधीन सपनेहुँ सुख नाहीं' पंक्ति तुलसीदास द्वारा रचित 'श्रीरामचरितमानस' से ली गई है। इसमें तुलसी जी ने मनुष्य की स्वतन्त्रता का पक्ष लिया है।

55. अमृतलाल नागर के किस उपन्यास में गोस्वामी तुलसीदास की जीवनी को आधार बनाया गया है? *(UPTET 2014, VI-VIII)*

(a) बूँद और समुद्र (b) सुहाग के नूपुर
(c) मानस का हंस (d) अमृत और विष

व्याख्या (c) 'मानस का हंस' उपन्यास रामभक्त कवि तुलसीदास के जीवन पर आधारित है।

56. मैथिलीशरण गुप्त ने नहीं लिखी है *(UPTET 2014, VI-VIII)*

(a) साकेत (b) कामायनी
(c) जयद्रथ वध (d) यशोधरा

व्याख्या (b) 'कामायनी' मैथिलीशरण गुप्त की नहीं, बल्कि जयशंकर प्रसाद की रचना है। 'कामायनी' को शान्तिप्रिय द्विवेदी ने 'छायावाद का उपनिषद्' कहा है। मैथिलीशरण गुप्त जी की प्रमुख रचनाएँ हैं—रंग में भंग, भारत-भारती, साकेत, जयद्रथ वध, यशोधरा, विष्णुप्रिया, पंचवटी, द्वापर आदि।

57. 'भेजे मनभावन के ऊधव के आवन की सुधि ब्रज-गाँवनि मैं पावक जबै लगीं'- इस पंक्ति के रचनाकार कौन हैं? *(UPTET 2014, VI-VIII)*

(a) सूरदास (b) कुम्भनदास
(c) नन्ददास (d) जगन्नाथ दास 'रत्नाकर'

व्याख्या (d) उपर्युक्त पंक्ति के रचनाकार जगन्नाथदास रत्नाकर हैं। यह पंक्ति 'उद्धव शतक' से ली गई है। इसमें उन्होंने 'भ्रमरगीत' परम्परा को आधुनिक युग में ब्रजभाषा में लिखकर बनाए रखा है। ये प्रमुखत: ब्रजभाषा के कवि थे और 'जकी' उपनाम से उर्दू में भी कविता लिखते थे।
'उद्धव शतक' भ्रमरगीत परम्परा का सर्वश्रेष्ठ ग्रन्थ है।
'रत्नाकर' जी की अन्य रचनाएँ हैं— गंगावतरण, शृंगार लहरी, हिण्डोला, हरिश्चन्द्र।

58. 'चिन्तामणि' किसका निबन्ध संग्रह है? *(UPTET 2013, I-V)*

(a) बालमुकुन्द गुप्त (b) हजारी प्रसाद द्विवेदी
(c) रामचन्द्र शुक्ल (d) श्यामसुन्दर दास

व्याख्या (c) 'चिन्तामणि' निबन्ध संग्रह आचार्य रामचन्द्र शुक्ल जी द्वारा रचित है और भाग-1 एवं भाग-2 के रूप में प्रकाशित हुआ था। आचार्य शुक्ल जी द्वारा लिखित 'हिन्दी साहित्य का इतिहास' ग्रन्थ श्रेष्ठतम माना जाता है। उनके अन्य निबन्ध-संग्रह 'विचारवीथी' एवं 'रसमीमांसा' हैं। शुक्ल जी ने सूरदास, तुलसीदास और जायसी के काव्य पर विस्तृत समीक्षाएँ भी प्रस्तुत की हैं।

59. 'अति सूधो स्नेह को मारग है' किसकी पंक्ति है? *(UPTET 2013, I-V)*

(a) आलभ (b) बोधा
(c) ठाकुर (d) घनानन्द

व्याख्या (d) 'अति सूधो स्नेह को मारग है' पंक्ति रीतिकाल के रीतिमुक्त काव्य धारा और प्रेम की पीर के गायक कवि घनानन्द की है। ये दिल्ली के बादशाह मुहम्मदशाह के मीर मुंशी थे और सुजान नामक वेश्या से प्रेम करते थे। दरबार की कुचालों के कारण वे दरबार से निकाल दिए गए और वृन्दावन चले आए। नादिरशाह के आक्रमण के समय सिपाहियों ने उन्हें बड़ी बेदर्दी से कत्ल कर दिया। ये प्रेम का मार्ग अति सीधा मानते हैं, जहाँ लेशमात्र भी कुटिलता और सयानापन नहीं है। घनानन्द की रचनाएँ इस प्रकार हैं— सुजान सागर, विरहलीला, लोकसार, रसकेलिवल्ली और कृपाकाण्ड।

60. 'दशरथ सुत तिहुँ लोक बखाना
राम नाम का मरम है आना'
किस रचनाकार की पंक्तियाँ हैं? *(UPTET 2013, I-V)*

(a) तुलसीदास (b) कबीर
(c) केशवदास (d) सूरदास

व्याख्या (b) उपर्युक्त पंक्तियाँ संत एवं ज्ञानाश्रयी कवि कबीरदास की हैं। कबीर ने बाह्याडम्बरों का विरोध किया है। कबीर के राम दशरथ के पुत्र श्रीराम नहीं हैं, बल्कि तीनों लोकों में श्रेष्ठ निर्गुण परब्रह्म राम हैं।

61. 'आवारा मसीहा' जीवनी में किसका जीवन-चरित्र है? *(UPTET 2013, VI-VIII)*

(a) बंकिमचन्द्र चटर्जी (b) शरतचन्द्र चट्टोपाध्याय
(c) भगतसिंह (d) जैनेन्द्र

व्याख्या (b) 'आवारा मसीहा' जीवनी बांग्ला भाषा के प्रसिद्ध उपन्यासकार शरतचन्द्र चट्टोपाध्याय के जीवन पर आधारित है। इसके लेखक विष्णु प्रभाकर जी हैं। प्रभाकर जी का जन्म मुजफ्फरनगर जनपद के मीरापुर गाँव में 21 जून, 1912 को हुआ था।

62. ''हम दीवानों की क्या हस्ती है आज यहाँ कल वहाँ चले'' किसकी पंक्तियाँ हैं? *(UPTET 2013, VI-VIII)*

(a) नरेन्द्र शर्मा (b) हरिवंश राय बच्चन
(c) बालकृष्ण शमा 'नवीन' (d) भगवतीचरण वर्मा

व्याख्या (d) ''हम दीवानों की क्या हस्ती है आज यहाँ कल वहाँ चले'' पंक्तियाँ उपन्यासकार भगवतीचरण वर्मा जी की हैं। वर्मा जी के उपन्यास निम्नलिखित हैं— चित्रलेखा, भूले-बिसरे चित्र, टेढ़े-मेढ़े रास्ते, सामर्थ्य और सीमा, सबहिं नचावत राम गोसाईं।

63. 'अमिय हलाहल मदभरे, सेत, स्याम, रतनार, जियत मरत, झुकि-झुकि परत जेहि चितवत एक बार।' किस कवि द्वारा लिखी काव्य पंक्तियाँ हैं? *(UPTET 2013, VI-VIII)*

(a) देव (b) बिहारी (c) रसलीन (d) मतिराम

व्याख्या (c) उपर्युक्त पंक्तियाँ रीतिकाल की रीतिमुक्त काव्यधारा के कवि 'रसलीन' की हैं। इनका पूरा नाम सैयद गुलाम नबी 'रसलीन' था और ये पंक्तियाँ नायिका की आँखों की सुन्दरता के चित्रण के लिए हिन्दी साहित्य की सर्वश्रेष्ठ पंक्तियाँ हैं। कई बार पाठक इन्हें बिहारी की पंक्तियाँ समझ लेते हैं। रसलीन की अन्य कृतियाँ हैं—अंगदर्पण, रस प्रबोध, और कुछ स्फुट पद।

64. 'अन्या से अनन्या' किसकी रचना है? *(UPTET 2013, VI-VIII)*

(a) मैत्रेयी पुष्पा (b) मृदुला गर्ग
(c) कृष्ण सोबती (d) प्रभा खेतान

व्याख्या (d) 'अन्या से अनन्या' प्रभा खेतान की आत्मकथा है। प्रभा खेतान स्त्री-विमर्श की प्रमुख लेखिका रही हैं।

65. 'इदन्नमम्' रचना किसकी है? *(UPTET 2013, VI-VIII)*

(a) ममता कालिया (b) मन्नू भण्डारी
(c) चित्रा मुद्गल (d) मैत्रेयी पुष्पा

व्याख्या (d) 'इदन्नमम्' मैत्रेयी पुष्पा का उपन्यास है। इनके अन्य उपन्यासों में अल्मा कबूतरी, झूलानट, चाक, स्मृतिदंश, बेतवा बहती रही, अगन पाखी, विजन, कहे ईसुरीफाग, त्रियाहठ तथा गुनाह-बेगुनाह आदि हैं।

66. 'अपने-अपने पिंजरे' आत्मकथा किसकी है? *(UPTET 2013, VI-VIII)*

(a) ओमप्रकाश वाल्मीकि (b) मोहनदास नैमिशराय
(c) जयप्रकाश कर्दम (d) श्योराज सिंह 'बेचैन'

व्याख्या (b) 'अपने-अपने पिंजरे' दलित-विमर्श के लेखक मोहनदास नैमिशराय की आत्मकथा है, जो दो भागों में प्रकाशित हो चुकी है। यह पहली दलित आत्मकथा है। ओमप्रकाश वाल्मीकि की आत्मकथा 'जूठन' है।

67. एक-दूसरे से भिन्न-भिन्न, नए-नए विचारों एवं रचना शैलियों के जो सात कवि 'प्रयोगवाद के कवि' के रूप में प्रसिद्ध हुए, उनकी कविताओं के संग्रह का सही नाम था *(UPTET 2013, VI-VIII)*

(a) पहला तार सप्तक (b) प्रथम तार सप्तक
(c) तार शप्तक (d) तार सप्तक

व्याख्या (d) 'अज्ञेय' द्वारा सात अलग-अलग प्रयोगवादी कवियों की कविताओं का संकलन प्रथम बार वर्ष 1943 में प्रकाशित किया गया, जिसका नाम 'तारसप्तक' था। इसमें सात कवि इस प्रकार थे—

1. अज्ञेय 2. मुक्तिबोध
3. नेमिचन्द्र जैन 4. गिरिजाकुमार माथुर
5. रामविलास शर्मा 6. प्रभाकर माचवे
7. भारत भूषण अग्रवाल

नोट *इसको याद करने का सूत्र 'अमुने गिरा प्रभा' है।*

68. 'चन्दायन' के रचयिता हैं *(UPTET 2013, VI-VIII)*

(a) मलिक मोहम्मद जायसी (b) कुतुबन
(c) मंझन (d) मुल्ला दाऊद

व्याख्या (d) 'चन्दायन' सूफी प्रेमाख्यानकों में सर्वप्रथम रचना है, जो मुल्ला दाऊद कृत है। इसका रचनाकाल 1379 ई. बताया जाता है। इसके नायक का नाम लोर अथवा लोरिक तथा नायिका का नाम चन्दा है। इसकी भाषा अवधी है और इसकी रचना प्राकृत-अपभ्रंश में प्रचलित कड़वक शैली में की गई है। डॉ. माता प्रसाद गुप्त ने इसे 'लोरकथा' भी कहा है।

69. 'पिता' कहानी के लेखक कौन हैं? *(UPTET 2013, VI-VIII)*

(a) शेखर जोशी (b) उषा प्रियंवदा
(c) उदयप्रकाश (d) ज्ञानरंजन

व्याख्या (d) 'पिता' कहानी के लेखक कहानीकार ज्ञानरंजन हैं। इनकी अन्य कहानियाँ हैं— यात्रा, सम्बन्ध, शेष होते हुए, क्षणजीवी, सपना नहीं, फेंस के इधर-उधर। उदय प्रकाश की कहानियाँ हैं— तिरिछ, दरियाई घोड़ा और अन्त में प्रार्थना, पाल गोमरा का स्कूटर, मोहनदास, पीली छतरी वाली लड़की, दत्तात्रेय का दु:ख आदि। शेखर जोशी की कहानी— कोसी का घटवार तथा उषा प्रियंवदा की कहानी 'वापसी' है। ज्ञानरंजन 'पहल' पत्रिका के सम्पादक हैं।

70. 'रामधारी सिंह दिनकर' की रचना नहीं है *(UTET 2013, I-V)*

(a) उर्वशी (b) रेणुका
(c) रश्मिरथी (d) स्वर्णधूलि

व्याख्या (d) 'स्वर्णधूलि' सुमित्रानन्दन पन्त की रचना है न कि 'दिनकर' की। स्वर्णधूलि अरविन्द दर्शन से प्रभावित रचना है। पन्त जी की अन्य रचनाएँ हैं—उच्छवास, ग्रन्थि, वीणा, पल्लव, गुंजन, ग्राम्या, युगान्त, युगधारा, स्वर्ण किरण, कला और बूढ़ा चाँद, वाणी आदि। पन्त जी को 'चिदम्बरा' पर हिन्दी साहित्य का ज्ञानपीठ पुरस्कार प्राप्त हुआ था। 'पल्लव' को छायावाद का 'मेनीफेस्टो' कहा जाता है, जिसमें 40 पृष्ठों में भूमिका में अलंकार, छन्द, शब्द चयन पर विचार किया गया है। 'परिवर्तन' कविता में दर्शनवाद है। 'मौन निमन्त्रण' कविता में उच्चकोटि का रहस्यवाद है।

71. 'चाँद का मुँह टेढ़ा है' के लेखक हैं *(UTET 2013, I-V)*

(a) यशपाल (b) नागार्जुन
(c) गजानन माधव मुक्तिबोध (d) अमृतराय

व्याख्या (c) 'चाँद का मुँह टेढ़ा है' काव्य कृति के लेखक गजानन माधव मुक्तिबोध हैं। 'भूरी-भूरी खाक धूल' भी मुक्तिबोध की काव्यकृति है। मुक्तिबोध जी 'ब्रह्म राक्षस' और 'अँधेरे में' जैसी प्रसिद्ध कविताओं के रचयिता हैं। इनका शोषितों से गहरा लगाव है। इनके प्रतीक विधान में नयापन है एवं फैंटेसी के कारण कविता क्लिष्ट एवं जटिल हो गई है।

72. जयशंकर प्रसाद बहुत बड़े नाटककार थे। उन्होंने ········ नाटक की रचना की। *(UTET 2013, VI-VIII)*

(a) अजातशत्रु (b) शशिगुप्त
(c) झाँसी की रानी (d) राजमुकुट

व्याख्या (a) 'अजातशत्रु' नाटक के लेखक जयशंकर प्रसाद हैं। प्रसाद जी ने ऐतिहासिक नाटक लिखे हैं, जिनके पात्र त्याग, बलिदान और राष्ट्रभक्ति की मिसाल हैं। प्रसाद जी के नाटक मंचन की दृष्टि से असफल माने जाते हैं। प्रसाद जी के अन्य नाटक हैं– विशाख, कामना, जनमेजय का नागयज्ञ, स्कन्दगुप्त, एक घूँट, चन्द्रगुप्त और ध्रुवस्वामिनी।

73. 'लोकायतन' किस कवि की रचना है? *(UTET 2013, VI-VIII)*

(a) सोहनलाल द्विवेदी (b) सुमित्रानन्दन पन्त
(c) श्रीधर पाठक (d) महादेवी वर्मा

व्याख्या (b) 'लोकायतन' छायावादी कवि सुमित्रानन्दन पन्त की रचना है। लोकायतन गाँधी दर्शन से प्रभावित होकर गाँधी जी के जीवन पर लिखा गया है। लोकायतन पर पन्त जी को सोवियत लैंड नेहरू पुरस्कार मिला था।

74. निम्नलिखित में से आचार्य चतुरसेन रचित उपन्यास का नाम है *(UTET 2013, VI-VIII)*

(a) गोदान (b) गढ़कुण्डार (c) चन्द्रकान्ता (d) सोमनाथ

व्याख्या (d) 'सोमनाथ' आचार्य चतुरसेन शास्त्री का उपन्यास है। उन्होंने इतिहास पुराण से कथानकों का चयन करने के साथ-साथ काल्पनिक पात्रों के द्वारा सामाजिक समस्याओं का उद्घाटन करने वाले उपन्यास लिखे हैं। उनके अन्य उपन्यास हैं– वैशाली की नगर वधू, वयं रक्षाम, सोना और खून, रक्त की प्यास, आलमगीर, आत्मदाह, अमर अभिलाषा, मन्दिर की नर्तकी, नरमेध और अपराजिता आदि। 'गोदान' मुंशी प्रेमचन्द, 'गढ़कुण्डार' वृन्दावन लाल वर्मा का और 'चन्द्रकान्ता' देवकी नन्दन खत्री का उपन्यास है।

75. 'पहाड़ पर लालटेन' किसकी रचना है? *(UTET 2013, VI-VIII)*

(a) रमेशचन्द्र शाह
(b) शिवानी
(c) मंगलेश डबराल
(d) नागार्जुन

व्याख्या (c) 'पहाड़ पर लालटेन' समकालीन कवि मंगलेश डबराल की रचना है। 'घर का रास्ता', 'आवाज भी एक जगह है', 'हम जो देखते हैं' उनकी अन्य काव्य कृतियाँ हैं। 'हम जो देखते हैं' कृति पर इन्हें साहित्य अकादमी पुरस्कार प्रदान किया गया।

76. 'भगवान भारतवर्ष में गूँजे हमारी भारती' किस कवि की रचना पंक्ति है? *(UTET 2013, VI-VIII)*

(a) रामधारी सिंह दिनकर
(b) रामनरेश त्रिपाठी
(c) श्यामनारायण पाण्डेय
(d) मैथिलीशरण गुप्त

व्याख्या (d) उपर्युक्त पंक्ति द्विवेदी युग के प्रमुख कवि मैथिली शरण गुप्त जी की हैं, जिसमें उन्होंने हिन्दी भाषा के विकास की कामना की है। गुप्त जी की अन्य कृतियाँ हैं– रंग में भंग, जयद्रथ वध, भारत-भारती, पंचवटी, झंकार, साकेत, यशोधरा, द्वापर जय भारत, विष्णुप्रिया किसान आदि। गुप्त जी ने खड़ीबोली हिन्दी में रचना करके हिन्दी की असीम सेवा की और इसमें गुप्त जी के गुरु महावीर प्रसाद द्विवेदी जी की प्रेरणा थी।

पुरस्कार

1. राष्ट्रवादी कवि रामधारीसिंह दिनकर को 'उर्वशी' के लिए 'ज्ञानपीठ-पुरस्कार' किस वर्ष प्रदान किया गया? *(UPTET 2016, I-V)*

(a) वर्ष 1971 में (b) वर्ष 1972 में
(c) वर्ष 1973 में (d) वर्ष 1974 में

व्याख्या (b) राष्ट्रवादी कवि रामधारीसिंह 'दिनकर' को 'उर्वशी' के लिए 'ज्ञानपीठ पुरस्कार' वर्ष 1972 में दिया गया था। पन्त को 'चिदम्बरा' पर वर्ष 1968 में, अज्ञेय को 'कितनी नावों में कितनी बार' के लिए वर्ष 1978 में तथा वर्ष 1982 में 'यामा' पर महादेवी वर्मा को, नरेश महता, अमरकान्त, केदारनाथ सिंह, श्रीलाल शुक्ल, कृष्णा सोबती आदि को ज्ञानपीठ पुरस्कार प्रदान किया गया था।

2. ज्ञानपीठ पुरस्कार किस क्षेत्र में श्रेष्ठ कार्य करने पर दिया जाता है? *(UPTET 2016, I-V)*

(a) समाज सेवा
(b) सिनेमा
(c) विज्ञान
(d) साहित्य

व्याख्या (d) ज्ञानपीठ पुरस्कार 'साहित्य' के क्षेत्र में भारतीय भाषाओं में श्रेष्ठ साहित्य सृजन के लिए दिया जाता है। ज्ञानपीठ पुरस्कार वर्ष 1964 में प्रारम्भ हुआ था। वर्ष 1984 के पश्चात् यह रचना-विशेष पर न देकर समग्र साहित्यिक योगदान पर दिया जा रहा है।

अध्याय 14

अपठित गद्यांश

» CTET

निर्देश : (गद्यांश सं. 1 से 69) *नीचे दिए गए गद्यांशों को ध्यान से पढ़िए और उसके आधार पर पूछे गए प्रश्नों के यथोचित उत्तर दीजिए।*

गद्यांश 1

बच्चों की दुनिया में कोई लड़ाई नहीं होती। उनके लिए दुनिया है और वे इस दुनिया में आना चाहते हैं। बच्चों को यह सुनना अच्छा नहीं लगता कि यह दुनिया इतनी बेकार है, यहाँ करने के काबिल कुछ भी नहीं है और इससे बचकर कितना दूर भागा जा सकता है। सम्भवत: सबसे महत्त्वपूर्ण बात यह है कि न्यू लिटिल स्कूल के शिक्षक खुले और सच्चे हैं अर्थात् ये लोग उन सभी विषयों पर बात करने के लिए तत्पर रहते हैं जिन पर बच्चे बात करना चाहते हैं। वे अपने सच्चे विचार प्रकट करते हैं और कोई बात अगर वे नहीं जानते तो स्वीकार कर लेते हैं। ज्यादातर शिक्षकों के साथ ऐसा नहीं है। सर्वेक्षण से यह स्पष्ट होता है कि 90% अमेरिकी शिक्षक विवादास्पद विषयों के बारे में स्कूल में बात करने में विश्वास नहीं करते तथा बच्चों को भी इन विषयों के बारे में बात नहीं करने देते। हालाँकि वे अच्छी तरह जानते हैं कि बच्चों की इन विषयों में सबसे अधिक रुचि होती है। इसलिए पारम्परिक स्कूलों में बच्चे ज्यादा बात नहीं कर सकते और जब करते भी हैं, तब वे जो चाहते हैं वह बात नहीं कर सकते और ईमानदारी से नहीं कर सकते। इसके अलावा शिक्षकों को प्रशिक्षण में बार-बार सिखाया जाता है कि अपनी अज्ञानता, अनिश्चय और उलझन को कभी स्वीकार नहीं करें। सबसे विशेष बात यह है कि उनमें कूट-कूट कर यह भरा जाता है कि छात्रों से एक पेशेवर दूरी रखें और अपनी व्यक्तिगत जिन्दगी और भावनाओं के बारे में कभी खुलकर बात नहीं करें। लेकिन यही वे बातें हैं, जिनमें बच्चों की सबसे ज्यादा जिज्ञासा होती है, क्योंकि इसी से वे महसूस कर सकते हैं कि बड़ा होना क्या होता है।

(CTET 2018, I-V)

1. 'न्यू लिटिल स्कूल के शिक्षक खुले और सच्चे हैं' में 'खुले' का अर्थ है

(a) बहुत खुले स्थान में रहना
(b) बिना दुराव-छिपाव के बात करना
(c) व्यापक रूप से सोचने वाले
(d) खुले तौर पर काम करने वाले

व्याख्या (b) गद्यांश के अनुसार, विकल्प (b) उपयुक्त है जिसमें 'खुले' का अर्थ है बिना दुराव-छिपाव के बात करना अर्थात् बच्चों को वह सब बताना जो वे जानना चाहते हैं।

2. अमेरिकी शिक्षकों के बारे में कौन-सी बात सही है?

(a) वे बच्चों के साथ सभी तरह की बात करते हैं
(b) वे बच्चों को सभी तरह की बात करने देते हैं
(c) वे बच्चों के साथ सभी तरह की बात नहीं करते
(d) वे बच्चों के साथ रोचक विषयों के बारे में बात करते हैं

व्याख्या (c) वे बच्चों के साथ सभी तरह की बातें नहीं करते, अमेरिकी शिक्षकों के बारे में यह बात सही है तथा बच्चों को भी विवादास्पद विषयों पर आपस में बात नहीं करने देते।

3. शिक्षकों को प्रशिक्षण में यह सिखाया जाता है कि

(a) वे यह स्वीकार करें कि वे अज्ञानी हैं
(b) वे यह स्वीकार करें कि वे उलझे हुए हैं
(c) वे यह स्वीकार न करें कि उन्हें ज्ञान नहीं है
(d) वे यह स्वीकार न करें कि वे शिक्षक हैं

व्याख्या (c) शिक्षकों को प्रशिक्षण में बार-बार सिखाया जाता है कि अपनी अज्ञानता, अनिश्चय और उलझन को कभी स्वीकार न करें। वे सोचते हैं कि इस प्रकार बच्चों की नजर में उनकी स्थिति निम्न स्तर की हो जाएगी।

4. बच्चों की सबसे ज्यादा जिज्ञासा किस बात में है?

(a) शिक्षकों के निजी जीवन में
(b) शिक्षकों की अज्ञानता में
(c) शिक्षकों के प्रशिक्षण में
(d) शिक्षकों की उलझनों में

व्याख्या (a) बच्चों की सबसे ज्यादा जिज्ञासा अपने शिक्षकों की व्यक्तिगत जिन्दगी और भावनाओं के बारे में होती है, क्योंकि इसी से वे महसूस कर सकते हैं कि बड़ा होना क्या होता है। इस प्रकार वे भी अपने को बड़ों के समान समझने लगते हैं।

5. निम्न में से कौन-सा कथन पारम्परिक स्कूलों के बारे में सही नहीं है?

(a) पारम्परिक स्कूलों में बच्चे ज्यादा बात नहीं कर सकते
(b) पारम्परिक स्कूलों में बच्चे ज्यादा बात कर सकते हैं
(c) पारम्परिक स्कूलों में बच्चे मनपसन्द बात नहीं कर सकते
(d) पारम्परिक स्कूलों में बच्चे ईमानदारी से बात नहीं कर सकते

व्याख्या (b) पारम्परिक स्कूलों के बारे में यह कथन सही नहीं है कि "पारम्परिक स्कूलों में बच्चे ज्यादा बात कर सकते हैं।"

6. ''बच्चों की दुनिया में कोई लड़ाई नहीं होती'' वाक्य से क्या अभिप्राय है?

(a) बच्चों की दुनिया में कोई लड़ता नहीं है
(b) बच्चों को दुनिया से प्रेम है
(c) बच्चों को लड़ाई पसन्द नहीं है
(d) बच्चे लड़ाई नहीं करते

व्याख्या (b) ''बच्चों की दुनिया में कोई लड़ाई नहीं होती'' वाक्य से अभिप्राय है कि ''बच्चों को दुनिया से बहुत प्रेम होता है।'' बच्चों को दुनिया की विविधता बहुत पसन्द आती है और वे इसमें रचना-बसना तथा खो जाना चाहते हैं।

7. 'विचार' शब्द में 'इक' प्रत्यय लगने से .... शब्द बनेगा।

(a) वैचारिक (b) विचारिक
(c) वैचारीक (d) विचारइक

व्याख्या (a) 'विचार' शब्द में 'इक' प्रत्यय लगाने से 'वैचारिक' शब्द बनता है।

8. 'ईमानदारी' शब्द में कौन-सी संज्ञा है?

(a) भाववाचक संज्ञा (b) व्यक्तिवाचक संज्ञा
(c) समूहवाचक संज्ञा (d) जातिवाचक संज्ञा

व्याख्या (a) 'ईमानदारी' एक अमूर्त भाव है, जो 'भाववाचक' संज्ञा के अन्तर्गत आता है।

गद्यांश 2

हेंवल घाटी के गाँववासियों ने चीड़ के पेड़ों के हो रहे विनाश के विरुद्ध जुलूस निकाले। घास-चारा लेने जा रही महिलाओं ने इन पेड़ों से लीसा टपकाने के लिए लगाए गए लोहे निकाल दिए व उनके स्थान पर मिट्टी की मरहम-पट्टी कर दी। महिलाओं ने पेड़ों का रक्षा-बन्धन भी किया। आरम्भ से ही लगा कि वृक्ष बचाने में महिलाएँ आगे आएँगी। वन कटने का सबसे अधिक कष्ट उन्हीं को उठाना पड़ता है, क्योंकि घास-चारा लाने के लिए उन्हें और दूर जाना पड़ता है। कठिन स्थानों से घास-चारा एकत्र करने में कई बार उन्हें बहुत चोट लग जाती है। वैसे भी पहाड़ी रास्तों पर घास-चारे का बोझ लेकर पाँच-दस किमी या उससे भी ज्यादा चलना बहुत कठिन हो जाता है। इस आन्दोलन की बात बड़े अधिकारियों तक पहुँची तो उन्हें लीसा प्राप्त करने के तौर-तरीकों की जाँच करवानी पड़ी। जाँच से स्पष्ट हो गया कि बहुत अधिक लीसा निकालने के लालच में चीड़ के पेड़ों को बहुत नुकसान हुआ है। इन अनुचित तरीकों पर रोक लगी। चीड़ के घायल पेड़ों को आराम मिला, एक नया जीवन मिला। पर तभी खबर मिली कि इस इलाके के बहुत से पेड़ों को कटाई के लिए नीलाम किया जा रहा है। लोगों ने पहले तो अधिकारियों को ज्ञापन दिया कि जहाँ पहले से ही घास-चारे का संकट है, वहाँ और व्यापारिक कटान न किया जाए। जब अधिकारियों ने गाँववासियों की माँग पर ध्यान न देते हुए नरेन्द्रनगर में नीलामी की घोषणा कर दी, तो गाँववासी जुलूस बनाकर वहाँ नीलामी का विरोध करते हुए पहुँच गए। वहाँ एकत्र ठेकेदारों से हेंवल घाटी की महिलाओं ने कहा, ''आप इन पेड़ों को काटकर हमारी रोजी-रोटी मत छीनो। पेड़ कटने से यहाँ बाढ़ व भू-स्खलन का खतरा भी बढ़ जाएगा।'' कुछ ठेकेदारों ने तो वास्तव में वह बात मानी पर कुछ अन्य ठेकेदारों ने अद्वानी और सलेत के जंगल खरीद लिए।

(CTET 2018, I-V)

1. हेंवल घाटी में किन पेड़ों के होने वाले विनाश के विरुद्ध जुलूस निकाले गए?

(a) देवदार (b) चीड़ (c) पीपल (d) आम

व्याख्या (b) गद्यांश में लिखा है कि गाँववासियों ने हेंवल घाटी में चीड़ के पेड़ों के हो रहे विनाश के विरुद्ध जुलूस निकाले तथा पेड़ों के कटान का विरोध किया।

2. महिलाओं ने पेड़ों का रक्षा-बन्धन क्यों किया?

(a) यह उस घाटी की रस्म थी
(b) पेड़ों को सुन्दर बनाने के लिए
(c) उनकी मरहम-पट्टी करने के लिए
(d) पेड़ों को बचाने के लिए

व्याख्या (d) महिलाओं ने 'पेड़ों की रक्षा करने के लिए' पेड़ों का रक्षाबन्धन किया, क्योंकि ये पेड़ ही उनके जीवन का आधार थे।

3. वन कटान का सबसे अधिक कष्ट महिलाओं को ही क्यों उठाना पड़ता है?

(a) केवल उन्हें ही वन से प्रेम था
(b) क्योंकि उन्हें चारा लाने के लिए बहुत दूर जाना पड़ता है
(c) उन्हें वनों की घनी छाया नहीं मिलती
(d) उन्हें वनों से लीसा नहीं मिलता

व्याख्या (b) वनों के कटने का सबसे अधिक कष्ट महिलाओं को ही उठाना पड़ता था, क्योंकि उन्हें चारा लाने के लिए दूर जाना पड़ता था तथा वह चारा घर चलाने के लिए अति आवश्यक था।

4. चीड़ के पेड़ों का किससे बहुत नुकसान हो रहा था?

(a) बहुत बड़े अधिकारियों से
(b) अधिक घास-चारा लाने से
(c) बहुत अधिक लीसा निकालने से
(d) कुछ ठेकेदारों से

व्याख्या (c) बहुत अधिक लीसा निकालने से चीड़ के पेड़ों को बहुत ही ज्यादा नुकसान हो रहा था। इससे पेड़ों के समाप्त हो जाने का संकट खड़ा हो गया।

5. पेड़ कटने से किसका खतरा बढ़ जाएगा?

(a) बाढ़ और लकड़ी का (b) भूस्खलन और बाढ़ का
(c) भूस्खलन और लकड़ी का (d) लकड़ी और चारे का

व्याख्या (b) पेड़ों के कट जाने से भूस्खलन और बाढ़ का खतरा बढ़ जाएगा।

6. 'रोजी-रोटी' शब्द है

(a) संज्ञा (b) सर्वनाम
(c) विशेषण (d) शब्द-युग्म

व्याख्या (d) 'रोजी-रोटी' शब्द-युग्म के अन्तर्गत आने वाले प्रतिनिधि शब्द हैं।

7. **''कुछ ठेकेदारों ने तो वास्तव में, वह बात मानी'' वाक्य में निपात है**
(a) कुछ (b) ने (c) तो (d) वह

व्याख्या (c) इस वाक्य में 'तो' ही निपात है। वे अव्यय शब्द जो संज्ञा, सर्वनाम, विशेषण एवं क्रिया-विशेषण के साथ प्रयुक्त होकर उस पर बल देने, उसे सीमित करने अथवा दूसरों के साथ मिलाने का कार्य करते हैं, निपात कहलाते हैं।

गद्यांश 3

राष्ट्रीय पर्वों और सांस्कृतिक कार्यक्रमों के दौरान गीत गाए जाएँ, कविताएँ सुनी और सुनायी जाएँ, इसे लेकर माता-पिताओं, स्कूल और समाज में व्यापक सहमति है, लेकिन गीत-कविताएँ बच्चों के जीवन में रच-बस जाएँ, वे उनका भरपूर आनन्द लेने लगें, खुद तुकबन्दियाँ करने लगें, रचने लगें, यह माता-पिता को मंजूर नहीं। माता को लगता है ऐसा करते हुए तो वे राह से भटक जाएँगे जिस राह पर वे उन्हें चलाना चाहते हैं। जिस राह से वे उन्हें अपनी सोची हुई मंजिल पर पहुँचाना चाहते हैं। उनकी इस इच्छा में यह निहित है कि बच्चे वैसा कुछ भी नहीं करें, जो वे करना चाहते हैं। बल्कि वे वैसा करें जैसा माता-पिता चाहते हैं। उनके भीतर बच्चे के स्वतन्त्रतापूर्वक सीखने की प्रक्रिया के प्रति निरन्तर सन्देह और गहरा डर बना रहता है। यही हाल स्कूल का भी है। गीत-कविता स्कूल और कक्षाओं की रोजमर्रा की गतिविधि का हिस्सा बन जाए यह स्कूल को मंजूर नहीं। स्कूल को लगता है इस सबके लिए समय कहाँ है। यह पाठ्य-पुस्तक से बाहर की गतिविधि है। शिक्षक और शिक्षा अधिकारी चाहते हैं शिक्षक पहले परीक्षा परिणाम बेहतर लाने के लिए काम करें।

दूसरी ओर हमारी संस्कृति और समाज में गीत-कविता की जो जगहें थीं वे लगातार सीमित हुई हैं। गीत गाने, सुनने-सुनाने के अवसर हुआ करते थे, वे अक्सर ही गीत-कविताओं को गुनगुनाते रह सकने के लिए याद करने को प्रेरित करते थे। सहेजने और रचने के लिए प्रेरित करते थे। इस सबके लिए अतिरिक्त प्रयासों की जरूरत नहीं पड़ती थी, वह जीवन-शैली का स्वाभाविक हिस्सा था। बच्चों के लिए पढ़ाई से अधिक खेलने-कूदने के लिए समय और जगह थीं। खेलने-कूदने की मस्ती के दौरान ही उनके बीच से स्वत: ही नए खेलों, तुकबन्दियों और खेल गीतों और बालगीतों का सृजन भी हो जाया करता था। उनकी ये रचनाएँ चलन में आ जाया करती थीं, जबान पर चढ़ जाती थीं और सालों-साल उनकी टोलियों के बीच बनी रहती थीं। समय के साथ उनमें कुछ कमी पाए जाने पर संशोधित होती रहती थीं। ***(CTET 2018, I-V)***

1. **गीत-कविता बच्चों के जीवन में रच-बस जाएँ, यह माता-पिता को पसन्द नहीं है, क्योंकि इससे बच्चे**
(a) पढ़ाई-लिखाई में बहुत पिछड़ सकते हैं
(b) माता-पिता द्वारा तय लक्ष्य को प्राप्त नहीं कर सकेंगे
(c) केवल आनन्द में ही खोए रहेंगे
(d) केवल कविता ही लिखते रहेंगे

व्याख्या (b) प्रस्तुत गद्यांश के अनुसार, गीत-कविता बच्चों के जीवन में रच-बस जाएँ, यह माता-पिता को पसन्द नहीं है, क्योंकि 'इससे बच्चे माता-पिता द्वारा तय लक्ष्य को प्राप्त नहीं कर सकेंगे' अर्थात् माता-पिता बच्चों को अपने अनुसार चलाना चाहते हैं।

2. **गीत-कविता स्कूलों को भी पसन्द नहीं है, क्योंकि उन्हें लगता है कि**
(a) स्कूली पढ़ाई-लिखाई से इसका कोई सम्बन्ध नहीं है
(b) इससे बच्चों का बहुत समय नष्ट होता है
(c) इससे परीक्षा परिणाम देर से आएँगे
(d) यह सीखना बहुत ही कठिन काम है

व्याख्या (a) स्कूलों को लगता है कि स्कूली पढ़ाई-लिखाई से इसका कोई सम्बन्ध नहीं है। इस प्रकार गीत-कविता स्कूलों को भी पसन्द नहीं है।

3. **गीत-कविता के बारे में कौन-सा कथन सही नहीं है?**
(a) ये संस्कृति का अभिन्न हिस्सा हैं
(b) ये जीवन-शैली का स्वाभाविक हिस्सा हैं
(c) ये भाषा-सृजनात्मकता को पोषित करते हैं
(d) समाज में इनकी व्यापक सहमति नहीं है

व्याख्या (d) प्रस्तुत गद्यांश के अनुसार, विकल्प (d) गलत है, जिसके अन्तर्गत कहा गया है कि 'समाज में इनकी व्यापक सहमति नहीं है', जबकि समाज में बहुत बड़ा तबका गीत-कविता लिखने का कार्य करता है तथा सम्मानित है।

4. **शिक्षा-व्यवस्था गीत-कविता को किस दृष्टि से देखती है?**
(a) बाधक के रूप में
(b) साधन के रूप में
(c) सहयोगी के रूप में
(d) सम्पूरक के रूप में

व्याख्या (a) शिक्षा व्यवस्था गीत-कविता को 'बाधक के रूप' में देखती है, जो बच्चों के पठन-पाठन के बहुमूल्य समय को नष्ट करती है, जबकि इनमें से कितने ही कवियों के रूप में प्रसिद्धि पाते हैं।

5. **गद्यांश के आधार पर गीत-कविता के बारे में कौन-सा कथन सही नहीं है?**
(a) स्कूल और परिवार इसकी महत्ता को समझ नहीं रहे
(b) इनसे बच्चे अपनी राह से भटक जाएँगे
(c) ये बच्चों को शब्दों से खेलने का अवसर देते हैं
(d) बच्चे इनका भरपूर आनन्द लेते हैं

व्याख्या (b) गद्यांश के आधार पर गीत-कविता के बारे में कथन (b) 'गीत-कविता से बच्चे अपनी राह भटक जाएँगे' सही नहीं है, जबकि कितने ही बच्चे गीत कविता, अभिनय को ही रोजगार के रूप में चुनते हैं।

6. **बच्चों के लिए लक्ष्य कौन निर्धारित करता है?**
(a) स्वयं बच्चे (b) माता-पिता
(c) स्कूल (d) शिक्षा अधिकारी

व्याख्या (b) गद्यांश के अनुसार, बच्चों के लिए उनके माता-पिता ही लक्ष्यों का निर्धारण करते हैं। वे अपनी इच्छाओं को बच्चों पर जबरन थोपते हैं, जबकि बच्चे कुछ और चाहते हैं।

7. 'कविताएँ सुनी-सुनायी जाएँ' में क्रिया है

(a) अकर्मक (b) सकर्मक (c) प्रेरणार्थक (d) द्विकर्मक

व्याख्या (b) 'कविताएँ सुनी-सुनायी जाएँ', वाक्य के अन्तर्गत क्रिया के व्यापार का फल कर्म पर पड़ रहा है अर्थात् कर्म तथा क्रिया परस्पर प्रभावित हैं, तो यहाँ 'सकर्मक' क्रिया का होना स्वाभाविक है।

8. 'सांस्कृतिक' में प्रत्यय है

(a) तिक (b) कृतिक (c) इक (d) क

व्याख्या (c) 'सांस्कृतिक' शब्द में 'इक' प्रत्यय लगा है, जोकि गुणवाचक तद्धित प्रत्यय है। जिन प्रत्ययों के लगाने से पदार्थ के गुण का बोध हो, उन्हें 'गुणवाचक तद्धित प्रत्यय' कहते हैं, यथा-संस्कृति + इक = सांस्कृतिक।

9. 'मंजूर' का समानार्थी शब्द है

(a) पसन्द (b) प्रस्ताव (c) स्वीकार (d) अच्छा

व्याख्या (c) 'मंजूर' शब्द का समानार्थी शब्द है-स्वीकार। मंजूर एक उर्दू शब्द है, जिसका हिन्दी पर्यायवाची 'स्वीकार' है।

गद्यांश 4

मेरा थोड़ा बहुत सम्बन्ध साहित्य की दुनिया से भी है। यही हालात मैं यहाँ भी देखता हूँ। यूरोपीय साहित्य का फैशन हमारे उपन्यासकारों, कहानी-लेखकों और कवियों पर झट हावी हो जाता है। मैं अपने प्रान्त पंजाब की बात करता हूँ। मेरे पंजाब में युवा कवियों की नई पौध सामाजिक व्यवस्था के खिलाफ इंकलाबी जज्बे से ओत-प्रोत है। इसमें भ्रष्टाचार, अन्याय, शोषण को हटाने और एक नई व्यवस्था बनाने की बात की गई है। हाँ, हमें सामाजिक बदलाव की जरूरत है और इन कविताओं में बातें तो बहुत अच्छे ढंग से कही गई हैं, पर इनका स्वरूप देसी नहीं है। इस पर पश्चिम का प्रभाव है। परिणाम यह है कि यह सारा इंकलाब एक छोटे-से कागज पर सीमित रह जाता है। बस, साहित्यिक समझ रखने वाले एक छोटे-से समूह में इनकी बात होती है। किसान, मजदूर जो शोषण को झेल रहे हैं, जिन्हें वे इंकलाब की प्रेरणा देना चाहते हैं, वे इसे समझ ही नहीं पाते हैं। इस साल मेरी मातृभूमि पंजाब में मुझे गुरुनानक विश्वविद्यालय के सीनेट का सदस्य बनाने के लिए नामित किया गया। जब मुझे उसकी पहली मीटिंग में शामिल होने के लिए बुलाया गया, तो मैं पंजाब में ही प्रीतनगर के पास था। एक दिन शाम को अपने ग्रामीण दोस्तों से गपशप करते हुए मैंने अमृतसर में होने वाली सीनेट की मीटिंग में जाने का जिक्र किया तो किसी ने कहा, "हमारे साथ तो आप तहमद (लुंगी) और कुर्ते में हमारे जैसे ही बने फिरते हो, वहाँ सूट-बूट पहन कर साहब बहादुर बन जाओगे।" मैंने हँसते हुए कहा-"क्यों, आप अगर चाहते हैं तो मैं ऐसे चला जाऊँगा।" तभी कोई दूसरा बोला, "आप ऐसा कर ही नहीं सकते।"

(CTET 2018, VI-VIII)

1. 'युवा कवियों की नई पौध' से क्या तात्पर्य है?

(a) वे कवि जो नए विषयों पर लिख रहे हैं
(b) वे कवि जो अभी नए युवा हैं
(c) वे युवा कवि जिन्होंने लेखन शुरू किया है
(d) वे युवा कवि जो नए विषयों पर लिख रहे हैं

व्याख्या (c) 'युवा कवियों की नई पौध' से तात्पर्य है—ऐसे कवि जिन्होंने अभी-अभी लेखन कार्य में प्रवेश किया है तथा जो सामाजिक व्यवस्था के खिलाफ इंकलाबी जज्बे से ओत-प्रोत हैं।

2. पंजाब के युवा कवियों के लेखन का विषय है

(a) सुव्यवस्था (b) न्याय (c) भ्रष्टाचार (d) भावनाएँ

व्याख्या (c) पंजाब के युवा कवियों के लेखन का मुख्य विषय 'भ्रष्टाचार' है। इनकी कविताओं में भ्रष्टाचार, अन्याय, शोषण को समाप्त करने और समाज में नई व्यवस्था बनाने की बात कही गई है।

3. "कविताओं का स्वरूप देसी नहीं है" वाक्य से अभिप्राय है

(a) कविताओं में शब्द पश्चिम से प्रभावित हैं
(b) कविताओं में शब्द पश्चिम से प्रभावित नहीं हैं
(c) कविताओं की अभिव्यक्ति पश्चिम से प्रभावित है
(d) कविताओं का प्रकाशन पश्चिम से प्रभावित है

व्याख्या (c) "कविताओं का स्वरूप देसी नहीं है।" वाक्य से अभिप्राय है कि कविताओं को अभिव्यक्त करने का तरीका पाश्चात्य देशों से प्रभावित है।

4. अनुच्छेद के आधार पर बताइए कि किनका शोषण हो रहा है?

(a) किसानों और कवियों का (b) कवियों और मजदूरों का
(c) कवियों और लेखकों का (d) किसानों और मजदूरों का

व्याख्या (d) अनुच्छेद के आधार पर 'किसानों और मजदूरों' का शोषण हो रहा है। व्यवस्था में उनकी बात सुनने वाला कोई नहीं है।

5. अनुच्छेद के आधार पर बताइए कि पंजाब प्रान्त के आम आदमी सामान्यतः क्या पहनते हैं?

(a) कुर्ता-पाजामा (b) कुर्ता-लुंगी
(c) कुर्ता और पैंट (d) सूट-बूट

व्याख्या (b) अनुच्छेद के आधार पर कह सकते हैं कि पंजाब प्रान्त के आम आदमी सामान्यत: 'कुर्ता-लुंगी' पहनते हैं। यही उनकी प्रिय पोशाक है।

6. कागज पर सीमित हो जाने से तात्पर्य है

(a) जमीनी स्तर पर बदलाव न आना
(b) जमीनी स्तर पर बदलाव आना
(c) जमीनी स्तर पर ऊँचा उठाना
(d) जमीनी स्तर पर ऊँचा न उठना

व्याख्या (a) कागज पर सीमित हो जाने से तात्पर्य है—योजनाओं का कागजों में बनना तथा वहीं तक सीमित रह जाना अर्थात् 'जमीनी स्तर पर कोई बदलाव न आना'।

7. "इस पर पश्चिम का प्रभाव है।" वाक्य है

(a) सम्बन्धवाचक (b) विधानवाचक
(c) प्रश्नवाचक (d) सन्देहवाचक

व्याख्या (b) "इस पर पश्चिम का प्रभाव है।" यह विधानवाचक वाक्य है। ऐसे वाक्य जिनसे किसी बात के होने का बोध हो 'विधानवाचक वाक्य' कहलाते हैं।

8. ग्रामीण, सामाजिक, युवा आदि शब्द हैं

(a) संज्ञा (b) सर्वनाम (c) विशेषण (d) क्रिया

उत्तर (c) जो शब्द किसी की विशेषता बताते हैं 'विशेषण' कहलाते हैं। इस आधार पर 'ग्रामीण', 'सामाजिक' तथा 'युवा' विशेषण शब्द हैं।

गद्यांश 5

"भारत 15 अगस्त, 1947 को आजाद हुआ। इस आजादी के लिए पूरे देश की जनता ने एक लम्बा और मुश्किल भरा संघर्ष किया था। इस संघर्ष में समाज के बहुत सारे तबकों की हिस्सेदारी थी। तरह-तरह की पृष्ठभूमि के लोगों ने इसमें भाग लिया। वे स्वतन्त्रता, समानता तथा निर्णय प्रक्रिया में हिस्सेदारी के विचारों से प्रेरित थे। औपनिवेशिक शासन के तहत लोग ब्रिटिश सरकार से भयभीत रहते थे। वे सरकार के बहुत सारे फैसलों से असहमत थे। परन्तु वे इन फैसलों की आलोचना करते, तो उन्हें भारी खतरों का सामना करना पड़ता था। स्वतन्त्रता आन्दोलन ने यह स्थिति बदल डाली। राष्ट्रवादी खुलेआम ब्रिटिश सरकार की आलोचना करने लगे और अपनी माँगें पेश करने लगें। 1885 ई. में ही भारतीय राष्ट्रीय कांग्रेस ने माँग की कि विधायिका में निर्वाचित सदस्य होने चाहिए और उन्हें बजट पर चर्चा करने एवं प्रश्न पूछने का अधिकार मिलना चाहिए। वर्ष 1909 में बने गवर्नमेंट ऑफ इण्डिया एक्ट ने कुछ हद तक निर्वाचित प्रतिनिधित्व की व्यवस्था को मंजूरी दे दी। हालाँकि ब्रिटिश सरकार के द्वारा बनाई गई ये शुरुआती विधायिकाएँ राष्ट्रवादियों के बढ़ते हुए दबाव के कारण ही बनी थीं, लेकिन इनमें भी सभी वयस्कों को न तो वोट डालने का अधिकार दिया गया था और न ही आम लोग निर्णय प्रक्रिया में हिस्सा ले सकते थे।" ***(CTET 2018, VI-VIII)***

1. लोग किन विचारों से प्रेरित होकर आजादी के संघर्ष में शामिल हुए?

(a) स्वतन्त्रता (b) समानता
(c) निर्णय प्रक्रिया में हिस्सेदारी (d) ये सभी

व्याख्या (d) लोग स्वतन्त्रता, समानता तथा निर्णय प्रक्रिया में हिस्सेदारी के विचारों से प्रेरित होकर आजादी के संघर्ष में शामिल हुए थे, क्योंकि उनकी शासन में किसी प्रकार की भागीदारी नहीं थी। आजादी के संघर्ष में शामिल होकर वे ये सभी पाना चाहते थे।

2. आजादी के लिए संघर्ष किसने किया?

(a) भारतीय राष्ट्रीय कांग्रेस ने (b) देश की जनता ने
(c) ब्रिटिश सरकार ने (d) सदस्यों ने

व्याख्या (b) पूरे देश की जनता ने आजादी पाने के लिए एक लम्बा और मुश्किल भरा संघर्ष किया था तथा इस संघर्ष के द्वारा ही वे आजादी पाने में सफल भी रहें।

3. निम्नलिखित में से लोकतान्त्रिक व्यवस्था का मूल्य कौन-सा है?

(a) समानता (b) स्वतन्त्रता
(c) विचारों की अभिव्यक्ति (d) ये सभी

व्याख्या (d) लोकतान्त्रिक व्यवस्था के मूलभूत मूल्यों में स्वतन्त्रता, समानता तथा विचारों की अभिव्यक्ति जैसे सभी गुण सम्मिलित हैं। एक स्वतन्त्र देश के लिए इनका होना अति आवश्यक है।

4. आन्दोलन का क्या असर पड़ा?

(a) ब्रिटिश शासक चले गए
(b) सरकार की खुलकर आलोचना होने लगी
(c) लोगों को हिस्सेदारी मिल गई
(d) लोकतन्त्र स्थापित हो गया

व्याख्या (b) भारतीय जनता की भीरु मन:स्थिति स्वतन्त्रता आन्दोलन ने बदल डाली। भारतीयों के मन में अंग्रेजों का जो भय समाया था, वह समाप्त हो चला था तथा राष्ट्रवादी खुलेआम ब्रिटिश सरकार की आलोचना करने लगे और अपनी माँगें पेश करने लगे।

5. कांग्रेस की क्या माँग थी?

(a) भारतीय पुरजोर विरोध करें (b) विधायिका में चुने हुए सदस्य हों
(c) अंग्रेजों भारत छोड़ो (d) आजादी दो

व्याख्या (b) 1885 ई. में भारतीय राष्ट्रीय कांग्रेस ने माँग की कि विधायिका में निर्वाचित सदस्य होने चाहिए और उन्हें बजट पर चर्चा करने तथा प्रश्न पूछने का अधिकार मिलना चाहिए। गवर्नमेंट ऑफ इण्डिया एक्ट ने कुछ हद तक निर्वाचित प्रतिनिधित्व की व्यवस्था को मंजूरी दे दी।

6. सबसे सटीक/सार्थक वाक्य चुनिए।

(a) संघर्ष मनुष्य को सफलता दिलाता है
(b) संघर्ष मनुष्य को उजाड़ता है
(c) संघर्ष मनुष्य को भटकाता है
(d) संघर्ष मनुष्य को निखारता है

व्याख्या (a) गद्यांश के सन्दर्भ में सर्वाधिक सटीक या सार्थक वाक्य है- 'संघर्ष मनुष्य को सफलता दिलाता है।' जिस प्रकार संघर्ष के कारण ही देश को आजादी मिली।

7. 'खुलेआम' शब्द का सबसे सार्थक प्रयोग है

(a) खुलेआम नगाड़े बज रहे थे (b) खुलेआम बरसात हो रही थी
(c) खुलेआम बुराइयाँ हो रही थीं (d) खुलेआम नाक बह रही थी

व्याख्या (c) गद्यांश के अनुसार, 'खुलेआम' शब्द का सबसे सार्थक प्रयोग है—'खुलेआम बुराइयाँ हो रही थीं।'

8. 'दबाव' शब्द का प्रयोग कहाँ पर होगा?

(a) चढ़ता ... गिरता गया। (b) हवा का ... कम हो गया।
(c) भीड़भाड़ ... से थी। (d) सभी चुपचाप ... से थे।

व्याख्या (b) 'दबाव' शब्द का प्रयोग विकल्प (b) में सम्यक् रूप से होगा, यथा-'हवा का दबाव कम हो गया'।

गद्यांश 6

माइकल एंजेलो इटली के बहुत प्रसिद्ध शिल्पकार थे। वे बड़ी सुन्दर मूर्तियाँ बनाते थे। लोगों ने पूछा कि आप इतनी सुन्दर मूर्ति कैसे गढ़ लेते हैं? उन्होंने कहा कि मैं मूर्ति कहाँ गढ़ता हूँ। वह मूर्ति तो पहले से ही पत्थर में थी, मैंने तो सिर्फ पत्थर का फालतू हिस्सा हटा दिया तो मूर्ति प्रकट हो गई। विद्यार्थी को अपना परिचय पाने में, स्वभान होने में मदद करना शिक्षक का कार्य है। अब यह स्वभान कैसे हो? कहते हैं, सेल्फ इज लाइक अ रे-जो साइंस में माना जाता है कि प्रकाश की किरण अदृश्य होती है, वह आपको दिखाई देती है, वैसा हमारा जो 'स्व' है वह शून्य में, अभाव में समझ में नहीं आता। वह तब प्रकट होता है, जब मैं स्व-धर्म कर्त्तव्य-कर्म करता हूँ। कर्म करते-करते मुश्किल का जब मैं सामना करता हूँ, तब मेरा रूप, मेरी शक्ति, मेरे स्व का मुझे पता चलता है। स्व-धर्म रूप, कर्म करते हुए जो स्व मेरे सामने व्यक्त होता है, वही मेरी शिक्षा है। इसलिए शिक्षा दी नहीं जा सकती, बल्कि अन्दर से अंकुरित

होती है और उस प्रक्रिया में शिक्षक केवल बाहर से मदद करता है। जैसे पौधे के अंकुरित होने में, इसके प्रफुल्लित होने में सीधा हम कुछ नहीं कर सकते, परन्तु बाहर से खाद-पानी देना, निराई करना, प्रकाश की व्यवस्था आदि कर सकते हैं। ***(CTET 2018, VI-VIII)***

1. गद्यांश के आधार पर कहा जा सकता है कि

(a) शिक्षा देना सम्भव है (b) शिक्षा देना सम्भव नहीं है
(c) शिक्षा विद्यालय में मिलती है (d) शिक्षा परिवार में मिलती है

व्याख्या (b) गद्यांश के आधार पर कहा जा सकता है कि शिक्षा देना सम्भव नहीं है, बल्कि वह तो अन्दर से अंकुरित या प्रकट होती है, बस उसे बाहर लाने में मदद की जाती है।

2. शिक्षक का काम है

(a) विद्यार्थी को स्वयं से परिचित कराना
(b) विद्यार्थी को दूसरों से परिचित कराना
(c) विद्यार्थी को विषयों से परिचित कराना
(d) विद्यार्थी को शिल्प-कला से परिचित कराना

व्याख्या (a) शिक्षक का काम है, 'विद्यार्थी को स्वयं से परिचित कराना। शेष कार्य तो विद्यार्थी स्वयं कर लेता है।

3. 'स्व' का प्राकट्य ……… में होता है।

(a) रोशनी (b) कर्म (c) शक्ति (d) शून्य

व्याख्या (b) 'स्व' का प्राकट्य 'कर्म' में होता है। कर्म करने से व्यक्ति की क्षमताएँ प्रकट होती हैं।

4. गद्यांश में खाद-पानी देने, निराई करने का उदाहरण बताता है कि शिक्षक का कार्य बच्चों को

(a) भोजन पानी देने का है (b) नियन्त्रित करना है
(c) उचित माहौल देना है (d) बागवानी सिखाना है

व्याख्या (c) गद्यांश में खाद-पानी देने, निराई करने का उदाहरण बताता है कि शिक्षक का कार्य बच्चों को 'उचित माहौल देना है।' ताकि बच्चा अपना समुचित विकास कर सके तथा समाज के लिए उपयोगी साबित हो।

5. 'स्व'

(a) दृश्यमान होता है (b) प्रकाश होता है
(c) किरण होता है (d) अदृश्य होता है

व्याख्या (d) 'स्व' अदृश्य होता है। जब मनुष्य द्वारा कर्म किया जाता है तब वह प्रकट होता है।

6. "वे बड़ी सुन्दर मूर्तियाँ बनाते थे।" वाक्य में प्रविशेषण है

(a) वे (b) बड़ी (c) सुन्दर (d) मूर्तियाँ

व्याख्या (b) "वे बड़ी सुन्दर मूर्तियाँ बनाते थे।" विशेषण की विशेषता बताने वाले शब्द 'प्रविशेषण' कहलाते हैं। प्रस्तुत वाक्य में 'सुन्दर' विशेषण है, जिसकी विशेषता 'बड़ी' शब्द बता रहा है। अत: 'बड़ी' शब्द प्रविशेषण है।

7. 'अंकुरित' शब्द में प्रत्यय है

(a) इत (b) रित (c) त (d) अं

व्याख्या (a) 'अंकुर' (मूल शब्द) में 'इत' प्रत्यय के योग से अंकुरित शब्द बना है। अत: अंकुरित शब्द में 'इत' प्रत्यय है।

गद्यांश 7

मेरे मकान के आगे चौराहे पर ढाबे के आगे फुटपाथ पर खाना खाने वाले लोग बैठते हैं—रिक्शेवाले, मजदूर, फेरीवाले, कबाड़ी वाले…। आना-जाना लगा ही रहता है। लोग कहते हैं "आपको बुरा नहीं लगता? लोग सड़क पर गन्दगी फैला रहे हैं और आप इन्हें बरदाश्त कर रहे हैं? इनके कारण पूरे मोहल्ले की आबोहवा खराब हो रही है।" मैं उनकी बातों को हल्के में ही लेता हूँ। मुझे पता है कि यहाँ जो लोग जुटते हैं, वे गरीब लोग होते हैं। अपने काम-धाम के बीच रोटी खाने चले आते हैं और खाकर चले जाते हैं। ये आमतौर पर बिहार से आए गरीब ईमानदार लोग हैं, जो हमारे इस परिसर के स्थायी सदस्य हो गए हैं। ये उन अशिष्ट अमीरों से भिन्न हैं, जो साधारण-सी बात पर भी हंगामा खड़ा कर देते हैं। लोगों के पास पैसा तो आ गया, पर धनी होने का शऊर नहीं आया। 'अधजल गगरी छलकत जाए' की तर्ज पर इनमें दिखावे की भावना उबाल खाती है।

असल में यह ढाबा हमें भी अपने माहौल से जोड़ता है। मैं लेखक हूँ तो क्या हुआ? गाँव के एक सामान्य घर से आया हुआ व्यक्ति हूँ। बचपन में गाँव-घरों की गरीबी देखी है और भोगी भी है। खेतों की मिट्टी में रमा हूँ, वह मुझमें रमी है। आज भी उस मिट्टी को झाड़झूड़ कर भले ही शहरी बनने की कोशिश करता हूँ, बन नहीं पाता। वह मिट्टी बाहर से चाहे न दिखाई दे, अपनी महक और रसमयता से वह मेरे भीतर बसी हुई है। इसीलिए मुझे मिट्टी से जुड़े ये तमाम लोग भाते हैं। इस दुनिया में कहा-सुनी होती है, हाथापाई भी हो जाती है, लेकिन कोई किसी के प्रति गाँठ नहीं बाँधता। दूसरे-तीसरे ही दिन परस्पर हँसते-बतियाते और एक-दूसरे के दु:ख-दर्द में शामिल होते दिखाई पड़ते हैं। ये सभी कभी-न-कभी एक-दूसरे से लड़ चुके हैं, लेकिन कभी इसकी प्रतीति नहीं होती कि ये लड़ चुके हैं। कल के गुस्से को अलगे दिन धूल की तरह झाड़कर फेंक देते हैं। ***(CTET 2017 VI-VIII)***

1. 'गाँठ बाँधना' का अर्थ है

(a) गाँठ लगाना
(b) सम्भालकर रखना
(c) मन में रखना
(d) क्रोध करना

व्याख्या (c) 'गाँठ बाँधना' का अर्थ है—किसी बात को बहुत समय तक मन में रखना।

2. 'अधजल गगरी छलकत जाए' किसके सन्दर्भ में कहा गया है?

(a) लेखक जैसे प्रबुद्धों के लिए
(b) गाँव से शहर आकर कमाई करने वालों के लिए
(c) अनपढ़ ग्रामीणों के लिए
(d) अमीर बन गए असभ्य लोगों के लिए

व्याख्या (d) 'अधजल गगरी छलकत जाए' लोकोक्ति का प्रयोग दिए गए गद्यांश में उन लोगों के सन्दर्भ में कहा गया है, जो अमीर बन गए, लेकिन असभ्य लोग हैं।

3. "इस दुनिया में कहा-सुनी होती है"-'इस दुनिया' का संकेत है

(a) शहर से गाँव आ बसे मजदूरों की दुनिया
(b) गाँव से शहर में आ बसे गरीब
(c) लेखक को उकसाने वाला पड़ोस
(d) अमीर किन्तु अशिष्ट लोग

व्याख्या (b) 'इस दुनिया' से आशय है गाँव से शहर में आ बसे गरीब। इनमें कहा-सुनी तो होती है, परन्तु वे उस लड़ाई को स्थायी नहीं बनाते।

4. 'धूल की तरह झाड़कर फेंक देना' से क्या तात्पर्य है?

(a) दूसरे को दे देना
(b) छोटों की उपेक्षा करना
(c) पूरी तरह भुला देना
(d) सफाई से रहना

व्याख्या (c) 'धूल की तरह झाड़कर फेंक देने' का तात्पर्य है—पूरी तरह भुला देना। जिस प्रकार सभ्य लोग छोटी मोटी तकरार को भुला देते हैं, अर्थात् धूल की तरह झाड़ देते हैं।

5. लोग लेखक से पूछते हैं कि क्या आपको बुरा नहीं लगता?

(a) वे लेखक से रुष्ट रहते हैं
(b) वे लोग आस-पास गन्दगी बिखेर देते हैं
(c) उन्हें गरीबों से मेल-जोल पसन्द नहीं
(d) वे गन्दे लोग हैं

व्याख्या (b) प्रस्तुत गद्यांश के अनुसार, लोग कहते हैं, "आपको बुरा नहीं लगता, लोग सड़क पर गन्दगी फैला रहे हैं" से स्पष्ट है कि लोग आस-पास गन्दगी बिखेर देते हैं, जोकि बुरा लगने का एक कारण हो सकता है।

6. साधारण बात पर भी हंगामा कौन खड़ा कर देते हैं?

(a) अशिष्ट रेहड़ी-पटरी वाले
(b) लेखक के परिचित लोग
(c) गाँव से आए गरीब मजदूर
(d) अमीर किन्तु असभ्य लोग

व्याख्या (d) साधारण बात पर भी हंगामा खड़ा कर देने वाले लोग जो अमीर तो हो गए हैं, किन्तु असभ्य हैं, जो धनी तो हो गए हैं, पर उन्हें शऊर नहीं आया है अर्थात् शिष्टता नहीं सीखी है।

7. लेखक लोगों की शिकायतों को हल्के में लेता है, क्योंकि

(a) वह किसी बात को गम्भीरता से नहीं लेता
(b) शिकायत करना लोगों की आदत होती है
(c) लेखक उन्हें जानता-पहचानता है
(d) जुटने वाले लोग गरीब और ईमानदार हैं

व्याख्या (d) लेखक लोगों की बातों एवं शिकायतों को जान-बूझकर हल्के में लेता है, क्योंकि जो लोग वहाँ इकट्ठा होते हैं, वे गाँव से ही आए हुए गरीब एवं ईमानदार हैं और लेखक का नाता भी आरम्भ में गाँव से रहा है, इसलिए वह जानता है कि गरीबी क्या होती है? इस कारण वह उन लोगों की बातों पर नाराज नहीं होता उनसे हमदर्दी रखता है।

8. प्रस्तुत गद्यांश साहित्य की किस विधा के अन्तर्गत आएगा?

(a) जीवनी
(b) कहानी
(c) संस्मरण
(d) रेखाचित्र

व्याख्या (c) दिए गए गद्यांश में लेखक ने अपने विचारों को संस्मरणात्मक शैली में लिखा है। अत: यह गद्यांश साहित्य की 'संस्मरण विधा' के अन्तर्गत आएगा।

गद्यांश 8

शिक्षा आज दुविधा के अजब दोराहे पर खड़ी है। एक रास्ता चकाचौंध का है, मृगतृष्णा का है। बाजार की मृगतृष्णा शिक्षार्थी को लोभ-लालच देकर अपनी तरफ दौड़ाते रहने तथा विवश करने को उतारू खड़ी है। बाजार के इन ललचाने वाले रास्तों पर आकर्षण है, चकाचौंध है और सम्मोहित कर देने वाले सपने हैं। दूसरी तरफ शिक्षा का साधना मार्ग है, जो शान्ति दे सकता है, सन्तोष दे सकता है और हमारे आत्मतत्त्व को प्रबल करता हुआ विमल विवेक दे सकता है। निश्चित ही वह मार्ग श्रेयस्कर है, मगर अपनी ओर आकर्षित करने वाले बाजार का मार्ग प्रेयस्कर है। इस दोराहे पर खड़ा शिक्षार्थी बाजार को चुन लेता है। लाखों-करोड़ों लोग आज इसी रास्ते के लालच में आ गए हैं और शिक्षा के भँवरजाल में फँस गए हैं। बाजार की खूबी यही है कि वह फँसने का अहसास किसी को नहीं होने देता और मनुष्य लगातार फँसता चला जाता है। किसी को यह महसूस नहीं होता कि वह दलदल में है, बल्कि महसूस यह होता है कि बाजार द्वारा दिए गए पैकेज के कारण वह सुखी है। अब यह अलग बात है कि सच्चा सुख क्या है? और सुख का भ्रम क्या है? जरूरत विचार करने की है। सवाल यह है कि बाजार विचार करने का भी अवकाश देता है या नहीं। ***(CTET 2017 VI-VIII)***

1. गद्यांश के आधार पर कहा जा सकता है कि

(a) भौतिकतावादी सोच हावी नहीं हो रही है
(b) लोग दूसरों को ठगने में आनन्दित होते हैं
(c) भौतिकतावादी सोच हावी हो रही है
(d) लोग सांसारिक जीवन जीना पसन्द करते हैं

व्याख्या (c) गद्यांश के आधार पर कह सकते हैं कि आधुनिक युग में भौतिकतावादी सोच हावी हो रही है तथा शिक्षार्थी इस भौतिकवाद में फँसता जा रहा है।

2. 'आकर्षण' का विलोम शब्द क्या है?

(a) गुरुत्वाकर्षण
(b) विकर्षण
(c) संकर्षण
(d) उत्कर्ष

व्याख्या (b) 'आकर्षण' का विलोम शब्द 'विकर्षण' होता है।

3. 'मृगतृष्णा' से क्या आशय है?

(a) हिरनों की प्यास का सामूहिक नाम
(b) किसी को फँसाने का षड्यन्त्र
(c) दूर से ललचाने वाली वस्तु का भ्रम
(d) देर से लगी हुई प्यास का अहसास

व्याख्या (c) गद्यांश के आधार पर कह सकते हैं कि मृगतृष्णा 'दूर से ललचाने वाली वस्तु का भ्रम है।'

4. लेखक ने शिक्षा के सन्दर्भ में किस बात को महत्त्व दिया है?

(a) शिक्षा को
(b) विवेक को
(c) बाजार को
(d) साधना को

व्याख्या (d) लेखक ने शिक्षा के सन्दर्भ में 'साधना' को महत्त्व दिया है। लेखक का मानना है कि शिक्षा दोराहे पर खड़ी है, जिसमें एक, दुनिया के झूठे आकर्षण में फँसाती है तो दूसरे से उच्च आदर्शों का विकास होता है, जो शान्ति और सन्तोष देता है।

5. "दूसरी तरफ शिक्षा का साधना मार्ग है" तो पहली तरफ क्या है?

(a) दुविधा का दोराहा और भटकाव
(b) दलदल में फँसे होने का अहसास
(c) बाजार की चकाचौंध, सम्मोहन और सपने
(d) एक अच्छा पैकेज और सुख-शान्ति

व्याख्या (c) पहली तरफ बाजार की चकाचौंध, सम्मोहन और सपने हैं।

6. निम्न में से कौन-सी विशेषता बाजार की नहीं है?
(a) बाजार लोगों को अपने आकर्षण से बाँधता है
(b) बाजार लोगों को सुख-शान्ति देता है
(c) बाजार एक दलदल की तरह है
(d) बाजार सुखी होने का भ्रम पैदा करता है

व्याख्या (b) प्रस्तुत गद्यांश के अनुसार कह सकते हैं कि बाजार, लोगों को सुख-शान्ति नहीं देता। अत: विकल्प (b) में दी गई विशेषता, बाजार की विशेषता नहीं है।

7. गद्यांश के अनुसार लोग बाजार को चुनते हैं, क्योंकि
(a) सभी लोग लालची हैं
(b) लोग बाजार से प्रेम करते हैं
(c) बाजार में आकर्षण है
(d) लोगों के पास धन-सम्पत्ति की कमी है

व्याख्या (c) क्योंकि बाजार में आकर्षण है, चकाचौंध है तथा सम्मोहित करने वाले सपने हैं, इसलिए अधिकांश लोग बाजार की चकाचौंध में फँस कर बाजार को चुनते हैं।

गद्यांश 9

हमें स्वतन्त्र हुए 15 वर्ष ही हुए थे कि पड़ोसी चीन ने हमारी पीठ में छुरा घोंप दिया। सीमा की सफेद बर्फीली चोटियाँ शहीदों के खून से सनकर लाल हो गई। हजारों माँओं की गोदें सूनी हुईं, हजारों की माँग का सिन्दूर पुँछ गया और लाखों अभागे बच्चे पिता के प्यार से वंचित हो गए। गणतन्त्र दिवस निकट आ रहा था। देश का हौसला पस्त था। कोई उमंग नहीं रह गई थी पर्व मनाने की। तब यह सोचा गया कि जानी-मानी फिल्मी हस्तियाँ आयोजन में शामिल हों तो भीड़ उमड़ेगी। वहाँ कोई ऐसा गीत प्रस्तुत हो, जो लोगों के दिलों को छूकर उन्हें झकझोर सके। चुनौती फिल्म जगत् तक पहुँची। एक नौजवान गीतकार प्रदीप ने चुनौती स्वीकारने का मन बनाया और गीत लिखना शुरू किया। लेकिन सुर और स्वर के बिना गीत का क्या। प्रदीप संगीत निर्देशक सी रामचन्द्र के पास पहुँचे। उन्हें गीत पसन्द आया और रक्षा मन्त्रालय को सूचना दे दी गई।

26 जनवरी का शुभ दिन आया। लाखों की भीड़ बड़ी उत्सुकता से प्रतीक्षा कर रही थी। तब तक जो धुन बज रही थी, वह हटी और थोड़ी देर शान्ति रही। तभी उस शान्ति को चीरता हुआ लता मंगेशकर का वेदना और चुनौती भरा स्वर सुनाई पड़ा—''ऐ मेरे वतन के लोगों, जरा आँख में भर लो पानी।'' समय जैसे थम गया। सभी के मन एक ही भाव, एक ही रस में डूब गए। गीत समाप्त हुआ तो लगभग दो लाख लोग सिसक रहे थे। आँसू थे कि थमते ही न थे। ***(CTET 2016 I-V)***

1. ''ऐ मेरे वतन के लोगों...'' गीत के बारे में क्या सच नहीं है?
(a) सी. रामचन्द्र ने संगीत दिया (b) लता मंगेशकर ने स्वर दिया
(c) प्रदीप ने लिखा (d) मन्ना डे ने सुर दिया

व्याख्या (d) उपरोक्त गद्यांश में मन्ना डे का कहीं जिक्र नहीं किया गया है। अत: यह असत्य है कि इस गीत को स्वर मन्ना डे ने दिया है।

2. भारत में 26 जनवरी का पर्व मनाने की उमंग न रहने का कारण था
(a) रक्षा मन्त्रालय की अनिच्छा
(b) चीन का दबाव
(c) हजारों युवकों का शहीद होना
(d) सैनिकों के द्वारा मार्च-पास्ट से इनकार

व्याख्या (c) गद्यांश का मूल भाव, भारत-चीन युद्ध पर केन्द्रित है। इस युद्ध के बाद आने वाले गणतन्त्र दिवस को मनाने की किसी भी भारतीय में उमंग नहीं थी, क्योंकि युद्ध में हजारों युवकों को देश के लिए बलिदान देना पड़ा था।

3. रक्षा मन्त्रालय को क्या सूचना दी गई?
(a) गीत प्रस्तुत करने की चुनौती स्वीकार है
(b) प्रदीप और सी. रामचन्द्र भी दिल्ली आएँगे
(c) 26 जनवरी का पर्व मनाया जाए
(d) फिल्मी हस्तियाँ भाग लेंगी

व्याख्या (a) गद्यांश में कहा गया है कि सी. रामचन्द्र द्वारा रक्षा मन्त्रालय को गीत प्रस्तुत करने की चुनौती को स्वीकार करने के सम्बन्ध में मन्त्रालय को अवगत कराया गया।

4. 'पीठ में छुरा घोंपना' का क्या अर्थ है?
(a) विश्वासघात करना (b) पराजित करना
(c) युद्ध में घायल करना (d) आक्रमण करना

व्याख्या (a) 'पीठ में छुरा घोंपना' का सही अर्थ विश्वासघात करना होता है। जिस प्रकार चीन ने भारत के साथ किया।

5. जानी-मानी फिल्मी हस्तियों को बुलाने का निर्णय क्यों लिया गया?
(a) लता मंगेशकर का गीत सुनने के लिए
(b) शहीदों को श्रद्धांजलि देने के लिए
(c) गणतन्त्र दिवस मानने के लिए
(d) भीड़ जुटाने के लिए

व्याख्या (d) युद्ध के बाद हजारों की संख्या में हुए शहीदों के शोक-संवेद वातावरण में आगामी गणतन्त्र दिवस को मनाने के प्रति लोगों में उत्साह एवं उमंग नहीं थी। इसलिए भीड़ जुटाने के लिए सरकार द्वारा जानी-मानी हस्तियों को बुलाने का निर्णय लिया गया।

6. 'माँग का सिन्दूर पुँछ जाना' मुहावरे का अर्थ है
(a) वियोगिनी होना
(b) अभागिन होना
(c) अनाथ हो जाना
(d) विधवा हो जाना

व्याख्या (d) माँग का सिन्दूर किसी भी विवाहित स्त्री के लिए पति के समान होता है। यदि पति जीवित नहीं रहता है, तो स्त्री अपनी माँग के सिन्दूर को सदैव के लिए पोंछ देती है। अत: 'माँग का सिन्दूर पुँछ जाना' मुहावरे का अर्थ होता है स्त्री का विधवा हो जाना। उसके जीवन से खुशियों का चले जाना।

7. देश का हौसला पस्त था, क्योंकि
(a) कोई उमंग शेष नहीं थी
(b) फिल्मी हस्तियाँ साथ नहीं दे रही थीं
(c) चीन से मात खाई थी
(d) तैयारियाँ नहीं की गई थीं

व्याख्या (a) युद्ध के बाद सभी के हौसले पस्त थे, क्योंकि युद्ध में बहुत बड़ी हार हुई जिसमें हजारों नौजवान शहीद हो गए थे, इसलिए लोगों में कोई उमंग शेष नहीं थी।

8. 'उमड़ना' क्रिया का कौन-सा प्रयोग ठीक नहीं है?

(a) दूध उमड़ने लगा
(b) आँसू उमड़ चले
(c) भीड़ उमड़ पड़ी
(d) नदी उमड़ आई

व्याख्या (a) दूध उमड़ता नहीं है उबलता है इसलिए दूध के साथ 'उबलना' क्रिया का प्रयोग व्याकरणिक दृष्टि से सही है।

गद्यांश 10

बारिश के लिहाज से वह साल ठन-ठन गोपाल था। खेतों में जैसे-जैसे धान रोप दिया गया था, लेकिन तेज धूप ने उसे झुलसा डाला था। सावन सिर पर था और बादल लापता, कि तभी एक उमसती हुई रात में बिजली कड़कने से नींद खुली। थोड़ी देर में झीसियाँ पड़ने लगीं। चारपाइयाँ आँगन से उठाकर भीतर कर ली गईं, लेकिन हवा गुम थी और गर्मी ज्यों-की-त्यों, लिहाजा वह रात रतजगे में ही गई। सुबह हुई तो लोग धान बच जाने को लेकर ऊपर वाले को शुक्रिया अदा करते दिखे। बरसात, रात वाली रफ्तार से ही जारी थी। न उससे धीमी, न तेज। आसमान समतल और तकरीबन सफेद था। बादल बीच-बीच में जरा-से गुर्राकर खामोश हो जा रहे थे। स्कूल का टाइम हुआ तो हम जैसे ढीलों ने एकतरफा तौर पर 'रेनी डे' मनाने का फैसला किया, जबकि पढ़ाकुओं ने बस्ता लादा और सुपरिचित रास्ते पर बढ़ चले। थके-हारे पढ़वैये शाम को लौटे तो उनकी हालत कटे खेत में पानी भरने पर भागे चूहों जैसी थी। बारिश से बुरी तरह ऊबकर हम सोए, इस उम्मीद में कि कल नीला आकाश देखने को मिलेगा। ***(CTET 2016 I-V)***

1. ''बारिश के लिहाज से वह साल ठन-ठन गोपाल था।'' वाक्य का भाव है

(a) अकाल के कारण पैसा नहीं था
(b) पढ़ाई नहीं कर पाए थे
(c) बारिश नहीं हुई थी
(d) बहुत बारिश हुई थी

व्याख्या (c) प्रस्तुत गद्यांश के अनुसार, बारिश के लिहाज से वह साल ठन-ठन गोपाल था अर्थात् उस साल बारिश नहीं हुई थी।

2. ''सावन सिर पर था।'' कथन से आशय है कि सावन

(a) आने वाला था (b) आ चुका था
(c) सूखा था (d) दूर था

व्याख्या (b) ''सावन सिर पर था।'' इस वाक्य में 'सावन' के सम्बन्ध में यह बताया गया है कि सावन आ चुका था अर्थात् सावन मास चल रहा था।

3. गद्यांश के आधार पर कह सकते हैं कि अगले दिन

(a) तेज बारिश में 'रेनी डे' मनाया जाता है
(b) लोग बारिश होने से खुश थे
(c) लोग बारिश के न होने से परेशान थे
(d) लोग तेज बारिश के न होने से खुश थे

व्याख्या (b) अगले दिन से पूर्व रात में बिजली कड़कने तथा बरसात होने की बात गद्यांश में कही गई है। अत: लोग धान के बच जाने के कारण (अगले दिन) खुश थे। बारिश न होने से लोग दु:खी थे, क्योंकि धान की फसल नष्ट होने लगी थी।

4. 'झीसियाँ' शब्द का क्या भाव है?

(a) तेज बूँदा-बाँदी (b) बहुत हल्की बूँदा-बाँदी
(c) मूसलाधार बारिश (d) तेज फुहारें

व्याख्या (b) झीसियाँ शब्द का अर्थ होता है— हल्की-हल्की बूँदा-बाँदी। जो न तो तीव्र और न ही बहुत कम गति वाली होती है। यह एक क्षेत्रीय भाषा का शब्द है।

5. ''हम जैसे ढीलों ने एकतरफा तौर पर 'रेनी-डे' मनाने का फैसला किया।'' वाक्य में लेखन ने अपनी किस विशेषता को बताया है?

(a) हर्षोल्लास से त्यौहार मनाने वाले
(b) दिमाग से कमजोर
(c) बारिश का मजा लेने वाले
(d) पढ़ाई में पिछड़े

व्याख्या (d) हम जैसे ढीलों ने एकतरफा तौर पर 'रेनी डे' मनाने का फैसला किया। यहाँ ढीलों से आशय 'पढ़ाई में पिछड़े' होने से है, जबकि पढ़ाकू उनके लिए कहा गया है, जो पढ़ाई में तेज तर्रार थे तथा बारिश में भी छुट्टी नहीं चाहते थे।

6. किन लोगों ने 'रेनी-डे' नहीं मनाया?

(a) जो डरपोक थे (b) जो भीगना नहीं चाहते थे
(c) जो बारिश से बचते थे (d) जो पढ़ाकू थे

व्याख्या (d) जो पढ़ने में तेज थे और ऐसे विद्यार्थियों को पढ़ाई के अतिरिक्त कुछ नहीं सूझता चाहे बरसात आए या तेज धूप। अत: पढ़ाकुओं ने 'रेनी डे' नहीं मनाया।

7. ''सावन सिर पर था और बादल लापता।'' यह कैसा वाक्य है?

(a) मिश्र (b) संयुक्त
(c) संकेतवाचक (d) सरल

व्याख्या (b) वे वाक्य, जिनमें एक से अधिक प्रधान उपवाक्य हों तथा वे संयोजक अव्ययों द्वारा जुड़े हों, संयुक्त वाक्य कहलाते हैं। ये वाक्य 'और, इसीलिए, परन्तु, या' आदि संयोजक अव्ययों से जुड़े होते हैं। अत: ''सावन सिर पर था और बादल लापता'' में 'और' संयोजक अव्यय का प्रयोग किया गया है, अत: यह संयुक्त वाक्य है।

गद्यांश 11

रिक्शे पर मीरा के साथ हँसती-बोलती ऋतु घर पहुँची। सीढ़ियाँ चढ़ने लगी तो, कुछ झगड़ने की आवाजें सुनाई दीं। ऊपर पहुँची तो देखा, दोनों आजू-बाजू वाली पड़ोसनें झगड़ रही थीं। अपने दरवाजे के पास खड़ी होकर उसने कुछ देर उनकी बातें सुनीं तो झगड़े का कारण समझ में आया। एक की महरी ने घर साफ करके कचरा दूसरी के दरवाजे की ओर फेंक दिया था, इसी बात का झगड़ा था। ऋतु ने दोनों को समझाया-बुझाया। आखिरकार कचरा फेंकने वाली महरी को बुलाया गया। उसने झाड़ू थामी और कचरा सीढ़ी की ओर धकेल दिया। फिर वही महरी अन्दर चली गई। दोनों पड़ोसनों ने भी अन्दर आकर अपने-अपने द्वार बन्द कर लिए।

ऋतु खड़ी-खड़ी देखती रही। जो सीढ़ी पहले से ही गन्दी थी वह और भी गन्दी हो गई। रेत का तो साम्राज्य ही था। कहीं बादाम के छिलके पड़े थे तो कहीं चूसी हुई ईंख के लच्छे, कहीं बालों का गुच्छा उड़ रहा था तो

कहीं कुछ और। मन वितृष्णा से भर उठा। सोचा, इस सीढ़ी से चढ़कर सब अपने घर तक जाते हैं, इससे उतरकर दफ्तर, बाजार आदि अपनी इच्छित जगहों पर जाते हैं, पर इसे कोई साफ नहीं करता। उल्टे सब इस पर कचरा फेंक देते हैं। साझे की सीढ़ी है न! गन्दगी बिखेरने का हक सबको मिला है और साफ करने का कर्त्तव्य किसी का नहीं है। स्वच्छता तो जैसे अनबुझी तृष्णा हो गई। *(CTET 2016, I-V)*

1. ऋतु को कैसी आवाजें सुनाई दीं?

(a) लड़ने-झगड़ने की (b) उठाने-पटकने की
(c) हँसने-बोलने की (d) खेलने-कूदने की

व्याख्या (a) जब ऋतु घर पहुँची, तो उसे लड़ने-झगड़ने की आवाजें सुनाई दीं। दो पड़ोसन आपस में लड़ रही थीं।

2. 'महरी' किसे कहते हैं?

(a) अनजान औरत (b) महर की पत्नी
(c) कामवाली (d) पड़ोसन

व्याख्या (c) महरी 'कामवाली' को कहा जाता है, जो घरों में साफ सफाई का कार्य करती है।

3. ऋतु का मन घृणा से भर गया, क्योंकि

(a) सीढ़ियों में कचरा फैल गया था
(b) दोनों पड़ोसनों ने दरवाजें बन्द कर दिए थे
(c) उसने नहाया नहीं था
(d) पड़ोसनें लड़ रही थीं

व्याख्या (a) ऋतु का मन इसलिए घृणा से भर गया, क्योंकि सीढ़ियों पर कचरा फैल गया था। जो सीढ़ियाँ पहले से ही गन्दी थीं और गन्दी हो गई थीं।

4. "सीढ़ी से चढ़कर आते हैं।"
उपरोक्त वाक्य किस भेद के अन्तर्गत आएगा?

(a) मिश्र (b) आदेश (c) सरल (d) संयुक्त

व्याख्या (c) जिन वाक्यों में केवल एक ही उद्‌देश्य और एक ही विधेय होता है, उन्हें सरल वाक्य कहते हैं। अत: उपरोक्त वाक्य सरल वाक्य है।

5. गद्यांश में 'घृणा' का पर्यायवाची शब्द क्या है?

(a) साझा (b) तृष्णा (c) झगड़ना (d) वितृष्णा

व्याख्या (d) घृणा का पर्यायवाची शब्द 'वितृष्णा' है।

6. गद्यांश में क्या सन्देश है?

(a) कामवाली का उत्तरदायित्व (b) स्वच्छता सबका कर्त्तव्य
(c) हँसते-बोलते रहना (d) पड़ोसनों का धर्म

व्याख्या (b) प्रस्तुत गद्यांश का सही सन्देश 'स्वच्छता सबका कर्त्तव्य' है अत: हम सबको अपने आस-पास साफ-सफाई रखनी चाहिए।

7. 'दफ्तर-बाजार' शब्द हैं

(a) देशज (b) आगत (c) तत्सम (d) तद्‌भव

व्याख्या (b) दफ्तर-बाजार आदि आगत शब्द हैं जो विदेशी भाषाओं से हिन्दी में आ गए हैं।

गद्यांश 12

मेरे बड़े भाई साहब मुझसे पाँच साल बड़े थे, लेकिन केवल तीन दरजे आगे। उन्होंने भी उसी आयु में पढ़ना शुरू किया था जब मैंने शुरू किया, लेकिन तालीम जैसे महत्त्व के मामले में वह जल्दबाजी से कार्य लेना पसन्द न करते थे, इस भवन की बुनियाद खूब मजबूत डालना चाहते थे, जिस पर आलीशान महल बना सकें। एक साल का कार्य दो साल में करते थे। कभी-कभी तीन साल भी लग जाते थे। बुनियाद ही पुख्ता न हो, तो मकान कैसे पायदार बने। मैं छोटा था, वे बड़े थे। मेरी आयु नौ साल की थी, वे चौदह साल के थे। उन्हें मेरी निगरानी का पूरा और जन्मसिद्ध अधिकार था और मेरी शालीनता इस बात में थी कि उनके हुक्म को कानून समझूँ। वह स्वभाव के बड़े अध्ययनशील थे। हरदम किताब खोले बैठे रहते और शायद दिमाग को आराम देने के लिए कभी कॉपी पर, कभी किताब के हाशियों पर, चिड़ियों, कुत्तों, बिल्लियों की तस्वीरें बनाया करते थे। कभी-कभी एक ही नाम या शब्द या वाक्य दस-बीस बार लिख डालते। कभी एक शेर को बार-बार सुन्दर अक्षरों में नकल करते। कभी ऐसी शब्द-रचना करते जिसमें न कोई अर्थ होता, न कोई सामंजस्य। जैसे एक बार उनकी कॉपी पर मैंने इबारत देखी—स्पेशल, अमीना, भाइयो-भाइयो, भाई-भाई, श्रीयुत् राधेश्याम—इनके बाद आदमी का चेहरा बना हुआ था। मैंने बहुत चेष्टा की कि इस पहेली का कोई हल निकालूँ, लेकिन असफल रहा और उनसे पूछने का साहस न हुआ। वे नवीं कक्षा में थे, मैं पाँचवीं में। उनकी रचनाओं को समझना मेरे लिए छोटा मुँह और बड़ी बात थी। *(CTET 2016, I-V)*

1. आयु में पाँच साल का और पढ़ाई में दो कक्षाओं का अन्तर बताता है कि

(a) बड़े भाई को देर से स्कूल भेजा गया था
(b) छोटे भाई की आयु घटा दी गई थी
(c) बड़ा भाई पढ़ने में तेज न था
(d) छोटा भाई एक वर्ष में दो कक्षाएँ उत्तीर्ण कर गया था

व्याख्या (d) आयु में पाँच साल का और पढ़ाई में दो कक्षाओं का अन्तर बताता है कि बड़े भाई को जल्दबाजी से कार्य लेना पसन्द नहीं था। वे एक साल का कार्य दो साल में करते थे। कभी-कभी तीन साल भी लग जाते थे अर्थात् वह कक्षा में फेल हो जाते थे।

2. कॉपी पर लिखे गए शब्दों व चित्रों से किस मन:स्थिति का पता चलता है?

(a) दत्तचित्त होना (b) भटकाव
(c) एकाग्रता (d) अध्ययनशीलता

व्याख्या (d) गद्यांश के अनुसार, कॉपी पर लिखे शब्दों व चित्रों से अध्ययनशीलता की मन:स्थिति का पता चलता है।

3. 'तालीम' शब्द है

(a) तद्‌भव (b) देशज
(c) आगत (d) तत्सम

व्याख्या (c) 'तालीम' आगत शब्द है। आगत वे शब्द हैं, जो विदेशी भाषा के सम्पर्क से हिन्दी में आ गए हैं।

4. 'छोटा मुँह बड़ी बात' मुहावरे का क्या अर्थ है?

(a) गुणी और समझदार होना
(b) बात को बढ़ा देना
(c) आयु में छोटा होना
(d) छोटा होकर भी बड़ी-बड़ी बातें करना

व्याख्या (d) 'छोटा मुँह बड़ी बात' मुहावरे का अर्थ होता है छोटा होकर भी बड़ी-बड़ी बातें करना अर्थात् कोई अल्पज्ञानी, ज्ञान की बातें करे।

5. 'सामंजस्य' शब्द का समानार्थी शब्द कौन-सा है?
(a) बराबरी (b) तालमेल (c) मेल-जोल (d) समता

व्याख्या (b) सामंजस्य शब्द का समानार्थी शब्द 'तालमेल' होता है।

6. "मेरे भाई साहब मुझसे पाँच साल बड़े थे, लेकिन केवल तीन दरजे आगे।" इस वाक्य का प्रकार है
(a) जटिल (b) सरल (c) संयुक्त (d) मिश्र

व्याख्या (c) "मेरे भाई साहब मुझसे पाँच साल बड़े थे लेकिन केवल तीन दरजे आगे" संयुक्त वाक्य है। जिन वाक्यों में दो या दो से अधिक सरल वाक्य योजकों (इसलिए, अत:, और, तथा, लेकिन आदि) से जुड़े हों, उन्हें संयुक्त वाक्य कहते हैं। अत: उपरोक्त वाक्य संयुक्त वाक्य है।

7. बड़ा भाई किस अधिकार से लेखक पर निगरानी रखता है?
(a) शक्तिशाली होने के कारण (b) बड़ी कक्षा में होने से
(c) पिता के निर्देश पर (d) बड़ा होने के कारण

व्याख्या (d) बड़े होने के नाते लेखक का बड़ा भाई लेखक पर निगरानी रखता था।

8. "बुनियाद ही पुख्ता न हो, तो मकान कैसे पायदार बने।" छोटे भाई के उक्त कथन में निहित है
(a) व्यंग्य (b) आदर (c) सत्य (d) हास्य

व्याख्या (c) "बुनियाद ही पुख्ता न हो, तो मकान कैसे पायदार बने" अर्थात् कैसे मजबूत बने, अत: कथन में सत्य निहित है।

गद्यांश 13

माँ : रमेश, मीना क्यों रो रही है?

रमेश : मैंने चाँटा मारा था। मुझे पढ़ने नहीं दे रही थी।

माँ : लेकिन तुम इस समय क्यों पढ़ रहे हो? यह भी कोई पढ़ने का समय है? क्या आजकल पढ़ाई चौबीसों घण्टे की हो गई है? दिमाग है या मशीन? और क्या पढ़ने के लिए बहन को पीटना जरूरी है?

रमेश : माँ, पढ़ूँगा नहीं तो कक्षा में अव्वल कैसे आऊँगा? मुझे तो फर्स्ट आना है। तुम भी तो यही कहती थी।

माँ : हाँ, कहती थी, पर तुम? हर वक्त खेल-खेल। फर्स्ट आना था तो शुरू से पढ़ा होता। अब जब परीक्षाएँ सर पर आ गईं तो रटने बैठे हो। तुम क्या समझते हो कि ऐसे रटने से अव्वल आ जाओगे? अरे! पढ़ना थोड़ी देर का ही काफी होता है, अगर नियम से मन लगाकर पढ़ा जाए।

रमेश : अब रहने दो माँ! मैं आज खेलने भी नहीं जाऊँगा। कोई आए तो मना कर देना। अब मुझे पढ़ने दो-"अकबर का जन्म अमरकोट में हुआ था।

माँ : अकबर का जन्म जहाँ भी हुआ हो, तुम्हारा जन्म यहीं हुआ है और मैं तुम्हें रट्टू तोता नहीं बनने दूँगी। पढ़ने के समय पढ़ना और खेलने के समय खेलना अच्छा होता है। *(CTET 2016, I-V)*

1. मीना और रमेश, परस्पर क्या है?
(a) मित्र (b) भाई-बहन (c) सहपाठी (d) रिश्तेदार

व्याख्या (b) मीना और रमेश परस्पर 'भाई-बहन' हैं।

2. रमेश ने मीना की पिटाई की, क्योंकि वह
(a) कक्षा में अव्वल आ सकती थी
(b) अक्सर शैतानियाँ करती थीं
(c) पढ़ नहीं रही थी
(d) पढ़ने नहीं दे रही थी

व्याख्या (d) रमेश ने मीना की पिटाई इसलिए की, क्योंकि वह उसे पढ़ने नहीं दे रही थी। रमेश की परीक्षा नजदीक थी तथा वह पढ़ना चाहता था और उसकी बहन उसे पढ़ने नहीं दे रही थी। इस कारण उसने उसकी पिटाई की।

3. कक्षा में प्रथम आने के लिए आवश्यक है
(a) शुरू से नियमित पढ़ाई करना
(b) खेलकूद छोड़ देना
(c) रात-दिन पढ़ाई करना
(d) पढ़ाई के दिनों परिश्रम करना

व्याख्या (a) रमेश वर्ष भर खेलता है, लेकिन जब परीक्षा नजदीक आ जाती है, तब रटने लगता है, जबकि कक्षा में प्रथम आने के लिए शुरू से ही नियमित अध्ययन की आवश्यकता होती है।

4. "यह भी कोई पढ़ने का समय है?" प्रश्न से क्या तात्पर्य है?
(a) पढ़ने का कोई समय नहीं होता
(b) वह समय पढ़ने का नहीं है
(c) यह भी पढ़ने का एक समय है
(d) यह पढ़ने का ही कोई समय है

व्याख्या (b) "यह भी कोई पढ़ने का समय है?" प्रश्न से तात्पर्य यह है कि यह समय पढ़ने का नहीं है अर्थात् यह खेलने का समय है।

5. जो शब्द शेष से भिन्न हो, उसे छाँटिए।
(a) परीक्षा (b) प्रथम (c) अव्वल (d) फर्स्ट

व्याख्या (a) परीक्षा शब्द शेष शब्दों से भिन्न है, जबकि प्रथम, अव्वल, फर्स्ट तीनों शब्द समानार्थी हैं।

6. कौन-सा विशेषण रमेश के लिए उपयुक्त है?
(a) रट्टू तोता (b) लापरवाह
(c) पढ़ाकू (d) परिश्रमी

व्याख्या (a) 'रट्टू तोता' विशेषण रमेश के लिए उपयुक्त है, क्योंकि वह नियमित पढ़ाई नहीं करता और समय आने पर रटने बैठ जाता है।

7. 'पर तुम' का भाव है
(a) पर तुमने पढ़ना छोड़ दिया (b) पर तुम पढ़ते ही रहे
(c) पर तुमने ध्यान नहीं दिया (d) पर तुमने रटना ही सीखा

व्याख्या (c) गद्यांश में 'पर तुम' का भाव यह है कि 'पर तुमने ध्यान नहीं दिया।' तुम सिर्फ खेल में लगे रहते हो।

8. अकबर का जन्म कहाँ हुआ था?

(a) आगरा (b) अमरकोट (c) दिल्ली (d) फतेहपुर

व्याख्या (b) मुगलशासक अकबर का जन्म अमरकोट में हुआ था।

9. 'बहुत निकट आना' के लिए मुहावरा है

(a) अव्वल आना (b) तोता रटन्त
(c) पास आना (d) सर पर आना

व्याख्या (d) 'बहुत निकट आना' के लिए उपयुक्त मुहावरा 'सर पर आना' है, जो बहुत निकट आ गया हो उसे 'सर पर आना' कहते हैं।

गद्यांश 14

आपको किसी महत्त्वपूर्ण परीक्षा की तैयारी में क्या कठिनाई हो रही है? क्या ऐसा करने में समय की कमी महसूस हो रही है? अगर आपका जवाब 'हाँ' है, तो आपको समय प्रबन्धन सीखने की जरूरत है। समय प्रबन्धन किसी भी परीक्षा की तैयारी का सबसे महत्त्वपूर्ण पहलू है। बहुत से परीक्षार्थी ऐसे हैं, जो परीक्षाओं की तैयारी देर से और बेतरतीब ढंग से शुरू करते हैं, जिससे उन्हें समय का अभाव सबसे बड़े शत्रु की तरह दिखने लगता है। बिना समय प्रबन्धन के उस अनुपात में फायदा नहीं हो पाता, जिस अनुपात में आप मेहनत करते हैं। वास्तव में समय की गति को या उसके स्वभाव को मैनेज नहीं किया जा सकता, क्योंकि न तो इसे धीमा किया जा सकता है और न ही रोका जा सकता है। आप स्वयं को मैनेज करते हुए सिर्फ इसका सही उपयोग कर सकते हैं। यही वास्तविकता है।

सबसे पहले आप यह निर्धारित करें कि आपका वर्तमान समय कैसे व्यतीत हो रहा है? आप पिछले एक सप्ताह के अपने कार्यकलाप को एक पेपर पर लिखकर देखिए कि आपने टाइमटेबल का कितना और कैसा अनुसरण किया है। पूरे सप्ताह में कितने घण्टे सेल्फ-स्टडी की है और आपका निर्धारित सिलेबस का कितना हिस्सा नहीं हो पाया है। एक बार पूरा विश्लेषण करने के बाद आप स्वयं को समय के हिसाब से बदलना शुरू कर सकते हैं। समय बचाने के लिए किसी विशेषज्ञ की टिप्स काम आ सकती हैं, परन्तु सबसे अधिक प्रभाव आपके निश्चय, समर्पण और समय नियोजन का रहेगा। समय प्रबन्धन आपके आत्मविश्वास को बढ़ाएगा और यह सफलता की दिशा में निर्णायक होगा। ***(CTET 2016 VI-VIII)***

1. समय-प्रबन्धन सीखने की जरूरत कब है?

(a) जब अच्छा व्यवसाय चुनना हो
(b) जब कुछ करने के लिए समय कम पड़े
(c) जब अवसर खो देने की सम्भावना हो
(d) जब कोई परीक्षा देनी हो

व्याख्या (d) समय प्रबन्धन सीखने की जरूरत तब होती है, जब कोई परीक्षा देनी हो। समय प्रबन्धन किसी भी तैयारी का महत्त्वपूर्ण पहलू है।

2. समय के बारे में सच है कि उसे

(a) लौटाया जा सकता है
(b) मैनेज नहीं किया जा सकता है
(c) रोका जा सकता है
(d) धीमा किया जा सकता है

व्याख्या (b) समय के बारे में सच है कि 'उसे मैनेज नहीं किया जा सकता।' यह बात सत्य है, लेकिन स्वयं को उसके अनुसार मैनेज किया जा सकता है।

3. समय का अभाव उन्हें शत्रु जैसा लगता है, जो

(a) परीक्षाओं की तैयारी बेतरतीब ढंग से करते हैं
(b) परीक्षाओं की तैयारी करना ही नहीं चाहते
(c) परीक्षाओं को महत्त्वपूर्ण नहीं मानते
(d) परीक्षाओं की तैयारी गम्भीरता से करते हैं

व्याख्या (a) जो 'परीक्षाओं की तैयारी बेतरतीब ढंग से करते हैं' समय का अभाव उन्हें शत्रु जैसा लगता है।

4. 'सेल्फ-स्टडी' शब्द है

(a) तद्भव (b) आगत (c) देशज (d) तत्सम

व्याख्या (b) 'सेल्फ-स्टडी' एक विदेशी शब्द है, जिसने हिन्दी भाषा में आगत के रूप में स्थान पाया है।

5. समय प्रबन्धन से बढ़ सकता/सकती है

(a) आत्मविश्वास (b) स्वाभिमान
(c) दृढ़ निश्चय (d) विशेषज्ञता

व्याख्या (a) समय प्रबन्धन से 'आत्मविश्वास' बढ़ सकता है तथा किसी भी परीक्षा की तैयारी अच्छी प्रकार से की जा सकती है।

6. 'महत्त्वपूर्ण' पद का समास-विग्रह होगा

(a) महत्त्व में पूर्ण (b) महत्त्व के लिए पूर्ण
(c) महत्त्व से पूर्ण (d) महत्त्व और पूर्ण

व्याख्या (a) महत्त्वपूर्ण पद का समास विग्रह होगा = महत्त्व में पूर्ण।

7. 'टाइम मैनेजमेण्ट' के लिए सबसे उपयुक्त शब्द है

(a) समयाभाव (b) समय प्रबन्धन
(c) समय निर्धारण (d) समय नियोजन

व्याख्या (b) टाइम मैनेजमेण्ट के लिए सबसे उपयुक्त शब्द होगा– 'समय प्रबन्धन।'

गद्यांश 15

चेन्नई में आई बाढ़ अब उतार पर है। इस त्रासदी से निबटने में इस शहर ने जिस साहस का परिचय दिया, जिस तरह से सोशल मीडिया ने एक बार फिर बचाव के काम में अहम किरदार निभाया, बल्कि कुछ मामलों में तो जान बचाने में भी उसकी भूमिका रही, इसे देखते हुए उसकी जितनी तारीफ की जाए, वह कम है। इन तमाम अच्छी बातों के बावजूद इस वास्तविकता को भी नहीं झुठलाया जा सकता कि इस त्रासदी से बचा जा सकता था। चेन्नई में आई बाढ़ की असली वजह थी—अड्यार नदी-बेसिन का नए हवाई अड्डे के लिए अतिक्रमण। ठीक उसी तरह, जैसे दूसरे नदी विस्तारों का आवासीय निर्माण के लिए इस्तेमाल कर लिया गया है। नदी के कुदरती रास्तों को अवरुद्ध किए जाने से इसका जल आस-पास के इलाकों में उमड़ गया। जब तक प्रकृति अपना क्रोध नहीं दिखाती, हमारे योजनाकार हर जोखिम को नजरअंदाज करते रहते हैं और उस चीज की तलाश में रहते हैं, जिसे वे ले सकते हैं। हमने इसी तरह का विध्वंसक सैलाब मुम्बई में भी देखा। कुछ ही समय पहले श्रीनगर में भी ऐसी ही बर्बादी देखी। हर जगह मुख्य वजह मिली—अनियोजित शहरीकरण और बुनियादी नियमों की अनदेखी। फिर भी हर बार त्रासदी की गम्भीरता लोगों की यादों में धुँधली पड़ जाती है। चेन्नई की तरह दिल्ली में भी ऐसे सैलाब की सम्भावना है। इसलिए हमें यमुना नदी के बेसिन से छेड़छाड़ करने की 'बुद्धिमानी' से बचना होगा।

(CTET 2016 VI-VIII)

1. 'बाढ़ अब उतार पर है' का क्या अर्थ है?
(a) बाढ़ उतर गई है (b) बाढ़ फैल रही है
(c) बाढ़ नियन्त्रित है (d) बाढ़ घट रही है

व्याख्या (d) बाढ़ अब उतार पर है का अर्थ है कि बाढ़ अब कम हो रही है अर्थात् 'बाढ़ घट रही है।'

2. चेन्नई की बाढ़ का कारण था
(a) आवासीय निर्माण करना
(b) मौसम विभाग की शिथिलता होना
(c) हवाई अड्डे के लिए नदी मार्ग से छेड़छाड़
(d) सरकार की लापरवाही बढ़ना

व्याख्या (c) चेन्नई में बाढ़ आने का प्रमुख कारण हवाई अड्डे के लिए अड्यार नदी-बेसिन के मार्ग से छेड़छाड़ करना था, जिससे पानी का मार्ग संकरा हो गया तथा पानी आवासीय क्षेत्र में फैल गया।

3. किस शब्द में उपसर्ग और प्रत्यय दोनों हैं?
(a) आवासीय (b) बर्बादी (c) बुद्धिमानी (d) बचाव

व्याख्या (a) आवासीय शब्द में उपसर्ग 'आ' तथा 'ईय' प्रत्यय जुड़ा है। इसका मूल शब्द 'वास' है। इस शब्द में उपसर्ग तथा प्रत्यय दोनों हैं।

4. गद्यांश में 'बाढ़' के लिए एक समानार्थी शब्द का प्रयोग किया गया है, वह है
(a) जोखिम (b) सैलाब (c) त्रासदी (d) अवरुद्ध

व्याख्या (b) गद्यांश में 'सैलाब' समानार्थी शब्द का प्रयोग बाढ़ के लिए किया गया है।

5. हमारे योजनाकार तब तक लापरवाह रहते हैं, जब तक
(a) प्रकृति अपना क्रोध न दिखा दे
(b) जनता जागरूक न हो जाए
(c) सरकार दबाव न बनाए
(d) समस्या हल न हो जाए

व्याख्या (a) हमारे योजनाकार तब तक लापरवाह रहते हैं, जब तक कि प्रकृति अपना विध्वंसक (क्रोध) रूप न दिखा दे अर्थात् एक बड़े आवासीय क्षेत्र का विनाश न कर दे।

6. मुम्बई, श्रीनगर जैसे स्थानों में बाढ़ से हुई बर्बादी के पीछे कारण था
(a) प्रकृति का असहयोग (b) अनियोजित शहरीकरण
(c) त्रासदी की गम्भीरता (d) शहरों का विस्तार

व्याख्या (b) मुम्बई और श्रीनगर जैसे स्थानों में बाढ़ से हुई बर्बादी के पीछे अनियोजित शहरीकरण एक प्रमुख कारण था। जिलों में शहरों का विस्तार तो किया गया, परन्तु पानी की निकासी का ध्यान नहीं रखा गया।

7. 'गम्भीरता' शब्द व्याकरण की दृष्टि से क्या है?
(a) सर्वनाम (b) विशेषण (c) क्रिया (d) संज्ञा

व्याख्या (d) 'गम्भीरता' एक संज्ञा शब्द है, जो भाववाचक संज्ञा का उदाहरण है।

8. ''अपनी 'बुद्धिमानी' का परिचय देते हुए''-यहाँ 'बुद्धिमानी' से लेखक का क्या आशय है?
(a) समझदारी (b) विद्वता (c) अक्लमन्दी (d) मूर्खता

व्याख्या (d) यह वाक्य एक व्यंग्य है। लेखक द्वारा बुद्धिमानी शब्द का प्रयोग उन लोगों के लिए किया गया है, जो आधुनिकता या शहरीकरण के नाम पर प्रकृति से छेड़छाड़ कर रहे हैं तथा विनाश को बुलावा दे रहे हैं। अत: इस वाक्य में बुद्धिमानी शब्द का अर्थ मूर्खता से है।

गद्यांश 16

कभी सोचा है भारत में कितने प्रकार के वाद्ययन्त्र प्रचलित हैं? सोचने में शीघ्रता मत कीजिए। तमिलनाडु-केरल से कश्मीर तक, राजस्थान-गुजरात से नागालैण्ड-मणिपुर तक इस भारत नामक विशाल भू-खण्ड में सैकड़ों प्रकार के वाद्ययन्त्र परम्परा से प्रचलित रहे हैं। विशेषकर चमड़े से गढ़े वाद्ययन्त्र तो सर्वाधिक हैं। बाँसुरी जैसे फूँककर बजाए जाने वाले भी कम नहीं। ये तार वाले भी कुछ गज से बजाए जाते हैं और कुछ छोटी-सी अँगूठी-जैसी मिजराव से।

अब प्रश्न उठता है कि जिन्हें हम भारतीय वाद्ययन्त्र कहते हैं क्या वे भारत में ही जन्मे हैं या कहीं और से आए हैं? कहना कठिन है। जब भी हम किसी वाद्ययन्त्र को बजते देखते-सुनते हैं, तो मन कहता है कि उसकी उत्पत्ति भारत में हुई हो। अनेक बाहर से भी आए हैं और यह भी सच है कि अनेक भारतीय वाद्ययन्त्र यहीं से अन्य देशों में प्रचलित हुए हैं। सभ्यता और संस्कृति का इतिहास जानने का एक माध्यम, वाद्ययन्त्र आज भी प्रयुक्त हो रहे हैं। हमारी वीणा मिस्र, सुमेरी, जापानी, चीनी संस्कृति में भी विद्यमान रही है।

(CTET 2016, VI-VIII)

1. जिन्हें हम भारतीय वाद्ययन्त्र कहते हैं
(a) वे कहीं और से आए हैं
(b) उनमें से कुछ भारत के और कुछ बाहर के हैं
(c) वे चीन और इण्डोनेशिया के हैं
(d) वे भारत में ही जन्मे हैं

व्याख्या (b) सम्पूर्ण भारत के विशाल भू-खण्ड पर अनेक प्रकार के वाद्ययन्त्र प्रचलित हैं, लेकिन सभी वाद्ययन्त्र की उत्पत्ति भारत में ही हुई हो ऐसा नहीं है, बल्कि कुछ बाहर के देशों से भी आए हुए हैं।

2. कौन-सा भारतीय वाद्ययन्त्र मिस्र, चीन, जापान आदि देशों की संस्कृति में भी विद्यमान है?
(a) तबला (b) झाँझ (c) वीणा (d) बाँसुरी

व्याख्या (c) भारत का प्रसिद्ध और प्राचीन वाद्ययन्त्र वीणा जो मिस्र, चीन, जापान आदि देशों की संस्कृति में भी वैसे ही विद्यमान है, जैसे भारत की संस्कृति में है।

3. कौन-सा कथन असत्य है?
(a) तमिलनाडु और केरल के वाद्ययन्त्र सबसे प्रसिद्ध हैं
(b) कुछ वाद्ययन्त्र 'गज' से बजाए जाते हैं
(c) प्राचीन भारतीय वाद्ययन्त्र इण्डोनेशिया में भी प्रयुक्त होते हैं
(d) भारत में अनेक प्रकार के वाद्ययन्त्र प्रचलित हैं

व्याख्या (a) तमिलनाडु और केरल के वाद्ययन्त्र सबसे प्रसिद्ध हैं। ऐसा गद्यांश में कहीं उल्लेख नहीं है। अत: यह सत्य नहीं है, जबकि अन्य सभी विकल्प सत्य हैं।

4. गद्यांश के अनुसार, सभ्यता और संस्कृति का इतिहास जानने में सहायक हैं

(a) साहित्यिक ग्रन्थ (b) वाद्ययन्त्र
(c) कलाकार (d) प्राचीन यन्त्र

व्याख्या (b) गद्यांश के अनुसार वाद्ययन्त्र भी सभ्यता और संस्कृति का इतिहास जानने में सहायक हैं। पुराने समय के ग्रन्थों में इनकी उपस्थिति से यह पता चलता कि ये कब से प्रचलन में हैं।

5. 'भारतीय' शब्द व्याकरण की दृष्टि से है

(a) सर्वनाम (b) विशेषण (c) क्रिया (d) संज्ञा

व्याख्या (b) 'भारतीय' शब्द व्याकरण की दृष्टि से विशेषण है, जबकि 'भारत' व्याकरण की दृष्टि से संज्ञा।

6. किस शब्द में उपसर्ग और प्रत्यय दोनों हैं?

(a) भारतीय (b) शीघ्रता (c) विशाल (d) प्रचलित

व्याख्या (d) 'प्रचलित' शब्द में उपसर्ग एवं प्रत्यय दोनों का प्रयोग हुआ है। प्रचलित में 'प्र' उपसर्ग तथा 'इत' प्रत्यय तथा 'चल' मूल शब्द है।

7. वेदों के चर्चित कुछ वाद्ययन्त्रों के प्रमाण मिले हैं

(a) हड़प्पा सभ्यता में (b) सुमेरी संस्कृति में
(c) पुराणों में (d) भारतीय सभ्यता में

व्याख्या (a) वेदों में उल्लिखित वाद्ययन्त्रों के प्रमाण हड़प्पा सभ्यता से प्राप्त हुए हैं। इनसे भारतीय सभ्यता एवं संस्कृति के इतिहास का ज्ञान होता है।

8. कौन-सा शब्द 'जन्म' शब्द का समानार्थी है?

(a) उत्पत्ति (b) उल्लेख (c) विद्यमान (d) प्रयुक्त

व्याख्या (a) 'जन्म' शब्द का समानार्थी 'उत्पत्ति' होगा। पैदाइश, उद्गम, उद्भव, आविर्भाव आदि 'जन्म' के अन्य समानार्थी शब्द हैं।

9. 'भू-खण्ड' शब्द में कौन-सा समास है?

(a) कर्मधारय (b) द्वन्द्व (c) द्विगु (d) तत्पुरुष

व्याख्या (d) 'भू-खण्ड' शब्द में तत्पुरुष समास है। तत्पुरुष समास में अन्तिम पद प्रधान होता है। इस समास में साधारणत: प्रथम पद विशेषण और द्वितीय पद विशेष्य होता है। द्वितीय पद, अर्थात् बाद वाले पद के विशेष्य होने के कारण इस समास में उसकी प्रधानता रहती है।

गद्यांश 17

बच्चों? एक ऐसा सवाल है, जिसका जवाब देने का प्रयास हमें माता-पिता हमेशा से करते आए हैं। यह अच्छी बात है कि बच्चे सवाल पूछते हैं। सीखने का इससे बढ़िया कोई और तरीका नहीं हो सकता। सभी बच्चों के पास सीखने के दो स्रोत होते हैं-कल्पनाशीलता और उत्सुकता।

माता-पिता के रूप में आप अपने बच्चे की कल्पनाशीलता व उत्सुकता को बढ़ावा देकर उसे सीखने के आनन्द से सराबोर कर सकते हैं। शिक्षण और सीखना महज स्कूल की चारदीवारी के भीतर सम्पन्न होने वाली रहस्यमय गतिविधियाँ नहीं हैं। वे तब भी होती हैं, जब माता-पिता और बच्चे बेहद आसान चीजों को साथ-साथ करते हैं।

उदाहरण के लिए, धुलने वाले कपड़ों के ढेर से मोजों को उनकें जोड़ों के हिसाब से छाँटकर गणित और विज्ञान की गुत्थियाँ सुलझा सकते हैं। साथ मिलकर खाना बना सकते हैं, क्योंकि खाना बनाने से गणित और विज्ञान के अलावा अच्छी सेहत की भी सीख मिलती है। एक-दूसरे को कहानियाँ सुना सकते हैं। कहानी सुनाना, पढ़ने और लिखने का आधार है।

उछल-कूद वाले खेलों से बच्चे गिनती सीखते हैं और जीवनपर्यन्त अच्छी सेहत का पाठ भी पढ़ते हैं। बच्चों के साथ मिलकर कुछ करने से आप समझ जाएँगे कि सीखना मनोरंजक और बेहद महत्त्वपूर्ण क्रिया-कलाप है।

(CTET 2015, I-V)

1. गद्यांश के आधार पर कहा जा सकता है कि

(a) माता-पिता को बच्चों के सवालों के जवाब नहीं देने चाहिए
(b) बच्चे रोजमर्रा के कार्यों से भी बहुत कुछ सीख सकते हैं
(c) कहानी सुनाना ही सीखने का एकमात्र आधार है
(d) सीखना स्कूल के भीतर ही सम्भव है

व्याख्या (b) दिए गए गद्यांश के आधार पर कहा जा सकता है कि बच्चे रोजमर्रा के कार्यों से भी अपने जीवन को उपयोगी बनाने के लिए बहुत कुछ सीख सकते हैं।

2. कल्पनाशीलता और उत्सुकता को बढ़ावा देने से बच्चा

(a) सीखने के आनन्द में डूब जाता है
(b) अच्छी बहस कर सकता है
(c) अच्छा नागरिक बन सकता है
(d) स्वयं कहानियाँ बनाकर सुनाता है

व्याख्या (a) गद्यांश के आधार पर सभी बच्चों के पास सीखने के दो स्रोत होते हैं— कल्पनाशीलता और उत्सुकता, क्योंकि माता-पिता के रूप में आप अपने बच्चे की कल्पनाशीलता व उत्सुकता को बढ़ावा देकर उसे सीखने के आनन्द से सराबोर कर सकते हैं।

3. 'मनोरंजक' शब्द है

(a) विशेषण (b) सर्वनाम (c) संज्ञा (d) क्रिया

व्याख्या (a) 'मनोरंजक' एक विशेषण शब्द है।

4. 'जीवन-पर्यन्त' शब्द का अर्थ है

(a) जीवन का अन्त (b) सुखी जीवन का अन्त
(c) जीवन और परिवार (d) जीवनभर

व्याख्या (d) दिए गए गद्यांश के अनुसार 'जीवन-पर्यन्त' शब्द का अर्थ है— जीवनभर।

5. 'उत्सुकता' शब्द में प्रत्यय है

(a) सु (b) ता (c) कता (d) उत्

व्याख्या (b) 'उत्सुकता' शब्द में 'ता' प्रत्यय जुड़ा है। प्रत्यय सदैव शब्द के अन्त में प्रयुक्त किए जाते हैं।

6. किनके 'क्यों' प्रश्न की व्याख्या देने का प्रयास हम करते आए हैं?

(a) बच्चों के (b) समाज के
(c) शिक्षकों के (d) माता-पिता के

व्याख्या (a) 'क्यों' प्रश्न के प्रश्नकर्ता, बच्चों के लिए प्रयोग हुआ है, क्योंकि अकसर बच्चों के द्वारा ही क्यों, कब, कैसे आदि प्रश्न पूछे जाते हैं।

7. सीखने का सबसे उपयुक्त माध्यम है

(a) उत्तर देना (b) विस्तार से समझाना
(c) पुस्तक पढ़ना (d) प्रश्न पूछना

उत्तर (d) सीखने का सबसे उपयुक्त माध्यम प्रश्न पूछना है, क्योंकि इस प्रकार के प्रश्न पूछने से बच्चों में उत्सुकता बनी रहती है और बच्चों के माता-पिता को इन प्रश्नों का उचित जवाब देना होता है।

8. बच्चों के पास सीखने के स्रोतों में से एक है

(a) उत्सुकता (b) अध्यापक
(c) पाठ्य-पुस्तक (d) माता-पिता

व्याख्या (d) बच्चों के पास सीखने के स्रोतों में से माता-पिता एक हैं, क्योंकि बच्चों के सर्वप्रथम होने वाले अधिगम में परिवार ही महत्त्वपूर्ण भूमिका निभाता है।

9. सीखना तब भी होता है, जब माता-पिता और बच्चे

(a) गृहकार्य मिलकर करें
(b) मिलकर खाना बनाना सीखें
(c) केवल छोटे और आसान काम करें
(d) साथ-साथ काम करें

व्याख्या (c) सीखना एक सतत प्रक्रिया है और यह निरन्तर चलती रहती है। यह तब भी जारी रहती है, जब माता-पिता और बच्चे मिलकर छोटे और आसान कार्य करते रहते हैं।

गद्यांश 18

साल के जिस माह से मुझे सबसे अधिक लगाव होता है, वह दिसम्बर ही है। इस महीने की कोमल धूप मुझे मोह लेती है, लेकिन तभी एहसास होता है कि यह साल भी बीतकर विगत हो जाएगा, ठीक उसी तरह, जैसे धरती मैया के आँचल में न जाने कितनी सदियाँ, कितने बरस दुबककर छिपे बैठे हैं। फिर सोचता हूँ, तो लगता है कि हर किसी के जीवन के बनने में ऐसे ही न जाने कितने 12 महीने होंगे, इन्हीं महीनों के पल-पल को जोड़कर हम-आप सब अपने जीवन को सँवारते-बिगाड़ते हैं। किसानी करते हुए हमने पाया कि एक किसान चार-चार महीने में एक जीवन जीता है। शायद ही किसी पेशे में जीवन को इस तरह टुकड़ों में जिया जाता होगा। चार महीने में हम एक फसल उपजा लेते हैं और इन चार महीने के सुख-दुःख को फसल काटते ही मानो भूल जाते हैं। हमने कभी बाबूजी के मुख से सुना था कि किसान ही केवल ऐसा जीव है, जो स्वार्थ को ताक पर रखकर जीता है। इसके पीछे उनका तर्क होता था कि फसल बोने के बाद किसान इस बात की परवाह नहीं करता है कि फल अच्छा होगा या बुरा। वह सब कुछ मौसम के हवाले कर जीवन के अगले चरण की तैयारी में जुट जाता है। किसानी करते हुए जो एहसास हो रहा है, उसे लिखता जाता हूँ। इस आशा के साथ कि किसानी को कोई परित्यक्त भाव से न देखे। अन्तिम महीने में मेरे जैसे किसान मक्का, आलू और सरसों में डूबे पड़े हैं। इस आशा के साथ कि आने वाले नए साल में इन फसलों से नए जीवन को नए सलीके से सजाया-सँवारा जाएगा। ***(CTET 2015, I-V)***

1. किसान अपने सुख-दुःख को कब भूल जाता है?

(a) फसल बोने पर (b) फसल काट लेने पर
(c) फसल बेच देने पर (d) फसल तैयार होने पर

व्याख्या (b) किसान अपने सुख-दुःख को अपनी मेहनत से बोयी जाने वाली फसल काट लेने के तुरन्त बाद भूल जाता है।

2. 'किसान' से बना 'किसानी' शब्द है

(a) सर्वनाम (b) विशेषण (c) क्रिया-विशेषण (d) संज्ञा

व्याख्या (b) 'किसान' से बना शब्द 'किसानी' का अर्थ होता है—खेती करना। खेती करना अर्थात् कृषि करना एक विशेषण शब्द का बोध करता है।

3. लेखक खेती के साथ-साथ लिखने का काम भी क्यों कर रहा है?

(a) धन के लिए खेती करनी पड़ती है
(b) किसान दीन नहीं है
(c) किसान को कोई हीन न समझे
(d) नाम के लिए सब कुछ करना जरूरी है

व्याख्या (c) किसानी करते हुए जो एहसास हो रहा है, उसे इस आशा के साथ लिखता जाता है कि किसानी को कोई परित्यक्त भाव से अर्थात् हीन भावना से न देखे।

4. लेखक को दिसम्बर से विशेष लगाव है, क्योंकि

(a) कोमल धूप अच्छी लगती है
(b) साल बदलता है
(c) साल का अन्तिम महीना है
(d) सर्दी होती है

व्याख्या (a) लेखक को वर्ष का दिसम्बर माह सबसे अच्छा लगता है, क्योंकि उसके अनुसार इस माह की धूप बहुत कोमल होती है, जो उसे अच्छी लगती है।

5. शब्दों का कौन-सा जोड़ा शेष से भिन्न है?

(a) सुख-दुःख (b) सजाया-सँवारा
(c) घास-फूस (d) कंकड़-पत्थर

व्याख्या (a) दिए गए वाक्य में सुख-दुःख एक-दूसरे के विपरीतार्थक अर्थात् विलोम शब्द हैं, जबकि शेष अन्य सभी विकल्प एक-दूसरे के सहायक पूरक शब्द हैं।

6. स्वार्थ को ताक पर रखकर जीते हैं

(a) विद्यार्थी (b) किसान (c) मजदूर (d) महापुरुष

व्याख्या (b) गद्यांश के अनुसार किसान हमेशा स्वार्थ को ताक पर रखकर जीते हैं, क्योंकि इसके पीछे उनका तर्क होता है कि एक बार फसल बोने के बाद किसान इस बात की परवाह नहीं करता कि फसल अच्छी होगी या बुरी।

गद्यांश 19

यह तो आप जानते हैं कि पृथ्वी प्रारम्भ में आग का गोला थी। मुझे ठीक-ठीक नहीं पता कि ऐसी आग में मुझ पानी का जन्म कैसे हुआ। लगता है कि हमारी पृथ्वी ज्यों-ज्यों ठण्डी होती गई तो उसमें मौजूद गैसों में क्रियाएँ हुईं। हाइड्रोजन और ऑक्सीजन की रासायनिक क्रियाओं से मेरा जन्म हुआ है। इन दोनों ने अपना अस्तित्व मिटाकर मुझे बनाया। पहले मैं पृथ्वी के ऊपर भाप रूप में ही था। फिर जाने क्या हुआ कि मैं ठोस बर्फ बन गया। कल्पना करो चारों ओर बर्फ ही बर्फ। जब सूर्य की किरणें हम पर पड़तीं तो चारों ओर सौन्दर्य बिखर पड़ता। लाखों वर्षों तक इस रूप में रहने के बाद मैं फिसलने लगा, क्योंकि बर्फ के ही दबाव से निचली परत पिघलने लगी थी।

फिसलकर हम पहुँचे सागर में। वहाँ की तो बात ही निराली थी। वहाँ अब तक हमसे पहले पहुँचे पानी में छोटे-छोटे जीव तैरने लगे थे। घोंघे, मछलियाँ और कछुवे भी। धीरे-धीरे सृष्टि का विस्तार हुआ। जल के बाद स्थल में जीव बनने लगे और आज आप उसी श्रृंखला के अंग हैं और अपने को मनुष्य कहते हैं। *(CTET 2015, I-V)*

1. यह आत्मकथा किसकी है?

(a) बर्फ की (b) जल की (c) मनुष्य की (d) पृथ्वी की

व्याख्या (b) दिए गए गद्यांश में पानी अर्थात् जल का बड़ा ही मार्मिक वर्णन किया गया है। अत: कह सकते हैं कि गद्यांश में दिए गए अंश पानी की आत्मकथा से सम्बन्धित हैं।

2. सबसे पहले जीवधारी कहाँ पैदा हुए?

(a) बर्फ में (b) भाप में
(c) जल में (d) स्थल में

व्याख्या (c) गद्यांश का ध्यानपूर्वक अध्ययन करने के बाद यह ज्ञात होता है कि सबसे पहले जीवधारी जल में ही पैदा हुए थे।

3. बर्फ क्यों फिसलने लगी थी?

(a) अपनी गर्मी से पिघल रही थी
(b) बर्फ के भार और दबाव से निचली परत पिघल रही थी
(c) सूर्य ने पिघला दिया था
(d) समुद्र की लहरें आ गई थीं

व्याख्या (b) गद्यांशानुसार बर्फ के स्वयं के भार तथा दबाव से निचली परत पिघलने लगी थी और इसी कारण बर्फ फिसलने लगी थी।

4. मनुष्य किस श्रृंखला का अंग है?

(a) जीवधारियों की श्रृंखला का
(b) जलजीवों की श्रृंखला का
(c) प्राकृतिक श्रृंखला का
(d) प्राकृतिक परिवर्तन श्रृंखला का

व्याख्या (a) पृथ्वी पर धीरे-धीरे सृष्टि का विस्तार हुआ और जल के बाद स्थल पर जीवधारियों की उत्पत्ति हुई और आज मनुष्य भी इसी श्रृंखला का एक अंग है।

5. जब सूर्य की किरणें हम (जल) पर पड़ती तो चारों ओर सौन्दर्य ········· पड़ता।

रिक्त स्थान के लिए शब्द होगा।

(a) चमक (b) दमक
(c) बिफर (d) बिखर

व्याख्या (d) जब सूर्य की किरणें हम (जल) पर पड़ती तो चारों ओर सौन्दर्य बिखर पड़ता।

6. कौन-सी संज्ञा बहुवचन में नहीं है?

(a) घर बनने लगे हैं (b) जीव जल में तैर रहे हैं
(c) घोंघे चल रहे हैं (d) कछुवे की चाल देखो

व्याख्या (d) कछुवे को एकवचन में भी प्रयोग किया जा सकता है।

गद्यांश 20

आसमान में मुक्का मारना कोई बुद्धिमानी का काम नहीं समझा जाता। बिना लक्ष्य के तर्क करना भी बुद्धिमानी नहीं है। हमें भली-भाँति समझ लेने की आवश्यकता है कि हमारा लक्ष्य क्या है? हम जो कुछ प्रयत्न करने जा रहे हैं वह किसके लिए है? साहित्य हम किसके लिए रचते हैं, इतिहास और दर्शन क्यों लिखते और पढ़ते हैं? राजनीतिक आन्दोलन किस महान् उद्देश्य की सिद्धि के लिए करते हैं? मनुष्य ही वह बड़ी चीज है, जिसके लिए सब यह किया करते हैं। हमारे सब प्रयत्नों का एक लक्ष्य है, मनुष्य वर्तमान दुर्गति के पंक से उद्धार पाए और भविष्य में सुख और शान्ति से रह सके। वह शास्त्र, वह ग्रन्थ, वह कला, वह नृत्य, वह राजनीति, वह समाज-सुधार जंजाल-मात्र है, जिससे मनुष्य का भला न होता हो। मनुष्य आज हाहाकार के भीतर त्राहि-त्राहि पुकार रहा है। हमारे राजनीतिक और सामाजिक सुधार से अन्न-वस्त्र की समस्या सुलझ सकती है, फिर भी मनुष्य सुखी नहीं बनेगा। उसे सिर्फ अन्न-वस्त्र से ही सन्तोष नहीं होगा। इसके बाद भी उसका मनुष्य बनना बाकी रह जाता है। साहित्य वही काम करता है। मनुष्य नामक प्राणी तो पशुओं में ही एक विकसित प्रजाति है और यदि मनुष्यता के गुण और मूल्य उसमें नहीं हैं, तो वह मनुष्य नामक पशु ही है, मनुष्य नहीं। भोजन करना, सोना और वंश-वृद्धि जैसे काम प्रकृति के द्वारा तय हैं, सच्चा मानव बनने के लिए उसे जो दृष्टि चाहिए उसे पाने में साहित्य सहायक हो सकता है। *(CTET 2015, I-V)*

1. आसमान में मुक्का मारने से आशय है

(a) लोगों का ध्यान आकर्षित करना (b) अपनी श्रेष्ठता सिद्ध करना
(c) वीरतापूर्ण कार्य करना (d) निरर्थक कार्य करना

व्याख्या (d) आसमान में मुक्का मारने से आशय निरर्थक कार्य करना है। दूसरे शब्दों में अर्थात् ऐसे कार्य करना जिसका सफल होना न के बराबर हो। आसमान में मुक्का मारने जैसा है।

2. बुद्धिमानी नहीं है

(a) निरुद्देश्य तर्क करना
(b) राजनीतिक आन्दोलन करना
(c) आसमान में मुक्का मारना
(d) निष्फल कार्य करना

व्याख्या (c) आसमान में मुक्का मारना बुद्धिमानी नहीं होती। अर्थात् बिना लक्ष्य के तर्क करना या ऐसे कार्य में संलग्न रहना जिसका उद्देश्य निरर्थक हो, बुद्धिमानी नहीं है।

3. साहित्य, कला, नृत्य आदि व्यर्थ हैं यदि उनसे

(a) मनुष्य का हित न हो सके (b) लक्ष्य न पाया जा सके
(c) धन न कमाया जा सके (d) यश प्राप्त न हो सके

व्याख्या (a) गद्यांश के अनुसार साहित्य, कला, नृत्य एवं राजनीति आदि सब व्यर्थ हैं यदि उनसे मनुष्य का भला न होता हो।

4. अन्न-वस्त्र आदि की समस्याएँ हल हो सकती हैं

(a) अच्छे साहित्य से (b) आवश्यकताओं की पूर्ति से
(c) सामाजिक सुधारों से (d) राजनीतिक आन्दोलनों से

व्याख्या (c) दिए गए गद्यांश के अनुसार अन्न-वस्त्र आदि की समस्याएँ सामाजिक सुधारों से हल की जा सकती हैं।

5. मनुष्य के लिए प्रकृति द्वारा तय कामों में नहीं है

(a) अन्न-वस्त्र की पूर्ति (b) वंश-वृद्धि
(c) सोना (d) भोजन करना

व्याख्या (a) भोजन करना, सोना और वंश वृद्धि जैसे कार्य प्रकृति द्वारा तय हैं, लेकिन अन्न-वस्त्र की पूर्ति प्रकृति प्रदत्त कार्य नहीं है।

6. मनुष्य एक पशु ही है यदि उसमें

(a) साहित्य के प्रति रुचि न हो (b) मानवीय मूल्य न हों
(c) सम्पन्नता न हो (d) सामाजिकता न हो

व्याख्या (b) मनुष्य में यदि दया, प्रेम, सहानुभूति जैसे मानवीय मूल्य या मनुष्यता नहीं है, तो वह मनुष्य एक पशु के समान ही है अर्थात् उसका जीवन निरर्थक है।

7. दिए गए शब्दों में से अर्थ की दृष्टि से भिन्न शब्द छाँटिए

(a) निशाना (b) लक्ष्य (c) उद्‌देश्य (d) उद्धार

व्याख्या (d) निशाना, लक्ष्य तथा उद्‌देश्य एक-दूसरे के समानार्थक शब्द हैं, जबकि उद्धार इनसे भिन्न शब्द है।

8. गद्यांश में 'जंजाल' शब्द किस अर्थ में प्रयुक्त हुआ है?

(a) त्राहि-त्राहि (b) झंझट
(c) समस्या (d) प्रयत्न

व्याख्या (b) गद्यांश में 'जंजाल' शब्द का अर्थ 'झंझट' के रूप में प्रयुक्त हुआ है।

9. 'बुद्धिमानी' शब्द है

(a) विशेषण (b) क्रिया
(c) संज्ञा (d) सर्वनाम

व्याख्या (a) 'बुद्धिमान' एक विशेषण शब्द है जिसमें 'ई' प्रत्यय के योग से 'बुद्धिमानी' शब्द का निर्माण हुआ है।

गद्यांश 21

स्थूल एवं बाह्य पदार्थ, मानसिक पदार्थों एवं भावों की अपेक्षा अधिक महत्त्व के विषय नहीं हैं। जो व्यक्ति रचनात्मक कार्य करने में समर्थ है, उसे भौतिक, स्थूल लाभ अथवा प्रलोभन न तो लुभाते हैं और न ही प्रोत्साहित करते हैं।

विश्व में विचारक दस में से एक ही व्यक्ति होता है। उसमें भौतिक महत्त्वाकांक्षाएँ अत्यल्प होती हैं। 'पूँजी' का रचयिता कार्ल मार्क्स जीवनभर निर्धनता से जूझता रहा। राज्याधिकारियों ने सुकरात को मरवा डाला, पर वह जीवन के अन्तिम क्षणों में भी शान्त था, क्योंकि वह अपने जीवन के लक्ष्य का भली-भाँति निर्वाह कर चुका था। यदि उसे पुरस्कृत किया जाता, प्रतिष्ठा के अम्बारों से लाद दिया जाता, परन्तु अपना काम न करने दिया जाता तो निश्चय ही वह अनुभव करता कि उसे कठोर रूप में दण्डित किया गया है। ऐसे अनेक अवसर आते हैं जब हमें बाहरी सुख-सुविधाएँ आकर्षित करती हैं, वे अच्छे जीवन के लिए अनिवार्य लगने लगती हैं, किन्तु महत्त्वपूर्ण यह है कि क्या हमने जीवन का उद्‌देश्य प्राप्त कर लिया? यदि इसका उत्तर हाँ है, तो बाह्य वस्तुओं का अभाव नहीं खलेगा और यदि नहीं है, तो हमें अपने को भटकने से बचाना होगा और लक्ष्य की ओर बढ़ना होगा। ***(CTET 2015, I-V)***

1. मनुष्य को बाहरी सुख क्यों लुभाते हैं?

(a) सम्पन्नता के लिए (b) भरे-पूरे जीवन के लिए
(c) अच्छे जीवन के लिए (d) आराम के लिए

व्याख्या (c) मनुष्य को बाहरी सुख (भौतिक सुख) 'अच्छे जीवन के लिए' हमेशा लालायित करते हैं। परन्तु महत्त्व इस बात का होता है कि हमने अपने जीवन के लक्ष्यों को प्राप्त कर लिया या नहीं। यदि लक्ष्य प्राप्त कर लिया तभी इन सुख-सुविधाओं का हमारे दैनिक जीवन में महत्त्व है, अन्यथा सभी हमारे लिए निरर्थक हैं। लक्ष्य प्राप्ति के बिना सन्तुष्टि सम्भव नहीं है, भले ही हमें भौतिक सुख प्राप्त हो जाए।

2. "जो व्यक्ति रचनात्मक कार्य करने में <u>समर्थ</u> हैं...।" वाक्य में प्रयुक्त रेखांकित शब्द के स्थान पर कौन-सा शब्द प्रयुक्त नहीं किया जा सकता है?

(a) क्षमतावान (b) सक्षम (c) शक्तिशाली (d) सामर्थ्यवान

व्याख्या (c) "जो व्यक्ति रचनात्मक कार्य करने में समर्थ हैं...।" वाक्य में प्रयुक्त रेखांकित शब्द 'समर्थ' के स्थान पर 'क्षमतावान', 'सक्षम' तथा 'सामर्थ्यवान' ये तीनों शब्द प्रयुक्त किए जा सकते हैं, लेकिन 'शक्तिशाली' शब्द भिन्नार्थक होने के कारण प्रयुक्त नहीं किया जा सकता। 'शक्तिशाली' शब्द शारीरिक शक्ति तथा शेष मानसिक एवं शारीरिक शक्ति के समन्वित रूप को प्रकट करते हैं।

3. 'प्रतिष्ठा के अम्बारों से लाद दिया जाता।' रेखांकित का तात्पर्य है

(a) ढेर से (b) आभार से (c) कृतज्ञता से (d) भार से

व्याख्या (a) 'प्रतिष्ठा के अम्बारों से लाद दिया जाता।' वाक्य में रेखांकित शब्द 'अम्बारों से' का आशय 'ढेर से' अर्थात् अत्यधिक होने से है। गद्यांश में दिए गए इस शब्द से अत्यधिक आदर सम्मान की ओर इंगित किया जा रहा है।

4. 'भली-भाँति निर्वाह कर चुका था।'
उपरोक्त वाक्यांश में क्रिया-विशेषण है

(a) भली-भाँति (b) निर्वाह (c) कर चुका (d) भली

व्याख्या (a) 'भली-भाँति निर्वाह कर चुका था।' वाक्य में 'भली-भाँति' शब्द युग्म क्रिया विशेष है जो 'निर्वाह करना' क्रिया की विशेषता को बता रहा है। यह एक रीतिवाचक क्रिया विशेषण है।

5. 'महत्वाकांक्षा' किन शब्दों से मिलकर बना है?

(a) महत्त्व + आकांक्षा (b) महत्त्व + आकांशा
(c) महत्त्व + कांक्षा (d) महत् + आकांक्षा

व्याख्या (a) 'महत्त्वाकांक्षा' शब्द 'महत्त्व + आकांक्षा' दो शब्दों से मिलकर बना है। शेष अन्य विकल्प असंगत हैं।

6. भौतिक लाभ किन्हें नहीं लुभाते?

(a) सामर्थ्यवान लोगों को
(b) जीवन का लक्ष्य पूरा करने वालों को
(c) रचनात्मक कार्य करने वालों को
(d) धन-सम्पन्न लोगों को

व्याख्या (c) जो व्यक्ति हमेशा रचनात्मक कार्य करने में समर्थ हैं, उन्हें भौतिक सुख अथवा प्रलोभन न तो अपनी ओर आकर्षित करते हैं और न ही प्रोत्साहित करते हैं।

7. 'पूँजी' का रचयिता कार्ल मार्क्स कथन से संकेत मिलता है कि 'पूँजी' का अर्थ है

(a) एक विचार (b) एक ग्रन्थ
(c) विरासत (d) धन-सम्पत्ति

व्याख्या (b) 'पूँजी' का रचयिता कार्ल मार्क्स कथन से संकेत मिलता है कि 'पूँजी' का अर्थ एक ग्रन्थ से है। कार्ल मार्क्स द्वारा ही 'दास कैपिटल' नामक पुस्तक की रचना की गई थी। यहाँ 'कैपिटल' का अर्थ 'पूँजी' से लगाया गया है। कार्ल मार्क्स की दास कैपिटल में 'पूँजी' की विस्तृत व्याख्या की गई है। यहाँ पूँजी से इसी पुस्तक 'दास कैपिटल' की ओर संकेत मिलता है।

8. विचारकों की एक विशेषता यह है कि उनमें

(a) भौतिक महत्त्वाकांक्षाएँ कम होती हैं
(b) पद-प्रतिष्ठा प्राप्त करने की इच्छा होती है
(c) रचनात्मक कार्य करने की क्षमता होती है
(d) महत्त्वाकांक्षाएँ नहीं होतीं

व्याख्या (a) विश्व में कुछेक विचारक ही ऐसे होते हैं, जिनमें भौतिक महत्त्वाकांक्षाएँ कम होती हैं और इसी गुण के कारण वे अन्य लोगों से अलग प्रतीत होते हैं।

9. सुकरात को अपना काम न करने देने की स्थिति, कठोर दण्ड जैसी प्रतीत होती, क्योंकि

(a) वह जीवन के कार्य समाप्त कर चुका था
(b) वह स्थूल प्रलोभनों की अपेक्षा नहीं करता था
(c) उसे जीवन का उद्देश्य प्राप्त करने में रोक दिया गया होता
(d) वह अन्तिम क्षणों में भी शान्त था

व्याख्या (c) यदि सुकरात को उसके जीवन के उद्देश्य प्राप्त करने से रोक दिया गया होता तो यह स्थिति उसके लिए किसी दण्ड से कम नहीं होती, क्योंकि जो व्यक्ति रचनात्मक प्रवृत्ति के होते हैं, वे केवल रचनात्मक कार्य से ही सन्तुष्ट होते हैं। इसके विपरीत कोई भी भौतिक प्रलोभन उन्हें रचनात्मकता से रोक नहीं पाते, बल्कि वे ऐसे व्यक्ति के लिए दण्ड स्वरूप ही होते हैं।

गद्यांश 22

'आदमी की तलाश', यह स्वर अक्सर सुनने को मिलता है। यह भी सुनने को मिलता है कि आज आदमी, आदमी नहीं रहा। इन्हीं स्थितियों के बीच दार्शनिक राधाकृष्णन की इन पंक्तियों का स्मरण हो आया "हमने पक्षियों की तरह उड़ना और मछलियों की तरह तैरना तो सीख लिया है, पर मनुष्य की तरह पृथ्वी पर चलना और जीना नहीं सीखा।" जिन्दगी के सफर में नैतिक और मानवीय उद्देश्यों के प्रति मन में अटूट विश्वास होना जरूरी है। कहा जाता है-आदमी नहीं चलता, उसका विश्वास चलता है। आत्मविश्वास सभी गुणों को एक जगह बाँध देता है, यानी कि विश्वास की रोशनी में मनुष्य का सम्पूर्ण व्यक्तित्व और आदर्श उजागर होता है। **गेटे** की प्रसिद्ध उक्ति है कि "जब कोई आदमी ठीक काम करता है तो उसे पता तब नहीं चलता कि वह क्या कर रहा है, पर गलत काम करते समय उसे हर क्षण यह ख्याल रहता है कि वह जो कर रहा है, वह गलत है।" गलत को गलत मानते हुए भी इंसान गलत किए जा रहा है। इसी कारण समस्याओं एवं अँधेरों के अम्बार लगे हैं। लेकिन ऐसा ही नहीं है। कुछ अच्छे लोग भी है, शायद उनकी अच्छाइयों के कारण ही जीवन बचा हुआ है। ऐसे लोगों ने नैतिकता और सच्चरित्रता का खिताब ओढ़ा नहीं, उसे जीकर दिखाया। वे भाग्य और नियति के हाथों खिलौना बनकर नहीं बैठे, स्वयं के पसीने से अपना भाग्य लिखा। महात्मा गाँधी ने इसलिए कहा कि हमें वह परिवर्तन खुद बनना चाहिए, जिसे हम संसार में देखना चाहते हैं। जरूरत है कि हम दर्पण जैसा जीवन जीना सीखें। उन सभी खिड़कियों को बन्द कर दें, जिनसे आने वाली गन्दी हवा इंसान को इंसान नहीं रहने देती। मनुष्य के व्यवहार में मनुष्यता को देखा जा सके, यही 'आदमी की तलाश' है। ***(CTET 2015, VI-VIII)***

1. "मन में अटूट विश्वास होना जरूरी है।" उपरोक्त वाक्य में 'अटूट' शब्द व्याकरण की दृष्टि से है

(a) विशेषण (b) क्रिया-विशेषण (c) संज्ञा (d) सर्वनाम

व्याख्या (a) "मन में अटूट विश्वास होना जरूरी है," इस पंक्ति में विश्वास एक विशेष्य तथा 'अटूट' एक विशेषण शब्द है, जिसमें विश्वास की विशेषता बताई जा रही है।

2. मुख्य भाव के अनुसार गद्यांश का सबसे उपयुक्त शीर्षक हो सकता है

(a) जीवन यात्रा (b) आदमी की तलाश
(c) मानवीय उद्देश्य (d) सच्ची मानवता

व्याख्या (c) दिए गए गद्यांश का सबसे उपयुक्त शीर्षक 'मानवीय उद्देश्य' हो सकता है, क्योंकि सम्पूर्ण गद्यांश में नैतिक और मानवीय मूल्यों के प्रति सजगता पर विशेष तौर पर बल दिया गया है।

3. सभी गुणों को एक स्थान पर जोड़ने की शक्ति किसमें बताई गई है?

(a) सच्चरित्रता में (b) आत्मविश्वास में
(c) मनुष्य में (d) नैतिकता में

व्याख्या (b) 'आत्मविश्वास में' सभी गुणों का विद्यमान होना इस बात की ओर संकेत करता है कि इसमें सभी को एकसाथ जोड़ने की शक्ति होती है।

4. कौन-सा शब्द लिंग की दृष्टि से शेष से भिन्न है?

(a) मछली (b) पृथ्वी (c) पक्षी (d) नदी

व्याख्या (c) दिए गए विकल्पों में पक्षी एक पुल्लिंग शब्द है, जबकि मछली, पृथ्वी तथा नदी शब्द अपने आप में स्त्रीलिंग होने का बोध कराते हैं।

5. 'आदमी, आदमी नहीं रहा' कथन का भाव है

(a) मानव प्रगतिशील हो गया (b) मनुष्य में मनुष्यता नहीं रही
(c) आदमी देवता बन गया (d) मनुष्य राक्षस जैसा बन गया

व्याख्या (b) 'आदमी, आदमी नहीं रहा' से आशय है कि मनुष्य में मनुष्यता नहीं रही अर्थात् आज के समय में व्यक्ति इतना स्वार्थी हो गया है कि उसमें प्राय: प्रेम, दया, सहानुभूति जैसी भावनाओं का लोप होता जा रहा है।

6. अनुचित कार्य करते समय मनुष्य को

(a) विश्वास रहता है कि किसी को पता नहीं चलेगा
(b) अच्छे मार्ग से कुछ पाने का भरोसा नहीं होता
(c) पता ही नहीं होता कि वह अनुचित कर रहा है
(d) पता होता है कि वह ठीक नहीं कर रहा है

व्याख्या (d) गलत या अनुचित कार्य करते समय व्यक्ति को यह आभास अवश्य रहता है, कि जो वह कर रहा है, वह गलत है, क्योंकि गलत को गलत मानते हुए भी इंसान गलत किए जा रहा है और इसी कारण समस्याएँ विकराल होती जा रही हैं।

7. 'अँधेरों के अम्बार लगे हैं' पंक्ति में रेखांकित शब्द का भाव है

(a) विघ्न-बाधाओं के
(b) दुर्भाग्य के
(c) अन्धकार के
(d) बुराइयों के

व्याख्या (d) अँधेरों के अम्बार लगे हैं पंक्ति में अँधेरों का भाव है—बुराइयों के।

8. शेष से भिन्न शब्द को पहचानिए

(a) नैतिकता
(b) सच्चरित्रता
(c) मनुष्यता
(d) उछलता

व्याख्या (d) दिए गए विकल्पों में उछलता एक क्रिया शब्द है, जबकि नैतिकता, सच्चरित्रता, मनुष्यता आदि शब्द भाववाचक संज्ञाओं की ओर इंगित करते हैं।

9. 'जरूरत है कि हम दर्पण-जैसा जीवन जीना सीखें।' रचना की दृष्टि से वाक्य है

(a) मिश्र वाक्य
(b) संयुक्त वाक्य
(c) सरल वाक्य
(d) कठिन वाक्य

व्याख्या (a) 'जरूरत है कि हम दर्पण-जैसा जीवन जीना सीखें।' एक मिश्रित वाक्य का उदाहरण है, क्योंकि यहाँ 'कि' शब्द का प्रयोग हुआ है।

गद्यांश 23

अधिकतर लोगों की यही शिकायत होती है कि उन्हें पनपने के लिए सटीक माहौल व संसाधन नहीं मिल पाए, नहीं तो आज वे काफी आगे होते और आज भी ऐसे कई लोग हैं, जो संसाधन और स्थितियों के अनुकूल होने के इन्तजार में खुद को रोके हुए हैं। ऐसे लोगों के लिए ही किसी विद्वान् ने कहा है-इन्तजार मत कीजिए, समय एकदम अनुकूल कभी नहीं होता। जितने संसाधन आपके पास मौजूद हैं, उन्हीं से शुरूआत कीजिए और आगे सब बेहतर होता जाएगा। जिनके इरादे दृढ़ होते हैं, वे सीमित संसाधनों में भी सर्वश्रेष्ठ प्रदर्शन कर पाते हैं।

नारायण मूर्ति ने महज दस हजार रुपए में अपने छः दोस्तों के साथ इन्फोसिस की शुरुआत की और आज इन्फोसिस आईटी के क्षेत्र की एक बड़ी कम्पनी है। करौली टैकस, पहले अपने दाएँ हाथ से निशानेबाजी करते थे, मगर उनका वह हाथ एक विस्फोट में चला गया। फिर उन्होंने अपने बाएँ हाथ से शुरुआत की और वर्ष 1948 व 1950 में ओलम्पिक स्वर्ण पदक अपने नाम किया। लिओनार्डो द विंची, रवीन्द्रनाथ टैगोर, थॉमस अल्वा एडिसन, टेलिफोन के आविष्कारक ग्राह्म बेल, वॉल्ट डिज्नी-ये सब अपनी शुरुआती उम्र में डिस्लैक्सिया से पीड़ित रह चुके हैं, जिसमें पढ़ने में काफी कठिनाइयों का सामना करना पड़ता है, फिर भी ये सभी अपने-अपने क्षेत्र के शीर्ष पर पहुँचे। अगर ये लोग भी इसी तरह माहौल और संसाधनों की शिकायत और इन्तजार करते, तो क्या कभी उस मुकाम पर पहुँच पाते, जहाँ वे मौजूद हैं? अगर हमने अपना लक्ष्य तय कर लिया है, तो हमें उस तक पहुँचने की शुरुआत अपने सीमित संसाधनों से ही कर देनी चाहिए। किसी इन्तजार में नहीं रहना चाहिए। ऐसे में इन्तजार करना यह दर्शाता है कि हम अपने लक्ष्य को पाने के लिए पूरी तरह प्रतिबद्ध नहीं हैं। इसलिए हमें अपनी इच्छा शक्ति को मजबूत कर जुट जाना होगा। इन्तजार करेंगे, तो करते रह जाएँगे।

(CTET 2015, VI-VIII)

1. 'समय एकदम अनुकूल कभी नहीं होता' यहाँ 'एकदम' का अर्थ है

(a) पूर्णतः
(b) अचानक
(c) तुरन्त
(d) तत्काल

व्याख्या (a) 'समय एकदम अनुकूल कभी नहीं होता', पंक्ति में 'एकदम' का अर्थ होता है— पूर्णतः अर्थात् पूरी तरह से।

2. 'हमें अपनी इच्छा शक्ति को मजबूत कर जुट जाना होगा।' उपरोक्त वाक्य से बना संयुक्त वाक्य होगा

(a) हमें इच्छा शक्ति को मजबूत करना है इसलिए जुट जाना होगा
(b) यदि हमें अपनी इच्छा शक्ति को मजबूत करना है, तो जुट जाना होगा
(c) हमें अपनी इच्छा शक्ति को मजबूत करना होगा और जुट जाना होगा
(d) हमें जुट जाना होगा और फिर इच्छा शक्ति को मजबूत करना होगा

व्याख्या (c) दिए गए वाक्य का संयुक्त रूप है, 'हमें अपनी इच्छा शक्ति को मजबूत करना होगा और जुट जाना होगा।'

3. 'डिस्लैक्सिया' शब्द है

(a) देशज
(b) आगत
(c) तत्सम
(d) तद्भव

व्याख्या (b) डिस्लैक्सिया एक आगत शब्द है, जोकि विदेशी भाषा से लिया गया है। डिस्लैक्सिया से पीड़ित व्यक्ति को पढ़ने में कठिनाइयों का सामना करना पड़ता है।

4. 'ऐसे लोगों के लिए ही किसी विद्वान् ने कहा है' रेखांकित अंश का संकेत है

(a) प्रतिकूल स्थितियों को अनुकूल बनाते लोग
(b) दृढ़ इरादों वाले लोग
(c) अनुकूल परिस्थितियों में बढ़े लोग
(d) अनुकूल परिस्थितियों की प्रतीक्षा कर रहे लोग

व्याख्या (d) जो लोग अनुकूल परिस्थितियों की प्रतीक्षा कर रहे होते हैं, 'ऐसे ही लोगों के लिए किसी विद्वान् ने कहा है'—इन्तजार मत कीजिए, समय एकदम (पूर्णतः) अनुकूल कभी नहीं होता, क्योंकि जितने संसाधन आपके पास मौजूद हैं, उन्हीं से शुरुआत कीजिए, क्योंकि ऐसा करने से आगे सब बेहतर होता जाएगा।

5. नारायण मूर्ति, ग्राह्म बेल आदि के उदाहरण क्यों दिए गए हैं?

(a) डिस्लैक्सिया से ग्रस्त होने के कारण
(b) सीमित संसाधन होने के कारण
(c) सफल अमीन होने के कारण
(d) प्रतिकूल परिस्थितियों में भी सफलता पाने के कारण

व्याख्या (d) गद्यांश में विद्वान् लोगों; जैसे–नारायण मूर्ति, ग्राह्म बेल आदि के उदाहरण इसलिए दिए गए हैं, क्योंकि उन्होंने प्रतिकूल परिस्थितियों के होते हुए भी अपने–अपने क्षेत्रों में सफलता प्राप्त की।

6. 'इन्तजार करेंगे तो करते रह जाएँगे' कथन का तात्पर्य है

(a) स्थिति अनुकूल होने की प्रतीक्षा करना व्यर्थ है
(b) प्रतीक्षा करने के लिए धैर्य होना आवश्यक है
(c) प्रतीक्षा कभी समाप्त नहीं होती
(d) प्रतीक्षा करना ठीक नहीं

व्याख्या (a) किसी कार्य को आरम्भ करने के लिए संसाधन और समय का इन्तजार नहीं करना चाहिए। ऐसे में इन्तजार करना यह दर्शाता है कि हम अपने लक्ष्य को पाने के लिए पूरी तरह प्रतिबद्ध नहीं हैं। हमें अपने सीमित संसाधनों से ही शुरुआत कर देनी चाहिए, क्योंकि इन्तजार करेंगे तो करते रह जाएँगे। 'स्थिति अनुकूल होने की प्रतीक्षा करना व्यर्थ है।'

गद्यांश 24

"किसी को देखने के लिए आँख की नहीं, दृष्टि की आवश्यकता होती है" स्वामी विवेकानन्द का यह कथन इस महिला के जीवन का दर्शन बन गया है। इसी जीवन दर्शन के सहारे उन्होंने एक ओर कठिनाइयों का सामना किया, तो दूसरी ओर सफलता का मार्ग ढूँढा और उस पर निर्भयता से बढ़ चलीं। जी हाँ, हम बात कर रहे हैं मुम्बई की रेवती रॉय की।

रेवती रॉय वह महिला है, जिन्होंने महिलाओं की कठिनाइयों को ध्यान में रख केवल उन्हीं की सुविधा के लिए 'फॉरशी' नाम से कैब सेवा प्रारम्भ की। उद्देश्य स्पष्ट था- कामकाजी और जरूरतमन्द महिलाओं को अपने शहर में सुरक्षित सफर का भरोसा देना। यह सेवा उन महिलाओं के लिए वरदान साबित हुई जिन्हें महानगरों में मुँह बाए बैठे अपराधी तत्त्वों या परपीड़ा में आनन्द लेने वालों से प्राय: रोज ही जूझना पड़ता है।

खतरों और आशंकाओं में से भरी सड़क-परिवहन की जिन्दगी में कदम रखने का निर्णय लेना रेवती के लिए सरल नहीं था। लेकिन कभी-कभी विवशता भी प्रेरणा देती है। ऐसे ही अवसरों पर 'आँख नहीं, दृष्टि' वाला दर्शन प्रेरक होता है। गम्भीर बीमारी से जूझ रहे पति के इलाज में सारी जमा पूँजी चुक जाने के बाद रेवती को अपने अस्तित्व के लिए कुछ-न-कुछ करना था। सो उन्होंने एकदम नया रास्ता चुना-कैब के द्वारा महिलाओं को सुरक्षित यात्रा का आश्वासन। ***(CTET 2015, VI-VIII)***

1. कौन-सा विकल्प गद्यांश के मुख्य भाव के सबसे निकट है?

(a) साहस और खतरे
(b) पहले घर फिर बाहर
(c) हिम्मत और जिन्दगी
(d) हिम्मत करे इन्सान तो क्या काम है मुश्किल

व्याख्या (d) 'हिम्मत करे इन्सान तो क्या काम है मुश्किल' विकल्प गद्यांश के मुख्य भाव के सबसे निकट है। इसका अर्थ है कि यदि मनुष्य हिम्मत तथा धैर्य के साथ कोई भी कार्य शुरू करता है तथा अपनी मेहनत एवं लगन से उससे कार्य को सम्पन्न करता है तो उस व्यक्ति को सफलता निश्चित ही मिलती है।

2. किस शब्द में उपसर्ग और प्रत्यय दोनों हैं?

(a) प्रारम्भ (b) सफलता
(c) परिवहन (d) कठिनाइयाँ

व्याख्या (b) 'सफलता' शब्द में उपसर्ग एवं प्रत्यय दोनों का प्रयोग हुआ है। सफलता का मूल शब्द 'फल' होता है, जिसमें 'स' उपसर्ग लगाने से 'सफल' तथा 'ता' प्रत्यय लगाने से 'सफलता' हो जाता है।

उपसर्ग 'उपसर्ग' उस शब्दांश को कहते हैं, जो किसी शब्द के प्रारम्भ में जुड़कर उसका विशेष अर्थ प्रकट करता है।

प्रत्यय शब्दों के अन्त में जो अक्षर या अक्षरसमूह लगाया जाता है, उसे प्रत्यय कहते हैं।

3. 'परपीड़ा' शब्द का गद्यांश में प्रयोग के अनुसार अर्थ है

(a) दूसरों से पीड़ा (b) दूसरों में पीड़ा
(c) दूसरों की पीड़ा (d) दूसरों को पीड़ा

व्याख्या (c) 'परपीड़ा' शब्द का अर्थ है-'दूसरों की पीड़ा' अर्थात् दूसरों के दु:ख को अपना दु:ख समझना।

4. गद्यांश के प्रारम्भ में उद्धृत कथन किसके जीवन का दर्शन बना?

(a) संघर्षशील व्यक्ति के (b) रेवती रॉय के
(c) विवेकानन्द के (d) असुरक्षित महिलाओं के

व्याख्या (b) किसी को देखने के लिए आँख की नहीं, दृष्टि की आवश्यकता होती है। गद्यांश में उद्धृत कथन रेवती रॉय के जीवन का दर्शन बना।

5. रेवती रॉय की कैब सेवा मूलत: किसके लिए है?

(a) कामकाजी महिलाओं के लिए (b) महानगरों के लिए
(c) जरूरतमन्द लोगों के लिए (d) मुम्बई के निवासियों के लिए

व्याख्या (a) रेवती रॉय की कैब सेवा मूलत: 'कामकाजी' महिलाओं के लिए शुरू की गई है। रेवती रॉय ने यह एकदम नया रास्ता कैब के द्वारा कामकाजी और जरूरतमन्द महिलाओं को अपने शहर में सुरक्षित सफर का आश्वासन देने के लिए चुना।

6. कामकाजी महिलाओं को प्राय: नित्य ही जूझना पड़ता है

(a) मनमानी करने वाले बालकों से
(b) परिवहन की समस्याओं से
(c) गृहस्थी की समस्याओं से
(d) परपीड़क और अपराधी लोगों से

व्याख्या (d) कामकाजी महिलाओं को महानगरों में नित्य मुँह बाए बैठे अपराधी तत्त्वों या परपीड़ा में आनन्द लेने वालों से प्राय: रोज ही जूझना पड़ता है।

7. कैब सेवा प्रारम्भ करने का उद्देश्य क्या था?

(a) समाज सेवा की भावना (b) महिलाओं की कठिनाइयाँ
(c) सामाजिक दबाव (d) पारिवारिक विवशता

व्याख्या (b) कैब सेवा प्रारम्भ करने का उद्देश्य 'महिलाओं की कठिनाइयों' को दूर करना था जिसे ध्यान में रखकर 'फॉरशी' कैब सेवा प्रारम्भ की गई। इसका उद्देश्य कामकाजी एवं जरूरतमन्द महिलाओं को अपने शहर में सुरक्षित सफर का भरोसा देना था।

8. **किस जिन्दगी को खतरों और आशंकाओं से भरा माना गया है?**
(a) 'फॉरशी' कैब संचालन की (b) कामकाजी महिलाओं की
(c) महानगरों की (d) सड़क परिवहन की

व्याख्या (d) सड़क परिवहन द्वारा यात्रा करना हमेशा जोखिम भरा माना गया है, जहाँ दिन-प्रतिदिन बढ़ रहे परिवहन द्वारा प्रत्येक क्षण दुर्घटना होने की सम्भावनाएँ बनी रहती हैं।

गद्यांश 25

सारा संसार नीले गगन के तले अनन्त काल से रहता आया है। हम थोड़ी दूरी पर ही देखते हैं क्षितिज तक, जहाँ धरती और आकाश हमें मिलते दिखाई देते हैं। लेकिन जब वहाँ पहुँचते हैं, तो यह नजारा आगे खिसकता चला जाता है और इस नजारे का कोई और छोर हमें नहीं दिखाई देता है। ठीक इसी तरह हमारा जीवन भी है।

जिन्दगी की न जाने कितनी उपमाएँ दी जा चुकी हैं, लेकिन कोई भी उपमा पूर्ण नहीं मानी गई, क्योंकि जिन्दगी के इतने पक्ष हैं कि कोई भी उपमा उस पर पूरी तरह फिट नहीं बैठती। बर्नार्ड शॉ जीवन को एक खुली किताब मानते थे, और यह भी मानते थे कि सभी जीवों को समान रूप से जीने का हक है। वह चाहते थे कि इंसान अपने स्वार्थ में अंधा होकर किसी दूसरे जीव के जीने का हक न मारे। यदि इंसान ऐसा करता है, तो यह बहुत बड़ा अन्याय है। हमारे विचार स्वाभाविक रूप से एक-दूसरे से मेल नहीं खाते हैं, लेकिन इसका मतलब यह नहीं होता कि हम दूसरों को उसके जीने के हक से वंचित कर दें।

यह खुला आसमान, यह प्रकृति और यह पूरा भू-मण्डल हमें दरअसल यही बता रहा है कि हाथी से लेकर चींटी तक सभी को समान रूप से जीवन बिताने का हक है। जिस तरह से खुले आसमान के नीचे हर प्राणी बिना किसी डर के जीने, साँस लेने का अधिकारी है, उसी तरह से मानव-मात्र का स्वभाव भी होना चाहिए कि वह अपने जीने के साथ दूसरों से उनके जीने का हक न छीने। यह आसमान हमें जिस तरह से भय से छुटकारा दिलाता है, उसी तरह से हमें भी मानव-जाति से इतर जीवों को डर से छुटकारा दिलाकर उन्हें जीने के लिए पूरा अवसर देना चाहिए। दूसरों के जीने के हक को छीनने से बड़ा अपराध या पाप कुछ नहीं हो सकता। ***(CTET 2015, I-V)***

1. **'क्षितिज' किसे कहते हैं?**
(a) जहाँ धरती और आसमान मिले हुए दिखाई देते हैं
(b) जहाँ धरती और आकाश पास-पास होते हैं
(c) जहाँ तक धरती दिखाई पड़ती है
(d) जहाँ से धरती और आकाश दिखाई पड़ते हैं

व्याख्या (a) गद्यांश के अनुसार जहाँ पर धरती और आसमान मिले हुए दिखाई देते हैं, क्षितिज कहलाता है।

2. **यदि किसी का और छोर नहीं है, तो**
(a) उसके बहुत से सिरे हैं (b) उसका सिरा नहीं मिलता
(c) उसकी सीमा नहीं है (d) उसका विस्तार अधिक है

व्याख्या (c) यदि किसी का और छोर नहीं है, उसके लिए उपयुक्त शब्द होगा-सीमा रहित अर्थात् जिसकी सीमा न हो।

3. **'फिट' और 'इंसान' शब्द हैं**
(a) देशज (b) आगत (c) तत्सम (d) तद्भव

व्याख्या (b) 'फिट' और 'इंसान' शब्द आगत शब्द हैं। यह अन्य भाषाओं से लिया हुआ शब्द है न कि देशज, तत्सम और तद्भव से। 'फिट' अंग्रेजी व 'इंसान' अरबी भाषा का शब्द है।

4. **बर्नार्ड शॉ ने जीवन की उपमा किससे दी है?**
(a) पढ़ी जा रही पुस्तक से (b) खुली पुस्तक से
(c) सभी जीवों से (d) क्षितिज से

व्याख्या (b) बर्नार्ड शॉ ने जीवन की उपमा खुली पुस्तक से दी है, क्योंकि जिस प्रकार एक खुली पुस्तक में कुछ भी छिपा नहीं होता, ठीक उसी प्रकार उनके जीवन की सभी बातें प्रकट हैं, छिपी नहीं।

5. **हम बहुत बड़ा अन्याय कर रहे होते हैं, यदि**
(a) किसी से दुश्मनी रखते हैं
(b) किसी को लूट लेते हैं
(c) किसी को टिकने नहीं देते
(d) किसी को जीने का अधिकार नहीं देते

व्याख्या (d) सभी प्राणियों को प्रकृति ने जीने का अवसर दिया है, जो प्रकृति का एक ईश्वरीय उपहार है। बर्नार्ड यह चाहते थे कि इंसान अपने स्वार्थ में अन्धा होकर किसी दूसरे जीव का हक न मारे। यदि इंसान ऐसा करता है तो यह बहुत बड़ा अन्याय है।

6. **प्रकृति और खुला आसमान बता रहे हैं कि सबको**
(a) निडर बने रहना चाहिए (b) मनमर्जी करने का हक है
(c) प्रकृति से प्रेम करना चाहिए (d) जीने का हक है

व्याख्या (d) प्रकृति और खुला आसमान यह निर्देशित करते हैं कि सभी प्राणियों को स्वतन्त्रतापूर्वक जीने का अधिकार है अर्थात् मनुष्य ईश्वर द्वारा निर्मित इस पृथ्वी पर निर्बाध ढंग से जीवन-यापन करे।

7. **आसमान हमें दिलाता है**
(a) रक्षा करने का वचन
(b) साथ-साथ रहने का अनुशासन
(c) भय से छुटकारे का आश्वासन
(d) भयभीत न करने का आग्रह

व्याख्या (c) स्वतन्त्रतापूर्वक खुला आसमान इस बात की ओर इंगित करता है कि सभी जगह ईश्वर का साम्राज्य है, इसलिए भयभीत होने की आवश्यकता नहीं है।

8. **किस शब्द में 'इक' प्रत्यय का प्रयोग नहीं किया जा सकता?**
(a) भय (b) जीव (c) स्वभाव (d) प्रकृति

व्याख्या (a) स्वभाव में 'इक' प्रत्यय लगाने पर स्वाभाविक तथा जीव का जैविक और प्रकृति का प्राकृतिक होगा। लेकिन भय एक ऐसा शब्द है, जिसमें 'इक' प्रत्यय लगाने से कोई सार्थक शब्द नहीं बनता।

9. **'अपराध' क्या है?**
(a) भाववाचक संज्ञा (b) पदार्थवाचक संज्ञा
(c) व्यक्तिवाचक संज्ञा (d) जातिवाचक संज्ञा

व्याख्या (a) 'अपराध' शब्द एक भाववाचक संज्ञा का बोध कराता है। चूँकि अपराध भाव से प्रकट होकर मूर्त रूप लेता है। अत: यह भाववाचक संज्ञा है।

गद्यांश 26

समूची स्वार्थी व अहं-प्रेरित प्रवृत्तियाँ नकारात्मक हैं, ऐसे कर्मों में ऊँचे उद्देश्य नहीं होते, उनमें लोक-संग्रह नहीं होता, भव्य आदर्श नहीं होते। दूसरे, भले ही आप अपने सामने एक ऊँचा आदर्श रखें, तो भी आपके कर्म यदि आपके मन के चाहे या अनचाहे से प्रेरित है, तो वे ह्रासमान ही होंगे, क्योंकि पसन्द-नापसन्द से किए जाने वाले कार्य वासनाओं को बढ़ाए बिना नहीं रहते। कोई कार्य आपको महज इस आधार पर नहीं करना चाहिए कि वह आपको पसन्द है। उसी तरह कोई कार्य करने से आपको महज इस आधार पर नहीं कतराना चाहिए कि वह कार्य आपका मनचाहा नहीं है। कार्य का निर्णय बुद्धि-विवेक के आधार पर होना चाहिए, मनचली भावनाओं, तुनकमिजाजी के आधार पर कतई नहीं। इस एक बात को हमेशा याद रखिए कि पसन्द और नापसन्द आपके सबसे बड़े शत्रु हैं। आप इन्हें पहचानते तक नहीं। उल्टे आप इन्हें पाल-पोसकर दुलारते हैं। वे तो हर क्षण आपकी हानि व ह्रास करने पर ही तुले हैं। इनसे निबटने का व्यावहारिक मार्ग यह है कि अपनी रुचि और अरुचि का विश्लेषण करें। *(CTET 2014, VI-VIII)*

1. कैसी प्रवृत्तियाँ नकारात्मक हैं?

(a) जिनमें अर्थ का भाव हो
(b) जिनमें अहं और स्व-हित का भाव हो
(c) जो स्वयं का हित देखती हों
(d) जो अहं से ग्रसित हों

व्याख्या (b) ऐसी प्रवृत्तियाँ जिनमें अहं और स्व-हित का भाव निहित हो, जो स्वार्थी हों वे नकारात्मक प्रवृत्तियाँ कहलाती हैं, क्योंकि ऐसे कर्मों में उद्देश्य नहीं होते तथा उनमें लोक संग्रह नहीं होता और अहं और स्व-हित से प्रेरित भावनाओं को आप अपने सामने भले ही आदर्श रखें तो भी वे नकारात्मक प्रवृत्ति ही कहलाएँगी।

2. कौन-से कार्य हानि की ओर ले जाते हैं?

(a) जिनमें संग्रह अनुपस्थित होता है
(b) जिनमें संग्रह कूट-कूटकर भरा होता है
(c) जो मन के अनुसार और हित साधते हैं
(d) जो अपनी पसन्द-नापसन्द के आधार पर किए जाते हैं

व्याख्या (d) ऐसे कार्य जो पसन्द-नापसन्द के आधार पर किए जाते हैं अर्थात् जिस कार्य को करने में व्यक्ति अपना हित देखता है और दूसरों का अहित, जिनमें लोक संग्रह नहीं होता, भव्य आदर्श नहीं होता, ऐसे ही कार्य हमेशा व्यक्ति को हानि की ओर ले जाते हैं।

3. इस गद्यांश में किस प्रकार के कार्यों का समर्थन किया गया है?

(a) जो बुद्धि और विवेक-शक्ति के आधार पर किए जाते हैं
(b) जो मनचली भावनाओं और बुद्धि से परे होते हैं
(c) जो मनचाहे होते हैं
(d) जो मनचाहे नहीं होते हैं

व्याख्या (a) उपरोक्त गद्यांश में ऐसे कार्यों का समर्थन किया गया है, 'जो हमेशा बुद्धि और विवेक-शक्ति के आधार पर किए जाते हैं।'

4. इस गद्यांश में किन्हें शत्रु कहा गया है?

(a) अहं और स्वार्थ (b) रुचि-अरुचि
(c) मनचली भावनाएँ (d) तुनकमिजाजी

व्याख्या (b) प्रस्तुत गद्यांश में रुचि-अरुचि, पसन्द-नापसन्द तथा स्वार्थी एवं अहं प्रेरित लोगों को शत्रु बताया गया है।

5. लेखक ने इन शत्रुओं से निबटने का कौन-सा मार्ग सुझाया है?

(a) लोक-संग्रह करना (b) कर्म करना
(c) विश्लेषण करना (d) भव्य आदर्श रखना

व्याख्या (c) लेखक ने इन शत्रुओं से निबटने के लिए विश्लेषण करने का मार्ग सुझाया है, क्योंकि लेखक ने कहा है कि पसन्द-नापसन्द आप के सबसे बड़े शत्रु हैं। आप इन्हें पहचानते तक नहीं, उल्टे आप इन्हें पाल-पोसकर बड़ा करते हैं और ये हर पल आपकी हानि ही करते हैं। इसलिए इससे बचने का व्यावहारिक मार्ग है अपनी रुचि और अरुचि का विश्लेषण करना।

6. 'नकारात्मक' का विलोम शब्द है

(a) अननकारात्मक (b) असकारात्मक
(c) अनकारात्मक (d) सकारात्मक

व्याख्या (d) 'नकारात्मक' का विलोम सकारात्मक होता है। ऐसे शब्द जो अपने सामने वाले शब्द के सर्वथा विपरीत अर्थ का बोध कराते हैं, विलोम या विपरीतार्थक शब्द कहलाते हैं।

7. "वे तो हर क्षण आपकी हानि व ह्रास करने पर ही तुले हैं।" वाक्य में 'वे' सर्वनाम किसके लिए आया है?

(a) स्वार्थ-प्रेरित प्रवृत्तियों के लिए (b) पसन्द-नापसन्द के लिए
(c) मनचली भावनाओं के लिए (d) अहं-प्रेरित प्रवृत्तियों के लिए

व्याख्या (b) प्रस्तुत गद्यांश में वर्णित "वे तो हर क्षण आपकी हानि या ह्रास करने पर ही तुले हैं" वाक्य में 'वे' सर्वनाम पसन्द-नापसन्द के लिए प्रयोग किया गया है।

सर्वनाम संज्ञा के स्थान पर प्रयुक्त किए जाने वाले शब्द सर्वनाम कहलाते हैं। इनकी संख्या 11 है जो 6 भेदों में विभक्त हैं

1. पुरुषवाचक सर्वनाम-मैं, तुम
2. निजवाचक सर्वनाम-स्वयं, खुद, अपने आप
3. निश्चयवाचक सर्वनाम-यह, वह
4. अनिश्चयवाचक सर्वनाम-कोई, कुछ
5. प्रश्नवाचक सर्वनाम-कौन, क्या
6. सम्बन्धवाचक सर्वनाम-जो, सो

8. किस शब्द में 'ना' उपसर्ग का प्रयोग नहीं किया जा सकता है?

(a) पसन्द (b) वाकिफ (c) काबिल (d) हाजिर

व्याख्या (d) उपसर्ग उस शब्दांश या अव्यय को कहते हैं, जो किसी शब्द के पहले आकर उसका विशेष अर्थ प्रकट करता है। यह दो शब्दों (उप + सर्ग) के योग से बना है, 'उप' का अर्थ है 'समीप' तथा 'सर्ग' का अर्थ है— 'सृष्टि करना'। अत: उपसर्ग का अर्थ है— पास में बैठकर दूसरे नए शब्द का निर्माण करना। हाजिर शब्द में 'ना' उपसर्ग का प्रयोग नहीं किया जा सकता, बल्कि हाजिर में 'गैर' उपसर्ग लगाकर नया शब्द गैरहाजिर बनाया जा सकता है।

9. 'विश्लेषण' का विलोम है

(a) संश्लिष्ट (b) संक्षेपण (c) संश्लेषण (d) अविश्लेषण

व्याख्या (c) ऐसे शब्द जो अपने सामने वाले के सर्वथा विपरीत अर्थ का बोध कराते हैं, विलोम या विपरीतार्थक शब्द कहलाते हैं। दिए गए प्रश्न में 'विश्लेषण' का विलोम संश्लेषण तथा संक्षेपण का विलोम विक्षेपण होता है।

गद्यांश 27

पर्यावरण के प्रति गहरी संवेदनशीलता प्राचीनकाल से ही मिलती है। अथर्ववेद में लिखा है-"भूमि माता है, हम पृथ्वी की सन्तान हैं।" एक स्थान पर यह भी लिखा है कि "हे! पवित्र करने वाली भूमि, हम कोई ऐसा काम न करें जिससे तेरे हृदय को आघात पहुँचे।" हृदय को आघात पहुँचाने का यहाँ अर्थ है पृथ्वी के पारिस्थितिकी तन्त्र के साथ क्रूर छेड़छाड़। हमें प्राकृतिक संसाधनों के अप्राकृतिक और असीमित दोहन से बचना होगा। आज आवश्यकता इस बात की है कि विश्व के तमाम राष्ट्र जलवायु परिवर्तन के गम्भीर खतरे को लेकर आपसी मतभेद भुला दें और अपनी-अपनी जिम्मेदारी ईमानदारी से निभाएँ, ताकि समय रहते सर्वनाश से उबरा जा सके। विश्व-विनाश से निबटने के लिए सामूहिक एवं व्यक्तिगत प्रयासों की जरूरत है। इस दिशा में आन्दोलन हो रहे हैं। अरण्य-रोदन के बदले अरण्य-संरक्षण की बात हो रही है, सचमुच हमें आत्मरक्षा के लिए पृथ्वी की रक्षा करनी होगी। भूमि माता है और हम उसकी सन्तान-इस कथन को चरितार्थ करना होगा।

(CTET 2015, VI-VIII)

1. "हम पृथ्वी की सन्तान हैं"-'हम' का अर्थ है

(a) संसार के सभी लोग (b) हम सभी नागरिक
(c) एक खास देश के लोग (d) हम भारतवासी

व्याख्या (a) "हम पृथ्वी की संतान हैं" पंक्ति में 'हम' का अर्थ संसार के सभी लोगों से है।

2. 'पर्यावरण' का सन्धि-विच्छेद होगा

(a) पर् + आवरण (b) पर् + यावरण
(c) परि + आवरण (d) परि + यावरण

व्याख्या (c) पर्यावरण का सन्धि विच्छेद 'परि + आवरण' होता है। पर्यावरण का अर्थ है 'परि' (चारों तरफ) तथा 'आवरण' (घेरे हुए) अर्थात् एक आवरण जो हमें चारों तरफ से घेरे हुए हो, पर्यावरण कहलाता है।

3. हम प्रकृति के हृदय को आघात पहुँचाते हैं यदि हम

(a) पारिस्थितिकी से छेड़छाड़ करते हैं
(b) पृथ्वी की खुदाई करते हैं
(c) संसाधनों का दोहन करते हैं
(d) पृथ्वी से बुरा व्यवहार करते हैं

व्याख्या (a) यदि हम पारिस्थितिकी से छेड़छाड़ करते हैं, तो हम प्रकृति के हृदय को आघात (नुकसान) पहुँचाते हैं क्योंकि गद्यांश में वर्णित है 'हे! पवित्र करने वाली भूमि, हम कोई ऐसा काम न करें जिससे तेरे हृदय को आघात पहुँचे।' गद्यांश के अनुसार, हृदय को आघात पहुँचाने का अर्थ है—पृथ्वी के पारिस्थितिकी तन्त्र के साथ क्रूर छेड़छाड़।

4. "सर्वनाश से उबरा जा सके"-'उबरा' का अर्थ है

(a) हटा (b) बचा (c) निपटा (d) तैरा

व्याख्या (b) "सर्वनाश से उबरा जा सके" पंक्ति में 'उबरा' का अर्थ है—'बचा' जा सके।

5. गद्यांश में 'चरितार्थ करना' का आशय है

(a) बहस करना (b) सिद्ध करना
(c) अपनाना (d) चरित्र-चित्रण करना

व्याख्या (b) प्रस्तुत गद्यांश में 'चरितार्थ करना' का आशय है—सिद्ध करना, क्योंकि कवि यह सिद्ध करना चाहता है कि "भूमि माता है और हम उसकी सन्तान हैं।"

6. विश्व के सभी देशों से अपेक्षा की गई कि वे

(a) पर्यावरण की रक्षा करें
(b) अपने उत्तरदायित्व ईमानदारी से निभाएँ
(c) व्यक्तिगत प्रयास करें
(d) मिलजुल कर कार्य करें

व्याख्या (b) प्रकृति के असीमित दोहन से बचने के लिए एवं जलवायु परिवर्तन के खतरे को लेकर विश्व के सभी देशों से अपेक्षा की गई है कि वे आपसी भेदभाव को भुलाकर अपना उत्तरदायित्व ईमानदारी से निभाएँ।

7. 'अरण्य-संरक्षण' का अर्थ है

(a) वनों की रक्षा (b) प्रकृति की रक्षा
(c) पर्यावरण की रक्षा (d) सभी की रक्षा

व्याख्या (a) 'अरण्य-संरक्षण' का अर्थ वनों की रक्षा अर्थात् उनको बचाने से है।

8. जो सम्बन्ध माँ और उसकी सन्तान में है, वही सम्बन्ध है

(a) पृथ्वी और पृथ्वी निवासियों में (b) माता और पुत्र में
(c) धरती और सभी देशों में (d) प्रकृति और पर्यावरण में

व्याख्या (a) जो सम्बन्ध माँ और उसकी सन्तान में होता है, वही सम्बन्ध पृथ्वी और उसके निवासियों में है, क्योंकि गद्यांश में वर्णित है कि भूमि हमारी माता है और हम उसकी सन्तान हैं।

9. 'क्रूर' शब्द है

(a) सर्वनाम (b) क्रिया (c) विशेषण (d) संज्ञा

व्याख्या (c) संज्ञा या सर्वनाम की विशेषता बताने वाले शब्द विशेषण कहलाते हैं और 'क्रूर' विशेषण शब्द है।

गद्यांश 28

शिक्षा की बैंकीय अवधारणा (बैंकिंग कॉन्सेप्ट) में ज्ञान एक उपहार होता है, जो स्वयं को ज्ञानवान समझने वालों के द्वारा उनको दिया जाता है, जिन्हें वे नितान्त अज्ञानी मानते हैं। दूसरों को परम अज्ञानी बताना उत्पीड़न की विचारधारा की विशेषता है। वह शिक्षा और ज्ञान को जिज्ञासा की प्रक्रिया नहीं मानती। शिक्षक अपने छात्रों के समक्ष स्वयं को एक आवश्यक विलोम के रूप में प्रस्तुत करता है; उन्हें परम अज्ञानी मानकर वह अपने अस्तित्व का औचित्य सिद्ध करता है। छात्र, हेगेलीय द्वन्द्ववाद में वर्णित दासों की भाँति, अलगाव के शिकार होने के कारण अपने अज्ञान को शिक्षक के अस्तित्व का औचित्य सिद्ध करने वाला समझते हैं लेकिन इस फर्क के साथ कि दास तो अपनी वास्तविकता को जान लेता है (कि मालिक का अस्तित्व उसके अस्तित्व पर निर्भर है) लेकिन ये छात्र अपनी इस वास्तविकता को कभी नहीं जान पाते कि वे भी शिक्षक को शिक्षित करते हैं।

(CTET 2014, I-V)

1. शिक्षा की बैंकीय अवधारणा शिक्षा को किस रूप में प्रस्तुत करती है?

(a) शिक्षा की प्रक्रिया में केवल परम अज्ञानी शामिल होते हैं
(b) शिक्षा ज्ञान के लेन-देन की प्रक्रिया है
(c) शिक्षा में केवल छात्र शिक्षकों को शिक्षित करते हैं
(d) शिक्षा में उपहारों का लेन-देन होता है।

व्याख्या (b) शिक्षा की बैंकीय अवधारणा (बैंकिंग कॉन्सेप्ट) शिक्षा को ज्ञान के लेन-देन की प्रक्रिया मानती है। यह स्वयं को ज्ञानवान समझने वालों के द्वारा उन्हें प्रदान किया जाता है, जिन्हें वे नितान्त ही अज्ञानी मानते हैं।

2. गद्यांश के अनुसार छात्र अपनी किस वास्तविकता को नहीं जान पाते?

(a) शिक्षक ज्ञानवान है (b) शिक्षा में ज्ञान ही सर्वोपरि है
(c) शिक्षक पूर्णत: शिक्षित नहीं है (d) वे अज्ञानी हैं

व्याख्या (c) गद्यांश के अनुसार छात्र-शिक्षक पूर्णत: शिक्षित नहीं है, छात्र इस वास्तविकता को जान नहीं पाते। शिक्षक अपने छात्रों के समक्ष स्वयं को एक आवश्यक विलोम के रूप में प्रस्तुत करता है।

3. इस गद्यांश के अनुसार शिक्षा की प्रक्रिया सम्पन्न होने के लिए अनिवार्य शर्त है

(a) शिक्षक की उपस्थिति
(b) शिक्षक का परम ज्ञानवान होना
(c) छात्र का परम अज्ञानी होना
(d) छात्रों का सीखने के लिए उत्सुक होना

व्याख्या (a) शिक्षा की प्रक्रिया सम्पन्न होने के लिए अनिवार्य शर्त है-शिक्षक की उपस्थिति, क्योंकि छात्र अधिगम के लिए शिक्षक की उपस्थिति आवश्यक होती है।

4. गद्यांश के अनुसार उत्पीड़न की विचारधारा की विशेषता क्या है?

(a) शिक्षा ज्ञान का उपहार है
(b) शिक्षक 'श्रेष्ठ' है और छात्र 'हीन' है
(c) आदर्श शिक्षक सदैव उत्पीड़क होता है
(d) परम अज्ञानियों का शोषण अनिवार्य है

व्याख्या (b) "शिक्षक श्रेष्ठ हैं और छात्र हीन हैं" यही उत्पीड़न की विचारधारा की विशेषता को प्रकट करती है। छात्र हेगेलीय द्वन्द्ववाद में वर्णित दासों की भाँति अलगाव के शिकार होने के कारण अपने अज्ञान को शिक्षक के अस्तित्व का औचित्य सिद्ध करने वाला समझते हैं।

5. गद्यांश में ...... पर करारा व्यंग्य किया गया है।

(a) ज्ञानवान व्यक्तियों
(b) उत्पीड़ितों की दशा
(c) शिक्षितों की दशा
(d) शिक्षक और छात्र के मध्य सम्बन्ध

व्याख्या (d) उक्त गद्यांश में शिक्षक एवं छात्र के बीच सम्बन्ध पर करारा व्यंग्य किया गया है। इसमें यह भी बताया गया है कि दास तो यह जान लेता है कि मालिक का अस्तित्व उसके अस्तित्व पर निर्भर करता है, किन्तु छात्र अपनी इस वास्तविकता को कभी भी नहीं जान पाता कि वे भी शिक्षक को शिक्षित करते हैं।

6. 'जिज्ञासा' शब्द से बनने वाला विशेषण है

(a) जिज्ञासी (b) जिज्ञासा वाला (c) जिज्ञासु (d) जिज्ञासाशील

व्याख्या (c) 'जिज्ञासा' शब्द से बनने वाला विशेषण 'जिज्ञासु' है।

7. किस शब्द में दो प्रत्ययों का प्रयोग हुआ है?

(a) वास्तविकता (b) ज्ञानवान
(c) विशेषता (d) विचारधारा

व्याख्या (a) 'वास्तविकता' में दो प्रत्ययों का प्रयोग हुआ है-(i) 'इक' और (ii) 'ता'। प्रत्यय सदैव शब्द के अन्त में लगते हैं।

8. प्रस्तुत गद्यांश में 'नितान्त' शब्द का अर्थ है

(a) केवल (b) एकान्त (c) बहुत (d) बिल्कुल

व्याख्या (d) प्रस्तुत गद्यांश में 'नितान्त' शब्द का अर्थ 'बिल्कुल' होता है। ज्ञान एक उपहार होता है, जो स्वयं को ज्ञानवान समझने वालों के द्वारा उनको दिया जाता है, जिन्हें वे नितान्त अज्ञानी समझते हैं।

9. "उन्हें परम अज्ञानी मानकर वह अपने अस्तित्व का औचित्य सिद्ध करता है।" रेखांकित शब्द की जगह किस शब्द का प्रयोग किया जा सकता है?

(a) प्रमाणित (b) प्रतिफलित (c) अन्तर्निहित (d) प्रतिस्थापना

व्याख्या (a) "उन्हें परम अज्ञानी मानकर वह अपने अस्तित्व का औचित्य सिद्ध करता है", वाक्य में 'सिद्ध' के स्थान पर 'प्रमाणित' शब्द का प्रयोग भी किया जा सकता है, क्योंकि प्रमाणित का अर्थ भी करना ही होता है।

गद्यांश 29

गुलजार जी, क्या लिखते समय पाठ आपके चिन्तन में होते हैं? देखिए, जब मैं लिखता हूँ, मेरे जेहन में मैं होता हूँ। मैं पहले यही तय करता हूँ। बात मुझे अपनी कहनी होती है। पाठक को सामने रखकर लिखने का कोई मतलब नहीं होता। दूसरी महत्त्वपूर्ण बात मैं महसूस करता हूँ वह है कम्युनिकेशन, अपनी बात को पाठक तक पहुँचाना, आर्ट ऑफ कम्युनिकेशन, हाँ मैं अपने लेखन को इस कसौटी पर रखता हूँ। मीडिया से जुड़े होने के कारण कहने के तरीके को लेकर मैं सोचता अवश्य हूँ। विषय मेरे होते हैं, मेरी बात सही है या नहीं। आप अपनी ग्रोथ के साथ एक अहाता बनाते चलते हैं। हर फाइन आर्ट लोगों तक पहुँचनी ही चाहिए। संगीत हो, कला हो, या लेखन हो वो अपने लक्ष्य तक पहुँचनी चाहिए, कहने का ऐसा तरीका तो होना ही चाहिए। ***(CTET 2014, I-V)***

1. जब गुलजार लिखते हैं तो विषय किसके होते हैं?

(a) फिल्म बनाने वालों के
(b) स्वयं उनके
(c) मीडिया के
(d) पाठकों के

व्याख्या (b) गुलजार ने लेखन कार्य स्वयं अपने बारे में किया है, जो उनके जीवन में घटित विशेष स्थिति होती है। जिसे वे अपनी लेखनी के माध्यम से ही दूसरों के बीच जीवन में घटित होने वाली विशेष स्थिति तक पहुँचाते हैं।

2. गुलजार के अनुसार लिखने वाले के जेहन में स्वयं लेखक होता है। इसका आशय यह है कि

(a) लेखक पाठक की उपेक्षा करता है
(b) लेखक को अपनी ग्रोथ चाहिए
(c) लेखक की संवेदनाएँ, आत्मानुभूति केन्द्र में होती है
(d) लेखक स्वयं को सर्वोपरि मानता है

व्याख्या (c) गुलजार का मानना है कि लिखने वाले के मस्तिष्क में स्वयं लेखक होता है। वह अपनी संवेदनाओं एवं आत्मानुभूतियों को चरणबद्ध तरीके से केन्द्रित कर उन्हें लिपिबद्ध करता है।

3. एक लेखक के लिए दूसरी महत्त्वपूर्ण बात क्या है?
(a) मीडिया (b) कला (c) लेखन (d) सम्प्रेषण

व्याख्या (d) लेखक का कार्य ही सम्प्रेषण का होता है जिससे वह अपनी बातों को लोगों के बीच लेखनी द्वारा पहुँचाता है।

4. किसी भी कला का लक्ष्य क्या है?
(a) लोगों तक वह बात पहुँचे (b) मीडिया द्वारा सराहा जाए
(c) सरल भाषा का प्रयोग करना (d) वह सुन्दर तरीके से कही गई हो

व्याख्या (a) लेखक जब भी कोई लेखन सम्बन्धी कार्य करता है, तो उसका लक्ष्य हमेशा अपनी बात को दूसरों तक पहुँचाना होता है।

5. गुलजार अपने लेखन को किस कसौटी पर कसते हैं?
(a) वह व्यंग्य भरे अंदाज में कही गई है या नहीं
(b) वह सब लोगों द्वारा सराही गई है या नहीं
(c) मेरी ग्रोथ हो रही है या नहीं
(d) वह बात पाठक तक पहुँच रही है या नहीं

व्याख्या (d) गुलजार अपने लेखन को इस कसौटी पर कसते हैं कि उनकी लिखी गई बात जनमानस तक पहुँच रही है अथवा नहीं। लोगों के बीच अपनी बात को पहुँचाना ही उनके लेखन का एकमात्र उद्देश्य होता है।

6. गुलजार लिखने से पहले क्या तय करते हैं?
(a) क्या कहना है (b) कैसे कहना है
(c) क्यों कहना है (d) किसके लिए कहना है

व्याख्या (a) गुलजार लेखन कार्य से पूर्व यह निश्चित करते हैं कि उन्हें क्या कहना है? अर्थात् लेखन का विषय क्या होगा?

7. 'जेहन' का अर्थ है
(a) दिमाग (b) ख्याल (c) सपना (d) दिल

व्याख्या (a) 'जेहन' का अर्थ होता है 'दिमाग', जबकि 'ख्याल' का अर्थ विचार होता है।

8. 'संगीत' से विशेषण शब्द बनेगा
(a) संगीतज्ञ (b) संगीतवाला (c) संगीतवान (d) संगीता

व्याख्या (a) 'संगीत' से विशेषण शब्द संगीतज्ञ बनेगा।

9. ''कहने का ऐसा तरीका तो होना ही चाहिए।'' वाक्य में निपात शब्द हैं
(a) तो, का (b) ही, ऐसा (c) तो, ही (d) ऐसा, तो

व्याख्या (c) ''कहने का ऐसा तरीका तो होना ही चाहिए'' वाक्य में निपात शब्द ही और तो हैं।

गद्यांश 30

देखिए, यह सिर्फ सिद्धान्त की बात नहीं है, यह तो हमारे अनुभवों और व्यवहार से भी दिखाई दे रही है। आज क्या स्थिति है? शिक्षा में हमने बहुत प्रगति की है। पहले बहुत कम स्कूल थे, अब हर गाँव में और हर मौहल्ले में स्कूल हैं। बहुत दूरस्थ इलाके में भी स्कूल खुल चुके हैं, लेकिन उन स्कूलों में जो शिक्षा मिल रही है, वह नाममात्र की शिक्षा मिल रही है। पाँचवीं पास हो जाएँगे, छठी, आठवीं में बच्चा पहुँच जाएगा, लेकिन उनकी लिखने, पढ़ने और हिसाब करने की योग्यता बहुत कमजोर है। यह क्यों हो रहा है? इसलिए हो रहा है कि इस देश में जितने पैसे वाले लोग हैं, उन्होंने अपनी व्यवस्था अलग बना ली है और उनको अब इस बात की परवाह नहीं है कि सरकारी स्कूलों में पढ़ाई हो रही है या नहीं। कितने शिक्षक हैं, क्या व्यवस्था है, शिक्षक आता है या नहीं, ये वो चीजें हैं, जिनसे उनको कोई मतलब नहीं है। *(CTET 2014, I-V)*

1. शिक्षा में प्रगति हुई है, गद्यांश के अनुसार इसका प्रमाण है
(a) बच्चे अच्छा सीख रहे हैं
(b) दूर-दराज के गाँव में स्कूल खुल गए हैं
(c) दूर-दराज के गाँवों में सभी पढ़ने जाते हैं
(d) बच्चे हिसाब में पक्के हो गए हैं

व्याख्या (b) शिक्षा की प्रगति के सन्दर्भ में दूर-दराज के गाँवों में तथा मौहल्लों आदि में खुले हुए स्कूल इसके प्रत्यक्ष प्रमाण हैं, जो इस बात को सिद्ध करते हैं कि शिक्षा के क्षेत्र में व्यापक तौर पर प्रगति हुई है।

2. दूरस्थ इलाकों में
(a) अच्छी शिक्षा मिल रही है
(b) अच्छे शिक्षक पढ़ाते हैं
(c) अच्छी शिक्षा नहीं मिल रही है
(d) शिक्षक रोज समय पर आते हैं

व्याख्या (c) जो स्कूल दूर-दराज के गाँवों में खुले हुए हैं, उनमें केवल नाममात्र की शिक्षा दी जाती है, क्योंकि न तो वहाँ बच्चों को ठीक ढंग से बैठाने की व्यवस्था है और न ही शिक्षा की गुणवत्ता आदि की। अत: दूरस्थ इलाकों में शिक्षा की गुणवत्ता को सुधारने के लिए परिवर्तन नितान्त ही आवश्यक है।

3. बच्चे पढ़ाई में कमजोर हैं, इसका कारण है
(a) पैसे वाले लोगों ने अपने स्कूल खोल लिए हैं
(b) पैसे वाले लोगों को इस बात से कोई सरोकार नहीं है
(c) पैसे वाले लोग गाँव में कम जाते हैं
(d) पैसे वाले लोगों की व्यवस्था खराब है

व्याख्या (b) बच्चे पढ़ाई में कमजोर हैं, इसका कारण देश में जितने अमीर लोग हैं, उन सभी ने अपनी एक अलग व्यवस्था या सोच बना ली है, क्योंकि उन्हें इस बात से कोई लेना-देना नहीं है कि सरकारी स्कूलों में पढ़ाई हो रही है या नहीं। कितने शिक्षक हैं, शिक्षक आता है या नहीं, इन सभी बातों को सोचने के लिए वे बिल्कुल भी तैयार नहीं होते।

4. गद्यांश के अनुसार बच्चों की बेहतर शिक्षा के लिए
(a) अधिक स्कूल खोले जाने चाहिए
(b) शिक्षा व्यवस्था में से पैसे वाले लोगों को निकाल देना चाहिए
(c) बच्चों, शिक्षकों और पूरी शिक्षा व्यवस्था पर ध्यान दिया जाना चाहिए
(d) बच्चों को अधिक समय तक पढ़ाना चाहिए

व्याख्या (c) गद्यांश के अनुसार, बच्चों की अच्छी शिक्षा के लिए शिक्षण कार्य में संलग्न सभी शिक्षकों, अभिभावकों, छात्रों एवं शिक्षा व्यवस्था पर विशेष तौर पर ध्यान देना अति आवश्यक है, तभी हम अपने उद्देश्य में सफल हो सकते हैं।

5. 'शिक्षा' में 'इक' प्रत्यय लगने पर शब्द बनेगा
(a) शैक्षिक (b) शिक्षिक (c) शैक्षीक (d) शिक्षित

व्याख्या (a) प्रत्यय का प्रयोग हमेशा शब्दों के अन्त में किया जाता है; जैसे- शिक्षा + इक = शैक्षिक 'इक' प्रत्यय से बना शब्द)। यहाँ 'इक' प्रत्यय का प्रयोग किया गया है।

6. प्रगति में कौन-सा प्रत्यय लगेगा?

(a) वान (b) वाला (c) शील (d) दार

व्याख्या (c) प्रत्यय शब्दों के अन्त में लगकर उसका अर्थ बदल देते हैं, यहाँ प्रगति के साथ प्रयुक्त होने वाला प्रत्यय 'शील' होता है अर्थात् सही शब्द 'प्रगतिशील' होता है।

7. गद्यांश में किस शब्द के एक से अधिक अर्थ हैं?

(a) शिक्षा (b) प्रगति (c) योग्यता (d) पास

व्याख्या (d) गद्यांश में 'पास' शब्द एक से अधिक अर्थों के रूप में प्रयुक्त हुआ है।

गद्यांश 31

मैं दिखाना चाहती हूँ कि हम आलोचनात्मक शिक्षाशास्त्र के जरिए चीजों पर पर्दा डालने की कोशिश नहीं करते, क्योंकि अब तो यही चलन बन गया है। हम आमतौर पर कहते हैं अरे! सीखने का कितना खुशनुमा माहौल है और देखो, बच्चे कैसे-कैसे प्रयोग कर रहे हैं, वगैरह। मगर अब ये खुशनुमा ढंग से सीखना भी एक ढर्रा बन गया है। हम अकसर सोचते हैं कि बस कोई गतिविधि करना ही काफी है, भले ही वो बिल्कुल निरर्थक हो, भले ही बच्चे उसके जरिए कुछ न सीख रहे हों। बस गतिविधियाँ करवाने की मारामारी मची हुई है। आज हमारे यहाँ यही हालात हैं। इसलिए मुझे लगता है कि हमें इस विषय में एक नए सिरे से सोचना चाहिए। बेशक, गतिविधि का महत्त्व है मगर, बच्चों को वो चीजें मत सिखाइए जो बाद में आनी हैं। मसलन, उन्हें नम्बर लाइन सिखाकर उसके आधार पर टाइम लाइन की बात मत कीजिए। हर चीज को एक सन्दर्भ में कीजिए। इसकी वजह यह है कि बच्चे इसी तरह सीखते हैं। संख्याएँ सन्दर्भ से ही आती हैं। संख्या एक बहुत अमूर्त धारणा है। एक बच्चे के लिए 'दो' समझना अमूर्त बात है। वह कैसे समझेगा कि किसी चीज के 'दो' होने का क्या मतलब है? ***(CTET 2014, I-V)***

1. बच्चों के सीखने के तरीकों में सबसे अधिक क्या महत्त्वपूर्ण है?

(a) संख्या (b) सन्दर्भ (c) गतिविधि (d) ये सभी

व्याख्या (b) बच्चों में अधिगम (सीखना) सदैव किसी सन्दर्भ को ध्यान में रखकर ही किया जा सकता है और सीखने के उपायों में सन्दर्भ ही सबसे महत्त्वपूर्ण कारक होता है।

2. गद्यांश में किसके ढर्रा बन जाने की बात की गई है?

(a) प्रयोग करने के (b) खुशनुमा माहौल के
(c) खुशनुमा ढंग से सीखने के (d) गतिविधि करने के

व्याख्या (c) वर्तमान समय में लगभग सभी स्कूलों में एक्टिविटी अर्थात् गतिविधि पर विशेष ध्यान दिया जाता है, क्योंकि बच्चों के अधिगम (सीखने) में यह प्रमुख भूमिका निभाते हैं।
अतः कहा जा सकता है कि यह खुशनुमा ढंग से सीखने की रीति या ढर्रा बन गया है। गद्यांश में इसी बात पर विशेष बल दिया गया है।

3. गद्यांश के अनुसार

(a) गतिविधि कराना उचित नहीं है
(b) गतिविधियों का निरन्तर प्रयोग करते रहना चाहिए
(c) गतिविधि के जरिए बच्चे कुछ नहीं सीखते
(d) गतिविधि सार्थक होनी चाहिए

व्याख्या (d) स्कूलों में अपनाई जाने वाली गतिविधियाँ बच्चों में सीखने के प्रति उत्सुकता पैदा करती हैं, किन्तु उसका एक सार्थक उद्देश्य होना आवश्यक है, क्योंकि बिना सार्थक उद्देश्य के किया गया कोई भी कार्य अपने लक्ष्यों को प्राप्त करने में असफल होता है।

4. बच्चों के लिए क्या मुश्किल है?

(a) संख्या जैसी अमूर्त अवधारणा को समझना
(b) गतिविधियों का महत्त्व समझना
(c) संख्याओं के महत्त्व को समझना
(d) गतिविधियों के माध्यम से सीखना

व्याख्या (a) गणितीय स्तर पर प्राथमिक कक्षा के बच्चे को किसी बात को अमूर्त रूप से समझाने में अत्यधिक कठिनाई होती है, क्योंकि उसे यह पता नहीं होता कि वास्तव में उसका 'अर्थ' या 'व्यावहारिक उपयोग' क्या है। यदि बच्चे को 'दो' की संख्या को समझाया जा रहा है, तो उसे व्यावहारिक रूप अर्थात् मूर्त रूप में समझाना आवश्यक है, तभी वह संख्या जैसी अमूर्त अवधारणा को समझ सकेगा।

5. अकसर लोग क्या सोचते हैं?

(a) गतिविधि कराना ही काफी है
(b) किसी भी गतिविधि से बच्चे सीखते हैं
(c) गतिविधि से समय की बचत होती है
(d) गतिविधियाँ बहुत बेजान होती हैं

व्याख्या (a) प्रायः विद्यालय में अधिकांश शिक्षक बच्चों की गतिविधियों के माध्यम से शिक्षण प्रक्रिया सम्पन्न करते हैं, लेकिन अकसर लोग यही सोचते हैं कि गतिविधि कराना ही काफी है, किन्तु जब तक गतिविधि का कोई उद्देश्य नहीं होगा, तब तक अपेक्षित परिणाम प्राप्त करना कोरी कल्पना ही होगा।

6. 'गतिविधियाँ करवाने की मारामारी मची हुई है' का आशय है

(a) गतिविधियाँ कराते समय मार-पीट हो रही है
(b) गतिविधियाँ कराना बहु महँगा पड़ता है
(c) सभी लोग देखा-देखी निरर्थक गतिविधियाँ करवाने में लगे हुए हैं
(d) सभी लोग देखा-देखी सार्थक गतिविधियाँ करवाने में लगे हुए हैं

व्याख्या (c) बिना उद्देश्य के की गई कोई भी गतिविधि निरर्थक होती है अतः गतिविधि सोद्देश्य होनी चाहिए तथा उसका सार्थक होना भी अत्यावश्यक है। इसी सन्दर्भ में सभी लोग दूसरों की देखा-देखी निरर्थक गतिविधियाँ करवाने में लगे हुए हैं।

7. 'अमूर्त' का विलोम है

(a) मूर्त (b) साकार (c) प्रत्यक्ष (d) मूर्तिवान

व्याख्या (a) 'अमूर्त' का अर्थ है, जो साक्षात् रूप में उपस्थित नहीं है, इसका विपरीत (विलोम) मूर्त होता है।

8. 'हालात' का समानार्थी है

(a) हालत (b) स्थिति
(c) समस्या (d) परिप्रेक्ष्य

व्याख्या (b) परिस्थिति या स्थिति शब्द भी 'हालात' के ही समानार्थी शब्द हैं।

गद्यांश 32

शिक्षा केवल तभी बच्चों के आत्मिक जीवन का एक अंश बनती है, जबकि ज्ञान सक्रिय कार्यों के साथ अभिन्न रूप से जुड़ा हो। बच्चों से यह आशा नहीं की जा सकती कि पहाड़े या समकोण चतुर्भुज का क्षेत्रफल निकालने के नियम आप उन्हें आकर्षित करेंगे। जब बच्चा यह देखता है कि ज्ञान सृजन के या श्रम के लक्ष्यों की प्राप्ति का साधन है, तभी ज्ञान पाने की इच्छा उनके मन में जागती है। मैं यह चेष्टा करता था कि छोटी आयु में ही शारीरिक श्रम में बच्चों को अपनी होशियारी और कुशाग्र बुद्धि का परिचय देने का अवसर मिले। स्कूल का एक सर्वाधिक महत्त्वपूर्ण कार्यभार है—बच्चों को ज्ञान का प्रयोग करना सिखाना। छोटी कक्षाओं में यह खतरा सबसे ज्यादा होता है कि ज्ञान निरर्थक बोझ बनकर रह जाएगा, क्योंकि इस आयु में बौद्धिक श्रम नई-नई बातें सीखने से ही सम्बन्धित होता है। ***(CTET 2014, I-V)***

1. लेखक के अनुसार शिक्षा का अर्थ है

(a) ज्ञान का प्रयोग करना
(b) श्रम करना
(c) विषय पर अधिकार प्राप्त करना
(d) ज्ञान प्राप्त करना

व्याख्या (a) लेखक के अनुसार शिक्षा का अर्थ केवल ज्ञान प्राप्त करना ही नहीं है, बल्कि ज्ञान प्राप्त करके उसको अपने अनुभवों एवं दैनिक जीवन के व्यावहारिक प्रयोगों में लाना ही भी है।

2. ज्ञान-प्राप्ति की इच्छा कब जागती है?

(a) जब हम यह देखें कि ज्ञान हमारे भौतिक जीवन के लक्ष्यों की प्राप्ति का साधन है
(b) जब हम यह देखें कि ज्ञानवान मनुष्य ही श्रम का अधिकारी है
(c) जब हम यह देखें कि ज्ञान के द्वारा हम समस्त सुखों का लाभ उठा सकते हैं
(d) जब हम यह देखें कि ज्ञान के द्वारा सृजनात्मक कार्य किए जा सकते हैं

व्याख्या (d) जब हमें यह ज्ञात हो जाता है कि ज्ञान की प्राप्ति से अनेक प्रकार के रचनात्मक या सृजनात्मक कार्य किए जा सकते हैं तथा इन्हीं के द्वारा कठिन शारीरिक श्रम को और अधिक आसान बनाया जा सकता है, तभी हमें ज्ञान प्राप्ति की प्रबल इच्छा होती है।

3. लेखक के अनुसार

(a) शारीरिक श्रम में तेज बुद्धि की आवश्यकता नहीं होती
(b) शारीरिक श्रम में समझदारी और तेज बुद्धि की भी आवश्यकता होती है
(c) शारीरिक श्रम बच्चों को होशियार बनाता है
(d) शारीरिक श्रम ही एकमात्र महत्त्वपूर्ण तत्त्व है

व्याख्या (b) दिए गए गद्यांश में लेखक ने इस बात की ओर निर्देशित किया है कि शारीरिक श्रम केवल शरीर के द्वारा ही न किया जाए, बल्कि उसमें बुद्धि का प्रयोग भी सम्मिलित होना चाहिए, क्योंकि ऐसा करने पर ही शारीरिक श्रम एवं समय दोनों की खपत की जा सकती है और वांछित लक्ष्यों की प्राप्ति की जा सकती है।

4. गद्यांश के अनुसार ज्ञान कब निरर्थक बोझ बन जाता है?

(a) जब उसे कक्षाओं तक सीमित कर दिया जाए
(b) जब उसे शारीरिक श्रम से न जोड़ा जाए
(c) जब उसका सक्रिय प्रयोग न किया जाए
(d) जब उस पर पूर्णत: अधिकार न किया जाए

व्याख्या (c) ऐसा ज्ञान प्राप्त करना कि उसका कहीं प्रयोग ही न किया जा सके, निरर्थक एवं भार के समान प्रतीत होता है, जबकि ज्ञान का ऐसा संचय जिसका कि हम अधिकाधिक प्रयोग अपने व्यावहारिक जीवन में कर सकें, बोझ एवं निरर्थक महसूस नहीं होता।

5. 'इच्छा' शब्द में 'इक' प्रत्यय जोड़ने से बनने वाला नया शब्द है

(a) ऐच्छिक (b) इच्छिक (c) ऐछिक (d) एच्छिक

व्याख्या (a) 'इच्छा' शब्द में 'इक' प्रत्यय जोड़ने से बनने वाला नया शब्द इच्छा + इक (प्रत्यय) = ऐच्छिक (जो अपनी इच्छा के अनुसार लिया या चुना जा सके) है। प्रत्यय सदैव शब्द के अन्त में जुड़कर एक सार्थक शब्द का निर्माण करते हैं।

6. 'कार्य' का बहुवचन रूप है

(a) कार्यें (b) कार्य (c) कार्यक्रमों (d) कार्यों

व्याख्या (b) 'कार्य' का बहुवचन सदैव 'कार्य' ही होता है।

7. 'बौद्धिक' शब्द का मूल शब्द है

(a) बुद्ध (b) बौद्ध (c) बौद्धि (d) बुद्धि

व्याख्या (d) दिए गए प्रश्न में बुद्धि एक मूल शब्द है, जिसमें 'इक' प्रत्यय (बुद्धि + इक) लगाकर एक सार्थक शब्द बौद्धिक बनाया गया है।

गद्यांश 33

22 दिसम्बर, 1939 को श्री धनसिंह नागरकोटी का घर रिसने लगा। मल्ली ताल में दाहिनी ओर बने कुछ घर भी रिसने लगे। जाड़ों के दिनों में रिसना कम ही होता था पर अबकी पता नहीं क्यों पहाड़ी पर बने घरों में भी इस रिसाव के कारण ठण्ड का प्रभाव कुछ ज्यादा ही होने लगा। सन्तोष की बात थी कि शाम तक पानी का जोर हल्का पड़ने लगा। पर रात को जो बर्फ गिरनी शुरू हुई तो अगले दो दिन तक थमने का नाम ही नहीं लिया। 24 दिसम्बर की शाम तक आकाश खुल गया और लोग 'ह्वाइट क्रिसमस' या 'श्वेत बड़ा दिन' मनाने की तैयारी में जुट गए। बड़ा दिन जब आया तो सूर्यदेव के दर्शन हुए। छतों पर पड़ी बर्फ खिसकर-घरों के सामने जमा हो गई थी। उसे हटाकर रास्ता साफ किया गया। पिघलती बर्फ के कारण हाड़ कँपाने वाली सर्दी में भी लोगों का उत्साह कम नहीं हुआ और वे परस्पर क्रिसमस की शुभकामनाएँ और डालियों का आदान-प्रदान करने लगें। तापमान शून्य से तीन डिग्री नीचे हो गया था। पानी की आपूर्ति नलों के भीतर पानी के जमने से उसके फट जाने से रुक गई थी। ***(CTET 2014, VI-VIII)***

1. गद्यांश में क्रिसमस के लिए 'ह्वाइट क्रिसमस' शब्द इसलिए आया है क्योंकि-

(a) क्रिसमस के अवसर पर सब लोग सफेद रंग के कपड़े पहनते हैं
(b) क्रिसमस के अवसर पर सब लोग सफेद का खाते हैं
(c) क्रिसमस के अवसर पर बहुत बर्फ पड़ी थी
(d) क्रिसमस का असली नाम यही है

व्याख्या (c) गद्यांश के अनुसार क्रिसमस के अवसर पर बहुत बर्फ पड़ी थी और चारों ओर बर्फ के कारण सफेद ही सफेद दिखाई दे रहा था। इसी कारण लेखक ने सफेद बर्फ के लिए 'ह्वाइट क्रिसमस' शब्द का प्रयोग किया है।

2. जाड़े के दिनों में पानी का रिसना

(a) हमेशा ज्यादा होता है
(b) इस बार ज्यादा था
(c) कभी-कभी होता था
(d) इस बार कम था

व्याख्या (b) गद्यांश के अनुसार, जाड़े के दिनों में पानी का रिसना इस बार ज्यादा था, क्योंकि जाड़े के दिनों में रिसाव कम होता था, किन्तु पता नहीं क्यों इस बार कुछ ज्यादा ही रिसाव था और इसके कारण ठण्ड भी कुछ ज्यादा ही थी।

3. सन्तोष की क्या बात थी?

(a) शाम को ठण्ड का प्रभाव ज्यादा नहीं था
(b) सुबह ठण्ड का प्रभाव बिल्कुल नहीं था
(c) शाम को बारिश रुक गई
(d) शाम को बारिश कम होने लगी

व्याख्या (d) प्रस्तुत गद्यांश के अनुसार, लेखक कह रहा है कि सन्तोष की बात यह थी कि शाम तक पानी का जोर हल्का पड़ने लगा या शाम को बारिश कम होने लगी।

4. जाड़े के दिनों में पानी का रिसना

(a) 22 दिसम्बर की शाम से
(b) 22 दिसम्बर की सुबह से
(c) 24 दिसम्बर की शाम से
(d) 24 दिसम्बर की सुबह से

व्याख्या (b) गद्यांश के अनुसार, 22 दिसम्बर की सुबह से ही पानी का रिसना प्रारम्भ हो गया था।

5. पानी की आपूर्ति क्यों नहीं हो पाई?

(a) पानी पर्याप्त मात्रा में नहीं था
(b) पानी नलों में जम गया था
(c) पानी फट गया था
(d) बर्फ धीमी गति से पिघल रही थी

व्याख्या (b) गद्यांश के अनुसार, पानी की आपूर्ति न होने का कारण, पानी का नलों में जम जाना था, क्योंकि बर्फ के पड़ने से तापमान शून्य से तीन डिग्री नीचे चला गया था, जिससे नलों के अन्दर पानी जम गया था और इसी कारण पानी की आपूर्ति नहीं हो पा रही थी।

6. गद्यांश के आधार पर कहा जा सकता है कि

(a) पहाड़ों का जीवन आसान है
(b) पहाड़ों पर हमेशा त्यौहार मनाए जाते हैं
(c) पहाड़ों पर जीवन व्यतीत करना कठिन होता है
(d) पहाड़ों पर हमेशा बर्फ जमी रहती है

व्याख्या (c) गद्यांश के अनुसार पहाड़ों पर जीवन व्यतीत करना कठिन होता है, क्योंकि वहाँ पर जिस प्रकार से बर्फ पड़ रही है तथा उन्हें वहाँ समुचित चिकित्सा और जरूरत की वस्तुएँ नहीं मिल सकतीं।

7. 'हाड़ कँपाने वाली सर्दी' से आशय है

(a) होंठ कँपाने वाली सर्दी
(b) हाथ कँपाने वाली सर्दी
(c) सिर कँपाने वाली सर्दी
(d) हड्डी कँपाने वाली सर्दी

व्याख्या (d) 'हाड़ कँपाने वाली सर्दी' से आशय हड्डी कँपाने वाली सर्दी है अर्थात् ऐसी सर्दी जो शरीर के अन्दर प्रवेश कर सभी अंगों को कँपा रही हो।

8. 'उत्साह' शब्द है

(a) भाववाचक संज्ञा
(b) सकर्मक क्रिया
(c) गुणवाचक विशेषण
(d) सम्बन्धवाचक सर्वनाम

व्याख्या (a) **भाववाचक संज्ञा-** 'जिस संज्ञा शब्द से व्यक्ति या वस्तु के गुण या धर्म, दशा अथवा व्यापार का बोध होता है, उसे 'भाववाचक संज्ञा' कहते हैं। भाववाचक संज्ञाओं का निर्माण जातिवाचक संज्ञा, विशेषण, क्रिया, सर्वनाम और अव्यय में प्रत्यय लगा कर होता है। 'उत्साह' भाववाचक संज्ञा है।

9. 'घर' का बहुवचन रूप है

(a) घरों
(b) घर
(c) घरें
(d) घराएँ

व्याख्या (b) 'घर' का बहुवचन 'घर' होता है। इसी प्रकार चाकू का भी बहुवचन चाकू ही होता है और नेत्र, प्राण, आँसू, अक्षत, दर्शन तथा लोग सदैव बहुवचन में ही प्रयोग होते हैं।

गद्यांश 34

जीवन में बहुत अन्धकार है और अन्धकार की ही भाँति अशुभ और अनीति है। कुछ लोग इस अन्धकार को स्वीकार कर लेते हैं और तब उनके भीतर जो प्रकाश तक पहुँचने और पाने की आकांक्षा थी, वह क्रमशः क्षीण होती जाती है। मैं अन्धकार की इस स्वीकृति को मनुष्य का सबसे बड़ा पाप कहता हूँ। यह मनुष्य का स्वयं अपने प्रति किया गया अपराध है। उसके दूसरों के प्रति किए गए अपराधों का जन्म इस मूल पाप से ही होता है। यह स्मरण रहे कि जो व्यक्ति अपने ही प्रति इस पाप को नहीं करता है, वह किसी के भी प्रति कोई पाप नहीं कर सकता है। किन्तु कुछ लोग अन्धकार के स्वीकार से बचने के लिए उसके अस्वीकार में लग जाते हैं। उनका जीवन अन्धकार के निषेध का ही सतत् उपक्रम बन जाता है। ***(CTET 2014, I-V)***

1. गद्यांश में 'अन्धकार' शब्द किस ओर संकेत करता है?

(a) पाप की ओर
(b) बुराइयों और कठिनाइयों की ओर
(c) अपराधों की ओर
(d) गरीबी की ओर

व्याख्या (b) दिए गए गद्यांश के अनुसार, 'अन्धकार' शब्द बुराइयों एवं कठिनाइयों की ओर इंगित करता है।

2. लेखक ने किसे सबसे बड़ा पाप कहा है?

(a) प्रकाश पाने की क्षीण आकांक्षा
(b) मनुष्य का अपने प्रति पाप न करना
(c) अन्धकार को स्वीकार न करना
(d) अन्धकार को स्वीकार कर लेना

व्याख्या (d) गद्यांश के अनुसार लेखक का अन्धकार अर्थात् बुराइयों को स्वीकार कर लेना मनुष्य द्वारा अपने जीवन में किया गया सबसे बड़ा पाप बताया है, क्योंकि पाप के भार से मनुष्य गर्त की दलदल में फँसता चला जाता है और उसका जीवन निरन्तर अन्धकारमय ही बना रहता है।

3. जब व्यक्ति स्वयं के प्रति किए गए अन्याय तथा शोषण के विरुद्ध आवाज नहीं उठाता, तो

(a) इससे दूसरों के प्रति अन्याय, शोषण को बढ़ावा मिलता है
(b) वह केवल अपने प्रति अन्याय करता है
(c) इससे शान्ति का माहौल बना रहता है
(d) वह दण्ड का अधिकारी बन जाता है

व्याख्या (a) जब व्यक्ति स्वयं के प्रति किए गए अन्याय तथा शोषण के प्रति आवाज नहीं उठाता तभी बुरे व्यक्तियों को शोषण करने का बढ़ावा मिलता है। यदि भयमुक्त होकर इनका दमन कर दिया जाए, तो अन्याय तथा शोषण जैसी कुप्रथा को समूल नष्ट किया जा सकता है।

4. 'अन्धकार का निषेध' किस ओर संकेत करता है?

(a) अन्याय, शोषण तथा बुराइयों को सदा के लिए समाप्त करना
(b) समाज में फैले अन्धकार को प्रकाश में बदल देना
(c) समाज को अन्धकार से मुक्त कराने के लिए प्रयत्नशील रहना
(d) यह मानना कि समाज में अन्याय, शोषण तथा बुराइयाँ नहीं हैं

व्याख्या (d) प्रस्तुत गद्यांश में 'अन्धकार का निषेध' से तात्पर्य व्यक्तियों द्वारा यह मानना है कि समाज में व्याप्त बुराई या अन्याय नाम की कोई प्रवृत्ति विद्यमान नहीं होती अर्थात् वे लोग बुराइयों से जान-बूझकर अनभिज्ञ रहते हैं।

5. इस गद्यांश का मुख्य उद्देश्य है

(a) अन्धकार और प्रकाश की व्याख्या करना
(b) अन्याय और बुराइयों को दूर करने के लिए प्रेरित करना
(c) तरह-तरह के लोगों की विशेषताएँ बताना
(d) पाप और पुण्य की व्याख्या करना

व्याख्या (b) अन्याय और बुराइयों को दूर करने के लिए प्रेरित करना दिए गए गद्यांश का मुख्य उद्देश्य है।

6. इस गद्यांश में 'उपक्रम' का अर्थ है

(a) आरम्भ, शुरुआत (b) तैयारी, योजना
(c) आयोजन, समारोह (d) व्यवसाय, कार्य

व्याख्या (d) गद्यांश के अनुसार कुछ लोग बुराइयों और अन्यायों को स्वीकार करने से बचने के लिए उन्हें अस्वीकार करने में लग जाते हैं और उनका जीवन निषेध का सतत् उपक्रम बन जाता है, जैसे कि ऐसी प्रवृत्ति होती ही नहीं है और इस तरह जीवन में उनकी यही अस्वीकारिता कार्य या व्यवसाय बन जाती है।

7. जीवन में बहुत अन्धकार है। रेखांकित अंश में कौन-सा कारक है?

(a) अपादान कारक (b) अधिकरण कारक
(c) करण कारक (d) सम्प्रदान कारक

व्याख्या (b) क्रिया या आधार को सूचित करने वाली संज्ञा या सर्वनाम के स्वरूप को अधिकरण कारक कहते हैं। जीवन में बहुत अन्धकार है। इस वाक्य में आया शब्द 'में' अधिकरण कारक का उदाहरण है।

8. "...और अन्धकार की ही भाँति अशुभ और अनीति है।" वाक्य में निपात है

(a) ही (b) की (c) है (d) और

व्याख्या (a) हिन्दी व्याकरण की दृष्टि से ही, भी, तब, जब इत्यादि निपात होते हैं।

गद्यांश 35

समाज में पाठशालाओं, स्कूलों अथवा शिक्षा की दूसरी दुकानों की कोई कमी नहीं है। छोटे से छोटे बच्चे को माँ-बाप स्कूल भेजने की जल्दी करते हैं। दो-ढाई साल के बच्चे को भी स्कूल में बिठाकर आ जाने का आग्रह भी हर घर में बना हुआ है।

इसके विपरीत हर घर की दूसरी सच्चाई यह भी है कि कोई भी माँ-बाप बालकों के बारे में, बालकों की सही शिक्षा के बारे में और साथ ही सच्चा एवं अच्छा माता-पिता अथवा अभिभावक होने का शिक्षण कहीं से भी प्राप्त नहीं करता। माता-पिता बनने से पहले किसी भी नौजवान जोड़ें को यह नहीं सिखाया जाता है कि माँ-बाप बनने का अर्थ क्या है? इससे पहले किसी भी जोड़ें को यह भी नहीं सिखाया जाता है कि अच्छे और सच्चे दाम्पत्य की शुरुआत कैसे की जानी चाहिए? पति-पत्नी होने का अर्थ क्या है? यह भी कोई नहीं बताता। परिणाम साफ है कि जीवन शुरू होने से पहले ही घर टूटने-बिखरने लगते हैं। घर बसाने की शाला न आज तक कहीं खुली है और न खुलती दिखती है। समाज और सत्ता दोनों या तो इस संकट के प्रति सजग नहीं हैं या फिर इसे अनदेखा कर रहे हैं।

(CTET 2013, I-V)

1. 'भी' शब्द है

(a) क्रिया (b) क्रिया-विशेषण
(c) सम्बन्धवाचक (d) निपात

व्याख्या (d) 'भी' एक निपात शब्द है। इसके अतिरिक्त अन्य निपात शब्द हैं-ही, तो, हाँ, मत, जब, तब तथा नहीं आदि।

2. इसके विपरीत हर घर की दूसरी सच्चाई यह भी है कि...। रेखांकित शब्द का अर्थ है

(a) सूक्ति (b) वास्तविक (c) वास्तविकता (d) सद्‌वचन

व्याख्या (c) दिए गए वाक्य में रेखांकित अंश का समानार्थी शब्द वास्तविकता है।

3. 'घर के टूटने-बिखरने का मुख्य कारण क्या है?

(a) बच्चों के बारे में न जानना
(b) माता-पिता बनने का अर्थ न जानना
(c) दाम्पत्य का अर्थ न जानना
(d) घर बसाने की जल्दी करना

व्याख्या (c) घर के टूटने-बिखरने का मुख्य कारण है-दाम्पत्य का अर्थ न जानना। गद्यांश में लेखक ने स्पष्ट किया है कि दाम्पत्य की शुरुआत कैसे करनी चाहिए? यह जीवन निश्चय ही जीवनरूपी धुरी के दो पहिए के समान है, जिसे समझना परमावश्यक है।

4. प्रत्येक घर में किस चीज का आग्रह बना हुआ है?

(a) बच्चों को स्कूल न भेजने का
(b) बहुत छोटे बच्चे को स्कूल में पढ़ाने का
(c) बहुत छोटे बच्चे को दुकान पर भेजने का
(d) बहुत छोटे बच्चे को स्कूल में बिठाकर आने का

व्याख्या (d) गद्यांशानुसार प्रत्येक घर में बहुत छोटे बच्चे को स्कूल में बिठाकर आने का आग्रह बना हुआ है।

5. लेखक के अनुसार किसका शिक्षण प्राप्त करना जरूरी है?

(a) पति-पत्नी बनने का
(b) बच्चों को किसी भी प्रकार की शिक्षा देने का
(c) अच्छे माता-पिता बनने का
(d) छोटे-छोटे बच्चों को उच्च विद्यालयों में प्रवेश दिलाने का

व्याख्या (c) प्रस्तुत गद्यांश में लेखक ने स्पष्ट किया है कि सभी लोगों को अच्छे माता-पिता बनने का शिक्षण प्राप्त करना आवश्यक है, तभी वह अपने बच्चे का सही ढंग से पालन-पोषण कर सकता है।

6. माता-पिता को बच्चों की सही शिक्षा के बारे में जानना क्यों जरूरी है?

(a) बच्चों को ज्ञानवान बनाया जा सके
(b) ताकि बच्चों को उच्च डिग्रियाँ प्राप्त करवाई जा सकें
(c) ताकि बच्चे स्वयं प्रवेश लेने योग्य बन सकें
(d) जिससे बेहतर समाज का निर्माण किया जा सके

व्याख्या (d) माता-पिता को बच्चों की सही शिक्षा के बारे में जानना इसलिए आवश्यक है कि अच्छी शिक्षा-दीक्षा से वे एक अच्छे समाज का निर्माण कर सकते हैं, जिससे एक अच्छे राष्ट्र का निर्माण सम्भव हो सकेगा।

7. समाज और सत्ता किसके प्रति सजग नहीं है?

(a) अभिभावकों के द्वारा शिक्षा प्राप्त न करने के प्रति
(b) ज्ञानवान समाज न बन पाने के घोर संकट के प्रति
(c) घर बसाने की शिक्षा देने वाली शाला खोलने के प्रति
(d) माता-पिता द्वारा बच्चे का पालन-पोषण न करने के प्रति

व्याख्या (c) समाज और सत्ता में निश्चय ही इस बात की जागरूकता नहीं है कि ऐसी शाला या संस्थान की स्थापना की जाए, जिसके माध्यम से लोगों को ऐसी शिक्षा-दीक्षा दी जाए, ताकि घर तथा समाज का वातावरण और बेहतर हो सके।

8. लेखक के अनुसार सबसे पहले क्या जानना जरूरी है?

(a) दाम्पत्य की शुरुआत कैसे की जानी चाहिए
(b) बच्चों के बारे में
(c) बच्चों की शिक्षा के बारे में
(d) माता-पिता के शिक्षा-स्तर को

व्याख्या (a) लेखक ने यह स्पष्ट किया है कि लोग शादी तो कर लेते हैं, किन्तु इसका अर्थ नहीं समझते। वह यह जानते ही नहीं कि यह कितना मधुर एवं पावन बन्धन है, अत: हमारे लिए यह आवश्यक है कि इसकी शुरुआत हम कैसे करें?

9. 'माता-पिता' शब्द युग्म है

(a) सार्थक-निरर्थक शब्द-युग्म
(b) सार्थक शब्द-युग्म
(c) निरर्थक शब्द-युग्म
(d) पूर्ववत शब्द-युग्म

व्याख्या (b) दिए गए विकल्प में 'माता-पिता' एक सार्थक युग्म शब्द है।

गद्यांश 36

किसे कहूँ मैं शिक्षा? क्या है शिक्षा का सच? कैसा होता है शिक्षित व्यक्ति और कैसा होता है पढ़ा-लिखा समाज? मेरे गुरु दयालचन्द्र जी सोनी तो पूरी एक काव्यात्मक पुस्तक लिख गए। इस पुस्तक का नाम है, हूँ अणिभणियों शिक्षित हूँ। उनका आशय स्पष्ट है कि हर पढ़ा-लिखा आदमी अनपढ़ है। उन्होंने जब यह पुस्तक लिखी तो साफ कहा कि यह किताब उनके पूरे जीवन की शिक्षा का सार है। तब फिर हमें यह भी मान लेना चाहिए कि हमारा पूरा पढ़ा-लिखा समाज खासा अनपढ़ है, अशिक्षित है। तब फिर बताइए कि शिक्षा को कहाँ खोजें।

कहते हैं कि शिक्षा बालक के जन्म के साथ बालकों को मिली प्रतिभा का विकास है। उसकी सोई हुई शक्तियों को जगाने का नाम शिक्षा है। मगर ऐसा तो सम्भव है जब हम जान लें कि कौन सा बालक कौन-कौन सी प्रतिभा के साथ पैदा हुआ है। उसके शरीर में एवं उसके मन-मस्तिष्क में कौन-कौन सी शक्तियाँ सोई हुई हैं?

इसका अर्थ यह हुआ कि जो बालक शाला में आया है उसको हम पहले पढ़ाये। हर बालक को पढ़-पढ़कर पहचाने कि वह क्या है। उसकी प्रदत्त प्रतिभा क्या है। और कौन-कौन सी सुषुप्त शक्तियों को लिए हुए वह हमारे सामने उपस्थित हुआ है? ***(CTET 2013, VI-VIII)***

1. शिक्षा का अर्थ है-

(a) बच्चों को जानकारी देना
(b) बच्चों को केवल अक्षर ज्ञान देना
(c) बच्चो को शक्तिशाली बनाना
(d) बच्चों में विद्यमान शक्तियों को प्रस्फुटित करना

व्याख्या (d) दिए गए गद्यांश के अनुसार शिक्षा का अर्थ है बच्चों में विद्यमान शक्तियों को प्रस्फुटित करना है, क्योंकि गद्यांश में लेखक ने बताया है कि बालक को जन्मजात मिली प्रतिभा को जगाने के लिए हमें शिक्षा की आवश्यकता पड़ती है और इसी शिक्षा के माध्यम से ही हम बच्चों के अन्दर छिपी हुई प्रतिभा (कौशल) को प्रस्फुटित कर सकते हैं।

2. लेखक के अनुसार

(a) सभी बच्चे समान रूप से प्रतिभाशाली होते हैं।
(b) बच्चों में अलग-अलग प्रतिभा होती है।
(c) सभी बच्चे शाला जाकर प्रतिभाशाली बन जाते हैं।
(d) सभी बच्चों की शक्तियाँ सुषुप्त अवस्था में ही रहती हैं।

व्याख्या (b) लेखक के अनुसार सभी बच्चों में अलग-अलग प्रतिभा होती है और वह प्रतिभा बच्चा जन्म लेकर आता है।

3. बच्चों को शिक्षा देने के लिए सबसे पहले क्या जरूरी है?

(a) प्रतिभाओं के विभिन्न रूप जानना
(b) बच्चों को प्रतिभाओं के अनुसार वर्गीकृत करना
(c) बच्चों की समस्त क्षमताओं, प्रतिभाओं को जानने के लिए उन्हें पढ़ना
(d) बच्चों को पढ़ाना

व्याख्या (c) बच्चों को शिक्षा देने के लिए सबसे पहले जरूरी है कि बच्चों की समस्त क्षमताओं, प्रतिभाओं को जानने के लिए उन्हें पढ़ना जिससे यह पता किया जा सके कि बालक में मौलिक प्रतिभा क्या है और उसके मन मस्तिष्क में कौन-कौन सी शक्तियाँ विद्यमान हैं।

4. इस गद्यांश में शिक्षा का कौन सा सिद्धान्त निहित है?

(a) सभी बच्चे समान रूप से प्रतिभाशाली होते हैं।
(b) सभी बच्चों में वैयक्तिक भिन्नता होती है।
(c) शक्तियाँ सदैव सुषुप्त अवस्था में ही रहती हैं।
(d) पढ़े-लिखे लोग अनपढ़ होते हैं।

व्याख्या (d) दिए गए गद्यांश में शिक्षा का सिद्धान्त 'पढ़े लिखे लोग अनपढ़ होते हैं' को बताया गया है। गुरु दयालचन्द्र जी सोनी के अनुसार किसे कहूँ शिक्षा, क्या है शिक्षा का सच, कैसा होता है शिक्षित व्यक्ति, क्योंकि उन्होंने प्रत्येक शिक्षक से बालकों को पढ़कर पहचानने को कहा कि उनके अन्दर क्या प्रतिभा छिपी है तथा उनके अन्दर विद्यमान शक्ति को जागृति करने की कल्पना की है।

5. प्रत्येक बालक को पढ़-पढ़कर पहचाने कि वह क्या है। वाक्य में 'पहचाने' क्रिया का कर्ता हो सकता है

(a) मैं (b) हम (c) तुम (d) वह

व्याख्या (b) प्रत्येक बालक को पढ़-पढ़कर पहचाने कि वह क्या है। वाक्य में पहचाने क्रिया का कर्ता 'हम' है।

6. "उसकी प्रदत्त प्रतिभा क्या है?" वाक्य है

(a) विधानवाचक (b) नकारात्मक
(c) प्रश्नवाचक (d) सन्देहवाचक

व्याख्या (c) "उसकी प्रदत्त प्रतिभा क्या है?" एक प्रश्नवाचक वाक्य है अर्थात् जिस वाक्य में किसी प्रकार के प्रश्न किए जाने का बोध हो, प्रश्नवाचक वाक्य होता है; जैसे-राम को कौन-सी बीमारी है?

7. 'शरीर' में 'इक' प्रत्यय लगाने पर शब्द बनेगा

(a) शरीरिक (b) शारीरीक
(c) शारीरिक (d) शारिरिक

व्याख्या (c) 'शरीर' में 'इक' प्रत्यय लगाने से 'शारीरिक' शब्द बनेगा। शब्दों के बाद जो अक्षर या अक्षर समूह लगाया जाता है, उसे 'प्रत्यय' कहते हैं।

8. लेखक के अनुसार शिक्षित होना और साक्षर होना

(a) दोनों समान है।
(b) दोनों में मूलभूत अन्तर होता है।
(c) दोनों पर्यायवाची हैं।
(d) दोनों में थोड़ा-बहुत अन्तर है।

व्याख्या (b) लेखक के अनुसार शिक्षित होना और साक्षर होना दोनों में मूलभूत अन्तर होता है, क्योंकि शिक्षित होने का आशय मात्र पढ़ना-लिखना तक आना नहीं है, बल्कि जीवन जीने के लिए आवश्यक ज्ञान का निर्माण करने वाले पढ़े-लिखे लोगों से और साक्षर का अर्थ है-जो केवल पढ़ना लिखना जानता हो।

9. 'पढ़ा-लिखा' होने से तात्पर्य है

(a) शिक्षित होना (b) अशिक्षित होना
(c) साक्षर होना (d) निरक्षर होना

व्याख्या (c) दिए गए प्रश्न में 'पढ़ा-लिखा' होने से तात्पर्य है शिक्षित होना।

गद्यांश 37

क्या आपने कभी महसूस किया है कि किसी सवाल का सही उत्तर मिल जाने के बाद सिर्फ उकताहट के सिवा कुछ बाकी नहीं बचता। इसके बाद सारे रास्ते बन्द से लगने लगते हैं। दूसरी ओर एक गलत जवाब उतना ही रोचक होता है जितना कोई रहस्यमय कत्ल।

मुझे इस बार पर आश्चर्य होता है कि अपने अट्ठाइस वर्षों के अध्यापन के अनुभव में मैंने गलत उत्तरों से कितना कुछ सीखा है अपनी खुद की और अपने विद्यार्थियों, दोनों द्वारा की गई कई गलतियों से। अब जब भी कोई विद्यार्थी किसी प्रश्न का गलत उत्तर देता है, तो मैं उससे सबसे पहले यह पूछता हूँ कि उसने ऐसा उत्तर क्या सोचकर दिया?

कला-संकाय के छात्र अक्सर यह शिकायत करते हैं कि विज्ञान-सम्बन्धी परीक्षाएँ उतनी रोमांचक नहीं होतीं-क्योंकि उनके प्रश्नों और उत्तरों का सही-सही अनुमान लगाया जा सकता है। यदि व्यक्ति को किसी प्रश्न को हल करने का तरीका पहले से ही मालूम है, तो उसके लिए कोई चुनौती नहीं बचती यही सही है। भौतिक विज्ञान के शिक्षक बहुत कड़ी मेहनत करते हैं और सुनिश्चित करना चाहते हैं कि उनके विद्यार्थी सही उत्तर तक पहुँच पाएँ।

हालाँकि यह भी अपनी जगह सच है कि भौतिक विज्ञान के शिक्षक के लिए सबसे मजेदार स्थिति तब पैदा होती है जब विद्यार्थी एक गलत जवाब देने की क्षमता रखता हो। यही वह स्थिति होती है जब भौतिकी के किसी पहलू पर पकड़ बनाने की कोशिश कर रहे विद्यार्थी के दिमाग की कशमकश को समझा जा सकता है।

बहुत-से गलत जवाबों की तह में कुछ सही तथ्य और सोचने की शक्ति छिपी होती है। हो सकता है कि उत्तर देने वाला अपना तर्क सही न दे पाया हो या शिक्षक द्वारा दी गई व्याख्या को सही प्रकार से न समझा गया हो या फिर ऐसा भी हो सकता है कि जिस रूप में उसके समक्ष तथ्य प्रस्तुत किए गए हों उन्हीं में कोई कमी रह गई हो। हो सकता है कि भौतिक विज्ञान के सहज नियमों को समझने में ही कोई भूल हुई हो।

(CTET 2012, VI-VIII)

1. गलत जवाब को रोचक क्यों कहा गया है?

(a) गलत जवाब पर हँसने को मिलता है
(b) गलत जवाब प्रश्नकर्त्ता को सोचने के लिए प्रेरित कर सकते हैं
(c) गलत जवाब रोचक ही होते हैं
(d) गलत जवाब में बेतुकी बाते होती हैं

व्याख्या (b) गलत जवाब प्रश्नकर्ता को सोचने के लिए प्रेरित कर सकते हैं इसलिए गलत जवाब को रोचक कहा गया है। किसी भी सवाल का सही जवाब मिल जाने के बाद सिर्फ बेचैनी के सिवाय कुछ नहीं बचता, जबकि कवि ने गलत जवाब की रोचकता को रहस्यमय कत्ल के समान बताया है।

2. लेखक ने अपने और अपने विद्यार्थियों के गलत जवाब से क्या सीखा?

(a) गलत जवाब देने से रोमांच समाप्त हो जाता है
(b) लोग गलत जवाब देकर रोमांच महसूस करते हैं
(c) सवालों के सही जवाब
(d) लोगों के सोचने के तरीके अलग-अलग होते हैं

व्याख्या (d) लेखक ने अपने और अपने विद्यार्थियों के द्वारा दिए गए गलत जवाब से सीखा कि लोगों के सोचने के तरीके अलग-अलग होते हैं।

3. कला-संकाय के छात्रों को विज्ञान की परीक्षाएँ उतनी रोमांचक नहीं लगती थीं, क्योंकि

(a) विज्ञान की परीक्षाएँ अनुमान लगाने का अवसर नहीं देती क्योंकि उसके जवाब तयशुदा हैं
(b) विज्ञान की परीक्षाओं में चुनौतीपूर्ण प्रश्न होते हैं
(c) विज्ञान के सभी सवालों के जवाब सुनिश्चित हैं
(d) विज्ञान की परीक्षाओं में अच्छे सवाल नहीं होते थे

व्याख्या (c) कला-संकाय के छात्रों को विज्ञान की परीक्षाएँ उतनी रोमांचक नहीं लगती, क्योंकि विज्ञान के सभी सवालों के जवाब सुनिश्चित होते हैं अर्थात् उनके प्रश्नों और उत्तरों का सही-सही अनुमान लगाया जा सकता है।

4. गद्यांश के आधार पर इनमें से कौन-सा कथन गलत है?

(a) गलत जवाब बच्चों के दिमाग में चल रही चिन्तन प्रक्रिया को उजागर करने की कोशिश करते हैं
(b) गलत उत्तर से मस्तिष्क में कशमकश होने लगती है
(c) भौतिक विज्ञान के शिक्षक बच्चों से सही जवाब चाहते थे
(d) भौतिक विज्ञान के शिक्षक सही उत्तर के लिए बहुत मेहनत करते थे

व्याख्या (b) दिए गए गद्यांश के आधार पर कथन 'गलत उत्तर से मस्तिष्क में कशमकश होने लगती है' गलत है, क्योंकि मस्तिष्क में कशमकश तब होती है, जब कोई विद्यार्थी किसी तथ्य पर पकड़ बनाने की कोशिश कर रहा होता है, जबकि भौतिक विज्ञान के शिक्षक बच्चों से सही उत्तर के लिए बहुत मेहनत कराते हैं और बच्चों के मस्तिष्क में चल रही चिन्तन प्रक्रिया को उजागर करते हैं। सही कथन है।

5. गलत जवाब का क्या कारण नहीं हो सकता?

(a) व्याख्या को सही रूप में प्रस्तुत न करना
(b) नियमों में कमियाँ
(c) तर्क का अभाव, तथ्यों की सही उपलब्धि
(d) समझ न आना

व्याख्या (b) गद्यांश के अनुसार, नियमों में कमियाँ रह जाना, गलत जवाब का कारण नहीं हो सकता, जबकि व्याख्या को सही रूप में प्रस्तुत न करना, तर्क का अभाव, तथ्यों की सही उपलब्धि, समझ न आना आदि गलत जवाब के कारण हो सकते हैं।

6. गद्यांश में मुख्य रूप से यह कहा गया है कि

(a) गलत जवाब यह बताता है कि बच्चे के मस्तिष्क में क्या चल रहा है?
(b) गलत जवाब की मुख्य जिम्मेदारी बच्चे की है
(c) गलत जवाब बच्चों की चिन्तन-प्रक्रिया को कुन्द कर देते हैं
(d) गलत जवाब शिक्षकों को अच्छे लगते हैं

व्याख्या (a) गद्यांश में मुख्य रूप से यह कहा गया है कि गलत जवाब यह बताता है कि बच्चे के मस्तिष्क में क्या चल रहा है?

7. 'विज्ञान' में 'इक' प्रत्यय लगाने से शब्द बनेगा

(a) वेज्ञानिक (b) विज्ञानीक (c) विज्ञानिक (d) वैज्ञानिक

व्याख्या (d) 'विज्ञान' में 'इक' प्रत्यय लगाने से 'वैज्ञानिक' शब्द बनेगा।

प्रत्यय-ये शब्दों अथवा धातुओं के अन्त में लगाए जाते हैं। इनके प्रयोग से शब्द भेद और उनके अर्थ में भी अन्तर हो जाता है। इनका प्रयोग स्वतन्त्र रूप में नहीं होता है।

8. परीक्षा, प्रश्न, गलती शब्द के बहुवचन रूप क्या हैं?

(a) परीक्षाएँ, प्रश्न, गलतियों (b) परीक्षाएँ, प्रश्न, गलतियाँ
(c) परीक्षाएँ, प्रश्नों, गलतियाँ (d) परीक्षाओं, प्रश्नों, गलतियों

व्याख्या (d) परीक्षा, प्रश्न, गलत शब्द के बहुवचन रूप क्रमशः परीक्षाओं, प्रश्नों, गलतियाँ हैं।

9. 'अपनी खुद की और अपने विद्यार्थियों' ……… वाक्य में रेखांकित सर्वनाम है।

(a) निजवाचक सर्वनाम (b) अनिश्चयवाचक सर्वनाम
(c) पुरुषवाचक सर्वनाम (d) सम्बन्धवाचक सर्वनाम

व्याख्या (a) 'अपनी खुद की और अपने विद्यार्थियों' ……… वाक्य में रेखांकित शब्द 'खुद' निजवाचक सर्वनाम का उदाहरण है।

सर्वनाम—सर्वनाम उस विकारी शब्द को कहते हैं जो पूर्व पद सम्बन्ध से किसी भी संज्ञा से पहले आता है।

हिन्दी में सर्वनाम की कुल संख्या 11 है तथा सर्वनाम के कुल 6 भेद हैं।

1. पुरुषवाचक सर्वनाम
2. निजवाचक सर्वनाम
3. निश्चयवाचक सर्वनाम
4. अनिश्चयवाचक सर्वनाम
5. सम्बन्धवाचक सर्वनाम
6. प्रश्नवाचक सर्वनाम

गद्यांश 38

मुझे मालूम नहीं था कि भारत में 'सिलोनिया' नाम की भी कोई जगह है, जहाँ हमारे देश के समसामयिक इतिहास का एक विस्मयकारी पन्ना लिखा जा रहा है। उस वक्त तक सिलोनिया के बारे में मुझे इतनी ही जानकारी थी कि वहाँ पर एक स्वावलम्बी विकास-केन्द्र चल रहा है, जिसे स्थानीय ग्रामवासी, स्त्री-पुरुष मिलजुलकर चला रहे हैं, मुझे वहाँ जाने का अवसर मिला। बस्ती क्या थी, कुछ पुराने और कुछ नए छोटे-छोटे घरों का झुरमुट थी।

वहाँ एक सज्जन ने बताया कि एक सुशिक्षित तथा उसके दो साथियों टाइपिस्ट तथा फोटोग्राफर ने मिलकर 1972 में इस संस्थान की स्थापना की। संस्थान का नाम था-सामाजिक कार्य तथा शोध-संस्थान (एस.डब्ल्यू आर. सी.)। मेरे मन में संशय उठने लगे थे। आज के जमाने में वैज्ञानिक उपकरणों और जानकारी के बल पर ही तरक्की की जा सकती है। उससे कटकर और अवहेलना करते हुए नहीं की जा सकती। एक पिछड़े हुए गाँव के लोग अपनी समस्याएँ स्वयं सुलझा लेंगे, यह नामुमकिन था। वह सज्जन कहे जा रहे थे "हमारे गाँव आज नहीं बसे हैं इन गाँवों में शताब्दियों से हमारे पूर्वज रहते आ रहे हैं। पहले जमाने में भी हमारे लोग अपनी सूझ और पहलकदमी के बल पर ही अपनी दिक्कतें सुलझाते रहे होंगे। जरूरत इस बात की है कि हम शताब्दियों की इस परम्परागत जानकारी को नष्ट न होने दें उसका उपयोग करें।" फिर मुझे समझाते हुए बोले "हम बाहर की जानकारी से भी पूरा-पूरा लाभ उठाते हैं, पर मूलत: स्वावलम्बी बनना चाहते हैं, स्वावलम्बी, आत्मनिर्भर।" मुझे बार-बार गाँधी जी के कथन याद आ रहे थे। मैंने गाँधी जी का जिक्र किया तो वह बड़े उत्साह से बोले "आपने ठीक ही कहा है। यह संस्थान गाँधी जी की मान्यताओं के अनुरूप ही चलता है-सादापन, कर्मठता, अनुशासन, सहभागिता। यहाँ सभी निर्णय मिल-बैठकर किए जाते हैं। आत्मनिर्भरता....।" आत्मनिर्भरता से मतलब कि ग्रामवासियों की छिपी क्षमताओं को काम में लाया जाए और गाँधी जी के अनुसार, ग्रामवासी अपनी अधिकांश बुनियादी जरूरत की वस्तुओं का उत्पादन स्वयं करें। ***(CTET 2012, I-V)***

(एक तीर्थ यात्रा, स्रोत: भीष्म साहनी)

1. सामाजिक कार्य तथा शोध-संस्थान का उद्देश्य था

(a) उन्हें केवल अनुशासित करना
(b) उन्हें स्वावलम्बी व आत्मनिर्भर बनाना
(c) उन्हें प्राचीन परम्पराओं से परिचित कराना
(d) ग्रामवासियों को देश-विदेश की जानकारी प्रदान करना

व्याख्या (b) सामाजिक कार्य तथा शोध संस्थान की स्थापना का उद्देश्य था-उन्हें स्वावलम्बी एवं आत्मनिर्भर बनाना। स्वावलम्बी व्यक्ति कभी पराधीन नहीं होते। वे स्वयं कार्य और अपना विकास करते हैं। वे अपने जीवन की नींव खुद तैयार करते हैं और जीवन के लक्ष्यों को हासिल करते हैं।

2. लेखक का मानना था

(a) ग्रामवासी अपनी समस्याएँ स्वयं सुलझा सकते हैं
(b) ग्रामवासियों को अपनी समस्याएँ स्वयं सुलझाने की आदत है
(c) आधुनिक समय में वैज्ञानिक उपकरणों और जानकारी से कटकर या उसकी अवहेलना करके तरक्की, नहीं की जा सकती है
(d) आधुनिक समय में वैज्ञानिक उपकरणों और जानकारी के बल पर ही तरक्की नहीं की जा सकती है

व्याख्या (c) लेखक का मानना था कि आधुनिक समय में वैज्ञानिक उपकरणों और जानकारी के अभाव या उसकी अवहेलना करके तरक्की नहीं की जा सकती है। तरक्की के लिए आवश्यक है कि इन नवीन उपकरणों का ज्ञान अवश्य हो।

3. संस्थान के निर्णय और संचालन में आधारभूत भूमिका इनमें से किसकी है?

(a) केवल गरीब और दलित महिलाओं की
(b) उस गाँव में रहने वाले सभी लोगों की
(c) गाँव-प्रधान की
(d) संस्थापक की

व्याख्या (b) संस्थान के निर्णय और संचालन में आधारभूत भूमिका गाँव में रहने वाले सभी लोगों से सम्बन्धित होती है न कि किसी एक व्यक्ति की। क्योंकि सामूहिक भावना से ही लक्ष्यों की प्राप्ति आसानी से की जा सकती है।

4. 'आत्म' उपसर्ग किस शब्द में नहीं है?

(a) आत्मसम्मान (b) आत्मीय
(c) परमात्मा (d) आत्मनिर्भर

व्याख्या (c) 'आत्म' उपसर्ग, आत्मसम्मान, आत्मीय और आत्मनिर्भर में है। परमात्मा में यह उपसर्ग नहीं है।

5. लेखक के अनुसार, "सिलोनिया गाँव में हमारे देश के आजकल के इतिहास का विस्मयकारी पन्ना लिखा जा रहा है।" इसका कारण है

(a) वहाँ एक स्वावलम्बी विकास-केन्द्र चल रहा है
(b) वहाँ के लोग अनुदान पर आश्रित हैं
(c) केन्द्र में इतिहास पर विस्मयकारी शोध किया जा रहा है
(d) 'सिलोनिया' गाँव पिछड़े गाँव के रूप में जाना जाता है

व्याख्या (a) सिलोनिया गाँव में हमारे देश के आजकल के इतिहास का विस्मयकारी पन्ना लिखा जा रहा है, इसका कारण यह है कि वहाँ एक स्वावलम्बी विकास केन्द्र चल रहा है जिसे स्थानीय ग्रामवासी, स्त्री-पुरुष मिल-जुलकर चला रहे हैं।

6. 'शताब्दी' ...... समास का उदाहरण है।

(a) द्विगु (b) तत्पुरुष
(c) अव्ययीभाव (d) बहुव्रीहि

व्याख्या (a) इसमें द्विगु समास है। जिस समास का प्रथम पद संख्यावाचक हो और अन्तिम पद संज्ञा हो, उसे द्विगु समास कहते हैं; जैसे-चतुर्दिक-चारों दिशाएँ, त्रिफला-तीन फलों का समाहार, चतुर्युग-चार युगों का समाहार।

7. गाँधी जी ...... को मान्यता नहीं देते हैं।

(a) कर्मठता (b) अकर्मण्यता
(c) सादापन (d) आत्मनिर्भरता

व्याख्या (b) गाँधी जी अकर्मण्यता को मान्यता नहीं देते थे। इसके अतिरिक्त वे सादापन, कर्मठता एवं आत्मनिर्भरता, अनुशासन, सहभागिता आदि बातों पर बल देते थे।

8. निम्नलिखित में से संज्ञा का उदाहरण नहीं है

(a) स्वावलम्ब (b) अनुशासन
(c) अनुशासित (d) आत्मनिर्भरता

व्याख्या (c) प्रश्न में दिए गए शब्द स्वावलम्ब, अनुशासन, आत्मनिर्भरता आदि संज्ञा के उदाहरण हैं। अनुशासित शब्द संज्ञा का उदाहरण नहीं है।

9. 'उपयोगी' शब्द का विलोम है

(a) अनुपयोगी (b) अनपयोगी
(c) उपयोगिता (d) अउपयोगी

व्याख्या (a) 'उपयोगी' शब्द का विलोम 'अनुपयोगी' होता है।

गद्यांश 39

गिजुभाई न केवल बच्चों की क्षमताओं, बौद्धिकता में विश्वास व्यक्त करते हैं, अपितु वे उनकी सृजनात्मकता में भी अगाध आस्था रखते हैं। उनके अनुसार कुछ हत्याएँ पीनल कोड की धारा के अधीन नहीं आतीं। उनमें कानूनवेत्ताओं को अपराध जैसी कोई चीजें नजर नहीं आतीं। कानूनवेत्ताओं की न्याय नीति-सम्बन्धी मर्यादाएँ सिर्फ पीनल कोड से बँधी होती हैं। शिक्षाशास्त्रियों के पास राज्य, रुढ़ि अथवा धर्म की कोई सत्ता नहीं है। इसलिए जीवन के प्रति जो अपराध होते हैं उसके लिए न कोई पीनल कोड, न कोई उन्हें निन्दनीय मानता है, न कोई धार्मिक भय है। जीवन के प्रति होने वाला एक ऐसा ही अपराध है-बालक की सृजन-शक्ति की हत्या। ईश्वर ने मनुष्य का सृजन किया और उसे अपनी सृजन-शक्ति प्रदान की तथा ईश्वर की शक्ति मनुष्य के सृजन की अनन्त शक्ति के समान ही अनगिनत है। साहित्य एक सृजन है, चित्रकला दूसरा सृजन है, संगीत तीसरा सृजन है और स्थापत्य चौथा सृजन है। इस तरह गिनने बैठा जाए तो मनुष्य के द्वारा बनाई गई अनेकानेक कृतियों को गिनाया जा सकता है। शिक्षक या अभिभावक यह तय करते हैं कि बच्चे को क्या करना चाहिए, क्या नहीं करना चाहिए-वस्तुत: इन निर्णयों से ही वे उसकी सृजन-शक्ति का दमन कर देते हैं। ***(CTET 2012, VI-VIII)***

1. गिजुभाई का किसमें विश्वास नहीं है?

(a) उनकी रचनात्मकता में
(b) उनके भविष्य का निर्णय शिक्षकों एवं अभिभावकों द्वारा तय करने में
(c) बच्चों की बौद्धिकता में
(d) उनकी क्षमताओं में

व्याख्या (b) गिजुभाई का विश्वास बच्चों के भविष्य का निर्णय शिक्षकों और अभिभावकों द्वारा तय करने में नहीं है, क्योंकि वे मानते हैं कि उसके द्वारा बच्चों की सृजन शक्ति का दमन होगा।

2. कौन-सा अपराध पीनल कोड की धारा के अधीन नहीं आता है?

(a) बालक की सृजन-शक्ति का दमन
(b) रिश्वत लेना
(c) धोखाधड़ी करना (d) चोरी करना

व्याख्या (a) गद्यांश के अनुसार, बालक की सृजन शक्ति का दमन पीनल कोड की धारा के अधीन नहीं आता है, जबकि रिश्वत लेना, धोखाधड़ी करना एवं चोरी करना पीनल कोड की धारा के अधीन आते हैं।

3. 'बच्चे क्या करें और क्या न करें' जब शिक्षक और अभिभावक यह तय करते हैं तब

(a) बच्चे में रचनात्मकता भर जाती है
(b) अभिभावक व बच्चों के सम्बन्धों में प्रगाढ़ता आती है
(c) बच्चे में पढ़ने-लिखने के प्रति रुचि जाग्रत हो जाती है
(d) बच्चे में सृजन-शक्ति का दमन होता है

व्याख्या (d) 'बच्चे क्या करें और क्या न करें' जब शिक्षक और अभिभावक यह तय करते हैं तब बच्चों में सृजन-शक्ति का दमन होता है, क्योंकि ऐसा करने से बच्चों को स्वतन्त्रता नहीं मिलेगी तो उनकी सृजनात्मक शक्ति का दमन होगा और वह उनके विकास में अवरोधक के रूप में होगी। इसलिए अभिभावक और शिक्षक को चाहिए कि बच्चों को अपने विचारों को रखने की पूर्ण स्वतन्त्रता दें।

4. निम्नलिखित में से 'सृजन' के अन्तर्गत नहीं आता है

(a) किसी विषय पर अपने विचार लिखना
(b) प्रश्नों के उत्तर रटना
(c) कहानी-लेखन
(d) मिट्टी से खिलौने बनाना

व्याख्या (b) प्रश्नों के उत्तर रटना 'सृजन' के अन्तर्गत नहीं आता, जबकि कहानी लिखना, मिट्टी के खिलौने बनाना तथा किसी विषय पर अपने विचार लिखना सृजन के अन्तर्गत सम्मिलित किए जाते हैं।

5. 'साहित्य' शब्द में 'इक' प्रत्यय लगाने पर शब्द बनेगा

(a) साहित्यीक (b) सहित्यिक
(c) साहित्यिक (d) साहित्यइक

व्याख्या (c) 'साहित्य' में 'इक' प्रत्यय लगाने से 'साहित्यिक' शब्द बनेगा।

प्रत्यय-शब्दों के बाद जो अक्षर या अक्षर-समूह लगाया जाता है उसे **प्रत्यय** कहते हैं। प्रत्यय दो शब्दों से बना है प्रति + अय। 'प्रति' का अर्थ 'साथ' में, पर बाद में' है और 'अय' का अर्थ है 'चलने वाला'। अत: प्रत्यय का अर्थ है 'शब्दों के साथ में पर बाद में लगने वाला या चलने वाला'।

6. बौद्धिक, ऐतिहासिक शब्दों में मूल शब्द तथा प्रत्यय है

(a) बौद्ध (मूल शब्द) + 'इक' प्रत्यय, ऐतहास (मूल शब्द) + 'इक' प्रत्यय
(b) बुद्ध (मूल शब्द) + 'इक' प्रत्यय, इतिहास (मूल शब्द) + 'इक' प्रत्यय
(c) बौद्धि (मूल शब्द) + 'क' प्रत्यय, ऐतिहास (मूल शब्द) + 'इक' प्रत्यय
(d) बुद्धि (मूल शब्द) + 'इक' प्रत्यय, इतिहास (मूल शब्द) + 'इक' प्रत्यय

व्याख्या (d) बौद्धिक तथा ऐतिहासिक में मूल शब्द बुद्धि तथा इतिहास है। बुद्धि (मूल शब्द) में 'इक' प्रत्यय लगाने से बौद्धिक तथा इतिहास (मूल शब्द) में 'इक' प्रत्यय लगाने से ऐतिहासिक बना है।

7. न्याय-नीति में ……… समास है।

(a) कर्मधारय (b) द्वन्द्व समास
(c) अव्ययीभाव (d) तत्पुरुष

व्याख्या (b) न्याय-नीति में द्वन्द्व समास है। जिस समास में दोनों पद प्रधान होते हैं वहाँ **द्वन्द्व समास** होता है, जबकि **कर्मधारय समास** में जहाँ विशेषण विशेष्य हो वहाँ कर्मधारय समास होता है।

अव्ययीभाव समास जिस समास में पूर्व पद प्रधान होता है और उत्तर पद गौण होता है वहाँ अव्ययीभाव समास होता है।

तत्पुरुष समास इसमें प्रथम पद गौण और उत्तर पद प्रधान होता है।

8. 'ईश्वर' का पर्यायवाची नहीं है

(a) जगदीश (b) परमेश्वर (c) परमात्मा (d) ब्रह्मा

व्याख्या (d) ब्रह्मा, ईश्वर का पर्यायवाची शब्द नहीं है, जबकि जगदीश, परमेश्वर, परमात्मा आदि ईश्वर के पर्यायवाची शब्द हैं।

9. 'समान' का विलोम शब्द है

(a) सामना (b) असमानता (c) सामान (d) असमान

व्याख्या (d) दिए गए प्रश्न में 'समान' का विलोम 'असमान' होगा, जबकि असमानता का विलोम समानता होगा तथा सामना और सामान का विलोम नहीं होगा।

गद्यांश 40

समस्याओं का हल ढूँढ़ने की क्षमता पर एक अध्ययन किया गया। इसमें भारत में तीन तरह के बच्चों के बीच तुलना की गई-एक तरफ वे बच्चे जो दुकानदारी करते हैं पर स्कूल नहीं जाते, दूसरे ऐसे बच्चे जो दुकान सम्भालते हैं और स्कूल भी जाते है, और तीसरा समूह उन बच्चों का था जो स्कूल जाते हैं पर दुकान पर कोई मदद नहीं करते।

उनसे गणना के बाद इबारती सवाल पूछे गए। दोनों ही तरह के सवालों में उन स्कूली बच्चों ने जो दुकानदार नहीं हैं, मौखिक गणना या मनगणित का प्रयोग बहुत कम किया बनिस्बत उनके जो दुकानदार थे। स्कूली बच्चों ने ऐसी गलतियाँ भी कीं, जिनका कारण नहीं समझा जा सकता। इससे यह साबित होता है कि दुकानदारी से जुड़े हुए बच्चे हिसाब लगाने में गलती नहीं कर सकते क्योंकि इसका सीधा असर उनके काम पर पड़ता है, जबकि स्कूलों के बच्चे वही हिसाब लगाने में अक्सर भयंकर गलतियाँ कर देते हैं। इससे यह स्पष्ट होता है कि जिन बच्चों को रोजमर्रा की जिन्दगी में इस तरह के सवालों से जूझना पड़ता है, वे अपने लिए जरूरी गणितीय क्षमता हासिल कर लेते हैं।

लेकिन साथ ही इस बात पर भी गौर करना महत्त्वपूर्ण है कि इस तरह की दक्षताएँ एक स्तर तक और एक कार्य-क्षेत्र तक सीमित होकर रह जाती हैं। इसलिए वे सामाजिक व सांस्कृतिक परिवेश, जो कि ज्ञान को बनाने व बढ़ाने में मदद करते हैं, वही उस ज्ञान को संकुचित और सीमित भी कर सकते हैं। *(CTET 2012 I-V)*

1. समस्याओं का हल खोजने पर आधारित अध्ययन किस विषय से जुड़ा हुआ था?

(a) सामाजिक विज्ञान (b) गणित
(c) भाषा (d) दुकानदारी

व्याख्या (b) समस्याओं का हल खोजने पर आधारित अध्ययन गणित विषय से जुड़ा हुआ था।

2. किन बच्चों ने सवाल हल करने में मौखिक गणना का ज्यादा प्रयोग किया?

(a) जो सिर्फ स्कूल जाते हैं
(b) जो बच्चे न तो दुकानदारी करते हैं और न ही स्कूल जाते हैं
(c) जो स्कूली बच्चे दुकानदारी नहीं करते
(d) जो दुकानदारी करते हैं

व्याख्या (d) ऐसे बच्चे जो दुकानदारी करते थे, प्रश्नों को हल करने में मौखिक गणना का अधिक प्रयोग किया, क्योंकि दुकानदारी में सामान देने में शीघ्रता होती है। अतएव सामान के आधार पर तुरन्त मूल्य की गणना कर ली जाती है।

3. गद्यांश के आधार पर कहा जा सकता है कि

(a) बच्चे रोजमर्रा के जीवन में काम आने वाली दक्षताओं को स्वत: ही हासिल कर लेते हैं
(b) सिर्फ दुकानदार बच्चे ही गणित सीख सकते हैं
(c) बच्चों को गणित सीखना चाहिए
(d) बच्चों को गणित सीखने के लिए दुकानदारी करनी चाहिए

व्याख्या (a) दिए गए गद्यांश के आधार पर यह कहा जा सकता है कि बच्चे रोजमर्रा के जीवन में काम आने वाली गणितीय दक्षताओं को स्वत: ही हासिल कर लेते हैं।

4. दुकानदार बच्चे हिसाब लगाने में प्रायः गलती नहीं करते क्योंकि

(a) वे कभी भी गलती नहीं करते
(b) गलती का असर उनके काम पर पड़ता है
(c) इससे उन्हें माता-पिता से डाँट पड़ेगी
(d) वे जन्म से ही बहुत दक्ष हैं

व्याख्या (b) छोटे बच्चे जो कि दुकान पर बैठकर सामान देते हैं तथा हिसाब-किताब भी देखते हैं, वे कार्य से हटाए जाने के भय से स्वकार्य को पूर्ण एकाग्रता तथा तन्यमता से करते हैं। इससे यह साबित होता है कि दुकानदारी से जुड़े हुए बच्चे हिसाब लगाने में गलती नहीं कर सकते, क्योंकि इसका सीधा असर उनके काम पर पड़ता है।

5. जो दक्षताएँ हमारे दैनिक जीवन में काम नहीं आती उनमें हमारा प्रदर्शन अक्सर

(a) खराब-अच्छा होता रहता है (b) सन्तोषजनक होता है
(c) खराब होता है (d) अच्छा होता है

व्याख्या (a) जब हम समझते हैं कि अमुक कार्य को करने से या सीखने से भविष्य में कोई लाभ नहीं मिलेगा तो उसमें हमारा प्रदर्शन मिले-जुले रूप में ही बना रहता है। दूसरे शब्दों में अर्थात् जो दक्षताएँ हमारे दैनिक जीवन में काम नहीं आतीं तो उनमें हमारा प्रदर्शन खराब-अच्छा दोनों रूपों में होता रहता है।

6. गद्यांश के आधार पर बताइए कि सामाजिक व सांस्कृतिक परिवेश ज्ञान को

(b) सीमित कर सकता है
(b) बनाने में मदद भी करता है और उसे संकुचित, सीमित भी कर सकता है
(c) बनाने में मदद करता है
(d) संकुचित कर सकता है

व्याख्या (b) मानव एक सामाजिक प्राणी है और वह अपने आस-पास के सामाजिक-सांस्कृतिक परिवेश सतत् ग्रहण करता है तथा उसके अनुसार ही संकुचित या विस्तृत आचरण को प्रकट करता है।

7. 'इक' प्रत्यय का उदाहरण है

(a) सांस्कृतिक (b) चूँकि (c) सीमित (d) संकुचित

व्याख्या (a) दिए गए विकल्पों में 'इक' प्रत्यय का उदाहरण सांस्कृतिक होगा। 'इक' प्रत्यय से सम्बन्धित अन्य उदाहरण हैं-मौखिक, मानसिक, नैसर्गिक, तार्किक तथा प्रारम्भिक आदि।

8. 'मनगणित' का अर्थ है

(a) कठिन गणित (b) मनगढ़ंत गणित
(c) मनपसन्द गणित (d) मन-ही-मन हिसाब लगाना

व्याख्या (d) 'मनगणित' का आशय मन-ही-मन हिसाब लगाने से है। प्राय: सामान्य लोग कोई हिसाब हल करने हेतु अपने मन में ही गुणा-भाग कर लेते हैं।

9. संयुक्त क्रिया का उदाहरण है

(a) दुकान सँभालते हैं (b) हिसाब लगाते हैं
(c) स्कूल जाते हैं (d) अध्ययन किया गया

व्याख्या (d) दिए गए विकल्पों में संयुक्त क्रिया का उदाहरण 'अध्ययन किया गया' ही उचित प्रतीत होता है।

गद्यांश 41

मनु बहन ने पूरे दिन की डायरी लिखी, लेकिन एक जगह लिख दिया, ''सफाई वगैरह की।''

गाँधी जी प्रतिदिन डायरी पढ़कर उस पर अपने हस्ताक्षर करते थे। आज की डायरी पर हस्ताक्षर करते हुए गाँधी जी ने लिखा है, ''कातने की गति का हिसाब लिखा जाए। मन में आए हुए विचार लिखे जाएँ। जो-जो पढ़ा हो, उसकी टिप्पणी लिखी जाए। वगैरह का उपयोग नहीं चाहिए। डायरी में 'वगैरह' शब्द के लिए कोई स्थान नहीं है।''

जिसने जो पढ़ा हो, वह लिखा जाए। ऐसा करने से पढ़ा हुआ कितना पच गया है, यह मालूम हो जाएगा। जो बातें हुई हों वे लिखी जाएँ। मनु ने अपनी गलती का अहसास किया और डायरी विधा की पवित्रता को समझा।

गाँधी जी ने पुन: मनु से कहा—''डायरी लिखना आसान कार्य नहीं है। यह इबादत करने जैसी विधा है। हमें शुद्ध व सच्चे रूप से प्रत्येक छोटी-बड़ी घटना को निष्पक्ष रूप से लिखना चाहिए चाहे कोई बात हमारे विरुद्ध ही क्यों न हो। इससे हममें सच्चाई स्वीकार करने की शक्ति प्राप्त होगी।''

(गाँधी के रोचक संस्मरण) *(CTET 2011 I-V)*

1. मनु को अपनी किस गलती का अहसास हुआ?

(a) उन्होंने गाँधी जी की बात नहीं मानी थी
(b) मनु ने डायरी में कातने की गति का हिसाब लिखा था
(c) उन्होंने डायरी में सही-सही बातें लिखी थीं
(d) उन्होंने डायरी में 'वगैरह' शब्द का प्रयोग किया था

व्याख्या (d) मनु को अपनी गलती का अहसास तब हुआ, जब उसने अपनी डायरी में 'वगैरह' शब्द का प्रयोग किया था।

2. गाँधी जी ने 'वगैरह' शब्द पर अपनी आपत्ति क्यों जताई?

(a) 'वगैरह' शब्द की जगह आदि शब्द का प्रयोग सही है
(b) गाँधी जी चाहते थे कि सही भाषा का प्रयोग हो
(c) 'वगैरह' शब्द में कार्य और विचार की स्पष्टता नहीं है
(d) वे चाहते थे कि बातों को ज्यों-का-ज्यों लिखा जाए

व्याख्या (c) गाँधी जी ने 'वगैरह' शब्द पर अपनी आपत्ति इसलिए जताई क्योंकि 'वगैरह' शब्द में कार्य और विचार की स्पष्टता नहीं है।

3. गाँधी जी ने डायरी लिखने को इबादत करने जैसा क्यों कहा है?

(a) दोनों में समय लगता है
(b) दोनों कार्य हमारे कर्त्तव्यों में शामिल हैं
(c) दोनों कार्य रोज किए जाते हैं
(d) दोनों में सच्चाई, ईमानदारी चाहिए

व्याख्या (d) गाँधी जी ने डायरी लिखना इबादत (पूजा) करने जैसा बताया है। उनका कहना है कि डायरी लेखन से व्यक्ति अपनी छोटी-से-छोटी कमियों को स्पष्ट करता है तथा पश्चाताप करता है। इससे हमें सच्चाई स्वीकार करने की शक्ति की प्राप्ति होती है।

4. डायरी लिखना इसलिए महत्त्वपूर्ण है, क्योंकि

(a) इसमें व्यक्ति स्वयं का विश्लेषण करता है और स्व-मूल्यांकन भी करता है
(b) इससे व्यक्ति पूरे दिन किए गए जमा-खर्च का हिसाब-किताब कर सकता है
(c) गाँधी जी इसे महत्त्वपूर्ण मानते हैं
(d) इससे व्यक्ति का समय अच्छा गुजर जाता है

व्याख्या (a) डायरी लेखन व्यक्ति के लिए बहुत ही महत्त्वपूर्ण होता है, इससे व्यक्ति स्वयं का मूल्यांकन करता है और कमियों का विश्लेषण करता है। साथ-ही-साथ सुधारात्मक उपाय भी करता है। यही डायरी की पवित्रता है।

5. गाँधी जी प्रतिदिन डायरी पढ़कर क्या करते थे?

(a) हस्ताक्षर करते थे क्योंकि यह नियम था
(b) लोगों को उनकी गलती का अहसास कराते थे
(c) डायरी पर हस्ताक्षर करते थे और यह देखते थे कि व्यक्ति अपने कार्य और विचार में किस दिशा में जा रहा है
(d) हस्ताक्षर करते थे ताकि जाँच का प्रमाण दिया जा सके

व्याख्या (c) गाँधी जी प्रतिदिन डायरी पढ़कर उस पर हस्ताक्षर करते थे। इससे उन्हें यह पता चलता था कि व्यक्ति अपने कार्य एवं विचार में किस दिशा की तरफ प्रवृत्त हो रहा है।

6. 'प्रतिदिन' शब्द में कौन-सा समास है?

(a) द्वन्द्व समास (b) अव्ययीभाव समास
(c) द्विगु समास (d) तत्पुरुष समास

व्याख्या (b) 'प्रतिदिन' में अव्ययीभाव समास है। जिस समास का पहला पद (पूर्व पद) अव्यय तथा प्रधान हो, उसे अव्ययीभाव समास कहते हैं। जैसे प्रतिदिन में पूर्व पद 'प्रति' और उत्तर पद 'दिन' है, अत: यहाँ पर अव्ययीभाव समास है।

7. 'पढ़ा हुआ कितना पच गया है' का अर्थ है

(a) कितना सही उच्चारण के साथ पढ़ा है
(b) पढ़े हुए का कितना विश्लेषण किया है
(c) पढ़ा हुआ कितना समझ में आया है
(d) पढ़ा हुआ कितना आत्मसात् किया है

व्याख्या (d) 'पढ़ा हुआ कितना पच गया है', का आशय है-पढ़ा हुआ कितना आत्मसात् हो गया है अर्थात् कितना ग्राह्य हो गया है।

8. 'कार्य' शब्द का तद्भव रूप बताइए

(a) सेवा (b) कारज (c) काज (d) काम

व्याख्या (c) दिए गए प्रश्न में 'कार्य' शब्द का तद्भव रूप 'काज' होगा।

9. 'विचार' में 'इक' प्रत्यय लगाकर शब्द बनेगा

(a) वैचारीक (b) विवारिक (c) विचौरिक (d) वैचारिक

व्याख्या (d) 'विचार' में 'इक' प्रत्यय लगाकर बनने वाला शब्द वैचारिक होगा। इसी प्रकार 'इक' प्रत्यय वाले अन्य शब्द हैं-प्रशासन + इक = प्रशासनिक, प्रकृति + इक = प्राकृतिक, चमत्कार + इक = चमत्कारिक।

गद्यांश 42

मैं जिस घर में रहती थी, वहाँ मेरी आदत बहुत सवेरे उठने की थी। एक दिन उतने सवेरे एक छोटा बच्चा, जो शायद डेढ़ साल से कम का होगा, मेरे कमरे में आया। मैंने सोचा कि यह शायद भूखा होगा और उससे पूछा कि वह कुछ खाना चाहता है? उसने उत्तर दिया, 'कीड़े।' मैंने आश्चर्य से कहा, 'कीड़े?' जब उसने देखा कि मेरी समझ में उसकी बात नहीं आ रही है तो मेरी सहायता के लिए उसने एक शब्द और जोड़ा 'अण्डा'। मैंने अपने मन में सोचा कि इतने सवेरे कुछ पीना चाहता है क्या? यह आखिर कहना क्या चाह रहा है?

उसने फिर कहा, 'नीना, अण्डे, कीड़े।' अब मुझे पूरी बात समझ में आ गई। एक दिन पहले, उसकी बहन नीना कागज पर अण्डे की शक्ल बनाकर उसमें रंग भर रही थी। इस बच्चे की इच्छा थी कि वह भी रंग भरे, पर नीना ने उसे गुस्से में आकर भगा दिया। उसने नीना का विरोध नहीं किया और बड़े धैर्य और लगन के साथ मौके का इन्तजार करता रहा। मैंने उसे क्रेयॉन का रंग दे दिया और उसका चेहरा खुशी से दमक उठा। उससे अण्डे के आकार की रेखा नहीं खींची गई, तो मैंने उसके लिए चित्र बना दिया। फिर उसने अपनी टेढ़ी-मेढ़ी लकीरों से उसमें रंग भरना शुरू कर दिया। उसकी बहन सीधी रेखाओं में रंग भरती थी, और उसने कीड़े की तरह लहरदार रेखाओं में रंग भरा।

(CTET 2011 VI-VIII)
— मारिया माण्टेसरी

1. बच्चे ने 'कीड़े' के बाद 'अण्डा', 'नीना, अण्डे, कीड़े' शब्दों का प्रयोग किया, क्योंकि

(a) वह रंग भरने की बात बताना चाहता था
(b) वह अण्डा बनाना चाहता था
(c) वह कागज और क्रेयॉन चाहता था
(d) वह जान गया था कि लेखिका उसकी बात समझ नहीं पाई है

व्याख्या (d) बच्चे ने 'कीड़े' के बाद 'अण्डा', 'नीना, अण्डे, कीड़े' शब्दों का प्रयोग किया, क्योंकि वह जान गया था कि लेखिका उसकी बात समझ नहीं पाई है। इसलिए वह उसे बताना चाहता था।

2. गद्यांश से पता चलता है कि डेढ़ साल के बच्चे

(a) कागज चाहते हैं
(b) सम्प्रेषण के लिए कथ्य के मुख्य शब्दों का प्रयोग करते हैं
(c) रंग चाहते हैं
(d) तस्वीरें चाहते हैं

व्याख्या (b) गद्यांश से पता चलता है कि डेढ़ साल के बच्चे सम्प्रेषण के लिए कथ्य के मुख्य शब्दों का प्रयोग करते हैं।

3. टेढ़ी-मेढ़ी लकीरों को 'कीड़े' कहना इस ओर संकेत करता है कि बच्चा

(a) हर हालत में अपनी बात कह देता है
(b) लकीरों को कीड़ा मानता है
(c) टेढ़ी-मेढ़ी लकीरें ही बना सकता है
(d) दो अलग चीजों में आकृति के आधार पर समानता खोज लेता है

व्याख्या (d) बच्चे के द्वारा टेढ़ी-मेढ़ी लकीरों को कीड़े कहना इस ओर संकेत करता है कि बच्चा दो अलग-अलग चीजों में आकृति के आधार पर समानता खोज लेता है।

4. डेढ़ साल का बच्चा 'अण्डा' नहीं बना पाया। यह बात किस ओर संकेत करती है?

(a) बच्चा चित्र बनाने में सक्षम नहीं है
(b) बच्चे ने अण्डा देखा नहीं इसलिए वह अण्डा नहीं बना पाया
(c) उसका अभी अपने हस्त संचालन की गति और दिशा पर नियन्त्रण नहीं हो पाया है
(d) बच्चा अण्डा नहीं बना सकता

व्याख्या (c) डेढ़ साल के बच्चे द्वारा'अण्डा' का चित्र न बना पाना इस बात की ओर संकेत करता है कि बच्चे का अभी अपने हस्त चालन की गति और दिशा पर पूर्ण नियन्त्रण नहीं हो पाया है।

5. रेखाओं को बच्चे ने 'कीड़े' कहा। बच्चा वृत्त को क्या कह सकता है?

(a) चूड़ी
(b) पेड़
(c) छतरी
(d) चम्मच

व्याख्या (a) जिस प्रकार से बच्चे ने सादृश्यता के आधार पर रेखाओं को 'कीड़ा' कहा, उसी प्रकार बच्चा 'वृत्त' को 'चूड़ी' कह सकता है, क्योंकि बच्चे को टेढ़ी-मेढ़ी रेखा कीड़े के समान दिखाई पड़ी और बच्चा कीड़े के बारे में जानता है, इसलिए उसने रेखा को कीड़ा कहा, इसलिए वृत्त का आकार और चूड़ी का आकार समान होने के कारण बच्चा वृत्त को चूड़ी कह सकता है।

6. 'उतने सवेरे' पद में 'उतने' शब्द किस ओर संकेत करता है?

(a) बहुत सवेरे की ओर
(b) सवेरे का वह समय जितने बजे लेखिका को उठने की आदत है
(c) बहुत जल्दी
(d) सवेरे की ओर

व्याख्या (b) दिए गए गद्यांश में 'उतने सवेरे' में 'उतने' शब्द सवेरे के उस समय जितने बजे लेखिका उठती है की ओर संकेत कर रहा है, क्योंकि लेखिका कहती है मेरी आदत बहुत सवेरे उठने की थी और वह कहती है कि वह बच्चा जो उसके पास उतने सवेरे आता है जब वह उठती है। अत: पद में 'उतने' शब्द सवेरे का वह समय लेखिका जब उठती की ओर संकेत करता है।

7. गद्यांश में से मिश्रित वाक्य का उदाहरण है

(a) यह आखिर कहना क्या चाह रहा है?
(b) अब मुझे पूरी बात समझ में आ गई
(c) मैंने आश्चर्य से कहा, 'कीड़े'?
(d) उसने नीना का विरोध नहीं किया और बड़े धैर्य और लगन के साथ मौके का इन्तजार करता रहा

व्याख्या (c) मैंने आश्चर्य से कहा, 'कीड़े'? वाक्य मिश्रित वाक्य है। मिश्रित वाक्य में दो या दो से अधिक सरल वाक्य होते हैं। इसमें एक प्रधान उपवाक्य एवं दूसरा आश्रित उपवाक्य होता है। दोनों वाक्यों को सामान्यत: कि, जोकि, ताकि, क्योंकि, यद्यपि....तथापि आदि संयोजकों से जोड़ते हैं। कभी-कभी इनका लोप करके कॉमा (,) का प्रयोग किया जाता है।

8. 'उसका चेहरा खुशी से दमक उठा।' वाक्य में रेखांकित अंश के स्थान पर कौन-सा मुहावरा आएगा?

(a) खुश हो गया (b) खुशी से फूला न समाया
(c) गद्-गद् हो गया (d) खिल उठा

व्याख्या (d) 'उसका चेहरा खुशी से दमक उठा' वाक्य में रेखांकित अंश खुशी से दमक उठा के लिए उपयुक्त मुहावरा है 'खिल उठा'।

9. 'इतने सवेरे कुछ पीना चाहता है क्या?' वाक्य में 'कुछ' शब्द है

(a) प्रश्नवाचक सर्वनाम (b) अनिश्चयवाचक सर्वनाम
(c) निश्चयवाचक सर्वनाम (d) अनिश्चय संख्यावाचक विशेषण

व्याख्या (b) इस वाक्य में 'कुछ' शब्द अनिश्चयवाचक सर्वनाम है। खाने-पीने, तौलने, नापने की वस्तुओं के लिए परिमाणवाचक सर्वनाम का प्रयोग होता है। इसके दो भेद हैं—

1. निश्चित परिमाणवाचक
2. अनिश्चित परिमाणवाचक

गद्यांश 43

कमज़ोर विचारक तत्काल उत्तर की ओर दौड़ता है। पर सोचने वाले बच्चे समय लेते हैं। सवाल पर विचार करते हैं। क्या यह अन्तर केवल सोचने के कौशल के होने या न होने के कारण है? एक ऐसा कौशल जो केवल एक तकनीक है और जिसे, अगर भाग्य ने साथ दिया तो, हम बुद्धि से बच्चों को सिखा सकते हैं। क्या बच्चों को इस कौशल में प्रशिक्षित कर सकते हैं? मुझे भय है कि ऐसा नहीं है। अच्छा विचारक सोचने में समय इसलिए लगा सकता है, क्योंकि वह अनिश्चय को सह सकता है। वह इस बात को भी झेल सकता है कि वह कोई चीज नहीं जानता। पर कमजोर विचारक को कुछ न जानने की कल्पना ही असहनीय लगती है। क्या इस पूरे विश्लेषण से हम यह नहीं पाते कि असल में इन बच्चों में 'गलत' होने का भय बैठा होता है। बेशक यही भय है कि जो मोनिका जैसे बच्चों पर भयानक दबाव डालता है। ठीक ऐसे ही दबाव हैल भी महसूस करता है, शायद मैं भी। मोनिका अकेली नहीं है जो सही होना चाहती है और गलत होने से डरती है पर यहाँ शायद एक दूसरी असुरक्षा की भावना काम करती है। यह असुरक्षा की भावना पैदा होती है, सवाल के लिए कोई भी जवाब नहीं होने से।

(CTET 2011 VI-VIII)

(स्रोत : बच्चे असफल कैसे होते हैं-जॉन हॉल्ट, एकलव्य)

1. कमजोर विचारक

(a) देर से उत्तर देता है (b) हमेशा अज्ञानी होता है
(c) कमजोर होता है (d) जल्दी उत्तर देना चाहता है

व्याख्या (d) अच्छा विचारक हमेशा सोच-समझकर प्रश्न का उत्तर देता है, लेकिन कमजोर विचारक सदैव शीघ्र उत्तर देना चाहता है, क्योंकि वह प्रश्न के बारे में अधिक नहीं सोचता।

2. अच्छे विचारक वे हैं जो

(a) हमेशा सही जवाब देते हैं
(b) उलझे से रहते हैं
(c) जिनकी बुद्धि बहुत तेज होती है
(d) सोच-विचार कर जवाब देते हैं

व्याख्या (d) अच्छे विचारक वे हैं जो सोच-विचार कर प्रश्न का उत्तर देते हैं, क्योंकि अच्छा विचारक सोचने में समय इसलिए लगा सकता है, क्योंकि वह अनिश्चय को सह सकता है तथा वह इस बात को भी सह लेता है कि उसे किसी चीज के बारे में कुछ नहीं पता।

3. मोनिका पर किस बात का दबाव रहता है?

(a) असुरक्षित होने का
(b) अच्छा विचारक न कहलाए जाने का
(c) गलत होने का
(d) बुद्धि का प्रशिक्षण न होने का

व्याख्या (c) मोनिका पर स्वयं के गलत होने का भय रहता है। मोनिका उन बच्चों में से है जो तत्काल उत्तर देना चाहती है, परन्तु उसे डर है कि कहीं वह गलत न हो; क्योंकि कमजोर विचारक बिना सोचे समझे उत्तर देता है।

4. लेखक के अनुसार क्या जरूरी है?

(a) असुरक्षा न होना (b) सही जवाब
(c) देर से जवाब देना
(d) अच्छी तरह चिन्तन करने के बाद जवाब देना

व्याख्या (a) लेखक के अनुसार, किसी भी कमजोर विचारक या बच्चे के लिए असुरक्षा न होना अर्थात् ऐसी स्थिति जो कुछ न जानने की कल्पना से उत्पन्न होती है, उसे उत्पन्न ही न होने दिया जाए। ऐसे बच्चों को गलत उत्तर देने पर उनके उत्तर की पुष्टि करते हुए सही उत्तर का विश्लेषण करना चाहिए, जिससे वह असुरक्षित न अनुभव करें।

5. कमजोर को क्या असहनीय लगता है?

(a) उत्तर न जानना (b) विचार
(c) प्रशिक्षण (d) सोचने का कौशल

व्याख्या (a) कमजोर को 'उत्तर न जानना' असहनीय लगता है, क्योंकि कमजोर विचारक को कुछ न जानने की कल्पना का भय हमेशा बना रहता है कि कहीं वह गलत न सिद्ध हो जाए।

6. 'प्रशिक्षित' शब्द में उपसर्ग और प्रत्यय हैं

(a) प्र, त (b) प्र, ईत (c) प्र, क्षित (d) प्र, इत

व्याख्या (d) 'प्रशिक्षित' शब्द में 'प्र' उपसर्ग है तथा 'इत' प्रत्यय है। उपसर्ग हमेशा शब्द के प्रारम्भ तथा प्रत्यय शब्द के अन्त में लगते हैं।

7. 'वह गलत होने से ········ डरती है।' वाक्य में उचित क्रिया-विशेषण शब्द आएगा

(a) तेज (b) अचानक (c) धीरे-धीरे (d) बहुत

व्याख्या (d) 'वह गलत होने से बहुत डरती है' वाक्य में 'बहुत' उचित क्रिया-विशेषण शब्द है, क्योंकि यहाँ के ढंग तथा रीति का बोध हो रहा है।

8. 'शायद मैं भी' वाक्य है

(a) संकेतवाचक (b) इच्छार्थक
(c) विधानवाचक (d) सन्देहवाचक

व्याख्या (d) 'शायद मैं भी' वाक्य 'सन्देहवाचक वाक्य' है, क्योंकि जिन वाक्यों में सन्देह का बोध होता है, वहाँ सन्देहवाहचक वाक्य होता है।

9. 'तत्काल' शब्द का सन्धि-विच्छेद है

(a) तत + काल
(b) त + अकाल
(c) ततः + काल
(d) तत् + काल

व्याख्या (d) 'तत्काल' शब्द का सन्धि-विच्छेद तत् + काल है, क्योंकि यहाँ व्यंजन सन्धि है।

गद्यांश 44

अभी भी इस बारे में बहुत कम जानकारी है कि आधुनिक कही जाने वाली आज की दुनिया आखिर कैसे संचालित हो रही है। हालाँकि हरेक देश के पास इसकी कोई-न-कोई आधिकारिक व्याख्या जरूर है कि वे कैसे और किन सन्दर्भों में आधुनिक हो रहे हैं। लेकिन इस बारे में मेरा कहना है कि आधुनिकता को समझने के लिए जरूरी है कि आप अपने अन्दर झाँक सकें। इससे आपको पता चलेगा कि आधुनिकता की राह पर बढ़ने के लिए समाज को किन चीजों की जरूरत होती है। बेशक, आज हर कोई मॉडर्न होना चाहता है, लेकिन आधुनिकता की राह उतनी स्पष्ट नहीं है, जितनी वह मानी जाती है। इसीलिए मैं यह बात बार-बार कहता हूँ कि पश्चिमी समाज कभी-कभी आधुनिक नहीं रहे। पश्चिम के पास एकमात्र उल्लेखनीय चीज है साइन्स, जिसमें उसने तरक्की की लेकिन जिन साइन्टिस्टों के बलबूते वहाँ आधुनिकता का परचम लहराया जाता है, खुद वे साइन्टिस्ट अपने कल्चर में उलझे रहते हैं। उनका यह कल्चर आधुनिकता का झण्डाबरदार है। यह भी नहीं कहा जा सकता है कि उनके कल्चर पर दूसरी संस्कृतियों और लोकाचारों का असर नहीं हुआ होगा। अगर यह असर हुआ है तो सिर्फ वही आधुनिक क्यों कहा जाए?

(CTET 2011 VI-VIII)

(ब्रूनो लातूर-फ्रेंच सोशल साइंटिस्ट)

1. लेखक ने किस बात की अस्पष्टता की ओर संकेत किया है?

(a) आधुनिक बनने के मानदण्डों में वैविध्य
(b) पश्चिमी देश की संस्कृति
(c) तरक्की का अर्थ
(d) आधुनिकता की सही व्याख्या

व्याख्या (d) लेखक ने आधुनिकता की सही व्याख्या पर संकेत किया है, क्योंकि सम्पूर्ण गद्यांश में आधुनिक बनने तथा उसकी प्रक्रिया को भिन्न-भिन्न रूपों से व्यक्त किया है।

2. प्रत्येक देश ने

(a) आधुनिक होने के अपने अर्थ और मानदण्ड तय किए हैं
(b) आधुनिक होने की समान व्याख्या की है
(c) अपने द्वारा निर्धारित मानदण्डों को सही नहीं कहा है
(d) अपने-आप को आधुनिक साबित किया है

व्याख्या (a) प्रत्येक देश ने आधुनिक होने के अपने-अपने अर्थ और मानदण्ड तय किए हैं, क्योंकि गद्यांश में स्पष्ट रूप से बताया गया है कि प्रत्येक देश के पास उनके आधुनिक होने के सन्दर्भ भिन्न-भिन्न हैं।

3. लेखक के अनुसार आधुनिक होने के लिए क्या जरूरी है?

(a) आधुनिकता की निश्चित परिभाषा
(b) स्वयं का विश्लेषण
(c) साइन्स में तरक्की करना
(d) अपनी संस्कृति का संरक्षण

व्याख्या (b) लेखक के अनुसार, आधुनिक होने के लिए स्वयं का विश्लेषण करना जरूरी है क्योंकि गद्यांश में स्पष्ट रूप से बताया गया है कि जब हम स्वयं का मूल्यांकन कर लेंगे, तो निश्चित रूप से हमें पता चल जाएगा कि आधुनिकता के लिए किन-किन चीजों की जरूरत होती है।

4. 'पश्चिमी समाज कभी-कभी आधुनिक नहीं रहे।' लेखक ने ऐसा क्यों कहा होगा?

(a) पश्चिमी समाज दूसरे कल्चर का असर ग्रहण कर रहा है
(b) पश्चिमी समाज के पास साइन्स है
(c) पश्चिमी समाज यह नहीं जानता कि आधुनिकता का अर्थ क्या है और कौन-सी चीजें समाज को आधुनिक बनाती हैं
(d) पश्चिमी समाज आधुनिक नहीं है

व्याख्या (c) लेखक ने स्पष्ट किया है कि 'पश्चिमी समाज कभी-कभी आधुनिक नहीं रहें, क्योंकि पश्चिमी समाज यह नहीं जानता कि आधुनिकता का अर्थ क्या है और कौन-सी चीजें समाज को आधुनिक बना सकती हैं।

5. लेखक इस गद्यांश में क्या कहना चाहता है?

(a) पश्चिमी समाज आधुनिक है
(b) वैज्ञानिकों को केवल अपनी संस्कृति का ज्ञान है
(c) विज्ञान में उन्नति करना ही आधुनिक होने का मानदण्ड नहीं है
(d) आधुनिक होने के लिए विज्ञान में तरक्की करना जरूरी है

व्याख्या (c) गद्यांश में लेखक स्पष्ट रूप से यह कहना चाहता है कि 'विज्ञान में उन्नति करना ही आधुनिक होने का मानदण्ड नहीं है', बल्कि हमें स्वयं का आकलन करना होगा कि आधुनिक बनने के लिए हमें किन-किन चीजों की जरूरत है।

6. 'साइन्टिस्टों' शब्द इस ओर संकेत करता है कि

(a) लेखक का शब्द-चयन अच्छा नहीं है
(b) आजकल खिचड़ी भाषा का प्रयोग हो रहा है
(c) ऐसे शब्द न तो हिन्दी के रहते हैं और न अंग्रेजी के
(d) कोई भाषा किसी दूसरी भाषा से शब्द तो लेती है, लेकिन व्याकरण अपना प्रयुक्त करती है

व्याख्या (d) 'साइन्टिस्टों' शब्द इस ओर संकेत करता है कि कोई भाषा किसी दूसरी भाषा से शब्द तो लेती है, लेकिन व्याकरण अपना प्रयुक्त करती है, इसीलिए लेखक ने भी अपनी मातृभाषा का व्याकरणिक प्रयोग दूसरी भाषा अधिगम के अन्तर्गत किया है, जो स्वाभाविक है, परन्तु सही व मानक नहीं है, क्योंकि साइन्टिस्ट शब्द अंग्रेजी भाषा का है और व्याकरण नियम हिन्दी भाषा का।

गद्यांश 45

"प्रारम्भ से ही प्रकृति और मनुष्य का अटूट सम्बन्ध रहा है। प्रकृति और मनुष्य का सम्बन्ध अन्योन्याश्रित और परस्पर सह-अस्तित्व पर निर्भर है। प्रकृति ने मानव के लिए जीवनदायक तत्त्वों को उत्पन्न किया। मनुष्य ने वृक्षों के फल, बीज, जड़ें आदि खाकर अपनी भूख मिटाई। पेड़-पौधे हमें केवल भोजन ही प्रदान नहीं करते अपितु जीवनदायिनी वायु, ऑक्सीजन भी प्रदान करते हैं। ये वातावरण से कार्बन डाइ-ऑक्साइड को ग्रहण करते हैं और ऑक्सीजन बाहर निकालते हैं। पृथ्वी पर हरियाली के स्रोत पेड़-पौधे ही हैं। वर्षा के कारक यही पेड़-पौधे ही हैं।

मनुष्य ने अपनी आवश्यकताओं की पूर्ति के लिए वन-सम्पदा का अन्धाधुन्ध दोहन किया है, जिसके कारण प्राकृतिक असन्तुलन उत्पन्न हो गया है। पर्यावरण में ऑक्सीजन की कमी और कार्बन डाइ-ऑक्साइड की बढ़ोतरी तथा पर्यावरण प्रदूषण के कारण अनेक प्रकार की घातक बीमारियाँ फैल रही हैं। पेड़-पौधों की कमी के चलते अनावृष्टि, सूखा और भूमि-क्षरण की समस्या पैदा हो गई है"। ***(UPTET 2018, VI-VIII)***

1. पेड़-पौधे हमें क्या नहीं देते हैं?

(a) भोजन (b) ऑक्सीजन (c) हरियाली (d) जल

व्याख्या (d) दिए गए गद्यांश के अनुसार पेड़-पौधे हमें 'जल' नहीं देते है।

2. पर्यावरण असन्तुलन का दुष्परिणाम क्या नहीं है?

(a) ऑक्सीजन की कमी के कारण कार्बन डाइ-ऑक्साइड में बढ़ोतरी
(b) पर्यावरण प्रदूषण के चलते घातक बीमारियों का बढ़ना
(c) पेड़-पौधों की कमी के कारण बाढ़, अनावृष्टि, सूखा और भूमि-क्षरण की समस्याएँ पैदा होना
(d) छायादार वृक्षों में फल नहीं लग पाना

व्याख्या (d) 'छायादार वृक्षों में फल नहीं लग पाना' यह पर्यावरण असन्तुलन का दुष्परिणाम नहीं है, जबकि अन्य तीनों विकल्प पर्यावरण के असन्तुलन के दुष्परिणाम की ओर इंगित करते हैं।

गद्यांश 46

स्पष्टता, आत्मविश्वास, विषय की अच्छी पकड़ और प्रभावशाली भाषा में अपने विचारों और भावनाओं को व्यक्त करना ही सम्प्रेषण-कला है, जो निरन्तर अभ्यास से निखारी जा सकती है। एक दिन में कोई अच्छा वक्ता नहीं बन सकता तथा भाषा पर अनायास ही किसी की पकड़ नहीं हो पाती। इसी अभ्यास से स्वामी विवेकानन्द ने जिस सम्प्रेषण-कला का विकास किया था, उसने विश्वधर्म-सम्मेलन में लाखों अमेरिका निवासियों को चकित और मोहित कर दिया था। ***(UPTET 2018 I-V)***

1. सम्प्रेषण-कला क्या नहीं है?

(a) अलंकरण (b) आत्मविश्वास
(c) प्रभावशाली भाषा
(d) विचारों और भावनाओं को व्यक्त करना

व्याख्या (a) गद्यांश के अनुसार स्पष्टता, आत्मविश्वास, विषय की अच्छी पकड़ और प्रभावशाली भाषा में अपने विचारों और भावनाओं को व्यक्त करना ही सम्प्रेषण कला है। इस प्रकार 'अलंकरण' सम्प्रेषण कला नहीं है।

2. सम्प्रेषण-कला का विकास किससे होता है?

(a) अभ्यास (b) भाषण
(c) अनायास (d) विषय की अच्छी पकड़

व्याख्या (a) सम्प्रेषण कला का विकास निरन्तर 'अभ्यास' द्वारा होता है।

गद्यांश 47

आदिम आर्य घुमक्कड़ ही थे। यहाँ से वहाँ वे घूमते ही रहते थे। घूमते-भटकते ही वे भारत पहुँचे थे। यदि घुमक्कड़ी का बाना उन्होंने न धारण किया होता, यदि वे एक स्थान पर ही रहते, तो आज भारत में उनके वंशज न होते। भगवान बुद्ध तथा महावीर घुमक्कड़ ही थे। वर्षा-ऋतु के कुछ महीनों को छोड़कर एक स्थान पर रहना बुद्ध के वश का नहीं था। 35 वर्ष की आयु में उन्होंने बुद्धत्व प्राप्त किया। 35 वर्ष से 80 वर्ष की आयु तक जब उनकी मृत्यु हुई, 45 वर्ष तक वे निरन्तर घूमते ही रहे। अपने आपको समाज सेवा और धर्म प्रचार में लगाए रहे। अपने शिष्यों से उन्होंने कहा था' चरथ भिक्खवे चारिक' हे भिक्षुओं! घुमक्कड़ी करो यद्यपि कभी भारत के बाहर नहीं गए, किन्तु उनके शिष्यों ने उनके वचनों को सिर आँखों पर लिया और पूर्व में जापान, उत्तर में मंगोलिया, पश्चिम में मकदूनिया और दक्षिण में बाली द्वीप तक प्रचार-प्रसार किया। भगवान महावीर ने स्वच्छन्द विचरण के लिए अपने वस्त्रों को त्याग दिया। दिशाओं को उन्होंने अपना अम्बर बना लिया, वैशाली में जन्म लिया, पावा में शरीर त्याग किया। जीवनपर्यन्त घूमते ही रहे। मानव के कल्याण के लिए मानवों के राह प्रदर्शन के लिए और शंकराचार्य बारह वर्ष की अवस्था में संन्यास लेकर कभी केरल, कभी मिथिला, कभी कश्मीर और कभी बद्रिकाश्रम में घूमते रहे। कन्याकुमारी से लेकर हिमालय तक समस्त भारत को अपना कार्यक्षेत्र समझा। सांस्कृतिक एकता के लिए, समन्वय के लिए, श्रुति धर्म की रक्षा के लिए शंकराचार्य के प्रयत्नों से ही वैदिक धर्म का उत्थान हो सका। ***(UPTET 2017 I-V)***

1. 'घुमक्कड़' शब्द में कौन-सा प्रत्यय है?

(a) अक्कड़ (b) ड़ (c) अड़ (d) कड़

व्याख्या (a) 'घुमक्कड़ 'शब्द में 'घूमना' मूल शब्द एवं 'अक्कड़' प्रत्यय है। पियक्कड़, भुलक्कड़ आदि अन्य अक्कड़ प्रत्यययुक्त शब्द हैं।

2. महावीर स्वामी का जन्म कहाँ हुआ था?

(a) पावापुरी (b) वैशाली (c) कुशीनगर (d) पारसौली

व्याख्या (b) जैन धर्म के 24वें तीर्थंकर महावीर स्वामी का जन्म 'वैशाली' (कुण्डलपुर) में हुआ था तथा पावापुरी (बिहार) में उन्होंने अपने शरीर का त्याग किया था।

3. 'स्वच्छन्द' में कौन-सी सन्धि है?

(a) विसर्ग (b) दीर्घ (c) गुण (d) व्यंजन

व्याख्या (d) स्वच्छन्द में 'व्यंजन सन्धि' है, जिसका सन्धि-विच्छेद स्व + छन्द होता है।

4. महात्मा बुद्ध ने जब बुद्धत्व प्राप्त किया, तब उनकी अवस्था कितनी थी?

(a) 12 वर्ष (b) 35 वर्ष (c) 45 वर्ष (d) 80 वर्ष

व्याख्या (b) गद्यांश के अनुसार, महात्मा बुद्ध ने जब बुद्धत्व प्राप्त किया, तब उनकी अवस्था 35 वर्ष थी।

5. 'श्रुति धर्म' का क्या अर्थ है?

(a) जैन धर्म (b) बौद्ध धर्म
(c) मुस्लिम धर्म (d) वैदिक धर्म

व्याख्या (d) गद्यांश के अनुसार, 'श्रुति धर्म' का अर्थ 'वैदिक धर्म' है। 'वेद' के सम्बन्ध में कहा जाता है कि विभिन्न ऋषियों ने देवताओं से वेद के मन्त्रों को सुनकर उनकी रचना की है। अत: वेद को 'श्रुति' एवं इससे निष्पन्न धर्म को 'श्रुति धर्म' कहते हैं।

गद्यांश 48

धर्म पालन करने के मार्ग में सबसे अधिक बाधा चित्त की चंचलता, उद्देश्य की अस्थिरता और मन की निर्बलता से पड़ती है। मनुष्य के कर्त्तव्य मार्ग में एक ओर तो आत्मा के बुरे-भले कामों का ज्ञान, दूसरी ओर आलस्य और स्वार्थपरता रहती है। मनुष्य अपनी आत्मा की आज्ञा मानकर अपना धर्म पालन करता है, पर उसका मन दुविधा में पड़ा रहा है, तो स्वार्थपरता उसे निश्चित ही घेरेगी और उसका चरित्र घृणा के योग्य हो जाएगा। इसलिए यह बहुत आवश्यक है कि आत्मा जिस बात को करने की प्रवृत्ति दे, उसे बिना स्वार्थ सोचे, झटपट कर डालना चाहिए। इस संसार में जितने बड़े-बड़े लोग हुए हैं सभी ने अपने कर्त्तव्य को सबसे श्रेष्ठ माना है, क्योंकि जितने कर्म उन्होंने किए, उन सबने अपने कर्त्तव्य पर ध्यान देकर न्याय का बर्ताव किया। जिन जातियों में यह गुण पाया जाता है, वे ही संसार में उन्नति करती हैं और संसार में उनका नाम आदर से लिया जाता है। जो लोग स्वार्थी होकर अपने कर्त्तव्य पर ध्यान नहीं देते, वे संसार में लज्जित होते हैं और सब लोग उनसे घृणा करते हैं। जो कर्त्तव्य पालन करता है, वह अपने कामों और वचनों में सत्यता का बर्ताव भी रखता है। सत्यता ही एक ऐसी वस्तु है, जिससे इस संसार में कोई काम झूठ बोलने से नहीं चल सकता। झूठ बोलना कई रूपों में दिखाई पड़ता है; जैसे—चुप रहना, किसी बात को बढ़ाकर कहना, किसी बात को छिपाना, झूठ-मूठ दूसरों की हाँ में हाँ मिलाना आदि। कुछ लोग ऐसे भी होते हैं, जो मुँह देखी बातें करते हैं, पर करते वहीं है जो उन्हें रुचता है। ऐसे लोग मन में समझते हैं कि कैसे सबको मूर्ख बनाकर हमने अपना काम कर लिया, पर वास्तव में वे अपने को ही मूर्ख बनाते हैं और अन्त में उनकी पोल खुल जाने पर समाज के लोग उनसे घृणा करते हैं।

(UPTET 2017, VI-VIII)

1. धर्म पालन करने में बाधा डालने वाली प्रवृत्तियाँ कौन-सी हैं?

(a) कमजोर मन, उद्देश्य का निश्चित न होना तथा चचंल मनोवृत्ति का होना
(b) धर्म का ज्ञान न होना
(c) आलस्य की अधिकता
(d) जानकारी की कमी

व्याख्या (a) धर्म पालन करने में बाधा डालने वाली प्रवृत्तियाँ हैं—

'कमजोर मन, उद्देश्य का निश्चित न होना तथा चंचल मनोवृत्ति का होना।'

2. संसार के बड़े-बड़े लोगों ने सबसे श्रेष्ठ माना है

(a) उत्तम चरित्र (b) सदाचार
(c) परोपकार (d) अपने कर्त्तव्य

व्याख्या (d) गद्यांश के अनुसार संसार के बड़े-बड़े लोगों ने सबसे श्रेष्ठ 'अपने कर्त्तव्य' को माना है। जो व्यक्ति स्वार्थवश अपने कर्त्तव्य पर ध्यान नहीं देते, वे संसार में लज्जित होते हैं। इसीलिए 'कर्त्तव्य' को श्रेष्ठ बनाया गया है।

3. 'निर्बलता' शब्द में उपसर्ग और प्रत्यय का सही विकल्प है

(a) निर् + बल + ता (b) निर + बल + ता
(c) निर + बलत + आ (d) निर + बल + अता

व्याख्या (a) 'निर्बलता' शब्द में 'निर्' उपसर्ग, 'ता' प्रत्यय एवं 'बल' मूल शब्द है।

4. 'कायर' की भाववाचक संज्ञा है

(a) अकायरता (b) कायरत्व
(c) कायरपन (d) कायरता

व्याख्या (d) 'कायर' की भाववाचक संज्ञा 'कायरता' है न कि अकायरता तथा कायरत्व या कायरपन।

5. 'अपना मतलब निकालने वाला' के लिए उचित शब्द क्या है?

(a) स्वार्थी (b) स्वार्थपरता
(c) स्वार्थपरक (d) कुटिल

व्याख्या (a) 'अपना मतलब निकालने वाला' वाक्यांश के लिए उचित शब्द 'स्वार्थी' होगा। वैसे 'मतलबी' शब्द भी इसी अर्थ में प्रयुक्त होता है।

गद्यांश 49

संस्कृति किसी दो मन्जिला मकान की तरह होती है। पहली मन्जिल पर एकदम मूलभूत मगर चिरन्तन जीवन-मूल्य होते हैं। इसमें परस्पर सहकार्य, न्याय, सौन्दर्य जैसे मूलभूत तत्त्व आते हैं। ये मूल्य समय से परे होते हैं। पहली मन्जिल पर दूसरी मन्जिल का निर्माण किसी समाज की विशिष्ट आवश्यकता के अनुरूप होता है। धार्मिक, ऐतिहासिक परम्परा, आर्थिक लेन-देन, स्त्री-पुरुष सम्बन्ध और परिस्थितिजन्य अन्य मूल्यों का निर्माण में योगदान होता है। यह व्यवस्था मूलत:, संरक्षणात्मक होने के कारण तरह-तरह के प्रतीक, परम्परा, रूढ़ि और अन्धविश्वास का सड़ा-सा पिन्जरा बनाती है। इससे पहली मन्जिल के मूलभूत मूल्यों की उपेक्षा होने लगती है। समाज को भ्रम होने लगता है कि दूसरी मन्जिल की मूल व्यवस्था ही अपनी सच्ची संस्कृति है। भ्रम से कई तरह की विकृति उत्पन्न होती है, जो सामाजिक परिवर्तन से संघर्ष करने लगती है। वस्तुत: आज इन्हीं परिस्थितियों को मात देकर नई संस्कृति का निर्माण करना देश के सामने सबसे बड़ा कार्य है। इसमें शिक्षा पद्धति और प्रसार माध्यम महत्त्वपूर्ण भूमिका निभा सकते हैं। शिक्षा से भावी पीढ़ी पर सांस्कृतिक निष्ठा के संस्कार डाले जाते हैं। हमारी शिक्षा इस कसौटी पर खरी नहीं उतरी है। समाज में विषमता की खाई चौड़ी करने में ही इसका योगदान रहा है। यह अमीरों की दोस्त और गरीबों की दुश्मन हो गई है। एक ठीक-ठीक पाठशाला में बच्चे को प्रवेश दिलाने में बीस हजार रुपए तक हफ्ता देना पड़ता है। *(HTET 2014, I-V)*

1. परस्पर सहकार्य, न्याय तथा सौन्दर्य को संस्कृति के मूल तत्त्व क्यों कहा जाता है?

(a) ये समय के साथ बदलते हैं
(b) इन्हें प्राप्त करने में बहुत कठिनाई होती है
(c) इनकी जड़ें बहुत गहरी हैं
(d) इसमें समाज की अधिक आस्था होती है

व्याख्या (d) परस्पर सहकार्य, न्याय तथा सौन्दर्य को संस्कृति के मूल तत्त्व इसलिए कहा जाता है, क्योंकि इसमें समाज की अधिक आस्था होती है।

2. संस्कृति के मूल तत्त्वों की उपेक्षा क्यों होने लगती है?

(a) संस्कृति के मूल तत्त्व इतने दु:साध्य हैं कि उन्हें हर समय बनाए रखना कठिन है
(b) पुरानी रूढ़ियाँ और परम्पराएँ हम पर हावी हो जाती हैं और हम ठीक प्रकार से नहीं सोच पाते
(c) उसका निर्माण अलग-अलग लोग करते हैं इसलिए कोई अपना उत्तरदायित्व नहीं मानता
(d) संस्कृति अदृश्य है अत: सामान्य जनता उसके महत्त्व को नहीं जानती

व्याख्या (b) संस्कृति के मूल तत्त्वों की उपेक्षा इसलिए होने लगती, क्योंकि 'पुरानी रूढ़ियाँ और परम्पराएँ हम पर हावी हो जाती हैं और हम ठीक प्रकार से नहीं सोच पाते हैं।'

3. संस्कृति को दो मन्जिला मकान की तरह क्यों बताया गया है?

(a) उसके निर्माण में श्रम और समय दोनों लगते हैं
(b) उसके ये अलग-अलग घटक हैं
(c) उसका सम्बन्ध उच्च और निम्न वर्ग दोनों से है
(d) वह किसी भी राष्ट्र की दो स्थितियों का स्पष्ट करती है

व्याख्या (c) संस्कृति को दो मन्जिला मकान की तरह बताया गया है। उसका सम्बन्ध उच्च और निम्न दोनों वर्ग से होता है। संस्कृति किसी दो मन्जिला मकान की तरह होती है। इसमें प्रथम मन्जिल पर मूलभूत चिन्तन जीवन-मूल्य होते हैं तथा द्वितीय मन्जिल का निर्माण समाज की विशिष्ट आवश्यकता के अनुरूप होता है।

4. संस्कृति के पुनर्निर्माण में सबसे अधिक सहायक कौन हो सकता है?

(a) लोगों की दृढ़ इच्छाशक्ति
(b) संस्कृति का सरलीकरण
(c) शिक्षा पद्धति में बदलाव
(d) संस्कृति का सामान्य जनों में उचित प्रसार-प्रचार

व्याख्या (d) संस्कृति के पुनर्निर्माण में सबसे अधिक सहायक संस्कृति का सामान्य जनों में उचित प्रसार-प्रचार हो सकता है। शिक्षा से भावी पीढ़ी में सांस्कृतिक निष्ठा के संस्कार डाले जा सकते हैं।

5. शिक्षा पद्धति सफल क्यों नहीं हो रही है?

(a) वह अमीरों और गरीबों के बीच खाई चौड़ी कर रही है
(b) शिक्षा बहुत महँगी हो गई है
(c) वह संस्कृति के प्रति पूज्य भाव के संस्कार नहीं डाल पा रही है
(d) वह हर बार बदल दी जाती है

व्याख्या (a) हमारी शिक्षा पद्धति सफल इसलिए नहीं हो पा रही है क्योंकि वह अमीरों और गरीबों के बीच खाई चौड़ी कर रही है। हमारी शिक्षा इस कसौटी पर खरी नहीं उतरी है। समाज में विषमता की खाई चौड़ी करने में ही इसका प्रमुख योगदान रहा है।

गद्यांश 50

वर्तमान मेरे लिए और मुझ जैसे बहुत से और लोगों के लिए मध्ययुगीनता, भयंकर गरीबी एवं दुर्गति और मध्य वर्ग की कुछ-कुछ सतही आधुनिकता का विचित्र मिश्रण है। मैं अपने वर्ग और अपनी किस्म के लोगों का प्रशंसक नहीं था, फिर भी भारतीय संघर्ष में नेतृत्व के लिए मैं निश्चित रूप से मध्य वर्ग की ओर देखता था। यह मध्य वर्ग स्वयं को बन्दी और सीमाओं में जकड़ा हुआ महसूस करता था और खुद तरक्की और विकास करना चाहता था। अंग्रेजी शासन के ढाँचे के भीतर ऐसा न कर पाने के कारण उसके भीतर विश्वेह की चेतना पनपी लेकिन यह चेतना उस ढाँचे के खिलाफ नहीं जाती थी जिसने हमें रौंद दिया था। ये उस ढाँचे को बनाए रखना चाहते थे और अंग्रेजों को हटाकर उसका संचालन करना चाहते थे। ये मध्य वर्ग के लोग इस हद तक इस ढाँचे की पैदाइश थे कि उसे चुनौती देना या उसे उखाड़ फेंकने का प्रयास करना इसके बस की बात नहीं थी। ***(HTET 2014, I-V)***

1. लेखक किस वर्ग से सम्बन्धित है?

(a) सामन्त वर्ग (b) मध्य वर्ग
(c) निम्न वर्ग (d) इनमें से कोई नहीं

व्याख्या (b) लेखक 'मध्य वर्ग' से सम्बन्धित है। लेखक ने इस विषय में स्वयं कहा है कि "मैं अपने वर्ग और अपनी किस्म के लोगों का प्रशंसक नहीं था, फिर भी भारतीय संघर्ष में नेतृत्व के लिए मैं निश्चित रूप से मध्य वर्ग की ओर देखता था।"

2. मध्य वर्ग में 'विश्वेही चेतना' का कारण था

(a) मध्य वर्ग साम्राज्यवाद विरोधी था
(b) मध्य वर्ग राष्ट्रवादी था
(c) मध्य वर्ग अंग्रेजों को विस्थापित करके शासन संचालन चाहता था
(d) उपरोक्त सभी

व्याख्या (c) मध्य वर्ग अंग्रेजी शासन के कारण स्वयं को बन्दी और सीमाओं में जकड़ा हुआ मानता था। वह स्वयं प्रगति एव उन्नति करना चाहता था तथा अंग्रेजों को विस्थापित कर शासन संचालन चाहता था, लेकिन वह अंग्रेजी शासन के ढाँचे के भीतर यह सब कुछ नहीं कर सकता था। इस कारण मध्य वर्ग में 'विश्वेही चेतना' पनपी।

3. गद्यांश में आए भारतीय संघर्ष का सन्दर्भ है

(a) भारत का स्वतन्त्रता संघर्ष (b) चीन के विरुद्ध संघर्ष
(c) पाकिस्तान के विरुद्ध संघर्ष (d) महाशक्तियों के विरुद्ध संघर्ष

व्याख्या (a) गद्यांश में मध्य वर्ग के माध्यम से जिस भारतीय संघर्ष की बात की गई है, उसका सन्दर्भ भारत के स्वतन्त्रता संघर्ष से है।

4. निम्न में से कौन-सा सामाजिक वर्ग ब्रिटिश शासन प्रणाली की उपज थी?

(a) उच्च वर्ग (b) सामन्त वर्ग (c) किसान (d) मध्य वर्ग

व्याख्या (d) 'मध्य वर्ग' ऐसा सामाजिक वर्ग था, जो कुछ-कुछ ब्रिटिश शासन की तरह ही सोचता था। वह ब्रिटिश शासन की तरह ही आम जनता का शोषण करना चाहता था, लेकिन वह स्वयं ब्रिटिश शासन में बन्दी ग्रस्त और सीमाओं में जकड़ा हुआ था। इस कारण वह ब्रिटिश प्रणाली से निकलकर स्वयं अपनी प्रणाली पर चलना चाहता था, जो कि ब्रिटिश शासन के समान ही थी। अत: कहा जा सकता है कि मध्य वर्ग शासन प्रणाली की उपज थी।

गद्यांश 51

मैं साहित्य को मनुष्य की दृष्टि से देखने का पक्षपाती हूँ। जो वाग्जाल मानव को दुर्गति, हीनता और परमुखपेक्षिता से बचा न सके, जो उसकी आत्मा को तेजोद्दीप्त न बना सके, जो उसके हृदय को दु:खकातर और संवेदनशील न बना सके, उसे साहित्य कहने में मुझे संकोच होता है। मैं अनुभव करता हूँ कि हम लोग एक कठिन समय से गुजर रहे हैं। दुनिया छोटे-छोटे संकीर्ण स्वार्थों के आधार पर अनेक दलों में विभक्त हो गई है। अपने दल के बाहर का आदमी सन्देह की दृष्टि से देखा जाता है। उसके प्रत्येक त्याग और बलिदान के कार्य में भी 'बाल' का सन्धान पाया जाता है और अपने-अपने दलों में ऐसा करने वाला सफल नेता भी मान लिया जाता है। बड़े-बड़े राष्ट्रनायक जब अपनी विराट अनुचरवाहिनी के साथ इस प्रकार का गन्दा प्रचार करते हैं, तो ऊपर-ऊपर से चाहे जितनी भी सफलता उनके पक्ष में आती हुई क्यों न दिखाई दे, इतिहास विधाता का निष्ठुर नियम प्रवाह भीतर ही भीतर उनके स्वार्थों का उन्मूलन करता रहता है। जो लोग दृष्टा हैं, वे इस गलती को समझते हैं, पर उनकी बात मदमत्त व्यक्तियों की ऊँची गद्दियों तक नहीं पहुँच पाती। संसार में अच्छी बात कहने वालों की कमी नहीं है, परन्तु मनुष्य के सामाजिक संगठन में ही कहीं कुछ ऐसा बड़ा दोष रह गया है जो मनुष्य को अच्छी बात सुनने और समझने से रोक रहा है। इसलिए आज की सबसे बड़ी समस्या यह नहीं है कि अच्छी बात कैसे कही जाए, बल्कि यह है कि अच्छी बात को सुनने और मानने के लिए मनुष्य को कैसे तैयार किया जाए?

(HTET 2014, I-V)

1. 'साहित्य' का मूल प्रयोजन है

(a) वाग्जाल फैलाना
(b) मनोरंजन करना
(c) मनुष्य को उदात्त बनाना
(d) मनुष्य के हृदय को कठोर बनाना

व्याख्या (c) दिए गए गद्यांश के अनुसार, 'साहित्य' का मूल प्रयोजन 'मनुष्य को उदात्त' बनाना है।

2. लेखक ने वर्तमान को कठिन समय क्यों कहा है?

(a) संसार में अच्छी बात करने वाली नहीं हैं
(b) संसार में अच्छी बात सुनने वाले नहीं हैं
(c) आज विरोधियों को सन्देह की दृष्टि से देखा जाता है
(d) संकीर्ण स्वार्थों ने मनुष्य को अन्धा कर दिया है

व्याख्या (d) लेखक के अनुसार 'संकीर्ण स्वार्थों ने मनुष्य को अन्धा बना दिया है' अत: लेखक ने वर्तमान समय को कठिन कहा है।

3. 'वाग्जाल' का तात्पर्य है

(a) काल्पनिक बातें
(b) अलंकृत भाषा युक्त रचना
(c) विचारों का जाल
(d) इनमें से कोई नहीं

व्याख्या (b) 'वाग्जाल' का तात्पर्य अलंकृत भाषा युक्त रचना है, जिनका प्रयोग साधारण समझ के मनुष्यों को अपने जाल में फँसाने के लिए किया जाता है।

4. लेखक के अनुसार 'दृष्टा' किस गलती को समझते हैं?

(a) स्वार्थपूर्ण नीतियों की निस्सारता
(b) इतिहास विधाता के नियम प्रवाह को
(c) साहित्य की उपयोगिता को
(d) मनुष्य के सामाजिक संगठन को

व्याख्या (a) लेखक के अनुसार, 'दृष्टा' स्वार्थपूर्ण नीतियों की निस्सारता की गलती को समझते हैं, परन्तु उनकी बात मदमत्त व्यक्तियों की ऊँची गद्दियों तक नहीं पहुँच पाती।

5. आज बड़ी समस्या क्या है?

(a) अच्छी बात कैसे कही जाए?
(b) अच्छी बात को सुनने और मानने के लिए मनुष्य को कैसे तैयार किया जाए?
(c) दुनिया का स्वार्थमय हो जाना
(d) दुनिया का अनेक दलों में बँट जाना

व्याख्या (b) आज की सबसे बड़ी समस्या यह नहीं है कि अच्छी बात कैसे कही जाए, बल्कि यह है, कि 'अच्छी बात को सुनने और मानने के लिए मनुष्य को कैसे तैयार किया जाए?

गद्यांश 52

जीवों और उनके परस्पर क्रियाओं का अध्ययन ही पारिस्थितिकी या इकोलॉजी कहलाता है। जीव अपने पर्यावरण के अजीवित तत्त्वों या घटकों से क्रिया करते हुए सम्मिलित रूप से एक तन्त्र का निर्माण करते हैं। इसे पारिस्थितिकी तन्त्र या इकोतन्त्र कहा जाता है। विभिन्न इकोतन्त्रों का संघटन भिन्न-भिन्न होता है। इकोतन्त्र यथार्थ में कार्बनिक या जैविक और अकार्बनिक या अजैविक घटकों की आपस में अन्त:क्रियाओं और उनकी परस्पर निर्भरता का समुच्चय है। इस शब्द का प्रयोग मूल रूप से जीवों के समूहों और आवास के परस्पर मिलने से निर्मित एक क्रियाशील इकाई के निर्माण को प्रकट करने के लिए किया गया था। इस ग्रह पर उपस्थित समस्त इकोतन्त्र को सम्मिलित रूप से 'जैव मण्डल' की संज्ञा दी जा सकती है। पारिस्थितिकी तन्त्र के घटकों में सूर्य का प्रकाश, अकार्बनिक पदार्थ, जलवायु, उत्पादक, उपभोक्ता (सूक्ष्म एवं बड़े उपभोक्ता) शामिल हैं। इकोतन्त्र को सुरक्षित रखते हुए विकास की योजनाओं का निर्माण एवं क्रियान्वयन हमारी जिम्मेदारी है। ***(HTET 2011, VI-VIII)***

1. जीवों और उनके पर्यावरण की परस्पर क्रियाओं का अध्ययन कहलाता है

(a) इकोलॉजी
(b) एन्थ्रोपोलॉजी
(c) बायोलॉजी
(d) एण्डोक्रायनोलॉजी

व्याख्या (a) गद्यांश के अनुसार जीवों और उनके पर्यावरण की परस्पर क्रियाओं का अध्ययन 'पारिस्थितिकी या इकोलॉजी' कहलाता है।

2. पृथ्वी पर उपस्थित समस्त इकोतन्त्र को सम्मिलित रूप से कहते हैं

(a) सौरमण्डल
(b) जैवमण्डल
(c) तारामण्डल
(d) इनमें से कोई भी नहीं

व्याख्या (b) पृथ्वी पर उपस्थित समस्त इकोतन्त्र को सम्मिलित रूप से 'जैवमण्डल' कहा जाता है।

3. 'पारिस्थितिकी तन्त्र या इकोतन्त्र' का यह घटक नहीं है

(a) सूर्य का प्रकाश
(b) कार्बनिक पदार्थ
(c) परमाणु ऊर्जा
(d) मौसम

व्याख्या (c) गद्यांश के अनुसार 'परमाणु ऊर्जा' को 'पारिस्थितिकी तन्त्र या इकोतन्त्र' का घटक नहीं माना जाता है, जबकि सूर्य का प्रकाश, कार्बनिक पदार्थ, मौसम, अकार्बनिक पदार्थ, उत्पादक, उपभोक्ता, पारिस्थितिकी तन्त्र या इकोतन्त्र के घटक हैं।

गद्यांश 53

भाषा प्रतीकों का एक व्यवस्थित ढाँचा है। इन प्रतीकों से बनी भाषा द्वारा ही एक पीढ़ी से दूसरी पीढ़ी तक सांस्कृतिक विचार व धरोहर संचरित होती है। यह संस्कृति का अहम् हिस्सा है। संस्कृति की तरह ही भाषा इन्सान के पैदा होने से पहले ही उपस्थित रहती है। अमेरिका में पैदा होने वाला बच्चा अंग्रेजी भाषा के सम्पर्क में आता है, रूस में पैदा होने वाला रूसी के, इसी तरह भाषाएँ अलग-अलग समाजों में प्रतीकात्मक समझ के लिए एक सन्दर्भ प्रदान करती हैं। इस मायने में भाषा संस्कृति का हिस्सा है जो इन्सान का अनुभवातीत करती है। भाषा के बिना संस्कृति को संचरित करने में परेशानी होगी। संस्कृति के बिना मानव अपनी अद्वितीय मानवता खो देंगे। ***(CGTET 2011 I-V)***

1. 'अनुभवातीत' का तात्पर्य है

(a) अतीत व अनुभव (b) अनुभव का अतीत
(c) अनुभव के परे (d) अनुभवहीनता

व्याख्या (c) दिए गए गद्यांश के अनुसार, 'अनुभवातीत' का तात्पर्य 'अनुभव के परे' होता है।

2. कौन-सा कथन सही नहीं है

(a) भाषा प्रतीकों का व्यवस्थित ढाँचा है
(b) भाषा हमारे अनुभव बाँटने के काम आती है
(c) भाषा बिना संस्कृति संचारित नहीं हो सकेगी
(d) सम्प्रेषण के लिए बोली हुई भाषा आवश्यक है

व्याख्या (c) 'भाषा बिना संस्कृति संचरित नहीं हो सकेगी'। कथन सही नहीं है, जबकि अन्य सभी विकल्पों में निहित कथन गद्यांश के अनुरूप भाषा से सम्बन्धित तथ्य हैं।

गद्यांश 54

शिक्षा को वैज्ञानिक और प्राविधिक मूलाधार देकर हमने जहाँ भौतिक परिवेश को पूर्णतया परिवर्तित कर दिया है और जीवन को अप्रत्याशित गतिशीलता दे दी है, वहाँ साहित्य, कला, धर्म और दर्शन को अपनी चेतना से बहिष्कृत कर मानव विकास को एकांगी बना दिया है। पिछली शताब्दी में विकास के सूत्र प्रकृति के हाथ से निकलकर मनुष्य के हाथ में पहुँच गए हैं और इस बन्द गली में पहुँचने का अर्थ मानव जाति का नाश भी हो सकता है, इसीलिए नैतिक और आत्मिक मूल्यों को साथ-साथ विकसित करने की आवश्यकता है, जिससे विज्ञान हमारे लिए भस्मासुर का हाथ न बन जाए। व्यक्ति की क्षुद्रता यदि राष्ट्र की क्षुद्रता बन जाती है, तो विज्ञान भस्मासुर बन जाता है। इस सत्य को प्रत्येक क्षण सामने रखकर ही अणु-विस्फोट को मानव प्रेम और लोकहित की मर्यादा दे सकेंगे। अपरिसीम भौतिक शक्तियों का स्वामी मानव आज अपने व्यक्तित्व के प्रति आस्थावान नहीं है और प्रत्येक क्षण अपने अस्तित्व के सम्बन्ध में शंकाग्रस्त है। ***(UTET 2017 I-V)***

1. आज का मानव अपने व्यक्तित्व और अस्तित्व के प्रति इसलिए शंकालु हैं, क्योंकि

(a) वह विज्ञान की विध्वसंक शक्तियों से भयभीत है
(b) उसका आत्मविश्वास लुप्त होता जा रहा है
(c) मानव ईश्वर के प्रति आस्थावान नहीं है
(d) वह सीमित भौतिक शक्तियों का स्वामी है

व्याख्या (b) दिए गए गद्यांश के अनुसार, आज का मानव अपने व्यक्तित्व और अस्तित्व के प्रति इसलिए शंकालु है, क्योंकि 'उसका आत्मविश्वास लुप्त होता जा रहा है।'

2. आधुनिक मानव विकास को सर्वांगीण नहीं कहा जा सकता, क्योंकि

(a) साहित्य, धर्म, कला आदि मानव चेतना में निर्वासित है
(b) विकास के सूत्र मानव के हाथ में है
(c) भौतिक परिवेश पूर्णतया परिवर्तित हो गया है
(d) जीवन में आशातीत गतिशीलता का समावेश नहीं हुआ

व्याख्या (d) गद्यांश के अनुसार, आधुनिक मानव विकास को सर्वांगीण नहीं कहा जा सकता, क्योंकि 'जीवन में आशातीत गतिशीलता का समावेश नहीं हुआ है'।

3. मानव विकास के एकांकीपन के लिए उत्तरदायी है

(a) विकास के सूत्र प्रकृति के हाथ से निकलकर मनुष्य के हाथ में पहुँच गए हैं
(b) नैतिक और आत्मिक मूल्यों का समवेत विकास नहीं हो रहा है।
(c) मनुष्य ने साहित्य, कला, धर्म और दर्शन को अपनी चेतना से बहिष्कृत कर दिया है
(d) भौतिक परिवेश पूर्णतया परिवर्तित हो गया है

व्याख्या (c) मानव विकास के एकाकीपन के लिए 'मनुष्य ने साहित्य, कला, धर्म और दर्शन को अपनी चेतना से बहिष्कृत कर दिया है'। यही एकाकीपन के लिए उत्तरदायी है।

4. विज्ञान हमारे लिए भस्मासुर का हाथ बन सकता है, क्योंकि

(a) मानव आज अपने अस्तित्व के प्रति आस्थावान नहीं है
(b) नैतिक और आत्मिक मूल्यों का साथ-साथ विकास नहीं हो रहा है
(c) आज मानव प्रत्येक क्षण अपने अस्तित्व के सम्बन्ध में शंकाग्रस्त है
(d) विकास के सूत्र विज्ञान के हाथ में पहुँच गए हैं

व्याख्या (b) गद्यांश के अनुसार, विज्ञान हमारे लिए भस्मासुर का हाथ बन सकता है, क्योंकि नैतिक एवं आत्मिक मूल्यों का साथ-साथ विकास नहीं हो रहा है।

गद्यांश 55

मनुष्य अपने विकास के लिए बहुमूल्य प्राकृतिक संसाधनों का दोहन करके अपनी विविध आवश्यकताओं की पूर्ति करता है। प्राकृतिक संसाधनों का संरक्षण, संवर्द्धन एवं मितव्ययितापूर्वक उपयोग मानव की कुशलता, लगन एवं समर्पण पर निर्भर है। प्रकृति के उपहारों, वन, जल, खनिज आदि को अपने कल्याण के लिए सम्पूर्ण प्रयोग करना मानव मात्र की इच्छा शक्ति व तर्कशक्ति पर निर्भर है। मानव की प्रगति के लिए सतत् विकास का महत्त्व गाँधी जी ने बहुत पहले ही पहचान लिया था, इसलिए सतत् विकास हेतु मानव की आत्मनिर्भरता को ध्यान में रखकर संसाधनों के संरक्षण पर जोर दिया गया। विकास का ध्येय जीवन के आर्थिक ही नहीं वरन् सामाजिक, आर्थिक और नैतिक स्तर को ऊँचा उठाना होना चाहिए। जहाँ इस आकाँक्षा की पूर्ति होगी, उसे इतिहास में स्वर्ण युग का नाम देना उचित होगा न कि साहित्य और कला की तरक्की को। इस दृष्टि से भारत का स्वर्ण युग दूर-दूर तक दिखाई नहीं देता। गाँधी जी अग्रगामी चिन्तक थे, क्योंकि वे औद्योगिकीकरण तथा आधुनिकीकरण की अन्धी होड़ के खतरे को अच्छी तरह पहचानते थे। वे नव औद्योगिक सभ्यता की अमानवीय प्रकृति के घोर विरोधी थे। बीसवीं सदी के प्रारम्भ में जब पूरा विश्व विकास की ओर भाग रहा था, तब गाँधी जी ने 'हिन्द स्वराज' द्वारा विश्व समुदाय को आगाह किया। वे ऐसे विकास के समर्थक थे जो न सिर्फ मानव समाज की आवश्यकताओं की पूर्ति करे वरन् स्थायी रूप से भविष्य के लिए निर्बाध विकास का आधार प्रस्तुत करे। ***(UTET 2017 VI-VIII)***

1. प्राकृतिक साधनों का इच्छाशक्ति व तर्कशक्ति से प्रयोग का अभिप्राय क्या है?

(a) प्राकृतिक संसाधनों का दोहन न किया जाए
(b) इच्छा के अनुरूप प्रयोग किया जाए
(c) न्यूनतम आवश्यकता के अनुरूप प्रयोग किया जाए
(d) संरक्षण व संवर्द्धन की भावना के साथ मितव्ययितापूर्वक उपयोग करना

व्याख्या (d) दिए गए गद्यांश के अनुसार प्राकृतिक संसाधनों का इच्छाशक्ति व तर्क शक्ति से प्रयोग का अभिप्राय 'प्राकृतिक संसाधनों का संरक्षण व संवर्द्धन की भावना के साथ मितव्ययितापूर्वक उपयोग करना है।'

2. स्वर्ण युग से गाँधी जी का अभिप्राय क्या था? ***[UTET]***

(a) देश के आर्थिक विकास का युग
(b) साहित्य और कला के विकास का युग
(c) सामाजिक मान्यताओं के परिवेश में आर्थिक व नैतिक विकास का युग
(d) औद्योगिक विकास का युग

व्याख्या (c) दिए गए गद्यांश के अनुसार स्वर्ण युग से गाँधी जी का अभिप्राय 'सामाजिक मान्यताओं के परिवेश में आर्थिक व नैतिक विकास के युग से है।'

3. गाँधी जी को 'अग्रगामी चिन्तक' क्यों कहा गया?

(a) उन्होंने स्वाधीनता आन्दोलन का नेतृत्व किया
(b) उन्होंने अपनी दूरदृष्टि से आधुनिकीकरण के खतरे को भाँप लिया था
(c) उन्होंने 'हिन्द-स्वराज' पुस्तक की रचना की
(d) उन्होंने हिन्दू-मुस्लिम एकता का बीड़ा उठाया

व्याख्या (b) गद्यांश के अनुसार, गाँधी जी को अग्रगामी चिन्तक इसलिए कहा जाता है कि उन्होंने अपनी दूर-दृष्टि से आधुनिकीकरण के खतरे को भाँप लिया था।

गद्यांश 56

डॉ. रामकुमार वर्मा ने ऐतिहासिक एवं समस्यामूलक एकांकियों की रचना की है। उनके एकांकियों का मूल स्वर आदर्शवादी है। प्रेम, सेवा, उदारता, त्याग और बलिदान की भावनाओं से ओत-प्रोत इन ऐतिहासिक एकांकियों में भारत के अतीत गौरव को प्रस्तुत करते हुए राष्ट्रीयता की भावना जगाने का प्रयास किया गया है। समस्यामूलक एकांकियों में वर्मा जी ने शिक्षित मध्यमवर्गीय दम्पत्तियों की अनेक समस्याओं-प्रेम, सेक्स, सन्देह, दम्भ आदि को कथानक का विषय बनाया है, किन्तु उनकी परिणति आदर्श में हुई है, क्योंकि उनके एकांकियों की नायिकाएँ अन्ततः अपने पति के सम्मान की रक्षा करती हुई दिखाई पड़ती हैं यथा 'रेशमी टाई' की ललिता और 'एक्ट्रेस' एकांकी की नायिका प्रभात कुमारी। अतिशय आदर्शवादिता के कारण वर्मा जी के एकांकी यथार्थ से दूर हो गए जान पड़ते हैं, किन्तु एकांकी की शिल्प की दृष्टि से वे हिन्दी के युग प्रवर्तक एकांकी माने जा सकते हैं। आरम्भ, कौतूहल, संकलन त्रय, चरम सीमा आदि तत्त्व उनके एकांकियों में बड़ी सूक्ष्मता से विद्यमान हैं। रंगमंचीयता एवं अभिनेयता के गुणों से भी उनके एकांकी सफल हैं तथा उनमें सरसता के साथ-साथ शिल्प की प्रौढ़ता भी विद्यमान है। वस्तुतः एकांकी कला को चरम यौवन पर पहुँचाने का श्रेय डॉ. रामकुमार वर्मा को ही दिया जाता है।

(UTET 2015 I-V)

1. उपरोक्त गद्यांश का उपयुक्त शीर्षक क्या होगा?

(a) डॉ. वर्मा की लेखन शैली
(b) डॉ. रामकुमार वर्मा के एकांकी
(c) डॉ. रामकुमार वर्मा के नाटकों में राष्ट्रीयता
(d) डॉ. वर्मा के एकांकियों में रंगमंचीयता

व्याख्या (b) दिए गए गद्यांश का उपयुक्त शीर्षक 'डॉ. रामकुमार वर्मा की एकांकी' होगा।

2. उपरोक्त गद्यांश में प्रयुक्त शैली है

(a) विवरणात्मक (b) विवेचनात्मक
(c) आलोचनात्मक (d) गवेषणात्मक

व्याख्या (c) गद्यांश में आलोचनात्मक शैली का प्रयोग हुआ है। वर्मा जी ने अपने इस एकांकी में समाज में व्याप्त कुरीतियों तथा शिक्षित मध्यमवर्गीय दम्पत्तियों की अनेक समस्याओं-प्रेम, सेक्स, सन्देह, दम्भ आदि का विस्तृत आलोचनात्मक वर्णन किया है।

3. डॉ. रामकुमार वर्मा की एकांकियों का मूल स्वर है

(a) यथार्थवादी
(b) आदर्शवादी
(c) आदर्शोन्मुखी यथार्थवादी
(d) उपरोक्त में से कोई नहीं

व्याख्या (b) डॉ. रामकुमार वर्मा की एकांकियों का मूल स्वर 'आदर्शवादी' है। इनकी एकांकी प्रेम, सेवा, उदारता, त्याग और बलिदान की भावनाओं से ओत-प्रोत होती है तथा एकांकियों के माध्यम से ही इन्होंने भारत के अतीत के गौरव को तथा राष्ट्रीय भावना को जाग्रत किया है।

4. रंगमंचीयता एवं अभिनेयता की दृष्टि से वर्मा जी के एकांकी

(a) सफल हैं (b) असफल हैं
(c) सम्पादन माँगते हैं (d) इनमें से कोई नहीं

व्याख्या (a) रंगमंचीयता एवं अभिनेयता की दृष्टि से डॉ. रामकुमार वर्मा जी के एकांकी 'सफल' हैं, क्योंकि रंगमंचीयता एवं अभिनेयता के गुणों के साथ-साथ उनमें सरसता एवं शिल्प कौशल की प्रौढ़ता भी विद्यमान है। वास्तव में एकांकी कला को चरम यौवन पर पहुँचाने का श्रेय डॉ. रामकुमार वर्मा को ही दिया जाता है।

5. वर्मा जी के समस्यामूलक एकांकियों में चित्रण किया गया है

(a) शिक्षित मध्यमवर्गीय दम्पत्तियों की समस्या का
(b) राजनीतिक समस्या का
(c) शोषण की समस्या का
(d) सामाजिक समस्या का

व्याख्या (a) डॉ. रामकुमार वर्मा जी के समस्यामूलक एकांकियों में 'शिक्षित मध्यम वर्गीय दम्पत्तियों की अनेक समस्याओं-प्रेम, सेक्स, सन्देह, दम्भ आदि को कथानक का विषय बनाया गया है।' अत्यधिक आदर्शवादिता के कारण वर्मा जी के एकांकी यथार्थ से परे दिखाई पड़ते हैं।

गद्यांश 57

कबीर ने समाज में रहकर समाज का समीप से निरीक्षण किया। समाज में फैले बाह्य आडम्बर, भेदभाव, साम्प्रदायिकता आदि का उन्होंने पुष्ट प्रमाण लेकर ऐसा दृढ़ विरोध किया कि किसी की हिम्मत नहीं हुई जो उनके अकाट्य तर्कों को काट सके। कबीर का व्यक्तित्व इतना ऊँचा था कि उनके सामने टिक सकने की हिम्मत किसी में नहीं थी।

इस प्रकार उन्होंने समाज तथा धर्म की बुराईयों को निकाल-निकालकर सबके सामने रखा, ऊँचा नाम रखकर संसार को ठगने वालों के नकली चेहरों को सबको दिखाया और दीन-दलितों को ऊपर उठने का उपदेश देकर, अपने व्यक्तित्व को सुधार कर सबके सामने एक महान् आदर्श प्रस्तुत कर सिद्धान्तों का निरूपण किया। कर्म, सेवा, अहिंसा तथा निर्गुण मार्ग का प्रसार किया। कर्मकाण्ड व मूर्तिपूजा का विरोध किया। अपनी साखियों, रमैनियों तथा शब्दों को बोलचाल की भाषा में रखकर सबके सामने एक विशाल ज्ञानमार्ग खोला। इस प्रकार कबीर ने समन्वयवादी दृष्टिकोण अपनाया और कथनी-करनी एकता पर बल दिया। वे महान युगदृष्टा, समाज-सुधारक तथा महान कवि थे। उन्होंने हिन्दू-मुस्लिम के बीच समन्वय की धारा प्रवाहित कर दोनों को ही शीतलता प्रदान की।
(UTET 2015 VI-VIII)

1. कबीर के अकाट्य तर्कों को काटने की क्षमता किसी में नहीं थीं, क्योंकि

(a) कबीर अपने समय के महान विद्वान थे
(b) उन्होंने शास्त्रों का गम्भीर अध्ययन किया था
(c) वे वाद-विवाद में बड़े कुशल थे
(d) उन्होंने सामाजिक गतिविधियों का गहराई से निरीक्षण किया था

व्याख्या (d) समाज में फैले बाह्य आडम्बर, भेदभाव, साम्प्रदायिकता आदि का उन्होंने पुष्ट प्रमाण लेकर ऐसा दृढ़ विरोध किया कि किसी की हिम्मत नहीं हुई, जो उनके अकाट्य तर्कों को काट सके, 'क्योंकि उन्होंने सामाजिक गतिविधियों का गहराई से निरीक्षण किया था।'

2. समाज-सुधारक के रूप में कबीर का क्या योगदान था?

(a) उन्होंने दीन-दलितों की मद्द की
(b) उन्होंने सामाजिक भेदभाव, साम्प्रदायिकता का दृढ़ता से विरोध किया
(c) उन्होंने धर्म के प्रति आस्था कायम की
(d) उन्होंने आचरण की शुद्धता पर बल दिया

व्याख्या (b) गद्यांश के अनुसार समाज सुधारक के रूप में कबीर का महत्त्वपूर्ण योगदान था। उन्होंने (कबीर) 'सामाजिक भेदभाव व साम्प्रदायिकता का दृढ़ता से विरोध किया' और सबके सामने एक महान् आदर्श प्रस्तुत कर सिद्धान्तों का निरूपण किया।

3. कबीर ने किस प्रकार निर्गुण मार्ग का प्रसार किया?

(a) प्राचीन सन्त-परम्परा का विरोध कर के
(b) व्यक्ति पूजा का खण्डन करके
(c) कर्मकाण्ड और मूर्तिपूजा के विरोध द्वारा
(d) शास्त्रार्थ द्वारा

व्याख्या (c) कबीरदास ने 'कर्मकाण्ड और मूर्तिपूजा का विरोध करके' कर्म, सेवा, अहिंसा तथा निर्गुण मार्ग का प्रसार किया। शेष विकल्प असंगत हैं।

4. कबीर की रचनाओं का जन-मानस पर दीर्घगामी प्रभाव रहा, क्योंकि वे

(a) सत्य पर आधारित व मर्मस्पर्शी हैं
(b) साहित्यिक कसौटी पर खरी उतरती हैं
(c) काव्य-सौष्ठव से परिपूर्ण हैं
(d) अनुभूतिपरक हैं

व्याख्या (a) दिए गए गद्यांश के अनुसार 'कबीर की रचनाओं' का जनमानस पर दीर्घगामी प्रभाव रहा, क्योंकि कबीरदास 'सत्य पर आधारित मर्मस्पर्शी हैं।' शेष विकल्प असंगत हैं।

5. कबीर किस रूप में समन्वयवादी थे?

(a) उन्होंने निर्गुण व सगुण मार्ग के बीच समन्वय स्थापित किया
(b) उन्होंने हिन्दू और मुस्लिम के मध्य समन्वय स्थापित किया
(c) उन्होंने सन्त-परम्परा में समन्वय स्थापित किया
(d) उन्होंने विभिन्न काव्यधाराओं में समन्वय स्थापित किया

व्याख्या (b) गद्यांश के अनुसार कबीरदास महान युग प्रवर्तक, समाज सुधारक और महान कवि थे। उन्होंने (कबीर) हिन्दू और मुस्लिम के बीच समन्वय की धारा प्रवाहित कर दोनों को ही शीतलता प्रदान की।

गद्यांश 58

वैज्ञानिक प्रयोग की सफलता ने मनुष्य की बुद्धि का अपूर्व विकास कर दिया है। द्वितीय महायुद्ध में एटम बम की शक्ति ने कुछ क्षणों में ही जापान की अजेय शक्ति को पराजित कर दिया। इस शक्ति की युद्धकालीन सफलता ने अमेरिका, रूस, ब्रिटेन, फ्रांस आदि सभी देशों को ऐसे शस्त्रास्त्रों के निर्माण की प्रेरणा दी कि सभी भयंकर और सर्वविनाशकारी शस्त्र बनाने लगे। अब सेना को पराजित करने तथा शत्रु देश पर पैदल सेना द्वारा आक्रमण करने के लिए शस्त्र निर्माण के स्थान पर देश के विनाश करने की दिशा में शस्त्रास्त्र बनने लगे हैं।

इन हथियारों का प्रयोग होने पर शत्रु देशों की अधिकांश जनता और सम्पत्ति थोड़े समय में ही नष्ट की जा सकेगी। चूँकि ऐसे शस्त्रास्त्र प्राय: सभी स्वतन्त्र देशों के संग्रहालयों में कुछ-न-कुछ आ गए हैं। अत: युद्ध की स्थिति में उनका प्रयोग भी अनिवार्य हो जाएगा, जिससे बड़ी जनसंख्या प्रभावित हो सकती है इसलिए नि:शस्त्रीकरण की योजनाएँ बन रही हैं। शस्त्रास्त्रों के निर्माण की जो प्रक्रिया अपनाई गई, उसी के कारण आज इतने उन्नत शस्त्रास्त्र बन गए हैं, जिनके प्रयोग से व्यापक विनाश आसान दिखाई पड़ता है। अब भी परीक्षणों की रोकथाम तथा बने शस्त्रों का प्रयोग रोकने के मार्ग खोजे जा रहे हैं। इन प्रयासों के मूल में एक भयंकर आतंक और विश्व-विनाश का भय कार्य कर रहा है। ***(UTET 2013 I-V)***

1. इस गद्यांश का मूल कथन क्या है?

(a) आतंक और सर्वनाश का भय
(b) विश्व में शस्त्रास्त्रों की होड़
(c) द्वितीय विश्वयुद्ध की विभीषिका
(d) नि:शस्त्रीकरण और विश्व शान्ति

व्याख्या (d) इस गद्यांश का मूल कथानक 'नि:शस्त्रीकरण और विश्वशान्ति' है। गद्यांश के माध्यम से लेखक ने सर्व विनाशकारी शस्त्र से बचने तथा देशों के बीच आपस में शान्ति तथा सौहार्द स्थापित करने की बात कही है।

2. भयंकर विनाशकारी आधुनिक शस्त्रास्त्रों को बनाने की प्रेरणा किसने दी?

(a) अमेरिका ने
(b) अमेरिका की विजय ने
(c) जापान पर गिराए गए 'अणु बम' ने
(d) बड़े देशों की पारस्परिक प्रतिस्पर्द्धा ने

व्याख्या (b) द्वितीय विश्वयुद्ध में अजेय जापान को अमेरिका ने पराजित कर दिया। वहीं से भयंकर विनाशकारी आधुनिक शस्त्रास्त्र को बनाने की प्रेरणा विश्व के अन्य देशों (रूस, ब्रिटेन, फ्रांस आदि) को मिली तथा वे सब सर्वविनाशकारी शस्त्रास्त्र (जैसे-अणुबम) बनाने लगे।

3. एटम बम की अपार शक्ति का प्रथम अनुभव कैसे हुआ?

(a) जापान में हुई भयंकर विनाशलीला से
(b) जापान की अजेय शक्ति की पराजय से
(c) अमेरिका, रूस, ब्रिटेन और फ्रांस की प्रतिस्पर्द्धा से
(d) अमेरिका की विजय से

व्याख्या (b) एटम बम की अपार शक्ति का प्रथम अनुभव जापान की अजेय शक्ति की पराजय से हुआ। एटम बम का प्रथम प्रयोग द्वितीय विश्वयुद्ध के समय अजेय शक्ति मानी जाने वाली जापान के ऊपर अमेरिका ने किया तथा कुछ ही क्षणों में जापान को पराजित कर दिया।

4. बड़े-बड़े देश आधुनिक विनाशकारी शस्त्रास्त्र क्यों बना रहे हैं?

(a) अपनी-अपनी सेनाओं में कमी करने के उद्देश्य से
(b) अपने संसाधनों का प्रयोग करने के उद्देश्य से
(c) अपना-अपना सामरिक व्यापार बढ़ाने के उद्देश्य से
(d) पारस्परिक भय के कारण

व्याख्या (d) बड़े-बड़े देश आधुनिक विनाशकारी शस्त्रास्त्र 'पारस्परिक भय' के कारण बनाने लगे हैं। शस्त्रास्त्रों के निर्माण द्वारा वे अपनी वैश्विक सामरिक शक्ति का प्रदर्शन करते हैं।

5. आधुनिक युद्ध भयंकर व विनाशकारी होते हैं, क्योंकि

(a) दोनों देशों के शस्त्रास्त्र इन युद्धों में समाप्त हो जाते हैं
(b) अधिकांश जनता और उनकी सम्पत्ति नष्ट हो जाती है
(c) दोनों देशों में महामारी और भुखमरी फैल जाती है
(d) दोनों देशों की सेनाएँ इन युद्धों में मारी जाती हैं

व्याख्या (b) आधुनिक युद्ध भयंकर व विनाशकारी होते हैं, क्योंकि आधुनिक हथियारों (एटम बम) द्वारा अधिकांश जनता और उनकी सम्पत्ति नष्ट हो जाती है।

गद्यांश 59

मनुष्य नाशवान प्राणी है। वह जन्म लेने के बाद मरता अवश्य है। अन्य लोगों की भाँति महापुरुष भी नाशवान हैं। वे भी समय आने पर अपना शरीर छोड़ देते हैं, पर वे मरकर भी अमर हो जाते हैं। वे अपने पीछे छोड़े गए कार्य के कारण अन्य लोगों के द्वारा याद किए जाते हैं। उनके ये कार्य चिरस्थायी होते हैं और समय के साथ-साथ परिणाम और बल में बढ़ते जाते हैं। ऐसे कार्य के पीछे जो उच्च आदर्श होते हैं, वे स्थायी होते हैं और बदली परिस्थितियों में नए वातावरण के अनुसार अपने को ढाल लेते हैं। संसार ने पिछली पच्चीस शताब्दियों से भी अधिक में जितने भी महापुरुषों को जन्म दिया है, उनमें गाँधीजी को यदि बड़ा माना जाता है, तो भविष्य में भी उन्हें सबसे बड़ा माना जाएगा, क्योंकि उन्होंने अपने जीवन की गतिविधियों को विभिन्न भागों में नहीं बाँटा, बल्कि जीवनधारा को हमेशा एक और अविभाज्य माना। जिन्हें हम सामाजिक, आर्थिक और नैतिक के नाम से पुकारते हैं, वे वास्तव में उसी धारा की उपधाराएँ हैं, उसी भवन के अलग-अलक पहलू हैं। उन्होंने सदा साध्य को ही महत्त्व नहीं दिया, बल्कि उस साध्य को पूरा करने के लिए अपनाए जाने वाले साधनों का भी ध्यान रखा। साध्य के साथ-साथ उसकी पूर्ति के लिए अपनाए गए साधन भी उपयुक्त होने चाहिए। ***(UTET 2013 VI-VIII)***

1. सामान्य पुरुष की तुलना में महापुरुषों में सर्वाधिक विशेषता क्या है?

(a) महापुरुष के कार्य समय के साथ परिणाम और बल में बढ़ते जाते हैं
(b) महापुरुष मरकर भी अमर हो जाते हैं
(c) महापुरुष शरीर छोड़ने के बाद भी लोगों द्वारा याद किए जाते हैं
(d) महापुरुष जीवन में महान कार्य करते हैं

व्याख्या (b) सामान्य पुरुषों की तुलना में महापुरुषों में सर्वाधिक विशेषता यह है कि महापुरुष मरकर भी अमर हो जाते हैं और उनके द्वारा किए गए कार्यों के कारण लोग उन्हें याद रखते हैं, उनके ये कार्य चिरस्थायी होते हैं।

2. महापुरुष मरकर भी अमर क्यों हो जाते हैं?

(a) महापुरुष बदली परिस्थितियों में नए वातावरण के अनुसार अपने को ढाल लेते हैं
(b) उनके कार्य भावी पीढ़ी के लिए अनुकरणीय होते हैं
(c) महापुरुष आजीवन लोक मंगल की साधना में तत्पर रहते हैं
(d) वे अपने पीछे छोड़े गए चिरस्थायी आदर्श कार्यों के कारण मर कर भी अमर हो जाते हैं, और अन्य लोगों द्वारा याद किए जाते हैं।

व्याख्या (d) महापुरुष अपने पीछे छोड़े गए 'चिरस्थायी आदर्श कार्यों के कारण' मरकर भी अमर हो जाते हैं और अन्य लोगों द्वारा याद किए जाते हैं।

3. गाँधीजी को सबसे बड़ा महापुरुष क्यों माना जाता है?

(a) क्योंकि वह पिछली पच्चीस शताब्दियों में सबसे ज्यादा महान थे
(b) क्योंकि उन्होंने अपने जीवन की गतिविधियों को विभिन्न भागों में नहीं बाँटा
(c) गाँधीजी का एकमात्र लक्ष्य दरिद्रनारायण के सामाजिक, आर्थिक और नैतिक स्तर को सुदृढ़ करना था और इसके लिए वे समर्पित थे
(d) उन्होंने साध्य व साधन को समान महत्त्व नहीं दिया

व्याख्या (b) गाँधीजी ने अपने जीवन की गतिविधियों को विभिन्न भागों में नहीं बाँटा, अपितु जीवन धारा को एक और अविभाज्य माना, जिन्हें हम सामाजिक, आर्थिक और नैतिक के नाम से पुकारते हैं, उन्होंने सदा साध्य को महत्त्व न देकर साधन को ही महत्त्व दिया, इसलिए हम गाँधी जी को सबसे बड़ा महापुरुष मानते हैं।

4. गाँधी जी के अनुसार साध्य और साधन में अधिक महत्त्वपूर्ण क्या है?

(a) साधन का ध्यान रखना अधिक महत्त्वपूर्ण है
(b) साध्य व साधन दोनों का पारस्परिक समान महत्त्व है
(c) साध्य के बिना साधन अर्थहीन है
(d) साधन व साध्य दोनों का अलग-अलग महत्त्व है

व्याख्या (b) गाँधी जी के अनुसार, साध्य और साधन दोनों का पारस्परिक समान महत्त्व है, क्योंकि गाँधी जी ने कहा कि साध्य के साथ-साथ उसकी पूर्ति के लिए अपनाए गए साधन भी उपयुक्त होने चाहिए। उत्तम साध्य की प्राप्ति उत्तम साधन से ही होती है।

गद्यांश 60

इस युग के युवक के चित्त को जिस नई विद्या ने सबसे अधिक प्रभावित किया है, वह है मनोविश्लेषण। मनोविज्ञान और मनोविश्लेषण शास्त्र नि:सन्देह पठनीय शास्त्र हैं। इन्होंने हमारे मन के भीतर चलती रहने वाली अलक्ष्य धाराओं का ज्ञान कराया है, परन्तु यह बात ध्यान में रखनी चाहिए कि "साँच मिले तो साँच है, न मिले तो झूठ" वाली बात सार्वदेशिक होती है। मनोविश्लेषण शास्त्र मनुष्यों की उद्‌भासित विचार निधियों का एक अकिंचन अंश मात्र है। जीवन शास्त्र और पदार्थ विज्ञान के क्षेत्र में हमें जो जीवन तथ्य मालूम हुए हैं, उसके साथ इस शास्त्र के अनुसन्धानों का सामंजस्य स्थापित नहीं किया जा सकता। फिर भी इतना तो निश्चित है कि मानव विश्लेषण के आचार्यों के प्रचारित तत्त्ववाद में से कुछ विचार इन दिनों वायुमण्डल में व्याप्त हैं। नवीन साहित्यकार उन्हें अनायास पा जाता है, परन्तु इन विचारों को संयमित और नियन्त्रित करने वाले प्रतिकूलगामी शास्त्रीय परिणाम उसे इतनी आसानी से नहीं मिलते। इसका परिणाम यह हुआ है कि हमारा नवीन साहित्यकार इन विचारों के मायाजाल को आसानी से नहीं काट पाता। वह कुछ इस प्रकार सोचता है कि अब चेतन चित्त की शक्तिशाली सत्ता हमारे चेतन चित्त के विचारों और कार्यों को रूप दे रही है। हम तो कुछ सोच समझ रहे हैं, वस्तुत: वैसे ही सोचने और समझने का हेतु हमारे अन्जाम में हमारे ही अवचेतन चित्त में वर्तमान है और यह तो हम सोच रहे हैं, समझ रहे हैं और सोच-समझकर कर रहे हैं। इन बातों का अभिमान करने वाला हमारा चेतन चित्त कितना नगण्य है, अदृश्य में वर्तमान हमारी अवदमित वासनाओं को प्रसुप्त कामनाओं के महासमुद्र में यह दृश्य चेतन चित्त बोतल के कॉर्क के समान उतर रहा है, अदृश्य महासमुद्र की प्रत्येक तरंग इसे अभिभूत कर जाती है। ***(UTET 2011, I-V)***

1. वह दृश्य चेतन चित्त

(a) अवदमित और प्रसुप्त कामनाओं के महासमुद्र में बोतल के कॉर्क के समान उतर रहा है।
(b) अवचेतन के महासमुद्र से प्रेरणा ग्रहण करता रहता है
(c) अवचेतना की रद्दी की टोकरी में पड़ा रहता है
(d) अवदमित और प्रसुप्त कामनाओं के महासमुद्र में संयोग करने को प्रयत्नशील रहता है

व्याख्या (a) वह दृश्य चेतन चित्त अदृश्य वर्तमान में हमारी 'अवदमित और प्रसुप्त कामनाओं के महासमुद्र में बोतल के कॉर्क के समान उतर रहा है।' अदृश्य महासमुद्र की प्रत्येक तरंग इसे अभिभूत कर जाती है।

2. हमारे चेतन चित्त के विचारों और कार्यों को

(a) हमारी चिन्तन पद्धति रूप दे रही है
(b) हमारी भावनाएँ रूप दे रही हैं
(c) हमारे अवचेतन चित्त की शक्तिशाली सत्ता ही रूप देती है
(d) हमारा चेतन चित्त रूप दे रहा है

व्याख्या (c) हमारे चेतन चित्त के विचारों और कार्यों को 'हमारे अवचेतन चित्त की शक्तिशाली सत्ता ही रूप देती है।' वस्तुत: वैसे ही सोचने और समझने का हेतु हमारे अन्जाम में हमारे ही अवेचतन चित्त में विद्यमान है और यह तो हम सोच रहे हैं, समझ रहे हैं और सोच-समझकर कर रहे हैं। इन बातों का अभिमान करने वाला हमारा चेतन चित्त कितना नगण्य है।

3. युवक चित्त को सबसे अधिक प्रभावित जिस शास्त्र ने किया है, वह है

(a) मनोविज्ञान और मनोविश्लेषण शास्त्र
(b) तत्त्ववाद
(c) भौतिक विज्ञान
(d) विकासवाद

व्याख्या (a) 'मनोविज्ञान तथा मनोविश्लेषण शास्त्र' ने इस युग के युवक के चित्त को सबसे अधिक प्रभावित किया है। इन्होंने (मनोविज्ञान/मनोविश्लेषण शास्त्र) हमारे मन के भीतर चलती रहने वाली अलक्ष्य धाराओं का ज्ञान कराया है।

4. उपरोक्त अवतरण का उपयुक्त शीर्षक चुनिए

(a) चेतन और अवचेतन चित्त का सम्बन्ध
(b) मनोविश्लेषण शास्त्र का महत्त्व
(c) मनोविश्लेषण और साहित्य का सम्बन्ध
(d) मनोविश्लेषण शास्त्र का मायाजाल

व्याख्या (a) प्रस्तुत गद्यांश का उपयुक्त शीर्षक 'चेतन और अवेचतन चित्त का सम्बन्ध' होगा।

गद्यांश 61

कुसुम शाम को मन्दिर में दर्शन करते हुए घर गई। वह देर तक गीत गाती रही। उसे समय का पता ही न था। आधी रात बीत गई। उसने सितार बजाया। फिर भी उसका मन न लगा। उसने टहलना शुरू किया, रात किसी तरह कटी। सुबह उसकी आँखें नींद से बोझिल हो रही थीं। वह देर तक सोती रही। माँ ने आकर जगाया और कलेवा करने के लिए कहा।

जैसे-तैसे वह उठी, नहाई और साइकिल से कॉलेज के लिए चली। कॉलेज में उसकी सखी ने घी के पराँठे खिलाए। कुसुम के संगीत प्रेम की कॉलेज में छात्र ही नहीं, परिवार में मामा, चाचा, नाना और भाई-बहन भी प्रशंसा करते हैं। ***(UTET 2011, I-V)***

1. इनमें से कौन-सा शब्द स्त्रीलिंग नहीं है?

(a) शाम (b) रात (c) कलेवा (d) आँखें

व्याख्या (c) कलेवा (सुबह का नाश्ता) पुल्लिंग शब्द है, जबकि अन्य सभी रात, शाम, आँखें स्त्रीलिंग शब्द हैं। रात, दिन तथा तीन पहर (सुबह, दोपहर, शाम) स्त्रीलिंग में होते हैं।

2. 'कुसुम शाम को घर गई।' इस वाक्य में कौन-सा काल है?

(a) सामान्य भूत (b) आसन्न भूत
(c) पूर्ण भूत (d) सन्दिग्ध भूत

व्याख्या (a) 'कुसुम शाम को घर गई'। इस वाक्य में सामान्य भूत काल का प्रयोग हुआ है।

3. कारक चिह्न के प्रयोग के बावजूद इनमें से किस शब्द का बहुवचन नहीं बनता?

(a) घी (b) गीत (c) घर (d) सखी

व्याख्या (a) कारक चिह्न के प्रयोग के बावजूद 'घी' शब्द का बहुवचन नहीं बनता तथा यह सदैव एकवचन में ही रहता है। तरल पदार्थ घी, पानी, दूध तथा शराब सदैव एकवचन में ही रहते हैं। अन्य सभी गीत, घर, सखी एकवचन हैं, इनका बहुवचन गीतों, घरों तथा सखियाँ होगा।

4. इनमें से किस शब्द का लिंग नहीं बदलता?

(a) चाचा (b) छात्र (c) साइकिल (d) मामा

व्याख्या (c) दिए गए विकल्पों में से 'साइकिल' शब्द का लिंग नहीं बदलता है। यह सदैव उभयलिंग ही रहता है, जबकि चाचा, छात्र तथा मामा पुल्लिंग शब्द हैं, इनके स्त्रीलिंग चाची, छात्रा तथा मामी होंगे।

5. इनमें से कौन-सा शब्द सदैव बहुवचन में ही प्रयुक्त होता है?

(a) दर्शन (b) मन (c) पराँठा (d) सितार

व्याख्या (a) 'दर्शन' सदैव बहुवचन में ही प्रयुक्त होता है, इसका एकवचन नहीं होता है।

गद्यांश 62

भारत अब प्रौढ़ावस्था में आ पहुँचा है। भीषण घात-प्रतिघात से साक्षात्कार करते हुए भी उसने बहुमुखी विकास किया है, इसमें सन्देह नहीं, लेकिन उसका एक प्रकोष्ठ अन्धकार में अभी भी डूबा हुआ है। हृदय, जोकि मानवीय क्रिया व्यापार का नियन्ता है। इस समय वह स्वार्थपरता और भोगवाद के ऐसे रोग से ग्रसित हो गया है, जिसके कारण मानवीय आचरण भी बनैला हो गया है। क्षेत्रवाद, जातिवाद, भाषावाद, सम्प्रदायवाद-प्रभृति विभिषिकाएँ जो आजादी के साथ उपहार में मिली थीं, आए दिन कहीं-न-कहीं अपनी लोमहर्षक जलीला सम्पन्न करती रहती हैं। परिणामस्वरूप शिथिल पड़ते अनुशासन के बन्धन, विखण्डित होती श्रद्धा और कलंकित होता विश्वास; मानवता के लिए काँटों की सेज बन प्रस्तुत हो रहे हैं।

फिर भी 21वीं सदी में प्रवेश की अधीरता ही सर्वाधिक रही है। कतिपय लोल कपोलों के कृत्रिम रंगीनियाँ समूह देशवासियों का पर्याय मान लेना उचित नहीं। अत: कल्पना के भव्य महलों के ध्वंसावशेषों पर यथार्थ की झोंपड़ियों का निर्माण ही उचित होगा। ***(UTET 2011, I-V)***

1. वह शब्द बताइए जिसमें सन्धि तथा प्रत्यय दोनों का प्रयोग हुआ है?

(a) रंगीनियाँ (b) ध्वंसावशेषों (c) अधीरता (d) सम्प्रदायवाद

व्याख्या (b) ध्वंसावशेषों शब्द में सन्धि तथा प्रत्यय दोनों शब्दों का प्रयोग हुआ है।

ध्वंस + अवशेष + ओं = ध्वंसावशेषों

ध्वंसावशेष में 'ओं' प्रत्यय लगाकर इसका बहुवचन बना दिया गया है।

स्वर सन्धि दो स्वरों के मिलने से जो विकार उत्पन्न होता है, उसे 'स्वर सन्धि' कहते हैं।

प्रत्यय जो शब्दांश शब्दों के अन्त में लगते हैं और उनके अर्थ को बदल देते हैं, वे प्रत्यय कहलाते हैं।

2. इनमें से वह शब्द बताइए जिसमें समास तथा उपसर्ग दोनों का प्रयोग हुआ है?

(a) घात-प्रतिघात (b) भारतवासियों
(c) कर्मयोगी (d) आत्मनिर्भरता

व्याख्या (a) 'घात-प्रतिघात' का समास विग्रह है—'आक्रमण और आक्रमण का उत्तर'। यहाँ द्वन्द्व समास है तथा 'प्रतिघात' में 'प्रति' उपसर्ग भी लगा है।

3. वह तत्सम शब्द बताइए, जिसके साथ उपसर्ग और प्रत्यय दोनों का प्रयोग हुआ है?

(a) मानवीय (b) मानवता
(c) अधीर (d) विखण्डित

व्याख्या (d) 'विखण्डित' तत्सम शब्द है, जिसमें उपसर्ग एवं प्रत्यय दोनों का प्रयोग हुआ है। विखण्डित में 'वि' एक उपसर्ग तथा 'इत' एक प्रत्यय है और पूरा शब्द तत्सम है।

4. कर्म तत्पुरुष समास का उदाहरण इनमें से कौन-सा है?

(a) लोमहर्षक (b) आत्मनिर्भरता
(c) देशवासियों (d) सर्वाधिक

व्याख्या (a) 'लोमहर्षक' कर्म तत्पुरुष समास का उदाहरण है। इसका समास विग्रह है-रोंगटे को खड़ा करने वाला। जिस समास का उत्तर अर्थात् अन्तिम पद प्रधान हो, उसे तत्पुरुष समास कहते हैं। कर्ता कारक और सम्बोधन को छोड़कर शेष सभी कारकों में विभक्तियाँ लगाकर इसका समास विग्रह होता है।

5. इनमें से कौन-सा शब्द तत्सम है?

(a) स्वतन्त्रता (b) श्रद्धा
(c) झोंपड़ियों (d) आजादी

व्याख्या (b) दिए गए विकल्पों में 'श्रद्धा' तत्सम शब्द है। अन्य सभी शब्द तद्भव हैं।

गद्यांश 63

वह बालक अपने जीवन में संघर्ष ही करता रहा। लोग उससे कहते हैं कि यदि तुमने बचपन में पढ़ाई की होती तो ऐसे दिन नहीं, देखने पड़ते। वह बचपन में पढ़ने भी गया, लेकिन देवनागरी लिपि को वह नहीं समझ सका। वह अकसर आम के पेड़ पर चढ़कर कच्चे-पके आम तोड़ता और दिन गुजारता। कभी वह दीवार पर चढ़कर बैठ जाता, प्यास लगने पर वह पानी पीता और फिर दोस्तों के बीच चला जाता। वह एक भी पुस्तक ठीक से नहीं पढ़ पाया। खाने में उसे उड़द की दाल पसन्द थी। उसकी ये आदतें ही उसकी गरीबी और बेकारी का कारण बन गईं, लेकिन उसने अब भी उम्मीद और आशा नहीं छोड़ी है। ***(REET 2016 VI-VIII)***

1. इनमें से कौन-सा स्त्रीलिंग नहीं है?

(a) लिपि (b) पढ़ाई (c) समझ (d) संघर्ष

व्याख्या (d) दिए गए गद्यांश के अनुसार 'संघर्ष' शब्द स्त्रीलिंग नहीं है, बल्कि यह पुल्लिंग शब्द है, जबकि लिपि, पढ़ाई और समझ स्त्रीलिंग शब्द हैं।

2. इनमें से कौन-सा शब्द कारक परसर्ग के साथ प्रयुक्त होने पर ही बहुवचन में रूप बदलता है?

(a) बालक (b) पुस्तक
(c) दीवार (d) दाल

व्याख्या (a) गद्यांश के अनुसार 'बालक' शब्द में कारक परसर्ग के साथ प्रयुक्त होने पर निम्न प्रकार का बहुवचन बनेगा; जैसे-बालकों में जिज्ञासा होती है, बालकों को पढ़ना चाहिए, बालकों को घूमना चाहिए आदि।

3. 'तुमने पढ़ाई की होती तो ऐसे दिन नहीं देखने पड़ते' यह वाक्य किस प्रकार का है?

(a) सामान्य भूत (b) हेतुहेतुमद् भूत
(c) अपूर्ण भूत (d) आसान्न भूत

व्याख्या (b) गद्यांश के अनुसार, वाक्य 'तुमने पढ़ाई की होती तो ऐसे दिन नहीं देखने पड़ते' वाक्य में हेतुहेतुमद् भूतकाल है। इस काल के वाक्य में प्राय: दो क्रियाएँ होती हैं और प्रथम क्रिया सदैव दूसरे के आधार (कारण) के रूप में प्रयुक्त की जाती है।

4. इनमें से वह शब्द बताइए जिसका वचन अथवा लिंग किसी भी परिस्थिति में नहीं बदलता

(a) आलसी (b) पानी (c) दिन (d) लिपि

व्याख्या (b) दिए गए गद्यांश के अनुसार 'पानी' शब्द का वचन अथवा लिंग किसी भी परिस्थिति में नहीं बदलता। 'पानी' शब्द नित्य एकवचन पुल्लिग में प्रयुक्त होता है, जबकि शेष विकल्प आलसी का आलसियों, दिन का दिनों और लिपि का लिपियाँ परिस्थिति के अनुसार परिवर्तित होते रहते हैं।

5. इनमें से पुल्लिंग शब्द बताइए

(a) उम्मीद (b) आशा (c) बचपन (d) बेकारी

व्याख्या (c) दिए गए शब्दों में 'बचपन' शब्द पुल्लिग है, जबकि शेष तीनों शब्द उम्मीद, आशा और बेकारी स्त्रीलिंग हैं।

गद्यांश 64

जब कुछेक व्यक्ति लाखों के भाग्य की डोर अपने हाथ में थामे रहेंगे, तब तक जीवन का यह रूप कृत्रिम, अस्वाभाविक और असभ्य बना रहेगा। अत: हमें उन सबको इस पाश्विक चक्र से मुक्त करने की कोशिश करनी चाहिए। इसलिए सामाजिक भेद-भाव, आर्थिक विषमता और राजनीतिक तानाशाही को मिटा दिया जाना चाहिए। जहाँ तक हमारे देश का सम्बन्ध है, गाँधीजी ने इनके खिलाफ संघर्ष किया और उनका सारा संघर्ष अहिंसा की भावना पर आधारित रहा। उनके अनुसार अहिंसा का अर्थ है सर्वोदय अर्थात् सबका उदय, सबका कल्याण। उन्होंने अपना सारा जीवन सर्वोदय के लिए समर्पित कर दिया। वे अत्यन्त विनीत थे। उन्होंने किसी भी प्रकार के सदाचार या निभ्रांतता का दावा नहीं किया। उन्होंने धैर्यपूर्वक दूसरों के विचारों को सुना और ऐसे लोगों के साथ कभी भी अपना माथा गरम नहीं किया। इसी प्रकार का धैर्य आज के संसार में विजयी हो सकता है। इसलिए गाँधीजी का जीवन लोगों का आदर्श बन गया है। मानवता के लिए यह आशा है और उसके भविष्य के लिए एक प्रेरणा। ***(REET 2016 VI-VIII)***

1. इनमें से सार्वनामिक विशेषण किसमें है?

(a) गाँधीजी ने इनके खिलाफ संघर्ष किया
(b) इस पाश्विक चक्र से मुक्त कराने
(c) उनके अनुसार अहिंसा का अर्थ है
(d) वे अत्यन्त विनीत थे

व्याख्या (b) दिए गए गद्यांश के अनुसार वाक्य 'इस पाश्विक चक्र से मुक्त कराने' में 'इस' शब्द सार्वनामिक विशेषण है। ऐसे सर्वनाम शब्द जो संज्ञा से पहले लगकर संज्ञा शब्द की विशेषण की तरह विशेषता बताते हैं, सार्वनामिक विशेषण कहलाते हैं।

2. इनमें से प्रत्यय से निर्मित शब्द कौन-सा है?

(a) धैर्य (b) कुछेक
(c) खिलाफ (d) कोशिश

व्याख्या (b) दिए गए शब्दों में 'कुछेक' प्रत्यय से निर्मित शब्द है जो कि कुछ + एक शब्दों के संयोग से बना है यानी 'एक' प्रत्यय लगा है। प्रत्यय शब्द के पीछे लगते हैं, जबकि उपसर्ग शब्द के आगे लगते हैं। अन्य विकल्प असंगत हैं।

3. इनमें से कौन-सा शब्द सन्धि का उदाहरण नहीं है?

(a) संसार (b) अत्यन्त
(c) सदाचार (d) सामाजिक

व्याख्या (d) दिए गए प्रश्न में 'सामाजिक' शब्द सन्धि का उदाहरण नहीं है, जबकि यह इक प्रत्यय लगकर सामाजिक (समाज + इक) शब्द बना है। शेष विकल्प संसार का सन्धि विच्छेद सम् + सार, अत्यन्त का अति + अन्त और सदाचार का सत् + आचार होगा।

4. 'अस्वाभाविक' शब्द में इनमें से क्या है?

(a) सन्धि और समास (b) समास और उपसर्ग
(c) उपसर्ग और प्रत्यय (d) उपसर्ग और सन्धि

व्याख्या (c) गद्यांश के अनुसार 'अस्वाभाविक' शब्द में 'उपसर्ग' और 'प्रत्यय' दोनों लगे हैं। इसमें 'स्वभाव' मूल शब्द, 'अ' उपसर्ग और 'इक' प्रत्यय है। अन्य विकल्प असंगत हैं।

5. इनमें से किसमें विशेषण का प्रयोग नहीं हुआ है?

(a) लाखों लोगों के (b) आर्थिक विषमता
(c) अहिंसा की भावना (d) एक प्रेरणा

व्याख्या (c) दिए गए गद्यांश के अनुसार 'अहिंसा की भावना' में विशेषण का प्रयोग नहीं हुआ है, बल्कि सम्प्रदाय कारक का प्रयोग हुआ है। लाखों लोगों के, आर्थिक विषमता और एक प्रेरणा में विशेषण का प्रयोग हुआ है।

गद्यांश 65

लोकगीत अपनी लोच, ताजगी और लोकप्रियता में शास्त्रीय संगीत से भिन्न है। लोकगीत सीधे जनता के संगीत हैं। घर, गाँव और नगर की जनता के गीत हैं ये। इनके लिए साधना की जरूरत नहीं होती। त्योहारों और विशेष अवसरों पर ये गाए जाते हैं।

एक समय था जब शास्त्रीय संगीत के सामने इनको हेय समझा जाता था। अभी हाल तक इनकी बड़ी उपेक्षा की जाती थी। पर इधर साधारण जनता की ओर जो लोगों की नजर फिरी है जो साहित्य और कला के क्षेत्र में भी परिवर्तन हुआ है। अनेक लोगों ने विविध बोलियों के लोक-साहित्य और लोकगीतों के संग्रह पर कमर बाँधी है और इस प्रकार के अनेक संग्रह अब तक प्रकाशित भी हो गए हैं।

वास्तविक लोकगीत देश के गाँवों और देहातों में है। इनका सम्बन्ध देहात की जनता से है। चैता, कजरी, बारहमासा, सावन आदि मिर्जापुर, बनारस और उत्तर प्रदेश के पूरबी और बिहार के पश्चिमी जिलों में गाए जाते हैं। बाउल और भटियाली बंगाल के लोकगीत हैं। हीर-राँझा, सोहनी-महीवाल सम्बन्धी गीत पंजाबी में और ढोला-मारू आदि के गीत राजधानी में बड़े चाव से गाए जाते हैं। ***(REET 2016 I-V)***

1. 'देहात की जनता' का तात्पर्य है

(a) कस्बे का जनसमुदाय (b) ग्रामीण जनसमुदाय
(c) शहरी जनसमुदाय (d) आदिवासी जनसमुदाय

व्याख्या (b) 'देहात' शब्द एक ग्रामीण शब्द है। अत: 'देहात की जनता' से तात्पर्य ग्रामीण जन-समुदाय से है।

2. 'कजरी' गाई जाती है

(a) उत्तर प्रदेश में (b) असोम में
(c) गुजरात में (d) राजस्थान में

व्याख्या (a) 'कजरी' उत्तर प्रदेश का प्रसिद्ध लोकगीत है। यह श्रावण महीने में बड़े उत्साह से गाया जाता है। इसके अतिरिक्त उत्तर प्रदेश में गाए जाने वाले अन्य लोकगीत चैता, बारहमासा, सावन आदि हैं।

3. 'नजर फिरी है' का तात्पर्य है

(a) उपेक्षा करना (b) दृष्टिकोण में परितर्वन आना
(c) अवलोकन करना (d) कुदृष्टि डालना

व्याख्या (b) 'नजर फिरी है' से तात्पर्य 'दृष्टिकोण (नजरिए) में परिवर्तन आने से लगाया जाता है।'

4. जनता का संगीत है

(a) लोकगीत (b) फिल्म संगीत
(c) शास्त्रीय संगीत (d) पाश्चात्य संगीत

व्याख्या (a) 'लोकगीत' जनता का संगीत है। यहाँ जनता का तात्पर्य ग्रामीणों (देहात) से है और यह लोकगीत इन्हीं देहात के लोगों के बीच प्रचलित है। लोकगीत गाँवों में बड़े उत्साह के साथ गाए तथा सुने जाते हैं।

5. 'बाउल' कहाँ का लोक संगीत है?

(a) गुजरात (b) उत्तर प्रदेश (c) बिहार (d) बंगाल

व्याख्या (d) 'बाउल' बंगाल का एक प्रसिद्ध लोकसंगीत है। इसके अतिरिक्त यहाँ का एक और लोक संगीत भटियाली भी प्रसिद्ध है, जबकि चैता, कजरी, बारहमासा, सावन आदि मिर्जापुर, बनारस, उत्तर प्रदेश के पूरबी और बिहार के पश्चिमी जिलों में गाए जाते हैं।

गद्यांश 66

मोर के सिर की कलगी और सघन, ऊँची तथा चमकीली हो गई। चोंच अधिक बंकिम और पैनी हो गई, गोल आँखों में इन्द्रनी की नीलाभ द्युति झलकने लगी। लम्बी नील-हरित ग्रीवा की हर भंगिमा में धूपछाँही तरंगें उठने-गिरने लगी। दक्षिण-वाम दोनों पंखों में सलेटी और सफेद आलेखन स्पष्ट होने लगे। पूँछ लम्बी हुई और उसके पंखों पर चंद्रिकाओं के इन्द्रधनुषी रंग उद्दीप्त हो उठे। रंग-रहित पैरों को गरवीली गति ने एक नई गरिमा से रंजित कर दिया। उसका गर्दन ऊँची कर देखना, विशेष भंगिमा के साथ उसे नीची कर दाना चुगना, पानी पीना, टेढ़ी कर शब्द सुनना आदि क्रियाओं में जो सुकुमारता और सौन्दर्य था, उसका अनुभव देखकर ही किया जा सकता है। गति का चित्र नहीं आँका जा सकता। मोरनी का विकास मोर के समान चमत्कारिक तो नहीं हुआ, परन्तु अपनी लम्बी धूपछाँही गर्दन, हवा में चचंल कलगी, पंखों की श्याम-श्वेत पत्रलेखा, मंथर गति आदि से वह भी मोर की उपयुक्त सहचारिणी होने का प्रमाण देने लगी। ***(REET 2016 I-V)***

1. प्रस्तुत गद्यांश है

(a) एक शब्दचित्र (b) एक निबन्ध
(c) एक रिपोर्ताज (d) एक कहानी

व्याख्या (a) प्रस्तुत गद्यांश एक 'शब्द चित्र' है। जब शब्दों के माध्यम से किसी वस्तु, व्यक्ति या प्राणी के चित्र सजीव हो उठें, अर्थात् किसी बात को बढ़ा-चढ़ाकर इस प्रकार बताया जाए मानो वे सत्य प्रतीत होने लगे, तो उसे शब्द चित्र कहते हैं।

2. 'रंजित' का तात्पर्य है

(a) रंगयुक्त (b) आवेश युक्त
(c) शोभा युक्त (d) इनमें से कोई नहीं

व्याख्या (c) 'रंजित' से तात्पर्य 'शोभायुक्त' होता है। इसके अन्य समानार्थी शब्द हैं-सुसज्जित, सुशोभित और अलंकृत आदि।

3. 'मन्थर गति' होती है

(a) तेज गति (b) धीमी गति
(c) लय युक्त गति (d) टेढ़ी गति

व्याख्या (b) 'मन्थर गति' का तात्पर्य 'धीमी गति' से है।

4. बंकिम का तात्पर्य है

(a) टेढ़ा (b) सुन्दर (c) तीखा (d) कठोर

व्याख्या (b) 'बंकिम' का तात्पर्य 'सुन्दर' होता है। बंकिम शब्द के अन्य सामानार्थी शब्द हैं—ललाम, मन्जुल, मनोहर, चाह, सुरम्य, सुहावना आदि।

5. किसकी क्रियाओं में सुकुमारता व सौन्दर्य था?

(a) मोर की (b) मोरनी की
(c) तोते की (d) लेखिका की

व्याख्या (a) 'मोर' की क्रियाओं में सुकुमारता व सौन्दर्य था। दिए गए गद्यांश में मोर के विभिन्न क्रियाकलापों का बड़ा ही मनोरम वर्णन किया गया है।

गद्यांश 67

राजस्थान समाज के आगे मैं इसलिए नतमस्तक हूँ कि उसने ओरण की व्यवस्था सैकड़ों वर्ष पहले निकाली। ओरण, यानि एक ऐसा जंगल जो केवल अकाल के समय में खुलेगा। इसका मतलब एक ऐसा कुआँ जो केवल आग लगने पर उसे बुझाने के काम आए। मतलब उसको पीने के लिए या नहाने के लिए नहीं लगाना है। ऐसे विशेष जंगल उन्होंने बनाए। इसका यह मतलब नहीं की राजस्थान में अकाल नहीं आते। अकाल खूब आए, लेकिन उनसे लड़ने की और उनको सहने की हमारी तैयारी पक्की रखी। लड़ना भी शब्द नहीं रहा। अकाल भी हमारे परिवार का एक हिस्सा है। प्रकृति आज थोड़ा-सा ज्यादा पानी बरसा गई है, कल थोड़ा कम गिरा देगी। तो उसके स्वभाव को देखना है। उन्होंने एक अन्दाज़ लगाया होगा अपनी 500 पीढ़ियों के इतिहास में से हर 13-14 साल में वर्षा कम हो जाती है। अकाल पड़ता है, तो अपने को 12-13 साल तक एक जंगल को बचा कर रखना है। ओरण का जो अलग-अलग बन्द और खुलने का समय है वह भी तय किया गया। पूजा और मन्दिर से भी जोड़ा गया, वह तो इसलिए कि उनको बड़े पैमाने पर कोई चीज करनी थी। वह धर्म से जुड़े बिना नहीं हो सकती थी। ***(REET, 2012 I-V)***

1. कौन शब्द विदेशी है?

(a) शब्द (b) धर्म
(c) अन्दाज (d) प्रकृति

व्याख्या (c) 'अन्दाज' शब्द विदेशी शब्द है, यह फारसी भाषा का शब्द है। फारसी भाषा के अन्य शब्द हैं-कागज, दुकान, फौज, बादाम, खर्च, गिरफ्तार इत्यादि। प्रश्न में दिए गए शब्द, धर्म एवं प्रकृति सभी हिन्दी भाषा के हैं।

2. निम्न किस शब्द में प्रत्यय नहीं है?

(a) पीढ़ियों (b) विशेष
(c) लड़ना (d) सैकड़ों

व्याख्या (b) 'विशेष' शब्द में कोई भी प्रत्यय प्रयुक्त नहीं है। 'पीढ़ी' शब्द में 'यों' प्रत्यय जोड़ने से 'पीढ़ियों' शब्द बनेगा। यह बहुवचन के अर्थ में प्रयुक्त होता है इसी तरह अन्य शब्द बनेंगे-लड़की से लड़कियों, खिड़की से खिड़कियों, सीढ़ी से सीढ़ियों आदि। 'सैकड़ा' शब्द में 'ओं' प्रत्यय होगा तथा 'सैंकड़ों' शब्द बनेगा। यह शब्द भी बहुवचन के अर्थ में प्रयुक्त होता है। इसके अन्य उदाहरण हैं—नौकर से नौकरों, अमीर से अमीरों, माला से मालाओं आदि। 'लड़ना' शब्द में 'ना' प्रत्यय प्रयुक्त है। इसमें मूल शब्द 'लड़' तथा प्रत्यय 'ना' प्रयुक्त है।

3. 'व्यवस्था' में सन्धि है

(a) यण् (b) दीर्घ (c) वृद्धि (d) गुण

व्याख्या (a) 'व्यवस्था' में यण् सन्धि है। इसका विच्छेद होगा-वि + अवस्था। जब ह्रस्व या दीर्घ इ, उ, ऋ के बाद कोई असमान स्वर आए तो 'इ' का 'य', 'उ' का 'व' तथा 'ऋ' का र' हो जाता है; जैसे—वि + आकरण = व्याकरण

नि + ऊन = न्यून

देवी + आलय = देवालय

अनु + एषण = अन्वेषण

4. 'नतमस्तक' में समास है

(a) तत्पुरुष (b) द्विगु (c) बहुव्रीहि (d) द्वन्द्व

व्याख्या (a, c) 'नतमस्तक' में तत्पुरुष एवं बहुव्रीहि दोनों समासों का प्रयोग हुआ है। जब 'नतमस्तक' का विग्रह 'मस्तक से नत (झुका हुआ)' करेंगे तो इसमें करण तत्पुरुष समास होगा एवं जब इसका विग्रह 'नत है मस्तक जिसका' करेंगे तो बहुव्रीहि समास होगा।

5. संज्ञा नहीं है

(a) ओरण (b) कुआँ (c) लड़ना (d) जंगल

व्याख्या (c) 'लड़ना' शब्द संज्ञा नहीं है, बल्कि यह क्रिया है, जबकि 'ओरण' व्यक्तिवाचक संज्ञा, 'कुआँ' तथा 'जगंल' जातिवाचक संज्ञा है।

6. 'तय' शब्द है

(a) तत्सम (b) तद्भव
(c) देशज (d) विदेशी

व्याख्या (d) 'तय' शब्द विदेशी शब्द है। यह अरबी भाषा का शब्द है। अरबी भाषा के अन्य शब्द हैं—वकील, तूफान, तारीख, कुरसी, आदमी, औरत, कानून, फकीर, महान आदि। क्षेत्रीय बोलियों एवं उपभाषाओं के शब्द जो हिन्दी में स्वीकृत हैं 'देशज' शब्द कहलाते हैं। इसके उदाहरण हैं—जूता, खिड़की, रोटी, घोंसला, झाड़ू, थप्पड़ आदि।

7. 'आग' का तत्सम है

(a) आग (b) आगि
(c) अग्नि (d) अग्ग

व्याख्या (c) 'आग' का तत्सम रूप 'अग्नि' होता है। 'आग' तद्भव शब्द है। तत्सम की दृष्टि से शेष सभी शब्द त्रुटिपूर्ण हैं।

गद्यांश 68

कुसंग का ज्वर सबसे भयानक होता है यह केवल नीति और सद्वृत्ति का ही नाश नहीं करता, बल्कि बुद्धि का भी क्षय करता है। किसी युवा पुरुष की संगति यदि बुरी होगी तो वह उसके पैरों में बँधी चक्की के समान होगी, जो उसे दिन-रात अवनति के गड्ढे में गिराती जाएगी और यदि अच्छी होगी तो सहारा देने वाली बाहु के समान होगी, जो उसे निरन्तर उन्नति की ओर उठाती जाएगी। ***(REET, 2011 VI-VIII)***

1. इस गद्यांश का शीर्षक होगा

(a) कुसंग का महल (b) अच्छी संगति
(c) संगति (d) युवा पुरुष

व्याख्या (c) दिए गए गद्यांश में 'संगति' गद्यांश का सर्वाधिक उपयुक्त शीर्षक होगा।

2. 'कुसंग' का अर्थ है

(a) कुशल साथी (b) कक्षा के साथी
(c) संगति के साथी (d) बुरी संगति

व्याख्या (d) कुसंग का अर्थ बुरी संगति से है।

3. इस गद्यांश का केन्द्रीय भाव है

(a) संगति का महत्त्व
(b) युवा पुरुष
(c) नीति और सद्वृत्ति
(d) उन्नति

व्याख्या (a) दिए गए गद्यांश का केन्द्रीय भाव 'संगति का महत्त्व' है, क्योंकि गद्यांश में अच्छी और बुरी संगति को दर्शाया गया है अर्थात् बुरी संगति हमेशा व्यक्ति को अवनति के गर्त में गिरागी जाएगी और अच्छी संगति उसे निरन्तर उन्नति की ओर अग्रसर करेगी।

गद्यांश 69

जो सबसे महत्त्वपूर्ण बात इस प्रशिक्षण के दौरान सामने आई वह थी छात्रों तथा शिक्षकों के बीच परस्पर सम्बन्ध। हमने अध्यापकों को इस बात के लिए प्रोत्साहित किया था कि वे प्रत्येक छात्र की भावना की कद्र करें तथा यह देखें कि छात्र क्या चाहता है। यदि एक बार छात्र शिक्षक से डरना बन्द कर देता है तथा दोनों के बीच एक दोस्ताना रिश्ता कायम हो जाता है तो छात्र/छात्रा के लिए सीखना आनन्ददायक और आसान हो जाता है। शिक्षक की निकटता और उपस्थिति बहुत महत्त्वपूर्ण होती है, चाहे वह कक्षा में बैठकर हो या स्कूल के बाद खेल के मैदान में। इससे शिक्षक एवं छात्र एक-दूसरे के निकट आ जाते हैं तथा छात्र के सम्पूर्ण विकास में इसका बहुत योगदान रहता है। दूसरा महत्त्वपूर्ण पहलू यह है कि शासकीय शिक्षकों के साथ भी एक रिश्ता बनाए रखना चाहिए, क्योंकि समान्तर शिक्षकों के रहते नियमित शिक्षक प्राय: यह समझने लगते हैं कि उनकी कोई आवश्यकता नहीं है। एक तरह से वे निश्चिंत हो जाते हैं तथा सारा काम समान्तर शिक्षकों पर डाल देते हैं। ***(BTET 2011 I-VI)***

1. बच्चों के सीखने में सबसे महत्त्वपूर्ण है

(a) शिक्षक का सौम्य स्वभाव
(b) शिक्षक की विद्वता
(c) शिक्षक और बच्चों के बीच मित्रवत् सम्बन्ध
(d) शिक्षक की संवेदनशीलता

व्याख्या (c) शिक्षक और बच्चों के मित्रवत् सम्बन्ध बच्चों के अधिगम सीखने में सबसे महत्त्वपूर्ण हैं। जब शिक्षक छात्र से एक दोस्त की तरह व्यवहार करते हैं, तो बच्चों के अन्दर डर समाप्त हो जाता है तथा वह अपनी समस्याओं को बेझिझक और सरलतापूर्वक अध्यापक से कह सकता है।

2. प्रत्येक छात्र/छात्रा की भावना की क्रद होती है

(a) उनकी बातों को ध्यान से सुनने से
(b) यह जानने से कि वे क्या जानते हैं?
(c) उनका सम्मान करने से
(d) उपरोक्त सभी

व्याख्या (d) प्रत्येक छात्र की बातों को ध्यान से सुनना, 'यह जानने से कि वे क्या जानते हैं' तथा उनका सम्मान करने से प्रत्येक छात्र/छात्रा की भावना की कद्र होती है और इस प्रकार किए गए व्यवहार छात्र अधिगम में सहायक होते हैं।

3. शिक्षक विद्यालय के बाद भी बच्चों से रिश्ता बनाए रखता है

(a) ऐसा करना ठीक नहीं है क्योंकि विद्यालय के बाहर शिक्षक-शिक्षक नहीं रहता
(c) ऐसा करना ठीक नहीं है, क्योंकि यह परम्परा के विरुद्ध है
(c) ऐसा करना ठीक है क्योंकि शिक्षक की जिम्मेदारी विद्यालय के बाद समाप्त नहीं हो जाती
(d) ऐसा करना ठीक है, क्योंकि ऐसा करने से शिक्षक और बच्चों के बीच निकटता और विश्वास का रिश्ता बनता है जो बच्चों के सर्वांगीण विकास में सहायक है

व्याख्या (d) शिक्षक विद्यालय के बाद भी बच्चों (विद्यार्थियों) से रिश्ता बनाए रखता है। ऐसा करना ठीक है, क्योंकि ऐसा करने से शिक्षक और बच्चों के बीच एक दोस्ताना रिश्ता कायम हो जाता है, जो बच्चों के सर्वांगीण विकास में सहायक है।

4. नियमित शिक्षकों को ऐसा क्यों लगता हैं कि उनकी कोई आवश्यकता नहीं है?

(a) समान्तर शिक्षकों पर पूर्ण निश्चिंत होकर काम डाल दिया जाता है
(b) समान्तर शिक्षक ही विद्यालय की गतिविधियों के लिए जिम्मेदार हैं
(c) समान्तर शिक्षक नियमित नहीं होते और उनकी नौकरी स्थायी नहीं होती, इसलिए उन्हें सभी के कार्य करने पड़ते हैं
(d) समान्तर शिक्षक का यह दायित्व है कि वह नियमित शिक्षक का बोझ कम करे

व्याख्या (a) समान्तर शिक्षकों पर पूर्ण निश्चिंत होकर कार्यभार डाल देने से नियमित शिक्षकों को ऐसा लगता है कि विद्यालय में अब उनकी कोई आवश्यकता नहीं रह गई है।

5. शिक्षक और छात्रों के बीच कैसा सम्बन्ध लेखक को प्रिय है?

(a) मित्रवत् सम्बन्ध
(b) शिक्षक के प्रति श्रद्धापूर्ण व्यवहार
(c) अनुशासन में रहकर शिक्षक की बात सुनी जाए
(d) उपरोक्त सभी

व्याख्या (a) शिक्षक और छात्रों के मध्य 'मित्रवत् सम्बन्ध' लेखक को प्रिय हैं, क्योंकि इस प्रकार के सम्बन्धों से छात्र शिक्षक से डरना बन्द कर देता है तथा दोनों के बीच एक दोस्ताना रिश्ता कायम हो जाता है और छात्र/छात्रा के लिए सीखना आनन्ददायक और आसान हो जाता है। शिक्षक से छात्रों की निकटता और उपस्थिति बहुत महत्त्वपूर्ण होती है।

6. छात्र के सम्पूर्ण विकास में शिक्षक की भूमिका है

(a) छात्र/छात्रा की स्थिति और आकांक्षा समझकर शिक्षक उनके अनुरूप प्रशिक्षण दे
(b) छात्र/छात्रा को पाठ समझकर उन्हें याद करा दे
(c) छात्र/छात्रा को दण्डित करे
(d) उपरोक्त में से कोई नहीं

व्याख्या (a) छात्र के सम्पूर्ण विकास में शिक्षक की भूमिका छात्र/छात्राओं की स्थिति और आकांक्षा समझकर शिक्षक उनके अनुरूप प्रशिक्षण देने की भूमिका महत्त्वपूर्ण होती है। जिस कारण छात्र/छात्राएँ बड़ी सरलता से शिक्षा ग्रहण करते हैं।

अध्याय 15

अपठित पद्यांश

» CTET

निर्देश (पद्यांश सं. 1 से 23) *नीचे दिए गए पद्यांशों को ध्यान से पढ़िए और उसके आधार पर पूछे गए प्रश्नों के यथोचित उत्तर दीजिए।*

पद्यांश 1

पूर्व चलने के बटोही,
बाट की पहचान कर ले।
है अनिश्चित किस जगह पर,
सरित गिरि गह्वर मिलेंगे।
है अनिश्चित किस जगह पर
बाग वन सुन्दर मिलेंगे।
किस जगह यात्रा खत्म हो
जाएगी यह भी अनिश्चित
है अनिश्चित कब सुमन कब
कंटकों के शर मिलेंगे।
कौन सहसा छू जाएँगे
मिलेंगे कौन सहसा
आ पड़े कुछ भी रुकेगा
तू न ऐसी आन कर ले।
पूर्व चलने के बटोही,
बाट की पहचान कर ले। ***(CTET 2018, I-V)***

1. कविता की पंक्तियों में यात्रा की किस विशेषता की ओर संकेत किया गया है?

(a) कठिनाइयों की ओर
(b) सुखों की ओर
(c) अनिश्चितता की ओर
(d) साहस की ओर

व्याख्या (c) उपर्युक्त पंक्तियों में कवि ने यात्रा के दौरान उत्पन्न होने वाली विभिन्न प्रकार की 'अनिश्चितताओं' का वर्णन करने के साथ निरन्तर आगे बढ़ते रहने के बारे में उल्लेख किया है।

2. कविता में आए 'सुमन' और 'कंटक' किस भाव के प्रतीक हैं?

(a) फूल और काँटे
(b) बाग और वन
(c) सुख और दु:ख
(d) प्रिय और अप्रिय

व्याख्या (c) प्रस्तुत कविता में 'सुमन' और 'कंटक' सुख और दु:ख के प्रतीक हैं। मनुष्य के जीवन में दु:ख और सुख के कई क्षण आते हैं, जिनसे मनुष्य सीख लेकर प्रगतिशीलता और धैर्य के साथ नियमित रूप से आगे बढ़ने का क्रम जारी रखता है।

3. कविता की पंक्तियों में कवि व्यक्ति को किस बात की प्रेरणा दे रहा है?

(a) प्रत्येक स्थिति में साहस दिखाने की
(b) पर्वतों को देखकर न डरने की
(c) गहरी नदियों से न डरने की
(d) प्रत्येक स्थिति में आगे बढ़ने की

व्याख्या (d) प्रस्तुत कविता में कवि प्रतिकूल परिस्थितियों में भी 'प्रत्येक स्थिति में आगे बढ़ते रहने की' प्रेरणा के बारे में बता रहा है, क्योंकि एक बार लक्ष्य निर्धारित करने के पश्चात् उसकी प्राप्ति हेतु दृढ़ प्रतिज्ञ होकर आगे बढ़ना ही मनुष्य का सर्वश्रेष्ठ गुण है।

4. इस जीवन-यात्रा में

(a) कुछ भी निश्चित नहीं है
(b) सब कुछ निश्चित है
(c) सब ओर मुश्किलें हैं
(d) सब ओर सुख है

व्याख्या (a) प्रस्तुत कविता में जीवन-यात्रा के बारे में उल्लेख किया गया है। मनुष्य की जीवन-यात्रा में 'कुछ भी निश्चित नहीं है', क्योंकि जीवन में परिस्थितियाँ कब बदल जाएँ, कुछ भी नहीं कहा जा सकता। इन विपरीत परिस्थितियों का सामना करने के लिए ही कविता में सार्थक जीवन के निर्माण पर बल दिया गया है।

5. नीचे दिए गए शब्दों में से 'सरित' का समानार्थी शब्द कौन-सा नहीं है?

(a) तटिनी
(b) जयमाला
(c) नद
(d) प्रवाह

व्याख्या (d) दिए गए शब्दों में नद, तटिनी, जयमाला 'सरित' के समानार्थी शब्द हैं, जबकि 'प्रवाह' एक भिन्नार्थक शब्द है।

6. अनिश्चित शब्द में कौन-सा प्रत्यय आ सकता है?
(a) ते (b) ति (c) ती (d) ता

व्याख्या (d) वे शब्द जो शब्दों के अन्त में जुड़कर एक नए सार्थक शब्द का निर्माण करते हैं, प्रत्यय कहलाते हैं। यहाँ अनिश्चित शब्द में 'ता' प्रत्यय लगने से अनिश्चितता शब्द का निर्माण हुआ है।

पद्यांश 2

मुख्य गायक के चट्टान जैसे भारी स्वर का साथ देती
वह आवाज सुन्दर कमजोर काँपती हुई थी
वह मुख्य गायक का छोटा भाई है
या उसका शिष्य
या पैदल
मुख्य गायक की गरज में
वह अपनी गूँज मिलाता आया है प्राचीनकाल से
गायक अब अन्तरे की जटिल तानों के जंगल में
खो चुका होता है
या अपने ही सरगम को लाँघकर
चला जाता है भटकता हुआ एक अनहद में
तब संगतकार ही स्थायी को सँभाले रहता है
जैसे समेटता हो मुख्य गायक का पीछे छूटा हुआ सामान
जैसे उसे याद दिलाता हो उसका बचपन
जब वह नौसीखिया था
तारसप्तक में जब बैठने लगता है उसका गला
प्रेरणा साथ छोड़ती हुई उत्साह अस्त होता हुआ
आवाज से राख जैसा कुछ गिरता हुआ
तभी मुख्य गायक को ढाँढ़स बँधाता
कहीं से चला आता है संगतकार का स्वर
कभी-कभी वह यों ही दे देता है उसका साथ
यह बताने के लिए कि वह अकेला नहीं है
और यह कि फिर से गाया जा सकता है
गाया जा चुका राग
और उसकी आवाज में जो एक हिचक साफ सुनाई देती है
या अपने स्वर को ऊँचा न उठाने की कोशिश है
उसे विफलता नहीं
उसकी मनुष्यता समझा जाना चाहिए। *(CTET 2018, VI-VIII)*

1. संगतकार के माध्यम से कवि किस प्रकार के व्यक्तियों की ओर संकेत करना चाह रहा है?
(a) सहयोगी (b) सहृदय (c) समरस (d) संगदिल

व्याख्या (a) प्रस्तुत कविता में कवि संगतकार के माध्यम से साथ देने वाले अर्थात् सहयोगी प्रकार के व्यक्तियों के बारे में इंगित करना चाह रहा है।

2. 'चट्टान' जैसे भारी स्वर से तात्पर्य है
(a) मोटी आवाज (b) पुरुष की आवाज
(c) गम्भीर आवाज (d) पत्थर की आवाज

व्याख्या (c) 'चट्टान' जैसे भारी स्वर से तात्पर्य 'गम्भीर आवाज' से है।

3. ''गायक जब अन्तरे की जटिल तानों के जंगल में खो चुका होता है'' से तात्पर्य है-अन्तरे को गाते हुए वह
(a) भटक जाता है (b) लीन हो जाता है
(c) बेसुरा हो जाता है (d) बेलगाम हो जाता है

व्याख्या (b) ''गायक जब अन्तरे की जटिल तानों के जंगल में खो चुका होता है'' से तात्पर्य है कि अन्तरे को गाते हुए वह 'लीन हो जाता है।'

4. 'अनहद' शब्द में
(a) 'अ' उपसर्ग है (b) 'द' प्रत्यय है
(c) 'अन' उपसर्ग है (d) 'हद' प्रत्यय है

व्याख्या (c) 'अनहद' शब्द में 'अन' उपसर्ग लगा हुआ है। उपसर्ग सदैव शब्दों के प्रारम्भ में लगाए जाते हैं।

5. 'राख जैसा कुछ गिरता हुआ' का अर्थ है
(a) बुझता हुआ स्वर (b) ऊँचा स्वर
(c) उदास स्वर (d) भयभीत स्वर

व्याख्या (a) 'राख जैसा कुछ गिरता हुआ' पंक्ति का अर्थ है—'बुझता हुआ स्वर'।

6. 'संगतकार' का अर्थ है
(a) गायक का साज उठाने वाला
(b) गायक के साथ रहने वाला
(c) गायक के साथ गाने वाला
(d) गायक को बिखरने से बचाने वाला

व्याख्या (c) 'संगतकार' का अर्थ—'गायक के साथ गाने वाला' या 'गायक का साथ देने वाले' से है।

7. 'ढाँढ़स बँधाना' का अर्थ है
(a) तसल्ली देना (b) आशीर्वाद देना
(c) आज्ञा देना (d) रक्षासूत्र बाँधना

व्याख्या (a) 'ढाँढ़स बँधाना' का शाब्दिक अर्थ 'सांत्वना देना' अर्थात् 'तसल्ली देना' है।

पद्यांश 3

जीवन के इस मोड़ पर, कुछ भी कहा जाता नहीं।
अधरों की ड्योढ़ी पर, शब्दों के पहरे हैं।
हँसने को हँसते हैं, जीने को जीते हैं
साधन-सुभीतों में, ज्यादा ही रीते हैं।
बाहर से हरे-भरे, भीतर घाव मगर गहरे
सबके लिए गूँगे हैं, अपने लिए बहरे हैं। *(CTET 2016, I-V)*

1. 'कुछ भी कहा जाता नहीं' ऐसा क्यों?
(a) साधन सुविधाओं के अभाव के कारण
(b) बन्धन और बेबसी के कारण
(c) गूँगा होने के कारण
(d) भीतर के घावों के कारण

व्याख्या (b) काव्यांश में कवि ने इस बात की ओर संकेत किया है कि 'बन्धन और बेबसी' के कारण कुछ भी नहीं कहा जाता है।

2. कविता की पंक्तियों में मुख्यत: किसकी बात की गई है?

(a) कुछ भी न कह पाने की विवशता की
(b) घावों के हरे-भरे होने की
(c) गूँगा-बहरा होने की
(d) साधन-सुभीतों की

व्याख्या (a) प्रस्तुत कविता में मुख्यत: 'कुछ भी न कह पाने की विवशता' के विषय में बात की गई है।

3. 'रीते' शब्द से भाव है

(a) अपनेपन का (b) परायेपन का
(c) खालीपन का (d) खोखलेपन का

व्याख्या (c) सामान्यतौर पर 'रीते' शब्द से अर्थ 'खालीपन' से होता है। प्रस्तुत काव्यांश में 'साधन-सुभीतों में ज्यादा ही रीते हैं' से ज्ञात होता है कि यहाँ रीते शब्द का अर्थ 'खालीपन' से है।

4. कविता की पंक्तियों के आधार पर कहा जा सकता है कि

(a) कवि कुछ भी कहने या सुन पाने की स्थिति में नहीं है
(b) कवि घावों के गहरे होने से दु:खी है
(c) कवि के जीवन में बहुत अभाव है
(d) कवि कुछ भी करने की स्थिति में नहीं है

व्याख्या (b) कविता की पंक्तियों के आधार पर कवि शरीर के आन्तरिक घावों के बारे में बताता है, जो बाहर से दिखाई नहीं पड़ते हैं, परन्तु अन्दर बहुत बड़े घाव होते हैं। अत: काव्यांश के अनुसार कह सकते हैं कि कवि इन 'घावों के गहरे होने से अत्यन्त दु:खी है।'

5. 'ड्योढ़ी' का अर्थ है

(a) घर (b) देहरी (c) दरवाजा (d) चौखट

व्याख्या (c) काव्यांश के अनुसार 'ड्योढ़ी' का अर्थ 'दरवाजा' है।

6. 'भीतर के घाव' से तात्पर्य है

(a) शारीरिक क्षति (b) घर के भीतर की अशान्ति
(c) हृदय की पीड़ा (d) अन्दरूनी चोट

व्याख्या (c) प्रस्तुत काव्यांश में 'भीतर के घाव' अर्थात् 'हृदय की पीड़ा' के बारे में बताया गया है। कविता में कवि केवल बाहर से प्रसन्न व आनन्दित दिखाई पड़ता है, लेकिन उसका अन्तर्मन हमेशा भयानक पीड़ा से त्रस्त है।

पद्यांश 4

न अवरोध कोई, न बाधा, कहीं है
न सन्देह कोई, न व्यवधान कोई
बहुत दूर से हैं दिशाएँ बुलातीं
नहीं पथ-डगर आज अनजान कोई
दिशाएँ निमन्त्रण मुझे दे रही हैं,
दिगन्तर खुला सिर्फ मेरे लिए है।
नहीं कुछ यहाँ राह जो रोक पाए
न कोई यहाँ जो मुझे टोक पाए
अजानी हवा में उड़ा जा रहा हूँ
विजय गीत मेरा गगन मस्त गाए
हृदय में यही कह रहा बात कोई,
धरा और गगन सिर्फ तेरे लिए हैं। *(CTET 2016, VI-VIII)*

1. कवि को कोई कह रहा है कि

(a) बाधाओं से दूर रहना चाहिए
(b) धरती और आसमान उसके लिए हैं
(c) लक्ष्य अभी बहुत दूर है
(d) अजानी हवा में उड़ो

व्याख्या (b) प्रस्तुत काव्यांश में कवि को कोई बताना चाह रहा है कि यह सम्पूर्ण 'धरती' और 'आसमान' केवल उसी के लिए हैं।

2. कविता में दो समानार्थी शब्द एक वाक्य में आए हैं। वह वाक्य कौन-सा है?

(a) धरा और गगन सिर्फ तेरे लिए हैं
(b) न अवरोध कोई, न बाधा कहीं है
(c) न सन्देह कोई, न व्यवधान कोई
(d) अजानी हवा में उड़ा जा रहा हूँ

व्याख्या (b) प्रस्तुत कविता में 'अवरोध' एवं 'बाधा' समानार्थी शब्दों का प्रयोग हुआ है। इसके लिए वाक्य में 'न अवरोध कोई, न बाधा कहीं है' का प्रयोग हुआ है।

3. कवि को कौन निमन्त्रण दे रहा है?

(a) दिशाएँ (b) हवा
(c) गगन (d) दिगन्तर

व्याख्या (a) प्रस्तुत काव्यांश में कवि को 'दिशाएँ' निमन्त्रण दे रही हैं। दिशाएँ कह रही हैं कि पथ पर कोई अवरोध तथा कोई व्यवधान नहीं है। आज सभी दिशाएँ कवि को अपनी ओर आकर्षित कर रही हैं अर्थात् बुला रही हैं तथा कोई भी पथ अनभिज्ञ नहीं है। आज सम्पूर्ण विश्व कवि के लिए खुला हुआ है।

4. अर्थ की दृष्टि से शेष से भिन्न शब्द छाँटिए

(a) धरा (b) पथ (c) डगर (d) राह

व्याख्या (a) अर्थ की दृष्टि से पथ, डगर तथा राह तीनों समानार्थी शब्द हैं, जबकि धरा, धरती, पृथ्वी के पर्यायवाची शब्द हैं। अत: 'धरा' अर्थ की दृष्टि से अन्य शब्दों से भिन्नार्थक शब्द है।

5. कवि का विजय गीत कौन गा रहा है?

(a) आकाश (b) धरती (c) दिशाएँ (d) हवा

व्याख्या (a) प्रस्तुत काव्यांश में कवि का विजय गीत आकाश के द्वारा गाया जा रहा है। आकाश ने ही कवि के लिए पूरे विश्व (धरा तथा गगन) को स्वतन्त्र कर दिया है। इसके लिए कवि कहीं भी आ-जा सकता है अर्थात् कवि को किसी भी प्रकार की बाधा अथवा डर का सामना नहीं करना पड़ेगा।

6. 'कोई' शब्द व्याकरण की दृष्टि से है

(a) सर्वनाम (b) विशेषण (c) अव्यय (d) क्रिया

व्याख्या (a) 'कोई' शब्द व्याकरण की दृष्टि से सर्वनाम है। सर्वनाम उस विकारी शब्द को कहते हैं, जो संज्ञा के स्थान पर प्रयुक्त होता है।

पद्यांश 5

रोना और मचल जाना भी क्या आनन्द दिखाते थे।
बड़े-बड़े मोती से आँसू, जयमाला पहनाते थे।
मैं रोई, माँ काम छोड़कर आई, मुझको उठा लिया।
झाड़-पोछकर चूम-चूम गीले गालों को सुखा दिया।
आ जा बचपन! एक बार फिर दे-दे अपनी निर्मल शान्ति।
व्याकुल व्यथा मिटाने वाली, वह अपनी प्राकृत विश्रान्ति
वह भोली-सी मधुर सरलता, वह प्यारा जीवन निष्पाप।
क्या फिर आकर मिटा सकेगा तू मेरे मन का सन्ताप?
मैं बचपन को बुला रही थी, बोल उठी बिटिया मेरी।
नंदन-वन-सी फूल उठी, यह छोटी-सी कुटिया मेरी। *(CTET 2015, I-V)*

1. 'बचपन' शब्द है

(a) विशेषण (b) क्रिया-विशेषण
(c) सर्वनाम (d) संज्ञा

व्याख्या (d) 'बचपन' एक संज्ञा शब्द है। यह भाववाचक संज्ञा है। संज्ञा के तीन भेद हैं—(1) व्यक्तिवाचक, (2) जातिवाचक, (3) भाववाचक। जिस संज्ञा शब्द से व्यक्ति या वस्तु के गुण या धर्म, दशा अथवा व्यापार का बोध होता है, उसे 'भाववाचक संज्ञा' कहते हैं। 'बच्चा' शब्द में 'पन' उपसर्ग लगाने से 'बचपन' शब्द बनता है, जो अवस्था विशेष का बोध कराता है। अत: यहाँ भाववाचक संज्ञा है।

2. 'नन्दन-वन-सी फूल उठी, यह छोटी-सी कुटिया मेरी' का भाव है

(a) कुटिया सुन्दर हो गई (b) कुटिया में आनन्द उमड़ उठा
(c) कुटिया में शान्ति छा गई (d) छोटी कुटिया बड़ी हो गई

व्याख्या (b) 'नन्दन-वन-सी फूल उठी, यह छोटी-सी कुटिया मेरी' का भाव है—'कुटिया में आनन्द उमड़ पड़ा'।

3. ''मिटा सकेगा तू मेरे मन का संताप''
उक्त पंक्ति में 'तू' किसे कहा गया है?

(a) बचपन को (b) कवि को
(c) पाठक को (d) बच्चे को

व्याख्या (a) ''मिटा सकेगा तू मेरे मन का संताप?'' पंक्ति में 'तू' बचपन को कहा गया है। इस सम्पूर्ण काव्यांश में 'बचपन' के बारे में ही बताया गया है।

4. कवयित्री अपने बचपन को क्यों बुलाना चाहती है?

(a) अपनी बिटिया की याद में
(b) बचपन के आनन्द की याद में
(c) बचपन के खेलों की याद में
(d) अपनी माँ की याद में

व्याख्या (b) कवयित्री जब अपने बीते हुए दिनों अर्थात् बचपन के दिनों को याद करती है, तो वह आनन्दित हो उठती है और बचपन के बारे में बताते हुए उसके फिर से लौट आने की कामना करती है। कवयित्री का मानना है कि बचपन के दिन व्यथा मिटाने वाले तथा शान्ति प्रदान करने वाले होते हैं।

5. बच्चे की आँखों से निकलते आँसुओं को देखकर क्या अनुभूति होती है?

(a) सुख की (b) विजय की
(c) प्यार की (d) कष्ट की

व्याख्या (c) जब बच्चा रोता है और रोते हुए उसकी आँखों से आँसू निकलते हैं, तो यह स्थिति बड़ी हृदयस्पर्शी होती है अर्थात् उसे देखकर 'प्यार' की अनुभूति होती है।

6. 'व्याकुल व्यथा मिटाने वाली' में प्रयुक्त अलंकार है

(a) रूपक (b) उपमा
(c) अनुप्रास (d) यमक

व्याख्या (c) 'व्याकुल व्यथा मिटाने वाली' पंक्ति में 'अनुप्रास' अलंकार है। जहाँ विशेष की आवृत्ति के कारण चमत्कार उत्पन्न हो, वहाँ अनुप्रास अलंकार होता है। यहाँ 'व्' वर्ण की आवृत्ति हुई है, इसलिए यहाँ अनुप्रास अलंकार है।

पद्यांश 6

चींटियाँ ईर्ष्यालु नहीं होतीं
दौड़ती भागती
एक-दूसरे को संदेश पहुँचातीं
जीवन को परखती पहुँचती हैं वहाँ,
जहाँ कोई नहीं पहुँचा कभी चींटियों से पहले।
संकेतों में करती हैं, वे शब्द संधान
रास्ता नहीं भूलती कभी स्मृति में रखती हैं सँजोकर
दोस्त और दुश्मन के चेहरे
बिखरती हैं कभी-कभार वे मगर हर बार
नए सिरे से टटोलती हैं वे पूर्वजों द्वारा छोड़ी गई गंध
फिर से एकजुट होते हुए। *(CTET 2015, I-V)*

1. चींटियाँ आपस में बातचीत कैसे करती हैं?

(a) छूकर (b) बोलकर
(c) सन्देशों से (d) संकेतों से

व्याख्या (d) दिए गए पद्यांश का अवलोकन करने पर यह स्पष्ट होता है कि चींटियाँ आपसी बातचीत अपने 'संकेतों' के आधार पर करती हैं।

2. 'ईर्ष्यालु' किसे कहा जाता है?

(a) दूसरों से जलने वाला (b) सबसे घृणा करने वाला
(c) पाने की इच्छा करने वाला (d) कुछ भी न चाहने वाला

व्याख्या (a) हमेशा दूसरों से जलने वाले अर्थात् घृणा करने वालों के लिए 'ईर्ष्यालु' शब्द का प्रयोग किया जाता है।

3. चींटियों के स्वभाव में नहीं है

(a) ईर्ष्या करना (b) सन्देश पँहुचाना
(c) दौड़-भाग करना (d) जीवन को परखना

व्याख्या (a) चींटियाँ स्वभाव से ईर्ष्यालु नहीं होती हैं। 'ईर्ष्या करना' तो केवल विशेष रूप से हमारे मानवीय समाज की एक बुराई है, जो सम्पूर्ण समाज में व्यापक रूप से पाई जाती है।

4. बिखरी हुई चींटियाँ फिर से एकजुट कैसे होती हैं?

(a) पूर्वजों की गंध से (b) रास्ता टटोलने से
(c) मित्रों के सहयोग से (d) शत्रुओं की चुनौती से

व्याख्या (a) बिखरी हुई चींटियाँ अपने पूर्वजों द्वारा छोड़ी गई गंध से एकजुट हो जाती हैं।

5. मित्र और शत्रु के चेहरों को चींटियाँ

(a) पहचानती नहीं हैं (b) बिखेर देती हैं
(c) भूल जाती हैं (d) याद रखती हैं

व्याख्या (d) दिए गए पद्यांश के अनुसार चींटियाँ हमेशा मित्र और शत्रु को अपनी स्मृति में सँजोकर रखती अर्थात् 'याद रखती' हैं।

6. काव्यांश में 'मगर' का अर्थ है

(a) केवल (b) परन्तु
(c) मगरमच्छ (d) घड़ियाल

व्याख्या (b) काव्यांश में दिया गया 'मगर' शब्द का अर्थ है—'परन्तु'।

पद्यांश 7

गरजते घन घनन-घन-घन
नाचता है मोर-सा मन,
ऐसी पड़ी झर-झर झड़ी-
भीगा बदन बेसुध है मन।
आज वर्षा अजब आई।
बह रही है मस्त पुरवाई,
नदी के द्वार तक आई।
मेघों से लिपटकर सो गया सूरज-
ले रहे हैं खेत अँगड़ाई।
आज वर्षा ग़ज़ब आई। ***(CTET 2015, VI-VIII)***

1. 'बेसुध है मन' कहकर कवि बताना चाहता है कि मन

(a) गाने लगता है (b) झूमने लगता है
(c) पानी से भीग जाता है (d) मस्त हो जाता है

व्याख्या (d) प्रस्तुत काव्यांश के आधार पर घनघोर वर्षा और गरजते बादलों को देखकर कवि नाचते हुए मोर की तरह प्रसन्न हो रहा है। यहाँ 'बेसुध है मन' कहकर कवि स्पष्ट करना चाहता है कि ऐसी स्थिति में 'मन मस्त अर्थात् आनन्दित हो जाता है।'

2. खेत अँगड़ाइयाँ ले रहे हैं, क्योंकि

(a) सुबह हो गई, वे नींद से जाग रहे हैं
(b) उन्हें बहुत आनन्द आ रहा है
(c) सूर्य दिखाई नहीं दे रहा है
(d) सूर्य के सो जाने से उन्हें भी नींद आ रही है।

व्याख्या (b) खेत अँगड़ाइयाँ ले रहे हैं, क्योंकि 'उन्हें बहुत आनन्द अर्थात् हर्ष हो रहा है।' वर्षा का पानी पीकर खेतों में फसल अच्छी होगी और वे लहलहा उठेंगे।

3. 'गरजते घन घनन-घन-घन' में अलंकार है

(a) रूपक (b) श्लेष
(c) उपमा (d) अनुप्रास

व्याख्या (d) 'गरजते घन घनन-घन-घन' में 'अनुप्रास' अलंकार का प्रयोग हुआ है।

अनुप्रास अलंकार जिस अलंकार में एक ही वर्ण की आवृत्ति हो, वहाँ अनुप्रास अलंकार होता है।

श्लेष अलंकार जहाँ एक ही शब्द के अनेक अर्थ हों वहाँ श्लेष अलंकार होता है।

उपमा अलंकार दो वस्तुओं में समान धर्म के प्रतिपादन को 'उपमा' कहते हैं। उपमा का अर्थ है—समता, तुलना या बराबरी। जहाँ उपमेय से उपमान की तुलना की जाए, वहाँ उपमा अलंकार होता है।

रूपक अलंकार जहाँ उपमेय में उपमान का आरोप हो या उपमान और उपमेय का अभेद हो, उसे रूपक अलंकार कहते हैं।

4. मन की उपमा किससे की गई है?

(a) मोर से (b) सावन से (c) बादलों से (d) वर्षा से

व्याख्या (a) काव्यांश में कवि के द्वारा मन की उपमा 'मोर से' की गई है। जिस प्रकार वर्षा के शुरू होने पर मोर प्रफुल्लित हो उठता है, झूमता है और नाचने लगता है, ठीक उसी प्रकार मन भी प्रसन्न हो रहा है।

5. 'लिपटकर सो गया सूरज' का भाव है कि सूर्य

(a) थक गया है (b) छिप गया है
(c) नींद में है (d) खो गया है

व्याख्या (b) दी गई पंक्ति में 'लिपटकर सो गया सूरज' का भाव है कि 'सूर्य छिप गया है', क्योंकि बरसात के मौसम में अक्सर सूर्य बादलों के पीछे छिप जाया करता है।

6. 'पुरवाई' से आशय है

(a) पूर्व की ओर बहने वाली पवन (b) मदमस्त करने वाली हवा
(c) पूर्व से आने वाली वायु (d) पूर्व को बहने वाली नदी

व्याख्या (c) दी गई पंक्ति में 'पुरवाई' से तात्पर्य 'पूर्व दिशा से आने वाली वायु से है।'

पद्यांश 8

चमकीली है सुबह आज की आसमान में,
निश्चय कल की सुबह और चमकीली होगी,
बेचैनी की बाँहों में कल फूल खिलेंगे,
घुटन गमकती साँसों की आवाज सुनेगी।
कुण्ठाओं की टहनी छिन्न-भिन्न होगी फिर,
आशा अपने हाथों से अब कुसुम चुनेगी,
चटकीली है आज चहकती हुई चाँदनी,
कल चन्दा की किरण और चटकीली होगी,
खुल जाएँगे अब सबके दिल के दरवाजे,
आँखें अपनी आँखों को पहचान सकेंगी। ***(CTET 2015, VI-VIII)***

1. काव्यांश में 'चमकीली सुबह' का आशय है

(a) अन्धकार समाप्ति के बाद आशा भरी सुबह
(b) सूर्य की किरणों से चमकती सुबह
(c) सफेद कोहरे से चमकती सुबह
(d) प्रात:काल का समय

व्याख्या (a) काव्यांश में 'चमकीली सुबह' से तात्पर्य अन्धकार के समाप्त होने पर एक उमंग अर्थात् आशाओं से भरी होने वाली सुबह से है।

2. कवि को विश्वास है कि

(a) सुबह का समय सदा सुहाना होता है
(b) कल की सुबह आज से अच्छी होगी
(c) सुबह का सूर्य कष्ट दूर करता है
(d) आज की सुबह सबसे अच्छी होगी

व्याख्या (b) कवि को विश्वास है कि 'कल की सुबह आज की सुबह से अच्छी होगी', क्योंकि कवि के अन्दर जो कुण्ठा की भावना व्याप्त थी वह अब धीरे-धीरे समाप्त हो रही थी, इसलिए कवि को विश्वास था कि अब अच्छी सुबह होने से अन्धकार समाप्त हो जाएगा।

3. 'कुण्ठाओं की टहनी छिन्न-भिन्न होगी' से तात्पर्य है

(a) दु:ख की अनुभूति समाप्त होगी
(b) पुरानी डाल टूट जाएगी
(c) निराशा दूर होगी
(d) मन का दु:ख दूर होगा

व्याख्या (c) दी गई पंक्ति में 'कुण्ठाओं की टहनी छिन्न-भिन्न होगी' से तात्पर्य 'निराशा दूर होगी' होने से है।

4. 'चाँदनी' का विशेषण है

(a) चटकीली (b) तड़पती (c) गमकती (d) महकती

व्याख्या (a) चाँदनी का विशेषण 'चटकीली' है।

5. 'दिल के दरवाजे खुल जाएँगे' का क्या अर्थ है?

(a) आपस में बातें करेंगे (b) दिलों में सबके प्रति मित्रता रहेगी
(c) कोई बात छिपी नहीं रहेगी (d) हृदय से हृदय मिलेंगे

व्याख्या (b) 'दिल के दरवाजे खुल जाएँगे' का सही अर्थ होगा—दिलों में सबके प्रति मित्रता रहेगी।

6. 'कुसुम' का पर्यायवाची शब्द नहीं है

(a) कमल (b) प्रसून (c) पुष्प (d) सुमन

व्याख्या (a) 'कुसुम' के पर्यायवाची शब्द प्रसून, सुमन तथा पुष्प आदि हैं, जबकि 'कमल', कुसुम का पर्यायवाची नहीं है। कमल के पर्यायवाची शब्द हैं—पंकज, नीरज, जलज, अम्बुज तथा वारिज आदि।

पद्यांश 9

नहीं झुका करते जो दुनिया से
करने को समझौता,
ऊँचे से ऊँचे सपनों को
देते रहते जो न्योता,
दूर देखती जिनकी पैनी
आँख भविष्यत् का तक चीर
मैं हूँ उनके साथ खड़ी
जो सीधी रखते अपनी रीढ़। *(CTET 2014, I-V)*

1. कविता की पंक्तियों के अनुसार कविता किसके पक्ष में खड़ी है?

(a) जो स्वाभिमानी, साहसी और निर्भीक हैं
(b) जो केवल सपनों में खोए रहते हैं
(c) जो उजाला फैलाते हैं
(d) जो समझौता करके शान्ति फैलाते हैं

व्याख्या (a) प्रस्तुत कविता में ऐसे व्यक्तित्व का उल्लेख किया गया है, 'जो स्वाभिमानी साहसी और निर्भीक हो' तथा जो कभी भी किसी के सामने झुककर समझौता करने के लिए तैयार न हो।

2. व्यक्ति की दृष्टि कैसी होनी चाहिए?

(a) अन्धकार को चीरने वाली
(b) दूर की चीज़ों को साफ-साफ देखने वाली
(c) दूरदर्शिता से लैस
(d) भविष्य का अँधेरा दूर करने वाली

व्याख्या (c) व्यक्ति की दृष्टि हमेशा दूरदर्शी होनी चाहिए, तभी वह लक्ष्योन्मुखी उद्देश्य को अर्जित कर सकता है। एक दूरदर्शी व्यक्ति को छोटी सोच कभी भी नहीं रखनी चाहिए।

3. ऊँचे से ऊँचे सपनों को निमन्त्रण देने का भाव है

(a) ऊँचे सपनों को आमन्त्रित करना
(b) उच्च कोटि के स्वप्न देखना और उन्हें साकार करने का प्रयास करना
(c) स्वप्नशील रहना
(d) सपनों को आमन्त्रित करना

व्याख्या (b) ऊँचे से ऊँचे सपनों को निमन्त्रण देने का भाव है—उच्च कोटि के स्वप्न देखना और उन्हें साकार करने का प्रयास करना अर्थात् व्यक्ति को सफल होने के लिए बड़े लक्ष्य निर्धारित करने चाहिए और उन्हें साकार करने के लिए हमेशा प्रयासरत् रहना चाहिए।

4. 'तम' शब्द का पर्यायवाची है

(a) यामिनी (b) रात
(c) अन्धकार (d) निशा

व्याख्या (c) 'तम' शब्द का पर्यायवाची अन्धकार होता है। यामिनी और निशा रात्रि के पर्यायवाची शब्द हैं।

5. 'नहीं झुका करते जो दुनिया से' पंक्ति में किसके सामने न झुकने की बात की गई है?
(a) विषम परिस्थितियों और अन्याय के सामने
(b) दुनिया के सभी देशों के सामने
(c) अन्यायी राजाओं के सामने
(d) दुनिया के व्यक्तियों के सामने

व्याख्या (a) 'नहीं झुका करते जो दुनिया से' का तात्पर्य 'विषम परिस्थितियों और अन्याय के सामने नहीं झुकने से है।' दूसरे शब्दों में कह सकते हैं कि वे व्यक्ति जो प्रतिकूल परिस्थितियों और शोषण के विरुद्ध हमेशा निडर होकर दुनिया का सामना करते हैं, साहसी होते हैं।

6. 'सीधी रीढ़' का आशय है
(a) आत्मनिर्भर होना
(b) सीधी बात कहना
(c) स्वाभिमानी और स्वावलम्बी होना
(d) अभिमानी होना

व्याख्या (c) 'सीधी रीढ़' का आशय 'स्वाभिमानी और स्वावलम्बी होना' से है।

पद्यांश 10

जब नहीं था
इन्सान
धरती पर थे जंगल,
जंगली जानवर, परिंदे
इन्हीं सबके बीच उतरा
इन्सान
और घटने लगे जंगल
जंगली जानवर, परिंदे
इन्सान
बढ़ने लगा बेतहाशा
अब कहाँ जाते जंगल,
जंगली जानवर, परिंदे
प्रकृति किसी के साथ
नहीं करती नाइन्साफी
सभी के लिए बनाती है जगह
सो अब
इन्सानों के भीतर उतरने लगे हैं
जंगल, जंगली जानवर
और परिंदे

(CTET 2014, I-V)

1. धरती पर इन्सान के आने के बाद क्या हुआ?
(a) जानवर घटने लगे
(b) पक्षी घटने लगे
(c) जंगल घटने लगे
(d) ये सभी

व्याख्या (d) जब धरती पर इन्सान का आगमन हुआ, तो परिणामस्वरूप धीरे-धीरे जानवरों की संख्या में गिरावट हुई, जंगल कम होने लगे और पक्षियों की संख्या भी कम होने लगी।

2. 'इन्सान बढ़ने लगा बेतहाशा' का भाव है
(a) इन्सान खूब तेज भागने लगा
(b) इन्सान खूब बड़ा होने लगा
(c) इन्सान अपने पैरों पर चलने लगा
(d) इन्सान खूब तरक्की करने लगा

व्याख्या (d) दी गई पंक्ति 'इन्सान बढ़ने लगा बेतहाशा' से आशय 'खूब तरक्की करने लगा' से है।

3. प्रकृति किसके प्रति नाइन्साफी नहीं करती?
(a) पशु-पक्षियों के प्रति
(b) इन्सानों के प्रति
(c) जंगल के प्रति
(d) ये सभी

व्याख्या (d) प्रकृति सभी को समान रूप से जीवन जीने का अधिकार प्रदान करती है, क्योंकि प्रकृति कभी भी पशु-पक्षियों, इन्सानों और जंगल के प्रति नाइन्साफी नहीं करती।

4. कविता के अन्त में क्या व्यंग्य किया गया है?
(a) इन्सानों में अब इन्सानियत खत्म हो गई है
(b) इन्सानों के भीतर जंगल की तरह पेड़ उग आए हैं
(c) इन्सानों ने जंगल उगाना शुरू कर दिया है
(d) प्रकृति ने इन्सानों के प्रति नाइन्साफी की

व्याख्या (a) प्रस्तुत कविता के अन्त में 'इन्सानों में अब इन्सानियत खत्म हो गई है', के बारे में व्यंग्य किया गया है। कहने का तात्पर्य यह है कि व्यक्ति अपने स्वार्थ की पूर्ति हेतु दूसरों का शोषण करने में लगा हुआ है।

5. 'अब कहाँ जाते जंगल' का भाव है कि
(a) अब जंगल खूब बढ़ने लगे
(b) अब जंगल समाप्त होने लगे
(c) जब जंगलों में परिंदे नही रहते
(d) अब जंगल कहीं जाने लायक नहीं रहे

व्याख्या (b) 'अब कहाँ जाते जंगल' से तात्पर्य—'अब जंगल समाप्त होने लगे' से है।

6. 'जंगल' का पर्यायवाची नहीं है
(a) वन
(b) कानन
(c) अरण्य
(d) बगीचा

व्याख्या (d) दिए गए विकल्पों में कानन, वन और अरण्य जंगल के पर्यायवाची शब्द हैं, जबकि बगीचा भिन्नार्थक शब्द है।

पद्यांश 11

एक ही दीया, स्नेह से भरा,
प्रेम का प्रकाश, प्रेम से धरा,
झिलमिला हवा को तिलमिला रहा
ज्योति का निशान जो हिला रहा
मुस्कुरा रहा है अन्धकार पर !
यह मजार है किसी शहीद का,

दर्शनीय था जो चाँद ईद का,
देश का सपूत था, गुमान था
सत्य का स्वरूप नौजवान था
जो चला किया सदा दुधार पर ! *(CTET 2014, I-V)*

1. हवा क्यों तिलमिला रही है?

(a) दीये के चलने से (b) दीये के निरन्तर जलने से
(c) दीये के स्नेह से (d) अन्धकार होने से

व्याख्या (b) 'दीये के निरन्तर जलने से' हवा तिलमिला रही है, क्योंकि शहीद की मजार पर जो दीये की ज्योति का निशान (लौ) हिल रहा है, उसे देखकर ऐसा प्रतीत होता है कि मानो दीये की झिलमिलाहट से हवा तिलमिला रही हो।

2. 'ईद का चाँद' किसे कहा गया है?

(a) मजार को (b) दर्शनीय स्थल को
(c) शहीद को (d) नौजवानों को

व्याख्या (c) प्रस्तुत कविता में 'ईद का चाँद' 'शहीद' को बताया गया है, जोकि कभी ईद के चाँद की तरह दर्शनीय एवं देश का सपूत था तथा पूरे देश को उस नौजवान (शहीद) पर गर्व था।

3. शहीद की कौन-सी विशेषता बताई गई है?

(a) वह सच्चा इन्सान था
(b) वह तलवारबाजी में निपुण था
(c) ईद के दिन पैदा हुआ था
(d) उसे अपने ऊपर बहुत घमण्ड था

व्याख्या (a) दी गई कविता में 'वह सच्चा इन्सान था' शहीद की विशेषता बताती है, क्योंकि प्रस्तुत पंक्ति में बताया गया है कि वह जो मजार है, वह देश के सच्चे ईमानदार नौजवान की मजार है, जो हमेशा सत्य के मार्ग पर चलते हुए देश की रक्षा के लिए अपने प्राणों को भी आहूत कर देता है।

4. कविता में 'अन्धकार' शब्द से आशय है

(a) तम (b) रात्रि
(c) बुराइयाँ (d) चुनौतियाँ

व्याख्या (c) कविता में 'अन्धकार' शब्द से आशय 'बुराइयों' से है, क्योंकि कवि बता रहा कि शहीद की मजार पर जलने वाला जो दीपक है, उसका प्रकाश अन्धकार रूपी बुराइयों पर विजय प्राप्त करने वाला है।

5. 'दर्शनीय' शब्द में प्रत्यय है

(a) ईय (b) नीय
(c) ई (d) य

व्याख्या (a) शब्दों के बाद जो अक्षर या अक्षर समूह लगाया जाता है, उसे प्रत्यय कहते हैं। 'दर्शनीय' शब्द में 'ईय' प्रत्यय लगा है, क्योंकि दर्शन मूल शब्द है; जैसे—दर्शन + ईय = दर्शनीय।

6. 'हवा' का पर्यायवाची शब्द नहीं है

(a) अनिल (b) मारुत (c) समीर (d) अनल

व्याख्या (d) 'हवा' के पर्यायवाची शब्द हैं—अनिल, मारुत, पवन, समीर, वायु, बयार तथा प्रकम्पन, जबकि 'अनल' अग्नि का पर्यायवाची शब्द है।

पद्यांश 12

सदियों की ठण्डी-बुझी राख सुगबुगा उठी,
मिट्‌टी सोने का ताज पहन इठलाती है;
दो राह, समय के रथ का घर्घर-नाद सुनो
सिंहासन खाली करो कि जनता आती है।
जनता, हाँ, मिट्टी की अबोध मूरतें वही,
जाड़े-पाले की कसक सदा सहने वाली
जब अंग-अंग में लगे साँप हो चूस रहे,
तभी भी न कभी मुँह खोल दर्द कहने वाली। *(CTET 2014, VI-VIII)*

1. काव्य में किस जनता की ओर संकेत किया गया है?

(a) जो खेतों-खलिहानों, कारखानों में काम करती है
(b) जो रथ चलाती है
(c) जिसे बोध है
(d) जिसे साँप काटते है

व्याख्या (a) दी गई पंक्तियों में उस जनता की ओर संकेत किया गया है, 'जो खेतों-खलिहानों, कारखानों में काम करती है', क्योंकि दिनकरजी ने शोषकों को सचेत (आगाह) करना चाहा है कि तुम्हारे द्वारा शोषित तथा उपेक्षित जनता जो खेतों-खलिहानों में काम करती है, अब वह जागरूक हो चुकी है।

2. ''समय के रथ का घर्घर-नाद सुनो'' पंक्ति का आशय है

(a) समय कोलाहल कर रहा है
(b) समय ने युद्ध-नाद बजा दिया है
(c) अब समय बदल रहा है
(d) समय का रथ बढ़ा आ रहा है

व्याख्या (b) ''समय के रथ का घर्घर-नाद सुनो'' पंक्ति का आशय है कि समय ने युद्ध-नाद बजा दिया है, क्योंकि यह कविता रामधारी सिंह की रचना 'नीलकुसुम' (जनतन्त्र का जन्म) से ली गई है और उसमें दिनकरजी ने सदियों से अपने अधिकारों के प्रति सुस्त पड़ी जनता को जगाने का प्रयास किया है।

3. 'सिंहासन खाली करो कि जनता आती है।' पंक्ति का भाव है

(a) सारी जनता अब सिंहासनों पर ही बैठेगी
(b) राजतन्त्र के विरुद्ध लोकतन्त्र का स्वागत
(c) राजा के सिंहासन को खाली करना होगा
(d) जनता, राजा का सिंहासन हिला देगी

व्याख्या (b) 'सिहांसन खाली करो कि जनता आती है।' पंक्ति का भाव है—'राजतन्त्र के विरुद्ध लोकतन्त्र का स्वागत' अर्थात् कवि के द्वारा शासन कर रहे शासकों को सन्देश दिया जा रहा है कि अब समय परिवर्तित हो चुका है और राजतन्त्र के शोषण के विरुद्ध लोगों ने आवाज उठानी शुरू कर दी है।

4. 'सामान्य जनता ने अब तक बहुत कष्ट सहे हैं' इस भाव को व्यक्त करने वाली पंक्ति है

(a) सदियों में ठण्डी-बुझी राख सुगबुगा उठी
(b) मिट्टी सोने का ताज पहन इठलाती है
(c) जनता, हाँ, मिट्टी की अबोध मूरतें वही
(d) जाड़े-पाले की कसक सदा सहने वाली

व्याख्या (d) 'जाड़े-पाले की कसक सदा सहने वाली' इस भाव को प्रकट करने वाली पंक्ति है। राजतन्त्र के शासकों द्वारा भोली-भाली जनता का प्रतिदिन शोषण किया जाता है और वह अपने ऊपर किए गए अत्याचारों को चुपचाप सहती रहती है।

5. 'साँप' किसकी ओर संकेत करता है?

(a) शोषकों की ओर
(b) सूदखोरों की ओर
(c) विषैल साँपों की ओर
(d) जमींदारों की ओर

व्याख्या (a) प्रस्तुत पंक्ति में साँप उन 'शोषकों की ओर' संकेत कर रहा है, जो कुछ न जानने-समझने वाली सीधी-साधी जनता का शोषण कर रहे हैं।

6. 'सुगबुगा उठना' का अर्थ है

(a) धीरे-धीरे कहना
(b) अपने हक के लिए प्रयत्नशील होना
(c) राख का जल उठना
(d) अफवाह फैलाना

व्याख्या (b) 'सुगबुगा उठना' का अर्थ 'अपने हक के लिए प्रयत्नशील होना' है। दी गई पंक्ति के अनुसार, अब जनता में अपने ऊपर हो रहे अत्याचारों को सहते-सहते उनके अन्दर की ज्वाला जाग्रत हो चुकी है।

पद्यांश 13

पूछो किसी भाग्यवादी से,
यदि विधि-अंक प्रबल है।
पद पर क्यों देती न स्वयं
वसुधा निज रतन उगल है।

(CTET 2013, I-V)

1. 'प्र' उपसर्ग से बनने वाला शब्द-समूह है

(a) प्रत्युत्तर, प्रदेश, प्रपत्र
(b) प्रत्येक, प्रभाव, प्रदेश
(c) प्रसाद, प्रत्येक, प्रपत्र
(d) प्रभाव, प्रदेश, प्रपत्र

व्याख्या (d) 'प्र' उपसर्ग से बनने वाला शब्द-समूह प्रभाव, प्रदेश तथा प्रपत्र है। उपसर्ग का प्रयोग हमेशा शब्दों के प्रारम्भ में किया जाता है।

2. कवि ने किसकी महिमा का खण्डन किया है?

(a) रतनों का
(b) विधि के विधान का
(c) भाग्यवाद का
(d) वसुधा का

व्याख्या (c) प्रस्तुत कविता में कवि ने 'भाग्यवाद की महिमा' का खण्डन किया है।

3. विधि-अंक से तात्पर्य है

(a) न्यायवादी
(b) न्याय-अंक
(c) 'विधाता' लिखा होना
(d) भाग्य का लिखा हुआ

व्याख्या (d) विधि-अंक से तात्पर्य 'भाग्य में जो लिखा हुआ' से है।

4. कवि के अनुसार, यदि भाग्य ही सब कुछ होता तो क्या होता?

(a) रतन स्वयं प्रकाश युक्त हो उठते
(b) रतन मिल जाते
(c) पैरों के नीचे वसुधा होती
(d) धरती स्वयं ही रतनरूपी सम्पत्ति उगल देती

व्याख्या (d) कवि के अनुसार, यदि भाग्य ही सब कुछ होता, तो धरती स्वयं ही रत्नरूपी सम्पत्ति उगल देती अर्थात् कुछ पाने के लिए कुछ करने की आवश्यकता ही नहीं पड़ती।

5. तुकबन्दी के कारण कौन-सा शब्द बदले हुए रूप में प्रयुक्त हुआ है?

(a) उगल
(b) रतन
(c) प्रबल
(d) स्वयं

व्याख्या (b) तुकबन्दी के कारण 'रतन' शब्द बदले हुए रूप में प्रयुक्त हुआ है। शुद्ध शब्द रत्न है।

6. इनमें से कौन-सा 'वसुधा' का समानार्थी है?

(a) जलधि
(b) वसुन्धरा
(c) महीप
(d) वारिधि

व्याख्या (b) 'वसुधा' का समानार्थी शब्द 'वसुन्धरा' है, जबकि जलधि एवं वारिधि दोनों समुद्र के पर्यायवाची शब्द हैं और महीप राजा का पर्यायवाची शब्द है।

पद्यांश 14

दम्भ का जहाँ-जहाँ पड़ाव था,
सत्य से जहाँ-जहाँ दुराव था,
वह चला कि अग्नि-बाण मारता,
पाप की अहा-अहा उजाड़ता,
वज्र बन गिरा गिरे विचार पर !

(CTET 2013, VI-VIII)

1. 'गिरे विचार' से तात्पर्य है

(a) सभी प्रकार के विचार
(b) मिथ्या विचार
(c) सत्य और हित से परे विचार
(d) उलझे विचार

व्याख्या (c) दी गई कविता में 'गिरे विचार' से तात्पर्य 'सत्य और हित से परे विचार' से है अर्थात् कवि दम्भ (अहंकार) से युक्त विचार, जहाँ सत्य भी विद्यमान नहीं है। उस विचार की चर्चा करता है।

2. नौजवान शहीद ने 'अग्नि-बाण' इसलिए चलाए, क्योंकि वह

(a) अपना साम्राज्य स्थापित करना चाहता था
(b) सुराज स्थापित करना चाहता था
(c) व्रज गिराना चाहता था
(d) अपनी शक्ति की गरिमा बनाए रखना चाहता था

व्याख्या (b) पद्यांश के अनुसार, नौजवान शहीद 'अग्नि-बाण' चलाकर सुराज स्थापित करना चाहता है, क्योंकि वह अहंकार को समाप्त कर सत्य की स्थापना तथा पाप को अपने वज्र से उखाड़ कर सुराज स्थापित करना चाहता है।

3. 'दुराव' शब्द से तात्पर्य है

(a) दुर्गम स्थल (b) आवरण
(c) काठिन्य (d) बैर

व्याख्या (d) 'दुराव' शब्द से तात्पर्य 'बैर या दुश्मनी' से है, क्योंकि कवि ने 'दुराव' शब्द का प्रयोग सत्य के लिए किया है। कवि बताता है कि सत्य की रक्षा के लिए सैनिक किस तरह लोगों से दुश्मनी करता है।

4. 'जहाँ-जहाँ' शब्द है

(a) एकार्थी शब्द-युग्म (b) पुनरुक्त शब्द-युग्म
(c) विपरीतार्थक शब्द-युग्म (d) भिन्नार्थी शब्द-युग्म

व्याख्या (b) दी गई पंक्ति में 'जहाँ-जहाँ' शब्द 'पुनरुक्त शब्द-युग्म' का उदाहरण है।
एकार्थी शब्द-युग्म जिन शब्दों के अर्थ में समानता हो, उन्हें एकार्थी शब्द-युग्म कहते हैं।
विपरीतार्थी शब्द या विलोम शब्द ऐसे शब्द, जो अपने सामने वाले शब्द के सर्वथा विपरीत अर्थ प्रकट करते हैं, विलोम या विपरीतार्थक शब्द कहलाते हैं।

5. 'पाप' का विलोम शब्द है

(a) प्रायश्चित (b) अपाप
(c) पुण्य (d) निरपराध

व्याख्या (c) 'पाप' का विलोम शब्द 'पुण्य' होता है। प्रस्तुत कविता में नौजवान शहीद ने अपनी सत्यरूपी शक्ति से पापियों को मारकर अहंकार एवं असत्य को नष्ट किया है।

6. नौजवान शहीद ने किसे नष्ट किया?

(a) अहंकार को (b) असत्य को
(c) अहंकार और सत्य को (d) अहंकार और असत्य को

व्याख्या (d) नौजवान शहीद ने 'अहंकार और असत्य' को नष्ट किया है।

पद्यांश 15

सुनता हूँ मैंने भी देखा,
काले बादल में रहती चाँदी की रेखा।
काले बादल जाति-द्वेष के,
काले बादल विश्व-क्लेश के,
काले बादल उठते पथ पर
नव-स्वतन्त्रता के प्रवेश के
सुनता आया हूँ, है देखा
काले बादल में हँसती चाँदी की रेखा ! *(CTET 2012, I-V)*

(चाँदी की रेखा, सुमित्रानन्दन पंत)

1. 'काले बादल में रहती चाँदी की रेखा' पंक्ति का भाव है

(a) विपत्तियों के बीच आशा की किरण दिखाई देती है
(b) बादलों के टकराने से बिजली चमकती है
(c) अँधेरे के बाद प्रकाश आता है
(d) काले बादलों में चाँदी की रेखा रहती है

व्याख्या (c) 'काले बादल में रहती चाँदी की रेखा' पंक्ति का भाव है, 'अँधेरे के बाद प्रकाश का आगमन' होता है। अँधेरा और उजाला ये दो घटक हैं, जिनका प्रकृति के अनुसार क्रमिक आगमन होता रहता है। यह सुख-दु:ख, लाभ-हानि, रात-दिन और जीवन-मरण के ही रूप होते हैं।

2. 'काले बादल' प्रतीक हैं .... के

(a) जातिगत वैमनस्य
(b) मानसून द्वारा आने वाली खुशहाली
(c) तूफान
(d) गर्मी से मुक्ति

व्याख्या (a) प्रस्तुत पंक्ति में 'काले बादल', 'जातिगत वैमनस्य' के प्रतीक के रूप में दर्शाए गए हैं न कि मानसून, तूफान एवं गर्मी के सन्दर्भ में।

3. 'काले बादल में रहती चाँदी की रेखा' में कौन-सा अलंकार है?

(a) रूपक (b) उत्प्रेक्षा
(c) श्लेष (d) उपमा

व्याख्या (c) 'काले बादल में रहती चाँदी की रेखा' में 'श्लेष' अलंकार है। यहाँ पर श्लेष का अर्थ है—'चिपका हुआ।' इस अलंकार में प्रयुक्त शब्द विशेष में कई अर्थ चिपके रहते हैं। दूसरे शब्दों में, जहाँ एक शब्द के प्रकरण में अपेक्षित अनेक अर्थ निकलते हों, वहाँ श्लेष अलंकार होता है।

4. निम्न में से 'बादल' का पर्यायवाची शब्द नहीं है

(a) जलद (b) घन
(c) पयोधर (d) जलज

व्याख्या (d) प्रश्न में दिए गए शब्द जलद, घन और पयोधर बादल के पर्यायवाची शब्द हैं, जबकि 'जलज' बादल का पर्यायवाची नहीं है। 'जलज' के पर्यायवाची हैं—कमल, पंकज, राजीव, सरोज, मयंक आदि।

5. 'स्वतन्त्रता' का विलोम शब्द है

(a) गुलाम (b) परतन्त्रता
(c) पराधीनता (d) परतन्त्र

व्याख्या (b) 'स्वतन्त्रता' का विलोम शब्द 'परतन्त्रता' होता है।

6. कवि क्या सुनने और देखने की बात कहता है?

(a) बिजली को
(b) आशा की किरण को
(c) निराशा को
(d) बादलों को

व्याख्या (b) प्रस्तुत कविता में कवि 'आशा की किरण देखने एवं सुनने की बात करता है', क्योंकि आशा पर ही सम्पूर्ण सृष्टि आश्रित है अर्थात् आशा ही जीवन है।

पद्यांश 16

हरा-भरा हो जीवन अपना स्वस्थ रहे संसार
नदियाँ, पर्वत, हवा, पेड़ से आती है बहार।
बचपन, कोमल तन-मन लेकर,
आए अनुपम जीवन लेकर,
जग से तुम और तुमसे है ये प्यारा संसार,
हरा-भरा हो जीवन अपना स्वस्थ रहे संसार,
वृंद-लताएँ, पौधे, डाली
चारों ओर भरे हरियाली
मन में जगे उमंग यही है सृष्टि का उपहार,
हरा-भरा हो जीवन अपना स्वस्थ रहे संसार,
मुश्किल से मिलता है जीवन,
हम सब इसे बनाएँ चंदन
पर्यावरण सुरक्षित न हो तो है सब बेकार
हरा-भरा हो जीवन अपना स्वस्थ रहे संसार *(CTET 2012, I-V)*

1. 'हरा-भरा जीवन' का अर्थ है

(a) पेड़-पौधों से घिरा जीवन
(b) हरे रंगों से भरा जीवन
(c) हरियाली-युक्त जीवन
(d) खुशियों से परिपूर्ण जीवन

व्याख्या (d) 'हरा-भरा जीवन' से अर्थ 'खुशियों से परिपूर्ण जीवन से है' अर्थात् ऐसा जीवन जहाँ दुःख परिलक्षित न होता हो और चारों ओर खुशियाँ ही व्याप्त हों।

2. कौन-सी चीज़ें बहार लेकर ओती हैं?

(a) नदियों की आवाज (b) पहाड़ों की चोटियाँ
(c) समस्त प्राकृतिक उपादान (d) पेड़ों की हवा

व्याख्या (c) जीवन में 'समस्त प्राकृतिक उपादान' अर्थात् प्रकृति प्रदत्त वे सभी चीजें; जैसे—नदियाँ, पठार, पर्वत, पेड़, झरने और खुशबू बिखेरती हवा बहार लेकर आती है।

3. कवि ने 'सृष्टि का उपहार' किसे कहा है?

(a) वृंद-लताएँ
(b) हरा-भरा
(c) प्राकृतिक सुन्दरता और उससे उत्पन्न होने वाली खुशी
(d) पौधे व डालियाँ

व्याख्या (c) 'प्राकृतिक सुन्दरता एवं उससे उत्पन्न होने वाली खुशी' को कवि के द्वारा 'सृष्टि का उपहार' कहा है।

4. कवि यह सन्देश देना चाहता है कि

(a) जीवन में सब बेकार है
(b) पर्यावरण संरक्षण से ही जीवन सम्भव है
(c) प्रकृति में पेड़-पौधे, नदियाँ, पर्वत शामिल हैं
(d) चन्दन के पेड़ लगाने चाहिए

व्याख्या (b) प्रस्तुत कविता के माध्यम से कवि यह स्पष्ट करना चाहता है कि मनुष्य का जीवन पर्यावरण संरक्षण में ही सम्भव है। स्वच्छ पर्यावरण ही मानव जीवन को स्वस्थ रख सकता है अर्थात् स्वस्थ वातावरण के बीच ही स्वस्थ मानव जीवन सम्भव है।

5. 'जग से तुम और तुमसे है प्यारा संसार' पंक्ति के माध्यम से कवि कहना चाहता है कि

(a) व्यक्ति और संसार इन दोनों का अस्तित्व एक-दूसरे पर निर्भर करता है
(b) संसार चलाने के लिए व्यक्तियों की आवश्यकता होती है
(c) व्यक्ति का अस्तित्व संसार से स्वतन्त्र है
(d) संसार का अस्तित्व व्यक्तियों से स्वतन्त्र है

व्याख्या (a) 'जग से तुम और तुमसे है प्यारा संसार' इस पंक्ति के माध्यम से कवि बताना चाहता है कि 'व्यक्ति और संसार इन दोनों का अस्तित्व एक-दूसरे पर निर्भर करता है' अर्थात् दोनों एक-दूसरे के पूरक हैं।

6. 'अनुपम' से अभिप्राय है

(a) सुखद
(b) आनन्दमय
(c) मनोहारी
(d) जिसकी उपमा न दी जा सके

व्याख्या (d) 'अनुपम' से आशय है, 'जिसकी उपमा न दी जा सके' अर्थात् जो अति सुन्दर हो।

पद्यांश 17

नदी के उस पार जाने को
मेरा बहुत मन करता है माँ,
वहाँ कतार में
बँधी है नावें बाँस की खूँटियों से।
उसी रास्ते दूर-दूर जाते हैं
हल जोतने किसान
कन्धों पर हल रखें,
रँभाते हुए गाय-बैल
तैरकर जाते हैं उस पार
घास चरने
शाम को जब वे
लौटते हैं घर
ऊँची-ऊँची घास में छिपकर
हुक्के-हो करते हैं सियार।
माँ तू बुरा न माने तो
बड़ा होकर मैं नाव खेने वाला
एक नाविक बनूँगा। *(CTET 2012, VI-VIII)*

1. इस कविता में कौन किसे सम्बोधित कर रहा है?

(a) लेखक नाविक की माँ को
(b) कोई किसी को नहीं
(c) लेखक अपनी माँ को
(d) लेखक के रूप में एक बच्चा माँ को

व्याख्या (d) कविता में 'लेखक के रूप में एक बच्चा अपनी माँ को' सम्बोधित कर रहा है और वह बता रहा है कि माँ मैं बड़ा होकर नाव चलाना चाहता हूँ, जिससे मैं नदी के उस पार का आनन्द ले सकूँ, लेकिन उसे पता है कि माँ उसे नाव चलाने वाला कभी नहीं बनने देगी।

2. लेखक नाविक क्यों बनाना चाहता है?

(a) वह नदी की यात्रा का मजा लेना चाहता है
(b) वह नाव चलाने सम्बन्धी अपने शौक को पूरा करना चाहता है
(c) वह नदी पार के सौन्दर्य का आनन्द उठाना चाहता है
(d) वह हल चलाना चाहता है

व्याख्या (c) कविता में लेखक 'नाविक बनकर नदी के उस पार के सौन्दर्य का आनन्द उठाना चाहता है', इसलिए वह अपनी माँ से नदी के उस पार के सौन्दर्य का वर्णन करता है तथा कहता है कि माँ यदि तुम बुरा न मानो तो मैं बड़ा होकर नाव खेने (चलाने) वाला एक नाविक बनूँगा।

3. नावों को बाँसों की खूँटियों से क्यों बाँधा गया होगा?

(a) कहीं लहरें नाव को बहाकर न ले जाएँ
(b) बाँसों की खूँटियाँ पानी में तैरती रहती हैं
(c) ताकि कोई दूसरा व्यक्ति नाव न ले जाए
(d) नाविक ऐसा ही करते हैं

व्याख्या (a) नदी में उठने वाली ऊँची-ऊँची लहरों के कारण ही नावों को बाँसों की खूँटियों से बाँधा गया था, ताकि लहरें नावों को बहाकर कहीं दूर न ले जा सकें।

4. 'माँ तू बुरा न माने तो' पंक्ति किस ओर संकेत नहीं करती?

(a) लेखक माँ की इच्छा के अनुसार कार्य करना चाहता है
(b) माँ को बुरा लग गया है
(c) लेखक माँ के संवेगों का ध्यान रखता है
(d) लेखक जानता है कि माँ उसे नाविक नहीं बनने देगी

व्याख्या (b) 'माँ तू बुरा न माने तो' पंक्ति 'माँ को बुरा लग गया है' की ओर संकेत नहीं करती, क्योंकि इस पंक्ति से यह संकेत हो रहा है कि कवि माँ की इच्छानुसार कार्य करना चाहता है। उसे माँ के संवेगों (भावों) का भी ध्यान है तथा वह यह भी जानता है कि माँ उसे नाविक नहीं बनने देगी।

5. कविता में पुनरुक्त शब्द-युग्म आए हैं

(a) दूर-दूर, ऊँची-ऊँची
(b) गाय-बैल
(c) दूर-दूर
(d) ऊँची-ऊँची

व्याख्या (a) 'दूर-दूर', 'ऊँची-ऊँची' शब्द कविता में प्रयुक्त पुनरुक्त शब्द हैं। शब्दों के ऐसे रूपों से भाषा में सौन्दर्य आ जाता है।

6. 'तैरकर जाते हैं उस पार' प्रस्तुत पंक्ति में 'तैरकर' शब्द को पहले रखा गया है, क्योंकि

(a) कवि तैरने पर बल देना चाहता है
(b) कवि तुक मिला रहा है
(c) यह क्रिया शब्द है
(d) कविता में क्रिया शब्द पहले आते हैं

व्याख्या (b) 'तैरकर जाते हैं उस पार' पंक्ति में कवि ने तैरकर शब्द को पहले रखा है, क्योंकि कविता में कवि तुकबन्दी कर रहा है, जो 'पार', 'सियार' शब्द से इंगित हो रहा है।

पद्यांश 18

मेघ आए, बड़े बन-ठन के सँवर के
आगे-आगे नाचती गाती बयार चली
दरवाजे-खिड़कियाँ खुलने लगीं गली-गली
पाहुन ज्यों आए हो गाँव में शहर के
मेघ आए बड़े बन-ठन के सँवर के
पेड़ झुक-झाँकने लगे गरदन उचकाए
आँधी चली, धूल भागी घाघरा उठाए,
बाँकी चितवन उठा नदी ठिठकी घूँघट सरके।
मेघ आए बड़े बन-ठन के सँवर के।
बूढ़े पीपल ने आगे बढ़कर जुहार की
बरस बाद सुधि लीन्ही
बोली अकुलाई लता ओट हो किवार की
हरसाया ताल लाया पानी परात भर के
मेघ आए बड़े बन-ठन के सँवर के
क्षितिज-अटारी गहराई दामिनी दमकी,
क्षमा करो गाँठ खुल गई अब भरम की
बाँध टूटा झर-झर मिलन के अश्रु ढरके,
मेघ आए बड़े बन-ठन के सँवर के।

(CTET 2012, I-V)

1. 'मेघ आए बड़े बन-ठन के सँवर के' पंक्ति का भाव किससे है?

(a) बादलों ने सूरज को ढक लिया है
(b) बादलों ने बिजली श्रृंगार किया है
(c) बादल सज-धज कर आए हैं
(d) भूरे-काले बादल आकाश में घिर आए हैं

व्याख्या (c) 'मेघ आए बड़े बन-ठन के सँवर के' पंक्ति का भाव है कि 'बादल सज-धज कर आ गए हैं' अर्थात् अब बारिश शुरू होने वाली है, क्योंकि कवि कह रहा है कि बादल अपने सभी साजों-सामान अर्थात् पानी और वायु को लेकर आकाश में आ गए हैं। बादलों का बन-ठनकर कहना उनका सजने-सँवरने से है और उनका सजना सँवरना पानी तथा वायु को साथ लेकर आने से है।

2. मेघों के आने से लगता है

(a) बादल आसमान में छा गए हैं
(b) मानों कहीं उत्सव मनाया जा रहा है
(c) मानों गाँव में शहर से मेहमान आए हों
(d) उपरोक्त में से कोई नहीं

व्याख्या (c) मेघों के आने से हवाएँ चलने लगी हैं, जिसके कारण दरवाजे और खिड़कियाँ अपने आप खुलने लगी हैं और तब ऐसा प्रतीत होता है कि जैसे 'गाँव में शहर से मेहमान आ गए हों।'

3. 'बरस बाद सुधि लीन्ही', इस पंक्ति का भाव किसमें है?

(a) बादल एक बरस के बाद आए हैं
(b) बादलों ने याद किया है
(c) बादल बन-सँवर के आए हैं
(d) बादल मेहमान बनकर आए हैं

व्याख्या (a) 'बरस बाद सुधि लीन्ही' का भाव है कि बादल पूरे एक बरस बाद आए हैं, क्योंकि उपर्युक्त पंक्तियों में कवि बता रहा है कि वर्षा की ऋतु एक वर्ष बाद आई है और बादल भी पुन: एक वर्ष बाद आए हैं और उनके आने से लोग इतने उत्साहित हैं कि जिन्हें देखकर लोग मेहमान की भाँति उनका स्वागत कर रहे हैं।

4. पूरी कविता में कौन-सा अलंकार है?

(a) श्लेष (b) रूपक
(c) मानवीकरण (d) उत्प्रेक्षा

व्याख्या (c) प्रस्तुत कविता में 'मानवीकरण' अलंकार का प्रयोग किया गया है, क्योंकि जहाँ प्राकृतिक अवयवों की क्रियाओं को मनुष्य के व्यवहार अर्थात् उसकी क्रियाओं के रूप में प्रकट किया जाता है, वहाँ मानवीकरण अलंकार प्रयुक्त होता है।

5. बूढ़े पीपल ने किस प्रकार के मेघों का स्वागत किया?

(a) झुककर प्रणाम करके (b) प्रसन्न होकर
(c) गले लगाकर (d) उलाहना देकर

व्याख्या (a) बूढ़े पीपल ने आगे बढ़कर अर्थात् झुककर बादलों का स्वागत किया। 'जुहार' शब्द का अर्थ होता है झुककर स्वागत करना। यह एक देशज शब्द है।

6. 'पाहुन' शब्द का क्या अर्थ है?

(a) आना (b) पालना
(c) मेहमान (d) पैर

व्याख्या (c) 'पाहुन' शब्द का अर्थ 'मेहमान' होता है। पाहुन एक देशज शब्द है।

पद्यांश 19

अब न गहरी नींद में तुम सो सकोगे,
गीत गाकर मैं जगाने आ रहा हूँ।
अतल अस्ताचल तुम्हें जाने न दूँगा,
अरुण उदयाचल सजाने आ रहा हूँ।
कल्पना में आज तक उड़ते रहे तुम,
साधना से सिहरकर मुड़ते रहे तुम।
अब तुम्हें आकाश में उड़ने न दूँगा,
आज धरती पर बसाने आ रहा हूँ। *(CTET 2011, I-V)*

सोहनलाल द्विवेदी

1. गहरी नींद में सोने का अर्थ है

(a) मृत्यु को प्राप्त होना
(b) परिश्रमी होना
(c) बेखबर होना
(d) चिन्तायुक्त होना

व्याख्या (c) दी गई पंक्ति में गहरी नींद में सोने का अर्थ 'बेखबर होने' से अर्थात् किसी भी बात की जानकारी न होने से है।

2. कवि लोगों को कहाँ नहीं जाने देगा?

(a) पाताल में
(b) अतल गहराई में
(c) जहाँ सूर्य अस्त होता है
(d) पतन की राह पर

व्याख्या (d) कवि का उद्देश्य यहाँ व्यक्ति को पतन की राह पर चलने से रोकना है। अत: प्रस्तुत कविता के माध्यम से यहाँ कवि व्यक्तियों को पतनोन्मुख न होने की सलाह दे रहा है।

3. कवि किस तरह के व्यक्तियों को सम्बोधित कर रहा है?

(a) जो अत्यधिक प्रेरित हैं
(b) जो बहुत परिश्रमी हैं
(c) जो जीवन की कठोर वास्तविकताओं से बेखबर हैं
(d) जो आकाश की ऊँचाइयों को छूना चाहते हैं

व्याख्या (c) प्रस्तुत कविता में कवि ऐसे व्यक्तियों को सम्बोधित कर रहा है, जो 'जीवन की विषम परिस्थितियों से अनभिज्ञ अर्थात् बेखबर रहते हैं।'

4. कवि लोगों को क्यों जगाना चाहता है?

(a) ताकि लोग गीत सुन सकें
(b) ताकि मनुष्यों में गतिशीलता आ सके और वे प्रगति के पथ पर आगे बढ़ सकें
(c) सुबह हो गई है
(d) यह कवि का दायित्व है

व्याख्या (b) प्रस्तुत कविता के माध्यम से कवि लोगों में जागरूकता उत्पन्न करना चाहता है, 'ताकि मनुष्यों में गतिशीलता आ सके और वे निरन्तर प्रगति के पथ पर अग्रसर हों।'

5. 'अतल अस्ताचल तुम्हें जाने न दूँगा' पंक्ति में कौन-सा अलंकार है?

(a) श्लेष (b) उपमा (c) रूपक (d) अनुप्रास

व्याख्या (d) एक या अनेक वर्णों की पास-पास तथा क्रमानुसार आवृत्ति को 'अनुप्रास अलंकार' कहते हैं। 'अतल अस्ताचल तुम्हें जाने न दूँगा।' में 'अ' वर्ण की आवृत्ति हो रही है। अत: इस पंक्ति में अनुप्रास अलंकार का प्रयोग हुआ है।

6. कविता का उपयुक्त शीर्षक हो सकता है

(a) हर्ष (b) कोलाहल (c) आकाश (d) जागृति

व्याख्या (d) दी गई कविता का अवलोकन करने के बाद ज्ञात होता है कि इसका उपयुक्त शीर्षक 'जागृति' हो सकता है।

पद्यांश 20

जग-जीवन में जो चिर महान्,
सौन्दर्य पूर्ण और सत्यप्राण,
मैं उसका प्रेमी बनूँ नाथ !
जिससे मानव-हित हो समान!
मिले जावे जिसमें अखिल व्यक्ति!
जिससे जीवन में मिले, शक्ति
छूटे भय-संशय, अन्ध-भक्ति,
मैं वह प्रकाश बन सकूँ नाथ ! *(CTET 2011, VI-VIII)*

सुमित्रानन्दन पन्त

1. कवि ने 'चिर महान्' किसे कहा है?

(a) ईश्वर को (b) जो सत्य और सौन्दर्य से सम्पूर्ण हो
(c) शक्ति को (d) मानव को

व्याख्या (d) दी गई पंक्ति में कवि ने मानव (मनुष्य) को 'चिर महान्' बताकर अपनी कविता में उसका बड़े ही मार्मिक रूप से वर्णन किया है।

2. कवि कैसा प्रकाश बनना चाहता है?
(a) जिससे अन्धकार दूर हो जाए
(b) जो जीने की शक्ति देता है
(c) जिसमें मनुष्य सभी भेदभाव भुलाकर एक हो जाते हैं
(d) जिससे सब तरफ उजाला हो जाए

व्याख्या (c) कवि ऐसा प्रकाश बनना चाहता है, 'जिसमें सभी मनुष्य आपसी मतभेद भुलाकर फिर से एक हो जाते हैं।' कवि ईश्वर से कामना करता है कि सभी को वह शक्ति और प्रकाश प्राप्त हो, जिससे जीवन के सभी भय, संशय और अन्धकार दूर हो सकें।

3. कवि ने 'अखिल व्यक्ति' का प्रयोग क्यों किया है?
(a) कवि अमीर लोगों की बात करना चाहता है
(b) कवि भारत के व्यक्तियों की ओर संकेत करना चाहता है
(c) कवि सांसारिक बात करना चाहता है
(d) कवि सम्पूर्ण विश्व के व्यक्तियों की बात करना चाहता है

व्याख्या (d) प्रस्तुत कविता में कवि ने 'अखिल व्यक्ति' का प्रयोग कर सम्पूर्ण विश्व के व्यक्तियों के बारे में उल्लेख किया है, क्योंकि कवि बताना चाहता है कि जिसमें सम्पूर्ण भलाई विद्यमान हो, ऐसी शक्ति ईश्वर से मुझे प्राप्त हो।

4. कविता के किस अंश में तर्कहीन आस्था का उल्लेख हुआ है?
(a) मिल, जावे जिसमें अखिल व्यक्ति !
(b) मैं वह प्रकाश बन सकूँ, नाथ !
(c) जिससे मानव-हित हो समान !
(d) छूटे भय-संशय, अन्ध-भक्ति,

व्याख्या (d) 'छूटे भय-संशय, अन्ध-भक्ति' पंक्ति में तर्कहीनता का उल्लेख हुआ है, क्योंकि कवि बताना चाहता है कि हमें ऐसा मनुष्य बनना चाहिए, जिसमें डर और भय न हो और जिससे हमारे जीवन में विद्यमान अन्धकार तथा संशय दूर हो जाए।

5. कवि ने कविता की पंक्तियों के अन्त में विस्मयादिबोधक चिह्न का प्रयोग क्यों किया है?
(a) कवि अपनी इच्छा प्रकट कर रहा है
(b) इससे कविता का सौन्दर्य बढ़ता है
(c) पूर्ण विराम की लीक से हटने के लिए
(d) कविता को तुकान्त बनाने के लिए

व्याख्या (a) कवि अपनी इच्छा प्रकट करने के लिए कविता की पंक्तियों के अन्त में विस्मयादिबोधक चिन्ह (!) का प्रयोग करता है। विस्मयादिबोधक चिह्न का प्रयोग इच्छासूचक वाक्यों में किया जाता है।

6. कविता का मूलभाव क्या है?
(a) अमर दान की प्राप्ति
(b) विश्व-परिवार की भावना
(c) सत्य की प्राप्ति
(d) मानव कल्याण

व्याख्या (d) प्रस्तुत कविता का मूलभाव 'मानव कल्याण' से प्रेरित है, क्योंकि पन्त जी ने मनुष्य के कल्याण, उसको भय मुक्त तथा अन्ध-भक्ति से बचने की कल्पना अपनी कविता में की है।

पद्यांश 21

प्रभुहि चितइ पुनि चितव महि,
राजत लोचन लोल।
खेलत मनसिज मीन जुग,
जनु विधु मण्डल डोल।। ***(UTET 2017, I-V)***

1. 'लोचन लोल' का तात्पर्य है
(a) लाल नेत्र (b) बन्द नेत्र (c) चंचल नेत्र (d) गोल नेत्र

व्याख्या (c) प्रस्तुत पंक्ति में 'लोचन लोल' से तात्पर्य 'चंचल नेत्र' से है। यहाँ कवि ने सीता जी के नेत्रों को चंचल बताया है।

2. प्रस्तुत पंक्तियों में नेत्रों के सौन्दर्य वर्णन में किस अलंकार का प्रयोग किया गया है?
(a) रूपक (b) उपमा (c) अनुप्रास (d) उत्प्रेक्षा

व्याख्या (d) प्रस्तुत पंक्तियों में नेत्रों के सौन्दर्य वर्णन में उत्प्रेक्षा अलंकार का प्रयोग किया गया है। यहाँ सीता जी के चंचल नेत्रों (उपमेय) में चन्द्रमण्डल रूपी डोल में कामदेव की दो मछलियों (उपमान) की संभावना की गई है। यहाँ वाचक शब्द 'जनु' का भी प्रयोग किया गया है।

3. दी गई पंक्तियों में कौन-सा छन्द प्रयुक्त है?
(a) दोहा (b) चौपाई (c) सोरठा (d) सवैया

व्याख्या (a) दी गई पंक्तियों में दोहा छन्द प्रयुक्त हुआ है। दोहा के प्रथम तथा तृतीय चरण में 13-13 मात्राएँ होती हैं तथा दूसरे एवं चौथे चरण में 11-11 मात्राएँ होती हैं। दोहा अर्द्धसम मात्रिक छन्द होता है।

4. दी गई पंक्तियाँ किस भाषा में लिखी गई हैं?
(a) खड़ी बोली (b) ब्रज भाषा (c) अवधी (d) मगधी

व्याख्या (c) दी गई काव्य पंक्तियाँ अवधी में लिखी गई हैं। ये पंक्तियाँ तुलसीदास जी द्वारा रचित 'श्रीरामचरितमानस' के बालकाण्ड से ली गई हैं। 'श्रीरामचरितमानस' अवधी भाषा का महान्ग्रन्थ है।

5. दी गई पंक्तियों में प्रयुक्त 'मनसिज' शब्द का पर्याय निम्न विकल्पों में से नहीं है
(a) मनोज (b) मदन (c) कन्दर्प (d) कृष्ण

व्याख्या (d) कृष्ण 'मनसिज' शब्द का पर्यायवाची नहीं है। मनसिज अर्थात् कामदेव के पर्यायवाची मनोज, मदन, कदर्प आदि हैं।

पद्यांश 22

आज क्यों तेरी वीणा मौन?
शिथिल-शिथिल तन थकित हुए कर,
स्पन्दन भी भुला जाता डर
मधुर कसक-सा आज हृदय में
आन समाया कौन?
झुकती आती पलकें निश्चल,
चित्रित निद्रित से तारक चल।
सोता पारावार दृगों में
भर-भर लाया कौन?
आज क्यों तेरी वीणा मौन? ***(UTET 2017, VI-VIII)***

1. इस कविता के रचयिता हैं

(a) मन्नू भण्डारी (b) सुभद्राकुमारी चौहान
(c) महादेवी वर्मा (d) निर्मला गर्ग

व्याख्या (c) दिए गए पद्यांश की रचयिता महादेवी वर्मा हैं।

2. अपठित पद्यांश में किस रस की अभिव्यक्ति है?

(a) करुण (b) शान्त
(c) शृंगार (d) अद्‌भुत

व्याख्या (a) प्रस्तुत पद्यांश में 'करुण रस' की अभिव्यक्ति हुई है। जहाँ दु:ख या शोक की संवेदना गहरी और तीव्र होती है, वहाँ करुण रस होता है। करुणा से आत्मीयता और प्रेम का जन्म होता है। करुण रस का स्थायीभाव 'शोक' होता है।

3. भाव व्यंजना की दृष्टि से यह कविता

(a) दुर्बोध रचना है
(b) श्रेष्ठ रचनाओं में से एक है
(c) आरम्भिक रचना है
(d) प्रकृति चित्रण की दृष्टि से बेजोड़ है

व्याख्या (b) महादेवी वर्मा, जिन्हें आधुनिक मीरा के नाम से भी जाना जाता है, द्वारा रचित यह कविता भाव व्यंजना की दृष्टि से उनकी 'श्रेष्ठ रचनाओं में से एक है।' अन्य विकल्प असंगत हैं।

4. रचयिता के विषय में यह निर्विवाद सत्य है कि वह

(a) सर्वोत्कृष्ट कवयित्री थी
(b) साधना में दूसरी मीरा थी
(c) छायावादी कवयित्री न होकर अपनी विशिष्ट पहचान रखती थी
(d) सुप्रसिद्ध छायावादी कवयित्री थी

व्याख्या (d) रचयिता के विषय में यह निर्विवाद सत्य है कि महादेवी वर्मा एक सुप्रसिद्ध छायावादी कवयित्री थी।

पद्यांश 23

मैं नहीं चाहता चिर सुख
चाहता नहीं अविरल दु:ख,
सुख-दु:ख की आँख-मिचौनी
खेले जीवन अपना मुख।
सुख-दुख के मधुर मिलन से
यह जीवन हो परिपूरन,
फिर धन से ओझल हो शशि,
फिर शशि से ओझल हो घन।
जग पीड़ित है अति दु:ख से
जग पीड़ित है अति सुख से,
मानव जग में बँट जावें
दु:ख-सुख में औ' सुख-दु:ख से।
अविरत दु:ख है उत्पीड़न
अविरत सुख भी उत्पीड़न
सुख-दु:ख की निशा-दिवा में
सोता जागता जग-जीवन में।

(REET 2012, I-V)

1. कवि चिर सुख या चिर दु:ख क्यों नहीं चाहता है?

(a) चिर सुख या चिर दु:ख सम्भव नहीं हैं
(b) चिर दु:ख असहनीय होगा
(c) सुख ही अतिघातक होगा
(d) दोनों मिलकर ही जीवन को पूर्ण बनाते हैं

व्याख्या (d) कविता के सार के अनुसार जीवन दु:ख और सुख दोनों के मिलने से ही पूर्ण बनता है। कवि कभी भी चिर सुख तथा चिर दु:ख की कामना नहीं करना चाहता है।

2. कवि मानव के लिए किस स्थिति की कामना करता है?

(a) दु:ख और सुख परस्पर बँट जाएँ
(b) वह बहुत सुखी हो
(c) वह दु:खी नहीं हो
(d) वह समृद्ध हो

व्याख्या (a) कवि संसार में उस स्थिति की कामना करता है, जिसमें मनुष्य परस्पर सुख व दु:ख को आपस में बाँट लेते हैं। यह इस पंक्ति से स्पष्ट होता है
"मानव जग में बँट जावें, दु:ख-सुख में औ' सुख-दु:ख से"

3. इस काव्यांश में नाद सौन्दर्य की दृष्टि से कौन-सा विकल्प उपयुक्त है?

(a) रूपक (b) उत्प्रेक्षा (c) अन्त्यानुप्रास (d) उपमा

व्याख्या (c) इस काव्यांश में नाद सौन्दर्य की दृष्टि से 'अन्त्यानुप्रास' अलंकार है। जब पंक्ति के अन्त में आने वाले शब्दों का अन्तिम वर्ण (या मात्र) समान हो तथा वह बार-बार आए तो वहाँ अन्त्यानुप्रास अलंकार होता है। यहाँ 'ख' वर्ण, 'न' वर्ण एवं 'स' वर्ण अन्त में तथा बार-बार आए हैं। अत: यहाँ पर अन्त्यानुप्रास अलंकार होगा।

4. कवि ने सुख और दु:ख का साम्य किनसे बताया है?

(a) चाँद और सूरज (b) शशि और घन
(c) दिन और रात (d) ठण्डा और गर्म

व्याख्या (c) कवि ने सुख और दु:ख का साम्य क्रमश: 'दिन और रात' से बताया है। यह भाव निम्न पंक्ति में निहित है
"सुख-दु:ख की निशा-दिवा में सोता जागता जग-जीवन में।"

5. इस काव्यांश में प्रमुख भाव है

(a) वैराग्य (b) सन्तुलन (c) शृंगार (d) वीरता

व्याख्या (b) इस काव्यांश का प्रमुख भाव 'सन्तुलन' है। प्रस्तुत काव्यांश में कवि कभी भी चिर सुख और चिर दु:ख दोनों नहीं चाहता है, अपितु वह तो दोनों के सन्तुलन की कामना करता है।

6. 'सुख' और 'दु:ख' से ध्वनि साम्य वाला शब्द है

(a) अविरत (b) उत्पीड़न (c) आँख (d) मुख

व्याख्या (d) 'सुख' और 'दु:ख' से ध्वनि साम्य (समानता) रखने वाला शब्द 'मुख' है।

अध्याय 16

अधिगम एवं अर्जन

CTET

1. भाषा अर्जित करने के सन्दर्भ में कौन-सा कथन उचित नहीं है? *(CTET 2018, I-V)*

(a) यह एक सहज प्रक्रिया है
(b) यह एक स्वाभाविक प्रक्रिया है
(c) बच्चे भाषा के नियमों को आत्मसात् करते हैं
(d) बच्चों को नियम बनाना सिखाया जाता है

व्याख्या (d) भाषा अर्जित करने के सन्दर्भ में बच्चे भाषा के नियमों को आत्मसात् करते हैं। भाषा के सम्बन्ध में 'बच्चों को नियम बनाना नहीं सिखाया जाता है।'

2. हिन्दी भाषा के सन्दर्भ में एक महत्त्वपूर्ण उद्देश्य है कि बच्चे *(CTET 2018, I-V)*

(a) अपना शब्द-भण्डार विकसित कर सकें
(b) व्याकरण के नियमों याद कर सकें
(c) कही या लिखी गई बात आलोचनात्मक दृष्टि से परख सकें
(d) कही या लिखी गई बात को शब्दश: कह और लिख सकें

व्याख्या (c) हिन्दी भाषा के सन्दर्भ में महत्त्वपूर्ण उद्देश्य यह है कि बच्चे 'कही या लिखी गई बात को आलोचनात्मक (पक्ष-विपक्ष) दृष्टि से परख सकें' और उसके निहित अर्थ को सकारात्मक रूप में ग्रहण कर सकें।

3. भाषा सीखने और भाषा अर्जित करने में अन्तर का मुख्य आधार है *(CTET 2018, I-V)*

(a) भाषा की पाठ्य पुस्तकें
(b) भाषा का लिखित आकलन
(c) भाषा का उपलब्ध परिवेश
(d) भाषा की जटिल संरचनाएँ

व्याख्या (c) 'भाषा का उपलब्ध परिवेश' भाषा सीखने और भाषा अर्जित करने का प्रमुख अन्तर होता है।
भाषा को सीखने के लिए, भाषा के नियम, व्याकरण, अभ्यास आदि की आवश्यकता पड़ती है, लेकिन भाषा-अर्जन, बिना किसी प्रयास के अपने परिवेश एवं समाजीकरण द्वारा होता रहता है।

4. भाषा अर्जन के सम्बन्ध में कौन-सा कथन सही है? *(CTET 2018, VI-VIII)*

(a) यह सहज होता है
(b) यह सरल होता है
(c) यह कठिन होता है
(d) यह सीखा जाता है

व्याख्या (a) 'भाषा अर्जन सहज होता है', भाषा अर्जन के लिए उपलब्ध साधनों एवं माध्यमों का महत्त्वपूर्ण स्थान है। सुलभ भाषा अर्जित करने के जितने सहज साधन होंगे, उतना ही भाषा अर्जन उत्तम होगा।

5. हिन्दी भाषा सीखने-सिखाने के लिए अनिवार्य है *(CTET 2018, VI-VIII)*

(a) भाषा की पाठ्य-पुस्तक की उपलब्धता
(b) समृद्ध भाषा-परिवेश की उपलब्धता
(c) हिन्दी भाषा की लिखित परीक्षा
(d) भाषा की दृश्य-श्रव्य सामग्री की उपलब्धता

व्याख्या (b) हिन्दी भाषा सीखने-सिखाने के लिए 'समृद्ध भाषा-परिवेश की उपलब्धता' एक अनिवार्य तत्त्व है। भाषा सीखने के लिए साधनों की उपलब्धता, नियमों का पालन, उच्चारण की शुद्धता, भाषा का ज्ञान आदि से सम्बन्धित परिवेश एक अनिवार्य हिस्सा है।

6. आपकी दृष्टि में अभ्यास *(CTET 2018, VI-VIII)*

(a) पाठ को समझने में मदद करते हैं
(b) बच्चों को तार्किक बनाते हैं
(c) बच्चों को भाषा के बारे में बताते हैं
(d) बच्चों को उत्तर देना सिखाते हैं

व्याख्या (a) अभ्यास किसी भी 'पाठ को समझने में मदद करते हैं।' दिए गए पाठ को दोहराना उसे समझने की दृष्टि से सुलभ बना देता है। यह उचित ही है कि ''करत-करत अभ्यास के जड़मति होत सुजान''।

7. चॉम्स्की के अनुसार *(CTET 2016, I-V)*

(a) भाषिक क्षमता जन्मजात होती है
(b) भाषिक क्षमता विद्यालय से प्राप्त होती है
(c) भाषा अनुकरण से ही सीखी जाती है
(d) भाषा सीखने में समाज का स्थान सर्वोपरि है

व्याख्या (a) चॉम्स्की ने कहा था कि ''भाषिक क्षमता जन्मजात होती है'', क्योंकि एक नवजात शिशु भी कुछ संकेतों के माध्यम से भाषा को समझना एवं उसका अर्थ ग्रहण करना शुरू कर देता है।

8. भाषा सीखने का उद्देश्य है *(CTET 2016, I-V)*
(a) प्रत्येक स्थिति में भाषा का प्रयोग कर पाना
(b) आदेश-निर्देश दे पाना और सुन पाना
(c) दूसरों की बातों को समझ पाना
(d) अपने मन की बात कह पाना

व्याख्या (a) भाषा सीखने का उद्देश्य है कि छात्र 'प्रत्येक स्थिति में भाषा का प्रयोग कर सकें।' भाषा सीखने के बाद छात्र उसे अपने व्यवहार और जीवन-कौशलों में प्रयोग कर सफल बन सकते हैं।

9. भाषा अर्जित करने की स्थिति में बच्चे *(CTET 2016 VI-VIII)*
(a) भाषिक नियमों को स्वाभाविक रूप से रटते हैं
(b) कभी कोई त्रुटि नहीं करते
(c) अधिकतर त्रुटियाँ ही करते हैं
(d) भाषिक नियमों को स्वाभाविक रूप से ग्रहण करते हैं

व्याख्या (d) भाषा अर्जित करने के समय 'बच्चे भाषिक नियमों को स्वाभाविक रूप से ग्रहण करते हैं।' बच्चे नियम कण्ठस्थ हो जाने पर वे उसका प्रयोग लेखन एवं वाचन में कर भाषा की शुद्धता या परिमार्जन को बनाए रखते हैं।

10. भाषा-अर्जन के सम्बन्ध में कौन-सा कथन उचित नहीं है? *(CTET 2015, I-V)*
(a) भाषा-अर्जन के लिए नियम सिखाए जाते हैं
(b) भाषा-अर्जन को सहज बनाने के लिए समृद्ध भाषिक परिवेश होना चाहिए
(c) बिना विद्यालय गए भाषा-अर्जन सम्भव है
(d) सभी बच्चों में भाषा-अर्जन की स्वाभाविक क्षमता होती है

व्याख्या (a) दिया गया कथन 'भाषा-अर्जन के लिए नियम सिखाए जाते हैं', उचित नहीं है, क्योंकि भाषा-अर्जन बच्चों की स्वाभाविक क्षमता होती है तथा यह भाषा-अर्जन के परिवेश में जीवन-पर्यन्त चलने वली प्रक्रिया होती है।

11. भाषा सीखने में मातृभाषा का व्याघात *(CTET 2015, I-V)*
(a) आंशिक रूप से होता है (b) पूर्ण रूप से होता है
(c) नहीं होता है (d) होता है

व्याख्या (a) भाषा सीखने में मातृभाषा का व्याघात 'आंशिक रूप से होता है।' मातृभाषा के शब्दों का प्रयोग छात्र द्वारा मानक, परिमार्जित और राष्ट्रभाषा के समय भी किया जाता है।

12. भाषा-अर्जन के सम्बन्ध में कौन-सा कथन सत्य है? *(CTET 2015, I-V)*
(a) भाषा सीखना एक उद्देश्य होता है
(b) समाज-सांस्कृतिक परिवेश के अनुसार अर्थ-ग्रहण की प्रक्रिया स्वाभाविक होती है
(c) भाषा अर्जन में बच्चे को बहुत अधिक प्रयास करना पड़ता है
(d) भाषा अर्जन में किसी अन्य भाषा का व्याघात होता है

व्याख्या (b) भाषा अर्जन के समय विद्यार्थी के 'समाज, संस्कृति, सभ्यता, परम्पराएँ, मूल्य एवं रीति-रिवाज आदि भाषा के अर्थ ग्रहण करने में सहायक होते हैं।' भाषा अर्जक (अर्जित करने वाले) का परिवेश भी इसमें सहायक है।

13. किसी रचना के बारे में स्वतन्त्र राय बनाने का आत्मविश्वास विकसित करने के लिए आवश्यक है *(CTET 2015, VI-VIII)*
(a) कवि और कविता बोध
(b) साहित्य बोध और ऐतिहासिक बोध
(c) साहित्य बोध और छन्द बोध
(d) भाषा बोध और साहित्य बोध

व्याख्या (d) किसी भी रचना के बारे में स्वतन्त्र राय बनाने का आत्मविश्वास तभी विकसित हो सकता है, जब पाठक को 'भाषा बोध और साहित्य बोध' हो। कोई भी समीक्षक/आलोचक भाषा-ज्ञान और साहित्य ज्ञान के बिना कोई राय विकसित नहीं कर सकता।

14. भाषा-अर्जन और भाषा-अधिगम में अन्तर का आधार नहीं है *(CTET 2015, VI-VIII)*
(a) सांस्कृतिकता (b) कुशलता (c) स्वाभाविकता (d) सहजता

व्याख्या (a) किसी भाषा को अर्जित और अधिगम करने के लिए पाठक अथवा अधिगमकर्ता की 'संस्कृति कता' कोई महत्त्व नहीं रखती है। यह भाषा के अर्जन और अधिगम में सहायक होती है।

15. भाषा अर्जित करने में वाइगोत्स्की ने किन पर सबसे अधिक बल दिया है? *(CTET 2014, I-V)*
(a) समाज में होने वाले भाषा-प्रयोगों पर
(b) परिवार में बोली जाने वाली भाषा पर
(c) कक्षा में बोली जाने वाली भाषा पर
(d) भाषा की पाठ्य-पुस्तक पर

व्याख्या (a) भाषा अर्जित करने में वाइगोत्स्की के सामाजिक विकास के सिद्धान्त के आधार पर 'समाज में होने वाले भाषा प्रयोगों पर' अधिक बल दिया है।

16. भाषा सीखने-सिखाने के सम्बन्ध में निम्नलिखित में से कौन-सा कथन सही है? *(CTET 2014, I-V)*
(a) बच्चे स्कूल आकर ही भाषा सीखते हैं
(b) बच्चे अपने परिवार से ही भाषा सीखते हैं
(c) बच्चे स्कूल में मानक भाषा का ही प्रयोग करते हैं
(d) बच्चे स्कूल आने से पूर्व ही भाषायी पूँजी से लैस होते हैं

व्याख्या (d) भाषा सीखने-सिखाने के सम्बन्ध में सही है कि 'बच्चे स्कूल आने से पूर्व ही भाषायी पूँजी से लैस (युक्त) होते हैं।' इसमें बच्चे परिवार, पड़ोस, मित्र-मण्डली अर्थात् समाज में जो शब्द और भाषा सीखता है, वह उसकी सामाजिक भाषा होती है। स्कूल आने से पूर्व उसके पास एक समृद्ध शब्दावली होती है।

17. भाषा अर्जित करने की प्रक्रिया में किसका महत्त्व सर्वाधिक है? *(CTET 2014, I-V)*
(a) भाषा-प्रयोगशाला का (b) पाठ्य-पुस्तक का
(c) समाज का (d) भाषा-कक्षा का

व्याख्या (c) भाषा अर्जित करने में 'समाज' का सबसे महत्त्वपूर्ण स्थान है। वह माता-पिता, भाई-बहन, मित्र एवं परिवार के बुजुर्गों आदि से जो भाषा सीखता है, वह उसके समाजीकरण में सहायक होती है।

18. कक्षा 'एक' और 'दो' के शुरुआती समय में पढ़ने का प्रारम्भ .... से हो और किसी .... के लिए हो। *(CTET 2014, I-V)*

(a) अर्थ, उद्देश्य (b) अक्षर-ज्ञान, मनोरंजन
(c) शब्द-पहचान, मूल्यांकन (d) अक्षर-ज्ञान, उद्देश्य

व्याख्या (a) कक्षा 'एक' और 'दो' में पढ़ाई की शुरुआत शब्द का अर्थ बताते हुए तथा उन्हें पठन-पाठन के उद्देश्यों से अवगत कराने के लिए होनी चाहिए।

19. कक्षा 'एक' के बच्चे .... एवं .... से प्राप्त बोलचाल की भाषा के अनुभवों को लेकर ही विद्यालय आते हैं। *(CTET 2014, I-V)*

(a) घर-परिवार, पड़ोसी (b) घर-परिवार, परिवेश
(c) घर-परिवार, दोस्तों (d) घर-परिवार, टी.वी.

व्याख्या (b) कक्षा 'एक' के बच्चे का भाषा-शब्दकोश लगभग 5000 शब्दों का होता है, जिन्हें वह स्कूल में आने से पहले अपने घर, परिवार एवं परिवेश से अनुभव द्वारा सीखता है। बच्चे का समाजीकरण अल्पायु में ही प्रारम्भ हो जाता है। यह वाइगोत्स्की के सामाजिक भाषा के विकास सिद्धान्त पर आधारित है।

20. भाषा-अर्जन में बच्चे भाषा को *(CTET 2014, I-V)*

(a) सहज और स्वाभाविक रूप से सीखते हैं
(b) अभ्यास और यान्त्रिकता से सीखते हैं
(c) स्वाभाविक और प्रयासपूर्ण तरीके से सीखते हैं
(d) सहजता और अभ्यास से सीखते हैं

व्याख्या (a) भाषा-अर्जन में बच्चे समाजीकरण द्वारा अपने परिवेश से भाषा को 'सहज और स्वाभाविक रूप से सीखते हैं।' इसका कोई विशेष उद्देश्य (प्रयोजन) नहीं होता है।

21. भाषा में सीखने और अर्जित करना में अन्तर का सर्वप्रथम कारण है *(CTET 2014, I-V)*

(a) भाषा की पाठ्य-पुस्तकें (b) भाषा में आकलन
(c) भाषायी परिवेश (d) भाषा का व्याकरण

व्याख्या (c) भाषा सीखना और अर्जित करना दोनों में पर्याप्त अन्तर है और इसका सर्वप्रमुख कारण 'भाषायी परिवेश' होता है। यदि भाषायी परिवेश सन्तुलित है, तो भाषा को सीखने में उससे काफी सहायता मिलती है।

22. भाषा सीखने का अर्थ उस भाषा की .... सीखना भी है, क्योंकि भाषा किसी भी .... का अभिन्न हिस्सा होती है। *(CTET 2014, VI-VIII)*

(a) ऐतिहासिकता, इतिहास (b) संस्कृति, संस्कृति
(c) बारीकी, व्याकरण (d) नियमबद्धता, व्याकरण

व्याख्या (b) भाषा किसी भी समाज का अभिन्न हिस्सा (अंग) होती है। प्रत्येक समाज की अपनी 'संस्कृति' होती है और 'संस्कृति' के महत्त्वपूर्ण तत्त्व साहित्य, संगीत, धर्म, विश्वास, परम्परा, रीति-रिवाज, मूल्य, सभ्यता एवं संस्कार आदि होते हैं। किसी समाज की भाषा को सीखने या अध्ययन करने के लिए उसकी संस्कृति को सीखना अनिवार्य होता है।

23. चॉम्स्की के अनुसार .... के कारण बच्चे भाषा सीखते हैं। *(CTET 2013, VI-VIII)*

(a) भाषायी समाज
(b) भाषा-अर्जन क्षमता
(c) भाषा-आकलन क्षमता
(d) व्याकरणिक नियमों की जानकारी से ही

व्याख्या (b) चॉम्स्की ने कहा था कि बच्चे भाषा इसलिए सीख पाते हैं, क्योंकि उनमें 'भाषा-अर्जन करने की क्षमता' होती है।

24. उच्च प्राथमिक स्तर पर कहानी और कविता पढ़ने के बाद यह जरूरी है कि बच्चे *(CTET 2013, VI-VIII)*

(a) प्रश्नों के लिखित उत्तर दे सकें
(b) उसे अपने शब्दों में दोहरा सकें
(c) विपरीत भाव की कहानी या कविता लिख सकें
(d) उन्हें अपने अनुभव सामाजिक परिवेश से जोड़ सकें

व्याख्या (d) उच्च प्राथमिक स्तर पर बच्चों में कल्पना एवं सृजनशीलता की क्षमता का विकास हो जाता है और वे कक्षा में पढ़े हुए या सुने हुए पाठ को कल्पना द्वारा अपने जीवन के अनुभवों से जोड़ने लगते हैं। अपने अनुभव सामाजिक परिवेश से जोड़कर ही शिक्षा को व्यावहारिक रूप दिया जा सकता है।

25. 'भाषा-अर्जन और भाषा-अधिगम' के सन्दर्भ में कौन-सा कथन सही नहीं है? *(CTET 2012, I-V)*

(a) भाषा-अर्जन में विभिन्न संकल्पनाएँ मातृभाषा में बनती हैं
(b) भाषा-अधिगम प्रयासपूर्ण होता है
(c) भाषा-अर्जन सहज और स्वाभाविक होता है, जबकि भाषा अधिगम प्रयासपूर्ण होता है
(d) सांस्कृतिक विभिन्नता, भाषा-अर्जन और भाषा अधिगम को प्रभावित करने वाला महत्त्वपूर्ण कारक है

व्याख्या (b) 'भाषा-अर्जन' स्वाभाविक रूप से अनायास ही चलता रहता है, जबकि 'भाषा-अधिगम' नियम, शब्दावली और वैज्ञानिक आधार पर अभ्यास द्वारा होता है।

26. 'भाषा-अर्जन' में महत्वपूर्ण है *(CTET 2012, I-V)*

(a) भाषा का शिक्षक (b) भाषा के विभिन्न रूपों का प्रयोग
(c) भाषा का व्याकरण (d) पीठ्य-पुस्तक

व्याख्या (b) 'भाषा-अर्जन' में भाषा के विभिन्न रूपों का प्रयोग बहुत महत्त्वपूर्ण है, क्योंकि इससे भाषा का विस्तृत या सूक्ष्म रूप से ज्ञान हो जाता है।

27. बच्चे अपने परिवेश में स्वयं भाषा अर्जित करते हैं। इसका एक निहितार्थ यह है कि *(CTET 2012, I-V)*

(a) बच्चों को केवल लक्ष्य भाषा का ही परिवेश उपलब्ध कराया जाए
(b) बच्चों को अत्यन्त सरल भाषा का परिवेश उपलब्ध कराया जाए
(c) बच्चों को बिल्कुल भी भाषा न पढ़ाई जाए
(d) बच्चों को समृद्ध भाषिक परिवेश उपलब्ध कराया जाए

व्याख्या (d) बच्चों को शुद्ध रूप से भाषा अर्जित कराने के लिए घर-परिवार एवं उनके परिवेश में शब्दों के शुद्ध उच्चारण, समृद्ध भाषा तथा सार्थक भाषा आदि का ही प्रयोग किया जाना चाहिए।

28. 'भाषा-अर्जन' और 'भाषा-अधिगम' में महत्त्वपूर्ण अन्तर है *(CTET 2012, VI-VIII)*

(a) भाषा का कठिनाई-स्तर
(b) भाषा की पाठ्य-पुस्तक
(c) भाषा सीखने-सिखाने की पद्धति
(d) भाषिक परिवेश की उपलब्धता

व्याख्या (d) 'भाषा-अर्जन' और 'भाषा-अधिगम' में महत्त्वपूर्ण अन्तर 'भाषिक परिवेश की उपलब्धता' है। भाषा-अर्जन स्वाभाविक रूप से चलता है और भाषा-अधिगम के लिए भाषा का वैज्ञानिक आधार अपनाया जाता है।

29. 'सुमन बचपन से ही गुजराती बोल-समझ लेती है। वह कभी विद्यालय नहीं जाती है' यह उदाहरण है *(CTET 2012, VI-VIII)*

(a) भाषा-अर्जन का
(b) सुमन की प्रतिभा का
(c) भाषा सीखने का
(d) भाषा में पिछड़ेपन का

व्याख्या (a) सुमन बचपन से ही अपने परिवार एवं परिवेश में गुजराती सुन रही है इसी कारण 'सुमन बचपन से ही गुजराती बोल-समझ लेती है।' सुमन ने गुजराती भाषा का अर्जन सहज और स्वाभाविक रूप में किया है। भाषा-अर्जन, मातृभाषा का महत्त्वपूर्ण अंग है। यह उसके भाषिक परिवेश और मातृभाषा होने के कारण सम्भव हुआ है।

30. भाषा-अर्जन *(CTET 2012, VI-VIII)*

(a) शिक्षक की आवश्यक उपस्थिति की माँग करता है
(b) भाषा की कक्षा में सम्भव है
(c) सहज, स्वाभाविक होता है
(d) प्रयासपूर्ण होता है

व्याख्या (c) 'भाषा-अर्जन सहज, स्वाभाविक होता है।' प्रत्येक जैविक समाज की एक भाषा अवश्य होती है। उसी में वह पलता है और वही भाषा उसका जीवन आधार होती है। अत: वह अनायास बिना प्रयास के ही उसको अर्जित करता रहता है।

31. 'भाषा-अर्जन' और 'भाषा-अधिगम' के सन्दर्भ में कौन-सा कथन सत्य नहीं है? *(CTET 2011, VI-VIII)*

(a) रोजगार प्राप्त करने के लिए ही भाषा सीखी जाती है
(b) भाषा-अर्जन के लिए समृद्ध भाषायी परिवेश की आवश्यकता होती है
(c) भाषा-अधिगम में सम्प्रेषण कुशलता पर भी बल रहता है
(d) भाषा-अर्जन सहज और स्वाभाविक होता है, जबकि भाषा-अधिगम प्रयासपूर्ण होता है

व्याख्या (a) 'भाषा-अर्जन' और 'भाषा-अधिगम' के सम्बन्ध में यह कथन सत्य नहीं है कि रोजगार प्राप्त करने के लिए ही भाषा सीखी जाती है। भाषा का प्रयोग जीवन के प्रत्येक पहलू में होता है।

32. अन्य विषयों की कक्षाएँ भी भाषा-अधिगम में सहायता करती हैं, क्योंकि *(CTET 2011, VI-VIII)*

(a) सभी शिक्षक एक से अधिक भाषा जानते हैं
(b) अन्य विषयों की पाठ्य-पुस्तकें भाषा-शिक्षण के उद्देश्य को ध्यान में रखती हैं
(c) अन्य विषयों को पढ़ने पर वैविध्यपूर्ण भाषा-प्रयोग के अनेक अवसर उपलब्ध होते हैं
(d) अन्य विषयों के शिक्षक विषय के साथ-साथ भाषा भी सिखाते हैं

व्याख्या (c) 'अन्य विषयों को पढ़ने पर वैविध्यपूर्ण भाषा-प्रयोग के अनेक अवसर उपलब्ध होते हैं', क्योंकि सभी विषयों की शिक्षा जीवन में उपयोगी होती है और अनेक विषयों में परस्पर सम्बन्ध होने के कारण एक-दूसरे पर निर्भर करते हैं।

33. एल. एस. वाइगोत्स्की के अनुसार *(CTET 2011, VI-VIII)*

(a) भाषा चिन्तन को निर्धारित करती है
(b) चिन्तन भाषा को निर्धारित करता है
(c) भाषा एवं चिन्तन एक-दूसरे से स्वतन्त्र रूप से विकसित होते हैं
(d) भाषा एक अर्जित योग्यता है

व्याख्या (d) एल.एस. वाइगोत्स्की भाषा को एक अर्जित योग्यता मानते हैं। वह बालक के विकास में समाज का महत्त्वपूर्ण योगदान मानते हैं। बच्चा अपने परिवेश से ही अपनी भाषा को अर्जित करता है। उसका भाषा-क्षेत्र जितना विशाल होगा, उतना ही विशाल बच्चों का भाषिक ज्ञान भी होगा।

» State TETs

34. बच्चे भाषा सीख लेते हैं *(CGTET 2017, I-V)*

(a) केवल बच्चों की सहज प्रवृत्ति अर्थात् कुदरती जादू से
(b) कुदरती जादू और लम्बे परिश्रम दोनों के थोड़े-थोड़े प्रयोग से
(c) भाषा सीखने हेतु केवल लम्बे परिश्रम से
(d) कुछ कहा नहीं जा सकता

व्याख्या (b) 'कुदरती जादू और लम्बे परिश्रम दोनों के थोड़े-थोड़े प्रयोग से बच्चे भाषा सीख लेते हैं', जिससे उनका स्वाभाविक रूप से भाषिक और मानसिक विकास होता रहता है।

35. निम्नलिखित में से कौन-सा कथन 'सीखने' के विषय में सही है? *(UTET 2017, I-V)*

(a) सीखना उस वातावरण में प्रभावी होता है, जो संवेगात्मक रूप से सकारात्मक हो और शिक्षार्थियों को सन्तुष्ट करने वाला हो
(b) सीखने के किसी भी चरण पर सीखना संवेगात्मक कारकों से प्रभावित नहीं होता है
(c) सीखना मूल रूप से मानसिक क्रिया है
(d) बच्चों द्वारा की गई त्रुटियाँ, यह संकेत करती हैं कि किसी तरह का सीखना नहीं हुआ

व्याख्या (a) 'सीखने' के लिए प्रभावी वातावरण आवश्यक है, जो सकारात्मक रूप से संवेगात्मक विकास कर सके। 'किण्डरगार्टन पद्धति' इसी पर आधारित है, जिसमें बच्चे बिना मानसिक दबाव के सकारात्मक रूप से सीखते हैं। कक्षा-कक्ष का वातावरण बच्चों के मनोनुकूल होना चाहिए।

36. बालक की प्रारम्भिक शिक्षा उसकी 'मातृभाषा' में दी जाए, यह मानना है *(UPTET 2016, I-V)*

(a) मॉण्टेसरी का (b) महात्मा गाँधी का
(c) फ्रोबेल का (d) किलपैट्रिक का

व्याख्या (b) बच्चे के शैक्षिक स्तर को सुधारने के लिए यह व्यवस्था की गई कि बच्चे की प्रारम्भिक शिक्षा उसकी मातृभाषा में दी जानी चाहिए।

महात्मा गाँधी जी ने प्रारम्भिक शिक्षा प्रणाली (1937) पर वर्धा अखिल भारतीय राष्ट्रीय शिक्षा सम्मेलन में 6 वर्ष से 14 वर्ष के बच्चों की शिक्षा उनकी मातृभाषा में देने की सलाह दी थी।

37. छात्रों के शब्द भण्डार में वृद्धि करने का उपाय है *(REET 2016, I-V)*

(a) शब्दकोश का उपयोग
(b) छात्रों में स्वाध्याय की प्रवृत्ति को बढ़ाना
(c) शिक्षक द्वारा अच्छे व नए शब्दों का प्रयोग
(d) उपरोक्त सभी

व्याख्या (d) शब्दकोश का उपयोग, स्वाध्याय की प्रवृत्ति को बढ़ावा देकर तथा शिक्षक द्वारा अच्छे एवं नए शब्दों का प्रयोग करके छात्रों के शब्द-भण्डार में वृद्धि की जा सकती है।

38. भाषा-अधिगम में प्रायः कठिनाई नहीं आती *(HTET 2014, VI-VIII)*

(a) संकोची स्वभाव (b) आत्मविश्वास की कमी
(c) मानसिक अस्वस्थता (d) मानसिक स्वस्थता

व्याख्या (d) 'भाषा-अधिगम' अर्थात् भाषा सीखने में प्रायः कठिनाई नहीं आती, जब विद्यार्थी मानसिक रूप से स्वस्थ हो। मानसिक रूप से स्वस्थ विद्यार्थी भाषा को जल्दी समझता है तथा भाषायी क्षमता को शीघ्र ही विकसित कर लेता है। मानसिक रूप से अस्वस्थ विद्यार्थी अपने संकोची स्वभाव तथा कम आत्मविश्वास के कारण भाषायी क्षमता को विकसित नहीं कर पाता, जिससे उसका भाषायी विकास अवरुद्ध हो जाता है।

39. निम्नांकित में कौन-सा कथन सही है? 'अगर कोई बच्चा गलती कर रहा है', तो वह *(CGTET 2011, I-V)*

(a) भाषा सीख रहा है (b) भाषा को भ्रष्ट कर रहा है
(c) भाषा सीख ही नहीं रहा है (d) तुरन्त रोकने के लायक है

व्याख्या (a) 'यदि बच्चा गलती करता है', तो वह भाषा सीखने का प्रयास कर रहा होता है। किसी शब्द का गलत उच्चारण उसे सही सीखने के लिए प्रेरित करता है।

40. बच्चे के सीखने की प्रक्रिया में सर्वाधिक महत्त्वपूर्ण भूमिका होगी *(CGTET 2011, I-V)*

(a) बच्चे द्वारा भाषायी प्रयोग के नियम सीखना
(b) बच्चे का उच्चारण
(c) व्याकरण का ज्ञान
(d) पाठ्य-पुस्तकों की सामग्री

व्याख्या (a) जब बच्चा भाषा के नियमों को कण्ठस्थ कर लेता है, तो उससे भाषा के लेखन एवं वाचन में गलतियों (त्रुटियों) की सम्भावना कम हो जाती है। भाषायी नियमों को सीखना, सीखने की प्रक्रिया में महत्त्वपूर्ण भूमिका निभाता है।

41. जब भाषा सीखने की प्रक्रिया बच्चे के दैनिक जीवन की जरूरतों से जुड़ी हो, तो *(BTET 2011, I-V)*

(a) भाषा सीखना सार्थक होता है
(b) भाषा सीखना निरर्थक होता है
(c) भाषा सीखना कठिन हो जाता है
(d) बच्चों को विशुद्ध मनोरंजन की प्राप्ति होती है

व्याख्या (a) जब भाषा सीखने की प्रक्रिया बच्चे के दैनिक जीवन और सामाजिक परिवेश से जुड़ जाती है, तो भाषा को सीखना बच्चे के लिए सार्थक, उत्साहपूर्ण और मनोरंजक हो जाता है। वह इस प्रक्रिया को अपने परिवेश से जोड़कर देखता है।

42. 'भाषा-अर्जन' और 'भाषा-अधिगम' में क्या अन्तर होता है? *(BTET 2011, I-V)*

(a) सहज एवं स्वाभाविक रूप से परिवेश के माध्यम से भाषा अर्जित की जाती है, जबकि भाषा अधिगम प्रयासपूर्ण होता है
(b) भाषा अर्जन में अर्थ भी समाज से स्वतः ही प्राप्त होते हैं, जबकि भाषा अधिगम में कई बार अर्थ सीखने पड़ते हैं
(c) भाषा-अर्जन में मुख्यतः सुनना, बोलना आदि कौशल शामिल हैं, जबकि भाषा अधिगम में अनेक बार सुनना, बोलना, पढ़ना, लिखना-चारों कौशल सीखने पड़ते हैं
(d) उपरोक्त सभी

व्याख्या (d) 'भाषा-अर्जन' सहज और स्वाभाविक रूप से ही चलता रहता है, जबकि भाषा-अधिगम अभ्यासपूर्ण होता है। भाषा-अर्जन में परिवेश ही उसकी भाषिक सामग्री है। अधिगम में सीखने के लिए नियम, वैज्ञानिक आधार, अभ्यास, तकनीक आदि होते हैं। भाषा-अर्जन में सुनना और बोलना सीखा जाता है, जबकि भाषा-अधिगम में अधिगम के चारों कौशल (सुनना, बोलना, पढ़ना, लिखना) आते हैं।

अध्याय 17

भाषा शिक्षण के सिद्धान्त

» CTET

1. भाषा शिक्षक के लिए जरूरी है कि वे भारतीय भाषाओं की .... को स्वीकार करें और समृद्ध साहित्य को .... की दृष्टि से देखें। *(CTET 2018, I-V)*

(a) जटिलताओं, साहित्यिक
(b) विषमताओं, सराहना
(c) विविधता, सराहना
(d) सराहना, जटिलता

व्याख्या (c) भाषा शिक्षक के लिए जरूरी है कि वह भारतीय भाषाओं की विविधता को स्वीकार करे और समृद्ध साहित्य को सराहना की दृष्टि से देखें। एक भाषा शिक्षक को अधिक से अधिक भाषाओं का ज्ञान होना चाहिए और उसे अन्य भाषाओं के महत्त्वपूर्ण साहित्य का ज्ञान अपने छात्रों तक पहुँचाना चाहिए।

2. भाषा सीखने-सिखाने की प्रक्रिया में सबसे कम महत्त्वपूर्ण है *(CTET 2018, I-V)*

(a) भाषा की पाठ्य-पुस्तक
(b) भाषा का आकलन
(c) भाषा-शिक्षण की पद्धति
(d) भाषा का परिवेश

व्याख्या (a) भाषा सीखने-सिखाने की प्रक्रिया में भाषा की पाठ्य-पुस्तक का सबसे कम महत्त्व होता है। शिक्षक को पूर्व निर्धारित उद्देश्यों को प्राप्त करने का प्रयास करना चाहिए और भाषा के सूक्ष्म नियमों पर ध्यान देकर त्रुटियों का निवारण करना चाहिए।

3. प्राथमिक स्तर पर हिन्दी भाषा का शिक्षण करते समय आप किस बिन्दु पर सर्वाधिक बल देंगे? *(CTET 2018, I-V)*

(a) हिन्दी भाषा के मुहावरे और लोकोक्तियाँ
(b) हिन्दी भाषा की विभिन्न वाक्य-संरचनाएँ
(c) हिन्दी भाषा का सौन्दर्य और आँचलिकता
(d) हिन्दी भाषा की मानक वर्तनी

व्याख्या (c) प्राथमिक स्तर पर हिन्दी भाषा का शिक्षण करते समय हिन्दी भाषा का सौन्दर्य और उसकी आँचलिक उच्चारण की प्रवृत्ति पर सर्वाधिक बल देना चाहिए।

4. पहली कक्षा में बच्चों के साथ कविता गायन के बाद आप क्या करेंगे? *(CTET 2018, I-V)*

(a) बच्चों से कहेंगे कि वे सुनी हुई कविता को शब्दश: सुनाएँ
(b) बच्चों से कविता पर आधारित प्रश्न पूछेंगे
(c) बच्चों को कविता में आए पाँच शब्द बताने के लिए कहेंगे
(d) बच्चों से कहेंगे कि वे अपनी भाषा में अपनी पसन्द की कोई कविता सुनाएँ

व्याख्या (d) पहली कक्षा में बच्चों को कविता गायन के बाद बच्चों से उनकी भाषा में उनकी पसन्द की कोई कविता सुनाने के लिए कहेंगे, क्योंकि इससे बच्चों में परस्पर भाषायी असमानता कम होगी।

5. पहली कक्षा की हिन्दी भाषा की पाठ्य-पुस्तक में आप किस विधा को सबसे अधिक महत्त्व देंगे ? *(CTET 2018, I-V)*

(a) कहानी
(b) नाटक
(c) डायरी
(d) निबन्ध

व्याख्या (a) पहली कक्षा में बच्चे कहानियाँ सुनना अधिक पसन्द करते हैं। कहानी विधा द्वारा उन्हें शिक्षा दी जा सकती है और कठिन विषय भी उदाहरणों के माध्यम से समझाए जा सकते हैं, जिससे उनकी एकाग्रता और श्रवण कौशल दोनों का विकास होगा।

6. भाषा सीखने के सन्दर्भ में कौन-सा कथन सही है? *(CTET 2018, I-V)*

(a) बच्चों में भाषा अर्जित करने की जन्मजात क्षमता होती है
(b) बच्चों में भाषा अर्जित करने की जन्मजात क्षमता नहीं होती
(c) बच्चे विद्यालय आकर ही भाषा सीखते हैं
(d) बच्चे विभिन्न संचार माध्यमों से ही भाषा सीखते हैं

व्याख्या (a) चॉम्स्की ने कहा था कि ''बच्चों में भाषा अर्जित करने की क्षमता जन्मजात होती है'', क्योंकि प्रत्येक जैविक समाज की अपनी भाषा अवश्य होती है, वह चाहे किसी भी रूप में हो।

7. प्राथमिक स्तर पर हिन्दी भाषा सिखाने के लिए सबसे अधिक जरूरी है? *(CTET 2018, I-V)*

(a) भाषा शिक्षक का भाषा ज्ञान
(b) कक्षा में रंगीन पाठ्य-पुस्तकें
(c) कक्षा में प्रिण्ट समृद्ध परिवेश
(d) कक्षा में लिखित आकलन

व्याख्या (c) प्राथमिक स्तर पर हिन्दी भाषा सिखाने के लिए सबसे उचित माध्यम 'कक्षा में प्रिण्ट समृद्ध परिवेश' है। प्रिण्ट सामग्री के माध्यम से शिक्षण करने में छात्रों में उत्सुकता और मनोरंजकता बनी रहती है, जिससे बच्चे पाठ्य-पुस्तक में रुचि दिखाते हैं।
चित्र, पैम्फलेट, फिल्म आदि शिक्षण सहायक सामग्री, शिक्षण का उचित माध्यम हैं।

8. हिन्दी भाषा शिक्षक का यह प्रयास होना चाहिए कि वे *(CTET 2018, I-V)*

(a) बच्चों की भाषा सम्बन्धी सहज रचनाशक्ति को बढ़ने के अवसर दे
(b) बच्चों की मातृभाषा के स्थान पर हिन्दी भाषा को ही कक्षा में स्थान दे
(c) बच्चों द्वारा मानक भाषा का ही प्रयोग करने के लिए अवसर दे
(d) बच्चों को शिक्षाप्रद बाल साहित्य पढ़ने के भरपूर अवसर दे

व्याख्या (a) हिन्दी भाषा शिक्षक का यह प्रयास/कर्त्तव्य होना चाहिए कि वे बच्चों की भाषा सम्बन्धी सहज रचनाशक्ति को बढ़ने के अवसर दे। शिक्षक अपने कक्षा-कक्ष का वातावरण इस प्रकार से बनाएँ कि बच्चों का भाषिक विकास सम्भव हो सके। कक्षा में कविता पाठ उच्च स्वर में शुद्ध उच्चारण के साथ करें और कराएँ, साथ ही बच्चों को भाषा विकास के अवसर प्रदान करें।

9. प्रारम्भिक स्तर पर पढ़ना सिखाने में भाषा शिक्षक के लिए आवश्यक है *(CGTET 2017, I-V)*

(a) पढ़ने के दौरान सही उच्चारण के लिए बच्चों को न टोका जाए
(b) बच्चों द्वारा अनुमानित पठन को प्रोत्साहित किया जाए
(c) पठन में कमजोर विद्यार्थियों को उनके द्वारा चिन्हांकित न किया जाए
(d) विद्यार्थियों को सुलेख के लिए दबाव दिया जाए

व्याख्या (b) प्रारम्भिक स्तर पर भाषा का ज्ञान कराने के लिए एक शिक्षक के लिए आवश्यक है कि वह बच्चों की पसन्द के विषय पर पठन-पाठन कराए। बच्चों से शुद्ध उच्चारण के लिए अभ्यास कराए जाएँ। प्रेरक तत्त्वों; जैसे—प्रशंसा, पुरस्कार आदि के माध्यम से उन्हें प्रेरणात्मक शिक्षण दिया जाए।

10. कक्षा 8 के लिए पाठ्य-पुस्तक का निर्माण करते समय महत्त्वपूर्ण हैं *(CTET 2017, VI-VIII)*

(a) पाठों की संख्या सीमित होना
(b) विधागत विविधता होना
(c) सभी व्याकरणिक तत्त्वों का समावेश
(d) प्रसिद्ध लेखकों की रचनाएँ

व्याख्या (b) कक्षा 8 के स्तर पर छात्र साहित्य का विधागत ज्ञान समझने लगते हैं। इसलिए उन्हें कहानी, कविता, निबन्ध, नाटक, गद्य और पद्य के मूल अन्तर का ज्ञान कराया जाना चाहिए। इससे विविध विधाओं के रचनात्मक पहलुओं को समझने में छात्र को आसानी होगी।

11. सीखने-सिखाने की प्रक्रिया के सन्दर्भ में आप किस कथन से सहमत हैं? *(CTET, 2017, VI-VIII)*

(a) जो बच्चे पिछली कक्षा की बातें नहीं सीख पाए हैं, वे अगली कक्षा में और पिछड़ जाएँगे। अत: उन्हें उसी कक्षा में रोक देना चाहिए
(b) बच्चों को किन्ही अवधारणाओं को न सीखने के कारण फेल करके रोकना उचित ही हैं
(c) जो बच्चे किसी कक्षा में सीख नहीं पाए हैं, उन्हें फेल करके रोकने से भी जरूरी नहीं कि वे सीख जाएँ
(d) एक कक्षा में हम जो सीखते हैं उसके सभी अंश अगली कक्षा के लिए अनिवार्य बुनियाद होते हैं

व्याख्या (a) सीखने-सिखाने की प्रक्रिया के सम्बन्ध में शिक्षक को प्रत्येक बच्चे की बुद्धि-लब्धि और मानसिक विकास का ज्ञान होना चाहिए। शिक्षक को चाहिए कि वह कक्षा-स्तर के अनुरूप ही बुद्धि-लब्धि वाले छात्रों को अगली कक्षा में भेजें अन्यथा मन्द बुद्धि या पिछड़ा बच्चा अगली कक्षा में और ज्यादा पिछड़ जाएगा।

12. भाषा-शिक्षण के सन्दर्भ में 'बहुभाषी कक्षा' से तात्पर्य है *(CTET 2017, VI-VIII)*

(a) अधिकाधिक भाषाओं की पुस्तकों की उपलब्धता
(b) कम-से-कम दो भाषाओं में शब्दकोष की आवश्यकता
(c) सभी बच्चों को अपनी-अपनी भाषा में बोलने के अवसरों की उपलब्धता
(d) भिन्न-भिन्न भाषाओं में कहानी-कविता के चार्ट आदि की उपलब्धता

व्याख्या (c) भाषा-शिक्षण के सन्दर्भ में 'बहुभाषी कक्षा' से तात्पर्य सभी बच्चों को उनकी अपनी भाषा में बोलने के अवसर प्रदान करना चाहिए, ताकि वे अपनी भाषा में शिक्षा को सुगमता से प्राप्त कर सकें।

13. पाठ्य-पुस्तक को आधार बनाकर पूछे जाने वाले प्रश्न *(CTET 2017, VI-VIII)*

(a) पाठ में दिए गए तथ्यों पर ही आधारित होने चाहिए
(b) पाठ की विषय-वस्तु का विस्तार करने वाले होने चाहिए
(c) लिखावट को सुन्दर बनाने में सहयोगी होने चाहिए
(d) स्मरण-शक्ति को समृद्ध करने वाले होने चाहिए

व्याख्या (b) पाठ्य-पुस्तक को आधार बनाकर पूछे जाने वाले प्रश्न 'पाठ की विषय-वस्तु का विस्तार करने वाले होने चाहिए।' इससे छात्र पाठ का गम्भीरतापूर्वक अध्ययन करेंगे, जिससे वह प्रश्नों का उचित उत्तर दे सकेंगे।

14. प्राथमिक स्तर पर विद्यार्थियों के भाषा-शिक्षण के सन्दर्भ में कौन-सा कथन सही है? *(CTET 2016, I-V)*

(a) सतत् रूप से की जाने वाली टिप्पणियाँ एवं अनवरत् अभ्यास भाषा सीखने में रुचि उत्पन्न करते हैं
(b) बच्चे समृद्ध भाषिक परिवेश में सहज रूप से स्वत: भाषा में सुधार कर सकते हैं
(c) बच्चों की भाषायी संकल्पनाओं और विद्यालय के भाषायी परिवेश में विरोधाभासी भाषा सीखने में मदद करता है
(d) बच्चे भाषा की जटिल और समृद्ध संरचनाओं का ज्ञान विद्यालय में ही अर्जित करते हैं

व्याख्या (d) बच्चे अपने परिवेश से व्यावहारिक भाषा का अर्जन करते हैं, जिसमें व्याकरणिक रूप पर ध्यान नहीं दिया जाता है, परन्तु भाषा के नियम, व्याकरण, वैज्ञानिक आधार, मानक रूप आदि का ज्ञान बच्चे विद्यालय में ही अर्जित करते हैं।

15. आपके विद्यार्थी पाठ में आए नवीन/अपरिचित शब्दों के अर्थ जान सकें, इसके लिए आप *(CTET 2016, I-V)*

(a) पाठ के अन्त में दिए गए शब्दार्थ देखने के लिए कहेंगी
(b) शब्दकोष देखना सिखाएँगी
(c) शब्द का अर्थ लिखकर बताएँगी
(d) पाठ के सन्दर्भ में अर्थ समझने की स्थिति पैदा करेंगी

व्याख्या (d) यदि विद्यार्थी को नए शब्दों से परिचित कराना है, तो उसे पाठ के सन्दर्भ में उस शब्द का अर्थ समझाना पड़ेगा। अत: उसके लिए ऐसी स्थिति ही उत्पन्न करनी पड़ेगी।

16. ''भाषा, शून्य में विकसित नहीं होती।'' इसका शैक्षिक निहितार्थ है कि भाषा सीखने के लिए .... अनिवार्य है। *(CTET 2016, I-V)*

(a) पारिवारिक संवाद
(b) सामाजिक अन्त:क्रिया
(c) विद्यालयी पढ़ाई लिखाई
(d) भाषा प्रयोगशाला

व्याख्या (b) ''भाषा, शून्य में विकसित नहीं होती।'' इसका अर्थ है कि भाषा के विकास के लिए सामाजिक अन्त:क्रिया अथवा सामाजिक सम्बन्ध अनिवार्य हैं। समाज में आपसी सम्बन्धों के कारण ही भाषिक विकास सम्भव होता है। अत: भाषायी दक्षता में सामाजिक अन्त:क्रिया एक महत्त्वपूर्ण प्रक्रिया है।

17. प्राथमिक स्तर पर भाषा-शिक्षण का उद्देश्य है, बच्चों को *(CTET 2016, I-V)*

(a) व्याकरणिक नियमों को कण्ठस्थ करवाना
(b) अक्षरों की बनावट के प्रति सचेत करना
(c) सहज अभिव्यक्ति का अवसर देना
(d) मातृभाषा की लिपि की पहचान करवाना

व्याख्या (b) प्राथमिक स्तर पर भाषा-शिक्षण का उद्देश्य विद्यार्थी को अक्षरों की बनावट के प्रति सचेत करना होता है। व्याकरणिक नियमों को कण्ठस्थ करने से वह केवल उन्हें मौखिक रूप से याद कर सकता है, लेकिन अक्षर किस तरह से बनते हैं, यह ज्ञान उसे व्यावहारिक रूप से ही कराया जा सकता है।

18. अकादमिक सत्र शुरू होने के दो माह बाद तक भी कक्षा चार के विद्यार्थियों को भाषा की पाठ्य-पुस्तकें उपलब्ध नहीं करवाई जा सकी हैं। ऐसी स्थिति में शिक्षक *(CTET 2016, I-V)*

(a) पाठ्य-पुस्तक के उपलब्ध होने तक पठन-लेखन की प्रक्रिया आरम्भ न करवाएँ
(b) भाषायी क्षमताओं के विकास के लिए अन्य विषयों की पाठ्य पुस्तकों का प्रयोग करें
(c) श्रवण एवं वाचन कौशल का अभ्यास करवाते रहें
(d) विद्यार्थियों को पाठ्य-पुस्तक अपने-आप खरीदने के लिए प्रोत्साहित करें

व्याख्या (c) कक्षा चार के बच्चों को दो माह बाद भी पाठ्य पुस्तक उपलब्ध नहीं होने पर भी उन्हें उनके श्रवण-कौशल और वाचन-कौशल को विकसित करने के लिए अभ्यास करवाते रहना चाहिए।

19. निम्नलिखित में से कौन-सा कथन प्राथमिक स्तर पर भाषा सीखने के एक महत्त्वपूर्ण उद्देश्य की ओर संकेत करता है? *(CTET 2016, I-V)*

(a) गणित के पाठ्यक्रम के अनुरूप हिन्दी में संख्याएँ जानना
(b) संज्ञा, सर्वनाम, विशेषण और वचन की शुद्ध पहचान करना
(c) भाषण, वाद-विवाद और कविता-पाठ में भाग लेना
(d) भाषा को अपने परिवेश एवं अनुभव को समझने का माध्यम मानना

व्याख्या (d) यदि भाषा को अपने परिवेश एवं अनुभव को समझने का माध्यम बना लिया जाए, तो इससे प्राथमिक स्तर पर भाषा सीखने में सरलता होगी। भाषा को व्यावहारिक रूप से प्रयोग करने पर बच्चा उसे आसानी से सीखता है।

20. ''यदि तुम्हें डलिया भरकर आम दे दिए जाएँ तो तुम क्या करोगी ?'' इस प्रश्न का उद्देश्य है? *(CTET 2016, I-V)*

(a) बच्चों के अनुभव और चिन्तन को स्थान देना
(b) बच्चों की मौखिक परीक्षा लेना
(c) बच्चों को गणित की ओर प्रवृत्त करना
(d) बच्चों को नए शब्दों से परिचित कराना।

व्याख्या (a) ''यदि तुम्हें डलिया भरकर आम दे दिए जाएँ तो तुम क्या करोगी?'' यह प्रश्न बच्चे के अनुभव और चिन्तन शक्ति को विकसित करने के उद्देश्य से पूछे जाते हैं। यदि तुम देश के प्रधानमन्त्री होते तो क्या करते? अपनी प्रिय पुस्तक के विषय में 200 शब्द लिखिए आदि प्रश्न बच्चे के चिन्तन का विकास और अनुभव को महत्त्व देते हैं।

21. 'भाषा-शिक्षण' के सन्दर्भ में बाल-साहित्य का उद्देश्य है *(CTET 2016, I-V)*

(a) बच्चों को भाषा के नियमों की जानकारी देना
(b) बच्चों को उत्साही पाठक बनने के लिए प्रोत्साहित करना
(c) बच्चों को साहित्यिक विधाओं से परिचित करवाना
(d) बच्चों को जीवन-कौशल सिखाना

व्याख्या (b) 'भाषा-शिक्षण' में बाल-साहित्य जोड़ने का उद्देश्य-बच्चों को उत्साही पाठक बनाना और भाषा में रुचि लेने, भाषा का ज्ञान कराने और कई विधाओं की जानकारी प्राप्त करने के साथ-साथ व्याकरण की जानकारी प्राप्त कराना भी है।

22. प्राथमिक स्तर पर भाषा-शिक्षण का उद्देश्य है, बच्चों को *(CTET 2016, I-V)*

(a) अक्षरों की बनावट के प्रति सचेत करना
(b) सहज अभिव्यक्ति का अवसर देना
(c) मातृभाषा की लिपि की पहचान करवाना
(d) व्याकरणिक नियमों को कण्ठस्थ करवाना

व्याख्या (b) प्राथमिक स्तर पर भाषा-शिक्षण का उद्देश्य है बच्चों को सहज अभिव्यक्ति का अवसर देना, क्योंकि वे जो पढ़ रहे या सुन रहे हैं, उसकी अभिव्यक्ति सही रूप में कर सकें।

23. कक्षा एक के बच्चों का गृहकार्य जाँचते समय आप पाते हैं कि कुछ बच्चों के अक्षरों की बनावट टेढ़ी-मेढ़ी है। आप *(CTET 2016, I-V)*

(a) उन्हें सीधी रेखा में लिखकर दिखाएँगे
(b) उन्हें स्वयं ही सुधार करने के लिए समय देंगे
(c) उनकी लिखाई की निन्दा करेंगे
(d) उन्हें पुन: लिखकर लाने के लिए कहेंगे

व्याख्या (a) यदि कक्षा एक का बच्चा अक्षरों को टेढ़ा-मेढ़ा लिखता है, तो अध्यापक/अध्यापिका को चाहिए कि वह उसे सीधे अक्षर लिखकर दिखाए और बच्चे को भी सीधे अक्षर लिखने का अभ्यास कराना चाहिए।

24. भाषा के पाठ्यक्रम में कहानी का शैक्षणिक प्रयोग मुख्यत: इसलिए जरूरी है, क्योंकि इससे बच्चे *(CTET 2016, I-V)*

(a) व्याकरण के नियमों को कण्ठस्थ कर पाते हैं
(b) स्मरण-क्षमता का विकास करते हैं
(c) उच्चारण सम्बन्धी गलतियों में सुधार करते हैं
(d) पढ़ना-लिखना सीखते हैं

व्याख्या (b) भाषा के पाठ्यक्रम में कहानी-शिक्षण के प्रयोग से बच्चे अपनी स्मरण-क्षमता का विकास करते हैं, जिससे बच्चे पठन-पाठन की प्रक्रिया में रुचि लेने लगते हैं।

25. पढ़ना सीखने का वास्तव में सबसे अच्छा तरीका यह है कि बच्चे *(CTET 2016, I-V)*

(a) बारहखड़ी अच्छी तरह से याद करें
(b) बिना मात्रा वाले शब्दों की वर्तनी बता सकें
(c) चित्र के साथ अनुमान लगाना सीखें
(d) सबसे पहले वर्णों की पहचान करना सीखें

व्याख्या (d) पढ़ना सीखने का सबसे अच्छा तरीका यह है कि बच्चे सबसे पहले वर्णों की पहचान करना सीखें। वर्णों की पहचान होने के बाद बच्चा उनका उच्चारण व लेखन सही तरह से कर सकता है।

26. यदि पठन-सामग्री के साथ चित्र हों, तो *(CTET 2016, I-V)*

(a) पठन-सामग्री की गुणवत्ता में वृद्धि होती है
(b) चित्रकार की भूमिका के महत्त्व का पता चलता है
(c) पठन सामग्री का आकर्षण बढ़ जाता है
(d) लिखे हुए के बारे में अनुमान लगाना आसान हो जाता है

व्याख्या (d) यदि पठन-सामग्री के साथ चित्र हों, तो बच्चे लिखी हुई सामग्री के विषय में आसानी से अनुमान लगा सकते हैं। प्रारम्भिक स्तर पर शिक्षण के लिए चित्र-आधारित प्रणाली ही बच्चों को उत्साहपूर्वक सिखाने के लिए सम्यक् और रुचिपूर्ण होती है।

27. उच्च प्राथमिक स्तर पर हिन्दी भाषा-शिक्षण का एक सर्वाधिक महत्त्वपूर्ण उद्देश्य है? *(CTET 2016, VI-VIII)*

(a) बच्चों में कहानियों को शब्दश: दोहराने की क्षमता का विकास करना
(b) बच्चों को व्याकरण के नियमों को कण्ठस्थ करवाना
(c) बच्चों को पाठों के अन्त में दिए गए उदाहरणों का अभ्यास करवाना
(d) बच्चों में समझ के साथ पढ़ने और लिखने की क्षमता का विकास करना

व्याख्या (d) उच्च प्राथमिक स्तर पर हिन्दी भाषा के शिक्षण का सर्वाधिक महत्त्वपूर्ण उद्देश्य बच्चो में समझ के साथ पढ़ने और लिखने की क्षमता का विकास करना है। हिन्दी भाषा के ज्ञान से बच्चे अन्य विषयों का ज्ञान भी सरलता से कर सकेंगे।

28. भाषा सीखने में सबसे बड़ा बाधक तत्त्व हो सकता है *(CTET 2016, VI-VIII)*

(a) भाषायी प्रयोग के अवसर (b) इकाई परीक्षण
(c) भाषा में आकलन (d) पाठ्य-पुस्तक

व्याख्या (c) भाषा सीखने में सबसे बड़ा बाधक तत्त्व भाषा में आकलन हो सकता है, क्योंकि आकलन करने से बच्चा हतोत्साहित हो सकता है। अत: भाषा को सीखने में बच्चे को प्रोत्साहन की आवश्यकता पड़ती है।

29. उच्च प्राथमिक स्तर पर भाषा सीखने सिखाने की प्रक्रिया में .... की उपेक्षा बिल्कुल नहीं की जा सकती। *(CTET 2016, VI-VIII)*

(a) शिक्षक के शास्त्रीय ज्ञान (b) बच्चों की भाषिक पृष्ठभूमि
(c) बच्चों की सामाजिक श्रेणी (d) बच्चों के पाठ्य पुस्तकीय ज्ञान

व्याख्या (b) उच्च प्राथमिक स्तर पर भाषा सीखने-सिखाने की प्रक्रिया में बच्चों की भाषिक पृष्ठभूमि की उपेक्षा नहीं की जा सकती है। भाषा सीखने अथवा सिखाने के लिए बच्चे की मातृभाषा उसके परिवार एवं समाज का भाषिक परिवेश, उच्चारण का तरीका आदि की मुख्य रूप से भूमिका होती है।

30. भाषा शिक्षण पर हुए शोध बताते हैं कि द्वितीय/विदेशी भाषा में दक्षता सीखने वाले की ...... और ...... पर ही ज्यादा निर्भर करती है। *(CTET 2016, VI-VIII)*

(a) संस्कृति, वर्ग (b) अभिप्रेरणा, उपलब्धि
(c) अभिवृत्ति, अभिप्रेरणा (d) अभिवृत्ति, परिवार

व्याख्या (c) भाषा शिक्षण पर हुए शोध बताते हैं कि द्वितीय/विदेशी भाषा में दक्षता, सीखने वाले की अभिवृत्ति और अभिप्रेरणा पर ही ज्यादा निर्भर करती है। अधिगमकर्ता की प्रवृत्ति पर यह भी निर्भर करता है कि वह अन्य भाषा सीखने के लिए कितना तत्पर है और उसकी अभिप्रेरणा कितनी सशक्त है।

31. पाठ्य-पुस्तक का नया पाठ आरम्भ करने से पहले अध्यापक के लिए आवश्यक है कि वह *(CTET 2016, VI-VIII)*

(a) पाठ से मिलने वाली सीख के बारे में बताए
(b) पाठ के मूल भाव पर बातचीत करें
(c) पाठ के कठिन शब्दों को श्यामपट्ट पर लिखकर उनका अर्थ बताए
(d) पाठ के रचनाकार का परिचय लिखवाए

व्याख्या (b) पाठ्य-पुस्तक का नया पाठ आरम्भ करने से पहले शिक्षक को 'पाठ के मूल भाव पर बात करनी चाहिए' और शिक्षण पाठ से सम्बन्धित छात्रों के पूर्व विषय ज्ञान को परखने के लिए प्रस्तावनात्मक प्रश्न भी पूछने चाहिए।

32. किसी समावेशी कक्षा में कौन-सा कथन भाषा-शिक्षण के सिद्धान्तों के अनुकूल है? *(CTET 2016, VI-VIII)*

(a) प्रिण्ट समृद्ध माहौल भाषा सीखने में मदद करता है
(b) बच्चे अपने अनुभवों के आधार पर भाषा के नियम नहीं बना पाते
(c) भाषा विद्यालय में रहकर अर्जित की जाती हैं
(d) व्याकरण के नियमों का ज्ञान भाषा-विकास की गति त्वरित करता है

व्याख्या (b) समावेशी कक्षा में बच्चे अपने अनुभवों के आधार पर भाषा के नियम नहीं बना पाते हैं, क्योंकि समावेशी कक्षा में विशिष्ट बालक, सामान्य बालक और पिछड़े बालक साथ-साथ पठन-पाठन करते हैं और सभी की अनुभूति एक समान न रहने के कारण नियम बनाना असम्भव है।

33. उच्च प्राथमिक स्तर पर हिन्दी भाषा-शिक्षण का सर्वाधिक सम्बन्ध है *(CTET 2016, VI-VIII)*

(a) पढ़ी सामग्री के बारे में आलोचनात्मक चिन्तन से
(b) हिन्दी की व्याकरणिक व्यवस्था को जानने से
(c) सृजनात्मक लेखन की अनिवार्यता से
(d) हिन्दी की ध्वनियों को सिखाने से

व्याख्या (b) उच्च प्राथमिक स्तर पर हिन्दी भाषा-शिक्षण का सर्वाधिक सम्बन्ध 'हिन्दी की व्याकरणिक व्यवस्था को जानने से' है। व्याकरण सम्बन्धी नियमों का सम्यक् ज्ञान ही विद्यार्थी को हिन्दी भाषा का उपयुक्त ज्ञान कराता है। उच्च प्राथमिक स्तर पर विद्यार्थी को हिन्दी भाषा के मौखिक और लिखित शुद्ध रूप की आवश्यकता पड़ती है।

34. द्वितीय भाषा सीखने के सन्दर्भ में सबसे कम महत्त्वपूर्ण है *(CTET 2016, VI-VIII)*

(a) अभिभावक से प्राप्त प्रोत्साहन
(b) भाषा की परीक्षा
(c) अभिवृत्ति
(d) शिक्षक का व्यवहार

व्याख्या (a) द्वितीय भाषा सीखने के सन्दर्भ में 'अभिभावक से प्राप्त प्रोत्साहन' का सबसे कम महत्त्व होता है। भाषा की परीक्षा, अभिवृत्ति और शिक्षक का व्यवहार सभी महत्त्वपूर्ण कारक हैं। किसी विषय को सीखने के लिए तत्परता, अभ्यास और प्रभाव के नियम भी अभिप्रेरित करते हैं।

35. पहली-दूसरी कक्षा के बच्चों को साथ सिखाने के लिए जरूरी है कि उन्हें *(CTET 2015, I-V)*

(a) बात कहने के तरीकों का अभ्यास करवाया जाए
(b) कविता गाने के अधिकाधिक अवसर दिए जाएँ
(c) पारस्परिक संवाद के लिए प्रोत्साहित किया जाए
(d) अपने उच्चारण पर विशेष ध्यान देने के लिए कहा जाए

व्याख्या (a) पहली-दूसरी कक्षा के बच्चों को एक साथ भाषा सिखाने के लिए जरूरी है कि उन्हें 'बात कहने के तरीकों का अभ्यास करवाया जाए', ताकि वे अपनी बात को स्पष्ट और उचित प्रकार से अभिव्यक्त कर सकें।

36. भाषा की कक्षा में बच्चों को किसी त्योहार विशेष के बारे में बताना है, आप *(CTET 2015, I-V)*

(a) किसी पुस्तक से उस त्योहार के बारे में पढ़कर सुनाएँगे
(b) बच्चों को उस त्योहार के बारे में अपने-अपने अनुभव सुनाने के लिए कहेंगे
(c) उस त्योहार पर गृहकार्य के रूप में निबन्ध लिखकर लाने के लिए कहेंगे
(d) श्यामपट्ट पर उस त्योहार विशेष के बारे में लिख देंगे

व्याख्या (b) भाषा की कक्षा में बच्चों को किसी त्योहार-विशेष के विषय में बताना है, तो 'बच्चों को उस त्योहार के बारे में अपने-अपने अनुभव सुनाने के लिए कहेंगे', क्योंकि किसी विषय के बारे में बच्चे व्यावहारिक और प्रत्यक्ष अनुभव द्वारा अधिक सीखते हैं।

37. हिन्दी भाषा-शिक्षण के सन्दर्भ में आप किस कथन से सहमत नहीं हैं? *(CTET 2015, I-V)*

(a) कक्षा में बच्चों को विविध प्रकार का बाल साहित्य उपलब्ध कराया जाना चाहिए
(b) कक्षा में बच्चों को अधिकाधिक लिखित कार्य दिया जाना चाहिए
(c) कक्षा में बच्चों की भाषा का सम्मान किया जाना चाहिए
(d) कक्षा में बच्चों को अपनी बात कहने की स्वतन्त्रता दी जानी चाहिए

व्याख्या (b) हिन्दी भाषा शिक्षण के सन्दर्भ में कक्षा में बच्चों को अधिकाधिक लिखित कार्य नहीं दिया जाना चाहिए, क्योंकि इससे बच्चों पर अनावश्यक बोझ बढ़ता है और वह भाषा को ठीक से समझ नहीं पाता। भाषा शिक्षण के लिए महत्त्वपूर्ण है कि बच्चे को अपने विचारों को प्रकट करने की स्वतन्त्रता दी जाए और उसे उसका मनपसन्द साहित्य उपलब्ध कराया जाए।

38. प्राथमिक स्तर पर भाषा शिक्षण के अन्तर्गत बातचीत एक महत्त्वपूर्ण उपकरण है, क्योंकि *(CTET 2015, I-V)*

(a) यह सीखने और सीखी हुई बातों को सुदृढ़ बनाने का एक आधारभूत माध्यम है
(b) बच्चों को बातचीत करना अच्छा लगता है
(c) बातचीत शिक्षण का अनिवार्य अंग है
(d) हमारी पाठ-योजना में पहले से ही प्रस्तावित है

व्याख्या (a) प्राथमिक स्तर पर भाषा शिक्षण के अन्तर्गत बातचीत एक महत्त्वपूर्ण उपकरण है, क्योंकि 'यह सीखने और सीखी हुई बातों को सुदृढ़ बनाने का एक आधारभूत माध्यम' है। उच्च शिक्षा में समूह परिचर्चा (ग्रुप डिस्कशन) भाषा शिक्षण का महत्त्वपूर्ण उपकरण माना जाता है।

39. प्राथमिक स्तर पर भाषा-शिक्षण में बाल साहित्य का प्रयोग किए जाने के पक्ष में सर्वाधिक ठोस तर्क है *(CTET 2015, I-V)*

(a) इन्हें पढ़ाने में शिक्षक को आनन्द आता है
(b) इनका प्रयोग बच्चों के भाषा अनुभवों को विस्तृत करता है
(c) यह पाठ्य-पुस्तक से बेहतर होता है
(d) इन्हें पढ़ाना अपेक्षाकृत सरल होता है

व्याख्या (b) प्राथमिक स्तर पर भाषा-शिक्षण में बाल साहित्य का प्रयोग बच्चों के भाषा-अनुभवों को विस्तृत करता है, क्योंकि बाल-साहित्य बच्चों की प्रवृत्ति के अनुकूल सृजित किया जाता है।

40. पहली और दूसरी कक्षा में भाषा-शिक्षण के साथ ही कला शिक्षा को समेकित करने का उद्देश्य नहीं है *(CTET 2015, I-V)*

(a) चित्रों के माध्यम से अभिव्यक्ति का विकास
(b) बच्चों द्वारा आनन्द की प्राप्ति
(c) बच्चों के लेखन में परिपक्वता लाना
(d) बच्चों की रचनात्मकता का विकास

व्याख्या (c) पहली और दूसरी कक्षा में भाषा-शिक्षण के साथ कला-शिक्षा को समेकित (शामिल) करने का उद्देश्य बच्चों के लेखन में परिपक्वता लाना नहीं है, बल्कि उनकी भाषिक त्रुटियों को ध्यान में रखना एवं सुधार करना है। इसके साथ-साथ बच्चों की रचनात्मकता का विकास करना, बच्चों को मनोरंजन प्रदान करना तथा चित्रों के माध्यम से अभिव्यक्ति का विकास करना है।

41. भाषा सीखने की कौन-सी विधि मातृभाषा को मध्यस्थ बनाए बिना दूसरी भाषा को सीखने में सहायक होती है? *(CTET 2015, 11, I-V, VI-VIII)*

(a) अनुवाद (b) द्विभाषी
(c) अप्रत्यक्ष (d) प्रत्यक्ष

व्याख्या (d) भाषा सीखने में 'प्रत्यक्ष विधि' मातृभाषा को मध्यस्थ बनाए बिना दूसरी भाषा सीखने में सहायक होती है। प्रत्यक्ष विधि में दूसरी भाषा के वीडियो, चित्र, भाषा के वाचक आदि होते हैं। राष्ट्रीय एवं अन्तर्राष्ट्रीय भाषा सम्मेलन एवं संगोष्ठियाँ इसके सजीव उदाहरण हैं।

अनुवाद विधि में किसी दूसरी भाषा का अनुवाद करके उसको सीखा जाता है। अप्रत्यक्ष विधि में दूसरी भाषा को सुनकर, पढ़कर एवं चर्चा करके सीखा जाता है। इसमें चिन्तन व तर्क किया जाता है। द्विभाषी विधि दो भाषाओं को सहसम्बन्धित करके सीखने की प्रक्रिया है।

42. 'भाषा-शिक्षण' में खेलों का सर्वाधिक महत्त्वपूर्ण स्थान है, क्योंकि *(CTET 2015, I-V)*

(a) भाषा-शिक्षक को कम श्रम करना पड़ता है
(b) खेल भाषा को विस्तार देते हैं
(c) खेल में आनन्द आता है
(d) खेल में शारीरिक विकास होता है

व्याख्या (b) 'भाषा-शिक्षण' में खेलों का सर्वाधिक महत्त्वपूर्ण स्थान हैं, क्योंकि 'खेल भाषा को विस्तार देते हैं।' राष्ट्रीय एवं अन्तर्राष्ट्रीय खेलों (प्रतियोगिताओं) के दौरान विभिन्न भाषा-भाषी खिलाड़ी एक-दूसरे के सम्पर्क में आते हैं, जिससे भाषाओं का आदान-प्रदान होता है।

43. पाठ के अन्त में अभ्यास और गतिविधियों का उद्देश्य .... नहीं है। *(CTET 2015, I-V)*

(a) भाषा का विस्तार करना
(b) सृजनात्मकता का विकास करना
(c) बच्चों को अभिव्यक्ति के अवसर प्रदान करना
(d) प्रश्नों के उत्तर सरलता से याद करवाना

व्याख्या (d) पाठ के अन्त में अभ्यास और गतिविधियों को देने का उद्देश्य 'प्रश्नों के उत्तर सरलता से याद करवाना' नहीं है। भाषा का विस्तार करना, बच्चों को अभिव्यक्ति के अवसर प्रदान करना और बच्चों की सृजनात्मकता का विकास करना इसके मुख्य उद्देश्य होते हैं। अभ्यास और गतिविधियाँ देने से विद्यार्थी कक्षा में पढ़ाई गई विषय-वस्तु का पुन: अभ्यास करता है और अपने सीखे हुए ज्ञान को स्थायी बना लेता है।

44. पठन-पाठन के अन्त में ऐसे अभ्यास एवं गतिविधियाँ हों, जो *(CTET 2015, I-V)*

(a) सरल भाषा वाले हों
(b) बच्चों को स्वयं कुछ करने और सीखने का अवसर प्रदान करें
(c) केवल पाठ से ही सम्बन्धित हों
(d) पाठ पर बिल्कुल आधारित न हों

व्याख्या (b) पठन-पाठन के अन्त में अभ्यास एवं गतिविधियाँ रखी जाती हैं, जो 'बच्चों को स्वयं कुछ करने और सीखने का अवसर प्रदान करती हैं।' विद्यालय में ऐसी गतिविधियाँ होती रहनी चाहिए, जिससे छात्रों का शारीरिक एवं मानसिक विकास हो, साथ ही सांस्कृतिक कार्यक्रम भी होते रहने चाहिए। इन गतिविधियों से विद्यार्थी को कुछ नया करने व सोचने का अवसर मिलता है। उन्हें नई बातें व कार्य सीखने को मिलते हैं और वे उत्साहपूर्वक उनमें भाग लेते हैं।

45. भाषा शिक्षण में बालक में मौखिक कौशल के विकास के लिए .... सबसे कम महत्त्वपूर्ण है। *(CTET 2015, I-V)*

(a) किसी विषय पर चर्चा करना
(b) बच्चों की बात को धैर्य से सुनना
(c) प्रश्नों के उत्तर पूछना
(d) अपनी बात कहने का पूरा मौका देना

व्याख्या (c) भाषा-शिक्षण में बालकों के मौखिक कौशल को विकसित करने के लिए शिक्षण के उपरान्त विषय-वस्तु पर सकारात्मक परिचर्चा करते हुए 'प्रश्नों के उत्तर पूछे जाने चाहिए', जिससे बच्चों का अभिव्यक्ति कौशल विकसित होगा। बच्चों के मौखिक कौशल के विकास के लिए उन्हें अपनी बात कहने का पूरा अवसर देना चाहिए। इसके लिए यह भी जरूरी है कि बच्चों की बात को धैर्य से सुना जाए।

46. भाषा की कक्षा में यह जरूरी है कि *(CTET 2015, I-V)*

(a) भाषा-शिक्षक भाषा का पूर्ण ज्ञाता हो
(b) भाषा-शिक्षक बच्चों की उच्चारणगत शुद्धता पर विशेष ध्यान दे
(c) भाषा-शिक्षक बच्चों की वर्तनी को बहुत कठोरता से ले
(d) स्वयं भाषा-शिक्षक की भाषा प्रभावी हो

व्याख्या (d) भाषा की कक्षा में यह जरूरी है कि स्वयं भाषा-शिक्षक की भाषा प्रभावी हो, ताकि बच्चों पर उसका प्रभाव पड़े। इससे बच्चा भाषा सीखने की ओर आकर्षित होगा। साथ ही शिक्षक की प्रभावी अभिव्यक्ति तथा भाषा-उच्चारण पर आँचलिकता का प्रभाव न हो, जिससे बच्चे भी शिक्षक को देखकर (प्रेरित होकर) शुद्ध वाचन करने का प्रयास करें। भाषा शिक्षक को भाषा की आवश्यक जानकारी भी होनी चाहिए।

47. पहली कक्षा में प्रवेश लेने से पहले आमतौर पर बच्चे *(CTET 2015, I-V)*

(a) पठन-लेखन में दक्ष होते हैं
(b) स्व-अभिव्यक्ति जानते हैं
(c) भाषा के व्याकरणिक नियम जानते हैं
(d) तुतलाकर बोलते हैं

व्याख्या (b) पहली कक्षा में प्रवेश के समय बच्चे की आयु सामान्यत: 5-6 वर्ष अवश्य हो जाती है। वे इस आयु में स्व-अभिव्यक्ति जानते हैं। इस समय वे अपने अनुभव, अपने भाव एवं संवेदनाओं की अभिव्यक्ति सहज रूप में कर सकते हैं। शब्दों के लिंग, वचन आदि का बोध उन्हें हो जाता है।

48. ''विभिन्न कार्यक्षेत्रों से जुड़ी प्रयुक्तियों से विद्यार्थियों को परिचित कराया जाना चाहिए।'' इस कथन में 'प्रयुक्ति' से तात्पर्य है *(CTET 2015, I-V)*

(a) विभिन्न भाषा उदाहरण (b) विशिष्ट भाषा प्रयोग
(c) भाषा के नियम (d) शब्दों की व्युत्पत्ति

व्याख्या (b) 'प्रयुक्ति' से तात्पर्य है—'विशिष्ट-भाषा का प्रयोग।' प्रयुक्ति विविध कार्यक्षेत्रों में नियमों के प्रयोग करने की विधि को कहते हैं, ताकि इस प्रयुक्ति (विधि) द्वारा वे शुद्ध भाषा को आत्मसात् कर सकें।

49. हिन्दी भाषा के शिक्षक के रूप में आपके लिए सबसे कम महत्त्वपूर्ण है? *(CTET 2015, VI-VIII)*

(a) भाषा प्रयोग की क्षमता का विकास
(b) व्याकरणिक नियमों की जानकारी
(c) भाषा-कौशलों का ज्ञान
(d) संवैधानिक मूल्यों की जानकारी

व्याख्या (d) हिन्दी भाषा के शिक्षक के रूप में 'संवैधानिक मूल्यों की जानकारी' देना सबसे कम महत्त्वपूर्ण विषय है। भाषा-कौशलों का ज्ञान कराना, व्याकरणिक नियमों की जानकारी देना एवं भाषा-प्रयोग की क्षमता का विकास करना हिन्दी भाषा का शिक्षण क्षेत्र है न कि संवैधानिक मूल्यों की जानकारी देना। हिन्दी भाषा के शिक्षण के रूप में इनका ज्ञान ज्यादा महत्त्वपूर्ण है।

50. साहित्य की किस विधा के शिक्षण में सस्वर पठन सर्वाधिक अपेक्षित है? *(CTET 2015, VI-VIII)*

(a) आत्मकथा (b) संस्मरण (c) एकांकी (d) जीवनी

व्याख्या (c) साहित्य की 'एकांकी विधा' में शिक्षण के समय सस्वर पठन करना सर्वाधिक अपेक्षित होता है। एकांकी एक अंक का नाटक होता है, जिसमें अनेक पात्रों के भावानुकूल संवाद होते हैं। संवादों में भावों एवं प्रसंग की अभिव्यक्ति के लिए सस्वर पठन करने से विद्यार्थी वस्तु-स्थिति से परिचित हो जाता है।

51. उच्च प्राथमिक स्तर पर भाषा-शिक्षण का एक महत्त्वपूर्ण उद्देश्य है *(CTET 2015, VI-VIII)*

(a) भाषा की नियमबद्ध प्रकृति को पहचानना
(b) भाषा के आलंकारिक रूप से पहचानना
(c) भाषा के व्याकरण को कण्ठस्थ करना
(d) साहित्यिक विधाओं में रचना करना

व्याख्या (a) उच्च प्राथमिक स्तर पर भाषा-शिक्षण का महत्त्वपूर्ण उद्देश्य 'भाषा की नियमबद्ध प्रकृति को पहचानना' होता है। वर्ण एवं वर्णमाला का ज्ञान प्राथमिक शिक्षा का विषय है, जबकि भाषा के नियमबद्ध स्वरूप से लेखन के स्तर में वृद्धि होती है, जो कि उच्च शिक्षा में सहायक होता है।

52. भाषा-शिक्षण के सन्दर्भ में किसी शिक्षक के लिए सर्वाधिक महत्त्वपूर्ण है? *(CTET, 2015 VI-VIII)*

(a) पाठ्यचर्या सहगामी क्रियाओं का आयोजन करना
(b) भाषा प्रयोग के अधिक अवसर प्रदान करना
(c) निर्धारित पाठ्यक्रम को पूरा करना
(d) परीक्षा का आयोजन करना

व्याख्या (b) भाषा-शिक्षण के सन्दर्भ में एक शिक्षक को चाहिए कि वह अपने छात्रों को 'भाषा प्रयोग के अधिक अवसर प्रदान करे।' भाषा प्रयोग के अधिक अवसर प्रदान करने से बच्चे भाषा वाचन में ज्यादा सक्रिय रहेंगे, जिससे उनकी भाषा पर पकड़ और सुदृढ़ होगी।

53. उच्च प्राथमिक स्तर पर हिन्दी सीखने-सिखाने की प्रक्रिया में किसकी महत्त्वपूर्ण भूमिका नहीं है? *(CTET 2015, VI-VIII)*

(a) अभ्यास-पत्रक (b) प्रश्न-पत्र
(c) संचार-माध्यम (d) पाठ्य-पुस्तक

व्याख्या (b) उच्च प्राथमिक स्तर पर हिन्दी सीखने-सिखाने में 'प्रश्न-पत्र' की सबसे कम भूमिका होती है। अभ्यास-पत्रक, संचार-माध्यम एवं पाठ्य-पुस्तक प्रमुख शिक्षण सहायक सामग्री हैं। अभ्यास-पत्रक पर हिन्दी भाषा का अभ्यास करके हिन्दी सीखी जा सकती है। पाठ्य-पुस्तक तथा संचार-माध्यम; जैसे—टी. वी., टेपरिकॉर्डर, लिंग्वाफोन, रेडियो आदि से भी हिन्दी भाषा सीखी जा सकती है।

54. गद्य पाठों के शिक्षण का उद्देश्य नहीं है *(CTET 2015, VI-VIII)*

(a) समृद्ध भाषा प्रयोगों के उदाहरण प्रस्तुत करना
(b) समस्त गद्य-विधाओं का पूर्ण ज्ञान देना
(c) भाषा-संरचना की समझ बढ़ाना
(d) विभिन्न प्रकार की भाषित प्रयुक्तियों का परिचय देना

व्याख्या (b) गद्य पाठों के शिक्षण का उद्देश्य समस्त गद्य-विधाओं का पूर्ण ज्ञान देना नहीं है।

गद्य पाठों के शिक्षण के निम्न उद्देश्य होते हैं

- बच्चों में भाषा संरचना की समझ बढ़ाना।
- समृद्ध भाषा प्रयोगों के उदाहरण प्रस्तुत करना।
- शिक्षक द्वारा विभिन्न प्रकार की भाषित प्रयुक्तियों का परिचय देना।
- बच्चों को अध्ययन की आदत डालना।

55. भाषा-शिक्षक की भूमिका में महत्त्वपूर्ण यह है कि वह *(CTET 2015, VI-VIII)*

(a) पाठ्य-पुस्तक आधारित आकलन के स्थान पर स्वयं बहुविकल्पीय प्रश्न तैयार करें
(b) पाठ्य-पुस्तक को ही आकलन का एकमात्र आधार माने
(c) पाठ्य-पुस्तक को समय-सीमा के भीतर पूर्ण करा दे
(d) पाठ्य-पुस्तक की सीमा से स्वतन्त्र होकर विविध सन्दर्भों में भाषा-प्रयोग को महत्त्व दे

व्याख्या (d) भाषा शिक्षक की भूमिका में महत्त्वपूर्ण यह है कि वह 'पाठ्य-पुस्तक की सीमा से स्वतन्त्र होकर विविध सन्दर्भों में भाषा प्रयोग को महत्त्व दे।' इससे पाठ्य-पुस्तक में प्रयुक्त भाषा-ज्ञान, व्यवहार एवं विभिन्न कार्यक्षेत्रों में परिपक्व होगा।
शिक्षक को चाहिए कि वह विभिन्न विषयों में भाषा प्रयोग के उदाहरण देकर भाषा की प्रक्रिया को बल प्रदान करे।

56. उच्च प्राथमिक स्तर पर भाषा सीखने को प्रभावित करता है *(CTET 2015, VI-VIII)*

(a) बच्चों द्वारा किया जाने वाला सुलेख
(b) शिक्षक का भाषा-शिक्षण सम्बन्धी व्यवहार
(c) शिक्षक द्वारा ली गई लिखित परीक्षा
(d) भाषा सम्बन्धी गृहकार्य

व्याख्या (b) उच्च प्राथमिक स्तर पर 'शिक्षक का भाषा-शिक्षण सम्बन्धी व्यवहार' भाषा-सीखने को प्रभावित करता है।
भाषा-शिक्षक की विषय में रुचि, ज्ञान, अभिव्यक्ति कौशल, उसकी अभिप्रेरणा सभी से बच्चे प्रेरित होकर भाषा सीखने में रुचि लेते हैं। यदि शिक्षक का भाषागत व्यवहार अच्छा है, तो बच्चे उसे सीखने में तत्परता दिखाते हैं। परन्तु शिक्षक का व्यवहार ठीक नहीं है, तो बच्चे रुचि नहीं लेंगे।

57. उच्च प्राथमिक स्तर पर हिन्दी भाषा-शिक्षण के लिए क्या अपेक्षित नहीं है? *(CTET 2015, VI-VIII)*

(a) स्वाध्यायशीलता का विकास
(b) सुनकर शब्दश: दोहराने की क्षमता का विकास
(c) भाषा-प्रयोग की क्षमता का विकास
(d) चिन्तनशीलता का विकास

व्याख्या (b) उच्च प्राथमिक स्तर पर हिन्दी भाषा-शिक्षण में अपेक्षित नहीं है कि बच्चा 'सुनकर शब्दश: दोहराने की क्षमता का विकास' कर सके। शब्दश: दोहराने की क्षमता का विकास प्राथमिक स्तर पर ही सम्भव हो पाता है। उच्च प्राथमिक स्तर पर हिन्दी भाषा शिक्षण में स्वाध्यायशीलता का विकास, भाषा प्रयोग की क्षमता का विकास तथा चिन्तनशीलता का विकास शामिल है।

58. सातवीं कक्षा में पढ़ने वाली रूबी कक्षा में सबसे पहले अपना कार्य समाप्त कर लेती है। हिन्दी भाषा शिक्षक के रूप में आप क्या करेंगे? *(CTET 2015, VI-VIII)*

(a) रूबी को दूसरे बच्चों के कार्य की जाँच का एकमात्र अधिकारी बताएँगे
(b) रूबी की दूसरों से तुलना करेंगे
(c) रूबी को उसकी पसन्द का कार्य करने के लिए कहेंगे
(d) रूबी से शान्त बैठने के लिए कहेंगे

व्याख्या (c) यदि सातवीं कक्षा की रूबी कक्षा में सबसे पहले अपना कार्य कर लेती है तो शिक्षक को चाहिए कि वह 'रूबी को उसकी पसन्द का कार्य करने के लिए कहे', ताकि उसका मनोबल बना रहे। रूबी को उसकी क्षमता से अधिक और नीरस विषय का कार्य देने पर उसका मनोबल टूट जाएगा और वह त्रुटियाँ करने लगेगी, जिससे वह कुण्ठित महसूस करके कक्षा में पिछड़ सकती है।

59. भाषा सीखने-सिखाने के सम्बन्ध में कौन-सा कथन सही नहीं है? *(CTET 2014, I-V)*

(a) भाषा परिवेश से सीखी जाती है
(b) भाषा अर्जित करना सहज होता है
(c) संचार माध्यम भाषा सीखने में मदद करते हैं
(d) भाषा विद्यालय में ही अर्जित की जाती है

व्याख्या (b) भाषा सीखने-सिखाने के लिए 'भाषा अर्जित करना सहज होता है।' यह कथन सही नहीं है, क्योंकि भाषा-अर्जित करना एक विद्यालय में कक्षा-कक्षीय प्रणाली होती है, जिसमें शिक्षण-सहायक सामग्री, व्याकरण नियमों का प्रयोग अनिवार्य होता है। भाषा परिवेश से सीखी जाती है।

60. ''प्राथमिक स्तर की शिक्षा मुख्यत: भाषा शिक्षा है।'' इस कथन का निहितार्थ यह है कि *(CTET 2014, I-V)*

(a) बच्चों को केवल भाषा की ही शिक्षा दी जाए
(b) बच्चों के भाषा-विकास पर विशेष ध्यान दिया जाए
(c) बच्चों को अनेक भाषाएँ सिखाना अनिवार्य है
(d) बच्चों को मानक भाषाएँ सिखायी जाएँ

व्याख्या (b) ''प्राथमिक स्तर की शिक्षा मुख्यत: भाषा की शिक्षा है।'' इसका अभिप्राय है कि शिक्षक को 'बच्चों के भाषा-विकास पर विशेष ध्यान देना चाहिए', ताकि भाषायी ज्ञान होने पर बच्चा भविष्य में अन्य विषयों एवं भाषाओं का भी समुचित ज्ञान प्राप्त कर सकें।

61. जो शिक्षक बच्चों का भाषा से, अर्थपूर्ण परिचय कराना चाहते हैं *(CTET 2014, I-V)*

(a) वे पाठ्य-पुस्तक में रोजमर्रा की भाषा को स्थान देते हैं
(b) वे साहित्य के शिक्षण पर बल देते हैं
(c) वे भाषागत शुद्धता पर अत्यधिक बल देते हैं
(d) वे बच्चों की भाषा का आकलन नहीं करते हैं

व्याख्या (a) जो शिक्षक बच्चों को भाषा का अर्थपूर्ण ज्ञान देना चाहते हैं, 'वे पाठ्य-पुस्तक में रोजमर्रा की भाषा को स्थान देते हैं।' रोजमर्रा की भाषा बच्चों के दैनिक क्रियाकलापों और अनुभवों से जुड़ी होनी चाहिए, जिससे वे भाषा की अर्थपूर्ण एवं सहज रूप में प्राप्ति कर सकें।

62. एक भाषा शिक्षक के रूप में आप अपनी क्या जिम्मेदारी महसूस करते हैं? *(CTET 2014, I-V)*

(a) समय-सीमा के भीतर भाषा का पाठ्यक्रम पूर्ण करना
(b) समय-सीमा के भीतर पाठ्य-पुस्तक पूर्ण करना
(c) बच्चों को भाषा के विविध स्वरूपों और प्रयोगों से परिचय
(d) बच्चों द्वारा भाषा परीक्षाओं में अच्छे अंक लाना

व्याख्या (c) एक भाषा शिक्षक की जिम्मेदारी है कि वह 'बच्चों को भाषा के विविध स्वरूपों और प्रयोगों से परिचित कराए', क्योंकि भाषा का ज्ञान बच्चों के व्यवहार को परिमार्जित कर वाचन कौशल को विकसित करता है। भाषा के विभिन्न प्रकार और उनके प्रयोगों से बच्चों को परिचय कराना चाहिए।

63. निम्नलिखित में से कौन-सा नियम पढ़ना सीखने में मुश्किल पैदा नहीं करता? *(CTET 2014, I-V)*

(a) यह सुनिश्चित करना कि ध्वनि के नियम सीखकर उन पर अमल किया जाए
(b) बच्चों पर सावधानीपूर्वक पढ़ने के लिए जोर डालना
(c) शब्द-प्रति-शब्द पढ़ते हुए गति को बढ़ाने का आग्रह करना
(d) चित्र, सन्दर्भ और पूर्व अनुभवों के आधार पर अनुमान लगाते हुए पढ़ने के अवसर देना

व्याख्या (d) 'चित्र, सन्दर्भ और पूर्व अनुभवों के आधार पर अनुमान लगाते हुए पढ़ने के अवसर देना' यह नियम पढ़ना सीखने में मुश्किल पैदा नहीं करता है। व्याकरण का ज्ञान, पढ़ने का दबाव, नियमों का अनुपालन सीखने की प्रक्रिया में अवरोध पैदा करते हैं।

64. प्राथमिक स्तर पर भाषा-शिक्षण का मुख्य उद्‌देश्य है *(CTET 2014, I-V)*

(a) चार अक्षर वाले शब्द पढ़-लिख लेना
(b) पाठ्‌य-पुस्तक के अन्त में दिए गए सभी अभ्यासों को पूरा करना
(c) दूसरों की बातों को धैर्य से सुनना और सुनी गई बात पर अपनी टिप्पणी देना
(d) वर्णमाला को क्रम से याद करना

व्याख्या (c) प्राथमिक स्तर पर भाषा-शिक्षण का मुख्य उद्‌देश्य 'दूसरों की बातों को धैर्य से सुनना और सुनी गई बात पर अपनी टिप्पणी देना' है। इससे बच्चों को धैर्यशील श्रोता बनने और उनके श्रवण एवं अभिव्यक्ति कौशल को विकसित करने में सहायता मिलती है।

65. हिन्दी भाषा-शिक्षक को यह स्वीकार करना चाहिए कि *(CTET 2014, I-V)*

(a) गलतियाँ सीखने-सिखाने की प्रक्रिया का अभिन्न हिस्सा हैं
(b) गलतियों पर बिल्कुल ध्यान न देने से वे सुधर जाती हैं
(c) बच्चों को उनकी गलतियाँ समझाना उनके भाषा-विकास में महान बाधा हैं
(d) बच्चों को भाषा सिखाना जरूरी नहीं है

व्याख्या (a) हिन्दी भाषा के शिक्षक को यह स्वीकार करना चाहिए कि 'गलतियाँ सीखने-सिखाने की प्रक्रिया का अभिन्न हिस्सा हैं।' वर्ण एवं शब्दों के लेखन और उच्चारण में प्राथमिक स्तर पर बच्चे गलतियाँ करते ही हैं। उन पर गुस्सा न करके उनकी गलतियाँ सुधारने का अभ्यास कराएँ। धैर्य एवं दृढ़ता प्राथमिक शिक्षक की प्रमुख विशेषता है।

66. आपके विचार से भाषा-शिक्षण के सन्दर्भ में सबसे कम महत्त्वपूर्ण है *(CTET 2014, I-V)*

(a) भाषा-शिक्षण के प्रति शिक्षक का नजरिया
(b) भाषागत विविधता के प्रति संवेदनशीलता
(c) भाषा के आकलन की प्रक्रियाएँ
(d) किसी भाषा विशेष का साहित्य

व्याख्या (d) भाषा-शिक्षण के सन्दर्भ में 'किसी भाषा विशेष के साहित्य' का अध्ययन करना इतना महत्त्वपूर्ण नहीं है, जितना कि शिक्षक का नजरिया, भाषागत विविधता के प्रति संवेदनशीलता तथा भाषा आकलन की प्रक्रिया है। भाषा के शिक्षण के लिए उसके नियम, व्याकरण, उच्चारण का तरीका, सस्वर पाठन, शिक्षक का भाषायी ज्ञान, उसकी रुचि आदि अत्यन्त महत्त्वपूर्ण हैं।

67. भाषा सीखने में बातचीत का इस रूप में सर्वाधिक महत्त्व है कि *(CTET 2014, I-V)*

(a) इसमें बच्चों का अच्छा समय व्यतीत हो जाता है
(b) शिक्षक और बच्चे दोनों ही बातचीत में रस लेते हैं
(c) बच्चे विभिन्न उद्‌देश्यों के लिए भाषा का प्रयोग करना सीखते हैं
(d) बच्चे दूसरों के शुद्ध उच्चारण का अनुकरण कर सकते हैं

व्याख्या (c) भाषा-सीखने में बातचीत का सर्वाधिक महत्त्व इसलिए है कि इससे 'बच्चे विभिन्न उद्‌देश्यों के लिए भाषा का प्रयोग करना सीखते हैं।' समूह परिचर्चा से बच्चे सार्थक भाषा में अभिव्यक्ति-कौशल का विकास कर सकते हैं। अपने साथियों एवं परिवार के सदस्यों के साथ बातचीत करके भी बालक भाषा को सीखते हैं। बातचीत में बालक विशेषकर उन बोलियों पर अधिक ध्यान देते हैं, जो उनकी रुचि की होती हैं। इससे भाषा सीखने में सुविधा होती है।

68. भाषा सीखने का व्यवहारवादी दृष्टिकोण ...... पर बल देता है *(CTET 2014, I-V)*

(a) अनुकरण
(b) रचनात्मकता
(c) भाषा-प्रयोग
(d) अभिव्यक्ति

व्याख्या (a) भाषा सीखने का व्यवहारवादी दृष्टिकोण 'अनुकरण' पर बल देता है। बच्चा अपने परिवार, समाज के परिवेश से अनुकरण करके जो सीखता है, उसे वह अपने व्यवहार में प्रयोग करता है और यही सीखने का आधार है। बालकों द्वारा भाषा सीखने का अनुकरण एक प्रमुख साधन है। इसमें बालक वयस्कों के शब्दों, वाक्यों आदि को ध्यानपूर्वक सुनते हैं तथा उनका अनुकरण करते हैं।

69. इनमें से कौन-सा प्राथमिक स्तर पर हिन्दी भाषा शिक्षण का उद्‌देश्य नहीं है? *(CTET 2014, I-V)*

(a) सन्दर्भ के अनुसार अनुमान लगाकर पढ़ने का प्रयास करना
(b) चित्रकारी को स्वयं की अभिव्यक्ति का माध्यम बनाना
(c) बच्चों की घर की भाषा और स्कूल की भाषा में सम्बन्ध बनाते हुए उसे विस्तार देना
(d) सुनी गई बातों को ज्यों-का-त्यों दोहराना

व्याख्या (d) 'सुनी गई बातों को ज्यों-का-त्यों दोहराना' प्राथमिक स्तर पर हिन्दी भाषा के शिक्षण का उद्‌देश्य नहीं है। प्राथमिक स्तर पर हिन्दी भाषा-शिक्षण में महत्त्वपूर्ण है कि व्यावहारिकता पर ध्यान दिया जाए। बच्चों को अपने विचार रखने की स्वतन्त्रता दी जाए।

70. प्राथमिक स्तर पर भाषा-शिक्षण का उद्देश्य यह है कि *(CTET 2014, I-V)*

(a) बच्चे भाषा-परीक्षा में सदैव अंक लाएँ
(b) बच्चे विभिन्न स्थितियों में भाषा का प्रभावी प्रयोग कर सकें
(c) बच्चे भाषा के व्याकरण को जान सकें
(d) बच्चे मानक भाषा का प्रयोग करना जल्दी सीख जाएँ

व्याख्या (b) प्राथमिक स्तर पर भाषा-शिक्षण का उद्देश्य यह है कि 'बच्चे विभिन्न स्थितियों में भाषा का प्रभावी प्रयोग कर सकें।' भाषा का सही और सार्थक प्रयोग करना सिखाकर बच्चों को व्यवहार कुशल बनाया जा सकता है।

71. प्राथमिक स्तर पर एक भाषा-शिक्षक से सर्वाधिक अपेक्षित है *(CTET 2014 I-V)*

(a) बच्चों को मानक भाषा का प्रयोग करना सिखाना
(b) कक्षा और कक्षा के बाहर बच्चों को भाषा-प्रयोग के लिए प्रोत्साहित करना
(c) बच्चों की निरन्तर परीक्षाएँ लेना
(d) पाठ्य-पुस्तक में दी गई सभी कहानी-कविताओं को कण्ठस्थ करना

व्याख्या (b) प्राथमिक स्तर पर भाषा शिक्षक से अपेक्षा की जाती है कि वह 'कक्षा और कक्षा के बाहर बच्चों को भाषा-प्रयोग के लिए प्रोत्साहित करे' और पाठ्य-पुस्तक से सीखे गए ज्ञान का प्रयोग व्यावहारिक रूप से करने में बच्चों को बढ़ावा दे।

72. 'पढ़ना सीखने की प्रक्रिया' में किसकी भूमिका सर्वाधिक महत्त्वपूर्ण है? *(CTET 2014, I-V)*

(a) बाल साहित्य के सार्थक प्रयोग की
(b) पाठ्य-पुस्तक की
(c) भाषा परीक्षाओं की
(d) भाषा प्रयोगशाला की

व्याख्या (a) 'पढ़ना सीखने की प्रक्रिया' में 'बाल साहित्य' के सार्थक प्रयोग की सर्वाधिक महत्त्वपूर्ण भूमिका होती है, क्योंकि बाल साहित्य बच्चों के मनोनुकूल निर्मित किया जाता है, जिसे वे उत्साहपूर्वक और रुचि लेकर पढ़ते हैं और पाठ को समझकर सार्थक प्रयोग करना सीख लेते हैं।

73. एक समावेशी कक्षा में भाषा-शिक्षक को किस बिन्दु का सबसे अधिक ध्यान रखना चाहिए? *(CTET 2014 I-V)*

(a) सभी बच्चों को समान गतिविधि में शामिल होने के लिए प्रोत्साहित करना
(b) सभी बच्चों से समान अपेक्षाएँ रखना
(c) विविध प्रकार की दृश्य-श्रव्य सामग्री का उपयोग करना
(d) सभी बच्चों को समान रूप से गृहकार्य देना

व्याख्या (c) एक समावेशी कक्षा में भाषा-शिक्षक को 'विविध प्रकार की दृश्य-श्रव्य सामग्री का उपयोग करने' पर सबसे अधिक ध्यान देना चाहिए। शिक्षण में स्लाइड, चित्र, फिल्म, ओडियो-वीडियो, प्रोजेक्टर, कम्प्यूटर आदि शिक्षण सहायक सामग्री का प्रयोग शिक्षण प्रक्रिया को रोचक एवं मनोरंजनपूर्ण बनाता है, जिससे बच्चे शीघ्र सीखते हैं।

74. उच्च प्राथमिक स्तर पर भाषा-शिक्षण का उद्देश्य है *(CTET 2014,VI-VIII))*

(a) व्याकरण के नियमों को कण्ठस्थ कराना
(b) भाषा की विभिन्न संरचनाओं को यान्त्रिक अभ्यास कराना
(c) सभी साहित्यिक विधाओं में लेखन की कुशलता विकसित करना
(d) भाषा की बारीकी और सौन्दर्यबोध को समझने की क्षमता का विकास करना

व्याख्या (d) उच्च प्राथमिक स्तर पर भाषा-शिक्षण का उद्देश्य है—'भाषा की बारीकी और सौन्दर्यबोध को समझने की क्षमता का विकास करना है।' उच्च प्राथमिक स्तर पर बच्चों को भाषा की बारीकियों को समझाना चाहिए, ताकि वे भाषायी ज्ञान को जीवन का आधार बनाकर अन्य विषयों को ग्रहण कर सकें और उनका अधिगम उद्देश्य पूर्ण हो सके।

75. मुदिता आठवीं कक्षा में हिन्दी भाषा पढ़ाती है। कविता के भाव के बारे में बातचीत करते समय आप उन्हें किस बात के प्रति सचेत रहने की सलाह देंगे? *(CTET 2014, VI-VIII)*

(a) कविता को गद्य में परिवर्तित करवाने वाली गतिविधि कविता-शिक्षण का अनिवार्य पक्ष है
(b) कविता की भाषा, व्याकरण पर विशेष बल दिया जाए
(c) कविता में अलंकार, रस पर विशेष बल दिया जाए
(d) कविता का एक निश्चित भाव, अर्थ नहीं हो सकता

व्याख्या (d) मुदिता को आठवीं कक्षा में हिन्दी पढ़ाते समय यह ध्यान रखना चाहिए कि 'कविता का एक निश्चित भाव, अर्थ नहीं हो सकता।' कविता के अलग-अलग प्रसंग में अलग-अलग अर्थ निकलता है। इसलिए मुदिता को चाहिए कि वे जब कविता का पाठ पढ़ाए, तब यह ध्यान रखे कि कविता का भाव व अर्थ पाठ्य-पुस्तक के अनुसार बताया जाए।

76. उच्च प्राथमिक स्तर पर भाषा-शिक्षण का सर्वोपरि उद्देश्य है *(CTET 2014, VI-VIII)*

(a) विभिन्न साहित्यिक विधाओं का गहनतम ज्ञान प्राप्त करना
(b) सरसरी तौर पर तीव्र गति से पढ़ना
(c) भाषा के सौन्दर्यशास्त्र से परिचय
(d) निजी अनुभवों के आधार पर भाषा का सृजनशील उपयोग

व्याख्या (d) उच्च प्राथमिक स्तर पर भाषा-शिक्षण का सर्वोपरि उद्देश्य स्वयं के 'निजी अनुभवों के आधार पर भाषा का सृजनशील उपयोग' करना है, ताकि बच्चे भाषा सीखकर अपने अनुभवों एवं संवेदनाओं को सार्थक रूप में अभिव्यक्त कर सकें।

77. प्राथमिक स्तर पर भाषा सिखाने से तात्पर्य है? *(CTET 2013, I-V)*

(a) भाषा वैज्ञानिक तथ्य स्पष्ट करना
(b) भाषा का व्याकरण सीखना
(c) उच्चस्तरीय साहित्य पढ़ना
(d) भाषा का प्रयोग सिखाना

व्याख्या (d) प्राथमिक स्तर पर भाषा सिखाने का तात्पर्य 'भाषा का प्रयोग सिखाना' है, जिससे बच्चे ने कक्षा-शिक्षण में जो सीखा है, उसका व्यवहार में वह सही रूप से प्रयोग कर सके।

78. प्राथमिक स्तर पर 'हिन्दी भाषा-शिक्षण' के लिए सबसे अधिक महत्त्वपूर्ण है *(CTET 2013, I-V)*

(a) भाषा-प्रयोग के अवसर
(b) पाठ्य-पुस्तक
(c) उच्चस्तरीय तकनीकी यन्त्र
(d) व्याकरणिक नियमों का स्मरण

व्याख्या (a) प्राथमिक स्तर पर 'हिन्दी भाषा-शिक्षण' के लिए 'भाषा-प्रयोग के अवसर' प्रदान करना सबसे महत्त्वपूर्ण है। बच्चों द्वारा सीखी गई भाषा को प्रयोग करने के लिए अनुकूल परिस्थितियाँ उपलब्ध करानी चाहिए।

79. प्राथमिक स्तर पर भाषा-शिक्षण की प्राथमिकता होनी चाहिए *(CTET 2013, I-V)*

(a) केवल बोलकर पढ़ने की क्षमता विकसित करना
(b) कविता और कहानी के द्वारा केवल श्रवण-कौशल का विकास करना
(c) बच्चों की रचनात्मकता और मौलिकता को पोषित करना
(d) बच्चों की चित्रांकन क्षमता का विकास करना

व्याख्या (c) प्राथमिक स्तर पर भाषा-शिक्षण में 'बच्चों की रचनात्मकता और मौलिकता को पोषित करना' ही प्राथमिकता होनी चाहिए, जिससे रचनात्मकता और मौलिकता से उनका मानसिक विकास किया जा सके और बच्चे भविष्य के लिए तैयार हो सकें।

80. राष्ट्रीय पाठ्यचर्या की रूपरेखा 2005 के अनुसार, कौन-सा कथन सही है? *(CTET 2013, VI-VIII)*

(a) भाषा केवल भाषा की कक्षा तक सीमित होनी चाहिए
(b) भाषा-शिक्षण एक प्रकार से अन्य विषयों की कक्षाओं में भी उपस्थित रहता है
(c) बच्चे विद्यालय आकर ही भाषा सीखते हैं
(d) प्राथमिक स्तर पर भाषा सीखने-सिखाने में केवल पढ़ने पर बल देना चाहिए

व्याख्या (b) राष्ट्रीय पाठ्यचर्या की रूपरेखा 2005 के अनुसार, 'भाषा-शिक्षण एक प्रकार से अन्य विषयों की कक्षाओं में भी उपस्थित रहता है', क्योंकि अन्य विषयों में भी भाषायी आधार पर शिक्षण होता है तथा व्याकरण के नियमों का पालन किया जाता है।

81. भाषा-शिक्षण की प्रत्यक्ष विधि में *(CTET 2013, VI-VIII)*

(a) मातृभाषा का निरर्थक हस्तक्षेप होता है
(b) भाषा-अर्जन की स्वाभाविक स्थिति का निर्माण होता है
(c) अतिरिक्त शिक्षण सामग्री की कोई आवश्यकता नहीं
(d) भाषा की विविध संरचनाओं के लेखन हेतु अभ्यास पर बल दिया जाता है

व्याख्या (b) भाषा-शिक्षण की प्रत्यक्ष विधि में 'भाषा-अर्जन की स्वाभाविक स्थिति का निर्माण होता है।' प्रत्यक्ष विधि में मातृभाषा को मध्यस्थ के रूप में नहीं लिया जाता है और यह मातृभाषा से अलग द्वितीय भाषा सीखने की विधि मानी जाती है।

82. रश्मि अपनी कक्षा को बाहर मैदान में ले जाती है और पर्यावरण पर आधारित कविता-पाठ का कार्य करती है। रश्मि का उद्देश्य है *(CTET 2013, VI-VIII)*

(a) बच्चों को रोजमर्रा की चर्चा से कुछ अलग माहौल देना
(b) बच्चों को मैदान में घूमने का अवसर देना
(c) मैदान के प्राकृतिक वातावरण के साथ सम्बन्ध जोड़ते हुए कविता को समझने का अवसर देना
(d) अपने शिक्षक-प्रशिक्षण में सीखी बातों का निर्वाह करना

व्याख्या (c) रश्मि का कक्षा को बाहर मैदान में ले जाकर पर्यावरण पर आधारित कविता-पाठ का कार्य करने में उसका उद्देश्य है— मैदान में प्राकृतिक वातावरण के साथ सम्बन्ध जोड़ते हुए कविता को समझने का अवसर देना। मैदान में बैठकर पर्यावरण पर आधारित पाठ को प्रत्यक्ष रूप से देखने पर बच्चे आसानी से समझ सकेंगे।

83. भाषा-शिक्षण में अनिवार्य है *(CTET 2013, VI-VIII)*

(a) मानक भाषा पर बल
(b) समग्रतावादी दृष्टिकोण
(c) विशेष आवश्यकता वाले बच्चों के साथ भिन्न व्यवहार
(d) वर्तनी सम्बन्धी गृहकार्य

व्याख्या (b) भाषा-शिक्षण में 'समग्रतावादी दृष्टिकोण' अनिवार्य होता है। समग्रतावादी दृष्टिकोण का अर्थ बच्चे के चहुँमुखी अथवा सर्वांगीण विकास से है। शिक्षण की प्रक्रिया में बच्चे का आन्तरिक और बाह्य दोनों प्रकार से विकास होना चाहिए।

84. आदर्श हिन्दी शिक्षक के लिए आवश्यक है? *(CTET 2013, VI-VIII)*

(a) व्याकरण का ज्ञान होना
(b) हिन्दी साहित्य का ज्ञान होना
(c) शुद्ध उच्चारण कराना
(d) ये सभी

व्याख्या (d) आदर्श हिन्दी शिक्षक के लिए अनिवार्य है कि उसे व्याकरण, हिन्दी साहित्य एवं शुद्ध उच्चारण, साहित्य के इतिहास का पूर्ण ज्ञान हो और साथ ही पाठ्य-पुस्तक का समीक्षात्मक ज्ञान भी होना चाहिए।

85. निम्नलिखित में से कौन-सा द्वितीय भाषा-शिक्षण का उद्देश्य नहीं है? *(CTET 2012, I-V)*

(a) विभिन्न क्षेत्रों, स्थितियों में हिन्दी की विभिन्न प्रयुक्तियों को समझने की योग्यता का विकास
(b) हिन्दी के व्याकरणिक नियमों को कण्ठस्थ करना
(c) दैनिक जीवन में हिन्दी में समझने तथा बोलने की क्षमता का विकास
(d) बोलने की क्षमता के अनुरूप लिखने की क्षमता का विकास

व्याख्या (b) द्वितीय भाषा-शिक्षण का उद्देश्य 'हिन्दी के व्याकरणिक नियमों को कण्ठस्थ करना' नहीं है। दैनिक जीवन में हिन्दी बोलने और लिखने की क्षमता का विकास, विभिन्न क्षेत्रों एवं स्थितियों में हिन्दी के प्रयोग को समझने की क्षमता का विकास आदि द्वितीय भाषा शिक्षण का उद्देश्य है।

86. प्राथमिक स्तर पर भाषा की पाठ्य-पुस्तक में किस तरह की रचनाओं को स्थान दिया जाना चाहिए? *(CTET 2012, I-V)*

(a) विदेशी साहित्य की रचनाएँ
(b) ऐसी रचनाएँ, जो बच्चों के परिवेश से जुड़ी हों और जिनमें भाषा की अलग-अलग अभिव्यक्तियाँ हों
(c) जो प्रत्यक्ष रूप से मूल्यों पर आधारित हो
(d) केवल कहानियाँ अथवा कविताएँ

व्याख्या (b) प्राथमिक स्तर पर भाषा की पाठ्य-पुस्तक में 'ऐसी रचनाएँ हों, जो बच्चों के परिवेश से जुड़ी हों और जिनमें भाषा की अलग-अलग अभिव्यक्ति हों'। बच्चों के परिवेश से जुड़ी रचनाओं और भाषागत विविधता को बच्चे अनुभव करके अथवा व्यवहार से जोड़कर सुगमता से समझ सकते हैं।

87. निम्नलिखित में से कौन-सा भाषा-शिक्षण का उद्देश्य है? *(CTET 2012, I-V)*

(a) निजी अनुभवों के आधार पर भाषा का सृजनशील प्रयोग करना
(b) भाषा सीखते समय त्रुटियाँ बिल्कुल न करना
(c) भाषा की बारीकी और सौन्दर्यबोध को सही रूप से समझने की क्षमता को प्रोत्साहित करना
(d) भाषा के व्याकरण सीखने पर बल देना

व्याख्या (c) भाषा-शिक्षण का उद्देश्य 'भाषा की बारीकी और सौन्दर्यबोध को सही रूप से समझने की क्षमता को प्रोत्साहित करना' है। भाषा-शिक्षण के माध्यम से बच्चों में भाषायी समझ को विकसित किया जा सकता है।

88. उच्च प्राथमिक स्तर पर भाषा-शिक्षण की प्रक्रिया में सबसे अधिक महत्त्वपूर्ण है? *(CTET 2012, VI-VIII)*

(a) पाठ्य-पुस्तक में दिए गए साहित्यिक अंशों की विस्तृत व्याख्या
(b) पठन-कौशल पर अधिक बल देना
(c) पाठों के शब्दों का अर्थ जानने के लिए शब्दकोश का प्रयोग करना
(d) समाचार-पत्र, पत्रिकाओं या अन्य भाषिक सामग्री में कही गई बात के निहितार्थ, सोच, सरोकार की पहचान करना

व्याख्या (d) उच्च प्राथमिक स्तर पर भाषा-शिक्षण की प्रक्रिया में सबसे अधिक महत्त्वपूर्ण 'समाचार-पत्र, पत्रिकाओं या अन्य भाषिक सामग्री में कही गई बात के निहितार्थ, सोच, सरोकार की पहचान करना' है। इससे बच्चों की संचार माध्यमों के विषय में रुचि विकसित की जा सकती है।

89. निम्नलिखित में से कौन-सा उच्च प्राथमिक स्तर पर भाषा शिक्षण का उद्देश्य नहीं है? *(CTET 2012, VI-VIII)*

(a) राही रूप में समझना (b) व्याकरण के नियमों को रटना
(c) निजी अनुभवों के आधार पर भाषा का सृजनशील प्रयोग
(d) दूसरों के अनुभवों से जुड़ पाना और सन्दर्भों में चीजों को समझना।

व्याख्या (b) उच्च प्राथमिक स्तर पर भाषा शिक्षण का उद्देश्य 'व्याकरण के नियमों को रटना' नहीं है। उच्च प्राथमिक स्तर पर निजी अनुभवों के आधार पर भाषा का सृजनशील प्रयोग, दूसरों के अनुभवों से जुड़कर सन्दर्भों को सही रूप में समझना आदि भाषा-शिक्षण के उद्देश्य हैं।

90. भाषा के सन्दर्भ में निदानात्मक परीक्षण का उद्देश्य है? *(CTET 2012, VI-VIII)*

(a) बच्चों हेतु भाषा प्रयोग के अवसर जुटाना
(b) बच्चों को अगली कक्षा में प्रोन्नत करना
(c) बच्चों को विभिन्न श्रेणियों में विभक्त करना
(d) बच्चों की भाषा-प्रयोग सम्बन्धी कठिनाइयों के सम्भावित कारणों की पहचान करना।

व्याख्या (d) भाषा के सन्दर्भ में निदानात्मक परीक्षण का उद्देश्य 'बच्चों की भाषा प्रयोग सम्बन्धी कठिनाइयों के सम्भावित कारणों की पहचान करना' है। निदानात्मक परीक्षण के अन्तर्गत शिक्षण में या पठन-पाठन में आने वाली कठिनाइयों का निदान किया जाता है।

91. स्वाभाविक अभिव्यक्ति, कल्पनाशीलता, कौशल और सोच को विकसित करना *(CTET 2012, VI-VIII)*

(a) भाषा-शिक्षण को किसी प्रकार की दिशा नहीं देता
(b) भाषा-शिक्षण का एकमात्र उद्देश्य है
(c) भाषा-शिक्षण का उद्देश्य नहीं है
(d) भाषा-शिक्षण का एक महत्त्वपूर्ण उद्देश्य है

व्याख्या (d) स्वाभाविक अभिव्यक्ति, कल्पनाशीलता, कौशल और सोच को विकसित करना 'भाषा-शिक्षण का एक महत्त्वपूर्ण उद्देश्य' है। भाषा-शिक्षण द्वारा ही कोई शिक्षक बच्चे में अभिव्यक्ति, कल्पना का सृजन, कौशल और सृजनात्मक सोच को विकसित कर सकता है।

92. भाषा-शिक्षण में कौन-सा बिन्दु सबसे कम महत्त्वपूर्ण है? *(CTET 2012, VI-VIII)*

(a) भाषायी अभ्यास
(b) भाषिक परिवेश
(c) पाठ्य-सामग्री
(d) परीक्षाएँ

व्याख्या (c) भाषा-शिक्षण में 'पाठ्य-सामग्री' सबसे कम महत्त्वपूर्ण है। सशक्त भाषा-शिक्षण द्वारा बालक के भाषिक परिवेश और भाषायी अभ्यास को मजबूत बनाकर परीक्षाओं में उपलब्धि हासिल की जा सकती है और बालक के लिए यह उत्साहपूर्वक और रुचिकर होगा।

93. सुलेखा जब-तब बच्चों के साथ बातचीत करती रहती है, वह *(CTET 2012, VI-VIII)*

(a) बच्चों को वाचाल बनाना चाहती है
(b) सदैव बच्चों की परीक्षा ले रही है
(c) समय नष्ट कर रही है
(d) बच्चों को भाषा अर्जित करने के लिए परिवेश दे रही है

व्याख्या (d) सुलेखा बच्चों से बातचीत करके 'बच्चों को भाषा-अर्जित करने के लिए परिवेश दे रही है।' आपसी परिचर्चा से बच्चों का भाषिक परिवेश सुदृढ़ बनेगा और बच्चे भाषा के महत्त्वपूर्ण बिन्दुओं पर पकड़ बना सकेंगे।

94. प्राथमिक स्तर पर बच्चों की भाषा शिक्षा के सन्दर्भ में निम्नलिखित में से कौन-सा कथन असत्य है? *(CTET 2011, I-V)*

(a) बच्चे समृद्ध भाषा परिवेश में सहज और स्वत: रूप से भाषा में परिमार्जन कर लेंगे
(b) बच्चे भाषा की जटिल और समृद्ध संरचनाओं के साथ विद्यालय आते हैं
(c) बच्चों की भाषा संकल्पनाओं और विद्यालय में प्रचलित भाषा परिवेश में विरोधाभास ही भाषा सीखने में सहायक होता है
(d) सुधार के नाम पर की जाने वाली टिप्पणियों व निरर्थक अभ्यास से बच्चों में अरुचि उत्पन्न हो सकती है

व्याख्या (c) प्राथमिक स्तर पर बच्चों की भाषा-शिक्षा के सन्दर्भ में असत्य कथन है कि बच्चों की भाषा-संकल्पनाओं और विद्यालय में प्रचलित भाषा-परिवेश में विरोधाभास ही भाषा सीखने में सहायक होता है, क्योंकि बच्चों की भाषा संकल्पना और विद्यालय में प्रचलित भाषा परिवेश में विरोधाभास होने पर भाषा सीखने में बाधाएँ उत्पन्न होती हैं एवं भाषिक विकास अवरुद्ध हो जाता है।

95. प्राथमिक स्तर पर कौन-सा भाषा शिक्षण का उद्देश्य नहीं है? *(CTET 2011, I-V)*

(a) स्पष्टतया एवं आत्मविश्वास के साथ अपनी बात कहना
(b) वर्णमाला को क्रम से कण्ठस्थ करना
(c) ध्वनि-संकेत चिह्न का सम्बन्ध बनाना
(d) विभिन्न सन्दर्भों में भाषा का प्रभावी प्रयोग करना

व्याख्या (b) प्राथमिक स्तर पर 'वर्णमाला को क्रम से कण्ठस्थ करना' भाषा-शिक्षण का उद्देश्य नहीं है। प्राथमिक स्तर पर स्पष्ट और आत्मविश्वास के साथ अपनी बात कहना, ध्वनि-संकेतों से चिह्न का सम्बन्ध बनाना और विभिन्न सन्दर्भों में भाषा का प्रभावी प्रयोग करने के उद्देश्य से भी भाषा-शिक्षण किया जाता है।

96. एक समावेशी कक्षा में कौन-सा कथन भाषा-शिक्षण के सिद्धान्तों के प्रतिकूल है? *(CTET 2011, I-V)*

(a) बच्चे परिवेश से प्राप्त भाषा को ग्रहण करते हुए भाषा-प्रयोग में नियम बना सकते हैं
(b) भाषा परिवेश में रहकर अर्जित की जाती है
(c) प्रिण्ट समृद्ध माहौल भाषा सीखने में सहायक होता है
(d) व्याकरण के नियम सिखाने से बच्चों का भाषा-विकास शीघ्रता से होगा

व्याख्या (d) एक समावेशी कक्षा में भाषा-शिक्षण के सिद्धान्तों के प्रतिकूल कथन है कि 'व्याकरण के नियम सिखाने से बच्चों का भाषा-विकास शीघ्रता से होगा।'

97. भाषा-शिक्षण में सहायक है *(CTET 2011, VI-VIII)*

(a) निदानात्मक व उपचारात्मक कार्य
(b) शुद्ध-भाषा पर बल
(c) साहित्य-शिक्षण
(d) व्याकरणिक नियमों की जानकारी

व्याख्या (a) भाषा-शिक्षण में 'निदानात्मक व उपचारात्मक कार्य' सहायक हैं, क्योंकि निदानात्मक शिक्षण द्वारा छात्रों की शैक्षिक और शैक्षणिक कठिनाइयों का पता लगाकर उनका निदान (समाधान) किया जाता है।

98. समावेशी-शिक्षा के सन्दर्भ में भाषा-शिक्षण के लिए अनिवार्य है *(CTET 2011, VI-VIII)*

(a) विभिन्न प्रकार की गतिविधियों का उपयोग
(b) व्याकरणिक संकल्पनाओं का अधिकाधिक अभ्यास
(c) एकांकी शिक्षण में सभी की भागीदारी
(d) भाषा-कौशलों का उपयुक्त अभ्यास

व्याख्या (a) समावेशी-शिक्षा के सन्दर्भ में भाषा-शिक्षण के लिए 'विभिन्न प्रकार की गतिविधियों का उपयोग' करना अनिवार्य होता है। समावेशी कक्षा में सामान्य एवं विशिष्ट बालक एक साथ पढ़ते हैं, पठन-पाठन को सुगम और मनोरंजक बनाने के लिए रुचिकर शिक्षण सहायक सामग्री का अधिक प्रयोग करना चाहिए।

99. भाषा-शिक्षण के सन्दर्भ में कौन-सा कथन सही नहीं है? *(CTET 2011, VI-VIII)*

(a) बच्चे अपने द्वारा बनाए गए भाषा-नियमों में विस्तार एवं परिवर्तन करते हैं
(b) समृद्ध भाषा-परिवेश भाषा अर्जित करने में सहायक होता है
(c) बच्चों की मातृभाषा का कक्षा में प्रयोग नहीं होना चाहिए
(d) बच्चे भाषा की जटिल संरचनाओं के साथ विद्यालय आते हैं

व्याख्या (c) भाषा-शिक्षण के सन्दर्भ में कथन— 'बच्चों की मातृभाषा का कक्षा में प्रयोग नहीं होना चाहिए' सही नहीं है, क्योंकि महात्मा गाँधी ने 'बुनियादी शिक्षा योजना' (1937) में बच्चे की बुनियादी शिक्षा उसकी मातृभाषा में देने का सुझाव दिया था, जो बच्चे के सर्वांगीण विकास में सहायक है।

100. भाषा-शिक्षण में शब्दार्थ पर अधिक बल नहीं देना चाहिए, क्योंकि *(CTET 2011, VI-VIII)*

(a) शब्दों के अर्थ शब्दकोश से देखे जा सकते हैं
(b) इसमें समय व्यर्थ होता है
(c) बच्चे सारे शब्दों के अर्थ जानते हैं
(d) बच्चे सन्दर्भ के अनुसार अनुमान लगाते हुए अर्थ ग्रहण कर लेते हैं

व्याख्या (d) भाषा-शिक्षण में शब्दार्थ पर अधिक बल इसलिए नहीं दिया जाना चाहिए, क्योंकि 'बच्चे सन्दर्भ के अनुसार अनुमान लगाते हुए अर्थ ग्रहण कर लेते हैं।' बच्चे बहुत कल्पनाशील एवं सृजनात्मक प्रवृत्ति के होते हैं। इसलिए शब्दार्थ पर ज्यादा बल देने की आवश्यकता नहीं पड़ती है।

101. भाषा-शिक्षण का सम्प्रेषणपरक उपागम *(CTET 2011, VI-VIII)*

(a) भाषिक संरचनाओं की जानकारी पर बल देता है
(b) सन्दर्भ में भाषा-प्रयोग की कुशलता पर बल देता है
(c) मातृभाषा प्रयोग का निषेध करता है
(d) बोलना कौशल पर बल देता है

व्याख्या (b) भाषा-शिक्षण का सम्प्रेषणपरक उपागम 'सन्दर्भ में भाषा-प्रयोग की कुशलता पर बल देता है।' कह सकते हैं कि सम्प्रेषण की कुशलता भाषा-शिक्षण को सरल एवं सुगम बनाती है।

102. **सुलेखा ने पाठ को पढ़ते हुए 'जीवन' को 'जिन्दगी' पढ़ा। यह इस ओर संकेत करता है कि** *(CTET 2011, VI-VIII)*

(a) उसे अक्षरों की पहचान में भ्रम हो जाता है
(b) उसे केवल पठन-अभ्यास की बहुत आवश्यकता है
(c) सुलेखा ध्यान से नहीं पढ़ती
(d) वह अक्षर-पहचान की बजाय अर्थ को समझते हुए पढ़ रही है

व्याख्या (d) सुलेखा पाठ को पढ़ते हुए 'जीवन' को 'जिन्दगी' पढ़ती है, तो 'वह अक्षर-पहचान की बजाए अर्थ को समझते हुए पढ़ रही है', क्योंकि अर्थ को महत्त्व देते हुए (पर्यायवाची रखने पर) शब्द का परिवर्तन महत्त्व नहीं रखता है।

103. **भाषा-शिक्षण के सन्दर्भ में कौन-सा कथन सही नहीं है?** *(CTET 2011, VI-VIII)*

(a) भाषा-अर्जन और भाषा-अधिगम में अन्तर होता है
(b) भाषा-शिक्षण में केवल भाषायी शुद्धता पर ही अधिक बल रहता है
(c) भाषा सीखने में अन्य विषयों का अध्ययन-अध्यापन सहायक होता है
(d) समृद्ध भाषा-परिवेश भाषा अर्जित करने में सहायक होता है

व्याख्या (b) भाषा-शिक्षण के सन्दर्भ में कथन 'भाषा-शिक्षण में केवल भाषायी शुद्धता पर ही अधिक बल रहता है' सही नहीं है, क्योंकि भाषा-शिक्षण, भाषा-अधिगम और अन्य विषयों का अध्ययन और शिक्षण तथा समृद्ध भाषा-परिवेश भाषा अर्जित करने में भी सहायक होते हैं।

» State TETs

104. **जब छात्र शिक्षक की भाषा का अनुकरण करे, तो उसे कहते हैं** *(UPTET 2018, VI-VIII)*

(a) प्रयत्न का सिद्धान्त
(b) अनुकरण का सिद्धान्त
(c) क्रियाशीलता का सिद्धान्त
(d) अभ्यास का सिद्धान्त

व्याख्या (b) जब छात्र शिक्षक की भाषा का अनुकरण करे, तो उसे 'अनुकरण का सिद्धान्त' कहते हैं। इसमें छात्र शिक्षक को देखकर शब्दों का उच्चारण, अर्थ, सस्वर पठन, वाचन में लय का उतार-चढ़ाव आदि को अनुकरण द्वारा सीखता है।

105. **निम्नलिखित में वाचन शिक्षण की विधि नहीं है** *(UPTET 2017, VI-VIII)*

(a) ध्वनि साम्य विधि
(b) अनुध्वनि विधि
(c) व्याख्यान विधि
(d) समवेत पाठ विधि

व्याख्या (c) वाचन-शिक्षण की विधियों में 'व्याख्यान विधि' नहीं आती है। व्याख्यान विधि उच्च कक्षाओं में शिक्षण की एक प्रचलित विधि है। ध्वनि साम्य विधि, अनुध्वनि विधि और समवेत पाठ विधि सभी वाचन शिक्षण की विधियाँ हैं।

106. **हिन्दी भाषा शिक्षण में छात्र की अभिव्यक्ति परखने के लिए आप निम्न में से किस प्रश्न को सर्वाधिक महत्त्वपूर्ण समझते हैं?** *(UTET 2017, VI-VIII)*

(a) 'लोकगीत संस्कृति के परिचयक होते हैं।' इस कथन पर अपने विचार व्यक्त कीजिए
(b) 'आँखों पर पर्दा पड़ना' मुहावरे का वाक्य में प्रयोग कीजिए
(c) 'सेना ने वीरता के साथ युद्ध किया,' इस वाक्य को कर्मवाक्य में बदलिए
(d) 'कमल' तथा 'सूर्य' के तीन-तीन पर्यायवाची शब्द लिखिए

व्याख्या (a) हिन्दी-भाषा शिक्षण में छात्र की अभिव्यक्ति को परखने के लिए सर्वाधिक महत्त्वपूर्ण प्रश्न है कि लोकगीत संस्कृति के परिचायक होते हैं। इस कथन पर अपने विचार व्यक्त कीजिए। किसी समाज या क्षेत्रीय लोकगीतों में वहाँ के विश्वास, त्योहार, मान्यताएँ, मूल्य, सभ्यता, धार्मिक तत्त्व आदि सम्मिलित होते हैं।

107. **भाषा-शिक्षण के सन्दर्भ में किसी शिक्षक के लिए सर्वाधिक महत्त्वपूर्ण है?** *(UTET 2017, I-V)*

(a) पाठ्य सहगामी क्रियाओं का आयोजन करना
(b) भाषा प्रयोग के अधिक अवसर प्रदान करना
(c) निर्धारित पाठ्यक्रम को पूर्ण करना
(d) परीक्षा का आयोजन करना

व्याख्या (b) भाषा-शिक्षण के सन्दर्भ में सर्वाधिक महत्त्वपूर्ण है 'भाषा प्रयोग के लिए अवसर प्रदान करना।' भाषा-शिक्षक को चाहिए कि वह अधिगम की गई भाषा को प्रयोग करने के लिए व्यवहारात्मक परिस्थितियाँ उत्पन्न करे। शेष विकल्प भाषा-शिक्षक के लिए सहायक क्रियाएँ हैं।

108. **'कविता शिक्षण में मौन पाठ वर्जित है', क्योंकि** *(UTET 2017, VI-VIII)*

(a) समय का दुरुपयोग होता है
(b) छात्रों का अवधान बाधित होता है
(c) इससे रसानुभूति में व्यवधान होता है
(d) शिक्षण का प्रवाह समाप्त होता है

व्याख्या (c) 'कविता शिक्षण में मौन पाठ इसलिए वर्जित है, क्योंकि 'इससे रसानुभूति में व्यवधान होता है।' कविता शिक्षण में सस्वर पाठन लयात्मकता के साथ आवश्यक है। इससे छात्रों के वाचन-कौशल का विकास होगा और त्रुटियों को दूर करते हुए रस की अनुभूति भी हो सकेगी।

109. **हिन्दी गद्य-शिक्षण की 'पाठ योजना' में उद्देश्य कथन आता है** *(UPTET 2016, I-V)*

(a) पूर्वज्ञान
(b) प्रस्तावना प्रश्न के पश्चात्
(c) आदर्श वाचन के पश्चात्
(d) मौन वाचन के पहले

व्याख्या (b) हिन्दी गद्य शिक्षण की 'पाठ-योजना' में उद्देश्य कथन प्रस्तावना प्रश्न के पश्चात् आता है। प्रस्तावना प्रश्न पूर्व-प्रश्न पर आधारित होते हैं। उसके बाद 'हम क्या पढ़ेंगे और क्यों?' पर आधारित शिक्षण किया जाता है और रूपरेखा प्रस्तुत की जाती है।

110. भाषा-शिक्षण की पद्धति नहीं है *(UPTET 2016, I-V)*

(a) किण्डरगार्टन (b) मॉण्टेसरी
(c) डेक्राली (d) अभिक्रमित अनुदेशन

व्याख्या (d) भाषा-शिक्षण की पद्धति 'अभिक्रमित अनुदेशन' नहीं है। यह अधिगम प्रक्रिया पर आधारित है, जबकि किण्डरगार्टन, मॉण्टेसरी और डेक्राली विधि शिक्षण की प्रमुख विधियाँ हैं।

111. भाषा शिक्षक में होना आवश्यक नहीं है *(UPTET 2016, VI-VIII)*

(a) व्याकरण का ज्ञान
(b) सुन्दर लेख
(c) विषय और मूल्यांकन विविधयों का ज्ञान
(d) रसायनों का ज्ञान होना

व्याख्या (d) एक भाषा शिक्षक को रसायनों का ज्ञान होना आवश्यक नहीं है। भाषा शिक्षक व्याकरण का ज्ञान रखता हो, उसका लेखन सुन्दर हो और विषय एवं मूल्यांकन विधियों का ज्ञान रखता हो। सुन्दर लेखन द्वारा अधिगम को रुचिकर बनाया जा सकता है।

112. भाषा-शिक्षण का आदर्श वातावरण है *(UPTET 2016, I-V)*

(a) विद्यार्थियों को अभिव्यक्ति की पूरी आजादी
(b) भाषागत शुद्धता पर बल
(c) अध्यापक का एकालाप
(d) श्रव्य-दृश्य सामग्री का प्रचुर उपयोग

व्याख्या (a) भाषा-शिक्षण के आदर्श वातावरण में विद्यार्थियों को अभिव्यक्ति की पूरी आजादी होती है। शिक्षक को ऐसा आदर्श वातावरण निर्मित करना चाहिए, जिसमें बच्चों द्वारा अधिगमित भाषा-ज्ञान को व्यवहार में प्रयुक्त करने के अवसर प्राप्त हो सकें।

113. भाषा शिक्षण के उपागम हैं *(REET 2016, I-V)*

(a) पाठ संसर्ग उपागम (b) रचना शिक्षण उपागम
(c) 'a' और 'b' दोनों (d) इनमें से कोई नहीं

व्याख्या (c) भाषा-शिक्षण के उपागम पाठ संसर्ग उपागम एवं रचना शिक्षण उपागम दोनों है, क्योंकि भाषा-शिक्षण के लिए पहले पाठ पढ़ाया जाता है, तत्पश्चात् पाठ से सम्बन्धित प्रश्नोत्तर, लेखन हेतु दिए जाते हैं।

114. गृह कार्य का मुख्य उद्देश्य है *(REET 2016, I-V)*

(a) छात्र को घर पर व्यस्त रखना
(b) पढ़ाए गए पाठ को दोहराने के लिए अवसर देना
(c) सुलेख की योग्यता का विकास करना
(d) सम्बन्धित पाठ में रुचि उत्पन्न करना

व्याख्या (b) गृह कार्य का मुख्य उद्देश्य है 'पढ़ाए गए पाठ को दोहराने के लिए अवसर देना'। गृह कार्य देने से छात्र कक्षा में पढ़ाए गए पाठ को घर पर पुन: समझ सकेंगे।

115. हिन्दी भाषा शिक्षण की विधि है *(REET 2016, I-V)*

(a) अनुकरण विधि (b) आगमन-निगमन विधि
(c) भाषा प्रयोगशाला (d) ये सभी

व्याख्या (d) हिन्दी भाषा-शिक्षण की विधियाँ निम्नलिखित हैं; जैसे—अनुकरण विधि, आगमन-निगमन विधि और भाषा प्रयोगशाला विधि।

116. वस्तुनिष्ठ प्रश्नों की उपयोगिता का प्रमुख कारण है? *(REET 2016, I-V)*

(a) रटने से मुक्ति (b) पाठ्यक्रम व्याप्ति
(c) निष्पक्ष मूल्यांकन (d) विद्यार्थियों का हित

व्याख्या (c) वस्तुनिष्ठ प्रश्नों की उपयोगिता 'निष्पक्ष मूल्यांकन' में होती है। वस्तुनिष्ठ प्रश्नों का मूल्यांकन कम्प्यूटर द्वारा होता है, जिससे विद्यार्थियों को उत्तर के अनुसार निष्पक्ष अंक देकर भ्रष्टाचार पर नियन्त्रण किया जा सकता है।

117. विचारों की अच्छी अभिव्यक्ति किस प्रकार के प्रश्नों में हो सकती है? *(REET 2016, I-V)*

(a) वस्तुनिष्ठ (b) अति लघुत्तरात्मक
(c) निबन्धात्मक (d) लघुत्तरात्मक

व्याख्या (c) विचारों की अच्छी अभिव्यक्ति के लिए प्रश्नों का 'निबन्धात्मक' स्वरूप अपनाया जाता है, क्योंकि इस स्वरूप में प्रश्नों का उत्तर विस्तृत रूप में दिया जाता है, जिससे प्रश्न के सभी पक्षों पर विचार किया जा सकता है। वस्तुनिष्ठ, लघुत्तरात्मक और अति लघुत्तरात्मक स्वरूप में बहुत कम शब्दों में उत्तर देना होता है, जिसमें पूर्ण अभिव्यक्ति नहीं होती है।

118. भाषा शिक्षण के सिद्धान्त हैं *(REET 2016, VI-VIII)*

(a) प्रेरणा का सिद्धान्त
(b) क्रिया द्वारा सीखने का सिद्धान्त
(c) जीवन से जोड़ने का सिद्धान्त
(d) उपरोक्त सभी

व्याख्या (d) भाषा-शिक्षण में प्रेरणा का सिद्धान्त, क्रिया द्वारा सीखने का सिद्धान्त, जीवन से जोड़ने का सिद्धान्त सभी आते हैं। शिक्षक की प्रेरणा, करके सीखना और अनुभवों (दैनिक जीवन) से जोड़कर भाषा-शिक्षण सरल, रोचक और सुगम हो जाता है।

119. रचना शिक्षण के मुख्य रूप होते हैं? *(REET 2016, VI-VIII)*

(a) 5 (b) 3 (c) 2 (d) 7

व्याख्या (c) रचना शिक्षण के प्रमुख 'दो' रूप मौखिक रचना एवं लिखित रचना हैं। मौखिक रचना के अन्तर्गत कविता, गीत, बाल साहित्य, कहानी आते हैं, जबकि लिखित रचनाओं में निबन्ध, नाटक, संस्मरण, आलोचना, आत्मकथा आदि विधाएँ आती हैं, जिन्हें हम कण्ठस्थ नहीं कर सकते हैं।

120. सी. सी. ई. प्रणाली में A_1 ग्रेड कितने प्रतिशत अंक प्राप्त करने वाले छात्र को प्रदान की जाएगी? *(REET 2016, VI-VIII)*

(a) 91-100 (b) 81-90
(c) 90-100 (d) 71-80

व्याख्या (a) सी. सी. ई. प्रणाली में A_1 ग्रेड '91-100' प्रतिशत अंक प्राप्त करने वाले छात्र को प्रदान की जाती है। 81-90 वाले को A_2, 71-81 वाले को B_1 और 61-70 अंक वाले को B_2 ग्रेड प्रदान की जाती है।

121. बच्चों में भाषा प्रयोग की दक्षता विकसित करने के लिए आवश्यक है *(UPTET 2014, VI-VIII)*

(a) उन्हें सुनने और बोलने की पूरी आजादी हो
(b) उन्हें कविताएँ याद हों
(c) उन्हें मुहावरे याद हों
(d) वे किसी वक्ता के साथ रहते हों

व्याख्या (a) बच्चों में भाषा के प्रयोग की दक्षता विकसित करने के लिए 'उन्हें सुनने और बोलने की पूरी आजादी होनी चाहिए।' बच्चे जो कक्षा-कक्ष में सीखते हैं, वे उस ज्ञान को आपसी परिचर्चा द्वारा व्यवहार में प्रयोग करके परिपक्व कर सकेंगे।

122. वाक्य शिक्षण के लिए यह आवश्यक है कि छात्रों को वाक्य गठन की सामान्य बातों से भली-भाँति परिचित करा दिया जाए। अर्थ अथवा भाव बोध की दृष्टि से वाक्य के कितने प्रकार होते हैं? *(HTET 2012, I-V)*

(a) एक (b) दो
(c) पाँच (d) आठ

व्याख्या (d) अर्थ या भाव बोध के आधार पर वाक्य 'आठ' प्रकार के होते हैं

(i) विधानवाचक (ii) निषेधवाचक
(iii) आज्ञावाचक (iv) प्रश्नवाचक
(v) विस्मयबोधक (vi) संकेतवाचक
(vii) सन्देहवाचक (viii) इच्छावाचक

123. भाषा शिक्षण का आदर्श वातावरण है *(HTET 2014, 12, I-V, VI-VIII)*

(a) विद्यार्थियों को अभिव्यक्ति के भरपूर अवसर
(b) भाषागत शुद्धता पर अत्यधिक बल देना
(c) अध्यापक का एकालाप
(d) दृश्य-श्रव्य सामग्री का प्रचुर उपयोग

व्याख्या (a) भाषा-शिक्षण का आदर्श वातावरण वह है, जिसमें 'विद्यार्थियों को अभिव्यक्ति के भरपूर अवसर' प्रदान किए जाएँ। भाषा-शिक्षण का मूल उद्देश्य बच्चों की अभिव्यक्ति क्षमता को विकसित करके उन्हें व्यवहार कुशल बनाना है और यह विद्यार्थियों को अधिकाधिक अवसर प्रदान करने ही सम्भव है।

124. गद्य शिक्षण का मूल उद्देश्य है *(HTET 2012, I-V)*

(a) भाषा ज्ञान (b) सामान्य ज्ञान
(c) चरित्र निर्माण (d) इनमें से कोई नहीं

व्याख्या (a) गद्य-शिक्षण का मूल उद्देश्य 'भाषा ज्ञान' कराना ही है। गद्य-शिक्षण के अन्तर्गत शुद्ध लेखन, शुद्ध उच्चारण, शुद्ध वाचन एवं शुद्ध वाचन सम्बन्धी त्रुटियों को दूर करके अभिव्यक्ति कौशल को विकसित किया जाता है।

125. भाषा शिक्षक ने कक्षाकक्ष में व्यक्ति विशेष की आकृति, वेशभूषा, मुद्रा, स्वभाव, सौन्दर्य आदि का वर्णन किया। शिक्षक किस विधा का शिक्षण करा रहा है? *(HTET 2012, I-V)*

(a) यात्रा वृत्तान्त (b) संस्मरण (c) रेखाचित्र (d) जीवनी

व्याख्या (c) यदि कोई भाषा-शिक्षक किसी व्यक्ति-विशेष की आकृति, वेशभूषा, मुद्रा, चेष्टा, स्वभाव, सौन्दर्य आदि का वर्णन शब्दों द्वारा कर रहा है, तो वह शब्दों द्वारा एक चित्र निर्मित कर रहा है, जिसे 'रेखाचित्र' विधा कहा जाता है। किसी घनिष्ठ व्यक्ति द्वारा व्यक्तित्व वर्णन संस्मरण है। किसी यात्रा का आँखों देखा वर्णन यात्रा वृत्तान्त होता है और किसी व्यक्ति के जन्म से मृत्यु तक की क्रमबद्ध कहानी अन्य व्यक्ति द्वारा लिखना जीवनी विधा के अन्तर्गत आता है।

126. हिन्दी शिक्षण में उपलब्धि की जाँच की जा सकती है *(REET 2012, I-V)*

(a) बुद्धि परीक्षण से (b) निबन्धात्मक प्रश्नों से
(c) प्रोजेक्टिव परीक्षण से (d) उपलब्धि परीक्षण से

व्याख्या (d) हिन्दी शिक्षण में उपलब्धि की जाँच 'उपलब्धि परीक्षण' से की जा सकती है कि वह परीक्षा में कितने अंक प्राप्त करता है और उसका भाषायी विकास किस गति से हुआ है।

127. कौन कथन संगत नहीं है? *(REET 2012, I-V)*

(a) पाठ्य-पुस्तक कक्षा शिक्षण का प्रमुख साधन है
(b) पाठ्य-पुस्तक विद्यार्थी और शिक्षक दोनों के लिए आधारभूत है
(c) पाठ्य-पुस्तक शिक्षण का साधन है, साध्य नहीं
(d) पाठ्य-पुस्तक शिक्षण का साध्य है, साधन नहीं

व्याख्या (d) 'पाठय-पुस्तक शिक्षण का साध्य है, साधन नहीं' कथन संगत नहीं है, क्योंकि पाठ्य-पुस्तक शिक्षण की सहायक सामग्री है। शिक्षण का साध्य (उद्देश्य) नहीं है। शेष विकल्प सही हैं।

128. द्वितीय भाषा शिक्षण की तुलनात्मक विधि है *(REET 2012, I-V)*

(a) सिद्धान्त प्रणाली (b) व्यतिरेकी विधि
(c) व्यास प्रणाली (d) तुलना विधि

व्याख्या (b) द्वितीय भाषा-शिक्षण की तुलनात्मक विधि 'व्यतिरेकी विधि' है। व्यतिरेकी विधि में व्यावहारिक रूप में भाषा-शिक्षण किया जाता है, जिससे कई भाषाओं की आपसी तुलना द्वारा भाषा को सरल बनाने पर ध्यान दिया जाता है।

129. उपलब्धि परीक्षण के सम्बन्ध में कौन-सा कथन उपयुक्त नहीं है? *(REET 2012, I-V)*

(a) मौखिक परीक्षा में पक्षपात की आशंका रहती है
(b) निबन्धात्मक प्रश्नों के मूल्यांकन में वस्तुपरकता का अभाव रहता है
(c) क्रियात्मक परीक्षाओं में शाब्दिक ज्ञान का महत्त्व नहीं होता है
(d) वस्तुनिष्ठ परीक्षा में मौलिकता का विकास होता है

व्याख्या (d) 'वस्तुनिष्ठ परीक्षा से मौलिकता का विकास होता है' कथन उपलब्धि परीक्षण के सम्बन्ध में उपयुक्त नही है, क्योंकि वस्तुनिष्ठ परीक्षा वैकल्पिक होती है, जिससे ज्ञानात्मक परीक्षण तो हो सकता है, लेकिन व्याख्यात्मकता का विकास नहीं किया जा सकता है।

130. भाषा-शिक्षण का बहुभाषित सन्दर्भ *(BTET 2011, I-V)*

(a) एक से अधिक भाषाएँ सीखने की ओर संकेत करता है
(b) एक से अधिक भाषाओं में शिक्षण सामग्री है
(c) एक समस्या है
(d) बच्चों द्वारा एक से अधिक भाषाओं का प्रयोग करने की ओर संकेत करता है

व्याख्या (b) भाषा-शिक्षण का बहुभाषित सन्दर्भ 'एक से अधिक भाषाओं में शिक्षण सामग्री है।' भारतीय संविधान की आठवीं अनुसूची में वर्तमान में 22 भाषाओं को शामिल किया गया है, जिनमें पठन-पाठन एवं साहित्य-सृजन हो रहा है।

131. हिन्दी भाषा शिक्षण का एक मुख्य उद्देश्य है? *(BTET 2011, I-V)*

(a) भाषा का ज्ञान देना
(b) प्रश्न पूछने, अपनी बात कहने का अवसर देना
(c) मौन पठन के उपरान्त शब्दार्थ कराना
(d) व्याकरणिक नियम कण्ठस्थ कराना

व्याख्या (d) हिन्दी भाषा-शिक्षण का मुख्य उद्देश्य 'छात्रों को भाषा का ज्ञान देना' है। भाषा-शिक्षण का उद्देश्य छात्रों को व्याकरण का ज्ञान कराना तथा शुद्ध उच्चारण से उन्हें व्यवहार कुशल बनाना है।

132. भाषा शिक्षक के रूप में आप *(BTET 2011, I-V)*

(a) पाठ्य पुस्तक पर बल देंगे
(b) प्रश्नों के उत्तर पूछेंगे
(c) ड्रॉइंग बनाएँगे
(d) बच्चों को अपने अनुभव और विचार बताने के लिए उनमें उत्सुकता जगाएँगे

व्याख्या (d) भाषा-शिक्षक के रूप में 'बच्चों को अपने अनुभव और विचार बताने के लिए उनमें उत्सुकता जगाएँगे।' बच्चों को अभिव्यक्ति के अधिकाधिक अवसर प्रदान करके उनका भाषायी कौशल विकसित किया जा सकता है।

133. एक भाषा-शिक्षक के रूप में आपका क्या दायित्व है? *(BTET 2011, VI-VIII)*

(a) बच्चों को भाषा सीखने का समृद्ध वातावरण उपलब्ध कराना
(b) बच्चों के सीखने के तरीकों के बारे में जानना, ताकि उसी के अनुरूप शिक्षण कार्य सम्पादित किया जा सके
(c) बच्चों द्वारा की जाने वाली त्रुटियों के कारणों की पहचान करते हुए उपयुक्त उपचार करना
(d) उपर्युक्त सभी

व्याख्या (d) एक भाषा-शिक्षक के रूप में शिक्षक की जिम्मेदारी है कि वह बच्चों को भाषा सीखने के लिए समृद्ध वातावरण उपलब्ध कराए। बच्चों की सीखने की प्रक्रिया को समझकर उसके अनुसार शिक्षण करे और बच्चों की त्रुटियों के कारणों का भी निदान करे।

134. उच्च प्राथमिक स्तर पर भाषा शिक्षण का मुख्य उद्देश्य है *(BTET 2011, VI-VIII)*

(a) प्रसिद्ध साहित्यकारों से परिचित कराना
(b) साहित्यिक विधाओं से परिचय और व्याकरणिक नियम सिखाना
(c) हिन्दी भाषा की पाठ्य-पुस्तक पढ़ाना
(d) उपरोक्त में से कोई नहीं

व्याख्या (b) उच्च प्राथमिक स्तर पर भाषा-शिक्षण का मुख्य उद्देश्य है– 'साहित्यिक विधाओं से परिचय और व्याकरणिक नियम सिखाना।' बच्चों को कविता, कहानी, उपन्यास, नाटक, निबन्ध, जीवनी, आत्मकथा, यात्रावृत्तान्त आदि विधाओं का मौलिक अन्तर भाषायी शुद्धता के आधार पर बताना भी भाषा शिक्षण का उद्देश्य है।

अध्याय 18

भाषा के कार्य एवं इसके विकास में बोलने एवं सुनने की भूमिका

» CTET

1. वाइगोत्स्की ने भाषा-विकास का ...... परिप्रेक्ष्य प्रस्तुत किया। *(CTET 2018, I-V)*

(a) व्यवहारवादी
(b) सामाजिक-सांस्कृतिक
(c) व्यवहार-सांस्कृतिक
(d) संज्ञानवादी

व्याख्या (b) वाइगोत्स्की ने भाषा-विकास का 'सामाजिक-सांस्कृतिक' परिप्रेक्ष्य प्रस्तुत किया है। वाइगोत्स्की के सामाजिक भाषा विकास के सिद्धान्त के अनुसार, बच्चे में जो भाषा-अर्जन की क्षमता होती है, वह उसके सामाजिक परिवेश के कारण है। भाषा को सीखने में उसका सामाजिक परिवेश महत्त्वपूर्ण अंग है, उसका भाषायी समाजीकरण समाज के विभिन्न (आर्थिक, राजनीतिक, सांस्कृतिक) पक्षों द्वारा ही होता है।

2. ...... भाषा का अति महत्त्वपूर्ण प्रकार्य है। *(CTET 2018, 17, 16, I-V, VI-VIII)*

(a) सुनना
(b) अक्षर-ज्ञान
(c) सम्प्रेषण
(d) लेखन

व्याख्या (c) सम्प्रेषण भाषा का अति महत्त्वपूर्ण प्रकार्य है। अपने विचारों और अनुभवों को एक-दूसरे तक सफलतापूर्वक पहुँचाना सम्प्रेषण की सफलता पर निर्भर करता है। संचार के संसाधनों द्वारा भाषा की प्रसार क्षमता में वृद्धि की जा सकती है।

3. उच्च प्राथमिक स्तर पर विभिन्न विषयों पर आधारित पाठों को पाठ्य-पुस्तक में शामिल करने का उद्देश्य है *(CTET 2018, VI-VIII)*

(a) बच्चों को विभिन्न विषयों की जानकारी देना
(b) बच्चों को विभिन्न प्रयुक्तियों से परिचित कराना
(c) अन्य विषयों को सीखने में मदद करना
(d) अन्य विषयों का सरलीकरण करना

व्याख्या (b) उच्च प्राथमिक स्तर पर विभिन्न विषयों पर आधारित पाठों को पाठ्य-पुस्तक में शामिल करने का उद्देश्य 'बच्चों को विभिन्न प्रयुक्तियों से परिचित करना' है। विविध प्रकार के विषय जोड़ने से बच्चे अनेक प्रयुक्तियों का ज्ञान और भाषा की सूक्ष्मता को समझ सकेंगे।

4. अन्तर्निहित भाषा क्षमता का सम्बन्ध ...... के साथ है। *(CTET 2018, VI-VIII)*

(a) चॉम्स्की
(b) पियाजे
(c) स्किनर
(d) वाइगोत्स्की

व्याख्या (a) अन्तर्निहित भाषा क्षमता का सम्बन्ध 'चॉम्स्की' के साथ है। ये बालक की भाषा-अर्जित करने की क्षमता को जन्मजात मानते हैं और वह भाषा की व्यवस्था को पहचानने की शक्ति के साथ पैदा होता है।

5. भाषा सभी विषयों के ...... में है। *(CTET 2018, VI-VIII)*

(a) पढ़ने
(b) अध्यायों
(c) केन्द्र
(d) प्रारम्भ

व्याख्या (c) भाषा सभी विषयों का केन्द्र-बिन्दु होती है। किसी भी विषय का अध्ययन तभी किया जा सकता है, जब भाषायी ज्ञान सुदृढ़ हो।

6. भाषा केवल अभिव्यक्ति का माध्यम ही नहीं, बल्कि स्वयं से ...... का माध्यम है। *(CTET 2018, VI-VIII)*

(a) लिखने
(b) पढ़ने
(c) बातचीत
(d) सुनने

व्याख्या (b) भाषा केवल अभिव्यक्ति का माध्यम ही नहीं है, बल्कि स्वयं से 'पढ़ने' का माध्यम भी है। पढ़ने का माध्यम का अभिप्राय यहाँ ग्रहण करने से है। भाषा द्वारा ही हम विभिन्न विषयों का ज्ञानार्जन कर सकते हैं।

7. विद्यार्थियों का भाषायी विकास समग्रता से हो सके, इसके लिए सबसे उपयुक्त अनुशंसा होगी *(CTET 2016, I-V)*

(a) शब्दकोष एवं विश्वकोष के प्रयोग की
(b) भाषा प्रयोग के विविध अवसरों की
(c) सतत् एवं व्यापक आकलन की
(d) सर्वोत्कृष्ट पाठ्य-पुस्तकों की

व्याख्या (b) विद्यार्थियों का भाषायी विकास समग्रता से करने के लिए बच्चों को 'भाषा प्रयोग के विविध अवसरों की' उपलब्धता की अनुशंसा उपयुक्त है। भाषा का विभिन्न अवसरों पर प्रयोग भाषा के विकास में सहायक सिद्ध होगा।

8. ''बच्चों के भाषायी विकास में समाज की महत्त्वपूर्ण भूमिका होती है।'' यह विचार किसका है? *(CTET 2016, I-V)*

(a) पियाजे (b) स्किनर
(c) चॉम्स्की (d) वाइगोत्स्की

व्याख्या (d) ''बच्चों के भाषायी विकास में समाज की महत्त्वपूर्ण भूमिका होती है।'' यह विचार 'वाइगोत्स्की' का है। वाइगोत्स्की बच्चे के भाषायी विकास में बच्चे के सामाजिक भाषा-परिवेश को महत्त्वपूर्ण मानते थे।

9. विद्यालय या कक्षा में समृद्ध भाषायी परिवेश से तात्पर्य है *(CTET 2016, I-V)*

(a) मुख्य धारा की भाषा सुनने के अधिक-से-अधिक अवसर
(b) बोलने-सुनने, पढ़ने-लिखने के अधिक-से-अधिक अवसर
(c) एक से अधिक भाषाओं के शब्दकोष की उपलब्धता
(d) अध्यापक को एक से अधिक भाषाओं की जानकारी

व्याख्या (b) विद्यालय या कक्षा में समृद्ध भाषायी परिवेश से तात्पर्य है—बोलने-सुनने, पढ़ने-लिखने के अधिक-से अधिक अवसर प्राप्त होना। भाषा-प्रयोग के अवसरों की उपलब्धता से बच्चा सीखी गई भाषा को व्यवहार में ला सकेगा।

10. बच्चों के बोलना सीखने के सन्दर्भ में कौन-सा कथन सही है? *(CTET 2016, I-V)*

(a) सभी बच्चों की बोलना सीखने की गति एक समान होती है
(b) बड़े परिवार में बच्चों की बोलना सीखने की गति तेज होती है
(c) निर्धन परिवारों से आए बच्चों की बोलना सीखने की गति धीमी होती है
(d) कहने-सुनने के अधिक-से-अधिक अवसर मिलने पर बच्चे सरलता से बोलना सीखते हैं

व्याख्या (d) बच्चों के बोलना सीखने के सन्दर्भ में सही कथन है कि कहने-सुनने के अधिक-से-अधिक अवसर मिलने पर बच्चे बोलना सरलता से सीखते हैं। बच्चों का भाषायी विकास उन्हें प्राप्त अवसर की उपलब्धता पर निर्भर करता है।

11. भाषा का अस्तित्व एवं विकास ''''' के बाहर नहीं हो सकता। *(CTET 2016, I-V)*

(a) परिवार (b) साहित्य (c) समाज (d) विद्यालय

व्याख्या (c) भाषा का अस्तित्व एवं विकास 'समाज' के बाहर नहीं हो सकता है। किसी भी भाषा का रूप साहित्य में संरक्षित हो जाता है। विद्वान् काडवेल महोदय ने कहा था कि ''साहित्य का मोती समाज के सीप में ही पलता है'' अर्थात् साहित्य का जन्म समाज के अन्दर से ही होता है।

12. निम्नलिखित में से कौन-सा कथन प्राथमिक स्तर पर भाषा सीखने के एक महत्त्वपूर्ण उद्देश्य की ओर संकेत करता है? *(CTET 2016, I-V)*

(a) संज्ञा, सर्वनाम, विशेषण और वचन की शुद्ध पहचान करना
(b) भाषण, वाद-विवाद और कविता-पाठ में भाग लेना
(c) भाषा को अपने परिवेश एवं अनुभव को समझने का माध्यम मानना
(d) गणित के पाठ्यक्रम के अनुरूप हिन्दी में संख्याएँ जानना

व्याख्या (c) प्राथमिक स्तर पर भाषा सीखने का महत्त्वपूर्ण उद्देश्य भाषा को अपने परिवेश एवं अनुभव को समझने का माध्यम मानना है। प्राथमिक स्तर पर भाषा इसलिए सिखाई जाती है, ताकि बच्चा अपने परिवेश से जुड़कर उसमें भागीदारी निभाए।

13. एक तरफ भाषा हमारी ''''' को व्यवस्थित करती है, तो दूसरी तरफ यह हमें ''''' भी करती है और हमें ज्ञान और कल्पना की अनखोजी दुनिया में ले जाती है। *(CTET 2016, VI-VIII)*

(a) संस्कृति, नियन्त्रित (b) विचार-प्रक्रिया, सुसंस्कृत
(c) जानकारी, मुक्त (d) विचार-प्रक्रिया, मुक्त

व्याख्या (b) भाषा हमारी 'विचार-प्रक्रिया' को व्यवस्थित करती है, तो दूसरी तरफ यह हमें 'सुसंस्कृत' भी करती है और हमें ज्ञान और कल्पना की अनखोजी दुनिया में ले जाती है। जैसे संस्कृत भाषा का ज्ञान करके हम संस्कृत साहित्य में संरक्षित महान् साहित्य को जान सकते हैं तथा ब्राह्मण, वेद, पुराण, उपनिषद् एवं लौकिक साहित्य को पढ़ सकते हैं।

14. यदि भाषाओं को विज्ञान के दृष्टिकोण से देखें, तो भाषाओं के बीच मूलतः *(CTET 2016, VI-VIII)*

(a) कोई अन्तर नहीं होता (b) थोड़ा अन्तर होता है
(c) गहरा सम्बन्ध होता है (d) बहुत अन्तर होता है

व्याख्या (c) भाषा को यदि विज्ञान के दृष्टिकोण से देखें, तो भाषाओं के बीच मूलतः 'गहरा सम्बन्ध होता है।' समाज के विभिन्न पक्ष होते हैं, जो समाज में विभिन्न प्रसंगों में भाषा के सन्दर्भ अभिव्यक्त करते हैं। भाषाओं में कुछ-न-कुछ अन्तर्सम्बन्ध होता ही है। भारत की सभी भाषाओं का उद्‌भव द्रविड़ भाषा परिवार से हुआ है, तो भारोपीय भाषा परिवार में यूरोप और भारत दोनों की भाषाएँ आती हैं; जैसे— हिन्दी का उद्‌भव संस्कृत से हुआ है।

15. ''बच्चे की भाषा समाज के साथ सम्पर्क का ही परिणाम है।'' यह विचार किसका है? *(CTET 2016, VI-VIII)*

(a) पियाजे (b) चॉम्स्की (c) स्किनर (d) वाइगोत्स्की

व्याख्या (d) ''बच्चे की भाषा समाज के साथ सम्पर्क का ही परिणाम है।'' यह कथन (विचार) वाइगोत्स्की का है। वाइगोत्स्की बच्चे के भाषायी विकास में सामाजिक परिवेश की महत्त्वपूर्ण भूमिका मानते हैं।

16. भाषा नियमों द्वारा नियन्त्रित ...... का माध्यम भर नहीं है, बल्कि यह हमारी सोच को भी निर्मित करती है। *(CTET 2016, VI-VIII)*

(a) सौन्दर्यबोध (b) संस्कृति (c) सम्प्रेषण (d) कला

व्याख्या (c) भाषा नियमों द्वारा नियन्त्रित 'सम्प्रेषण' का माध्यम भर नहीं है, बल्कि यह हमारी सोच को भी निर्मित करती है। सम्प्रेषण क्षमता के द्वारा ही मानव में चिन्तन-मनन की प्रक्रिया प्रारम्भ होती है और वह अपनी संस्कृति, व्यवहार, अपने ज्ञान आदि को परिष्कृत कर सकता है। कह सकते हैं कि भाषा मानवीय जीवन का आधारभूत अंग है।

17. भाषा की पढ़ाई *(CTET 2015, I-V)*

(a) समूची पाठ्यचर्या में व्याप्त है
(b) समूची पाठ्यचर्या का केवल एक हिस्सा है
(c) बेहद जटिल और संवेदनशील है
(d) भाषा की पाठ्य-पुस्तक से ही सम्भव है

व्याख्या (a) भाषा की पढ़ाई 'समूची पाठ्यचर्या में व्याप्त है।' इसका अर्थ है कि अन्य विषयों या द्वितीय भाषा के विषयों में भी भाषा का ज्ञान होना अनिवार्य है या सम्पूर्ण पाठ्यचर्या भाषा पर आधारित होती है।

18. किसी भी भाषा पर अधिकार प्राप्त करने के लिए सबसे महत्त्वपूर्ण है *(CTET 2015, I-V)*

(a) शब्दों के अर्थ जानना
(b) उस भाषा की वाक्य-संरचना जानना
(c) उस भाषा का अधिकाधिक प्रयोग करना
(d) उस भाषा का व्याकरण जानना

व्याख्या (c) किसी भी भाषा पर अधिकार प्राप्त करने के लिए सबसे महत्त्वपूर्ण है, 'उस भाषा का अधिकाधिक प्रयोग करना।' भाषा के अधिगम और अर्जन द्वारा अभ्यास करके हम अपनी भाषायी कुशलता को बढ़ा सकते हैं, क्योंकि भाषा के ज्ञान को अधिकाधिक प्रयोग करके परिष्कृत किया जा सकता है।

19. विद्यालय के बाहर का जीवन और वहाँ प्राप्त ज्ञान एवं अनुभव भाषा सीखने के लिए आवश्यक प्रेरणा देते हैं, क्योंकि *(CTET 2015, I-V)*

(a) मानक वर्तनी का सम्यक् ज्ञान मिलता है
(b) लेखन की विभिन्न शैलियों का परिचय मिलता है
(c) समृद्ध भाषिक परिवेश मिलता है
(d) इससे व्याकरणिक नियमों की जानकारी प्राप्त होती है

व्याख्या (c) विद्यालय के बाहर का जीवन और वहाँ प्राप्त ज्ञान एवं अनुभव भाषा सीखने के लिए आवश्यक प्रेरणा देते हैं, क्योंकि इससे 'समृद्ध भाषिक परिवेश मिलता है।' विद्यालय में अर्जित भाषायी ज्ञान को विद्यालय से बाहर के परिवेश व्यवहार में उतारा जा सकता है।

20. भाषा विकास के सम्बन्ध में कौन-सा कथन सही नहीं है? *(CTET 2015, I-V)*

(a) भाषा विकास व्यक्ति निरपेक्ष है
(b) बड़ों का सम्पर्क भाषा विकास की गति को तीव्र कर देता है
(c) भाषा विकास व्यक्ति सापेक्ष है
(d) प्रारम्भिक भाषायी परिवेश की समृद्धता भाषायी विकास में सहायक होती है

व्याख्या (a) भाषा विकास के सम्बन्ध में यह कथन सही नहीं है कि 'भाषा-विकास व्यक्ति निरपेक्ष है।' भाषा-विकास के सम्बन्ध में सही कथन है कि बड़ों का सम्पर्क भाषा-विकास की गति को तीव्र कर देता है। भाषा-विकास व्यक्ति-सापेक्ष है और प्रारम्भिक भाषायी परिवेश की समृद्धता भाषायी विकास में सहायक होती है। भाषायी विकास व्यक्ति की बुद्धिलब्धि, प्रेरणा, चालक, अभ्यास, तत्परता आदि पर निर्भर करता है।

21. हिन्दी भाषा की बारीकी को सही रूप में समझने की क्षमता का विकास करने के लिए आप क्या करेंगे? *(CTET 2015, I-V)*

(a) हिन्दी भाषा के विभिन्न प्रयोगों से युक्त सामग्री उपलब्ध कराना
(b) संस्कृतनिष्ट हिन्दी भाषा से युक्त सामग्री उपलब्ध कराना
(c) हिन्दी भाषा के प्राचीनतम प्रयोगों से युक्त सामग्री उपलब्ध कराना
(d) गूढ़ अर्थ वाली भाषा से युक्त सामग्री पढ़वाना

व्याख्या (a) हिन्दी भाषा की बारीकी को सही रूप में समझने की क्षमता का विकास करने के लिए 'हिन्दी भाषा के विभिन्न प्रयोगों से युक्त सामग्री उपलब्ध करानी चाहिए।' प्रयोगों से युक्त सामग्री उपलब्ध कराने से बच्चों को भाषा-प्रयोग को समझने के लिए अधिकाधिक अवसर प्राप्त होंगे।

22. बच्चों में सृजनात्मक अभिव्यक्ति का विकास करने के लिए सर्वश्रेष्ठ विधि है *(CTET 2015, VI-VIII)*

(a) पढ़ी गई कहानी को संक्षेप में लिखवाना
(b) भूकम्प आने पर जो तबाही हुई उसके बारे में अपने अनुभव लिखवाना
(c) दो दिन के अवकाश के लिए पत्र लिखवाना
(d) मेरा आदर्श विद्यालय पर निबन्ध लिखवाना

व्याख्या (a) बच्चों में सृजनात्मक अभिव्यक्ति का विकास करने के लिए सर्वश्रेष्ठ विधि है—पढ़ी गई कहानी को संक्षेप में लिखवाना। इससे बच्चों की चिन्तन क्षमता के साथ-साथ अभिव्यक्ति क्षमता का भी विकास होगा।

23. समृद्ध बाल-साहित्य का सबसे महत्त्वपूर्ण उद्देश्य है *(CTET 2015, VI-VIII)*

(a) नैतिक मूल्यों का विकास (b) भाषा संरचना का विकास
(c) कल्पना-शक्ति का विकास (d) सृजनात्मक भाषा-प्रयोग का विकास

व्याख्या (b) समृद्ध बाल-साहित्य का सबसे महत्त्वपूर्ण उद्देश्य है— भाषा संरचना का विकास।' समृद्ध बाल साहित्य वह है, जो बच्चों के मनोनुकूल सृजित किया गया हो। बच्चे उसे रुचि लेकर पढ़ेंगे और अपनी भाषायी जानकारी और क्षमता को विकसित कर सकेंगे।

24. ''..... में बोली जाने वाली, ... के बीच और पड़ोसी की भाषाओं तथा ..... में प्रयुक्त की जाने वाली भाषा के बीच के फासले को पाटने का भरपूर प्रयास किया जाना चाहिए।'' *(CTET 2015, VI-VIII)*

(a) घर, समुदाय, पाठ्य-पुस्तक (b) समुदाय, दोस्तों, साहित्य
(c) स्कूल, समुदाय, पाठ्य-पुस्तक (d) घर, दोस्तों, स्कूल

व्याख्या (a) रिक्त स्थान की पूर्ति वाले शब्दों का सही विकल्प होगा कि 'घर' में बोली जाने वाली, 'समुदाय' के बीच और पड़ोसी की भाषा तथा 'पाठ्य-पुस्तक' में प्रयुक्त की जाने वाली भाषा के बीच के फासले को पाटने का भरपूर प्रयास किया जाना चाहिए। इससे पाठ्य-पुस्तक में प्रयुक्त भाषायी ज्ञान का व्यवहारात्मक प्रयोग सम्भव हो सकेगा।

25. उच्च प्राथमिक स्तर पर हिन्दी भाषा की पाठ्य-पुस्तक का निर्माण करते हुए आपके लिए सबसे कम महत्त्वपूर्ण है *(CTET 2015, VI-VIII)*

(a) समृद्ध हिन्दी साहित्य की छटा का प्रदर्शन
(b) भाषायी क्षमताओं को बढ़ावा देने के अभ्यास
(c) समस्त व्याकरणिक बिन्दुओं का समावेश
(d) भाषा की विविध छटाओं को समेटने वाले पाठ

व्याख्या (a) उच्च प्राथमिक स्तर पर हिन्दी भाषा की पाठ्य-पुस्तक का निर्माण करते हुए 'समृद्ध हिन्दी साहित्य की छटा का प्रदर्शन' किया जाना सबसे कम महत्त्वपूर्ण है, इससे बच्चों का भाषा-अधिगम से ध्यान हट जाता है और उनका भाषायी विकास रुक जाता है। अन्य सभी बिन्दु भाषा-विकास की सहायक क्रियाएँ हैं।

26. प्राथमिक स्तर पर बच्चों के शुरुआती भाषा-विकास में सर्वाधिक योगदान दे सकते/सकती हैं/है *(CTET 2014, I-V)*

(a) टीवी पर देखे जाने वाले पन्द्रह मिनट के कार्टून कार्यक्रम
(b) गृहकार्य पर व्यय किए जाने वाले तीस मिनट
(c) एफ एम पर पन्द्रह मिनट सुने जाने वाले समाचार
(d) परिवार में होने वाली परस्पर गुणवत्तापूर्ण बातचीत

व्याख्या (d) प्राथमिक स्तर पर बच्चों के परिवार में होने वाली परस्पर गुणवत्तापूर्ण बातचीत शुरुआती भाषा-विकास में सर्वाधिक योगदान दे सकती है। प्राथमिक स्तर पर बच्चा अनुकरण द्वारा ज्यादा सीखता है और वह अपने परिवेश की सभी बातों का अनुकरण करता है।

27. विद्यालय आने से पूर्व बच्चों के पास *(CTET 2014, I-V)*

(a) पाँच हजार वाक्य होते हैं
(b) अपनी भाषा की जटिल और समृद्ध संरचनाएँ होती हैं
(c) अपनी भाषा का सम्पूर्ण बाल साहित्य होता है
(d) पाँच हजार शब्द होते हैं

व्याख्या (b) विद्यालय आने से पूर्व बच्चों के पास 'अपनी भाषा की जटिल और समृद्ध संरचनाएँ होती हैं।' बच्चा विद्यालय में प्रवेश से पूर्व ही अपने भाषाई परिवेश से अनुकरण द्वारा अपरिष्कृत भाषा का अर्जन कर चुका होता है।

28. भाषा ..... और ..... का एक उत्तम साधन है। *(CTET 2014, I-V)*

(a) सुनने, बोलने, सोचने
(b) पढ़ने, लिखने, सम्प्रेषण
(c) सोचने, महसूस करने तथा चीजों से जुड़ने
(d) पढ़ने, लिखने, समझने

व्याख्या (c) भाषा 'सोचने', 'महसूस' करने तथा 'चीजों से जुड़ने' का एक उत्तम साधन है। भाषा किसी भी जैविक समाज की मूलभूत आवश्यकता है, जिससे वह अपने अनुभव, विचार, संवेदना दूसरों से बाँटने के साथ ही अपनी मूलभूत आवश्यकताओं की पूर्ति करता है।

29. ''भाषा और चिन्तन में सम्बन्ध होता है।'' यह कथन *(CTET 2014, VI-VIII)*

(a) पूर्णत: सही है
(b) आंशिक रूप से सही है
(c) पूर्णत: गलत है
(d) व्यर्थ का है

व्याख्या (a) ''भाषा और चिन्तन में सम्बन्ध होता है।'' कथन पूर्णत: सही है। अपनी भाषायी कुशलता को बढ़ाने के लिए अधिकाधिक रूप में चिन्तन प्रक्रिया अपनानी होगी; जिससे ज्ञान की वस्तुनिष्ठता की परख सम्भव हो सकेगी।

30. कोई भी भाषा पुस्तक तभी सफल मानी जाएगी, जब *(CTET 2014, VI-VIII)*

(a) वह बच्चों में साहित्य की धरोहर और वर्तमान साहित्य के प्रति उत्सुकता बनाए
(b) वह बच्चों को प्राचीन साहित्य की पूरी जानकारी दे
(c) वह बच्चों को व्याकरण के नियमों से परिचित कराए
(d) वह बच्चों को केवल प्रसिद्ध साहित्य से परिचित कराए

व्याख्या (a) कोई भी भाषा-पुस्तक तभी सफल मानी जाएगी, जब 'वह बच्चों में साहित्य की धरोहर और वर्तमान साहित्य के प्रति उत्सुकता बनाए।' इससे बच्चे अपनी भाषा की पुस्तक में रुचि लेकर भाषा में निहित साहित्यिक धरोहर और वर्तमान साहित्य की प्रवृत्तियों के विषय में तुलनात्मक अध्ययन कर सकेंगे।

31. उच्च प्राथमिक स्तर पर यह जरूरी है कि बच्चे *(CTET 2014, VI-VIII)*

(a) भाषा के आकलन के लिए की जाने वाली सभी गतिविधियों में समान रूप से हिस्सा लें
(b) भाषा का अतिरिक्त अभ्यास करें और परियोजना कार्य में इण्टरनेट का प्रयोग करें
(c) समाचार-पत्र में छपी किसी खबर, लेख या कही गई बात का निहितार्थ समझ सकें
(d) अपनी पाठ्य-पुस्तक के सभी पाठों का अभ्यास कर सकें

व्याख्या (c) उच्च प्राथमिक स्तर पर यह जरूरी है कि बच्चे 'समाचार-पत्र में छपी किसी खबर, लेख या कही गई बात का निहितार्थ समझ सके', क्योंकि उच्च प्राथमिक स्तर पर भाषायी रूप से बच्चे इतने परिपक्व हो जाते हैं कि समाचार-पत्र, पत्रिका, पाठ्य-पुस्तक द्वारा कही हुई बात आदि का अर्थ समझने लगते हैं। इससे उनके भाषिक विकास का परिचय मिलता है।

32. बच्चों का भाषायी विकास सर्वाधिक रूप से निर्भर करता है *(CTET 2014, VI-VIII)*

(a) आकलन की औपचारिकता पर (b) संचार-माध्यमों पर
(c) पाठ्य-पुस्तक पर (d) समृद्ध भाषा-परिवेश पर

व्याख्या (d) बच्चों का भाषायी विकास सर्वाधिक रूप से बच्चों के 'समृद्ध भाषा-परिवेश पर' निर्भर करता है। भाषा के विकास हेतु अनुकूल परिवेश की महत्त्वपूर्ण भूमिका होती है, जिसमें बच्चों के भाषायी ज्ञान को परिपक्व बनाया जा सकता है।

33. "भाषा हमारे परिवेश में बिखरी मिलती है।" यह कथन किस पर लागू नहीं होता? *(CTET 2013, I-V)*

(a) भाषा-प्रयोगशाला (b) अखबार
(c) विज्ञापन (d) साइनबोर्ड

व्याख्या (a) "भाषा हमारे परिवेश में बिखरी मिलती है।" यह कथन भाषा-प्रयोगशाला पर लागू नहीं होता है। अखबार, विज्ञापन, साइनबोर्ड में भाषा का परिवेश में प्रचलित रूप होता है, जबकि भाषा-प्रयोगशाला में भाषा को शुद्ध बनाने पर कार्य होता है।

34. भाषा स्वयं में *(CTET 2012, I-V)*

(a) एक नियमबद्ध व्यवस्था है
(b) एक जटिल चुनौती है
(c) एक विषय मात्र है
(d) सम्प्रेषण का एकमात्र साधन है

व्याख्या (a) भाषा स्वयं में 'एक नियमबद्ध व्यवस्था है', जो व्याकरण के मार्ग पर चलकर विकास पाती है। भाषा का शुद्ध, सरल, सुगम एवं व्याकरण आबद्ध होना अनिवार्य होता है, जिससे भाषा का स्वरूप परिपक्व हो सके।

35. भाषा सीखने-सिखाने का उद्देश्य है *(CTET 2012, I-V)*

(a) दूसरों की बात समझना सीखना
(b) अपनी बात की पुष्टि के लिए तर्क देना
(c) विभिन्न स्थितियों में भाषा का प्रभावी प्रयोग करना
(d) अपनी बात कहना सीखना

व्याख्या (c) भाषा सीखने-सिखाने का उद्देश्य विभिन्न स्थितियों में भाषा का प्रभावी प्रयोग करना है। अर्जित एवं भाषा-अधिगम का प्रयोग करके ही उसका परीक्षण किया जा सकता है।

36. भाषा का प्रयोग *(CTET 2012, I-V, VI-VIII)*

(a) केवल मुद्रित सामग्री में होता है
(b) जीवन के विभिन्न सन्दर्भों में होता है
(c) केवल परीक्षा में होता है
(d) केवल पाठ्य-पुस्तक में होता है

व्याख्या (b) भाषा का प्रयोग जीवन के विभिन्न सन्दर्भों में होता है। भाषा केवल पाठ्य-पुस्तक, परीक्षा, मुद्रण सामग्री आदि तक ही सीमित नहीं है, बल्कि भाषा सम्पूर्ण जीवन का आधार है।

» State TETs

37. भाषा विकास में सहयोग करने का कौन-सा तरीका गलत है? *(UTET 2017, VI-VIII)*

(a) बच्चे को बिना टोके प्रकरण पर बात करना
(b) उसकी अपनी भाषा के प्रयोग को अमान्य करना
(c) उसके प्रयोगों का समर्थन करना
(d) भाषा के प्रयोग के अवसर उपलब्ध कराना

व्याख्या (b) भाषा विकास में सहयोग करने का गलत तरीका है– 'उसकी अपनी भाषा के प्रयोग को अमान्य करना।' बच्चे को बिना टोके प्रकरण पर बात करना, उसके प्रयोगों का समर्थन करना और भाषा के प्रयोग के अवसर उपलब्ध कराना भाषा-विकास की सहयोगी क्रियाएँ हैं।

38. "भाषा वह प्राथमिक माध्यम है जिसके द्वारा व्यक्ति अपने समाज को प्रभावित करता है तथा समाज से प्रभावित होता है।" यह कथन किसका है? *(UTET 2017, VI-VIII)*

(a) स्वीट (b) हरलॉक (c) कोमास्की (d) एलिस

व्याख्या (d) 'एलिस' के अनुसार, "भाषा वह प्राथमिक माध्यम है, जिसके द्वारा व्यक्ति अपने समाज को प्रभावित करता है तथा समाज से प्रभावित होता है।" भाषा द्विध्रुवीय कारक है, जो व्यक्ति द्वारा समाज को और समाज द्वारा व्यक्ति-विशेष को प्रेषित किया जाता है।

39. विकास का अनिवार्य लक्षण है कि *(UTET 2017, VI-VIII)*

(a) विकास सतत् व नैतिक हो
(b) व्यक्ति की भौतिक आवश्यकताओं की पूर्ति करें
(c) विकास भौतिक सम्भयता का आधार हो
(d) विकास मूलत: पारम्परिक हो

व्याख्या (a) विकास का अनिवार्य लक्षण है कि विकास 'सतत् व नैतिक होना चाहिए।' विकास को सतत् एवं निरन्तर प्रक्रिया माना जाता है और यह अनिवार्य है कि यह नैतिक एवं सकारात्मक होना चाहिए।

40. विद्यार्थियों में भाषा की रुचि का विकास करने का उपयुक्त उपाय है *(HTET 2014, VI-VIII)*

(a) विद्यार्थियों के व्याकरण के ज्ञान को बढ़ाना
(b) विद्यार्थियों को पाठ्य-पुस्तकें पढ़वाना
(c) विद्यार्थियों को मौखिक रूप से अधिकाधिक समझाना
(d) उपरोक्त सभी

व्याख्या (c) विद्यार्थियों में भाषा के प्रति रुचि जगाने के लिए 'विद्यार्थियों को मौखिक रूप से अधिकाधिक भाषा के विषय में समझाना' होगा। रोचक विषय सामग्री का प्रयोग करके विद्यार्थियों को भाषा के प्रति जागरूक बनाया जा सकता है।

41. भाषा संरचना में अपेक्षित भाषा के प्रमुख अंग होते हैं *(HTET 2014, I-V)*

(a) एक (b) दो (c) तीन (d) चार

व्याख्या (b) भाषा संरचना में अपेक्षित भाषा के मुख्यत: 'दो' अंग लिखित एवं मौखिक माने जाते हैं। लिखित भाषा लेखन से सम्बन्धित है, जबकि मौखिक भाषा वाचन कौशल से सम्बन्धित होता है।

42. निम्नांकित में से कौन-सा सिद्धान्त भाषा के उद्‌भव और विकास से सम्बन्धित है? *(CGTET 2011, I-V)*

(a) बिग बैंग सिद्धान्त
(b) डिंग-डांग सिद्धान्त
(c) बिली-बैली सिद्धान
(d) डिली-डैली सिद्धान्त

व्याख्या (b) भाषा के उद्‌भव और विकास से सम्बन्धित सिद्धान्त है—'डिंग-डांग सिद्धान्त'।

भाषा उत्पत्ति के आधुनिक सिद्धान्तों में डिंग-डांग सिद्धान्त महत्त्वपूर्ण है। इसे धातु सिद्धान्त भी कहा जाता है। इस सिद्धान्त का प्रतिपादन जर्मन प्रोफेसर **हेस** ने किया था। इस सिद्धान्त के अनुसार, संसार की प्रत्येक वस्तु की अपनी अलग ध्वनि होती है। जब मनुष्य वस्तु के सम्पर्क में आता है, तब उसके मुख से एक ध्वनि निकलती है। विभिन्न वस्तुओं की ये ध्वन्यात्मक अभिव्यक्तियाँ ही 'धातु' (क्रिया) हैं।

43. इन्सान और जानवर की भाषा में फर्क है *(CGTET 2011, I-V)*

(a) ध्वनि का फर्क है
(b) सुरों का फर्क है
(c) इन्सानों की भाषा को सांकेतिक ध्वनि चिह्नों (संकेतों) के माध्यम से निर्धारित किया गया है, जबकि जानवरों की भाषा को नहीं
(d) उपरोक्त सभी

व्याख्या (c) इन्सान और जानवर की भाषा में फर्क होता है कि इन्सानों की भाषा को सांकेतिक ध्वनि चिह्नों के माध्यम से निर्धारित किया गया है, जबकि जानवरों की भाषा को नहीं। जानवरों की भाषा को ध्वनि संकेतों द्वारा निर्धारित भी मनुष्य ने अपनी सुविधा के लिए कर लिया है। जानवरों की भाषा संकेतों द्वारा निश्चित नहीं हो सकती।

44. 'भाषिक सापेक्षता' के सम्बन्ध में प्रचलित व्याख्या की दृष्टि से सही है *(CGTET 2011, I-V)*

(a) भाषा का विचारों पर बहुत गहरा प्रभाव पड़ता है
(b) भाषा विचारों को प्रभावित नहीं करती
(c) भाषा कुछ हद तक विचारों को प्रभावित करती है
(d) उपरोक्त सभी

व्याख्या (a) 'भाषिक सापेक्षता' के सम्बन्ध में प्रचलित व्याख्या की दृष्टि से सही है कि भाषा पर विचारों का बहुत गहरा प्रभाव पड़ता है। लोकप्रचलित कहावतें भी हैं कि 'जैसा पियोगे पानी, वैसी होगी वाणी', 'जैसा खाओगे अन्न, वैसा बनेगा मन' आदि।

अध्याय 19

भाषा अधिगम में व्याकरण की भूमिका

CTET

1. भाषा और लिपि के बीच *(CTET 2018, VI-VIII)*

(a) एक निश्चित सम्बन्ध होता है (b) कोई निश्चित सम्बन्ध नहीं होता
(c) एक तार्किक सम्बन्ध होता है (d) कोई सम्बन्ध होता ही नहीं है

व्याख्या (b) भाषा और लिपि के बीच कोई निश्चित सम्बन्ध नहीं होता है। भाषा का रूप परिवर्तित होता रहता है, जबकि लिपि परिवर्तित नहीं होती है। हिन्दी एवं मराठी देवनागरी, अंग्रेजी रोमन, पंजाबी गुरुमुखी एवं उर्दू फारसी लिपि में लिखी जाती है।

2. उच्च प्राथमिक स्तर पर व्याकरण पढ़ाने की आगमन पद्धति में *(CTET 2018, VI-VIII)*

(a) जटिल से सरल की ओर जाते हैं
(b) उदाहरण से नियम की ओर जाते हैं
(c) नियम से उदाहरण की ओर जाते हैं
(d) व्याकरण की पाठ्य-पुस्तक पर केन्द्रित रहते हैं

व्याख्या (b) उच्च प्राथमिक स्तर पर व्याकरण पढ़ाने की आगमन पद्धति में उदाहरण से नियम की ओर जाते हैं। इस विधि में पहले उदाहरण देकर नियम को समझाया जाता है; जैसे–किसी शब्द का सन्धि-विच्छेद देकर सन्धि का नियम बताया जाता है।

3. उच्च प्राथमिक स्तर पर भाषा सीखने-सिखाने का एक उद्देश्य है *(CTET 2018, VI-VIII)*

(a) व्याकरण के सभी नियमों को कण्ठस्थ करना
(b) साहित्य की गद्य एवं पद्य विधाओं की रचना
(c) हिन्दी भाषा के समग्र इतिहास के बारे में जानना
(d) भाषा की नियमबद्ध प्रकृति की पहचान और उसका विश्लेषण करना

व्याख्या (d) उच्च प्राथमिक स्तर पर भाषा सीखने-सिखाने का महत्त्वपूर्ण उद्देश्य है कि बच्चों को भाषा की नियमबद्ध प्रकृति की पहचान और उसका विश्लेषण करना होता है। इससे बच्चे त्रुटिविहीन भाषायी क्षमता का विकास कर सकेंगे।

4. ''कोई भाषा किसी भी लिपि में लिखी जा सकती है'' इस कथन पर आपकी राय है कि *(CTET 2018, VI-VIII)*

(a) यह बिल्कुल सम्भव नहीं
(b) यह बहुत हद तक सम्भव है
(c) हर भाषा की अपनी लिपि होती है
(d) भाषा और लिपि के बीच एक सीधा सम्बन्ध है

व्याख्या (b) ''कोई भाषा किसी भी लिपि में लिखी जा सकती है।'' यह बहुत हद तक सम्भव है; जैसे–हिन्दी और संस्कृत आदि भाषा को अंग्रेजी की रोमन लिपि में लिखा जा सकता है।

5. बच्चों को भाषा सिखाने में निम्नांकित समूह में किस समूह का सर्वाधिक महत्त्व है? *(CTET 2017, I-V)*

(a) सही उच्चारण, भाषा व्याकरण की गलतियाँ व उपयोगी भाषा को
(b) स्वतन्त्र अभिव्यक्ति, भाषा सीखने को प्रोत्साहित करना व शुद्धभाषा को
(c) स्वतन्त्र अभिव्यक्ति, भाषा सीखने को प्रोत्साहित करना व उपयोगी भाषा को
(d) सही उच्चारण, शुद्ध भाषा व भाषा व्याकरण की गलतियों को

व्याख्या (d) बच्चों को भाषा सिखाने में सही उच्चारण, शुद्ध भाषा व भाषा व्याकरण की गलतियों को सुधारने का सर्वाधिक महत्त्व है। भाषा सीखने में सर्वप्रथम शब्दों का उच्चारण सही व शुद्ध होना आवश्यक है और इसके बाद भाषा व्याकरण में बताए गए नियमों, चिह्नों, सिद्धान्तों आदि का सही रूप में प्रयोग करने से है।

6. व्याकरण के ज्ञान का मुख्य उद्देश्य है *(CTET 2017, VI-VIII)*

(a) व्याकरणिक बिन्दुओं की परिभाषा याद करना
(b) भाषा-प्रयोग में अतिशुद्धतावादी होना
(c) व्याकरणिक तत्त्वों की सूची बनाना
(d) भाषा-प्रयोग में व्याकरण का ध्यान रखना

व्याख्या (d) व्याकरण के ज्ञान का मुख्य उद्देश्य, भाषा-प्रयोग में व्याकरण का ध्यान रखना है। इससे किसी भाषा के व्याकरण का सही प्रयोग करके उसे शुद्ध, सार्थक, परिष्कृत एवं समृद्ध बनाया जा सकता है।

7. 'सन्दर्भ में व्याकरण' का शैक्षिक निहितार्थ है *(CTET 2016, I-V)*

(a) व्याकरण पाठ के सन्दर्भ में सिखाया जाता है
(b) पाठ के सन्दर्भ में व्याकरण जानना जरूरी नहीं है
(c) व्याकरण और सन्दर्भ दोनों अलग हैं
(d) व्याकरण का सन्दर्भ पाठ्य-पुस्तक में ही होता है

व्याख्या (d) 'सन्दर्भ में व्याकरण' का शैक्षिक निहितार्थ है अर्थात् व्याकरण का सन्दर्भ पाठ्य-पुस्तक में ही होता है। अध्यापक द्वारा पाठ को पढ़ाते समय बीच-बीच में बच्चों को व्याकरण का ज्ञान दिया जाता है।

8. साधारण तौर पर शिक्षक यह समझते हैं कि बच्चों को लिखना तब सिखाना चाहिए, जब उन्हें वर्णों की पहचान हो जाए। यह विचार पूरी तरह से *(CTET 2016, I-V)*

(a) अवैज्ञानिक है
(b) सही एवं स्वीकार्य है
(c) वैज्ञानिक है
(d) बाल स्वभाव के अनुकूल है

व्याख्या (d) साधारण तौर पर शिक्षक यह समझते हैं कि बच्चों को लिखना तब सिखाना चाहिए, जब उन्हें वर्णों की पहचान हो जाए। यह विचार पूर्ण रूप से बाल स्वभाव के अनुकूल है। जब बच्चा वर्ण पहचानने लगता है, तो वह आसानी से लिखना सीख जाता है।

9. भाषा सीखने में शब्दकोश का बहुत महत्त्व है। निम्नलिखित में से शब्दकोश का सबसे कम महत्त्वपूर्ण उपयोग कौन-सा होगा? *(CTET 2016, I-V)*

(a) अक्षरों/वर्णों का क्रम जानना
(b) किसी शब्द का अर्थ जानना
(c) किसी शब्द का समानार्थी शब्द जानना
(d) किसी शब्द की सही वर्तनी जानना

व्याख्या (a) भाषा सीखने में शब्दकोश का बहुत महत्त्व है, लेकिन अक्षरों/वर्णों का क्रम जानने में शब्दकोश का सबसे कम महत्त्व है। शब्द के पर्यायावाची, विलोम, वर्तनी आदि में शब्दकोश महत्त्वपूर्ण होता है, परन्तु अक्षर या वर्ण के क्रम जानने के लिए शब्दकोश का प्रयोग अति श्रमपूर्ण कार्य होगा।

10. व्याकरण-शिक्षण की वह पद्धति अपेक्षाकृत अधिक उचित है, जिसमें *(CTET 2016, VI-VIII)*

(a) बच्चे नियमों को कण्ठस्थ कर लेते हैं
(b) बच्चे उदाहरणों से नियमों की ओर जाते हैं
(c) बच्चे नियमों से उदाहरणों की ओर जाते हैं
(d) बच्चे सूत्रों का प्रयोग करते हैं

व्याख्या (b) व्याकरण-शिक्षण की वह पद्धति अपेक्षाकृत अधिक उचित है, जिसमें बच्चे उदाहरणों से नियमों की ओर जाते हैं। इस पद्धति में उदाहरण देकर नियम की ओर बढ़ा जाता है।

11. अनुस्वार एवं अनुनासिक का प्रयोग करने सम्बन्धी त्रुटियों को दूर किया जा सकता है *(CTET 2016, VI-VIII)*

(a) छपी सामग्री से समृद्ध वातावरण देकर
(b) अनुस्वार वाले शब्दों की सूची बनवाकर
(c) स्वयं सही उच्चारण का आदर्श प्रस्तुत कर
(d) अनुनासिक के नियम बताकर

व्याख्या (c) अनुस्वार एवं अनुनासिक का प्रयोग करने सम्बन्धी त्रुटियों को अध्यापक द्वारा स्वयं सही उच्चारण का आदर्श प्रस्तुत करके दूर किया जा सकता है। बच्चे कक्षा में अपने शिक्षक का अनुकरण करते हैं। इसलिए शिक्षक को भाषा के नियम, व्याकरण एवं उच्चारण की शुद्धता का आदर्श प्रस्तुत करना चाहिए।

12. कोई एक भाषा .... लिपि/लिपियों में लिखी जा सकती है, हाँ उसमें थोड़ा फेरबदल हो सकता है। *(CTET 2016, VI-VIII)*

(a) तीन (b) सभी
(c) सीमित (d) एक

व्याख्या (b) कोई एक भाषा सभी लिपि/लिपियों में लिखी जा सकती है और उसमें थोड़ा फेरबदल होना स्वाभाविक है; जैसे—हिन्दी भाषा के शब्द अन्य सभी लिपियों में लिखे जा सकते हैं।

13. प्राथमिक स्तर पर एक अध्यापिका 'संज्ञा' पढ़ाते समय पहले 'संज्ञा' की परिभाषा बताती है। उसके बाद उससे सम्बन्धित उदाहरण समझाती है। अध्यापिका व्याकरण शिक्षण की कौन-सी विधि अपनाती है? *(CTET 2015, I-V)*

(a) प्रत्यक्ष विधि
(b) सूत्र विधि
(c) आगमन विधि
(d) निगमन विधि

व्याख्या (d) प्राथमिक स्तर पर एक अध्यापिका द्वारा 'संज्ञा' की परिभाषा पढ़ाते समय उससे सम्बन्धित उदाहरण बाद में देना 'निगमन विधि' शिक्षण को दर्शाता है।

14. सुरभि अकसर 'ड़' वाले शब्दों को गलत तरीके से उच्चारित करती है। आप क्या करेंगे? *(CTET 2015, I-V)*

(a) उसे 'ड़' वाले शब्दों की सूची पढ़ने एवं लिखकर अभ्यास करने के लिए देंगे
(b) उसे 'ड़' वाले शब्दों को अपने पीछे-पीछे दोहराने के लिए कहेंगे
(c) उसे सहजता के साथ अपनी बात कहने के लिए प्रोत्साहित करेंगे
(d) उसे 'ड़' वाले शब्दों की सूचना पढ़ने एवं बोलकर अभ्यास करने के लिए कहेंगे

व्याख्या (d) सुरभि द्वारा 'ड़' वाले शब्दों को गलत उच्चारित करने पर उसे 'ड़' वाले शब्दों की सूचना पढ़ने एवं बोलकर अभ्यास करने के लिए कहेंगे। 'ड़' वर्ण वाले शब्दों का शुद्ध उच्चारण करके सुरभि के सामने अनुकरण का आदर्श प्रस्तुत किया जा सकता है।

15. व्याकरण-शिक्षण की आगमन विधि की विशेषता है *(CTET 2015, I-V, VI-VIII)*

(a) पहले नियम बताना
(b) पहले नियम का विश्लेषण करना
(c) पहले मनोरंजक गतिविधियाँ कराना
(d) पहले उदाहरण प्रस्तुत करना

व्याख्या (d) व्याकरण-शिक्षण की आगमन विधि में पहले उदाहरण प्रस्तुत किया जाता है और उसके आधार पर सरलीकरण करके नियम समझाया जाता है। यह व्याकरण-शिक्षण की उत्तम विधि है। निगमन विधि में पहले नियम अथवा सूत्र समझाकर उदाहरण दिए जाते हैं। यह गणित-शिक्षण की विधि है।

16. कक्षा आठ में पढ़ने वाली नन्दिनी लिखते समय वर्तनी की अशुद्धियाँ करती है। भाषा-शिक्षक के रूप में आप अपनी क्या जिम्मेदारी मानते हैं? *(CTET 2015, VI-VIII)*

(a) नन्दिनी को ऐसे अवसर प्रदान करना कि वह स्वयं उनमें सुधार करे
(b) नन्दिनी की अशुद्धियों को काटकर सही करना और उन्हें बीस-बीस बार लिखवाना
(c) नन्दिनी को समझाना कि वर्तनी की अशुद्धियाँ करने पर उसके अंक कट जाएँगे
(d) नन्दिनी को समझाना कि वर्तनी की शुद्धता ही लेखन का सशक्त पहलू है

व्याख्या (a) उच्च प्राथमिक स्तर पर नन्दिनी लेखन में वर्तनी की अशुद्धियाँ करती है, तो उसे ऐसे अवसर प्रदान करने चाहिए कि वह स्वयं उसमें सुधार कर सके। अध्यापक द्वारा नन्दिनी को वर्तनी का ज्ञान कराकर अभ्यास कराया जाना चाहिए।

17. उच्च प्राथमिक स्तर पर मुहावरे-लोकोक्तियों के शिक्षण के सम्बन्ध में आपके लिए सर्वाधिक महत्त्वपूर्ण है *(CTET 2015, VI-VIII)*

(a) मुहावरे-लोकोक्तियों का वाक्यों में प्रयोग करना
(b) अधिक-से-अधिक मुहावरे-लोकोक्तियों के प्रयोग द्वारा भाषा को आलंकारिक बनाना
(c) सन्दर्भानुसार मुहावरे-लोकोक्तियों के प्रयोगों को समझना और उनका प्रयोग करना
(d) मुहावरे-लोकोक्तियों का अर्थ समझाने का प्रयत्न

व्याख्या (c) उच्च प्राथमिक स्तर पर मुहावरे-लोकोक्तियों द्वारा शिक्षण कराने में सन्दर्भानुसार मुहावरे-लोकोक्तियों के प्रयोग को समझना और उनका प्रयोग करना सर्वाधिक महत्त्वपूर्ण होगा।

18. निम्नलिखित में से कौन-सा प्रश्न ''सन्दर्भ में व्याकरण शिक्षण'' को पुष्ट करता है? *(CTET 2015, VI-VIII)*

(a) 'घर-घर' पुनरुक्त शब्द-युग्म है, इसी तरह के दो और शब्द-युग्म बताइए
(b) 'घर-घर' पुनरुक्त शब्द-युग्म है, दिए गए शब्द-समूहों में से ऐसे शब्द-युग्म छाँटिए
(c) 'घर-घर' शब्द-युग्म का प्रयोग करते हुए दो वाक्य बनाइए
(d) 'घर-घर' आपकी ही चर्चा है। वाक्य में 'घर' शब्द की पुनरावृत्ति से अर्थ पर क्या प्रभाव पड़ता है

व्याख्या (d) प्रश्न 'घर-घर' आपकी ही चर्चा है। वाक्य में 'घर' शब्द की पुनरावृत्ति से अर्थ पर क्या प्रभाव पड़ता है?' सन्दर्भ में व्याकरण शिक्षण को पुष्ट करता है। 'घर' की पुनरावृत्ति उसकी क्रमबद्धता को बताती है और अर्थ में गहनता आती है।

19. उच्च प्राथमिक स्तर पर हिन्दी भाषा में अभिव्यक्ति परखने के लिए आप किस प्रश्न को सर्वाधिक महत्त्वपूर्ण समझते हैं? *(CTET 2015, VI-VIII)*

(a) 'लोकगीत संस्कृति के परिचायक होते हैं' इस कथन पर अपने विचार व्यक्त कीजिए
(b) 'आँखों पर पर्दा पड़ना' मुहावरे का वाक्य में प्रयोग कीजिए
(c) सेना ने पार्क को क्यों घेर लिया था?
(d) लेखक ने ऐसा क्यों कहा कि ताजा बर्फ धोखा देने वाला होता है?

व्याख्या (b) उच्च प्राथमिक स्तर पर अभिव्यक्ति परखने के लिए 'आँखों पर पर्दा पड़ना' मुहावरे का वाक्य में प्रयोग करना सर्वाधिक महत्त्वपूर्ण समझा जाता है। शिक्षण में मुहावरे एवं लोकोक्तियों का प्रयोग अर्थ बोध के लिए किया जाता है, जिससे भाषायी क्षमता बढ़ती है।

20. जब शिक्षिका पूछती है कि ''हम भी सफल होंगे-इस वाक्य में 'भी' लगने से अर्थ में क्या अन्तर आता है?'', तो इसका आशय है कि शिक्षिका बच्चों को *(CTET 2015, VI-VIII)*

(a) अवलोकन क्षमता के अवसर देना चाहती है
(b) भाषा की बारीकियाँ समझाना चाहती है
(c) व्याकरण सिखाना चाहती है
(d) परीक्षा के लिए तैयार करना चाहती है

व्याख्या (b) ''हम भी सफल होंगे वाक्य में 'भी' लगने से अर्थ में क्या अन्तर आता है?'' यह पूछने का आशय है कि शिक्षिका बच्चों को भाषा की बारीकियाँ समझाना चाहती है। ऐसे शब्दों द्वारा भाषा के अर्थबोध को समझा जा सकता है।

21. विद्यालय आने से पूर्व बच्चों के पास *(CTET 2014, I-V)*

(a) व्याकरण की समझ बिलकुल नहीं होती
(b) व्याकरण की पूर्ण समझ होती है
(c) व्याकरण की सचेत समझ नहीं होती
(d) व्याकरण की सचेत समझ होती है

व्याख्या (c) विद्यालय में आने से पहले बच्चों के पास व्याकरण की सचेत समझ नहीं होती है बच्चा अपने परिवेश से जो भाषा अर्जित करता है, वह व्याकरण सम्मत नहीं होती। व्याकरण के नियम बच्चा विद्यालय में ही सीखता है।

22. व्याकरण की समझ को सन्दर्भपरक प्रश्नों के माध्यम से आँकना *(CTET 2012, I-V, VI-VIII)*

(a) पूर्णत: उचित है
(b) आंशिक रूप से उचित है
(c) पूर्णत: असम्भव है
(d) बिल्कुल अनुचित है

व्याख्या (a) व्याकरण की समझ को सन्दर्भपरक प्रश्नों से आँकना पूर्णत: उचित है। प्रश्नों के माध्यम से अर्जित और अधिगमित व्याकरणिक ज्ञान का परीक्षण हो सकता है।

23. उच्च प्राथमिक स्तर पर व्याकरण-शिक्षण की सर्वाधिक उचित विधि है *(CTET 2014, VI-VIII)*

(a) भाषा-संसर्ग विधि
(b) सूत्र विधि
(c) निगमन विधि
(d) आगमन विधि

व्याख्या (d) उच्च प्राथमिक स्तर पर व्याकरण-शिक्षण की सर्वाधिक उचित विधि आगमन विधि है। इसमें पहले उदाहरण देकर नियम विश्लेषण की ओर शिक्षण होता है। रस, सन्धि, समास आदि का पहले उदाहरण देकर नियम समझाया जाता है। यह व्याकरण शिक्षण की सर्वोत्तम विधि है।

24. उच्च प्राथमिक स्तर पर व्याकरण-शिक्षण का उद्देश्य ………… में सहायक होगा। *(CTET 2014, VI-VIII)*

(a) भाषा की नियमबद्ध प्रकृति को अत्यधिक महत्त्व देने
(b) भाषा की प्रकृति, प्रकार्य और व्याकरणिक नियमों को कण्ठस्थ करने
(c) व्याकरण की परिभाषाओं को कण्ठस्थ करने
(d) भाषा की नियमबद्ध प्रकृति को समझने और उसका विश्लेषण करने

व्याख्या (d) उच्च प्राथमिक स्तर पर व्याकरण-शिक्षण का उद्देश्य भाषा की नियमबद्ध प्रकृति को समझने और उसका विश्लेषण करने में सहायक होता है। उच्च प्राथमिक स्तर पर छात्र भाषा के नियमों और तथ्यों का विश्लेषण करने लगते हैं। वे बोलने में भाषा नियमों का प्रयोग करने लगते हैं। इनका उद्देश्य व्याकरण की परिभाषाओं को कण्ठस्थ करना नहीं होता है।

25. उच्च प्राथमिक स्तर पर हिन्दी भाषा-विकास के लिए कौन-सी गतिविधि उपयोगी नहीं हो सकती? *(CTET 2014, VI-VIII)*

(a) मुहावरों के अर्थ लिखकर वाक्य बनाना
(b) सूचना, डायरी-लेखन, विज्ञापन-लेखन आदि का कार्य करवाना
(c) पढ़ी गई कहानियों का समूह में नाट्य-रूपान्तरण
(d) विज्ञापनों, पोस्टरों, साइनबोर्ड और भाषा के अन्य उपयोगों का विश्लेषण करना

व्याख्या (a) उच्च प्राथमिक स्तर पर हिन्दी भाषा विकास के लिए निम्न गतिविधियाँ उपयोगी होती हैं
बच्चों द्वारा पढ़ी गई कहानियों का समूह में नाट्य रूपान्तरण करना।
सूचना, विज्ञापन-लेखन, डायरी लेखन आदि का कार्य बच्चों से करवाना।
विज्ञापनों, पोस्टरों, साइनबोर्ड और भाषा के अन्य उपयोगों का विश्लेषण करना।
इसके विपरीत मुहावरों के अर्थ लिखकर, वाक्य बनाना हिन्दी भाषा विकास की उपयोगी गतिविधि नहीं है।

26. कक्षा में कुछ बच्चे लिखते समय वर्तनी सम्बन्धी त्रुटियाँ करते हैं। एक भाषा-शिक्षक के रूप में आप क्या करेंगे? *(CTET 2013, I-V)*

(a) शब्दों का सही रूप लिखते हुए बच्चों को दोनों तरह के शब्दों का अवलोकन करके अन्तर पहचानने का अवसर देंगे
(b) उन्हें सख्त निर्देश देंगे कि वे आगे से गलती न करें
(c) उनकी त्रुटियों पर बिल्कुल ध्यान नहीं देंगे
(d) उनसे शब्दों को बीस बार लिखने के लिए कहेंगे

व्याख्या (a) शब्दों का सही रूप लिखते हुए बच्चों को दोनों तरह के शब्दों का अवलोकन करके, अन्तर पहचानने का अवसर देकर उनकी वर्तनी सम्बन्धी त्रुटियों को सुधारा जा सकता है। बच्चों को सही और गलत शब्द लिखकर दिखाना चाहिए, जिससे वह दोनों में अन्तर कर सके और सही शब्द को पहचान सके। इससे बच्चों की वर्तनी सम्बन्धी त्रुटियाँ समाप्त हो जाएँगी और बच्चे लेखन के लिए प्रेरित होंगे।

27. मंदिरा पहली कक्षा में पढ़ती है और वह 'मुझे आम बहुत अच्छा लगता है।', 'मैं थक गई।' आदि वाक्यों का प्रयोग करती है। मंदिरा *(CTET 2012, I-V)*

(a) मंदिरा केवल सर्वनाम का ही प्रयोग जानती है
(b) केवल लिंग की दृष्टि से ही सर्वनाम का समुचित प्रयोग करना जानती है
(c) केवल 'मैं' वाले वाक्य ही बोल सकती है
(d) लिंग, वचन, क्रिया आदि की दृष्टि से सर्वनाम का प्रयोग करना जानती है

व्याख्या (d) 'मुझे आम बहुत अच्छा लगता है' तथा 'मैं थक गई' इन वाक्यों से ज्ञात होता है कि मंदिरा लिंग, वचन, क्रिया आदि की दृष्टि से सर्वनाम का प्रयोग करना जानती है। सर्वनाम 'मुझे' का उपयोग वह अच्छी तरह कर रही है। उसने वाक्य में क्रिया 'थक गई' का भी उपयोग किया है। स्पष्ट है कि वह व्याकरण सम्बन्धी ज्ञान रखती है।

28. 'उसने पढ़ा', 'उसने खाया' और 'उसने चीखा।' जैसे भाषा-प्रयोग दर्शाते हैं *(CTET 2012, VI-VIII)*

(a) नियम का उल्लंघन
(b) सन्दर्भ की समझ न होना
(c) नियम कण्ठस्थ न होना
(d) नियमों का अति सामान्यीकरण

व्याख्या (d) उपर्युक्त प्रश्न को पढ़ने से ज्ञात होता है कि प्रश्न में नियमों का अति सामान्यीकरण हुआ है। इनमें एक जैसे नियम का अत्यधिक प्रयोग किया गया है। बच्चे ने भाषा प्रयोग में नियमों का अधिक सामान्यीकरण कर दिया है। वह नियमों की वास्तविकता नहीं जान पाया है। उसने सर्वनाम का ज्यादा प्रयोग किया है।

29. व्याकरण-शिक्षण के सन्दर्भ में कौन-सा कथन सही है? *(CTET 2012, VI-VIII)*

(a) व्याकरण-शिक्षण के लिए समय-सारणी में अलग से काव्यांशों की व्यवस्था होनी चाहिए
(b) भाषा-प्रयोग की अपेक्षा भाषा-नियमों को ही महत्त्व देना चाहिए
(c) बच्चे परिवेश में उपलब्ध भाषिक प्रयोगों के आधार पर स्वयं भाषा के नियम बनाने की क्षमता रखते हैं
(d) व्याकरण-शिक्षण अत्यन्त आवश्यक है

व्याख्या (d) जब बच्चा व्याकरण सीखता है, तो भाषा का शुद्ध रूप पढ़ना सीख जाता है इसलिए भाषा शिक्षण में व्याकरण का महत्त्व बहुत अधिक है। अत: व्याकरण का शिक्षण अत्यन्त आवश्यक है। बच्चा व्याकरण से ही भाषा के नियम, उपयोग आदि की जानकारी प्राप्त करता है। व्याकरण शिक्षण के लिए समय-सारणी में अलग से काव्यांशों की व्यवस्था नहीं होनी चाहिए।

30. 'मैंने चाट खाई और फिर मैं हँसी।' शर्मिला का यह भाषा-प्रयोग मुख्यतः किस ओर संकेत करता है? *(CTET 2011, VI-VIII)*

(a) व्याकरणिक नियमों की जानकारी न होना
(b) नियमों का अति सामान्यीकरण
(c) भाषा-प्रयोग में असावधानी
(d) भाषा की समझ न होना

व्याख्या (a) शर्मिला को व्याकरणिक नियमों की जानकारी नहीं है, इसलिए उसने गलत वाक्य लिखा है। उसके वाक्य में क्रिया, संज्ञा आदि पदों की त्रुटियाँ हैं। व्याकरणिक नियमों में उसका पारंगत होना आवश्यक है। व्याकरण के नियमों को जानकर ही वह शुद्ध वाक्य का निर्माण कर सकती है।

31. भाषा का आरम्भ किससे होता है? *(UTET 2017, I-V)*

(a) शब्द (b) ध्वनि
(c) अर्थ (d) स्वरूप

व्याख्या (b) ध्वनि भाषा की सबसे छोटी इकाई है। ध्वनि से ही वर्णों का निर्माण होता है और वर्णों से शब्दों का सृजन होता है। शब्दों के सार्थक समूह से ही वाक्य का निर्माण होता है।
इसलिए ध्वनि वाक्य निर्माण की पहली सीढ़ी है। भाषा व्याकरण के नियमों में बँधकर चलने वाली प्रक्रिया है अर्थात् भाषा का निर्माण व्याकरण के अनुसार होता है।

32. प्राथमिक स्तर पर व्याकरण शिक्षण की सर्वोत्तम विधि है *(UTET 2017, VI-VIII)*

(a) सूत्र अथवा निगमन प्रणाली
(b) आगमन प्रणाली
(c) पाठ्य-पुस्तक प्रणाली
(d) समवाय अथवा अन्तर्योग प्रणाली

व्याख्या (b) आगमन प्रणाली प्राथमिक स्तर पर व्याकरण शिक्षण की सर्वोत्तम विधि है। इस प्रणाली में अनेक अवलोकनों के आधार पर एक सामान्य नियम पर पहुँचते हैं। अवलोकनों, तथ्यों, गुणों की ओर ध्यान आकर्षित कराकर इस आधार पर नियम का निर्माण किया जाना आगमन विधि की विशेषता है।
इस विधि में मुख्य तीन सूत्रों का प्रयोग किया जाता है

- विशिष्ट से सामान्य की ओर
- ज्ञात से अज्ञात की ओर
- स्थूल से सूक्ष्म की ओर

33. शब्द का अर्थ स्पष्ट करने हेतु कौन-सा तरीका सर्वाधिक उपयुक्त है *(UPTET 2016, I-V)*

(a) वाक्य प्रयोग (b) व्याख्यान
(c) भ्रमण (d) चित्र-निर्माण

व्याख्या (a) वाक्य का प्रयोग करके शब्द के अर्थ को स्पष्ट रूप से समझा जा सकता है। शब्द वर्णों के मेल से निर्मित होते हैं और शब्दों के सार्थक समूह को ही वाक्य कहा जाता है। इसलिए शब्द की रचना एवं प्रयोग महत्त्वपूर्ण है। शब्दों का जब सार्थक नियमों में बँधकर वाक्य में प्रयोग किया जाता है, तो उसका अर्थ उपयुक्त होता है अन्यथा नहीं। यदि शब्द निरर्थक है, तो उसका प्रयोग वाक्य में अनुपयुक्त होगा।

34. व्याकरण शिक्षण के लिए उपयुक्त नहीं है *(UPTET 2016, I-V)*

(a) आगमन प्रणाली (b) निगमन प्रणाली
(c) अव्याकृति प्रणाली (d) कक्षाभिनय प्रणाली

व्याख्या (d) व्याकरण शिक्षण के लिए कक्षाभिनय प्रणाली उपयुक्त नहीं है, क्योंकि व्याकरण को हम क्रियाकलाप के माध्यम से समझा या सिखा नहीं सकते हैं। व्याकरण को केवल शाब्दिक रूप से ही सिखाया जा सकता है।

35. आगमन विधि के रूपों की संख्या है *(RTET 2016, I-V)*

(a) पाँच (b) दो
(c) सात (d) तीन

व्याख्या (b) आगमन विधि के दो रूप होते हैं—सूत्र विधि तथा पुस्तक विधि।
सूत्र विधि के अन्तर्गत अध्यापक छात्रों को कुछ सूत्र बताते हैं और छात्र उन्हें बिना समझे ही कण्ठस्थ कर लेते हैं।
पुस्तक विधि सूत्र विधि का ही परिवर्तित रूप है। इस विधि में नियमों का ज्ञान कराने के लिए छात्रों को व्याकरण की पुस्तक दी जाती है, जिससे छात्र उसमें से नियम रट सके।

36. प्राथमिक स्तर पर भाषा अध्ययन में मुख्य तत्त्व होगा *(HTET 2014, I-V)*

(a) व्याकरण का उपयोग (b) शब्द-भण्डार अभिवृद्धि
(c) साहित्यिक समझ (d) उच्चारण की स्पष्टता

व्याख्या (d) प्राथमिक स्तर पर भाषा अध्ययन में मुख्य तत्त्व उच्चारण की स्पष्टता है। स्पष्ट उच्चारण के अभ्यास से विद्यार्थी को शब्द की समझ होती है तथा उसका भाषायी विकास होता है। उच्चारण की अस्पष्टता के परिणामस्वरूप प्राथमिक स्तर पर व्याकरण के उपयोग को समझने में बच्चों को कठिनाई होगी। वे जटिलता का अनुभव करेंगे। शब्दों के स्पष्ट उच्चारण को सीखने के बाद ही उनके शब्द-भण्डार में अभिवृद्धि हो सकेगी तथा साहित्यिक समझ का क्रमिक विकास होगा।

37. उच्च प्राथमिक स्तर पर व्याकरण शिक्षण की उपर्युक्त प्रणाली है *(HTET 2012, I-V)*

(a) पाठ्यपुस्तक प्रणाली (b) समवाध प्रणाली
(c) भाषा-संसर्ग प्रणाली (d) आगमन-निगमन प्रणाली

व्याख्या (d) आगमन-निगमन प्रणालियाँ उच्च प्राथमिक स्तर पर व्याकरण शिक्षण की उपयुक्त प्रणालियाँ हैं। जब हम कभी छात्रों के सम्मुख बहुत से तथ्य उदाहरण या वस्तुएँ प्रस्तुत करते हैं और फिर उनके स्वयं के निष्कर्ष निकलवाने का प्रयत्न करते हैं, तब ऐसे में हम शिक्षण प्रणाली की आगमन विधि का प्रयोग करते हैं। निगमन विधि आगमन विधि की विपरीत प्रक्रिया है। इसमें सामान्य नियम के आधार पर किसी विशेष परिस्थिति के लिए परिणाम निकाला जाता है। इस प्रकार निगमन आगमन का पूरक है।

38. पहले बच्चों के लिए लिपिबद्ध और उनसे जुड़ी ध्वनियाँ

(BTET 2011, I-V)

(a) निरर्थक होती हैं
(b) सार्थक होती हैं
(c) मूर्त होती हैं
(d) अमूर्त होती हैं

व्याख्या (a) सर्वप्रथम बच्चों को भाषा सिखाने के लिए उन्हें वर्णमाला, स्वर एवं व्यंजन का ज्ञान कराना चाहिए फिर लिपि ज्ञान एवं उच्चारण ज्ञान कराना चाहिए। इसलिए बच्चों के लिए लिपिबद्ध और उनसे जुड़ी ध्वनियाँ निरर्थक होती हैं।

39. बच्चों की भाषा के सन्दर्भ में कौन-सा कथन सही है?

(BTET 2011, I-V)

(a) बच्चों की भाषा में बहुत अधिक व्याकरणिक त्रुटियाँ होती हैं
(b) बच्चों की भाषा में नियमबद्ध व्यवस्था की झलक मिलती है
(c) बच्चों की भाषा तार शैली में ही रहती है
(d) बच्चों की भाषा को सुधारने के लिए दण्ड एवं पुरस्कार आवश्यक हैं

व्याख्या (a) बच्चों की भाषा में बहुत अधिक व्याकरणिक त्रुटियाँ होती हैं। सर्वप्रथम बच्चा बोलना सीखता है। इसके बाद वह वाक्यों में अपनी बात कहने लगता है। लेकिन उसके वाक्यों में त्रुटियाँ होती हैं। वे त्रुटियाँ व्याकरणिक होती हैं, बच्चा वाक्य बोलने में अनेक प्रकार की व्याकरण सम्बन्धित त्रुटियाँ करता है। इन त्रुटियों में संज्ञा, सर्वनाम, क्रिया आदि की त्रुटियाँ सम्मिलित हैं।

अध्याय 20

भाषायी-विविधता वाले कक्षा-कक्ष की समस्याएँ

» CTET

1. बहुभाषिक कक्षाओं में बच्चों की घर की भाषा को स्थान देने की दृष्टि से कौन-सा कार्य सर्वाधिक प्रभावी है? *(CTET 2018, I-V)*

(a) हिन्दी भाषा के शब्दों को अपनी भाषा में कहो
(b) हिन्दी भाषा के शब्दों को अपनी भाषा में लिखो
(c) हिन्दी भाषा में सुनी कहानी को अपनी भाषा में कहो
(d) हिन्दी भाषा में अपनी पसन्द का कोई गीत सुनाओ

व्याख्या (d) बहुभाषिक कक्षाओं में बच्चों की घर की भाषा को स्थान देने के लिए उनसे कहा जाए कि 'अपनी हिन्दी भाषा में अपनी पसन्द का कोई गीत सुनाओ', इससे उनकी मातृभाषा की कक्षा में प्रतिभागिता बढ़ेगी और भाषा का परस्पर आदान-प्रदान हो सकेगा।

2. बच्चे बोलचाल की भाषा का अनुभव लेकर विद्यालय आते हैं। इसका निहितार्थ है कि *(CTET 2018, I-V)*

(a) बच्चों को बोलचाल की भाषा न सिखाई जाए
(b) बच्चों की बोलचाल की भाषा को सुधारा जाए
(c) बच्चों के भाषायी अनुभवों का उचित प्रयोग किया जाए
(d) बच्चों के भाषायी अनुभवों को कक्षा के बाहर रखा जाए

व्याख्या (c) बच्चे बोलचाल की भाषा का अनुभव लेकर विद्यालय आते हैं, इसका अर्थ है कि बच्चों के भाषायी अनुभवों का उचित प्रयोग किया जाए ताकि उनके द्वारा अर्जित की गई भाषायी क्षमता, अनुभव आदि का सही दिशा में प्रयोग किया जा सके।

3. बहुभाषिक कक्षा में बच्चों की भाषाएँ *(CTET 2018, I-V, VI-VIII)*

(a) संसाधन के रूप में कार्य कर सकती हैं
(b) शिक्षक के लिए बेहद जटिल चुनौती हैं
(c) आकलन की प्रक्रिया को बाधित करती हैं
(d) भाषा सीखने की प्रक्रिया को बाधित करती हैं

व्याख्या (a) बहुभाषिक कक्षा में बच्चों की भाषाएँ एक संसाधन के रूप में कार्य कर सकती हैं। कक्षा में बहुभाषिक बच्चे होने से भाषायी समृद्धता बढ़ेगी और बहुभाषा के आदान-प्रदान द्वारा भाषा सीखने के अवसर भी बढ़ सकेंगे।

4. हिन्दी भाषा सीखने के सन्दर्भ में कक्षा आठ में पढ़ने वाले बच्चे से यह अपेक्षित है कि वह *(CTET 2018, VI-VIII)*

(a) हिन्दी भाषा की समस्त नियमावली को जान सके
(b) हिन्दी भाषा के मुहावरों और लोकोक्तियों को जान सके
(c) विभिन्न सन्दर्भों में हिन्दी भाषा का प्रभावी प्रयोग कर सके
(d) तत्समप्रधान भाषा का प्रभावी प्रयोग कर सके

व्याख्या (c) हिन्दी भाषा सीखने के सन्दर्भ में कक्षा आठ में पढ़ने वाले बच्चे से यह अपेक्षा की जा सकती है कि वह विभिन्न सन्दर्भों में हिन्दी भाषा का प्रभावी प्रयोग कर सके। उच्च प्राथमिक स्तर पर बच्चा भाषा की बारीकियों को समझने लगता है। उससे यह अपेक्षा की जा सकती है कि वह विभिन्न सन्दर्भों में भाषा का सही रूप में प्रयोग कर सकेगा।

5. हिन्दी के पाठों में अन्य भाषाओं के शब्दों के होने का अर्थ है *(CTET 2018, VI-VIII)*

(a) पाठ का लेखक हिन्दी नहीं जानता
(b) पाठ समाज के बहुभाषी स्वरूप की सहज प्रस्तुति है
(c) पाठ कठिन और अस्पष्ट है
(d) विद्यार्थियों को शुद्ध भाषा नहीं सिखाई जा रही है

व्याख्या (b) भाषा रूपी मोती समाज के सीप में ही पलता है अर्थात् भाषा समाज में बिखरी सामग्री होती है, जो परिष्कृत रूप में नहीं होती। समाज प्रचलित भाषा में अन्य भाषाओं के शब्द घुल-मिलजाना स्वाभाविक है। अत: कहा जा सकता है कि पाठ समाज के बहुभाषी स्वरूप की सहज प्रस्तुति है।

6. एक भाषा के अध्यापक को बच्चों में *(CTET 2018, VI-VIII)*

(a) भाषा सिद्धान्तों की समझ विकसित करने पर बल देना चाहिए
(b) आलंकारिक भाषा-प्रयोग की समझ विकसित करने पर बल देना चाहिए
(c) विविध सन्दर्भों में भाषा-प्रयोगों की क्षमता विकसित करने पर बल देना चाहिए
(d) शुद्ध भाषा-प्रयोग की क्षमता विकसित करने पर बल देना चाहिए

व्याख्या (c) एक भाषा के अध्यापक को बच्चों में विविध सन्दर्भों में भाषा-प्रयोग की क्षमता विकसित करने पर बल देना चाहिए, ताकि बच्चों का सुचारु रूप से भाषिक विकास हो सके।

7. किस तरह के बच्चों को हिन्दी भाषा सीखने में अधिक कठिनाई का सामना करना पड़ेगा? *(CTET 2017, VI-VIII)*

(a) जिनकी मातृभाषा हिन्दी से भिन्न है
(b) जिनकी मातृभाषा सरल है
(c) जिनकी मातृभाषा हिन्दी के समान है
(d) जिनकी मातृभाषा मानक हिन्दी नहीं है

व्याख्या (a) जिन बच्चों की मातृभाषा हिन्दी से भिन्न है, ऐसे बच्चों को हिन्दी भाषा सीखने में अधिक कठिनाई का सामना करना पड़ेगा। अपनी मातृभाषा से अन्य भाषा को सीखने में नियम, व्याकरण एवं सन्दर्भों में भाषा प्रयोग की कठिनाई होगी।

8. हिन्दी की कक्षा में प्रायः हिन्दीतर-भाषी बच्चे अरुचि प्रदर्शित करते हैं, क्योंकि *(CTET 2016, I-V)*

(a) उन्हें हिन्दी सीखने का उपयोग नजर नहीं आता
(b) अध्यापक उनकी भाषा सम्बन्धी त्रुटियों को सहजता से स्वीकार नहीं करते
(c) उन्हें अपनी भाषा के प्रति विशेष लगाव होता है
(d) उन्हें तुलनात्मक रूप से हिन्दी बहुत कठिन लगती है

व्याख्या (d) हिन्दी की कक्षा में हिन्दीतर-भाषी बच्चे अरुचि प्रदर्शित करेंगे, क्योंकि उन्हें तुलनात्मक रूप से हिन्दी बहुत कठिन लगेगी। मातृभाषा से इतर भाषा में बच्चा आसानी से रुचि नहीं ले पाता और उसे वह भाषा नीरस लगने लगती है।

9. भाषा की कक्षा में मुद्रित समृद्ध परिवेश कैसे रचा जा सकता है? *(CTET 2016, I-V)*

(a) दीवारों पर सूक्तियाँ एवं उपदेशात्मक बातें लिखकर
(b) केवल विविध आकर्षक पुस्तकें सजाकर
(c) दीवारों पर केवल आकर्षक पोस्टर लगाकर
(d) कहानी, कविता के पोस्टर व बच्चों के कामों को कक्षा में प्रदर्शित कर

व्याख्या (a) भाषा की कक्षा में मुद्रित समृद्ध परिवेश दीवारों पर सूक्तियाँ एवं उपदेशात्मक बातें लिखकर रचा जा सकता है। प्राथमिक एवं उच्च प्राथमिक विद्यालयों में दीवारों पर अंग्रेजी-हिन्दी की वर्णमाला, आदर्श वाक्य, सूक्तियाँ और अच्छी आदतें दीवारों पर लिखकर भाषायी परिवेश को समृद्ध किया जा सकता है।

10. पहली कक्षा की भाषा अध्यापिका अपने एक विद्यार्थी के भाषायी विकास के सम्बन्ध में चिन्तित है, क्योंकि *(CTET 2016, I-V)*

(a) विद्यार्थी पठन-पाठन में रुचि प्रदर्शित नहीं करता है
(b) विद्यार्थी को घर पर बात करने के बहुत कम अवसर मिलते हैं
(c) विद्यार्थी के माता और पिता की मातृभाषा अलग-अलग है
(d) विद्यार्थी अपने साथियों से बहुत झगड़ता है

व्याख्या (b) यदि विद्यार्थी को घर पर बात करने के बहुत कम अवसर मिलते हैं तो बच्चे का उचित रूप से भाषायी विकास नहीं हो पाएगा। बच्चों के भाषिक ज्ञान में वृद्धि करने के लिए आवश्यक है कि उन्हें भाषा-प्रयोग के अधिकाधिक अवसर उपलब्ध कराए जाने चाहिए।

11. प्राथमिक स्तर की कक्षा में भिन्न-भिन्न प्रान्तों के अलग-अलग भाषा बोलने वाले बच्चों का नामांकन हुआ है। ऐसी स्थिति में भाषा की कक्षा बच्चों के भाषायी विकास के सन्दर्भ में *(CTET 2016, I-V)*

(a) जटिल चुनौती के रूप में सामने आती है
(b) अवरोध ही प्रस्तुत करती है
(c) बहुत बड़ी समस्या बन जाती है
(d) अनमोल संसाधन के रूप में कार्य करती है

व्याख्या (a) यदि प्राथमिक स्तर पर कक्षा में कई प्रान्तों से भिन्न-भिन्न भाषा बोलने वाले बच्चों का नामांकन हुआ है तो यह स्थिति भाषायी विकास के सम्बन्ध में एक जटिल चुनौती के रूप में सामने आती है, क्योंकि इससे बच्चों में परस्पर भाषायी आदान-प्रदान नहीं हो सकेगा और यह स्थिति शिक्षक के लिए भी चुनौतीपूर्ण होगी।

12. जब बच्चे भाषा से भिन्न कोई विषय पढ़ते हैं, तो वे *(CTET 2016, I-V)*

(a) साथ-साथ परीक्षा की तैयारी भी करते हैं
(b) केवल अवधारणा ही बना पाते हैं
(c) केवल विषय ही पढ़ते हैं
(d) साथ-साथ भाषा भी सीखते हैं

व्याख्या (d) जब बच्चे भाषा से भिन्न कोई विषय पढ़ते हैं, तो वे साथ-साथ भाषा भी सीखते हैं। किसी विषय का सहायक विषय के रूप में अध्ययन करने पर हम उस विषय की भाषा का भी अधिगम कर रहे होते हैं।

13. भाषा-शिक्षण के सन्दर्भ में 'बहुभाषी कक्षा' से तात्पर्य है, कक्षा में *(CTET 2016, VI-VIII)*

(a) भिन्न-भिन्न भाषाओं में कहानी-कविता के चार्ट आदि की उपलब्धता
(b) कम-से-कम दो भाषाओं में शब्दकोश की आवश्यकता
(c) अधिकाधिक भाषाओं की पुस्तकों की उपलब्धता
(d) सभी बच्चों को अपनी-अपनी भाषा में बोलने के अवसरों की उपलब्धता

व्याख्या (d) भाषा-शिक्षण के सन्दर्भ में 'बहुभाषी कक्षा' से तात्पर्य सभी बच्चों को अपनी-अपनी भाषा में बोलने के अवसरों की उपलब्धता से है। अपनी भाषा में बोलने से बच्चों की भाषायी क्षमता और अभिव्यक्ति-कौशलों को बढ़ाया जा सकता है।

14. 'सीखने-सिखाने की प्रक्रिया' के सन्दर्भ में आप किस कथन से सहमत हैं? *(CTET 2016, VI-VIII)*

(a) एक कक्षा में हम जो सीखते हैं उसके सभी अंश अगली कक्षा के लिए अनिवार्य बुनियाद होते हैं
(b) बच्चों को किन्हीं अवधारणाओं को न सीखने के कारण फेल करके रोकना उचित ही है
(c) जो बच्चे पिछली कक्षा की बातें नहीं सीख पाए हैं, वे अगली कक्षा में और पिछड़ जाएँगे अत: उन्हें उसी कक्षा में रोक देना चाहिए
(d) जो बच्चे किसी कक्षा में सीख नहीं पाए हैं, उन्हें फेल करके रोकने से भी जरूरी नहीं कि वे सीख जाएँ

व्याख्या (a) 'सीखने-सिखाने की प्रक्रिया' के सन्दर्भ में एक कक्षा में हम जो सीखते हैं, उसके सभी अंश अगली कक्षा के लिए अनिवार्य बुनियाद होते हैं, कथन से सहमत हुआ जा सकता है। किसी भी विषय अथवा कक्षा के लिए पूर्ण ज्ञान आधारशिला होता है।

15. कक्षा आठ के लिए पाठ्य-पुस्तक का निर्माण करते समय महत्त्वपूर्ण है *(CTET 2016, VI-VIII)*

(a) प्रसिद्ध लेखकों की रचनाएँ
(b) विधागत विविधता होना
(c) पाठों की संख्या सीमित होना
(d) सभी व्याकरणिक तत्त्वों का समावेश

व्याख्या (b) कक्षा आठ के लिए पाठ्य-पुस्तक का निर्माण करते समय महत्त्वपूर्ण है कि विद्यार्थियों को संक्षिप्त रूप से विधागत विविधता का ज्ञान कराना चाहिए। कहानी, उपन्यास, निबन्ध, नाटक, एकांकी, संस्मरण, जीवनी एवं आत्मकथा आदि विषय का पाठ्य-पुस्तक में ज्ञान कराया जाना चाहिए।

16. सन्दर्भ के अनुसार, शब्दों के उपयुक्त चयन सम्बन्धी त्रुटियों को दूर करने के लिए सर्वाधिक कारगर तरीका क्या है? *(CTET 2016, VI-VIII)*

(a) विविध भाषा-प्रयोग से परिचित कराना
(b) विविध शब्दों का वाक्य-प्रयोग करवाना
(c) व्याकरण की विविध पुस्तकें पढ़ाना
(d) विविध शब्दों की सूची याद करवाना

व्याख्या (b) विविध शब्दों का वाक्य में प्रयोग करवाने से बच्चों की उपयुक्त चयन सम्बन्धी त्रुटियों को दूर किया जा सकता है। सन्दर्भ के अनुसार, शब्द-चयन का अभ्यास तथा वाक्य में शब्दों का प्रयोग करके त्रुटियाँ सुधारी जा सकती हैं।

17. बच्चे के स्कूल की भाषा और घर एवं पड़ोस की भाषा में .... होनी चाहिए। *(CTET 2016, VI-VIII)*

(a) जुड़ाव (b) समरूपता
(c) समरसता (d) अलगाव

व्याख्या (b) बच्चे के स्कूल की भाषा और घर एवं पड़ोस की भाषा में समरूपता होनी चाहिए, इससे बच्चे को अर्जित या अधिगमित भाषा का प्रयोग करने में कठिनाई महसूस नहीं होगी और उसके भाषिक परिवेश में समरूपता आ सकेगी।

18. भाषा-कक्षा में समावेशी वातावरण का निर्माण करने के लिए जरूरी है कि *(CTET 2016, VI-VIII)*

(a) बच्चों की सभी आवश्यकताओं को पूर्ण किया जाए
(b) बच्चों को विविध दृश्य-श्रव्य सामग्री उपलब्ध कराई जाए
(c) बच्चों के प्रति अति उदारवादी दृष्टिकोण रखा जाए
(d) बच्चों को विविध भाषाओं को पढ़ाया जाए

व्याख्या (d) भाषा की कक्षा में समावेशी वातावरण का निर्माण करने के लिए बच्चों को विविध भाषाएँ पढ़ायी जानी चाहिए। इससे बच्चों का भाषायी ज्ञान समृद्ध किया जा सकता है।

19. अपनी कक्षा में समावेशी माहौल का निर्माण करने के लिए आप किस बात को सबसे अधिक महत्त्वपूर्ण मानते हैं? *(CTET 2016, VI-VIII)*

(a) विभिन्न प्रकार के दृश्य-श्रव्य संसाधनों का सदैव अनिवार्य प्रयोग
(b) स्वयं के बोलने की गति को बहुत धीमा रखना
(c) सभी बच्चों से सभी भाषिक प्रकार्यों को समान रूप से सम्पादित करवाना
(d) विभिन्न प्रकार के दृश्य-श्रव्य संसाधनों का आवश्यकतानुसार उचित प्रयोग

व्याख्या (d) विभिन्न प्रकार के दृश्य-श्रव्य संसाधनों का आवश्यकतानुसार उचित प्रयोग करके कक्षा में समावेशी माहौल का निर्माण किया जा सकता है। शिक्षण सहायक सामग्री शिक्षण प्रक्रिया को रुचिकर और सुलभ बनाती है।

20. प्राथमिक कक्षाओं में बच्चे बहुत कुछ लेकर विद्यालय आते हैं; जैसे-अपनी .... अपने अनुभव, दुनिया को देखने का अपना दृष्टिकोण आदि। *(CTET 2015, I-V)*

(a) समस्याएँ (b) भाषा
(c) पाठ्य-पुस्तकें (d) कमियाँ

व्याख्या (b) प्राथमिक कक्षाओं में बच्चे अपनी भाषा, अपने अनुभव, दुनिया को देखने का अपना दृष्टिकोण आदि लेकर विद्यालय में आते हैं। यह विद्यालय प्रवेश से पूर्व का ज्ञान उनके सामाजिक परिवेश पर आधारित होता है।

21. समावेशी कक्षा में बच्चों की आवश्यकताओं को पूरा करने में भाषा-शिक्षक के रूप में आपकी मुख्य जिम्मेदारी नहीं है *(CTET 2015, I-V)*

(a) बच्चों की भाषा सम्बन्धी क्षमताओं की पहचान करना
(b) बच्चों को विभिन्न प्रकार की दृश्य-श्रव्य सामग्री उपलब्ध कराना
(c) बच्चों का आकलन करते समय अति उदार बनना
(d) विभिन्न आवश्यकताओं वाले बच्चों के लिए उपलब्ध संसाधनों की खोज करना

व्याख्या (c) समावेशी कक्षा में बच्चों की आवश्यकताओं को पूरा करने में भाषा-शिक्षक की जिम्मेदारी बच्चों का आकलन करते समय अति उदार बनने की नहीं है। शिक्षक की जिम्मेदारी है कि वह बच्चों की भाषा-सम्बन्धी क्षमता बढ़ाए, बच्चों को दृश्य-श्रव्य सामग्री उपलब्ध कराए, उनका निष्पक्ष मूल्यांकन करे। नए संसाधन उपलब्ध कराए, लेकिन मूल्यांकन करते समय अति उदार न बनें।

22. समग्र भाषा पद्धति पर आधारित कक्षा *(CTET 2015, I-V)*

(a) गतिविधियों के आयोजन पर बल देती है
(b) बच्चों के भाषायी विकास की स्पष्ट समझ पर बल देती है
(c) बाल साहित्य को पढ़कर सुनाने पर बल देती है
(d) सभी भावाओं को सीखने पर बल देती है

व्याख्या (b) समग्र भाषा पद्धति पर आधारित कक्षा बच्चों के भाषायी विकास की स्पष्ट समझ पर बल देती है। भाषा-शिक्षण की पद्धति बच्चों को भाषा के नियम, व्याकरण, शुद्ध उच्चारण, अभिव्यक्ति क्षमता आदि का ज्ञान करने पर बल देती है।

23. प्राथमिक स्तर पर बच्चों की घर की भाषा को अपनी कक्षा में स्थान देना जरूरी है, क्योंकि घर की भाषा *(CTET 2015, I-V)*

(a) सरल होती है
(b) बच्चे ने अभी पूर्णत: नहीं सीखी है
(c) बच्चे की भाषायी पूँजी है
(d) मानक स्वरूप लिए होती है

व्याख्या (c) प्राथमिक स्तर पर बच्चों की घर की भाषा को कक्षा में स्थान देना जरूरी है, क्योंकि वह बच्चे की भाषायी पूँजी है। विद्यालय में प्रवेश से पूर्व ही बच्चे के पास भाषायी शब्दकोश होता है, जिसे वह अपने परिवार, पड़ोस, मित्र-मण्डली आदि से सीखता है। उसकी अर्जित भाषा यदि कक्षा में प्रयोग होती है, तो कक्षा शिक्षण उसके लिए सुलभ और रुचिपूर्ण हो जाएगा।

24. बच्चे के व्यक्तित्व-निर्माण में ……… का महत्त्वपूर्ण योगदान है। *(CTET 2015, I-V)*

(a) विदेशी भाषा
(b) शास्त्रीय भाषा
(c) मातृभाषा
(d) क्षेत्रीय भाषा

व्याख्या (c) यह पूर्णत: सत्य है कि बच्चे के व्यक्तित्व-निर्माण में मातृभाषा का महत्त्वपूर्ण योगदान होता है। बच्चे के परिवार का वातावरण, शिक्षा का स्तर, संस्कृति, सभ्यता आदि बच्चे की मातृभाषा के महत्त्वपूर्ण अंग हैं, जो मातृभाषा के साथ व्यक्तित्व निर्माण में महत्त्वपूर्ण भूमिका निभाते हैं।

25. मैं अपनी कक्षा में बहुभाषिकता को महत्त्व देती हूँ, इसलिए मैं *(CTET 2015, I-V)*

(a) सभी बच्चों को अपनी मातृभाषा में कहने-सुनने की आजादी देती हूँ
(b) भिन्न-भिन्न भाषाओं की पुस्तकों का आदर करती हूँ
(c) बच्चों को कई भाषाओं की कविताओं का गान करवाती हूँ
(d) श्यामपट्ट पर हिन्दी भाषा के शब्दों के अर्थ दो भाषाओं में अवश्य लिखती हूँ

व्याख्या (a) कक्षा में बहुभाषिकता को महत्त्व देने के लिए सभी बच्चों को अपनी मातृभाषा में कहने-सुनने की आजादी देना आवश्यक है। इससे कक्षा में बहुभाषायी शिक्षा का वातावरण निर्मित होगा, जिससे भाषायी ज्ञान में वृद्धि हो सकेगी।

26. दो भाषा बोलने वाले बच्चे न केवल अन्य भाषाओं पर अच्छा नियन्त्रण रखते हैं, बल्कि शैक्षिक स्तर पर वे *(CTET 2015, VI-VIII)*

(a) अधिक बुद्धिमान होते हैं
(b) अधिक परिश्रमी होते है
(c) अधिक अंक प्राप्त करते हैं
(d) अधिक रचनात्मक होते हैं

व्याख्या (d) दो भाषा बोलने वाले बच्चे न केवल अन्य भाषाओं पर अच्छा नियन्त्रण रखते हैं, बल्कि शैक्षिक स्तर पर भी वे अधिक रचनात्मक होते हैं। एक से अधिक भाषा का ज्ञान रखने वाले बच्चों की भाषिक, वाचिक एवं लिखित कार्यकुशलता में भी अन्तर पाया जाता है।

27. हिन्दी भाषा की कक्षा में एक बच्चा बोलते समय अपनी मातृभाषा के शब्दों का प्रयोग करता है। ऐसी स्थिति में आप क्या करेंगे? *(CTET 2015, 14, I-V, VI-VIII)*

(a) उसे टोकेंगे और उसकी मातृभाषा के शब्दों के स्थान पर हिन्दी के शब्दों का प्रयोग दृढ़ता से करवाएँगे
(b) उसकी भाषिक अभिव्यक्ति पर ध्यान नहीं देंगे और पाठ जारी रखेंगे
(c) उसे टोकेंगे नहीं और उसकी मातृभाषा के शब्दों के स्थान पर हिन्दी के शब्दों का प्रयोग कर वाक्य को दोहराएँगे
(d) उसे टोकेंगे नहीं और उसकी मातृभाषा के शब्दों का प्रयोग स्वयं भी करेंगे

व्याख्या (c) हिन्दी भाषा की कक्षा में यदि कोई बच्चा अपनी मातृभाषा के शब्दों का प्रयोग करता है तो उसे टोकना नहीं चाहिए, बल्कि उसके स्थान पर हिन्दी भाषा के शब्दों का प्रयोग करके बताना चाहिए और बच्चे से भी कहेंगे कि वह हिन्दी के शब्दों का प्रयोग करने का अभ्यास स्वयं भी करे। मातृभाषा के शब्द-प्रयोग पर उसे टोकने से उसका मनोबल कमजोर हो जाएगा।

28. मातृभाषा में शिक्षा से *(CTET 2014, I-V)*

(a) कक्षा में पढ़ाई करने में सुविधा होगी
(b) शिक्षार्थियों की अधिकाधिक प्रतिभागिता होगी
(c) बेहतर परिणाम निकलेंगे
(d) उपरोक्त सभी

व्याख्या (d) मातृभाषा में शिक्षा देने से कक्षा शिक्षण में सुविधा होगी, शिक्षार्थी अधिकाधिक रूप से सहभागिता कर सकेंगे, जिससे कक्षा-शिक्षण के और बेहतर परिणाम हो सकेंगे और अधिगम प्रक्रिया में अवरोध उत्पन्न नहीं होगा।

29. 'तुम्हारे आस-पास ऐसे कौन-कौन से फूल हैं, जिनकी बहुत तेज महक है? फूलों के नाम अपनी भाषा में लिखो।' हिन्दी भाषा के इन अभ्यासों का क्या उद्देश्य है? *(CTET 2014, I-V)*

(a) पाठ को अपने अनुभव संसार से जोड़ने के अवसर देना और बहुभाषिकता को पोषित करना
(b) बच्चों की भाषा को कक्षा में स्थान देते हुए यह जानना कि क्या वे अपनी भाषा में लिख सकते हैं
(c) बच्चों को फूलों और उनकी महक के बारे में विस्तृत जानकारी देना
(d) बच्चों से यह जानना कि वे कितने फूलों के नाम जानते हैं?

व्याख्या (a) बच्चों के आस-पास के फूलों के नाम उनकी भाषा में लिखवाना बच्चों पाठ को अपने अनुभव संसार से जोड़ने के अवसर देना और बहुभाषिकता को पोषित करना है। इससे बच्चा कक्षा में बहुभाषाओं को सीखने के अवसर प्राप्त होंगे और अपनी भाषा पर भी पकड़ बना सकेगा।

30. भाषा की पाठ्य-पुस्तकों में हिन्दीतर भाषाओं को भी जगह मिलनी चाहिए। इस कथन के समर्थन में कौन-सा तर्क काम करेगा? *(CTET 2014, I-V)*

(a) इससे भाषाओं के बीच द्वन्द्व नहीं होगा
(b) इससे भाषागत विविधता को सही रूप में सम्बोधित किया जा सकता है
(c) इससे भारत की सभी भाषाओं को स्थान दिया जा सकेगा
(d) इससे त्रिभाषा सूत्र का पालन किया जा सकता है

व्याख्या (b) भाषा की पाठ्य-पुस्तकों में हिन्दीतर भाषाओं को भी जगह मिलनी चाहिए, क्योंकि इससे भाषागत विविधता को सही रूप में सम्बोधित किया जा सकता है।

31. भाषा की कक्षा में यह जरूरी है कि *(CTET 2014, I-V)*

(a) भाषा की पाठ्य-पुस्तक पर विशेष ध्यान दिया जाए
(b) बच्चे मानक भाषा में ही बातचीत करें
(c) भाषिक पृष्ठभूमि के आधार पर किसी भी बच्चे को पीछे न छोड़ा जाए
(d) बच्चों की अधिक-से अधिक परीक्षाएँ ली जाएँ

व्याख्या (c) भाषा की कक्षा में यह जरूरी है कि भाषिक पृष्ठभूमि के आधार पर किसी भी बच्चे को पीछे न छोड़ा जाए। इससे बच्चे को अन्य भाषाओं का भी ज्ञान हो सकेगा और उनका भाषिक विकास पूर्णता से हो पाएगा।

32. भाषा के सम्बन्ध में कौन-सा कथन सही नहीं है? *(CTET 2014, I-V)*

(a) भारत की भाषिक विविधता एक जटिल चुनौती है
(b) बहुभाषिकता बच्चे की अस्मिता का निर्माण करती है
(c) भाषाएँ आपस में सम्पर्क संवाद करती हैं
(d) भाषागत विविधता एक समस्या है

व्याख्या (d) भाषागत विविधता एक समस्या है। भाषा के सम्बन्ध में यह कथन सही नहीं है। भाषागत विविधता से देश में एक ओर भाषावाद एवं क्षेत्रवाद बढ़ा है, तो दूसरी ओर भाषाओं में परस्पर संवाद भी बढ़ा है। कई भाषाओं के ज्ञान से बच्चे की भाषायी (पहचान) अस्मिता भी बनती है।

33. हमारी कक्षाओं में बच्चे भिन्न-भिन्न भाषिक पृष्ठभूमि से आते हैं, अतः *(CTET 2014, I-V)*

(a) उनकी भाषाओं को भी कक्षा में सम्मान देना अनिवार्य है
(b) उनकी भाषाओं को सीखना सभी शिक्षार्थियों के लिए अनिवार्य है
(c) भाषा की पाठ्य-पुस्तक में उनकी सभी भाषाओं के शब्द वाक्य होना अनिवार्य है
(d) उनकी सभी भाषाओं की जानकारी शिक्षक के लिए अनिवार्य है

व्याख्या (a) यदि हमारी कक्षाओं में बच्चे भिन्न-भिन्न भाषिक पृष्ठभूमि से आते हैं, तो हमें उनकी भाषाओं को भी कक्षा में सम्मान देना अनिवार्य है अन्यथा बच्चे के अन्दर हीन भावना पैदा हो जाएगी, जिससे बच्चे का भाषा के साथ चहुँमुखी विकास अवरुद्ध होगा।

34. बच्चे प्रारम्भ से ही *(CTET 2014, I-V)*

(a) द्विभाषिक होते हैं
(b) बहुभाषिक होते हैं
(c) भाषा में कमजोर होते हैं
(d) एकभाषिक होते हैं

व्याख्या (b) बच्चे प्रारम्भ से ही बहुभाषिक होते हैं। उनके पास अपने परिवेश से भाषा का अर्जित ज्ञान होता है, जिसमें बहुभाषायी शब्द मिश्रित होते हैं। बच्चों को उनकी भाषा के प्रयोग के अवसर उपलब्ध कराकर उनके कौशलों का विकास किया जा सकता है।

35. प्राथमिक स्तर पर शिक्षा का माध्यम *(CTET 2014, I-V)*

(a) अंग्रेजी होना चाहिए
(b) उर्दू होना चाहिए
(c) बच्चे की मातृभाषा होनीं चाहिए
(d) हिन्दी होना चाहिए

व्याख्या (c) प्राथमिक स्तर पर शिक्षा का माध्यम बच्चे की मातृभाषा होनी चाहिए। मातृभाषा बच्चे द्वारा उसके परिवार, पड़ोस एवं समाज से सीखी गई भाषा होती है। इससे वह शिक्षा को आसानी से आत्मसात कर सकता है। वर्धा में बुनियादी शिक्षा योजना के राष्ट्रीय सम्मेलन में महात्मा गाँधी जी ने बुनियादी शिक्षा को बच्चे की मातृभाषा में प्रदान करने पर बल दिया था।

36. उच्च प्राथमिक स्तर पर बहुभाषिक कक्षा में बच्चों की भाषा/भाषाएँ *(CTET 2014, I-V)*

(a) एक संसाधन है/हैं
(b) एक कठिन समस्या है/हैं
(c) एक पहेली है/हैं
(d) एक जटिल चुनौती है/हैं

व्याख्या (a) उच्च प्राथमिक स्तर पर बहुभाषिक कक्षा में बच्चों की भाषा या भाषाएँ एक संसाधन के रूप में होती हैं। कक्षा में बहुभाषायी बच्चे होने से समृद्ध भाषिक वातावरण निर्मित हो सकता है।

37. उच्च प्राथमिक स्तर पर हिन्दी भाषा की समावेशी कक्षा का स्वरूप निर्धारित करने में सर्वाधिक महत्त्वपूर्ण है *(CTET 2014, I-V)*

(a) अभ्यास कार्य
(b) शिक्षण प्रक्रिया
(c) आकलन
(d) पाठ्य-पुस्तक

व्याख्या (b) उच्च प्राथमिक स्तर पर हिन्दी भाषा की समावेशी कक्षा का स्वरूप निर्धारण करने में शिक्षण प्रक्रिया सर्वाधिक महत्त्वपूर्ण है। शिक्षण प्रक्रिया में अधिकाधिक सहायक सामग्री का प्रयोग करके शिक्षण को रुचिपूर्ण एवं सहज बनाया जा सकता है।

38. घर की भाषा और विद्यालय में पढ़ाई जाने वाली भाषा *(CTET 2013, I-V)*

(a) सदैव टकराहट से गुजरती है
(b) सदैव समान होती है
(c) समान हो सकती है
(d) सदैव अलग होती है

व्याख्या (c) यदि घर की भाषा और विद्यालय में पढ़ाई जाने वाली भाषा एक समान हो सकती है, तो ऐसी स्थिति में बच्चे ज्ञान का अर्जन तीव्रता एवं सुगमता से कर सकेंगे और शिक्षण प्रक्रिया उन्हें सरस एवं रुचिपूर्ण लगने लगेगी।

39. पाठ्य-पुस्तक की भाषा *(CTET 2013, I-V)*

(a) बच्चों की घर व समुदाय की भाषा से मिलती-जुलती होनी चाहिए।
(b) तत्सम प्रधान होनी चाहिए
(c) तद्भव प्रधान होनी चाहिए
(d) अधिकाधिक कठिन शब्दों से युक्त होनी चाहिए

व्याख्या (a) पाठ्य-पुस्तक की भाषा बच्चों की घर व समुदाय की भाषा से मिलती-जुलती होनी चाहिए, ताकि बच्चों की परिवेश से अर्जित भाषा और कक्षायी अधिगम की भाषा में अन्तर न हो अन्यथा अधिगम प्रक्रिया में अवरोध उत्पन्न हो जाएगा।

40. प्लेटो का यह कथन कि ''बच्चा बड़ों के बीच एक विदेशी की तरह होता है'' किस भाषिक सच्चाई की ओर संकेत करता है? *(CTET 2013, VI-VIII)*

(a) बच्चे अपनी भाषा में बोलते हैं, जिसे बड़े सही-सही नहीं समझ पाते
(b) बच्चा बड़ों से उम्र में छोटा होने के कारण अजनबी बना रहता है
(c) बच्चों की भाषा अपरिपक्व होती है
(d) बच्चों की भाषा के प्रति बड़ों का दृष्टिकोण संकीर्णता से परिपूर्ण होता है

व्याख्या (a) प्लेटो का यह कथन कि "बच्चा बड़ों के बीच एक विदेशी की तरह होता है" इस भाषिक सच्चाई की ओर संकेत करता है कि बच्चे अपनी भाषा में बोलते हैं, जिसे बड़े सही-सही नहीं समझ पाते। बच्चों की भाषा प्रायः सांकेतिक होती है, जिसे कुछ समय बाद बड़े समझने लगते हैं।

41. विद्यालय में एक से अधिक भाषाओं का शिक्षण *(CTET 2013, VI-VIII)*

(a) जटिल समस्याएँ उत्पन्न करता है
(b) अनेक भाषाओं के शिक्षकों के रोजगार को बढ़ावा देता है
(c) बहुभाषिकता और राष्ट्रीय सद्भाव का प्रसार करता है
(d) व्यावहारिक नहीं है

व्याख्या (c) विद्यालय में एक से अधिक भाषाओं का शिक्षण बहुभाषिकता और राष्ट्रीय सद्भाव का प्रसार करता है। कक्षा में बहुभाषायी वातावरण निर्मित होने पर पारस्परिक भाषायी बोध बढ़ता है।

42. बहुभाषिक एवं बहुसांस्कृतिक कक्षा में *(CTET 2012, I-V)*

(a) बच्चों की मातृभाषा का प्रयोग वर्जित होना चाहिए
(b) बच्चों की मातृभाषा को समुचित सम्मान, स्थान देते हुए मानक भाषा से भी परिचय कराना चाहिए
(c) बच्चों को केवल मानक भाषा के प्रयोग के लिए ही पुरस्कृत करना चाहिए
(d) बच्चों की मातृभाषा का ही सदैव प्रयोग किया जाना चाहिए

व्याख्या (b) बहुभाषिक एवं बहुसांस्कृतिक कक्षा में बच्चों की मातृभाषा को समुचित सम्मान, स्थान देते हुए मानक भाषा से भी परिचय कराना चाहिए। इससे बच्चों में बहुभाषा और बहुसंस्कृति का ज्ञान सम्भव हो सकेगा।

43. बच्चे विद्यालय आने से पहले *(CTET 2012, I-V)*

(a) अपनी भाषा की नियमबद्ध व्यवस्था की व्यावहारिक कुशलता के साथ आते हैं
(b) कोरी स्लेट होते हैं
(c) भाषा का समुचित उपयोग करने में समर्थ नहीं होते हैं
(d) भाषा के चारों कौशलों पर पूर्ण अधिकार रखते हैं

व्याख्या (a) बच्चे विद्यालय आने से पहले अपनी भाषा की नियमबद्ध व्यवस्था की व्यावहारिक कुशलता के साथ आते हैं। विद्यालय में प्रवेश से पूर्व बच्चे सामाजिक व्यवहार, सदाचार, नैतिकता, अच्छी आदतें, बोलचाल, अनुभवों की अभिव्यक्ति आदि में कुशल होते हैं।

44. बहुभाषिकता *(CTET 2012, I-V)*

(a) भाषायी समृद्धि को खतरे में डालती है
(b) भाषा सीखने में बाधा उत्पन्न करती है
(c) भाषा सीखने में एक महत्त्वपूर्ण संसाधन है
(d) भाषा सीखने में बहुत बड़ी बाधा है

व्याख्या (c) बहुभाषिकता, भाषा सीखने में एक महत्त्वपूर्ण संसाधन है, क्योंकि बहुभाषा के ज्ञान से देश-विदेश में आवश्यक्तानुसार लाभ उठाया जा सकता है और उसका प्रयोग देश हित में किया जा सकता है। बहुभाषा का ज्ञान व्यक्ति की भाषायी क्षमता का द्योतक है।

45. एक बहुभाषिक कक्षा में आप किसे सबसे कम महत्त्व देंगे? *(CTET 2012, I-V)*

(a) विभिन्न प्रकार का बाल साहित्य
(b) कक्षा में विभिन्न प्रकार की सामग्री
(c) कक्षा में बहुभाषिक और बहुसांस्कृतिक सन्दर्भों के प्रति संवेदनशीलता
(d) बच्चों को सिखाना कि दो भाषाओं के मध्य विद्यमान समानता व अन्तर का विश्लेषण कैसे किया जाता है

व्याख्या (d) एक बहुभाषिक कक्षा में सबसे कम महत्त्वपूर्ण है बच्चों को सिखाना कि दो भाषाओं के मध्य विद्यमान समानता व अन्तर का विश्लेषण कैसे किया जाता है। यह बहुभाषायी कक्षा विषयेतर है, अन्य सभी विकल्प प्रक्रिया से प्रत्यक्ष रूप से जुड़े हैं।

46. एक से अधिक भाषाओं का प्रयोग *(CTET 2012, I-V)*

(a) कक्षायी जटिलताओं को बढ़ाता है
(b) शिक्षकों के लिए गहन समस्या है
(c) संज्ञानात्मक विकास में सहायक है
(d) किसी भी एक भाषा में निपुणता में बाधक है

व्याख्या (c) एक से अधिक भाषाओं का प्रयोग संज्ञानात्मक विकास में सहायक होता है। एक से अधिक भाषाओं का ज्ञान हमारे चिन्तनात्मक स्तर में सुधार करके व्यक्तित्व को निखारता है और साथ ही ज्ञानात्मक अभिवृद्धि भी करता है।

47. कक्षा में मौजूद बहुभाषिकता *(CTET 2012, VI-VIII)*

(a) बच्चों को लक्ष्य भाषा सीखने के लिए हतोत्साहित करती है
(b) शिक्षक के लिए एक जटिल और कठोर चुनौती है
(c) भाषा-शिक्षण में बाधक है
(d) भाषा-शिक्षण में एक संसाधन के रूप में प्रयुक्त हो सकती है

व्याख्या (d) कक्षा में मौजूद बहुभाषिकता भी भाषा-शिक्षण में एक संसाधन के रूप में प्रयुक्त हो सकती है, क्योंकि इससे अन्य भाषाओं को शिक्षण सहायक सामग्री के रूप में अपनाया जा सकता है।

48. एक भाषा-शिक्षक के रूप में सबसे बड़ी चुनौती है *(CTET 2011, I-V)*

(a) बच्चों को भाषा सीखने के महत्त्व से परिचित कराना
(b) बच्चों की भाषा को संचार साधनों के प्रभाव से मुक्त रखना
(c) भाषा-संसाधनों का अभाव है
(d) बहुभाषिक कक्षा के शिक्षण के लिए उचित रणनीतियाँ तय करना

व्याख्या (d) एक भाषा-शिक्षक के रूप में सबसे बड़ी चुनौती है कि बहुभाषिक कक्षा के शिक्षण के लिए उचित रणनीतियाँ तय करना। बहुभाषिक कक्षा में अन्य भाषाओं का सामंजस्य एवं उनका संसाधन के रूप में प्रयोग करना एक बड़ी चुनौती है।

49. एक बहु-सांस्कृतिक कक्षा में आप एक भाषा-शिक्षक के रूप में किस बात को अधिक महत्त्व देंगे? *(CTET 2011, I-V)*

(a) पाठ्य-पुस्तक के प्रत्येक पाठ को भली-भाँति समझाना
(b) बच्चों को व्याकरण सिखाना
(c) स्वयं शुद्ध भाषा-प्रयोग
(d) बच्चों को भाषा-प्रयोग के अधिक से अधिक अवसर देना

व्याख्या (d) बहु-सांस्कृतिक कक्षा में एक भाषा-शिक्षक को बच्चों को भाषा-प्रयोग के अधिक से अधिक अवसर देने चाहिए। बच्चों को उनकी भाषा प्रयोग के अवसर मिलने से उनमें भाषायी कुशलता का विकास होगा।

50. हिन्दी की कक्षा में प्रायः हिन्दीतर-भाषी बच्चे हिन्दी सीखने में अनेक कठिनाइयों का सामना करते हैं, क्योंकि *(CTET 2011, I-V)*

(a) वे मन लगाकर हिन्दी नहीं सीखते
(b) हिन्दी सीखने के प्रति उनमें अरुचि होती है
(c) हिन्दी बहुत कठिन भाषा है
(d) प्रायः हिन्दी और उनकी मातृभाषा की संरचना में अन्तर होता है

व्याख्या (d) हिन्दी की कक्षा में प्रायः हिन्दीतर-भाषी बच्चे हिन्दी भाषा सीखने में इसलिए कठिनाई महसूस करते हैं, क्योंकि हिन्दी और उनकी मातृभाषा की संरचना में अन्तर होता है। यह सत्य है कि प्रत्येक भाषा की बुनियादी संरचना, व्याकरणिक नियम, उच्चारण का तरीका आदि में बहुत अन्तर होता है, जिससे अन्य भाषा सीखने में कठिनाई महसूस होती है।

51. एक बहु-सांस्कृतिक पृष्ठभूमि वाली कक्षा में भाषा सीखने के बारे में कौन-सा विचार उचित है? *(CTET 2011, VI-VIII)*

(a) अधिकाधिक पुस्तकों का निर्माण किया जाए
(b) भाषा सिखाने के लिए व्याकरणिक नियमों का और अधिकाधिक प्रयोग होना चाहिए
(c) भाषा-परिवेश का निर्माण किया जाए, ताकि भाषा-अर्जन की सहज स्थिति बन सके
(d) बच्चों में भाषा सीखने की क्षमता बलपूर्वक विकसित करनी होती है

व्याख्या (c) एक बहु-सांस्कृतिक पृष्ठभूमि वाली कक्षा में भाषा सीखने के बारे में उचित विचार है कि भाषा-परिवेश का निर्माण किया जाए, ताकि भाषा-अर्जन की सहज स्थिति बन सके। बच्चों को भाषा सीखने के लिए उचित वातावरण का मिलना अनिवार्य है, अन्यथा उन्हें भाषा-अर्जन में कठिनाई महसूस होगी।

52. बहु-सांस्कृतिक पृष्ठभूमि वाली भाषायी कक्षाओं में भाषा-शिक्षण के लिए अत्यावश्यक है *(CTET VI-VIII)*

(a) परस्पर बातचीत के लिए अनेक अवसरों का निर्माण
(b) विद्यार्थियों को 'श्रवण व लेखन' कौशलों के अधिकाधिक अवसर देना
(c) विद्यार्थियों को 'भाषण व लेखन' के अधिकाधिक अवसर देना
(d) लक्ष्य-भाषा के विभिन्न भाषिक तत्त्वों का अधिकाधिक अभ्यास

व्याख्या (a) बहु-सांस्कृतिक पृष्ठभूमि वाली भाषायी कक्षाओं में भाषा-शिक्षण के लिए अत्यावश्यक है कि बच्चों में परस्पर बातचीत के लिए अनेक अवसरों का निर्माण किया जाना चाहिए। इससे उनमें विभिन्न भाषा एवं संस्कृति का ज्ञान बढ़ाया जा सकता है। इसमें सामूहिक परिचर्चा की महत्त्वपूर्ण भूमिका होती है।

» State TETs

53. कक्षा पाँच के बच्चों की हिन्दी भाषा का आकलन करने में कौन-सा प्रश्न सर्वाधिक उपयोगी है? *(UTET 2018, I-V)*

(a) झूरी के कितने बैल थे?
(b) झूरी के बैलों के नाम बताइए?
(c) गया कैसा व्यक्ति था?
(d) हीरा समझदार था या मोती, क्यों?

व्याख्या (d) कक्षा पाँच के बच्चों की हिन्दी भाषा का आकलन करने में प्रश्न महत्त्वपूर्ण होगा कि 'हीरा समझदार था या मोती? और क्यों?' यह एक चिन्तनात्मक प्रश्न है, जिसका बच्चे तथ्यपरक व्याख्या देने का प्रयास करेंगे। इससे बच्चों की मौखिक एवं लिखित भाषायी क्षमता का आकलन सम्भव है।

54. स्कूल आने से पहले ही प्रत्येक बच्चा जानकार होता है *(CGTET 2017, (I-V)*

(a) बोलने और लिखने का
(b) सुनने और बोलने का
(c) पढ़ने और लिखने का
(d) बोलने और पढ़ने का

व्याख्या (b) स्कूल आने से पहले ही प्रत्येक बच्चा सुनने और बोलने का जानकार होता है। विद्यालय प्रवेश से पूर्व ही बच्चा परिवार में व्यवहार, नैतिकता, सदाचार आदि की बाते सुनकर और उसके बाद उन्हें समझने के कौशल का विकास कर चुका होता है।

55. एक बच्चा अपनी मातृभाषा सीख रहा है व दूसरा बच्चा वही भाषा द्वितीय भाषा के रूप में सीख रहा है। दोनों निम्नलिखित में से कौन-सी समान प्रकार की त्रुटि कर सकते हैं? *(UTET 2017, VI-VIII)*

(a) अत्यधिक संशुद्धता
(b) अधिकाधिक सामान्यीकरण
(c) सरलीकरण
(d) विकासात्मक

व्याख्या (c) एक बच्चे द्वारा अपनी मातृभाषा सीखना और दूसरे बच्चे द्वारा वही भाषा अन्य भाषा के रूप में सीखने पर दोनों ही भाषा के सरलीकरण में समान त्रुटियाँ कर सकते हैं। एक बच्चा भाषा के कम ज्ञान की वजह से तो दूसरा अति ज्ञान की वजह से सरलीकरण करता है, जिससे भाषा में गहनता आना मुश्किल है।

56. भाषा शिक्षक को एक बहु-सांस्कृतिक कक्षा में किस बात पर बल देना चाहिए? *(HTET 2014, VI-VIII)*

(a) बच्चों को भाषा प्रयोग के अधिक-से-अधिक अवसर देना
(b) पाठ्य-पुस्तक के प्रत्येक पाठ को भली-भाँति समझाना
(c) बच्चों को व्याकरण सिखाना
(d) स्वयं द्वारा भाषा का शुद्ध प्रयोग करना

व्याख्या (a) किसी भी भाषा शिक्षक को एक, बहु-सांस्कृतिक कक्षा में बच्चों को भाषा प्रयोग के अधिकाधिक अवसर देने चाहिए। इससे बच्चों में भाषा के प्रति रुचि जाग्रत होगी और उसका आत्मविश्वास भी बढ़ेगा। ऐसे कार्यक्रमों के द्वारा बच्चों को विभिन्न संस्कृतियों की जानकारी भी प्राप्त होती है।

57. "भाषा की कक्षा में बच्चे स्वाभाविक अभिव्यक्ति के लिए किसी भी प्रकार का रेखांकन कर सकते हैं।" यह कथन *(BTET 2011, I-V)*

(a) गलत है
(b) सही हो सकता है
(c) सही है, क्योंकि रेखांकन भी अन्ततः भाषा की तरह अभिव्यक्ति का साधन है
(d) सही है, क्योंकि भाषा की पुस्तक में भी चित्र होते हैं

व्याख्या (a) यह कथन गलत है कि "भाषा की कक्षा में बच्चे स्वाभाविक अभिव्यक्ति के लिए किसी भी प्रकार का रेखांकन कर सकते हैं" क्योंकि बच्चे उन्हीं चीजों का वास्तविक रेखांकन करते हैं, जो शिक्षक द्वारा उन्हें कक्षा में दिखाई जाती हैं।

58. भाषा की कक्षा में *(BTET 2011, I-V)*

(a) दीवारें चार्ट से भरी हों
(b) शिक्षक द्वारा प्रयुक्त गतिविधियाँ और युक्तियाँ महत्त्वपूर्ण भूमिका निभाती हैं
(c) औपचारिक रूप से आकलन पर बल दिया जाए
(d) व्याकरणिक नियमों पर बल देना चाहिए

व्याख्या (b) एक भाषा की कक्षा में शिक्षक द्वारा प्रयुक्त गतिविधियाँ और युक्तियाँ महत्त्वपूर्ण भूमिका निभाती हैं। भाषा की कक्षा में शिक्षक द्वारा स्वर, व्यंजन एवं वर्णमाला का ज्ञान कराते हुए शुद्ध उच्चारण का ज्ञान कराया जाना चाहिए।

59. बच्चे विद्यालय आने से पहले *(BTET 2011, I-V)*

(a) भाषा नहीं जानते
(b) अपनी भाषा का व्याकरण जानते हैं
(c) वर्णमाला जानते हैं
(d) भाषा के सभी कौशलों में पारंगत होते हैं

व्याख्या (a) बच्चे विद्यालय आने से पूर्व भाषा नहीं जानते हैं। विद्यालय में प्रवेश से पूर्व परिवार में बच्चे बोलना एवं सुनना तो सीख लेते हैं, लेकिन उन्हें भाषा का ज्ञान व्याकरणिक आधार पर विद्यालय में ही सिखाया जाता है, जिससे बच्चे भाषा के लिखने एवं पढ़ने का कौशल भी प्राप्त कर लेते हैं।

60. बच्चे के घर की भाषा और विद्यालय की भाषा के बीच के सम्बन्ध को *(BTET 2011, I-V)*

(a) कठोरता से देखना चाहिए
(b) उपेक्षित करना चाहिए
(c) उसकी विविधता और लचीलेपन के साथ देखना चाहिए
(d) समाप्त कर देना चाहिए

व्याख्या (c) बच्चे के घर की भाषा और विद्यालय की भाषा के बीच के सम्बन्ध को उसकी विविधता और लचीलेपन के साथ देखना चाहिए, क्योंकि बच्चे के विद्यालय और घर की भाषा में अन्तर होता है। इसलिए शिक्षण में बच्चे की व्यवहार की भाषा का भी प्रयोग करना चाहिए।

61. बच्चे अपनी बोलचाल की भाषा का अनुभव *(BTET 2011, I-V)*

(a) समाज, परिवार से प्राप्त करते हैं (b) विद्यालय से प्राप्त करते हैं
(c) थोड़ा-बहुत रखते हैं (d) इनमें से कोई नहीं

व्याख्या (a) बच्चे अपनी बोलचाल की भाषा का अनुभव अपने समाज, परिवार से प्राप्त करते हैं। बच्चे द्वारा उसके परिवेश से अर्जित बोलचाल की भाषा अशुद्ध भी होती है, क्योंकि परिवार बच्चे की प्रथम पाठशाला होता है और माँ उसकी पहली शिक्षक। अतः बच्चा अपनी भाषा परिवार, पड़ोस, मित्र-मण्डली एवं समाज में समाजीकरण द्वारा अर्जित करता है।

62. सुहेल की मातृभाषा भोजपुरी है। वह हिन्दी वाक्य लिखते समय अक्सर 'ने' का सही प्रयोग नहीं करता, इसका सम्भावित कारण क्या है? *(BTET 2011, VI-VIII)*

(a) सुहेल हिन्दी भाषा नहीं जानता (b) वह लापरवाह है
(c) वह ध्यान से नहीं लिखता
(d) यह उसकी मातृभाषा का प्रभाव है, जहाँ बोलते समय अक्सर आवश्यक स्थितियों में 'ने' का प्रयोग नहीं किया जाता

व्याख्या (d) यदि सुहेल हिन्दी वाक्य लिखते समय 'ने' का सही प्रयोग नहीं करता, तो यह उसकी मातृभाषा 'भोजपुरी' होने के कारण है और यह उसकी मातृभाषा का प्रभाव ही है, जहाँ बोलते समय अक्सर आवश्यक स्थितियों में 'ने' का प्रयोग नहीं किया जाता है। यह भी अनिवार्य है कि सुहेल अंग्रेजी के 'वेरीगुड' को 'भेरीगुड' बोलेगा।

63. भाषायी विविधता *(BTET 2011, VI-VIII)*

(a) भारतीय कक्षाओं का सत्य है
(b) भाषा की कक्षा में एक संसाधन है
(c) बहुभाषिक बच्चों के संज्ञानात्मक विकास की ओर संकेत करती है
(d) उपरोक्त सभी

व्याख्या (c) भाषायी विविधता बहुभाषिक बच्चों के संज्ञानात्मक विकास की ओर संकेत करती है। यदि किसी कक्षा में भाषिक तौर पर विविधता है तो इससे पता चलता है कि बच्चों की बहुभाषायी ज्ञानात्मक अभिवृद्धि हो रही है और इसे संसाधन के रूप में प्रयोग किया जा सकता है।

अध्याय 21

भाषा कौशल

» CTET

1. लिखना सीखने में सबसे अधिक महत्त्वपूर्ण है *(CTET 2018, I-V)*

(a) अक्षर-ज्ञान
(b) शब्द-ज्ञान
(c) वाक्य-संरचना
(d) अर्थ की अभिव्यक्ति

व्याख्या (d) लिखना सीखने में सबसे अधिक महत्त्वपूर्ण 'अर्थ की अभिव्यक्ति' है। शब्द का अर्थ समझने से उसका उचित प्रयोग करने में सरलता हो जाती है और वाक्य का अभिप्राय स्पष्ट हो जाता है।

2. प्राथमिक स्तर पर बच्चों में लिखने का कौशल इस सीमा तक हो कि वे *(CTET 2018, I-V)*

(a) सुन्दर अक्षरों में लिख सकें
(b) छोटी कहानी लिख सकें
(c) विभिन्न उद्देश्यों के लिए लिख सकें
(d) मानक वर्तनी में लिख सकें

व्याख्या (c) प्राथमिक स्तर पर बच्चों में लिखने का कौशल ऐसा होना चाहिए कि वे 'विभिन्न विषयों अर्थात् उद्देश्यों के लिए लिख सकें।' ध्वनियों (वर्णों) के प्रतीकों की उचित शिक्षा, पहचान तथा उन्हें लिपिबद्ध करने की दक्षता लेखन कौशल कहलाती है।

3. आपके विचार से प्राथमिक स्तर पर उत्कृष्ट लेखन कार्य का उदाहरण है *(CTET 2018, I-V)*

(a) 'छुट्टियाँ कैसे मनाईं?' इस विषय पर अनुच्छेद लिखना
(b) 'मेरे सपनों का भारत' विषय पर अनुच्छेद लिखना
(c) पाठ्य-पुस्तक से इतर कठिन शब्दों में श्रुतलेखन
(d) किसी आँखों-देखी घटना का लिखित वर्णन करना

व्याख्या (d) 'किसी आँखों-देखी घटना का लिखित वर्णन करना' अर्थात् उसे अपने शब्दों में वर्णित करना प्राथमिक स्तर पर उत्कृष्ट लेखन कार्य के अन्तर्गत आता है। अपने शब्दों में किसी घटना का वर्णन करने से बच्चों का बौद्धिक विकास होता है और उनकी शब्दों पर पकड़ मजबूत हो जाती है। किसी शब्द का प्रयोग करना कहाँ उचित-अनुचित है, उन्हें इसका सहज ज्ञान हो जाता है। इस तरह के लेखन का प्रारम्भ सरल शब्दों में ही करना चाहिए।

4. सुनने और लिखने की कुशलता का आकलन करने का सबसे अच्छा तरीका है *(CTET 2018, I-V)*

(a) कविता सुनना और शब्दाश: लिखना
(b) कविता सुनकर प्रश्नों की व्याख्या लिखना
(c) सुनी गई कहानी को अपने शब्दों में लिखना
(d) सुनी गई कहानी को शब्दाश: लिखना

व्याख्या (d) यदि बच्चा किसी सुनी गई कहानी को अपने शब्दों में लिखता है, तो इस तरह उसकी सुनने और लिखने की कुशलता का आकलन सरलता से किया जा सकता है।

5. पढ़ना सीखने के लिए आवश्यक है कि *(CTET 2018, VI-VIII)*

(a) केवल लक्ष्य भाषा सुनने का माहौल हो
(b) घर की भाषा सुनने-बोलने को मिले
(c) लक्ष्य भाषा की अर्थपूर्ण और रोचक सामग्री सुनने-पढ़ने को मिले
(d) चार्ट अधिक-से अधिक कक्षा में लगाए जाएँ

व्याख्या (c) 'लक्ष्य भाषा की अर्थपूर्ण और रोचक सामग्री सुनने-पढ़ने को मिले', इसलिए पढ़ना सीखना आवश्यक है। पठन कौशल को अर्थ ग्रहण करने का कौशल माना जाता है। पठन कौशल सर्वाधिक महत्त्वपूर्ण कौशल होता है। इसके द्वारा सभी विषयों का ज्ञानार्जन करना सरल हो जाता है।

6. सभी भाषायी कुशलताएँ *(CTET 2017, VI-VIII)*

(a) एक-दूसरे से अलग हैं
(b) एक-दूसरे से बढ़कर हैं
(c) एक-दूसरे को प्रभावित नहीं करतीं
(d) एक-दूसरे से सम्बद्ध हैं

व्याख्या (d) सभी भाषायी कुशलताएँ 'एक-दूसरे से सम्बद्ध होती हैं।' भाषा से सम्बन्धित चारों क्रियाओं (सुनना, पढ़ना, लिखना व बोलना) के प्रयोग करने की क्षमता भाषा-कौशल कहलाती है। इन चारों क्रियाओं का विकास एवं इनमें दक्षता प्राप्त करना ही भाषा शिक्षण का उद्देश्य है। भाषा शिक्षण के लिए आवश्यक चारों कौशल परस्पर अन्त: सम्बन्धित होते हैं। प्रत्येक कौशल का विकास किसी-न-किसी रूप में एक-दूसरे पर निर्भर करता है।

7. अकादमिक सत्र शुरू होने के दो माह बाद तक भी कक्षा-4 के विद्यार्थियों को भाषा की पाठ्य-पुस्तकें उपलब्ध नहीं करवाई जा सकी हैं। ऐसी स्थिति में शिक्षक *(CTET 2016, I-V)*

(a) भाषायी क्षमताओं के विकास के लिए अन्य विषयों की पाठ्य-पुस्तकों का प्रयोग करें
(b) श्रवण एवं वाचन कौशल का अभ्यास करवाते रहें
(c) विद्यार्थियों को पाठ्य-पुस्तक अपने आप खरीदने के लिए प्रोत्साहित करें
(d) पाठ्य-पुस्तक के उपलब्ध होने तक पठन-लेखन की प्रक्रिया आरम्भ न करवाएँ

व्याख्या (a) यदि अकादमिक सत्र शुरू होने के दो माह बाद तक भी कक्षा-4 के विद्यार्थियों को भाषा की पाठ्य-पुस्तकें उपलब्ध न करवाई जा सकें, तो ऐसी स्थिति में शिक्षक को चाहिए कि विद्यार्थियों में 'भाषायी क्षमताओं के विकास के लिए अन्य विषयों की पाठ्य-पुस्तकों का प्रयोग करें।'

8. लिखित भाषा का प्रयोग *(CTET 2016, I-V)*

(a) केवल प्रतिवेदन-लेखन के लिए किया जाता है
(b) कार्यालयी कार्यों के लिए ही किया जाता है
(c) अपनी अभिव्यक्ति के लिए किया जाता है
(d) केवल साहित्य सृजन के लिए किया जाता है

व्याख्या (c) 'अपनी अभिव्यक्ति को व्यक्त करने के लिए' लिखित भाषा का प्रयोग किया जाता है। विद्यार्थी लिखित भाषा का प्रयोग करके अपने विचार, उद्देश्य, कार्य-कलाप आदि की स्पष्टत: अभिव्यक्ति कर सकता है।

9. भाषायी कौशलों के सम्बन्ध में कौन-सा कथन सही है? *(CTET 2016, 2011, I-V)*

(a) सभी भाषायी कौशल स्वयं ही विकसित होते हैं
(b) सभी भाषायी कौशल पाठ्य-पुस्तक से ही विकसित होते हैं
(c) कोई भी भाषायी कौशल अन्त: सम्बन्धित नहीं है
(d) सभी भाषायी कौशल अन्त: सम्बन्धित हैं

व्याख्या (d) 'सभी भाषायी कौशल एक-दूसरे से अन्त: सम्बन्धित होते हैं।' भाषा कौशलों का महत्त्वपूर्ण उद्देश्य विद्यार्थियों में भाषायी क्षमता को विकसित करना होता है। श्रवण, पठन, वाचन तथा लेखन कौशल के जरिए ही विद्यार्थियों में भाषायी क्षमता का विकास सम्भव है। अत: भाषा शिक्षण के लिए आवश्यक ये चारों कौशल परस्पर अन्त: सम्बन्धित होते हैं।

10. 'पढ़कर समझना' कुशलता का विकास करने में सबसे कम महत्त्वपूर्ण है *(CTET 2016, I-V)*

(a) कहानी पर आधारित व्याकरण समझाना
(b) कहानी को अपनी भाषा में कहलवाना
(c) कहानी पर आधारित प्रश्न बनवाना
(d) कहानी का अन्त बदलवा देना

व्याख्या (a) किसी भी पाठ या कहानी को पढ़ने तथा समझने के बाद विद्यार्थी से उस कहानी को अपने शब्दों में लिख या सुन सकते हैं या उससे सम्बन्धित कोई प्रश्न बना सकते हैं या कहानी की मूल रचना में परिवर्तन कर सकते हैं, लेकिन कहानी पर आधारित कोई व्याकरण समझाना मुश्किल हैं, यह कम महत्त्व रखता है।

11. प्राथमिक स्तर की कक्षा के सन्दर्भ में नीचे दी गई किस स्थिति में वास्तव में लेखन हो रहा है? *(CTET 2016, I-V)*

(a) पाठ्य-पुस्तक से पढ़कर, याद करके लिख रहे हैं
(b) श्यामपट्ट पर लिखे हुए को समझकर लिख रहे हैं
(c) दो-दो के समूह में चर्चा करने के बाद विद्यार्थी अपनी-अपनी पुस्तिका में लिख रहे हैं
(d) पाठ्य-पुस्तक से देखकर बोल-बोल कर लिख रहे हैं

व्याख्या (b) प्राथमिक स्तर की कक्षा के सन्दर्भ में यदि विद्यार्थी 'श्यामपट्ट पर लिखे हुए को समझकर लिख रहे हैं', तो यह लेखन की वास्तविक स्थिति है। इस तरह के लेखन से विद्यार्थी में भाषायी क्षमता का विकास होता है तथा उनकी बौद्धिक समझ बढ़ती है।

12. 'सुनना-बोलना' कौशलों के विकास के लिए सर्वोत्तम विधि कौन-सी हो सकती है? *(CTET 2016, I-V)*

(a) कहानी कहना और उस पर बच्चों की प्रतिक्रिया जानना
(b) कविता याद करवाकर बुलवाना
(c) कक्षा के कुछ बच्चों द्वारा पाठ के अनुच्छेद पढ़कर सुनाना
(d) अन्त्याक्षरी गतिविधि का आयोजन करना

व्याख्या (a) 'सुनना-बोलना' कौशलों के विकास के लिए सर्वोत्तम विधि 'कहानी कहना और उस पर बच्चों की प्रतिक्रिया जानना है।' इससे हमें बच्चों की बौद्धिक क्षमता का पता चलता है।

13. लिखना एवं पढ़ना सीखने के सन्दर्भ में कौन-सा कथन सबसे उपयुक्त है? *(CTET 2016, VI-VIII)*

(a) पढ़ना सीखने की तुलना में लिखना सीखना जटिल है
(b) लिखना सीखने की तुलना में पढ़ना सीखना जटिल है
(c) दोनों कौशल एक-एक करके सीखे जाते हैं
(d) लिखना और पढ़ना सीखना समान रूप से अन्त: सम्बन्धित हैं

व्याख्या (d) 'लिखना और पढ़ना सीखना समान रूप से अन्त: सम्बन्धित है।' बालक अक्षरों को पहचान कर लिखने के अभ्यास के द्वारा उनके अर्थ को ग्रहण करता है।

14. वाणी और लेखन में मूल अन्तर यह है कि लिखित भाषा .... स्तर पर देखी जाती है और .... होती है। *(CTET 2016, VI-VIII)*

(a) चेतन, स्वाभाविक (b) अचेतन, स्वाभाविक
(c) अचेतन, कालबद्ध (d) सचेतन, कालबद्ध

व्याख्या (d) वाणी और लेखन में मूल अन्तर यह है कि लिखित भाषा 'सचेतन' स्तर पर देखी जाती है और 'कालबद्ध' होती है।

15. बच्चों की मौखिक अभिव्यक्ति के विकास का अर्थ यह नहीं है *(CTET 2015, I-V)*

(a) वाद-विवाद में बेझिझक होकर बोलना
(b) कहानी सुनकर शब्दाश: दोहराना
(c) अपनी कल्पनाओं की मौखिक अभिव्यक्ति
(d) बातचीत में सक्रिय भागीदारिता का निर्वाह करना

व्याख्या (b) बच्चों की मौखिक अभिव्यक्ति के विकास का अर्थ है वाद-विवाद में आत्मविश्वास के साथ बेझिझक होकर बोलना, अपनी मौखिक अभिव्यक्ति में कल्पनाओं का समावेश करना तथा बातचीत में सक्रिय भागीदारी करना आदि। मौखिक अभिव्यक्ति से तात्पर्य ही यही होता है कि बच्चा अपनी मौखिक अभिव्यक्ति में मौलिकता को प्राथमिकता दे। अत: 'किसी कहानी को सुनकर उसे शब्दाश: दोहराना' मौखिक अभिव्यक्ति के विकास का अर्थ नहीं होता।

16. भाषायी कौशलों के सन्दर्भ में कौन-सा कथन सत्य है? *(CTET 2015, I-V)*

(a) भाषायी कौशल एकसाथ सीखे जाते हैं, क्रम से नहीं
(b) भाषायी कौशल एक-दूसरे से स्वतन्त्र होते हैं
(c) भाषायी कौशल एक क्रम से सीखे जाते हैं
(d) भाषायी कौशल एक-दूसरे को अप्रभावित नहीं करते

व्याख्या (a) भाषायी कौशलों के सन्दर्भ में सत्य कथन है 'भाषायी कौशल एकसाथ सीखे जाते हैं, क्रम से नहीं।' भाषायी कौशल (बोलना, सुनना, लिखना तथा पढ़ना) परस्पर अन्त: सम्बन्धित होते हैं।

17. भाषा सीखने में होने वाली त्रुटियों के सन्दर्भ में कौन-सा कथन सत्य नहीं है? *(CTET 2015, I-V)*

(a) त्रुटियाँ सीखने-सिखाने की प्रक्रिया का अभिन्न अंग है
(b) त्रुटियाँ अस्थायी होती हैं
(c) भाषा सीखने में होने वाली त्रुटियाँ स्थायी होती हैं
(d) भाषा सीखने में होने वाली त्रुटियाँ यह समझने में मदद करती हैं कि बच्चे के मस्तिष्क में क्या चल रहा है

व्याख्या (c) 'भाषा सीखने में होने वाली त्रुटियाँ स्थायी नहीं होतीं।' वे अस्थायी होती हैं। भाषा में कुशलता के बाद उन्हें ठीक किया जा सकता है। त्रुटियों से बच्चे की मानसिक स्थिति का पता चलता है। त्रुटियाँ सीखने-सिखाने की प्रक्रिया का अभिन्न अंग होती हैं।

18. कहानी पढ़ने के बाद कक्षा में कौन-सी गतिविधि सबसे कम प्रभावी है? *(CTET 2015, I-V)*

(a) कहानी को दोहराना
(b) कहानी का अन्त परिवर्तित करना
(c) कहानी को आगे बढ़ाना
(d) कहानी को अपने शब्दों में कहना

व्याख्या (a) कहानी पढ़ने के बाद कक्षा में 'कहानी को दोहराना' गतिविधि सबसे कम प्रभावी होती है।

19. भाषा की कक्षाओं में लोकतान्त्रिकता बनाए रखने के लिए क्या आवश्यक है? *(CTET 2015, I-V)*

(a) स्वतन्त्र एवं मौलिक अभिव्यक्ति के अवसर देना
(b) राज्य भाषा को अनिवार्यत: पढ़ाना
(c) बच्चों को हर समय बोलने के लिए कहना
(d) लोकतन्त्र पर निबन्ध पढ़ाना-लिखवाना

व्याख्या (a) भाषा की कक्षाओं में लोकतान्त्रिकता बनाए रखने के लिए 'स्वतन्त्र एवं मौलिक अभिव्यक्ति के अवसर देना आवश्यक है', क्योंकि इससे विद्यार्थियों में भाषा का विकास सहज सम्भव हो जाता है।

20. 'पढ़ना' कौशल में सबसे ज्यादा महत्त्वपूर्ण है *(CTET 2015, 11, I-V, VI-VIII)*

(a) पढ़ने की गति
(b) अर्थ एवं अनुमान
(c) शब्दों का उच्चारण
(d) वर्णों की पहचान

व्याख्या (b) 'पढ़ना' कौशल में सबसे ज्यादा महत्त्वपूर्ण 'अर्थ एवं अनुमान' है। पठन कौशल का सामान्यत: अर्थ भाषा की लिपि को पहचान कर उच्चारित करना तथा अर्थ ग्रहण करना है।

21. बच्चों का अपने लेखन के प्रति आत्मविश्वास जगाने के लिए आवश्यक है कि *(CTET 2015, I-V)*

(a) उनके द्वारा लिखी गई बात का सम्मान किया जाए
(b) उनके लिखने की गति पर ध्यान दिलाया जाए
(c) उनके अक्षरों की बनावट की प्रशंसा की जाए
(d) उनकी वर्तनी की शुद्धता को सराहा जाए

व्याख्या (d) यदि बच्चे शब्दों की वर्तनी में शुद्धता बनाए रखते हैं, तो उनकी सराहना करनी चाहिए, इससे बच्चों का अपने लेखन के प्रति आत्मविश्वास जाग्रत होता है।

निर्देश (प्र. सं. 22-25) ***निम्नलिखित प्रश्नों के विकल्पों में से सबसे उचित विकल्प चुनिए।***

22. प्राथमिक स्तर पर आधारभूत कौशल हैं *(CTET 2015, I-V)*

(a) लिखना और बोलना
(b) पढ़ना और लिखना
(c) सुनना और बोलना
(d) पढ़ना और सुनना

व्याख्या (b) 'पढ़ना और लिखना' प्राथमिक स्तर पर आधारभूत कौशल है। पठन कौशल के द्वारा विद्यार्थी का सर्वांगीण विकास होता है विद्यार्थी पुस्तकों का अध्ययन करके अपने उच्चारण को शुद्ध कर सकता है। लेखन कौशल के द्वारा विद्यार्थी को ध्वनि, ध्वनि समूहों, शब्दों, मुहावरों आदि का ज्ञान होता है।

23. बच्चों की श्रवण योग्यता का विकास करने में सर्वाधिक सहायक है *(CTET 2015, I-V)*

(a) भाषा-प्रयोगशाला (b) ऑडियो टेप
(c) शब्दों का श्रुतलेख (d) परस्पर बातचीत

व्याख्या (d) 'परस्पर बातचीत' के द्वारा बच्चों में श्रवण योग्यता का विकास होता है। वाद-विवाद प्रतियोगिताएँ, नाटक मंचन, कविता पाठ, भाषण आदि बच्चों में परस्पर बातचीत करने में सहायक होते हैं।

24. जब बच्चे कहानियाँ पढ़ते हैं, तो *(CTET 2014, I-V)*

(a) वे बिना किसी उद्देश्य के पढ़ते हैं
(b) वे घटनाओं, पात्रों में उलझ जाते हैं
(c) वे अन्य लोगों के अनुभवों में प्रवेश करते हैं
(d) उनका नैतिक विकास अनिवार्यत: होता है

व्याख्या (c) जब बच्चे कहानियाँ पढ़ते हैं, तो 'वे अन्य लोगों के अनुभवों में प्रवेश करते हैं।' प्राथमिक स्तर पर बच्चे कहानियों में रुचि रखते हैं। वे कहानी सुनना व पढ़ना पसन्द करते हैं। इसलिए वे जब कहानियों को पढ़ते हैं, तो वे कहानीकार के अनुभवों, कहानी के पात्रों आदि से स्वयं को जोड़ लेते हैं।

25. 'लिखना' *(CTET 2014, I-V)*

(a) एक तरह की बातचीत है (b) एक यान्त्रिक कौशल है
(c) अत्यन्त जटिल कौशल है (d) पढ़ने के बाद सीखा जाता है

व्याख्या (a) 'लिखना' एक तरह की बातचीत है। हम जो भी लिखते हैं, वह पहले से ही हमारे मस्तिष्क में होता है। इसलिए हम इसे (लिखने को) एक तरह की वार्तालाप भी कह सकते हैं।

26. पढ़ने की प्रक्रिया में सर्वाधिक महत्त्वपूर्ण है *(CTET 2014, I-V)*

(a) वर्णमाला का क्रमिक ज्ञान
(b) शब्दों को पढ़ने की कुशलता
(c) वाक्यों को पढ़ने की कुशलता
(d) पढ़ी गई पाठ्य-वस्तु का अर्थ ग्रहण करना

व्याख्या (b) पढ़ने की प्रक्रिया में सर्वाधिक महत्त्वपूर्ण 'शब्दों को पढ़ने की कुशलता' है। पढ़ने की प्रक्रिया में सर्वाधिक महत्त्वपूर्ण पढ़ी गई पाठ्य-वस्तु का अर्थ ग्रहण करना होता है। सामान्यत: पठन कौशल का अर्थ भाषा की लिपि को पहचानकर उच्चारित करना तथा अर्थ ग्रहण करना होता है।

27. प्राथमिक स्तर पर बच्चों को भाषा सिखाने का सर्वोपरि उद्देश्य है *(CTET 2014, I-V)*

(a) मुहावरे-लोकोक्तियों का ज्ञान प्राप्त करना
(b) कहानी-कविताओं को दोहराने की कुशलता का विकास करना
(c) तेज प्रवाह के साथ पढ़ने की योग्यता का विकास करना
(d) अपनी बात को दूसरों के साथ अभिव्यक्ति करने की कुशलता का विकास करना

व्याख्या (d) प्राथमिक स्तर पर बच्चों को भाषा सिखाने का सर्वोपरि उद्देश्य होता है—'अपनी बात को दूसरों के समक्ष अभिव्यक्त करने की कुशलता का विकास करना।'

28. 'लेखन-क्षमता' का विकास करने के सन्दर्भ में आपके लिए सबसे अधिक महत्त्वपूर्ण है *(CTET 2014, VI-VIII)*

(a) सुन्दर लेखन का अभ्यास
(b) मानक वर्तनी का प्रयोग
(c) सुनी-पढ़ी और समझी हुई बातों की स्वाभाविक लिखित अभिव्यक्ति
(d) दिए हुए बिन्दुओं और निर्देशों के आधार पर निबन्ध लिखना

व्याख्या (c) सुनी हुई, पढ़ी हुई और समझी हुई बातों को अपने शब्दों में स्वाभाविक रूप से लिखित अभिव्यक्ति देना ही 'लेखन-क्षमता' का विकास करना है। इस तरह के लेखन से छात्र को ध्वनियों, शब्दों, व्याकरण सम्मत भाषा आदि का मानसिक रूप से ज्ञान होता है।

29. हिन्दी भाषा के प्रश्न-पत्र में आप किस प्रश्न को सबसे बेहतर मानते हैं? *(CTET 2014, VI-VIII)*

(a) संज्ञा की परिभाषा बताइए
(b) लाल बहादुर शास्त्री के बचपन का क्या नाम था?
(c) बाबा भारती क्यों उदास थे?
(d) अगर आप बाबा भारती की जगह होते तो क्या करते?

व्याख्या (d) 'अगर आप बाबा भारती की जगह होते तो क्या करते?' इस तरह के प्रश्नों से विद्यार्थी को अपनी वैचारिक अभिव्यक्ति प्रदर्शित करने का अवसर मिलता है। ऐसे प्रश्नों का उत्तर देने से विद्यार्थी की बोधगम्यता का परिचय मिलता है तथा उसने 'विषय को किस स्तर तक समझा है' की परख होती है। ऐसे प्रश्न विद्यार्थियों में भाषा क्षमता का विकास करने में सहायक होते हैं।

30. किसी साहित्यिक विधा को पढ़ाते समय आप सस्वर पठन पर अनिवार्यत: बल देंगे? *(CTET 2014, 2011, VI-VIII)*

(a) आत्मकथा (b) एकांकी (c) जीवनी (d) यात्रा-वृत्तान्त

व्याख्या (b) 'एकांकी विधा' को पढ़ाते समय सस्वर पठन पर अनिवार्यत: बल दिया जाता है, क्योंकि एकांकी, नाटक, कहानी, उपन्यास आदि के द्वारा भावानुसार शब्दों के उच्चारण कौशल में विकास होता है। इनमें भावों का उत्तार-चढ़ाव नहीं होता। आत्मकथा यात्रावृतान्त तथा जीवनी में सस्वर पाठन अनपेक्षित होता है।

31. हिन्दी भाषा के प्रश्न-पत्र में आप किस प्रश्न को सर्वाधिक उचित मानते हैं? *(CTET 2013, VI-VIII)*

(a) विशेषणों के कितने और कौन-से भेद होते हैं?
(b) प्रत्ययों की परिभाषा लिखिए
(c) सर्वनाम के भेदों को उदाहरण सहित स्पष्ट कीजिए
(d) लेखक ने पहाड़ों पर होने वाली बारिश का वर्णन एक अलग तरीके से किया है। आप बारिश सम्बन्धी अपने अनुभव लिखिए

व्याख्या (d) 'लेखक ने पहाड़ों पर होने वाली बारिश का वर्णन एक अलग तरीके से किया है। आप बारिश सम्बन्धी अपना अनुभव लिखिए' इस तरह के प्रश्न हिन्दी भाषा के प्रश्न-पत्रों में अपना विशेष महत्त्व रखते हैं। विद्यार्थी इस तरह के प्रश्नों के उत्तर देते समय अपने मौलिक विचार प्रस्तुत करता है। इससे उनमें भाषायी क्षमता का विकास होता है तथा साथ ही उसकी बौद्धिक समझ का परिचय भी प्राप्त होता है।

32. भाषा की कक्षा में एक शिक्षक बच्चों से क्या अपेक्षा करता है? *(CTET 2012, I-V)*

(a) संस्कृतनिष्ठ भाषा में ही जवाब दें
(b) बच्चे अपनी मातृभाषा का बिल्कुल भी प्रयोग न करें
(c) बच्चे सवालों के बँधे-बँधाए जवाब न दें
(d) बच्चे सवालों के बँधे-बँधाए जवाब दें।

व्याख्या (c) भाषा की कक्षा में एक शिक्षक बच्चों से यह अपेक्षा करता है कि बच्चे शिक्षक के सवालों के जवाब बँधे-बँधाए न दें अर्थात् शब्दाश: न दें। शिक्षक को चाहिए कि बच्चे प्रश्नों का उत्तर मौलिक रूप से अपने शब्दों में दें। इससे उनके अन्दर भाषायी समझ का विकास होता है।

33. बच्चों की मौखिक अभिव्यक्ति का विकास करने के लिए सबसे कम प्रभावी तरीका कौन-सा है? *(CTET 2012, I-V)*

(a) व्याकरण-आधारित संरचना-अभ्यास
(b) अपने अनुभवों का वर्णन
(c) बातचीत करना
(d) संवाद-अदायगी

व्याख्या (a) बच्चों की मौखिक अभिव्यक्ति का विकास करने के लिए सर्वाधिक कम प्रभावी तरीका 'व्याकरण आधारित संरचना का अभ्यास' करना है। व्याकरण आधारित संरचना का अभ्यास लेखन कौशल के अन्तर्गत आता है, जिससे उसकी लेखन क्षमता में प्रभावी विकास होता है। अन्य विकल्पों में अपने अनुभवों का वर्णन बातचीत, संवाद अदायगी आदि बच्चों में मौखिक अभिव्यक्ति का विकास करने में अत्यधिक प्रभावी तरीके हैं।

34. सस्वर पठन का मुख्य उददेश्य है *(CTET 2012, VI-VIII)* *(UPTET 2018, I-V)*

(a) मौन पठन कर
(b) बच्चों की पढ़ने-सम्बन्धी झिझक को समाप्त करना
(c) बोल-बोलकर पढ़ना
(d) द्रुत गति से पठन करना

व्याख्या (b) सस्वर पठन का मुख्य उद्देश्य होता है—'बच्चों की पढ़ने-सम्बन्धी झिझक को समाप्त करना।' स्वर सहित अर्थात् जोर से बोलकर पढ़ते हुए अर्थ ग्रहण करना सस्वर पठन कहा जाता है। यह पठन की प्रारम्भिक अवस्था होती है। सस्वर पठन करते हुए संकोची विद्यार्थी का भी आत्मविश्वास जाग्रत होता है और वह भी पढ़ने में रुचि लेने लगता है।

35. भाषा के आधारभूत कौशल *(CTET 2012, VI-VIII)*

(a) क्रमबद्ध रूप से चलते हैं
(b) हमेशा अर्जित किए जाते हैं
(c) सर्वथा पृथक् हैं
(d) अन्त: सम्बन्धित होते हैं

व्याख्या (b) भाषा के आधारभूत कौशल 'हमेशा अर्जित किए जाते हैं।' भाषा अर्जन भाषा सीखने की एक सहज प्रक्रिया है, जिसमें बच्चे अपने आस-पास के परिवेश से दूसरों को अनुकरण करके भाषा को सीखते हैं। बच्चे अपने वातावरण में किस प्रकार लोगों को बोलते हुए सुनते हैं, लिखते हुए देखते हैं, उसे ही अनुकरण द्वारा सीखने का प्रयास करते हैं। बच्चे का यही गुण उसकी भाषायी क्षमता का निर्माण करता है। भाषा अधिगम में ऐसा नहीं होता। मनुष्य अपने विचारों को अभिव्यक्त करने और समाज के साथ सामंजस्य स्थापित करने के लिए जिस प्रक्रिया द्वारा अपनी भाषिक क्षमता का विकास करता है, वह भाषा अधिगम कहलाती है।

36. शिक्षक की स्वयं की भाषा-प्रयोग की कुशलता है *(CTET 2012, VI-VIII)*

(a) बच्चों के भाषा-प्रयोग के लिए आदर्श रूप प्रस्तुत करती हैं
(b) बच्चों के भाषा-प्रयोग पर कोई प्रभाव नहीं डालती है
(c) बच्चों को आलंकारिक भाषा-प्रयोग के लिए प्रेरित करती है
(d) बच्चों की भाषा का अनुकरण करने के लिए बाध्य करती है

व्याख्या (a) 'शिक्षक के स्वयं की भाषा प्रयोग की कुशलता बच्चों के भाषा प्रयोग के लिए आदर्श रूप प्रस्तुत करती है', क्योंकि बच्चे शिक्षक का अनुकरण करते हैं। शिक्षक जितना भाषा में कुशल होगा, बच्चों पर उसका उतना ही ज्यादा प्रभाव पड़ेगा। अत: शिक्षक की भाषायी क्षमता पूर्णत: विकसित होनी चाहिए।

37. सपना अपनी कक्षा के बच्चों को मौखिक अभिव्यक्ति के अवसर देने के लिए अनेक क्रिया-कलाप करती है। आप निम्नलिखित में से सबसे ज्यादा प्रभावी किसे मानते हैं? *(CTET 2012, VI-VIII)*

(a) विभिन्न परिस्थितियों में संवाद-अदायगी करना
(b) शब्दों को जोर-जोर से बोलना
(c) कहानी को बोल-बोलकर पढ़ना
(d) समाचार-पत्र का वाचन करना

व्याख्या (a) मौखिक अभिव्यक्ति के महत्त्वपूर्ण क्रिया-कलापों में सबसे ज्यादा प्रभावी 'विभिन्न परिस्थितियों में संवाद-अदायगी करना है', क्योंकि यह पूर्णत: मौलिक होता है। इससे बच्चों में भाषायी कुशलता विकसित होती है।

38. उच्च कक्षाओं में *(CTET 2012, VI-VIII)*

(a) साहित्य साध्य है और भाषा कौशल साधन
(b) केवल छन्द-अलंकारों को समझने के प्रयास करना ही भाषा-शिक्षण का उद्देश्य है
(c) भाषा-कौशल साध्य है और साधन है-साहित्य
(d) भाषा की पाठ्य-पुस्तक अत्यन्त महत्त्वपूर्ण है

व्याख्या (c) उच्च कक्षाओं में 'भाषा कौशल साध्य होता है और उसका साधन साहित्य।' साहित्य के द्वारा उच्च शिक्षा के विद्यार्थी में बौद्धिक क्षमता का विकास होता है। महान् व्यक्तियों की जीवनियाँ, आत्मकथाएँ, निबन्ध, लेख, कहानी, उपन्यास, संस्मरण आदि के द्वारा विद्यार्थी विविध गुणों को ग्रहण कर उन्हें आत्मसात् करता है।

39. भाषा के अभिव्यक्तात्मक कौशल हैं *(CTET 2011, I-V)*

(a) सुनना, बोलना
(b) बोलना, लिखना
(c) पढ़ना, लिखना
(d) सुनना, पढ़ना

व्याख्या (b) अपनी अभिव्यक्ति व्यक्त करने के लिए मनुष्य या तो वार्तालाप-संवाद अदायगी आदि का प्रयोग करता है या लिखकर अपने विचारों को प्रदर्शित करता है। अत: भाषा के अभिव्यक्तात्मक कौशल 'बोलना तथा लिखना' दोनों हैं।

40. 'बोलना' कौशल में महत्त्वपूर्ण है *(CTET 2011, I-V)*

(a) सन्दर्भ एवं स्थिति के अनुसार अपनी बात कह सकना
(b) स्पष्ट एवं शुद्ध उच्चारण
(c) आलंकारिक भाषा का प्रयोग
(d) मधुर वाणी

व्याख्या (a) 'बोलना' कौशल में सबसे अधिक महत्त्वपूर्ण होता है 'सन्दर्भ एवं स्थिति के अनुसार अपनी बात कह सकना।' भाषा की शिक्षा ही मौखिक भाषा से प्रारम्भ होती है।

41. 'मौन पठन' में मुख्यतः *(CTET, UPTET, BTET, 2016, 15,11, VI-VIII)*

(a) शब्द-भण्डार विकसित किया जाता है
(b) मन ही मन बुदबुदाते हुए पढ़ा जाता है
(c) गहन अर्थ को आत्मसात् करने का प्रयास किया जाता है
(d) तेज गति से पाठ को पढ़ा जाता है

व्याख्या (c) 'मौन पठन' में मुख्यत: गहन अर्थ को आत्मसात् करने का प्रयास किया जाता है। मौन पठन में नेत्र तथा मस्तिष्क सक्रिय रहते हैं। मौन पठन के समय पाठक एकाग्रचित्त होकर व ध्यान केन्द्रित करके पढ़ता है।

42. 'पठन-कुशलता' का मूल्यांकन करने के लिए आप क्या करेंगे? *(CTET 2011, VI-VIII)*

(a) पढ़ी हुई सामग्री पर तथ्यात्मक प्रश्न पूछेंगे
(b) पढ़ी गई सामग्री पर प्रश्न बनवाएँगे
(c) पुस्तक के किसी पाठ की पंक्तियाँ पढ़वाएँगे
(d) बच्चों से जोर-जोर से बोलकर पढ़ने के लिए कहेंगे, ताकि उच्चारण की जाँच हो सके

व्याख्या (d) 'पठन-कुशलता' का मूल्यांकन करने के लिए 'बच्चों से जोर-जोर से बोलकर पढ़ने के लिए कहेंगे, ताकि उच्चारण की जाँच हो सके।' पठन कौशल के द्वारा ही बच्चा अपने उच्चारण को शुद्ध कर सकता है।

43. 'बोलना-कौशल' के विकास के लिए सबसे अधिक महत्त्वपूर्ण सिद्ध हो सकता है *(CTET 2011, VI-VIII)*

(a) श्रुतलेख (b) कथा श्रवण
(c) परस्पर वार्तालाप
(d) सुनी गई सामग्री का ज्यों-का-त्यों प्रस्तुतीकरण

व्याख्या (c) 'बोलना-कौशल' के विकास के लिए सबसे अधिक महत्त्वपूर्ण 'परस्पर वार्तालाप' हो सकता है, क्योंकि बच्चे आपस में बातचीत बिना किसी दबाव के और आत्मविश्वास के साथ करते हैं। परस्पर वार्तालाप से बच्चे शुद्ध उच्चारण और शब्द भण्डार में वृद्धि कर सकते हैं।

44. विशेष क्षमता वाले बच्चों की कक्षा में 'लेखन-कौशल' के अभ्यास के लिए महत्त्वपूर्ण है *(CTET 2011, VI-VIII)*

(a) विचारों की मौलिकता
(b) शुद्ध वर्तनी का प्रयोग
(c) आलंकारिक भाषा का प्रयोग
(d) अक्षरों की सुन्दर बनावट

व्याख्या (a) विशेष क्षमता वाले बच्चों की कक्षा में लेखन कौशल के अभ्यास के लिए महत्त्वपूर्ण है कि उनमें 'विचारों की मौलिकता' होनी चाहिए। इससे बच्चों की लेखन से सम्बन्धित अशुद्धियाँ; जैसे—शब्द-भेद, वर्तनी एवं व्याकरण की अज्ञानता आदि को दूर किया जा सकता है।

45. लिखित कार्य की जाँच में बच्चों की सहायता लेने से *(CTET 2011, VI-VIII)*

(a) केवल पठन-कौशल का अभ्यास होता है
(b) बच्चे ज्यादा गलतियाँ ढूँढ़ना सीख जाते हैं
(c) बच्चों को दूसरों के हस्तलिखित सामग्री को पढ़ने और अवलोकन-क्षमता के विकास का अवसर मिलता है
(d) बच्चे दूसरों के विचारों से परिचित होते हैं

व्याख्या (c) लिखित कार्य की जाँच में बच्चों की सहायता लेने से 'बच्चों को दूसरों की हस्तलिखित सामग्री को पढ़ने और अवलोकन-क्षमता के विकास का अवसर मिलता है।' लिखित कार्य की जाँच में बच्चों की सहायता लेने से उन्हें दूसरों के लिखित कार्य की कमी और अच्छाइयों से अवगत होने का अवसर मिलेगा और उन्हें इसका अनुभव भी प्राप्त हो सकेगा।

46. कविता शिक्षण की विधि है *(UPTET 2018, VI-VIII)*
(a) कौशल प्रणाली (b) लेखन प्रणाली
(c) अर्थबोध प्रणाली (d) अक्षरबोध प्रणाली

व्याख्या (c) 'अर्थबोध प्रणाली' कविता शिक्षण की विधि है, जो प्राथमिक स्तर पर कविताओं को रुचिकर बनाकर शिक्षण कार्य में प्रयोग की जाती है। शिक्षक को छात्रों के उत्साह का शिक्षण में सदुपयोग करना चाहिए।

47. निम्नलिखित में अभिवृत्यात्मक उद्देश्य है *(UPTET 2017, VI-VIII)*
(a) स्वानुभूत विचारों व भावों को अभिव्यक्त करना
(b) साहित्य का रसास्वादन करना
(c) धैर्यपूर्वक सुनना
(d) भाषा और साहित्य में रुचि

व्याख्या (a) निम्न में अभिवृत्यात्मक उद्देश्य है 'स्वानुभूत विचारों एवं भावों को अभिव्यक्त करना। अभिवृत्यात्मक उद्देश्य में बच्चे को यात्रा का वर्णन करने, कहानी सुनाने, संवाद लेखन, निबन्ध लेखन आदि कार्य करने के लिए कहा जाता है, जो उसकी स्वानुभूति पर आधारित होता है, इससे बच्चे की अभिवृत्ति का ज्ञान हो जाता है।

48. विद्यार्थियों के भाषा कौशलों के विकास को बढ़ावा मिल सकता है, जब उन्हें *(UPTET 2017, VI-VIII)*
(a) आपस में वार्तालाप व खेल के अवसर प्रदान किए जाएँ
(b) अपने सन्देशों के प्रतिपादन के लिए प्रोत्साहन दिया जाए
(c) विभिन्न सन्दर्भों में शब्दों के अर्थों का प्रदर्शन किया जाए
(d) उपरोक्त सभी

व्याख्या (d) विद्यार्थियों के भाषा-कौशल को बढ़ावा देने के लिए उन्हें आपस में वार्तालाप व खेल के अवसर प्रदान किए जाएँ, अपने सन्देशों के प्रतिपादन के लिए प्रोत्साहन दिया जाए और विभिन्न सन्दर्भों में शब्दों के अर्थों का प्रदर्शन किया जाए।

49. लेखन से सम्बन्धित नहीं है *(UPTET 2016, VI-VIII)*
(a) बैठने का उचित ढंग
(b) शुद्ध उच्चारण
(c) लेखनी पकड़ने का ढंग
(d) आँखों से कागज की दूरी

व्याख्या (b) 'शुद्ध उच्चारण' लेखन से सम्बन्धित नहीं है, बल्कि वाचन-कौशल से सम्बन्धित है। बैठने का उचित ढंग, लेखनी पकड़ने का ढंग और आँखों से कागज की दूरी सभी लेखन से सम्बन्धित हैं।

50. बालकों को लिखना सिखाने से पहले यह आवश्यक है *(REET 2016, I-V)*
(a) अक्षर सिखाना
(b) बारहखड़ी सिखाना
(c) लेखन-सम्बन्धी जिज्ञासा उत्पन्न करना
(d) उनको क्रियाशील बनाना

व्याख्या (c) बालकों को लिखना सिखाने से पहले उनमें 'लेखन-सम्बन्धी जिज्ञासा उत्पन्न करना' आवश्यक है। बच्चों में जिज्ञासा पैदा होने से वे स्वयं ही लेखन का अभ्यास करेंगे, जो बच्चों के लिए सकारात्मक होगा।

51. 'लिखित अभिव्यक्ति' का साधन नहीं है *(REET 2016, I-V)*
(a) पत्र-लेखन (b) निबन्ध-लेखन
(c) वाद-विवाद (d) नाट्य

व्याख्या (c) 'लिखित अभिव्यक्ति' का साधन 'वाद-विवाद' नहीं है, बल्कि यह मौखिक अभिव्यक्ति का साधन है। यह व्यक्ति के दैनिक जीवन का हिस्सा होता है, जबकि पत्र-लेखन, निबन्ध-लेखन एवं नाट्य-लेखन सभी लिखित अभिव्यक्ति के साधन हैं और ये साक्षर व्यक्ति द्वारा ही प्रयोग किए जाते हैं।

52. शिक्षण कौशल का उपयोग किया जाता है *(REET 2016, I-V)*
(a) कक्षा के अन्दर (b) कक्षा के बाहर
(c) 'a' और 'b' दोनों (d) इनमें से कोई नहीं

व्याख्या (c) शिक्षण-कौशल का उपयोग विद्यार्थियों के शिक्षण के लिए कक्षा के अन्दर और कक्षा के बाहर दोनों जगहों पर किया जाता है।

53. 'साइलेण्ट रीडिंग' किसकी रचना है? *(REET 2016, VI-VIII)*
(a) डेचेण्ट (b) स्मिथ (c) ब्राइन (d) पिण्टर

व्याख्या (c) 'साइलेण्ट रीडिंग' मौन पठन ब्राइन की रचना है।

54. मौन वाचन कब शुरू करना चाहिए? *(REET 2016, VI-VIII)*
(a) तीसरी कक्षा से (b) चौथी कक्षा से
(c) छठी कक्षा से (d) दूसरी कक्षा से

व्याख्या (c) मौन वाचन 'छठी कक्षा से' शुरू करना चाहिए, क्योंकि प्राथमिक कक्षाओं में सस्वर पाठन से उसकी (बच्चे) उच्चारण सम्बन्धी त्रुटियाँ दूर हो जाती हैं और उसमें अर्थग्रहण की क्षमता विकसित होने लगती है।

55. सस्वर वाचन का अभ्यास करने के लिए सबसे उपयुक्त साधन क्या है? *(REET 2016, VI-VIII)*
(a) आदर्श वाचन
(b) अनुकरण वाचन
(c) सामूहिक वाचन
(d) पाठ्य-पुस्तक वाचन

व्याख्या (a) सस्वर वाचन का अभ्यास कराने के लिए सबसे उपयुक्त साधन 'आदर्श वाचन' है। आदर्श वाचन में अर्थ ग्रहण करते हुए, वर्तनीदोष, उच्चारण की त्रुटि को दूर करते हुए अभिव्यक्ति कौशल का विकास किया जा सकता है।

56. भाषा दक्षता (कौशल) विकास किया जा सकता है *(REET 2016, VI-VIII)*

(a) शुद्ध उच्चारण के माध्यम से
(b) लिपि व वर्तनी का सही ज्ञान कराकर
(c) शब्द रचना का ज्ञान कराकर
(d) उपरोक्त सभी

व्याख्या (d) भाषा-दक्षता (कौशल) का विकास 'शुद्ध उच्चारण द्वारा, लिपि एवं वर्तनी का सही ज्ञान कराकर एवं शब्द रचना के ज्ञान द्वारा किया जा सकता है।

57. प्रमुख भाषायी कौशल के अन्तर्गत इनमें से कौन एक नहीं आता है? *(UPTET 2014, I-V)*

(a) सुनना (b) बोलना
(c) हँसना (d) लिखना

व्याख्या (c) 'हँसना' भाषायी कौशल के अन्तर्गत नहीं आता है जबकि सुनना, बोलना, पढ़ना और लिखना भाषायी कौशल के अन्तर्गत सम्मिलित किए जाते हैं।

58. भाषा प्रवाह तथा अभिव्यक्ति कौशल के मूल्यांकन का उपयुक्त तरीका है *(HTET 2014, VI-VIII)*

(a) लिखित परीक्षाएँ (b) वस्तुनिष्ठ परीक्षण
(c) मौखिक वार्तालाप (d) इनमें से कोई नहीं

व्याख्या (c) भाषा प्रवाह तथा अभिव्यक्ति कौशल के मूल्यांकन का उपयुक्त तरीका 'मौखिक वार्तालाप' है। मौखिक वार्तालाप द्वारा हम विद्यार्थी के भाषा प्रवाह तथा अभिव्यक्ति कौशल को समझ सकते हैं। वार्तालाप तथा विचार-विमर्श के द्वारा विद्यार्थी की अभिव्यक्ति तथा उसके भाषा के प्रयोग को समझा जा सकता है।

59. मौन वाचन का प्रकार नहीं है *(REET 2012, I-V)*

(a) समवेत वाचन
(b) द्रुत वाचन
(c) वैयक्तिक वाचन
(d) अनुकरण

व्याख्या (c) 'वैयक्तिक वाचन' मौन वाचन का प्रकार नहीं है, जबकि समवेत वाचन, द्रुत वाचन एवं अनुकरण मौन वाचन के प्रकार हैं। समवेत वाचन में सभी छात्र एक साथ ध्वनियों का उच्चारण करते हुए वाचन करते हैं। छात्र अनुकरण वाचन में शिक्षक के आदर्श वाचन का अनुकरण करते हैं।

60. किसका सम्बन्ध बोलने के कौशल के विकास में नहीं है? *(REET 2012, I-V)*

(a) शुद्ध उच्चारण (b) सस्वर वाचन
(c) कविता पाठ (d) प्रतिलिपि

व्याख्या (d) 'प्रतिलिपि' का सम्बन्ध बोलने के कौशल के विकास से नहीं है, बल्कि इसका सम्बन्ध लेखन-कौशल के विकास से है। शुद्ध उच्चारण, सस्वर वाचन एवं कविता पाठ का सम्बन्ध बोलने के कौशल के विकास से सम्बन्धित है।

61. अर्थग्रहण के कौशल के विकास के लिए अधिक उपयोगी है *(REET 2012, I-V)*

(a) व्याकरण शिक्षा (b) समाचार वाचन
(c) मौन वाचन (d) सस्वर वाचन

व्याख्या (c) अर्थग्रहण के कौशल के विकास के लिए 'मौन वाचन' अधिक उपयोगी है। व्याकरण शिक्षा से भाषायी शुद्धता और सस्वर वाचन से उच्चारण की शुद्धता का विकास किया जाता है। समाचार वाचन भी भाषायी कुशलता से सम्बन्धित है।

62. भाषा कौशलों में सबसे पहले किस कौशल का विकास करना चाहिए? *(REET 2012, I-V)*

(a) लेखन (b) वाचन
(c) श्रवण (d) उच्चारण

व्याख्या (c) भाषा-कौशल में सबसे पहले 'श्रवण कौशल' का विकास करना चाहिए। सबसे पहले बच्चा सुनना सीखता है फिर बोलना और उसके बाद पढ़ना-लिखना सीखता है। बच्चा अनुकरण से ध्वनियों का उच्चारण सीखता है। विकास का सही क्रम-सुनना-बोलना-पढ़ना-लिखना होगा।

63. पढ़ने में बाधा नहीं है *(CGTET 2011, I-V)*

(a) सारे नियम पहले ही बता डालना
(b) उच्चारण पर ही हल देते रहना
(c) सटीकता पर ही हल देना
(d) लिखी हुई चीज का अर्थ निकालना

व्याख्या (d) 'लिखी हुई चीज का अर्थ निकालना' पढ़ने में बाधा नहीं है। इससे बच्चे में चिन्तन शक्ति और अर्थबोध की क्षमता का विकास होता है।

64. 'पढ़ना' क्या है? *(CGTET 2011, I-V)*

(a) पढ़कर अर्थ समझना
(b) लिखित सामग्री का उच्चारण
(c) स्कूल में पुस्तकों की पढ़ाई
(d) शब्दों को सही-सही पहचानना

व्याख्या (a) 'पढ़ना' पढ़कर अर्थ समझने की प्रक्रिया है। किसी पाठ्य सामग्री को पढ़कर उसका सटीक अर्थ निकालना ही पढ़ने की प्रक्रिया को सार्थक करता है।

65. 'लिखित भाषा में अक्षर, ध्वनियों के दृश्य प्रतीक होते हैं। सामान्यतः आकृतियों व ध्वनियों का सम्बन्ध सुस्थिर तथा सार्वभौम होता है।' *(CGTET 2011, I-V)*

(a) पूर्णतया असत्य है
(b) आंशिक रूप से सत्य है
(c) आंशिक रूप से असत्य है
(d) पूर्णतया सत्य है

व्याख्या (d) 'लिखित भाषा में अक्षर, ध्वनियों के दृश्य प्रतीत होते हैं। सामान्यतः आकृतियों व ध्वनियों का सम्बन्ध सुस्थिर तथा सार्वभौम होता है।' उपर्युक्त कथन पूर्णतया: सत्य हैं।

66. पढ़ने को दैनिक जीवन की आवश्यकताओं से जोड़ना यह किस भाषायी कौशल का उद्देश्य है? *(CGTET 2011, VI-VIII)*

(a) श्रवण कौशल का (b) लेखन कौशल का
(c) बोलने के कौशल का (d) पठन कौशल का

व्याख्या (d) 'पढ़ने को दैनिक जीवन की आवश्यकताओं से जोड़ना' 'पठन कौशल' का उद्देश्य होता है। पाठ्य-विषय को दैनिक जीवन के अनुभवों से जोड़ने पर छात्र रुचिकर रूप से अपने भाषायी कौशल को विकसित कर सकेगा।

67. लेखन कौशल से सम्बन्धित नहीं है *(CGTET 2011 VI-VIII)*

(a) विषय-वस्तु को स्पष्ट व तार्किक रूप से संगठित करना
(b) लेख को कुशलतापूर्वक लिखना
(c) व्याकरण का सही उपयोग
(d) विचारों के बीच सम्बन्ध स्थापित करना

व्याख्या (d) 'विचारों के बीच सम्बन्ध स्थापित करना' लेखन कौशल से सम्बन्धित नहीं है। विषय-वस्तु को स्पष्ट व तार्किक रूप से संगठित करना, लेख को कुशलतापूर्वक लिखना तथा व्याकरण का सही उपयोग करना सभी लेखन-कौशल से सम्बन्धित हैं।

68. 'बलाघात' का प्रयोग होगा *(CGTET 2011 VI-VIII)*

(a) श्रवण कौशल में (b) बोलने के कौशल में
(c) पठन कौशल में (d) लेखन कौशल में

व्याख्या (b) 'बलाघात' का प्रयोग बोलने के कौशल में होता है। बलाघात का अर्थ किसी वर्ण या ध्वनि पर अधिक बल देना होता है।

69. प्रिण्ट/मुद्रित अथवा लिखित भाषित परिवेश

(a) भाषा सीखने में सहायक नहीं है *(BTET 2011, VI-VIII)*
(b) भाषा सीखने में सहायक है
(c) समय और ऊर्जा की बचत करता है
(d) बच्चों को मनोरंजन प्रदान करता है

व्याख्या (a) प्रिण्ट/मुद्रित अथवा लिखित भाषित परिवेश भाषा सीखने में सहायक नहीं है। मौखिक रूप से भाषायी परिवेश भाषा-अर्जित करने एवं सीखने में सहायक होता है।

70. निम्न में से कौन पठन का प्रकार नहीं है? *(BTET 2011, VI-VIII)*

(a) सस्वर पठन
(b) मौन पठन
(c) अर्थ पठन
(d) द्रुत पठन

व्याख्या (c) 'अर्थ पठन', पठन का प्रकार नहीं है, जबकि सस्वर पठन, मौन पठन एवं द्रुत पठन (तेज गति से पढ़ना) आदि पठन-कौशल के प्रकार होते हैं।

अध्याय 22

भाषा-बोधगम्यता और प्रवीणता का मूल्यांकन (सुनना, बोलना, पढ़ना एवं लिखना)

» CTET

1. हिन्दी भाषा में आकलन का मुख्य उद्देश्य है *(CTET 2018, I-V)*

(a) बच्चों के व्याकरण ज्ञान को जानना व्याख्या
(b) बच्चों के शब्द-भण्डार का आकलन करना
(c) प्रभावी भाषा-प्रयोग में बच्चों की मदद करना
(d) भाषा-प्रयोग सम्बन्धी त्रुटियों का आकलन करना

व्याख्या (c) 'प्रभावी भाषा-प्रयोग में बच्चों की मदद करना' हिन्दी भाषा में आकलन का मुख्य उद्देश्य होता है। जब बच्चे कोई भाषा बोलते हैं, तब वे बहुत-सी त्रुटियाँ करते हैं। इन त्रुटियों को कम करने अथवा समाप्त करने के लिए उनकी भाषा को प्रभावी बनाया जाता है। इसके लिए बच्चों को भाषा सम्बन्धी अभ्यास कार्य कराए जाते हैं। भाषा के नियम, सिद्धान्तों, लिपि आदि का बच्चों को ज्ञान कराया जाता है। इससे उनकी भाषा प्रयोग की क्षमता को बढ़ावा मिलता है।

2. पढ़ने का प्रारम्भ ········ से ही हो और किसी उद्देश्य के लिए हो। *(CTET 2018, I-V)*

(a) अक्षर (b) शब्द (c) वाक्य (d) अर्थ

व्याख्या (d) 'अर्थ' से ही पढ़ने का प्रारम्भ होना चाहिए तथा किसी उद्देश्य के लिए भी होना चाहिए। सबसे पहले बच्चा ध्वनियों को सीखता है, जो अक्षर के रूप में होती है। परन्तु इन ध्वनियों/अक्षरों के निश्चित अर्थ होते हैं, जो उन्हें सार्थक बनाते हैं। अक्षरों के बाद, शब्द का निर्माण होता है तथा शब्दों के सार्थक मेल से वाक्यों का सृजन होता है, लेकिन इन सबके कुछ निश्चित अर्थ अवश्य होते हैं।

3. हिन्दी भाषा में आकलन का उद्देश्य नहीं है *(CTET 2018, I-V)*

(a) बच्चों की भाषा-प्रगति को अभिभावकों और अन्य शिक्षकों को बताना
(b) भाषा सीखने के सन्दर्भ में प्रत्येक बच्चे की विशेष आवश्यकता की पहचान करना
(c) भाषा सीखने-सिखाने की प्रक्रिया को उन्नत बनाना
(d) बच्चों की भाषागत त्रुटियों की ही पहचान करना

व्याख्या (d) हिन्दी भाषा में आकलन का उद्देश्य 'बच्चों की भाषागत त्रुटियों की ही पहचान करना' नहीं हैं, बल्कि इसके निम्नलिखित उद्देश्य होते हैं

- इसके द्वारा भाषा अधिगम की प्रक्रिया को उन्नत बनाया जाता है।
- बच्चों की भाषा प्रगति को अभिभावकों और अन्य शिक्षकों को बताना होता है।
- भाषा सीखने के लिए प्रत्येक बच्चे की विशेष आवश्यकता की पहचान करनी होती है।

4. प्राथमिक स्तर की हिन्दी की पाठ्य-पुस्तक में आप किसे सर्वाधिक महत्त्वपूर्ण मानते हैं? *(CTET 2018, I-V)*

(a) बहुत प्रसिद्ध लेखकों की प्रसिद्ध रचनाएँ
(b) नैतिक मूल्यों वाली कहानी कविताएँ
(c) बहुतायत में दिए गए अभ्यास कार्य
(d) हिन्दी भाषा को विविध रूप देने वाली रचनाएँ

व्याख्या (d) बच्चों की पाठ्य-पुस्तक में 'हिन्दी भाषा को विविध रूप देने वाली रचनाएँ' शामिल होनी चाहिए। इससे हिन्दी भाषा को समझने में आसानी होगी और बच्चों को भाषा सीखने में विविध रूपों कहानी, पहेलियाँ, कविताएँ, मुहावरे आदि का ज्ञान होगा है। इससे उन्हें भाषा पर पकड़ बनाने में मदद मिलती है। वे भाषा के विविध रूप सीखते हैं। ऐसी पाठ्यपुस्तक प्राथमिक स्तर पर हिन्दी भाषा सीखने के लिए सर्वाधिक महत्त्वपूर्ण होती है।

5. भाषा सीखने-सिखाने में आप किसे सबसे अधिक महत्त्वपूर्ण मानते हैं? *(CTET 2018, I-V)*

(a) संज्ञानात्मक विकास (b) सामाजिक अन्त:क्रिया
(c) दृश्य-श्रव्य सामग्री (d) बाल साहित्य

व्याख्या (b) सर्वप्रथम बालक परिवार में जन्म लेता है और परिवार से भाषा को ग्रहण करता है। इसके बाद वह अपने आस-पास के समाज में रहकर अनेक क्रियाकलाप करता है। वह समाज में रह रहे व्यक्तियों से अन्त:क्रिया करता है। वह भाषा के माध्यम से अपने विचार, भावनाएँ, मत आदि को समाज के व्यक्तियों तक पहुँचाता है। वह भाषा द्वारा ही व्यक्तियों के विचार, भाव आदि को समझ पाता है, इसलिए भाषा सीखने-सिखाने में 'सामाजिक अन्त:क्रिया' सबसे अधिक महत्त्वपूर्ण है।

6. कक्षा पाँच के बच्चों के भाषा आकलन के सन्दर्भ में आप किस प्रश्न को सबसे कमजोर मानते हैं? ***(CTET 2018, I-V)***

(a) केशव सबसे क्या कहता होगा? कल्पना करके केशव के शब्दों में लिखो
(b) यदि इला तुम्हारे स्कूल में आए तो उसे किन-किन कामों में परेशानी होगी?
(c) अपने दोस्तों से पूछकर पता करों कि कौन किस बात से घबराता है?
(d) 'ईदगाह' कहानी में हामिद ने मेले से क्या खरीदा?

व्याख्या (d) 'ईदगाह' कहानी में हामिद ने मेले से क्या खरीदा? प्रश्न में कक्षा पाँच के बच्चों का भाषा आकलन कम हो पाता है, क्योंकि इस प्रश्न से किसी बात का आकलन नहीं हो पा रहा है और बच्चे प्रेमचन्द की कहानी की उपादेयता नहीं समझ सकते। अन्य सभी विकल्पों से भाषा का आकलन हो रहा है। बच्चे अपनी प्रतिदिन की क्रियाविधि से सम्बन्धित अनुभव को बताने के लिए हमेशा उत्सुक रहते हैं, इसलिए वे अपने दैनिक अनुभव से सम्बन्धित प्रश्नों के उत्तर देने में खुश रहते हैं।

7. हिन्दी में विज्ञान सम्बन्धी पाठों को पढ़ाने का उद्देश्य है? ***(CTET 2018, VI-VIII)***

(a) विज्ञान की भाषा को समझना
(b) विज्ञान विषय को गहराई से जानना
(c) विज्ञान के प्रति जिज्ञासा बढ़ाना
(d) विज्ञान के सन्दर्भ में हिन्दी भाषा-प्रयोग को समझना

व्याख्या (b) बच्चों को विज्ञान विषय की जानकारी गहनता से देना हिन्दी में विज्ञान सम्बन्धी पाठों को पढ़ाने का प्रमुख उद्देश्य है। विज्ञान किसी वस्तु का सुव्यवस्थित एवं क्रमबद्ध ज्ञान होता है। विज्ञान के शिक्षण से बच्चों को पाठ्य-वस्तु के बारे में गहन जानकारी प्राप्त होती है। वह विज्ञान की संकल्पनाओं को समझने के लिए तत्पर रहता है, क्योंकि विज्ञान नए ज्ञान का सृजन करता है और नए सिद्धान्तों का निर्माण करता है।

8. 'लेखन क्षमता' के आकलन के लिए ***(CTET 2018 VI-VIII)***

(a) अभिव्यक्त विचारों को जाँचना होगा
(b) व्याकरण-सम्मत भाषा को देखना होगा
(c) अर्थपूर्ण वाक्यों और सन्दर्भों को देखना होगा
(d) लिखावट की सफाई और सुन्दरता को जाँचना होगा

व्याख्या (c) अर्थपूर्ण वाक्यों और सन्दर्भों को देखकर बच्चों की 'लेखन क्षमता' का आकलन किया जा सकता है। लेखन के अन्तर्गत केवल विचारों को जाँचना, व्याकरण सम्मत भाषा को देखना तथा लिखावट की सफाई और सुन्दरता को नहीं जाँचा जाता है। अर्थपूर्ण वाक्य और सन्दर्भ से तात्पर्य है, 'वाक्यों का सार्थक रूप' जो नियमों में बँधकर होना चाहिए।

9. उच्च प्राथमिक स्तर पर हिन्दी भाषा के आकलन का सबसे कमजोर बिन्दु है

(a) लिखने में नए शब्द इस्तेमाल करना
(b) लेखन में तार्किकता का समावेश
(c) भाषा का सृजनात्मक प्रयोग
(d) संस्कृतनिष्ठ शब्दावली का प्रयोग

व्याख्या (d) उच्च प्राथमिक स्तर पर 'संस्कृतनिष्ठ शब्दावली का प्रयोग' हिन्दी भाषा के आकलन का सबसे कमजोर बिन्दु है, क्योंकि उच्च प्राथमिक स्तर पर बच्चे संस्कृत को समझ पाने में उतने सक्षम नहीं होते हैं, जितने अन्य विषयों को। संस्कृत एक क्लिष्ट भाषा है और इसके शब्दों की वर्तनी को सही रूप से सम्प्रेषण कर पाना कठिन होता है। इसके अतिरिक्त लेखन में तर्किकता का समावेश, भाषा का सृजनात्मक प्रयोग तथा लिखने में नए शब्दों का प्रयोग करना हिन्दी भाषा के आकलन के अधिक मजबूत पहलू हैं।

10. आकलन का प्रयोग .... के लिए होना चाहिए? ***(CTET 2018, VI-VIII)***

(a) सीखने में मदद
(b) कितना सीखा को आँकने
(c) परस्पर तुलना
(d) भाषा की जानकारी

व्याख्या (a) आकलन का प्रयोग 'सीखने में मदद के लिए' होना चाहिए, क्योंकि आकलन तभी पूर्ण होता है, जब बच्चों द्वारा अधिगमित की गई पाठ्य-वस्तु का बच्चों के लिए उपयोग हो और इसका उपयोग उसके सीखने की प्रक्रिया में निरन्तर सक्रिय हो। सीखने में बच्चा तभी सफल होगा जब वह सीखने की सक्रिय प्रक्रिया में भाग लें। आकलन का प्रयोग परस्पर तुलना के लिए नहीं होना चाहिए।

11. 'लड़के होकर रोते हों' यह कथन ***(CTET 2018, VI-VIII)***

(a) भाषा को बच्चों की दृष्टि से पढ़ने को बाध्य करता है
(b) भाषा को अध्यापकों की दृष्टि से पढ़ने को बाध्य करता है
(c) भाषा को जेण्डर की दृष्टि से पढ़ने को बाध्य करता है
(d) भाषा को व्याकरण की दृष्टि से पढ़ने को बाध्य करता है

व्याख्या (c) उपरोक्त प्रश्न भाषा को जेण्डर (लिंग) की दृष्टि से पढ़ने को बाध्य करता है। 'लड़के होकर रोते हों' वाक्य में पुरुष को प्रधानता देने का प्रयास किया गया है। इस वाक्य में स्त्री को निम्न स्तर का बताया गया है। यह वाक्य लिंग की दृष्टि से पुरुष या स्त्री को पढ़ने के लिए बाध्य करता है। जेण्डर की दृष्टि से पढ़ने की प्रक्रिया में मतभेदों को बढ़ावा मिलता है, इसलिए यह वाक्य तर्कसंगत नहीं है।

12. **उच्च प्राथमिक स्तर पर हिन्दी भाषा के आकलन में सबसे महत्त्वपूर्ण है** *(CTET 2018, VI-VIII)*
(a) हिन्दी भाषा के व्याकरण की जानकारी
(b) हिन्दी भाषा की बारीकियों की समझ व प्रयोग
(c) हिन्दी भाषा के साहित्यकारों की जानकारी
(d) हिन्दी भाषा की मानक वर्तनी की जानकारी

व्याख्या (b) 'हिन्दी भाषा की बारीकियों की समझ व प्रयोग' उच्च प्राथमिक स्तर पर हिन्दी भाषा के आकलन में सबसे महत्त्वपूर्ण है। इसका तात्पर्य यह है कि भाषा के नियम, वर्तनी प्रयोग आदि का ज्ञान बच्चों को अवश्य होना चाहिए, तभी बच्चे भाषा पर अपनी समझ को स्थायी कर सकते हैं। बच्चे भाषा का प्रयोग आपसी सम्प्रेषण में करते हैं। इससे उनकी भाषा प्रयोग की क्षमता बढ़ती है।

13. **उच्च प्राथमिक स्तर पर हिन्दी भाषा का आकलन करते समय आप सर्वाधिक बल किस पर देंगे?** *(CTET 2018, VI-VIII)*
(a) लिखित परीक्षा
(b) मौखिक परीक्षा
(c) पोर्टफोलियो
(d) जाँच-सूची

व्याख्या (c) उच्च प्राथमिक स्तर पर हिन्दी भाषा का आकलन 'पोर्टफोलियो' द्वारा किया जाता है। पोर्टफोलियो में बच्चों की प्रगति से सम्बन्धित आँकड़ों और प्रतिपुष्टि (Feedback) को एकत्रित किया जाता है। पोर्टफोलियो से बच्चों की कमियों का पता लगाकर उनमें सुधार हेतु परामर्श दिया जाता है। इस प्रकार बच्चा सीखने में प्रगति करना शुरू कर देता है। मौखिक परीक्षा, लिखित परीक्षा तथा जाँच-सूची उच्च प्राथमिक स्तर पर हिन्दी भाषा का आकलन करने में कम महत्त्वपूर्ण होते हैं।

14. **उच्च प्राथमिक स्तर पर विभिन्न उद्देश्यों के लिए किए जाने वाले लेखन कार्य में सबसे महत्त्वपूर्ण है** *(CTET 2018, VI-VIII)*
(a) जल संरक्षण का विज्ञापन बनाना
(b) आपदा प्रबन्धन का स्लोगन लिखना
(c) अधूरी कहानी का अन्त लिखना
(d) डायरी लिखना

व्याख्या (d) 'डायरी लिखना' उच्च प्राथमिक स्तर पर विभिन्न उद्देश्यों की प्राप्ति के लिए आवश्यक है। 'डायरी' अर्थात् जो प्रतिदिन लिखी जाए। प्रत्येक दिन की विशेष घटनाएँ जो व्यक्ति के मन-मस्तिष्क पर प्रभाव छोड़े, वह डायरी लेखन कहलाता है। डायरी लेखन में विभिन्न उद्देश्यों का समावेश होता है। इससे व्यक्ति की लेखन क्षमता, विचार, क्रियाकलाप, मानसिक स्तर आदि का पता लगाया जा सकता है।

15. **बच्चों की भाषा क्षमता का आकलन करने की दृष्टि से निम्नलिखित में से कौन-सा सर्वाधिक उपयोगी एवं सार्थक हैं?** *(CTET 2018, VI-VIII)*
(a) नीचे दिए गए शब्दों के वचन बदलिए तितली, चूहा
(b) नीचे लिखे वाक्य को पढ़कर सुनाइए 'मुझे कहानी सुनना अच्छा लगता है।'
(c) फेरीवालों की आवाजें सुनिए और किसी एक का कक्षा में अभिनय करके दिखाइए
(d) नीचे लिखे शब्दों को पढ़कर सुनाइए— जंगल, धरती

व्याख्या (c) 'फेरीवालों की आवाज को सुनना और किसी एक का कक्षा में अभिनय करके दिखाना' बच्चों की भाषा क्षमता का आकलन करने की दृष्टि से सर्वाधिक उपयोगी एवं सार्थक होता है। इससे यह ज्ञात हो जाता है कि बच्चों की भाषा पर पकड़ अच्छी है।

16. **शैक्षिक प्रक्रियाओं के मूल्यांकन के सन्दर्भ में आप किस कथन से सहमति प्रकट करेंगे?** *(CTET 2017, 16, VI-VIII)*
(a) बच्चों को पास-फेल करना वास्तव में व्यवस्थागत विफलताओं को बच्चों के सिर मढ़ना है
(b) परीक्षा में फेल हो जाने का डर वास्तव में बच्चों के लिए प्रेरणा का स्रोत बनकर काम करता है
(c) कक्षा 8 तक विद्यार्थियों को फेल नहीं करने के प्रावधान के कारण देश में शिक्षा का स्तर गिर रहा है
(d) कक्षा 8 तक विद्यार्थियों को फेल न किए जाने के प्रावधान के कारण ही विद्यार्थी सीख नहीं पा रहे हैं

व्याख्या (a) बच्चों को पास-फेल करना वास्तव में व्यवस्थागत विफलताओं को बच्चे के सिर मढ़ना है, क्योंकि बच्चों को जो सिखाया जाता है, वे उसी के अनुरूप उत्तर लिखते हैं। शैक्षिक प्रक्रियाओं के मूल्यांकन के सन्दर्भ में ऐसा होता है।

17. **उच्च प्राथमिक स्तर पर लेखन क्षमता का आकलन करते समय आप किस बिन्दु को सर्वाधिक महत्त्व देंगे?** *(CTET 2017,16, VI-VIII)*
(a) वर्तनीगत शुद्धता
(b) विचारों की मौलिकता
(c) तत्सम शब्दावली
(d) मिश्रित वाक्य-संरचना

व्याख्या (b) उच्च प्राथमिक स्तर पर लेखन क्षमता के लिए आकलन करते समय 'विचारों की मौलिकता' को सर्वाधिक महत्त्व दिया जाता है, क्योंकि विचारों की मौलिकता ही वह गुण है, जिसके आधार पर बच्चों की लेखन क्षमता को मापा जा सकता है।

18. **एक तीन साल के बच्चे से किसी भी ऐसे विषय पर बातचीत की जा सकती है, जो उसके .... दायरे में आता हो।** *(CTET 2016, I-V)*
(a) संज्ञानात्मक
(b) सामाजिक
(c) भावनात्मक
(d) सांस्कृतिक

व्याख्या (a) 'संज्ञानात्मक' विषय पर तीन साल के बच्चे से बातचीत की जा सकती है, जो उसके दायरे में आती है। संज्ञानात्मक से तात्पर्य है कि व्यक्ति जिस पर्यावरण में रहता है उसमें विद्यमान वस्तुओं, व्यक्तियों अथवा घटनाओं के प्रति अवधारणा या बोध होता है। शैक्षणिक प्रक्रियाओं में अधिगम का मुख्य केन्द्र संज्ञानात्मक क्षेत्र होता है। इस क्षेत्र में अधिगम उन मानसिक क्रियाओं से जुड़ा होता है, जिनमें पर्यावरण से सूचना प्राप्त की जाती हैं।

19. **प्राथमिक स्तर पर भाषा का आकलन करने में सर्वाधिक सहायक है** *(CTET 2016, 15, I-V, VI-VIII)*
(a) नाटक का मंचन
(b) वीडियोग्राफी
(c) लिखित परीक्षा
(d) पोर्टफोलियो

व्याख्या (d) प्राथमिक स्तर पर 'पोर्टफोलियो' भाषा का आकलन करने में सर्वाधिक सहायक होता है। भाषा का पोर्टफोलियो प्रपत्रों का संगठित व क्रमबद्ध संग्रह होता है, जिसे विद्यार्थी ने विशेष समय तथा व्यवस्थित ढंग से प्रदर्शित किया होता हैं। इससे विद्यार्थी में भाषा सीखने के प्रति प्रोत्साहन विकसित होता है।

20. अवलोकन को आकलन का भाग तभी कहा जा सकता है जब अवलोकन *(CTET 2016, I-V)*

(a) लड़के-लड़कियों का अलग-अलग किया जा रहा हो
(b) अनिवार्यत: औपचारिक रूप से किया जा रहा हो
(c) नियमित रूप से किया जा रहा हो
(d) प्रतिदिन प्रत्येक बच्चे का किया जा रहा है

व्याख्या (c) जब अवलोकन 'नियमित रूप से किया जा रहा हो' तभी अवलोकन को आकलन का भाग कहा जा सकता है। अन्यथा वह आकलन की श्रेणी में नहीं आएगा, बल्कि एक सामान्य-सी जाँच पड़ताल होगी।

21. 'भाषा शून्य में विकसित नहीं होती।' इसका शैक्षिक निहितार्थ है कि भाषा सीखने के लिए ……… अनिवार्य है। *(CTET 2016, I-V)*

(a) सामाजिक अन्त:क्रिया (b) विद्यालयी पढ़ाई-लिखाई
(c) भाषा प्रयोगशाला (d) पारिवारिक संवाद

व्याख्या (a) भाषा के लिए माध्यम के रूप में बोलने वाले तथा विचारों की आवश्यकता होती है, जो घर-परिवार के वार्तालाप से प्राप्त होते हैं। अत: इन सबके लिए 'सामाजिक अन्त:क्रिया' का होना आवश्यक है।

22. कहानी सुनते समय बच्चे कहानी के लम्बे-लम्बे वाक्यों से घबराते नहीं हैं, बशर्ते वाक्य *(CTET 2016, I-V)*

(a) सीधे व सरल हों (b) सार्थक तथा मजेदार हों
(c) जोर से बोले गए हों (d) पहले से सुने हुए हों

व्याख्या (b) यदि कहानी के लम्बे-लम्बे वाक्य 'सार्थक एवं मजेदार' हों, तो कहानी सुनते समय बच्चे उनसे घबराते नहीं हैं। ये वाक्य बच्चों को रुचिकर लगते हैं। कहानी बच्चों में उत्साह व प्रेरणा का विकास करती है।

23. अपने विद्यार्थियों की भाषा सम्बन्धी क्रमिक विकास का आकलन करने के लिए आपकी निर्भरता मुख्य रूप से किस पर है? *(CTET 2016, I-V)*

(a) पोर्टफोलियो के अवलोकन पर
(b) मौखिक कार्य करवाने पर
(c) गृहकार्य की उत्तर-पुस्तिकाओं के अवलोकन पर
(d) कक्षा कार्य के अवलोकन पर

व्याख्या (a) 'पोर्टफोलियो के अवलोकन' के आधार पर विद्यार्थियों की भाषा सम्बन्धी क्रमिक विकास का आकलन किया जा सकता है। पोर्टफोलियो में बच्चे की व्यक्तिगत जानकारियाँ, आँकड़े, प्रतिपुष्टि आदि का ब्यौरा होता है। इसका उपयोग बच्चों की समस्याओं, आवश्यकताओं आदि को समझने तथा उन्हें उपचारात्मक शिक्षण प्रदान करने के लिए किया जाता है, ताकि अधिगम को प्रभावी तथा स्थायी बनाया जा सके।

24. सुरभि किसी भी ऐसे शब्द विशेष को बोलने में कठिनाई अनुभव करती है, जिसमें दो से अधिक बार 'त' की आवृत्ति हुई हो। आप उससे/उसे- *(CTET 2016, I-V)*

(a) ऐसे शब्दों का विकल्प ढूँढ़कर देंगी
(b) ऐसे शब्दों को बार-बार सुनने के लिए कहेंगी
(c) बोलते समय इस ओर ध्यान न देने के लिए कहेगी
(d) 'त' वाले शब्दों का बार-बार उच्चारण करवाएँगी

व्याख्या (d) सुरभि किसी भी ऐसे शब्द-विशेष को बोलने में कठिनाई अनुभव करती है, जिसमें दो से अधिक बार 'त' की आवृत्ति हुई हों। इस स्थिति में शिक्षक को चाहिए कि वह 'त' वाले शब्दों का सुरभि से बार-बार उच्चारण करवाए। उच्चारण करने से सुरभि 'त' की आवृत्ति को बार-बार दोहराएगी, जिससे 'त' वर्ण का सुरभि को अधिगम प्राप्त हो जाता है और वह 'त' वर्ण को स्थायी रूप से सीख जाती है।

25. 'अन्त:वाक्' की संकल्पना का सम्बन्ध किससे है? *(CTET 2016,14 I-V)*

(a) वाइगोत्स्की (b) पियाजे (c) स्किनर (d) चॉम्स्की

व्याख्या (b) 'अन्त:वाक्' की संकल्पना का सम्बन्ध 'जीन पियाजे' से है। उनकी इस संकल्पना में बालक अच्छी तरह सोचने, समस्या-समाधान करने एवं निर्णय लेने की क्षमता में पूर्ण विकसित हो जाता है, जिससे बच्चे वैज्ञानिक ढंग से सोचने लगते हैं और भाषा सम्बन्धी योग्यता तथा सम्प्रेषणशीलता का विकास बच्चों में होने लगता है।

26. पियाजे के अनुसार, भाषा अन्य संज्ञानात्मक तन्त्रों की भाँति परिवेश के साथ ……… के माध्यम से ही विकसित होती है। *(CTET 2016, VI-VIII)*

(a) अन्त:क्रिया (b) सामंजस्य (c) अलगाव (d) टकराव

व्याख्या (a) जीन पियाजे के अनुसार, 'अन्त:क्रिया' के माध्यम से भाषा को अन्य संज्ञानात्मक तन्त्रों की भाँति परिवेश के रूप में विकसित किया जा सकता है। भाषा के पूर्ण विकास से बालक किसी पूर्व और उसके अंश के सम्बन्ध में तर्क कर सकता है जिन बालकों का औपचारिक संक्रियात्मक चिन्तन निम्न होता है, उनका शिक्षण स्तर भी निम्न होता है। अन्त:क्रिया से बालक अपने पर्यावरण के साथ अनुकूलन करने के लिए अनेक नियमों को सीख लेता है।

27. आठवीं कक्षा के बच्चों के भाषा आकलन के लिए आप किसे सबसे कम महत्त्वपूर्ण मानते हैं? *(CTET 2016, VI-VIII)*

(a) किसी कहानी को नाटक में रूपान्तरित करना
(b) साहित्यिक समारोहों का आयोजन करना
(c) लिखित परीक्षाओं का आयोजन करना
(d) किसी विषय पर अपने विचार प्रकट करना

व्याख्या (b) आठवीं कक्षा के बच्चों के भाषा आकलन के लिए 'साहित्यिक समारोहों का आयोजन करना' सबसे कम महत्त्वपूर्ण होता है उच्च प्राथमिक स्तर पर बच्चों को साहित्यिक वाचन, एवं लेखन आदि का ज्ञान नहीं होता है। बच्चे साहित्यिक रचनाओं को सही से समझ नहीं पाते हैं और उनका साहित्यिक सम्प्रेषण उतना सबल नहीं होता है कि वे किसी साहित्यिक आयोजन में अभिनय/भाग ले सकें।

28. पाठ्य-पुस्तक को आधार बनाकर पूछे जाने वाले प्रश्न *(CTET 2016, VI-VIII)*
(a) स्मरण शक्ति को समृद्ध करने वाले होने चाहिए
(b) पाठ की विषयवस्तु का विस्तार करने वाले होने चाहिए
(c) पाठ में दिए गए तथ्यों पर ही आधारित होने चाहिए
(d) लिखावट को सुन्दर बनाने में सहयोगी होने चाहिए

व्याख्या (c) पाठ्य-पुस्तकों को आधार बनाकर ही शिक्षक को बालकों से प्रश्न पूछने चाहिए। ये प्रश्न 'पाठ में दिए गए तथ्यों पर ही आधारित होने चाहिए', क्योंकि जब बच्चा पाठ में दी गई पाठ्य-वस्तु को पढ़ता या सीखता है तो प्रश्न भी उसी पाठ्य-वस्तु पर आधारित होने चाहिए, ताकि बच्चा पढ़ी गई सामग्री को प्रश्न के रूप में समझ सके अथवा उसका अभ्यास कर सकें। यदि ये प्रश्न अन्य तथ्यों/पाठों पर आधारित होंगे, तो बच्चा उन्हें सही से समझ नहीं पाएगा।

29. कक्षा आठ के बच्चों का सतत् आकलन करने में सबसे अधिक महत्त्वपूर्ण है *(CTET 2016, VI-VIII)*
(a) लिखित परीक्षा (b) भाषा प्रयोग की क्षमता
(c) मौखिक परीक्षा (d) व्याकरण की जानकारी

व्याख्या (b) कक्षा आठ के बच्चों का सतत् आकलन करने में सबसे अधिक महत्त्वपूर्ण भाषा प्रयोग की क्षमता है। भाषा भावों को अभिव्यक्त करने का एक माध्यम है। मनुष्य पशुओं से इसलिए श्रेष्ठ है, क्योंकि उसके पास अभिव्यक्ति के लिए एक ऐसी भाषा होती है जिसे लोग समझ सकते हैं। बच्चों की भाषा-अभिव्यक्ति (कक्षा 8) से ज्ञात किया जा सकता है कि वह किस प्रकार अपने विचारों को व्यक्त करता है। किन-किन माध्यमों का प्रयोग करता है। इसी आधार पर उसका आकलन किया जाता है।

30. भाषा की पाठ्य-पुस्तक में सबसे महत्त्वपूर्ण पक्ष है *(CTET 2015, I-V)*
(a) आकर्षक चित्र
(b) पाठों का उद्देश्यपूर्ण चयन
(c) अभ्यासों की बहुलता
(d) कागज की गुणवत्ता

व्याख्या (b) भाषा की पाठ्य-पुस्तक में सबसे महत्वपूर्ण पक्ष 'पाठों का उद्देश्यपूर्ण चयन' करना है। भाषा की पुस्तक का गठन इस प्रकार होना चाहिए कि उससे विभिन्न उद्देश्यों की पूर्ति हो सके। पाठ चयन में वर्तनी, शब्द भण्डार, उच्चारण की शुद्धता, भाषायी कौशलों के विकास को ध्यान में रखना चाहिए।

31. पढ़ने की संस्कृति के विकास के क्रम में ········ पठन को प्रोत्साहित किए जाने की आवश्यकता है *(CTET 2015, I-V)*
(a) वैयक्तिक (b) सस्वर
(c) मौन (d) सामूहिक

व्याख्या (a) पढ़ने की संस्कृति के विकास के क्रम में 'वैयक्तिक पठन' को प्रोत्साहित किए जाने की आवश्यकता है, क्योंकि किसी भी कौशल का विकास वैयक्तिक (व्यक्तिगत) प्रयास के बिना असम्भव है। बच्चा पढ़ने के लिए तभी प्रोत्साहित होगा, जब शिक्षक रुचिपूर्ण तरीके से पाठ्यवस्तु का प्रस्तुतीकरण करता है।

32. प्राथमिक स्तर पर बच्चों की भाषायी क्षमताओं का विकास करने का अर्थ है *(CTET 2015, I-V)*
(a) भाषिक संरचनाओं पर अधिकार
(b) भाषा-प्रयोग की कुशलता पर अधिकार
(c) भाषा-अनुकरण की कुशलता पर अधिकार
(d) भाषिक नियमों पर अधिकार

व्याख्या (c) प्राथमिक स्तर पर बच्चों की भाषायी क्षमताओं का विकास करने का अर्थ है—'भाषा अनुकरण की कुशलता पर अधिकार करना है।' प्राथमिक स्तर पर ही छात्रों की श्रवण, वाचन एवं लेखन सम्बन्धी त्रुटियों को दूर किया जाता है, जिससे वे शिक्षक का अनुकरण करके आदर्श वाचन सीख सकेंगे।

33. प्राथमिक स्तर पर बच्चों की पठन-क्षमता का आकलन करने में किस प्रकार की सामग्री सर्वाधिक महत्त्वपूर्ण है? *(CTET 2015, I-V)*
(a) आतंकवाद पर आधारित निबन्ध
(b) बाल साहित्य की कोई संवादात्मक कहानी
(c) पाठ्य-पुस्तक
(d) औपचारिक पत्र

व्याख्या (b) प्राथमिक स्तर पर बच्चों की पठन-क्षमता का आकलन करने में 'बाल साहित्य की कोई संवादात्मक कहानी' सर्वाधिक महत्त्वपूर्ण हो सकती है, क्योंकि बच्चा इसको उत्साहपूर्वक पढ़ेगा और मनोरंजक तरीके से ही अपना मानसिक विकास तीव्रता से कर सकेगा है।

34. आपकी कक्षा के कुछ विद्यार्थी 'सड़क' को 'सरक' बोलते हैं, इसका सबसे सम्भावित कारण है *(CTET 2015, I-V)*
(a) लापरवाही का होना
(b) उनकी मातृभाषा का प्रभाव
(c) उन्हें हिन्दी न आना
(d) सुनने में समस्या

व्याख्या (b) यदि बच्चा 'सड़क' को 'सरक' बोलता है, तो यह 'उनकी मातृभाषा का प्रभाव' हो सकता है, क्योंकि कक्षा-पठन में बच्चे अपनी मातृभाषा के प्रभाव को छोड़ नहीं पाते हैं। अत: वे 'घर' को 'गर' बोलेंगे और यह उनकी मातृभाषा का ही प्रभाव हो सकता है।

35. इनमें से ········ अक्षर-बोध की विधि नहीं है? *(CTET 2015, I-V)*
(a) वाक्य विधि (b) प्रत्यक्ष विधि
(c) वर्ण विधि (d) शब्द विधि

व्याख्या (b) 'प्रत्यक्ष विधि' अक्षर-बोध की विधि नहीं है। वाक्य, वर्ण एवं शब्द, अक्षर बोध की विधि में आते हैं। सार्थक वर्णों के रूप को अक्षर कहते हैं। वर्णों से ही शब्दों का निर्माण होता है और शब्दों को व्याकरण संगत रखकर जो रूप प्राप्त होता है, वह वाक्य कहलाता है।

36. प्राथमिक स्तर पर पढ़ने की क्षमता के आकलन में सबसे कम महत्त्वपूर्ण है? *(CTET 2015, I-V)*
(a) पढ़ने में प्रवाह (b) चित्रों से अनुमान लगाकर पढ़ना
(c) समझकर पढ़ना (d) अक्षर जोड़कर पढ़ना

व्याख्या (d) प्राथमिक स्तर पर पढ़ने की क्षमता के आकलन में 'अक्षर जोड़कर पढ़ना' सबसे कम महत्त्वपूर्ण है। प्राथमिक स्तर पर बालक को वर्ण, शब्द, उच्चारण का ज्ञान, व्याकरण आदि के माध्यम से भाषायी ज्ञान कराया जाता है। अक्षर जोड़कर पढ़ना उसमें सबसे कम महत्त्व है।

37. प्राथमिक स्तर पर बच्चों की भाषा प्रयोग की क्षमता सम्बन्धी रिकॉर्ड तैयार करने के उपरान्त कौन-सा कार्य सर्वाधिक महत्त्वपूर्ण है? *(CTET 2015, I-V)*

(a) रिकॉर्ड की वैधता की जाँच करना
(b) रिकॉर्ड की विश्वसनीयता की जाँच करना
(c) रिकॉर्ड को सुरक्षित रखना
(d) रिपोर्टिंग करना

व्याख्या (d) प्राथमिक स्तर पर बच्चों की भाषा प्रयोग की क्षमता का रिकॉर्ड तैयार करने के बाद उसकी 'रिपोर्टिंग करने' का कार्य सबसे महत्त्वपूर्ण है। इससे उसके विकास की गति का पता लगाया जा सकता है। रिकॉर्ड तैयार करने के बाद उसकी वैधता की जाँच की जाती है, ताकि वह अपनी विश्वसनीयता पर खरा उतरे।

38. बच्चों की लेखन क्षमता के आकलन में सबसे कम महत्त्वपूर्ण है *(CTET 2015, I-V)*

(a) मानक वर्तनी (b) विचारों की स्पष्टता
(c) मौलिकता (d) कल्पनाशीलता

व्याख्या (a) बच्चों की लेखन-क्षमता के आकलन में सबसे कम महत्त्वपूर्ण 'मानक-वर्तनी' का प्रयोग है। प्राथमिक स्तर पर तो बालक की शब्दावली में उसके परिवेश और अनुभव से जुड़े शब्द होते हैं। अत: उनसे मानक शब्दों का प्रयोग बहुत अपेक्षित नहीं है।

39. प्राथमिक स्तर पर अधिकांशतः बच्चे ……… कविताएँ पसन्द करते हैं। *(CTET 2015, I-V)*

(a) लयपूर्ण कविताएँ
(b) छोटी कविताएँ
(c) वीर रस की कविताएँ
(d) नैतिक मूल्यों से ओत-प्रोत कविताएँ

व्याख्या (a) प्राथमिक स्तर पर अधिकांशत: बच्चे 'लयपूर्ण कविताएँ' पसन्द करते हैं, क्योंकि लयपूर्ण और तुकबन्दी वाली कविताओं को बच्चे रुचिपूर्ण और उत्साहपूर्वक याद कर लेते हैं। साथ ही कविताएँ छोटी-छोटी होनी चाहिए।

40. प्राथमिक स्तर पर पढ़ने की क्षमता का आकलन करने की दृष्टि से सबसे अधिक महत्त्वपूर्ण है *(CTET 2015, I-V)*

(a) विराम-चिह्नों का ज्ञान (b) पढ़ने में प्रवाह
(c) अर्थ का निर्माण (d) वर्णों की पहचान

व्याख्या (c) प्राथमिक स्तर पर पढ़ने की क्षमता का आकलन करने की दृष्टि से 'अर्थ का निर्माण' सबसे अधिक महत्त्वपूर्ण है। विराम चिह्नों का ज्ञान, पढ़ने में प्रवाह, विभिन्न कौशलों का विकास उच्च प्राथमिक स्तर पर होता है।

41. आकलन एक सतत् प्रक्रिया है। इसका प्राथमिक उद्देश्य है *(CTET 2015, VI-VIII)*

(a) प्रविधि, पाठ्य-पुस्तक, शिक्षक और विद्यार्थी में सुधार का अवलोकन
(b) प्रविधि, सामग्री, शिक्षक और कक्षाकार्य निष्पादन में सुधार की प्रतिपुष्टि
(c) विषय-वस्तु, शिक्षक, पाठ्य-सामग्री और प्रशिक्षण में सुधार की प्रतिपुष्टि
(d) विषय-वस्तु पाठ्य-पुस्तक, शिक्षक और कक्षा में सुधार का समर्थन।

व्याख्या (a) आकलन एक सतत् प्रक्रिया है। इसका प्राथमिक उद्देश्य 'प्रविधि, पाठ्य-पुस्तक, शिक्षक और विद्यार्थी में सुधार का अवलोकन करना है।' अत: अवलोकन से ही शिक्षण प्रक्रिया में विकास का पता लगाया जा सकता है। शिक्षक उपयुक्त प्रविधि अपनाकर विद्यार्थी को सिखाने का प्रयास करता है। यदि विद्यार्थी ठीक से सीख नहीं पा रहा है, तो उसमें सुधार हेतु आकलन किया जाता है।

42. वाइगोत्स्की के अनुसार, किसी शब्द का अर्थ *(CTET 2015, 14, I-V, VI-VIII)*

(a) व्याकरण आधारित होता है
(b) वक्ता पर निर्भर होता है
(c) शब्दकोश के अनुसार होता है
(d) सामाजिक सांस्कृतिक सन्दर्भ से उपजता है

व्याख्या (d) वाइगोत्स्की के अनुसार, किसी शब्द का अर्थ—'सामाजिक सांस्कृतिक सन्दर्भ से उपजता है' उनका यह सिद्धान्त संज्ञानात्मक विकास पर आधारित है। इस सिद्धान्त के अनुसार बालक का संज्ञानात्मक विकास एक अन्तर्वैयक्तिक सामाजिक परिस्थिति में सम्पन्न होता है। समाज में बच्चे के लिए जैसी सुविधाएँ उपलब्ध होंगी, उसका विकास भी वैसा ही होगा। शब्द का अर्थ उसके संज्ञान पर ही निर्भर करता है।

43. 'सतत् आकलन' का उद्देश्य यह जानना है कि *(CTET 2015, VI-VIII)*

(a) बच्चे कैसे सीखते हैं?
(b) बच्चे क्यों नहीं सीखते?
(c) बच्चों ने कितना सीखा है?
(d) बच्चों ने क्या सीखा है?

व्याख्या (c) 'बच्चों ने कक्षा में पाठ्य-वस्तु के बारे में कितना सीखा है?' यह उसके 'सतत् आकलन' द्वारा जाना जा सकता है। आकलन एक निरन्तर चलने वाली प्रक्रिया है। इसमें बच्चे के अधिगम से सम्बन्धित तथ्यों का आकलन किया जाता है। सतत् आकलन से ही बच्चों की अधिगम समस्या का पता लगाया जा सकता है।

44. प्राथमिक स्तर पर बच्चों की भाषा का आकलन करने में क्या सबसे कम उपयोगी है? *(CTET 2014, I-V)*

(a) चित्र देखकर कहानी, कविता लिखना
(b) पाठ के अन्त में दिए गए प्रश्नों के जवाब लिखना
(c) किसी घटना का वर्णन करना
(d) नानी की चिट्ठी लिखते हुए अपनी नई दोस्त के बारे में बताना

व्याख्या (b) बच्चों से 'पाठ के अन्त में दिए गए प्रश्नों के उत्तर लिखना' उनके भाषा के आकलन में सबसे कम उपयोगी होता है, क्योंकि ऐसा करने से बच्चों का कोई भाषागत कार्य नहीं हो रहा है या बहुत कम हो रहा है। प्रश्नों के उत्तर लिखने से मात्र उसका भाषागत आकलन करना उचित नहीं है।

45. चॉम्स्की के अनुसार बच्चों के पास भाषा सीखने की क्षमता जन्मजात होती है। अत: हिन्दी भाषा की कक्षा में बच्चों को *(CTET 2014, I-V)*

(a) विविध भाषा-प्रयोगों से परिचय प्राप्त करने के अवसर दिए जाने चाहिए
(b) व्याकरण के नियम समझा दिए जाएँ, ताकि वे अपनी इस क्षमता के माध्यम से जल्दी भाषा सीख सकें
(c) सतत् और व्यापक आकलन की प्रक्रिया से मुक्त रखें, उन पर अनावश्यक बोझ न डालें
(d) कुछ भी न पढ़ाने की आवश्यकता नहीं है

व्याख्या (a) हिन्दी भाषा की कक्षा में बच्चों को 'विविध भाषा प्रयोगों से परिचय प्राप्त करने के अवसर दिए जाने चाहिए'। हिन्दी भाषा की कक्षा में भिन्न-भिन्न भाषा प्रयोगों का परिचय दिया जा सकता है। बच्चे उन्हें अधिकाधिक ग्रहण कर सकते हैं।

46. हिन्दी भाषा में सतत् आकलन का सर्वाधिक उचित तरीका है *(CTET 2014, I-V)*

(a) हर पन्द्रह दिन में सरल परीक्षा लेना
(b) बच्चों को अपने अनुभवों को कहने-लिखने के पर्याप्त अवसर देना
(c) बच्चों से समूह में परियोजना कार्य करवाना
(d) बच्चों से अनौपचारिक बातचीत करना

व्याख्या (b) हिन्दी भाषा में सतत् आकलन का सर्वाधिक उचित तरीका यही है कि 'बच्चों को अनुभवों को कहने और उन्हें लिखने के पर्याप्त अवसर दिए जाएँ।' बच्चे जब अपने अनुभवों को कहने तथा लिखने में पूर्णत: आसक्त जाते हैं, तब उनका आकलन आसानी से किया जा सकता है।

47. भाषा की पाठ्य-पुस्तकों में दिए गए अभ्यास *(CTET 2014, I-V)*

(a) बच्चों की चीजों को परखने, गहराई से जुड़ने और व्यापक अनुभव स्तर से तादात्म्य का अवसर देते हैं
(b) बच्चों की भाषायी और सांस्कृतिक विविधता को सीमित करते हैं
(c) बच्चों को विस्तृत अभ्यास करने और शिक्षकों को बच्चों की भाषा में सुधार करने के तरीके बताते हैं
(d) बच्चों का सही-सही आकलन करने में सदैव मदद करते हैं कि वे क्या नहीं जानते?

व्याख्या (a) भाषा की पाठ्य-पुस्तक में दिए गए अभ्यास 'चीजों को परखने, गहराई से जुड़ने और व्यापक अनुभव स्तर से तादात्म्य का अवसर देते हैं।

48. प्राथमिक स्तर की शिक्षा में सम्प्रेषण का माध्यम .... ही होनी चाहिए, क्योंकि इसी भाषा में ही बच्चे का मस्तिष्क सबसे पहले क्रियाशील होता है *(CTET 2014, I-V)*

(a) अंग्रेजी
(b) मातृभाषा
(c) प्रदेश की भाषा
(d) हिन्दी

व्याख्या (b) प्राथमिक स्तर पर सम्प्रेषण का माध्यम 'मातृभाषा' में ही होना चाहिए। बच्चे का शुरुआती मस्तिष्क उसके घर-परिवेश की आपसी बोल-चाल से प्रभावित होता है। वह उसे मातृभाषा के रूप में प्रयोग करता है।

49. उच्च प्राथमिक स्तर पर बच्चों की हिन्दी भाषा की क्षमता के आकलन में प्रकार्यपरक पक्ष पर बल देने का आशय है *(CTET 2014, I-V)*

(a) भाषा-प्रयोग पर बल देना
(b) भाषा के कार्यों को बढ़ावा देना
(c) भाषा-प्रयोग का पक्ष बताना
(d) भाषा के कार्यों की सूची बनाना

व्याख्या (a) बच्चों की 'भाषा प्रयोग पर बल देना' उच्च प्राथमिक स्तर पर बच्चों की हिन्दी भाषा की क्षमता के आकलन में सहायक होता है। यह आकलन के प्रकार्यपरक पक्ष पर बल देता है। भाषा द्वारा बालक अपनी अभिव्यक्ति करता है। प्रकार्यपरक पक्ष का तात्पर्य क्रियाकलापों के संगठित रूप से लिया जाता है अर्थात् बच्चा हिन्दी भाषा का उपयोग अपने दैनिक क्रियाकलापों में करता है। इसी भाषा प्रयोग का आकलन उसकी हिन्दी भाषा की क्षमता के सन्दर्भ में किया जाता है।

50. उच्च प्राथमिक स्तर पर बच्चों की मौखिक अभिव्यक्ति का सतत् आकलन करने के लिए सर्वाधिक उचित तरीका है *(CTET 2014, 12, I-V)*

(a) प्रश्न पूछना
(b) प्रतिक्रिया व्यक्त करना
(c) परिचर्चा
(d) ये सभी

व्याख्या (d) उच्च प्राथमिक स्तर पर बच्चों की मौखिक अभिव्यक्ति का सतत् आकलन करने के लिए उनसे 'प्रश्न पूछना', 'परिचर्चा' तथा 'प्रतिक्रिया व्यक्त करना' सर्वाधिक उपयुक्त तरीके हैं। बच्चों से प्रश्न पूछना उनकी मौखिक अभिव्यक्ति का माध्यम है। वे प्रश्नों पर अपनी प्रतिक्रिया देते हैं। इस प्रकार उनका आकलन भी होता है। किसी विषय पर परिचर्चा करना भी उनके मौखिक आकलन का एक तरीका है। परिचर्चा में वे विषय पर चर्चा कर अपनी अभिव्यक्ति देते हैं और किसी निष्कर्ष पर पहुँचते हैं।

51. इनमें से प्राथमिक स्तर पर भाषा-आकलन का सर्वाधिक उचित तरीका है *(CTET 2014, I-V)*

(a) किसी पाठ की पाँच पंक्तियाँ पढ़वाना
(b) बच्चों को चित्र वर्णन और प्रश्न पूछने के अवसर देना
(c) बच्चों से पत्र लिखवाना
(d) बच्चों से प्रश्नों के उत्तर लिखवाना

व्याख्या (b) 'बच्चों को चित्र वर्णन और प्रश्न पूछने के अवसर देना' प्राथमिक स्तर पर भाषा आकलन का सर्वाधिक उपयुक्त तरीका है। बच्चों को चित्र दिखाकर उसका वर्णन करवाना बच्चों के लिए रुचिपूर्ण होता है। बच्चे चित्र देखकर अपनी अभिव्यक्ति देते हैं। शिक्षक यदि इस वातावरण में बच्चों से प्रश्न पूछे तो बच्चे उनका उत्तर बड़ी सहजता से देते हैं। शिक्षक इस तरह उनका भाषा आकलन कर सकता है।

52. कौन-सा प्रश्न बच्चों की भाषा-क्षमता का सही आकलन करेगा ? *(CTET 2014, I-V)*

(a) लड़की ने किसके दाम नहीं बताए?
(b) लड़की टोकरी में क्या बेच रही थी?
(c) यदि तुम आम बेचोगे तो उसके कितने दाम लोगे और क्यों?
(d) आजकल आम का दाम कितना है?

व्याख्या (c) बच्चों की भाषा क्षमता का सही आकलन करने के लिए उनसे विभिन्न प्रकार के तर्कसंगत प्रश्न पूछने चाहिए जो बच्चों के भाषा स्तर का मूल्यांकन करे। प्रश्न 'यदि तुम आम बेचोगे तो उसके कितने दाम लोगे और क्यों?' एक तर्कसंगत प्रश्न है जिसमें बच्चे की सम्पूर्ण भाषिक अभिव्यक्ति सम्भव है। इसलिए इस प्रश्न से आकलन सम्भव है।

53. भाषा में आकलन की प्रक्रिया *(CTET 2014, I-V)*

(a) सीखने सिखाने के दौरान भी चलती है
(b) केवल बच्चों का निष्पादन जानने के लिए होती है
(c) केवल शिक्षक का निष्पादन जानने के लिए होती है
(d) पाठ के अन्त में दिए अभ्यासों के माध्यम से होती है।

व्याख्या (a) भाषा ध्वनि, प्रतीकों या संकेतों की एक ऐसी मान्य व्यवस्था है, जिसके द्वारा एक समूह के लोग आपस में विचार विनिमय करते हैं। भाषा के आकलन में अधिगम आवश्यक है। शिक्षक जब भाषा शिक्षण करता है और बच्चे भाषा अधिगम करते हैं तो दोनों क्रियाओं में आकलन होता है अर्थात् भाषा में आकलन की प्रक्रिया 'सीखने-सिखाने के दौरान भी चलती रहती है।'

54. बच्चे की भाषा का आकलन करने के लिए सबसे उचित तरीका क्या है? *(CTET 2014, I-V)*

(a) बच्चों की भाषा-प्रयोग का अवलोकन करना
(b) बच्चों से किताब पढ़वाना
(c) बच्चों से परियोजना कार्य करवाना
(d) बच्चों की लिखित परीक्षा लेना

व्याख्या (a) 'बच्चों की भाषा-प्रयोग का अवलोकन करना' बच्चे की भाषा का आकलन करने का सबसे उचित तरीका है। बच्चा जब भाषा सीखता है तो वह अनेक नियम, वर्तनी, व्याकरण व्यवस्था आदि सीखता है। इसलिए उसका भाषा आकलन भाषा प्रयोग के अवलोकन पर निर्भर करता है। बच्चा भाषा का प्रयोग अपने प्रतिदिन के कार्यों में करता है। इसके भाषा अधिगम में अवलोकन आवश्यक है।

55. 'प्रत्येक व्यक्ति को मैंने ही सच्चाई दिखाई।' वाक्य पर चर्चा करने का उद्देश्य है *(CTET 2014, I-V)*

(a) बच्चों को संज्ञा के प्रयोग का ज्ञान कराना
(b) बच्चों को सर्वनाम के प्रयोग का ज्ञान कराना
(c) बच्चों को क्रिया के प्रयोग का ज्ञान कराना
(d) बच्चों को भाषा की नियमबद्ध प्रकृति की पहचान और उसका विश्लेषण करना सिखाना

व्याख्या (d) यदि बच्चों को भाषा की नियमबद्ध प्रकृति की पहचान और उसका विश्लेषण करना सिखाना चाहिए, जिससे वे भाषा के नियमों, सिद्धान्तों, प्रकृति आदि के बारे में जान सकें। बच्चों को विश्लेषण करना भी सीखना चाहिए, जिससे वे किसी विषय-वस्तु का गहनता (deeply) से अध्यन कर सकें।

56. नाटक, सिनेमा, परिचर्चा, वाद-विवाद आदि बच्चों की .... व स्वाभाविक, ... एवं .... प्रतिक्रिया व्यक्त करने की क्षमता का विकास करने में मदद करते हैं *(CTET 2014, VI-VIII)*

(a) स्वतन्त्र, मौखिक, लिखित
(b) स्वतन्त्र, प्रभावी, संस्कृतनिष्ठ
(c) मानक, सहज, प्रभावी
(d) मानक, प्रभावी, संस्कृतनिष्ठ

व्याख्या (a) 'स्वतन्त्र', 'मौखिक', 'लिखित' प्रतिक्रिया व्यक्त करने की क्षमता का विकास करने में नाटक, सिनेमा, परिचर्चा, वाद-विवाद आदि महत्त्वपूर्ण भूमिका निभाते हैं। नाटक बच्चों को स्वतन्त्र अभिनय करने का अवसर प्रदान करता है। बच्चे नाटक द्वारा अपने विचारों को अभिव्यक्त कर सकते हैं। परिचर्चा बच्चों के समूह द्वारा मौखिक रूप से की जाती है। वे किसी विषय पर मौखिक चर्चा करके समस्या समाधान कर सकते हैं। लिखित प्रतियोगिता द्वारा हम अपने विचारों की अभिव्यक्ति का प्रसार कर सकते हैं।

57. हमारे अनुभवों को आकार देने में भाषा की महत्त्वपूर्ण भूमिका होती है। इसका शैक्षिक निहितार्थ यह है कि भाषा की कक्षा में *(CTET 2014, VI-VIII)*

(a) डायरी-लेखन पर जोर दिया जाए, ताकि लेखन परिपक्व बन सके
(b) बच्चों को विविध सन्दर्भों में अनुभव करने, विविध अनुभवों से स्वयं को जोड़ने के अवसर दिए जाएँ
(c) सदैव अनुभवों पर बातचीत की जाए
(d) अनुभवों की लेखन-कार्य बढ़ाया जाए

व्याख्या (b) भाषा शिक्षण में बच्चों को विविध सन्दर्भों में अनुभव करने तथा अनुभवों से स्वयं को जोड़ने के अवसर प्रदान किए जाते हैं। इसमें भाषा की महत्त्वपूर्ण भूमिका होती है। भाषा ही वह माध्यम है जिसमें बच्चे अपने पूर्व अनुभवों को अभिव्यक्त कर पाते हैं। भाषा द्वारा ही बच्चे अपने स्वयं के विचारों, भावनाओं, कथनों, समझ आदि को दूसरों तक पहुँचाते हैं। भाषा के माध्यम से ही हम दूसरों के अनुभवों को समझ पाते हैं। भाषा ही हमें विभिन्न अनुभवों को जानने में मदद करती है।

58. भाषा के सन्दर्भ में स्कूली जीवन का यह उच्च प्राथमिक चरण और बोध के विकास की दृष्टि से अत्यन्त महत्त्वपूर्ण है *(CTET 2014, VI-VIII)*

(a) साहित्य, सराहना, सामाजिक
(b) सौन्दर्य बोध, साहित्य बोध, सामाजिक-राजनैतिक
(c) भाषा, साहित्य, ऐतिहासिक
(d) साहित्य बोध, सराहना बोध, ऐतिहासिक

व्याख्या (b) विद्यार्थियों में 'सौन्दर्य बोध, साहित्य बोध एवं सामाजिक-राजनैतिक' का विकास भाषा के सन्दर्भ में महत्वपूर्ण है। उच्च प्राथमिक स्तर पर बच्चों को सौन्दर्यानुभूति का ज्ञान कराया जाता है। जिससे वह प्रकृति की, अपनी व्यक्तिगत तथा अन्यों की सौन्दर्यता का बोध कर सकें। बच्चों को लेखकों के बारे में, उनकी रचनाओं, लेखनी आदि के बारे में जानकारी देकर उनको साहित्य बोध (समझ) प्रदान किया जाता है। बच्चों को सामाजिक राजनैतिक सम्बन्धों का ज्ञान विभिन्न सामाजिक विषयों के अध्ययन द्वारा दिया जाता है।

59. हिन्दी भाषा का आकलन करते समय पोर्टफोलियो बच्चों के बारे में यह बताता है कि *(CTET 2014, VI-VIII)*

(a) उनकी प्रगति में माता-पिता की भूमिका कैसी है?
(b) उनकी प्रगति में शिक्षकों की भूमिका कितनी है?
(c) वे क्या जानते हैं?
(d) क्रमश: उनकी प्रगति किस प्रकार हो रही है?

व्याख्या (d) पोर्टफोलियो बच्चों की प्रगति में सूचक का कार्य करता है। इसमें बच्चों की व्यक्तिगत जानकारी का संग्रह किया जाता है। जैसे— विभिन्न प्रकार के आँकड़े, भाषागत जानकारी, विचार, भावनाएँ, प्रतिपुष्टि आदि। शिक्षक आसानी से पोर्टफोलियो द्वारा बच्चों की प्रगति का आकलन कर सकता है। और उन्हें उपचारात्मक समाधान प्रदान कर सकता है।

60. प्राथमिक कक्षाओं में भूमिका निर्वाह (रोल प्ले) का उद्देश्य होना चाहिए *(CTET 2013, I-V)*

(a) बच्चों को अभिनय सिखाना
(b) एक पद्धति के रूप में इसका उपयोग करना
(c) विभिन्न सन्दर्भों में भाषा प्रयोग के अवसर प्रदान करना
(d) बच्चों को अनुशासित रखना

व्याख्या (c) बच्चों को विभिन्न सन्दर्भों में भाषा प्रयोग के अवसर प्रदान करना प्राथमिक कक्षाओं में भूमिका निर्वाह (रोल प्ले) का उद्देश्य होना चाहिए। भूमिका निर्वाह (रोल प्ले) में बच्चा किसी नाटक, कार्यक्रम, समारोह आदि में किसी पात्र का अभिनय करता है और उस पात्र के विचार, भावना, वक्तव्य आदि को भाषा द्वारा अभिव्यक्त करता है। ये पात्र बच्चे के लिए अलग-अलग प्रकार के हो सकते हैं और उसे विभिन्न भूमिकाओं में विभिन्न विचारों को व्यक्त करना होता है। अर्थात् वह भाषा द्वारा विभिन्न भूमिकाओं को निभाता है, तथा विचारों का सम्प्रेषण करता है।

61. भाषा में सतत् और व्यापक आकलन का उद्देश्य है *(CTET 2013, I-V)*

(a) वर्तनी की अशुद्धि के बिना लिखने की क्षमता का आकलन
(b) भाषा के व्याकरण का आकलन करना
(c) भाषा के मौखिक और लिखित रूपों के प्रयोग की क्षमता का आकलन
(d) पढ़कर समझने की क्षमता का आकलन

व्याख्या (c) विद्यार्थियों को भाषा के मौखिक और लिखित रूपों के प्रयोग की क्षमता का आकलन 'भाषा में सतत् और व्यापक आकलन का उद्देश्य है। सतत् और व्यापक आकलन में बच्चे के सर्वांगीण विकास को ध्यान में रखा जाता है। यह विकास बच्चों में मौखिक एवं लिखित माध्यम द्वारा ली गई परीक्षाओं के रूप में किया जाता है। भाषा के दो ही रूप मौखिक और लिखित होते है। भाषा अभिव्यक्ति का माध्यम होता है। इसलिए भाषा को आकलन का आधार माना जाता है।

62. बच्चों की मौखिक भाषा का सतत् आकलन करने का सबसे बेहतर तरीका है *(CTET 2013, I-V)*

(a) शब्द पढ़वाना
(b) प्रश्नों के उत्तर पूछना
(c) विभिन्न सन्दर्भों में बातचीत
(d) सुने हुए को दोहराने के लिए कहना

व्याख्या (c) विद्यार्थियों से 'विभिन्न सन्दर्भों में बातचीत' करके उनकी मौखिक भाषा का सतत् आकलन किया जा सकता है। भाषा अधिगम एक सतत् प्रक्रिया है। सतत् आकलन अध्यापन और अधिगम की प्रक्रिया का एक अभिन्न हिस्सा है। बच्चों में भाषिक स्तर का पता लगाने के लिए उनको विभिन्न विषयों में जानकारी दी जाती है। उन्हें विभिन्न भाषिक समस्याएँ दी जाती है और उनके समाधान के लिए उनसे मौखिक सम्प्रेषण किया जाता है।

63. भाषा में रचनात्मक आकलन का सर्वाधिक बेहतर उदाहरण है *(CTET 2013, VI-VIII)*

(a) बच्चे को अपने खट्टे-मीठे अनुभव लिखने के लिए कहना
(b) श्रुतलेख
(c) प्रश्नों के उत्तर लिखवाना
(d) इकाई-परीक्षा लेना

व्याख्या (a) बच्चों की भाषा में रचनात्मक आकलन करने के लिए 'बच्चों को अपने खट्टे-मीठे अनुभव लिखने के लिए कहना' चाहिए। ऐसा करने से बच्चे अपने जीवन में घटी घटनाओं, समस्याओं आदि को लिखकर व्यक्त करते हैं। वे लिखकर ही अपने अनुभव बता सकते हैं। इससे उनकी रचनात्मकता का ज्ञान होता है। लेखन कार्य से उनका भाषा प्रवाह, वर्तनी, लेखन क्षमता आदि का ज्ञान होता है। उनके लेखन द्वारा उनकी भाषिक समस्या का पता लगाया जा सकता है।

64. विशेष आवश्यकता वाले बच्चों की भाषा का आकलन करते समय *(CTET 2013, VI-VIII)*

(a) उन्हें प्रश्न संख्या में विशेष छूट मिलनी चाहिए
(b) उन्हें अधिक अंक देने का प्रयास करना चाहिए
(c) उनकी क्षमता और सीमाओं का ध्यान रखना चाहिए
(d) उनके प्रति दया भाव रखना चाहिए

व्याख्या (c) विशेष आवश्यकता वाले 'बच्चों की क्षमता और सीमाओं का ध्यान रखकर' ही उनकी भाषा का आकलन किया जाना चाहिए। विशेष आवश्यकता वाले बच्चों में पिछड़े, प्रतिभाशाली, विकलांग, अधिगम अशक्तता, सृजनात्मक आदि प्रकार के बच्चे आते हैं। अत: भाषा शिक्षण करते समय इनकी योग्यता, क्षमता, समझ आदि को ध्यान में रखना चाहिए, तभी उनका भाषा अधिगम ठीक प्रकार से होगा। ऐसे बच्चों का मानसिक स्तर या तो निम्न होता है या उच्च होता है।

65. भाषा में आकलन करने के बाद महत्त्वपूर्ण सोपान होना चाहिए *(CTET 2013, VI-VIII)*

(a) आकलन से प्राप्त आँकड़ों के आधार पर बच्चों के अभिभावकों से विचार-विमर्श करना
(b) आँकड़ों को सहेज कर रखना
(c) आँकड़ों को तत्काल नष्ट करना
(d) आँकड़ों का पुन: परीक्षण करना

व्याख्या (a) 'आकलन से प्राप्त आँकड़ों के आधार पर बच्चों के अभिभावकों से विचार-विमर्श करना' भाषा में आकलन करने के बाद का महत्त्वपूर्ण सोपान है। बच्चों का भाषिक आकलन होने के बाद शिक्षक को यह ज्ञात हो जाता है कि बच्चों का भाषिक स्तर व भाषिक सम्प्रेषण किस प्रकार का है। शिक्षक को इस आकलन से प्राप्त आँकड़ों को बच्चों के अभिभावकों को दिखाना चाहिए और उनसे इस आकलन पर चर्चा करनी चाहिए जिससे अभिभावकों को भी बच्चों के भाषिक स्तर का ज्ञान हो जाए और उनका उपयुक्त समाधान किया जा सके।

66. द्वितीय भाषा के रूप में हिन्दी सीखने का मुख्य उद्देश्य है? *(CTET 2012, VI-VIII)*

(a) मानक हिन्दी लिखने में निपुणता प्राप्त करना
(b) हिन्दी और अपनी मातृभाषा के अन्तर को कंठस्थ करना
(c) हिन्दी के व्याकरण पर अधिकार प्राप्त करना
(d) दैनिक जीवन में हिन्दी में समझने तथा बोलने की क्षमता का विकास करना

व्याख्या (d) हमारी राष्ट्रीय भाषा देवनागरी हिन्दी है। यह अधिकतर भारत में बोली जाती है। हिन्दी सीखने का मुख्य उद्देश्य 'दैनिक जीवन में हिन्दी भाषा का उपयोग तथा बोलने की क्षमता का विकास करना है।' हिन्दी भाषा हमारी दैनिक भाषा के रूप जानी जाती है। भाषा, ध्वनि, प्रतीकों या संकेतों की एक ऐसी मान्य व्यवस्था है, जिसके द्वारा एक समूह के लोग आपस में विनिमय करते हैं। हिन्दी भाषा भी सीखने में विचार-विनिमय के माध्यम के रूप में कार्य करती है।

67. भाषा के सतत् और व्यापक मूल्यांकन का उद्देश्य है *(CTET 2012, VI-VIII)*

(a) बच्चों की सीखने की प्रक्रिया को समझकर उपयुक्त शिक्षण-अधिगम प्रक्रिया अपनाना
(b) अगली कक्षा में प्रोन्नत करने हेतु साक्ष्य जुटाना
(c) बच्चों की त्रुटियों की पहचान करना
(d) मूल्यांकन की परम्परा का निर्वाह करना

व्याख्या (a) भाषा के सतत् और व्यापक मूल्यांकन का उद्देश्य 'बच्चों की सीखने की प्रक्रिया को समझकर उपयुक्त शिक्षण-अधिगम प्रक्रिया अपनाना' है। अधिगम एक सतत् प्रक्रिया है, इसलिए मूल्यांकन भी सतत् होना चाहिए। शिक्षक को चाहिए कि वह बच्चों की अधिगम क्षमता को पहचानकर उनके लिए उपयुक्त शिक्षण विधि अपनाकर उन्हें सीखने का सक्रिय वातावरण प्रदान करें। इससे बच्चों का भाषा शिक्षण सरल हो जाएगा और उनका मूल्यांकन करना भी आसान हो जाएगा।

68. सुहेल एक साल पहले असोम से पंजाब आया है। वह हिन्दी भाषा का प्रयोग करते समय त्रुटियाँ करता है। एक शिक्षक के रूप में आप किस कथन को सही मानेंगे? *(CTET 2012, VI-VIII)*

(a) उसे रोज एक घण्टा हिन्दी भाषा के शब्द बोलने का अभ्यास कराना चाहिए
(b) सुहेल को भाषा प्रयोग के अधिकाधिक अवसर व प्रोत्साहन देना चाहिए
(c) सुहेल को बार-बार उसकी त्रुटियों के बारे में बताना चाहिए
(d) सुहेल की मातृभाषा का प्रभाव लक्ष्य भाषा पर नहीं पड़ने देना चाहिए

व्याख्या (b) सुहेल एक साल पहले असोम से पंजाब आया है। वह हिन्दी भाषा का प्रयोग करते समय त्रुटियाँ करता है। त्रुटियों में सुधार करने के लिए सुहेल को भाषा प्रयोग के अधिकाधिक अवसर व प्रोत्साहन देने चाहिए। इससे वह हिन्दी भाषा का अधिक उपयोग कर पायेगा और हिन्दी भाषा में होने वाली त्रुटियाँ भी कम होंगी। भाषा में प्रोत्साहन मिलने से सुहेल हिन्दी सीखने के प्रति उत्साहित होगा और वह हिन्दी पर अपनी पकड़ मजबूत बना लेगा।

69. बच्चों की भाषा के आकलन का सर्वाधिक प्रभावी तरीका है *(CTET 2012, I-V)*

(a) लिखित परीक्षा
(b) प्रश्नों के उत्तर देना
(c) प्रश्न पूछना और पढ़ी सामग्री पर प्रतिक्रिया व्यक्त करना
(d) श्रुतलेख

व्याख्या (c) बच्चों से प्रश्न पूछना और पढ़ी गई सामग्री पर प्रतिक्रिया व्यक्त करना भाषा के आकलन का सर्वाधिक प्रभावी तरीका है। बच्चों से प्रश्न पूछने से वे उत्सुकता से उनका उत्तर देने के लिए तत्पर रहते हैं। प्रश्नों से बच्चों का स्वयं मूल्यांकन सम्भव है। यदि बच्चों से उनके द्वारा पढ़ी गई पाठ्य-वस्तु पर प्रतिक्रिया पूछी जाए तो वे अपनी प्रतिक्रिया प्रभावपूर्ण तरीके से व्यक्त करते हैं। भाषा शिक्षण के आकलन में ये दो तरीके बच्चों के भाषा आकलन में महत्त्वपूर्ण हैं।

70. एक भाषा-शिक्षक के लिए सर्वाधिक महत्त्वपूर्ण है? *(CTET 2012, I-V)*

(a) भाषा का आकलन
(b) बच्चों को भाषा-प्रयोग के अवसर उपलब्ध कराना
(c) भाषा की त्रुटियों के प्रति कठोर रवैया अपनाना
(d) भाषा की पाठ्य पुस्तक

व्याख्या (b) 'बच्चों को भाषा प्रयोग के अवसर उपलब्ध कराना' एक भाषा शिक्षक के लिए सर्वाधिक महत्त्वपूर्ण होता है, क्योंकि भाषा शिक्षक बच्चों को भाषा प्रयोग के अवसर देकर उनका भाषा अधिगम का पक्ष सबल बना सकता है, जिससे वे भाषा पर अधिकार प्राप्त कर लें। भाषा अधिगम बच्चों को भाषा की प्रक्रिया द्वारा ही प्राप्त होता है और यह प्रक्रिया भाषा के ज्यादा से ज्यादा प्रयोग पर निर्भर करती है। भाषा शिक्षक को चाहिए कि वह बच्चों को अधिक से अधिक भाषा अधिगम के अवसर उपलब्ध कराए।

71. निम्नलिखित में से कौन-सा बच्चों का भाषिक क्षमता के आकलन का सबसे उचित तरीका है? *(CTET 2012, I-V)*

(a) 'बादल', 'आसमान', 'चिड़िया', 'बच्चे' आदि संज्ञा शब्दों का प्रयोग करते हुए एक कहानी लिखिए
(b) संज्ञा की परिभाषा को पूरा कीजिए
(c) संज्ञा को परिभाषित कीजिए
(d) संज्ञा शब्दों के दो उदाहरण दीजिए।

व्याख्या (a) विद्यार्थियों को 'बादल', 'आसमान', 'चिड़िया, 'बच्चे' आदि संज्ञा शब्दों का प्रयोग करते हुए एक कहानी लिखने के लिए देना उनकी भाषिक क्षमता के आकलन का सबसे उपयुक्त तरीका है। इन संज्ञा शब्दों का प्रयोग करके कहानी बनाना बच्चे की लेखन क्षमता, तार्किकता, वर्तनी, प्रभाविकता, विचार आदि का ज्ञान कराता है। यह क्रियाकलाप बालक की सम्पूर्ण भाषिक क्षमता के आकलन का आधार व्यक्त करता है। बच्चा अपनी काल्पनिक विचारधाराओं से कहानी का निर्माण करता है।

72. भाषा सीखने के लिए कौन-सा कारक सर्वाधिक महत्त्वपूर्ण है? *(CTET 2012, I-V)*

(a) भाषा के व्याकरणिक नियम (b) पाठ पर आधारित प्रश्नोत्तर
(c) भाषा की पाठ्य-पुस्तक (d) समृद्ध भाषिक वातावरण

व्याख्या (d) विद्यार्थियों को 'समृद्ध भाषिक वातावरण' देकर भाषा सीखने के लिए प्रेरित किया जा सकता है। इसका तात्पर्य यह है कि बच्चों को भाषा सीखने के लिए उपयुक्त भाषा प्रयोग के सम्प्रेषण का वातावरण मिलना चाहिए, तभी वह भाषा सीखने में सफल हो पाएगा। बच्चों को भाषा सीखने के अन्य उपायों से भी मदद मिलती है; जैसे— पाठ पर आधारित प्रश्नोत्तर, भाषा की पाठ्य-पुस्तक, भाषा के व्याकरणिक नियम आदि।

73. हिन्दी भाषा का मूल्यांकन करते समय आप सबसे ज्यादा किसे महत्त्व देंगे? *(CTET 2012, I-V)*

(a) सीखने की क्षमता का आकलन (b) काव्य-सौन्दर्य
(c) निबन्ध लिखने की योग्यता (d) व्याकरणिक नियम

व्याख्या (a) हिन्दी भाषा का मूल्यांकन करते समय 'सीखने की क्षमता का आकलन' सबसे ज्यादा महत्त्वपूर्ण होता है, क्योंकि बच्चे का मूल्यांकन इस बात पर निर्भर करता है कि उसने भाषा को किस प्रकार और कितना सीखा है। मूल्यांकन शिक्षण अधिगम प्रक्रिया का एक ऐसा सोपान है, जिसमें शिक्षक यह सुनिश्चित करता है कि उसके द्वारा की गई भाषा शिक्षण व्यवस्था तथा भाषिक शिक्षण को आगे बढ़ाने की क्रियाएँ कितनी सफल रही हैं।

74. आकलन *(CTET 2012, VI-VIII)*

(a) मूलतः शिक्षक-केन्द्रित ही होता है
(b) केवल यह बताता है कि बच्चे ने क्या नहीं सीखा
(c) भाषा सीखने-सिखाने की प्रक्रिया का अभिन्न अंग है
(d) पाठ समाप्ति पर ही किया जाता है

व्याख्या (c) आकलन भाषा सीखने-सिखाने की प्रक्रिया का अभिन्न अंग है। भाषा अधिगम की प्रक्रिया सतत् होती है। इस प्रक्रिया में आकलन की महत्त्वपूर्ण भूमिका होती है। आकलन द्वारा बच्चे की भाषिक प्रवृत्ति का पता लगाया जाता है। शिक्षक आकलन से बच्चों की भाषा सम्बन्धी समस्या का पता लगा सकता हैं।

75. सतत् मूल्यांकन का एक निहितार्थ है *(CTET 2012, VI-VIII)*

(a) बच्चों के भाषा-प्रयोग का निरन्तर अवलोकन करना
(b) बच्चों के परीक्षा-सम्बन्धी भय को समाप्त करना
(c) प्रतिदिन परीक्षाएँ लेना
(d) हर महीने परीक्षाएँ लेना

व्याख्या (a) सतत् मूल्यांकन में 'बच्चों के भाषा प्रयोग का निरन्तर अवलोकन किया जाता है।' भाषा अधिगम निरन्तर चलने वाली प्रक्रिया है। बच्चे अपने विचार, भावनाएँ भाषा के द्वारा ही अभिव्यक्त करते हैं। भाषा प्रयोग से वे अपने सभी क्रियाकलाप सम्पन्न करते हैं। शिक्षक उनके भाषा व्यवहार का निरन्तर अवलोकन करने में सक्रिय होना चाहिए, तभी उनका स्पष्ट व सतत् मूल्यांकन सम्भव है। इससे बच्चों की भाषा विकार की समस्या को दूर किया जा सकता है।

76. बच्चों के 'लेखन' कौशल का मूल्यांकन करने के लिए कौन-सी विधि बेहतर हो सकती है? *(CTET 2011, I-V)*

(a) अपने अनुभवों को लिखना
(b) श्रुतलेख
(c) पाठाधारित प्रश्नों के उत्तर लिखना
(d) सुन्दर लेख का अभ्यास

व्याख्या (a) बच्चों द्वारा अपने अनुभवों को लिखना उनके लेखन कौशल के मूल्यांकन का सबसे अच्छा तरीका है। बच्चे लेखन कार्य में रुचि लेते हैं। यदि उनसे अपने पूर्व में की गई क्रियाएँ, कार्य, अधिगम आदि को लिखने के लिए कहा जाए तो वे उनके बारे में उत्साहपूर्वक लिखते हैं। इस प्रकार उनके लेखन कार्य का मूल्यांकन किया जा सकता है। प्रश्नों के उत्तर लिखवाना, श्रुतलेख तथा सुन्दर लेख का अभ्यास आदि से बच्चों के लेखन कौशल का विकास उचित प्रकार से नहीं हो सकता।

77. गृहकार्य के बारे में कौन-सा कथन उचित है? *(CTET 2011 I-V)*

(a) गृहकार्य अभिभावकों को व्यस्त रखने का उत्तम साधन है
(b) बच्चों की क्षमताओं, स्तर के अनुसार गृहकार्य दिया जाना चाहिए
(c) गृहकार्य कक्षा में किए गए कार्य का अभ्यास मात्र है
(d) गृहकार्य देना अति-आवश्यक है

व्याख्या (b) गृहकार्य विद्यार्थियों के लिए अभिप्रेरक का कार्य करता है, इससे विद्यार्थी को अर्जित किए हुए ज्ञान को अधिक से अधिक प्रयोग करने की प्रेरणा मिलती है। गृह कार्य द्वारा विद्यार्थियों को स्वयं क्रिया करके अपने विचारों को व्यक्त करने के अवसर मिलते हैं। इसलिए शिक्षक को बच्चों की क्षमताओं, स्तर के अनुसार गृहकार्य दिया जाना चाहिए। ऐसा करने से वे गृहकार्य को अपनी समझ व ज्ञान के अनुसार कर सकेंगे।

78. पाठ में दिए गए चित्रों का क्या उद्देश्य होता है? *(CTET 2011, I-V)*

(a) चित्रों से पाठ्य-पुस्तक आकर्षक बनती है
(b) चित्र पाठ की शोभा बढ़ाते हैं
(c) पाठ्य-पुस्तक में चित्र देने का प्रचलन है
(d) चित्र अमूर्त संकल्पनाओं को समझने में सहायता करते हैं

व्याख्या (d) 'चित्र बच्चों को अमूर्त संकल्पनाओं को समझने में सहायता करते हैं।' बच्चों को अमूर्त संकल्पना ठीक से स्पष्ट नहीं हो पाती है। इसलिए इन्हें समझाने के लिए चित्रों का सहारा लिया जाता है। अमूर्त संकल्पनाएँ वे संकल्पनाएँ होती हैं जो दृश्यगत नहीं होती हैं। ये अचेतन अवस्था में पाई जाती हैं इन्हें रोचक एवं प्रभावी तरीके से ही सिखाया जा सकता हैं।

79. किस प्रकार के प्रश्न बच्चों की भाषागत समझ का आकलन करने में अधिक सहायक नहीं होते? *(CTET 2011, VI-VIII)*

(a) पाठ पर आधारित तथ्यात्मक प्रश्न
(b) कल्पनापरक प्रश्न
(c) चिन्तनपरक प्रश्न
(d) अनुमानपरक प्रश्न

व्याख्या (d) 'अनुमानपरक प्रश्न' बच्चों की भाषागत समझ का आकलन करने में अधिक सहायक नहीं होते हैं, क्योंकि इसमें बच्चा व्यावहारिक भाषा का प्रयोग अधिक करता है न कि मानक व शुद्ध भाषा का। इसके अतिरिक्त ये प्रश्न वैध, विश्वसनीय तथा तथ्यपरक नहीं होते हैं।

80. हिन्दी भाषा में सतत् और व्यापक मूल्यांकन करते समय आप किस बात पर विशेष ध्यान देंगे? *(CTET 2011, VI-VIII)*

(a) शुद्ध वर्तनी
(b) परियोजना-कार्य
(c) शुद्ध उच्चारण
(d) विभिन्न सन्दर्भों में भाषा-प्रयोग की कुशलता

व्याख्या (d) विभिन्न सन्दर्भों में बच्चों की भाषा प्रयोग की कुशलता हिन्दी भाषा में सतत् और व्यापक मूल्यांकन के लिए आवश्यक है। सतत् और व्यापक मूल्यांकन का अर्थ छात्रों के विद्यालय आधारित मूल्यांकन की प्रणाली से सम्बन्धित है जिसमें छात्रों के विकास के सभी पक्ष शामिल होते हैं। बच्चे भाषा पर तभी कुशलता प्राप्त कर सकते हैं जब तक कि वे भाषा का विभिन्न उपयोगों/क्षेत्रों में प्रयोग नहीं करते हैं। ऐसा करने से वे भाषा पर अपनी पकड़ बना सकते हैं।

81. किसी भाषा कक्षा में कहानी-कथन की आवश्यकता के सन्दर्भ में कौन-सा तर्क उचित नहीं है? *(CTET 2011, VI-VIII)*

(a) सभी बच्चों को भाषा सुनने का परिवेश मिलता है
(b) सभी बच्चों की क्षमता को ध्यान में रखते हुए यह उचित नहीं है
(c) बच्चों को शब्द-भण्डार के विकास के अवसर प्राप्त होते हैं
(d) सभी बच्चों की क्षमता-अनुसार कल्पना-शक्ति का विकास होता है

व्याख्या (d) कहानी कथन से 'सभी बच्चों की क्षमता अनुसार कल्पना शक्ति का विकास होता है।' यह कथन भाषा कक्षा में कहानी कथन की आवश्यकता के सन्दर्भ में उचित नहीं है। ऐसा सम्भव नहीं है कि बच्चे में केवल कहानी से कल्पना का विकास किया जा सकता है। कल्पना को विकसित करने के अन्य भी तरीके हैं। बच्चों में कल्पनाशीलता का विकास अभिनय, परियोजना कार्य, अन्वेषण, भ्रमण विधि आदि से भी किया जा सकता है।

82. पाठ पढ़कर बच्चों से प्रश्न बनवाने से *(CTET 2011, VI-VIII)*

(a) इस बात का पता चलता है कि बच्चे प्रश्नवाचक शब्दों से परिचित हैं या नहीं
(b) शिक्षक को यह जानने का अवसर मिलता है कि बच्चों ने पाठ को कितनी गहराई से समझा है
(c) कक्षा-कार्य की अच्छी युक्ति पूरी होती है
(d) प्रश्न बनाने की आदत का विकास होता है

व्याख्या (b) अध्यापक कक्षा में किसी पाठ्य-वस्तु का शिक्षण बच्चों को अधिगम कराने में करता है। बच्चे उस पाठ से कितना सीख पाते हैं, यह अध्यापक की शिक्षण कुशलता एवं बच्चों की सीखने की क्षमता पर निर्भर करता है। यदि शिक्षक पाठ पढ़ाकर बच्चों से प्रश्न बनवाता है तो वह यह जानना चाहता है कि बच्चों ने पाठ को कहाँ तक सीखा है? या पाठ को कितनी गहनता से समझा है?

83. 'बच्चे भाषा सीखने की क्षमता के साथ पैदा होते हैं।' मुख्यतः यह किसका विचार है? *(CTET 2011, VI-VIII)*

(a) एल. एस. वाइगोत्स्की
(b) इवान पावलॉव
(c) चॉम्स्की
(d) जीन पियाजे

व्याख्या (c) बच्चे भाषा सीखने की क्षमता के साथ पैदा होते हैं। यह विचार चॉम्स्की ने दिया था। वे एक भाषा वैज्ञानिक, दार्शनिक, लेखक एवं व्याख्याता रहे हैं।

84. स्वलीन विकार (ऑटिस्टिक डिस्ऑर्डर) में बच्चा *(CTET 2011, VI-VIII)*

(a) अपने हाथ-पैर हिलाने में कठिनाई का अनुभव करता है
(b) सामाजिक अन्त:क्रिया और सम्प्रेषण में कठिनाई का अनुभव करता है
(c) अकसर खाने से मना कर देता है
(d) अपने ही कार्यों में लीन रहता है

व्याख्या (b) स्वलीन विकार (ऑटिस्टिक डिस्ऑर्डर) मस्तिष्क के विकास से सम्बन्धित एक विकार है, जिसमें व्यक्ति सामाजिक व्यवहार और सम्पर्क से प्रभावित होता है। इसे 'आत्मविमोह' और 'स्वपरायणता' भी कहते हैं। आत्मविमोह के शिकार व्यक्ति सामाजिक व्यवहार में असमर्थ होने के साथ ही दूसरे व्यक्तियों के मन्तव्यों को समझने में भी असमर्थ होते हैं।

85. बच्चों के मूल्यांकन के लिए जो गतिविधियाँ चुनी जाएँ, वे हों *(CGTET 2017, I-V)*

(a) कक्षा में की जाने वाली गतिविधियों से अलग हो लेकिन स्तर व किस्म कक्षानुसार हो
(b) कक्षा में की जाने वाली गतिविधियाँ ही हों पर उसका स्तर व किस्म कक्षानुसार न हो
(c) कक्षा में की जाने वाली गतिविधियों से अलग हो तथा उसका स्तर व किस्म कक्षानुसार न हो
(d) कक्षा में की जाने वाली गतिविधियाँ ही हों, साथ ही वे कक्षानुसार स्तर व किस्म के भी हों

व्याख्या (d) विद्यालय में हुए छात्रों के व्यवहार परिवर्तन के सम्बन्ध में प्रदत्तों के संकलन तथा उनकी व्याख्या करने की प्रक्रिया को मूल्यांकन कहते हैं। इसलिए बच्चों के मूल्यांकन के लिए जो गतिविधियाँ चुनी जाएँ, वे 'कक्षा में की जाने वाली गतिविधियाँ ही हों तथा कक्षानुसार स्तर व किस्म की भी होनी चाहिए'। ऐसा करने से बच्चों का मूल्यांकन निष्पक्ष और स्पष्ट रूप से हो सकेगा।

86. पढ़ते हुए अर्थ समझने का प्रक्रिया क्रम है- *(CGTET 2017, I-V)*

(i) शब्दों से प्राप्त संकेत
(ii) पाठक का पूर्व अनुभव
(iii) पाठक का भाषा ज्ञान व सामूहिक समझ
(iv) पाठ्य का सन्दर्भ या फिर अन्य मदद

(a) (iv), (ii), (iii), (i) (b) (iii), (i), (ii), (iv)
(c) (i), (ii), (iii), (iv) (d) (ii), (i), (iii), (iv)

व्याख्या (b) पढ़ते समय अर्थ समझने का प्रक्रिया क्रम निम्न होता है

- सबसे पहले पाठक को भाषा ज्ञान व सामूहिक समझ होनी चाहिए।
- इसके बाद उसे शब्दों का ज्ञान होना चाहिए।
- पाठक को पूर्व अनुभव भी होना आवश्यक है।
- अन्त में पाठक को पाठ्य-वस्तु का पता होना चाहिए, जो उसे पढ़ना है।
- यही पढ़ते हुए अर्थ समझने का प्रक्रिया क्रम होता है।

87. आकलन प्रक्रिया में अवलोकन तभी सार्थक है, जब *(CGTET 2017, I-V)*

(a) शिक्षक बच्चों का औपचारिक, अनियमित, पूर्वाग्रह से दूर व रिकॉर्डेड अवलोकन करता हो
(b) शिक्षक बच्चों का अनौपचारिक, नियमित, पूर्वाग्रह से दूर व रिकॉर्डेड अवलोकन करता हो
(c) शिक्षक बच्चों का अनौपचारिक, नियमित, पूर्वाग्रह व रिकॉर्ड न रखते हुए अवलोकन करता हो
(d) शिक्षक बच्चों का औपचारिक, अनियमित, पूर्वाग्रह व रिकॉर्ड न रखते हुए अवलोकन करता हो

व्याख्या (b) आकलन प्रक्रिया में अवलोकन तभी सार्थक होता है जब 'शिक्षक बच्चों का अनौपचारिक, नियमित, पूर्वाग्रह से दूर व रिकॉर्डेड अवलोकन करता है।' शिक्षक बच्चों का अनौपचारिक अवलोकन विद्यालयी क्षेत्र के बाहर अर्थात् बच्चों का व्यक्तिगत अवलोकन करता है। नियमित अवलोकन में शिक्षक निरन्तर रूप से बच्चों का अवलोकन करता है। पूर्वाग्रह में वह बिना किसी भेदभाव के अवलोकन करता है और रिकॉर्डेड अवलोकन में वह अवलोकन को संचित करके रखने का प्रयास करता है। इस तरह आकलन प्रक्रिया अपने सार्थक रूप में सम्पन्न होती है।

88. विद्यार्थियों हेतु पढ़ना सीखने के लिए सबसे उपयुक्त होता है *(CGTET 2017, I-V)*

(a) सामान्यतः पढ़कर उनका उसे समझ पाना
(b) धाराप्रवाह पढ़ना पर उनको वह समझ में न आना
(c) मंदगति से पढ़ना लेकिन उसको न समझ पाना
(d) सही उच्चारण व शुद्ध वाक्य पर ही ध्यान देना लेकिन समझ न पाना

व्याख्या (a) विद्यार्थियों के लिए किसी विषय-वस्तु को पढ़कर उसे समझना सीखने के लिए सबसे उपयुक्त होता है। विद्यार्थी कक्षा में पाठ को पहले पढ़ते हैं और फिर उसे समझते हैं। इस प्रकार वे सीखने की प्रक्रिया करते हैं। शिक्षक विद्यार्थी को अधिगम हेतु शिक्षण की सबसे उपयुक्त विधि अपनाते हैं, ताकि बच्चों की सीखने की गति बढ़ती रहे।

89. भाषा के सन्दर्भ में आकलन का उद्देश्य होता है *(CGTET 2017, I-V)*

(a) बच्चों में भाषा की समझ, विभिन्न सन्दर्भों में उपयोग की क्षमता, उसकी सौन्दर्यात्मक पहलू का ज्ञान व प्रदर्शन क्षमता की जाँच करना
(b) बच्चों के केवल पढ़ने-लिखने के कौशल व व्याकरण की जाँच करना
(c) बच्चों की शब्द सम्पदा व व्याकरण ज्ञान की जाँच करना
(d) बच्चों की शब्द सम्पदा, व्याकरण ज्ञान व पढ़ने-लिखने के कौशल की जाँच करना

व्याख्या (d) आकलन का उद्देश्य भाषा के सन्दर्भ में बच्चों की शब्द सम्पदा, व्याकरण का ज्ञान एवं पढ़ने-लिखने के कौशलों की जाँच करना' होता है। यदि बच्चों को भाषा सीखनी है तो उन्हें सबसे पहले अपने शब्द भण्डार को बढ़ाना होगा, इसके बाद उन्हें व्याकरण ज्ञान होना आवश्यक है और अन्त में उन्हें पढ़ना व लिखना आदि सीखना होता है। इन सबका आकलन भाषा को ध्यान में रखकर किया जाता है।

90. सतत् एवं व्यापक मूल्यांकन का अर्थ है *(UTET 2017, I-V)*

(a) सभी विषयों का मूल्यांकन
(b) सह शैक्षिक क्षेत्र का मूल्यांकन
(c) शैक्षिक एवं सह शैक्षिक क्षेत्र का मूल्यांकन
(d) शैक्षिक क्षेत्र का मूल्यांकन

व्याख्या (c) अधिगम एक सतत् प्रक्रिया है, इसलिए मूल्यांकन भी सतत् होना चाहिए। मूल्यांकन अध्यापन एवं अधिगम की प्रक्रिया का एक अभिन्न अंग है। सतत् एवं व्यापक मूल्यांकन में मूलरूप से विद्यार्थी के ज्ञान की परीक्षा के स्थान पर उसके अधिगम की प्रक्रिया को मूल्यांकन के लिए चुना जाता है। सतत् एवं व्यापक मूल्यांकन में 'शैक्षिक एवं सह शैक्षिक क्षेत्र के मूल्यांकन' को शामिल करते हुए छात्रों की वृद्धि और विकास को परखने की योजना बनाई जाती है। सतत् और व्यापक मूल्यांकन छात्रों के विद्यालय आधारित मूल्यांकन की प्रणाली है, जिसमें छात्रों के विकास के सभी पक्ष शामिल होते हैं। यह बच्चे के विकास की प्रक्रिया है, जिसमें दोहरे उद्देश्यों पर बल दिया जाता है।

91. किसने मूल्यांकन प्रक्रिया को 'त्रिमुखी' बताकर त्रिकोण के रूप में प्रस्तुत किया? ***(REET 2016, I-V)***

(a) मौरीसन (b) हरबर्ट (c) ब्लूम (d) क्रेथवाल

व्याख्या (c) मूल्यांकन प्रक्रिया को बी. एस. ब्लूम ने 'त्रिमुखी' बताकर त्रिकोण के रूप में प्रस्तुत किया था। इनका जन्म 21 फरवरी, 1913 को अमेरिका में हुआ था। इन्होंने शैक्षिक उद्देश्यों का वर्गीकरण किया जिसे 'ब्लूम की टेक्सोनॉमी' भी कहा जाता है।

92. SITE क्या है? ***(REET 2016, I-V)***

(a) टी वी चैनल
(b) उपग्रह अनुदेशात्मक दूरदर्शन प्रयोग
(c) 'a' और 'b' दोनों
(d) उपरोक्त में से कोई नहीं

व्याख्या (b) SITE एक 'उपग्रह अनुदेशात्मक दूरदर्शन प्रयोग' है। जिसका पूर्ण रूप Satellite Instruction Television Experiment है। इसका शुभारम्भ वर्ष 1975 में किया गया था, जिसमें इसरो और नासा ने महत्त्वपूर्ण भूमिका निभाई थी। यह ग्रामीण क्षेत्रों में दूरदर्शन के प्रयोग को बढ़ावा देने के उद्देश्य से किया गया था।

93. सी बी एस ई (CBSE) ने किस वर्ष 10वीं की बोर्ड परीक्षा से सतत् एवं समग्र मूल्यांकन प्रणाली लागू की है? ***(REET 2016, VI-VIII)***

(a) वर्ष 2010 (b) वर्ष 2007 (c) वर्ष 2009 (d) वर्ष 2008

व्याख्या (c) वर्ष 2009 में CBSE ने 10वीं की बोर्ड परीक्षा से 'सतत् एवं समग्र मूल्यांकन प्रणाली' लागू की है। वर्ष 2009 के बाद 10 वीं कक्षा की बोर्ड परीक्षा का मूल्यांकन सतत् एवं व्यापक रूप से होने लगा जिसमें बच्चों के शैक्षिक व सहशैक्षिक कार्यों को भी शामिल किया गया। वर्ष 2017 के बाद इस प्रणाली को पुनः समाप्त कर दिया गया।

94. उपलब्धि परीक्षण निर्माण में समंकन योजना बनाने का उद्देश्य है ***(REET 2016, VI-VIII)***

(a) निर्णय सम्बन्धी असंगति को दूर करने में सहायता प्रदान करना
(b) प्रश्नों की संख्या निर्धारित करना
(c) छात्रों की कठिनाइयों का निर्धारण करना
(d) उपरोक्त सभी

व्याख्या (d) बच्चों के उपलब्धि परीक्षण निर्माण में समंकन योजना बनाने के निम्नलिखित उद्देश्य हैं

- प्रश्नों की संख्या निर्धारित करना।
- निर्णय सम्बन्धी असंगति को दूर करने में सहायता प्रदान करना।
- छात्रों की कठिनाइयों का निर्धारण करना।
- समंकन योजना में सभी विद्यार्थियों का समान रूप से परीक्षण किया जाता है।

95. जिस उद्देश्य के लिए परीक्षण तैयार किया गया है, यदि वह उसकी पूर्ति करता है, तो वह कहलाएगा ***(REET 2016, VI-VIII)***

(a) वैध परीक्षण (b) विश्वसनीय परीक्षण
(c) वस्तुनिष्ठ परीक्षण (d) विषयपरक परीक्षण

व्याख्या (a) 'वैध परीक्षण' वह परीक्षण होता है, जिसमें उन्हीं उद्देश्यों को तैयार किया जाता है, जिनकी पूर्ति के लिए उसे बनाया गया है। विश्वसनीय परीक्षण में समान परिस्थिति होने पर किसी प्रश्न, परीक्षण या परीक्षा का उत्तर पूर्णतः एक ही होगा यही परीक्षण की विश्वसनीयता है। वस्तुनिष्ठ परीक्षण में बहुविकल्पीय, सत्य-असत्य, रिक्त स्थान वाले प्रश्नों को शामिल किया जाता है। विषयपरक परीक्षण में निबन्धात्मक प्रश्नों को हल किया जाता है।

96. भाषा सीखने का स्वाभाविक और मनोवैज्ञानिक क्रम है ***(UPTET, REET, 2016, VI-VIII)***

(a) पढ़ना, सुनना, लिखना, बोलना
(b) बोलना, लिखना, सुनना, पढ़ना
(c) सुनना, बोलना, पढ़ना, लिखना
(d) उपरोक्त सभी

व्याख्या (c) भाषा विचारों, भावनाओं आदि को अभिव्यक्त करने का माध्यम होती है। भाषा द्वारा हम विभिन्न विषयों का ज्ञान प्राप्त कर सकते हैं। भाषा में सर्वप्रथम किसी विषय-वस्तु को सुनने पर बल दिया जाता है। उसके बाद अभिव्यक्ति (बोलना) पर जोर दिया जाता है। अभिव्यक्ति के शब्दों को पढ़ना सिखाया जाता है और अन्त में शब्दों को लिखना सिखाया जाता है। अतः भाषा सीखने का स्वाभाविक और मनोवैज्ञानिक क्रम है—

सुनना → बोलना → पढ़ना → लिखना।

97. निम्न में से कौन-सा पाठ्य-पुस्तक का गुण नहीं है? ***(UPTET 2013, VI-VIII)***

(a) सोद्देश्यता (b) उपयुक्तता
(c) अशुद्धता (d) क्रमबद्धता

व्याख्या (c) पाठ्य-पुस्तकें हमारे विचारों, भावनाओं और सम्प्रेषण का संग्रह होती हैं। एक अच्छी पाठ्य-पुस्तक में उसकी उपयुक्तता (शुद्ध), क्रमबद्धता (क्रमवार) तथा सोद्देश्यता (उद्देश्यों सहित) के गुण होने चाहिए। ये सभी विशेषताएँ उसे एक पूर्ण पुस्तक का रूप देती हैं। पाठ्य-पुस्तक में 'अशुद्धता' का गुण नहीं होना चाहिए।

98. वर्तमान परीक्षा प्रणाली में दोष है *(REET, 2012, I-V)*
(a) यह विद्यार्थी द्वारा अर्जित योग्यता का सही मूल्यांकन नहीं करती है
(b) इसमें सम्पूर्ण पाठ्यक्रम के अध्ययन की आवश्यकता नहीं रहती है
(c) इसमें अंकन का कोई सुनिश्चित मापदण्ड नहीं है
(d) उपरोक्त सभी

व्याख्या (d) विद्यालयों में प्रचलित वर्तमान परीक्षा प्रणाली विद्यार्थियों के मूल्यांकन में उतनी सटीक नहीं है, जितनी उसे होना चाहिए। उसमें अनेकों दोष हैं जो निम्न प्रकार हैं
- इसमें विद्यार्थियों के अंकन/मूल्यांकन का कोई सुनिश्चित मापदण्ड नहीं है।
- वर्तमान परीक्षा प्रणाली सम्पूर्ण पाठ्यक्रम के अध्ययन पर बल नहीं देती है।
- यह विद्यार्थी द्वारा अर्जित योग्यता का सही मूल्यांकन नहीं करती है।

99. बच्चे की भाषायी क्षमता के आकलन का सही तरीका यह नहीं है *(CGTET 2011, I-V)*
(a) बच्चे का व्यक्तिगत आकलन
(b) बच्चे का सामूहिक आकलन
(c) बच्चे द्वारा स्व आकलन
(d) पेपर पेन्सिल आकलन

व्याख्या (d) बच्चों की भाषायी क्षमता के आकलन का सही तरीका 'पेपर पेन्सिल आकलन' नहीं है। पेपर पेन्सिल आकलन में बच्चे की लेखन क्षमता का आकलन किया जाता है। इसके विपरीत बच्चों का सामूहिक, व्यक्तिगत तथा स्व आकलन उसकी भाषायी क्षमता के आकलन में महत्त्वपूर्ण भूमिका निभाते हैं। इन आकलनों से बच्चों का एक निश्चित आकलन सम्भव है।

100. भाषायी ज्ञान का मूल्यांकन होता है *(CGTET 2011, I-V)*
(a) मात्र लिखित परीक्षा के माध्यम से
(b) मात्र मौखिक परीक्षा के माध्यम से
(c) लिखित एवं मौखिक दोनों परीक्षा के माध्यम से
(d) उपरोक्त में से किसी माध्यम से नहीं

व्याख्या (c) बच्चा सर्वप्रथम अपने परिवार में बोलना सीखता है और भाषा का पहला शब्द भी वह वहीं सीखता है। जब वह स्कूल में प्रवेश लेता है तो वह भाषा के क्रमिक ज्ञान को अवस्थानुसार सीखता है। जब वह पूर्णत: भाषा सीख लेता है तो उसका मूल्यांकन दो आधारों पर किया जाता है।
(i) लिखित परीक्षा (ii) मौखिक परीक्षा।
इन दोनों आधार पर ही उसका मूल्यांकन किया जाता है।

101. बच्चों में भाषा सीखने की क्षमता एवं समझ विकसित हो इसके लिए आवश्यक है कि *(CGTET 2011, I-V)*
(a) जिस भाषायी शैली में वक्ता व बच्चा सहज हो, उसी का प्रयोग करना चाहिए
(b) जिस भाषायी शैली में वक्ता, सहज हो, उसी का प्रयोग करना चाहिए
(c) जिस भाषायी शैली में वक्ता असहज हो व बच्चा सहज हो, उसी का प्रयोग करना चाहिए
(d) जिस भाषायी शैली में वक्ता सहज हो व बच्चा असहज हो, उसी का प्रयोग करना चाहिए

व्याख्या (a) भाषा सीखने में बच्चे की क्षमता और समझ को ध्यान में रखा जाता है और यदि शिक्षक भी भाषायी क्षमता और समझ का ज्ञान रखता है तो बच्चे शीघ्र भाषा ज्ञान प्राप्त कर सकते हैं। इसलिए 'भाषा सीखने में शिक्षक व बच्चा जिस शैली में सहज महसूस करें', उसी विधि का प्रयोग करना चाहिए। ऐसा करने से बच्चे भाषा को अपनी क्षमता व समझ के अनुसार सीख सकेंगे।

102. मानव और पशुओं की भाषा सीखने की क्षमता के अध्ययन सम्बन्धी प्रयोग हुए अधिकतर- *(CGTET 2011, I-V)*
(a) चूहे व बिल्लियों पर
(b) चिम्पैंजी और वानरों पर
(c) खरगोश व मेमने पर
(d) कुत्ते और सियारों पर

व्याख्या (b) 'चिम्पैंजी' और 'वानरों' पर मानव तथा पशुओं की भाषा सीखने की क्षमता के अध्ययन सम्बन्धी प्रयोग हुए हैं। इन पर भाषायी प्रयोग करने का प्रमुख कारण यह है कि ये मानव के समान (लगभग) सभी कार्य सम्पन्न करते हैं। इनमें सोचने, समझने एवं कार्य करने की क्षमता मनुष्य के लगभग समान है। लेकिन ये भाषा को पढ़ नहीं सकते हैं और न ही व्यक्त कर सकते हैं।

103. सृजनात्मकता का विकास करने में कौन-सा सहायक नहीं है? *(BTET 2011, I-V)*
(a) कविता पूरी करना
(b) चित्र पर आधारित मौखिक अथवा लिखित वर्णन
(c) प्रश्नों के उत्तर लिखना
(d) अधूरी कहानी को पूरा करना

व्याख्या (c) 'प्रश्नों के उत्तर लिखना' सृजनात्मकता के क्रम में नहीं आता है। सृजनात्मकता बच्चों की किसी कार्य को नए ढंग से करने की क्षमता होती है। इसमें सजृन का पुट होता है अर्थात् किसी भी समस्या को बच्चा अपने विचार, समझ व क्षमता को ध्यान में रखकर हल करता है। इसमें चित्र पर आधारित मौखिक/लिखित वर्णन करना, अधूरी कविता को पूरा करना आदि सम्मिलित हैं।

104. प्राय: बच्चे/बच्चियाँ विद्यालय में स्वयं को अभिव्यक्त करने में संकोच करते हैं, क्योंकि *(BTET 2011, I-V)*
(a) वे भाषा नहीं जानते
(b) उन्हें अभिव्यक्ति का ज्ञान नहीं है
(c) वे जिस भाषा में सहज अभिव्यक्ति कर सकते हैं, वह प्राय: विद्यालयों में स्वीकृत नहीं होती
(d) शिक्षक/शिक्षिका व बाकी साथी उनका मजाक उड़ाते हैं

व्याख्या (c) प्राय: विद्यालयों में जिस भाषा का प्रयोग सम्प्रेषण के लिए होता है, वह विद्यार्थियों के व्यक्तिगत जीवन की भाषा से भिन्न होती है। बच्चे विद्यालयी भाषा में स्वयं को अभिव्यक्त करने में संकोच महसूस करते हैं, क्योंकि वे उस भाषा को सही से समझ/सीख नहीं पाते हैं या वे मानसिक स्तर पर भाषा को ग्रहण नहीं कर पाते। विद्यालयी भाषा सहज भाषा नहीं होती है। वह मानकों पर आधारित भाषा होती है।

105. हिन्दी भाषा में सतत् और व्यापक आकलन का उद्देश्य यह जानना है कि *(BTET 2011, VI-VIII)*

(a) बच्चे क्या नहीं जानते?
(b) बच्चे किस तरह की त्रुटियाँ करते हैं?
(c) बच्चे कैसे सीखते हैं?
(d) बच्चों को अगली कक्षा में प्रोन्नत किया जाए अथवा नहीं

व्याख्या (c) सतत् एवं व्यापक मूल्यांकन का अर्थ छात्रों के विद्यालय आधारित मूल्यांकन की प्रणाली से है, जिसमें छात्रों के विकास के सभी पक्षों को शामिल किया जाता है। इसके अन्तर्गत बच्चा हिन्दी भाषा को कैसे सीखता है का आकलन किया जाता है। सबसे पहले वह वर्ण सीखता है या शब्द बनाना सीखता है या सम्पूर्ण व्याकरण के अनुसार भाषा को सीखता है। यह उसके मानसिक स्तर व क्षमता पर निर्भर करता है।

106. 'बच्चे अपने सामाजिक तथा सांस्कृतिक परिवेश से अर्थ ग्रहण करते हैं।' यह विचार है *(BTET 2011, VI-VIII)*

(a) पावलॉव का
(b) चॉम्स्की का
(c) स्किनर का
(d) वाइगोत्स्की का

व्याख्या (d) वाइगोत्स्की ने सामाजिक विकास से सम्बन्धित एक सिद्धान्त का प्रतिपादन किया। उनके द्वारा प्रतिपादित इस संज्ञानात्मक विकास के सिद्धान्त को 'सामाजिक-सांस्कृतिक सिद्धान्त' के नाम से भी जाना जाता है। इस सिद्धान्त के अनुसार बालक का संज्ञानात्मक विकास एक अन्तर्वैयक्तिक सामाजिक परिस्थिति में सम्पन्न होता है।

अध्याय 23

शिक्षण सहायक सामग्री

» CTET

1. उच्च प्राथमिक स्तर की पाठ्य-सामग्री में अनुवाद सामग्री रखने का उद्देश्य है *(CTET 2018, VI-VIII)*

(a) बहुत-सी सामग्री से परिचय कराना
(b) प्रचुर हिन्दी साहित्य का न होना
(c) अन्य भाषाओं के साहित्य को हिन्दी में पढ़ने के अवसर देना
(d) पूरे देश को पढ़ने का अवसर देना

व्याख्या (c) उच्च प्राथमिक स्तर की पाठ्य-सामग्री में अनुवाद की सामग्री रखने का उद्देश्य अन्य भाषाओं के साहित्य को हिन्दी में पढ़ने के अवसर देना है इसलिए उच्च प्राथमिक स्तर पर संस्कृत साहित्य, अंग्रेजी साहित्य आदि का शिक्षण प्रारम्भ कर दिया जाता है।

2. दृश्य-श्रव्य सामग्री का प्रयोग तब उपयोगी होता है, जब बच्चे *(CTET 2018, VI-VIII)*

(a) उसे बहुत सरलता से समझ सकें
(b) उस पर अपनी बौद्धिक प्रतिक्रिया दे सकें
(c) उसकी भाषा का अनुकरण कर सकें
(d) उसके बनने की प्रक्रिया को बता सकें

व्याख्या (b) दृश्य-श्रव्य सामग्री का प्रयोग तब उपयोगी होता है, जब बच्चे उस पर अपनी बौद्धिक प्रतिक्रिया दे सकें। शिक्षण में दृश्य-श्रव्य सामग्री का प्रयोग छात्रों की बौद्धिक क्रियाशीलता को बढ़ावा देने और उनकी शिक्षण में सहभागिता को बढ़ाने के लिए होता है।

3. कहानी के सन्दर्भ में कौन-सा कथन उपयुक्त लगता है? *(CTET 2018, VI-VIII)*

(a) कहानी में संवाद का होना आवश्यक है
(b) कहानी में शुरुआत का होना आवश्यक है
(c) कहानी में शुद्ध भाषा का होना आवश्यक है
(d) कहानी में कथानक का होना आवश्यक है

व्याख्या (d) कहानी में कथानक (कथावस्तु) का होना आवश्यक है क्योंकि कथानक कहानी विधा का प्रथम तत्त्व होता है।

4. ''कविता का एक निश्चित अर्थ होता है, जिसे सभी विद्यार्थियों को पढ़ना चाहिए''–इस कथन के बारे में आप मानते हैं कि *(CTET 2018, VI-VIII)*

(a) किसी कविता को एक निश्चित अर्थ के साथ पढ़ना चाहिए
(b) सभी विद्यार्थी अपने अनुभव और परिवेश में ही कविता समझते हैं
(c) कवि ने कविता एक अर्थ में लिखी जिसे हर विद्यार्थी को समझना चाहिए
(d) अलग-अलग अर्थ समझने से पढ़ने की प्रक्रिया बाधित होती है

व्याख्या (c) ''कविता का एक निश्चित अर्थ होता है, जिसे सभी विद्यार्थियों को पढ़ना चाहिए'', क्योंकि कवि ने कविता एक अर्थ में लिखी जिसे हर विद्यार्थी को समझना चाहिए। उपर्युक्त कथन में सर्वाधिक उपयुक्त निहितार्थ है, क्योंकि कविता लेखन में कवि का एक उद्देश्य निहित होता है।

5. आप मानते हैं कि अलग-अलग तरह की सामग्री पढ़ने के अवसर मिलने से *(CTET 2018, VI-VIII)*

(a) भाषा को विविध सन्दर्भों में प्रयोग करने की समझ बनती है
(b) व्याकरण-सम्मत भाषा सीखने को मिलती है
(c) किताबों के बारे में जानकारी मिलती है
(d) लेखकों के बारे में जानकारी मिलती है

व्याख्या (a) भाषा-विद्वानों का भी मानना है कि अलग-अलग तरह की सामग्री पढ़ने के अवसर मिलने से भाषा को विविध सन्दर्भों में प्रयोग करने की समझ बनती है। विविध प्रकार की सामग्री पढ़ने से छात्रों के भाषिक ज्ञान में वृद्धि होती है साथ ही उनकी भाषा-प्रयोग की क्षमता भी बढ़ती है।

6. बच्चों को कहानी सुनाने की उपयोगिता सिद्ध होती है *(CTET 2016, I-V)*

(a) कहानी में गुँथे हुए नैतिक मूल्यों के आधार पर
(b) कहानी से मिलने वाली ज्ञान-विज्ञान की जानकारी द्वारा
(c) कहानी से मिलने वाली सीख द्वारा
(d) कहानी कहने के तरीके द्वारा

व्याख्या (c) बच्चों को कहानी सुनाने की उपयोगिता कहानी से मिलने वाली सीख द्वारा सिद्ध होती है। कहानी सुनाने का मूल उद्देश्य उसमें निहित शिक्षा और नैतिकता को आत्मसात् करने की प्रेरणा देना होता है।

7. भाषा सीखने में शब्दकोश का बहुत महत्त्व है। निम्नलिखित में से शब्दकोश का सबसे कम महत्त्वपूर्ण उपयोग कौन-सा होगा? *(CTET 2016, I-V)*

(a) किसी शब्द का अर्थ जानना
(b) किसी शब्द का समानार्थी शब्द जानना
(c) किसी शब्द की सही वर्तनी जानना
(d) अक्षरों/वर्णों का क्रम जानना

व्याख्या (d) भाषा सीखने में शब्दकोश का बहुत महत्त्व है, जिससे शब्दों के अर्थ जानना, पर्याय, विलोम, समानार्थी, अनेकार्थी, भिन्नार्थक, वर्तनी का ज्ञान आदि महत्त्वपूर्ण कार्य किए जाते हैं, परन्तु अक्षरों/वर्णों का क्रम जानने में शब्दकोश का सबसे कम महत्त्वपूर्ण उपयोग होगा और यह एक श्रमसाध्य कार्य भी है।

8. बच्चों के भाषा विकास के लिए निम्नलिखित में से किसकी अनुशंसा सर्वोत्तम होगी? *(CTET 2016, I-V)*

(a) ऐसे अभिभावक जो तरह-तरह की श्रव्य सी. डी. लाकर सुनाते हों
(b) ऐसा अध्यापक जो भाषा के नियमों की समग्र जानकारी दे सकें
(c) घर का ऐसा परिवेश जहाँ मानक भाषा बोली जाती हो
(d) घर तथा पास-पड़ोस का ऐसा परिवेश जहाँ बोलने-सुनने के बहुत-से अवसर सुलभ हों

व्याख्या (d) बच्चों के भाषा-विकास के लिए सर्वोत्तम अनुशंसा होगी, कि 'घर तथा पास-पड़ोस का ऐसा परिवेश जहाँ बोलने-सुनने के बहुत-से अवसर सुलभ हों।' ऐसी परिस्थितियों में बच्चों का विकास भाषायी समृद्धि के आधार पर हो सकेगा।

9. कविता-कहानियों पर चर्चा करने एवं प्रश्न पूछने का उद्देश्य *(CTET 2016, I-V)*

(a) भाषा की विभिन्न छटाओं का अनुभव कराना है
(b) कल्पनाशीलता का पोषण करना मात्र है
(c) भाषा सीखने का आकलन करना मात्र है
(d) साहित्य के प्रति बच्चों की रुचि जाग्रत करना है

व्याख्या (b) कविता-कहानियों पर चर्चा करने एवं प्रश्न पूछने का उद्देश्य बच्चों की कल्पनाशीलता का पोषण मात्र है। कविता और कहानियों में बच्चे अधिक रुचि लेते हैं, जिसकी चर्चा से वे कल्पना का सृजन करके उसमें निहितार्थ को समझते हैं।

10. भाषा की कक्षा में भाषायी खेलों का आयोजन मुख्यत: *(CTET 2016, I-V)*

(a) भाषा सीखने की प्रक्रिया में स्वाभाविकता लाता है
(b) आकलन का काम करता है
(c) रोचकता और जोश लाता है
(d) अध्यापक के काम को सरल बनाता है

व्याख्या (c) भाषा की कक्षा में भाषायी खेलों का आयोजन मुख्यत: कक्षा में रोचकता और जोश लाता है। भाषायी खेलों का कक्षा में आयोजन छात्रों को प्रेरित कर उत्साह से भरता है; जैसे—छात्र-कक्षा में भाषण प्रतियोगिता, अन्त्याक्षरी, निबन्ध-लेखन एवं कविता पाठ आदि में बढ़-चढ़कर भाग लेते हैं।

11. पूनम अपने विद्यार्थियों को पढ़ाते समय दृश्य-श्रव्य सामग्री का प्रयोग करती है। इसका प्रमुख कारण है कि वह कक्षा के *(CTET 2016, VI-VIII)*

(a) सभी बच्चों की आवश्यकताओं को सम्बोधित करती है
(b) सभी बच्चों को नियन्त्रण में रखती है
(c) सभी बच्चों की रुचि का ध्यान रखती है
(d) सभी बच्चों का मनोरंजन करती है

व्याख्या (c) कोई अध्यापक या अध्यापिका कक्षा में शिक्षण करते हुए दृश्य-श्रव्य सामग्री का उपयोग करती है, तो वह सभी बच्चों की रुचि का ध्यान रखती है। अधिकाधिक शिक्षण सहायक सामग्री का प्रयोग कक्षा-शिक्षण को आकर्षक एवं रुचिकर बनाता है।

12. भाषा की पाठ्य-पुस्तक में एक पाठ एकांकी के रूप में है, आप *(CTET 2016, VI-VIII)*

(a) एकांकी में आए पात्रों के संवाद याद करवाएँगी
(b) शिक्षार्थियों से एकांकी पढ़वाने के बाद उसका मंचन करवाएँगी
(c) एकांकी के मुख्य संवाद लिखवाएँगी
(d) हाव-भाव के साथ एकांकी पढ़कर सुनाएँगी

व्याख्या (b) यदि भाषा की पाठ्य-पुस्तक में एक पाठ एकांकी के रूप में है, तो शिक्षिका, 'शिक्षार्थियों से एकांकी पढ़वाने के बाद उसका मंचन करवाएँगी', क्योंकि एकांकी एक अंक का नाटक ही होता है, जो दृश्य-श्रव्य विधा है। एकांकी के मंचन से एकांकी का मूल भाव स्पष्ट हो सकेगा।

13. भाषा की कक्षा में कहानी सुनाने का मूल उद्देश्य है *(CTET 2015, I-V)*

(a) बच्चों की कल्पनाशक्ति का विकास
(b) बच्चों में 'सुनकर दोहराने' की आदत का विकास
(c) बच्चों को अनुशासन में रखना
(d) बच्चों का मनोरंजन करना

व्याख्या (a) भाषा की कक्षा में कहानी सुनाने का मूल उद्देश्य बच्चों की कल्पनाशक्ति का विकास करना है। कहाना सुनने से बच्चों में दृष्टिकोण विकसित होता है और मनोरंजन के साथ-साथ प्रेरणा भी मिलती है। लेकिन कल्पनाशक्ति का विकास ही इसका मूल उद्देश्य होता है।

14. दी गई सहायक सामग्री में से शेष से भिन्न सहायक सामग्री चुनिए *(CTET 2015, I-V)*

(a) समाचार-पत्र
(b) टेलीविजन
(c) पत्र-पत्रिकाएँ
(d) बाल साहित्य

व्याख्या (b) दी गई सहायक सामग्री में टेलीविजन एक दृश्य-श्रव्य सामग्री है, लेकिन समाचार-पत्र, पत्र-पत्रिकाएँ एवं बाल-साहित्य सभी दृश्य शिक्षण सहायक सामग्री हैं। अत: टेलीविजन भिन्न विकल्प है।

15. भाषा सीखने-सिखाने के सन्दर्भ में गृहकार्य का उद्देश्य होता है *(CTET 2015, I-V)*

(a) सीखने को विस्तार देना
(b) अभिभावकों को प्रसन्न करना
(c) बच्चों को कार्य में व्यस्त रखना
(d) कॉपियाँ भरवाना

व्याख्या (a) भाषा सीखने-सिखाने के सन्दर्भ में गृहकार्य का उद्देश्य सीखने की प्रक्रिया को विस्तार देना है। बच्चों को गृह कार्य देने से कक्षा में पढ़ाए गए पाठ का अभ्यास घर पर पुन: हो सकेगा, जिससे बच्चों को भाषा सीखने में सहायता मिलेगी।

16. प्राथमिक स्तर पर बच्चे किस प्रकार की कविताएँ पसन्द करते हैं? *(CTET 2015, I-V)*

(a) जिनमें मूल्य हो
(b) जिनमें योग्यता हो
(c) जिनमें नवीन शब्दों का भण्डार हो
(d) जिनमें तुकबन्दी हो

व्याख्या (d) प्राथमिक स्तर पर बच्चे ऐसी कविताएँ पसन्द करते हैं जिनमें तुकबन्दी हो। तुकबन्दी की कविता बच्चों को मनोरंजक लगती हैं, क्योंकि वे इन्हें लय द्वारा सीखते हैं।

17. 'किसी कक्षा में चित्रात्मक तथा रंग-बिरंगे चार्ट होने चाहिए।' कौन-सा विकल्प इसके उद्देश्य की पूर्ति नहीं करता? *(CTET 2015, I-V)*

(a) बच्चों के कल्पनालोक के रंगों तथा आकृतियों को पहचान नहीं मिलती
(b) बच्चों को सीखने-सिखाने का वातावरण प्रदान करते हैं
(c) उससे शैक्षिक वातावरण को बनाने में सहायता मिलती है
(d) बच्चे उसकी सामग्री से सीखने का प्रयास करते हैं

व्याख्या (a) 'कक्षा में चित्रात्मकता और रंग-बिरंगे चार्ट होने चाहिए' इससे बच्चों के कल्पनालोक के रंगों तथा आकृतियों को पहचान नहीं मिलती' विकल्प 'a' इसके उद्देश्य की पूर्ति नहीं करता है। चित्रात्मक और रंग-बिरंगे चार्ट होने से बच्चों को सीखने-सिखाने का वातावरण मिलता है, शैक्षिक वातावरण में सहायता मिलती है और बच्चे उससे सीखने का प्रयास करते हैं।

18. सांस्कृतिक पर्वों के दौरान कक्षा में लोकगीतों की प्रस्तुति का आयोजन करने का उद्देश्य है *(CTET 2015, VI-VIII)*

(a) बच्चों की सांस्कृतिक जानकारी को बढ़ाना
(b) बच्चों की गायन क्षमता का विकास करना
(c) स्थानीय अनुभवों की परख करना
(d) बाहरी अनुभवों को कक्षा के अनुभवों से जोड़ना

व्याख्या (a) सांस्कृतिक पर्वों के दौरान कक्षा में लोकगीतों की प्रस्तुति के आयोजन का उद्देश्य बच्चों की सांस्कृतिक जानकारी को बढ़ाना है। किसी राज्य, क्षेत्र एवं समाज के लोक-गीत वहाँ की संस्कृति के परिचायक होते हैं, जिससे बच्चों की सांस्कृतिक समझ बनती है।'

19. बच्चों के लिए अतिरिक्त पठन सामग्री क्यों विकसित की जाती है? *(CTET 2015, VI-VIII)*

(a) पढ़ने में रुचि जगाने एवं भाषा ज्ञान में वृद्धि के लिए
(b) पढ़ने में रुचि जगाने एवं सामान्य ज्ञान में वृद्धि के लिए
(c) भाषा ज्ञान बढ़ाने एवं साहित्यकारों में रुचि जगाने के लिए
(d) भाषा ज्ञान बढ़ाने और सामान्य ज्ञान में रुचि जगाने के लिए

व्याख्या (a) बच्चे के लिए अतिरिक्त पठन सामग्री पढ़ने में रुचि जगाने एवं भाषा ज्ञान में वृद्धि के लिए विकसित की जाती है। शिक्षण में सहायक सामग्री का प्रयोग बच्चों में शिक्षा के प्रति रुचि बढ़ाता है।

20. उच्च प्राथमिक स्तर पर हिन्दी भाषा-शिक्षण में सर्वोपरि महत्त्वपूर्ण सामग्री है *(CTET 2015, VI-VIII)*

(a) अभ्यास-पत्रक
(b) पाठ्य-पुस्तक
(c) अभ्यास-पुस्तिका
(d) बाल साहित्य

व्याख्या (d) उच्च प्राथमिक स्तर पर हिन्दी भाषा-शिक्षण में बाल-साहित्य सर्वोपरि महत्त्वपूर्ण साहित्यिक सामग्री है, क्योंकि ये रुचिकर होने के साथ ही शिक्षा प्रदान करने वाली भी होती है।

21. उच्च प्राथमिक स्तर पर समझकर पढ़ने के सन्दर्भ में सर्वाधिक महत्त्वपूर्ण है *(CTET 2015, VI-VIII)*

(a) तीव्र गति से पढ़ जाना
(b) बोल-बोलकर शुद्ध उच्चारण के साथ पढ़ना
(c) लिखित सामग्री में शब्दों की पहचान करना
(d) किसी लिखित सामग्री का निहितार्थ समझना

व्याख्या (d) उच्च प्राथमिक स्तर पर समझकर पढ़ने के सन्दर्भ में सर्वाधिक महत्त्वपूर्ण किसी लिखित सामग्री का निहितार्थ समझना है। उच्च प्राथमिक स्तर पर बच्चे पुस्तक, समाचार-पत्र, पत्र, पोस्टर आदि पर लिखित सामग्री का अर्थ समझते हुए पढ़ने का प्रयास करते हैं।

22. भाषा-कक्षाओं में प्रदर्शित केवल तब सजावटी हो जाती है, जब *(CTET 2014, I-V)*

(a) बच्चों को पढ़ना-लिखना सिखाने में उसका उपयोग नहीं होता
(b) वह बच्चों को अनिवार्यत: कोई मूल्य न सिखाए
(c) वह सामग्री पाठ्य-पुस्तक की न हो
(d) बच्चे उसे आते-जाते देखते हैं

व्याख्या (a) भाषा-कक्षाओं में प्रदर्शित सामग्री केवल सजावटी तब रह जाती है, जब वह सीखने में सहायक न हो, जब बच्चों को पढ़ना-लिखना सिखाने में उसका उपयोग नहीं होता है। कक्षा में प्रदर्शित सामग्री; जैसे—चित्र, फिल्में, पोस्टर, आदर्श वाक्य, मॉडल आदि बच्चों के अधिगम में उपयोगी सिद्ध होने चाहिए।

23. एक समावेशी कक्षा में कविता पढ़ाने के लिए आप क्या करेंगे? *(CTET 2014, I-V)*

(a) कविता को चार्ट पेपर पर लिखकर बच्चों की पहुँच से दूर दीवार पर लगा देंगे और उसका संकेत करके कविता जोर-जोर से पढ़ेंगे
(b) कविता को टेपरिकॉर्डर से सुनाएँगे, ताकि सभी बच्चों पर ध्यान दिया जा सके
(c) कविता को पढ़ाने के लिए एक से अधिक विधियों का प्रयोग करेंगे, ताकि बच्चों को विभिन्न इन्द्रियों से अनुभव करने का अवसर मिल सके
(d) एक ही कविता को पाँच बार सुनाएँगे, पाठ करवाएँगे, ताकि सभी बच्चों की समझ में आ जाए

व्याख्या (c) एक समावेशी कक्षा में कविता पढ़ाने के लिए एक से अधिक विधियों का प्रयोग करेंगे, ताकि बच्चों को विभिन्न इन्द्रियों से अनुभव करने का अवसर मिल सके। समावेशी कक्षा में कविता पढ़ाते समय उसके भाव, संकेत, ध्वनि उच्चारण आदि पूर्ण रूप से समझ में आए और बच्चे उन्हें स्वयं महसूस कर सकें।

24. पाठ के अन्त में अभ्यास और गतिविधियाँ देने का उद्देश्य है *(CTET 2014, I-V)*

(a) बच्चों को व्यस्त रखने हेतु गतिविधियाँ बनाना
(b) बच्चों को याद करने हेतु सामग्री उपलब्ध करने में सहायता करना
(c) गृहकार्य की सामग्री जुटाना
(d) बच्चों को अभिव्यक्ति के अवसर देना

व्याख्या (d) पाठ के अन्त में अभ्यास और गतिविधियाँ देने का उद्देश्य बच्चों को अभिव्यक्ति के अवसर देना है। अभ्यास और गतिविधियों से पाठ का पुनरावलोकन हो जाता है और बच्चों की अभिव्यक्ति के अवसर भी बढ़ जाते हैं।

25. प्राथमिक स्तर पर बच्चों के लिए बाल-साहित्य के चयन का मुख्य आधार क्या होना चाहिए? *(CTET 2014, I-V)*

(a) छोटी रचनाएँ
(b) रोचक विषय-वस्तु
(c) रंगीन चित्र
(d) सरल जानकारी

व्याख्या (b) प्राथमिक स्तर पर बच्चे के लिए बाल-साहित्य के चयन का आधार रोचक विषय-वस्तु है। पाठ्य-पुस्तक में चित्र आधारित पाठ्य-सामग्री को बच्चे रुचिपूर्ण तरीके से पढ़ते हैं, जिससे पाठ याद करना उनके लिए आसान हो जाता है।

26. कहानी, कविता, गीतों और नाटकों के माध्यम से बच्चे *(CTET 2014, I-V)*

(a) केवल मूल्यों का अर्जन करते हैं
(b) केवल अपनी तर्कशक्ति का विकास करते हैं
(c) अपनी सांस्कृतिक धरोहर से जुड़ते हैं
(d) केवल मनोरंजन प्राप्त करते हैं

व्याख्या (c) कहानी, कविता, गीतों और नाटकों के माध्यम से बच्चे अपनी सांस्कृतिक धरोहर से जुड़ते हैं। कहानी, कविता, गीत, नाटक, त्यौहार, रीति-रिवाज आदि संस्कृति से जुड़े रहते हैं। इससे जुड़ाव छात्र का अपनी संस्कृति से जुड़ाव है।

27. कक्षा आठ के बच्चों के लिए साहित्य का चयन करते समय आपके लिए क्या जानना सर्वाधिक आवश्यक है? *(CTET 2014, VI-VIII)*

(a) बच्चों के भाषा-प्रयोग का स्तर
(b) अच्छे साहित्य के प्रकाशक, लेखक
(c) बच्चों की भाषिक पृष्ठभूमि
(d) बच्चों की मनोवैज्ञानिक विशेषताएँ और भाषा-प्रयोग की क्षमता

व्याख्या (d) कक्षा आठ के बच्चों के लिए साहित्य का चयन करते समय जानना सर्वाधिक आवश्यक है कि बच्चों की मनोवैज्ञानिक विशेषताएँ और भाषा-प्रयोग की क्षमता कितनी है? बच्चों की मनोवैज्ञानिक विशेषताओं का अवलोकन और उनकी भाषा-प्रयोग की क्षमता को जाने बिना उनके लिए उपयुक्त साहित्य का चुनाव नहीं किया जा सकता है।

28. पूरक पठन-सामग्री का उद्देश्य है *(CTET 2014, VI-VIII)*

(a) भाषा की नियमबद्धता को सिखाना
(b) शिक्षक की सहायता से बच्चों को पढ़ाना लिखाना
(c) द्रुत गति से पठन की योग्यता का विकास करना
(d) सहपाठियों की सहायता से पढ़ना सीखना

व्याख्या (c) पूरक पठन-सामग्री का उद्देश्य द्रुत गति से पठन की योग्यता का विकास करना है।

29. कविता-शिक्षण के सन्दर्भ में आप किस बिन्दु को सर्वाधिक महत्त्व देते हैं? *(CTET 2014, VI-VIII)*

(a) कविता का एक निश्चित अर्थ होता है
(b) कविता के एक से अधिक अर्थ हो सकते हैं
(c) कविता में सामाजिक परिस्थितियों की झलक नहीं होती है
(d) कविता में राजनीतिक परिस्थितियों की झलक नहीं होती है

व्याख्या (b) कविता-शिक्षण के सन्दर्भ में सर्वाधिक महत्त्वपूर्ण है कि 'कविता के एक से अधिक अर्थ हो सकते हैं। कविता के विषय में यह कहना है कि उसका एक निश्चित अर्थ होता है, कविता में सामाजिक परिस्थितियों की झलक नहीं होती या कविता में राजनीतिक परिस्थितियों की झलक नहीं होती आदि कविता के लिए महत्त्वपूर्ण बिन्दु नहीं हैं।

30. भाषा की कक्षा को एक समावेशी कक्षा बनाने के लिए यह आवश्यक है कि *(CTET 2014, VI-VIII)*

(a) पाठ्यक्रम को कम कर दिया जाए
(b) भाषायी कुशलताओं का आकलन न किया जाए
(c) विभिन्न प्रकार की दृश्य-श्रव्य सामग्री का उपयोग किया जाए
(d) पाठ्य-पुस्तक के पाठ कम कर दिए जाएँ

व्याख्या (c) भाषा की कक्षा को एक समावेशी कक्षा बनाने के लिए आवश्यक है कि कक्षा में विभिन्न प्रकार की दृश्य-श्रव्य सामग्री का उपयोग किया जाए, क्योंकि समावेशी कक्षा में विभिन्न प्रतिभा वाले विद्यार्थी होते हैं। दृश्य-श्रव्य सामग्री का अधिकाधिक प्रयोग करके सभी का ध्यान केन्द्रित किया जा सकता है। दृश्य-श्रव्य सामग्री द्वारा दिया गया ज्ञान स्थायी होता है।

31. पढ़ने का प्रारम्भ *(CTET 2013, I-V)*
(a) वर्णमाला से होना चाहिए
(b) कहानियों से होना चाहिए
(c) कविताओं से होना चाहिए
(d) अर्थ-पूर्ण सामग्री से होना चाहिए

व्याख्या (d) पढ़ने का प्रारम्भ अर्थ-पूर्ण सामग्री से होना चाहिए। पाठन के लिए सारगर्भित सामग्री का ही चयन होना चाहिए। इससे मस्तिष्क का बल प्राप्त होता है और मिथ्या विचारों से मन-मस्तिष्क को बचाया जा सकता है।

32. भाषा-कक्षा में विभिन्न दृश्य-श्रव्य साधनों का उपयोग का उद्देश्य नहीं है *(CTET 2013, I-V)*
(a) आधुनिक तकनीक को कक्षा में लाना
(b) सभी प्रकार के बच्चों की आवश्यकताओं का ध्यान रखना
(c) सीखने-सिखाने की प्रक्रिया को रुचिकर बनाना
(d) विद्यालय-प्रमुख के निर्देशों का पालन करना

व्याख्या (d) भाषा-कक्षा में विभिन्न दृश्य-श्रव्य साधनों का उद्देश्य विद्यालय-प्रमुख के निर्देशों का पालन करना नहीं है। आधुनिक तकनीक को कक्षा में लाना, सभी प्रकार के बच्चों की आवश्यकता का ध्यान रखना एवं सीखने-सिखाने की प्रक्रिया को रुचिकर बनाना आदि शिक्षा में दृश्य-श्रव्य साधनों के उपयोग के उद्देश्य है।

33. हिन्दी-प्रयोग के विविध रूपों को जानने के लिए सर्वाधिक उपयोगी साधन हो सकता है *(CTET 2013, I-V)*
(a) बाल साहित्य का विविध उपयोग
(b) शिक्षण की विधियों का सम्पूर्ण ज्ञान
(c) सुन्दर ढंग से छपी पुस्तकें
(d) उच्चस्तरीय लेखन सामग्री

व्याख्या (a) हिन्दी-प्रयोग के विविध रूपों को जानने के लिए सर्वाधिक उपयोगी साधन बाल-साहित्य का विविध उपयोग हो सकता है।

34. कक्षा 'एक और दो' के बच्चों के लिए आप किस तरह की कहानी का चयन करेंगे? *(CTET 2013, I-V)*
(a) जो बहुत छोटी हो
(b) जिसमें बहुत सारे पात्र हों
(c) जिसमें दो ही पात्र हों
(d) जिसके शब्दों, वाक्यों और घटनाओं के वर्णन की शैली चित्रात्मक हो

व्याख्या (d) कक्षा 'एक और दो' के बच्चों के लिए ऐसी कहानी का चयन हो 'जिसके शब्दों, वाक्यों और घटनाओं के वर्णन की शैली चित्रात्मक हो', क्योंकि वे बड़ी आसानी से, रुचिकर तरीके से कहानी के मूल तत्त्व को समझ सकते हैं।

35. उच्च प्राथमिक स्तर पर भाषा की पाठ्य-पुस्तक में विविध प्रकार की साहित्यिक रचनाओं के समावेश का मुख्य उद्देश्य यह है *(CTET 2013, VI-VIII)*
(a) बच्चों को सभी प्रकार की साहित्यिक विधाओं में पारंगत करना
(b) विभिन्न प्रकार की साहित्यिक विधाओं की भाषायी संरचनाओं से परिचित होने का अवसर देना
(c) विभिन्न साहित्यिक विधाओं के प्रसिद्ध रचनाकारों से परिचित कराना
(d) पाठ्य-पुस्तक निर्माण की परम्परा का निर्वाह करना

व्याख्या (b) उच्च प्राथमिक स्तर पर भाषा की पाठ्य-पुस्तक में विविध प्रकार की साहित्यिक रचनाओं के समावेश का मुख्य उद्देश्य 'विभिन्न प्रकार की साहित्यिक विधाओं की भाषायी संरचनाओं से परिचित होने का अवसर देना' है। इससे छात्र कहानी, निबन्ध, नाटक, उपन्यास, संस्मरण, आत्मकथा आदि की भाषायी संरचना को समझ सकेंगे।

36. 'भाषा की कक्षा' में कहानियाँ *(CTET 2013, VI-VIII)*
(a) मनोरंजन का साधन हैं
(b) पाठ्य-पुस्तक का एक पाठ हैं
(c) विभिन्न प्रकार की भाषायी संरचनाएँ और चिन्तन-विकास की सम्भावनाएँ लिए होती हैं
(d) भाषा-कौशल के विकास का एकमात्र साधन हैं

व्याख्या (c) 'भाषा की कक्षा' में कहानियाँ 'विभिन्न प्रकार की भाषायी संरचनाएँ और चिन्तन-विकास की सम्भावनाएँ लिए होती हैं'। कहानियों द्वारा भाषा विकास के साथ-साथ चिन्तन-शक्ति का विकास भी सम्भव है।

37. भाषा की पाठ्य-पुस्तकें *(CTET 2012, 11, I-V)*
(a) साध्य है
(b) भाषा सीखने का एकमात्र संसाधन है
(c) अभ्यासपरक ही होनी चाहिए
(d) साधन है

व्याख्या (d) भाषा की पाठ्य-पुस्तकें 'साधन हैं'। पाठ्य-पुस्तकें साधन होती हैं न कि साध्य। पुस्तकें साध्य (लक्ष्य) को प्राप्त करने में साधन का ही कार्य करती हैं ये एकमात्र संसाधन है, सही नहीं है।

38. भाषा की पाठ्य-पुस्तक का निर्माण करते समय सबसे कम महत्त्वपूर्ण बिन्दु है *(CTET 2012, I-V)*
(a) अभ्यासों में वैविध्य
(b) पाठों की संख्या
(c) विषय-वस्तु में वैविध्य
(d) भाषा की विभिन्न छटाएँ

व्याख्या (b) भाषा की पाठ्य-पुस्तक का निर्माण करते समय सबसे कम महत्त्वपूर्ण है—पाठों की संख्या। अभ्यासों तथा विषय-वस्तु में वैविध्य और भाषा की विभिन्न छटाएँ' पुस्तक निर्माण के समय महत्त्वपूर्ण बिन्दु हैं।

39. पत्र-पत्रिकाएँ भाषा सीखने में *(CTET 2012, I-V)*
(a) बाधक हैं
(b) त्रुटियों को बढ़ावा देती हैं
(c) बड़ों के पढ़ने की वस्तु हैं
(d) साधक हैं

व्याख्या (d) पत्र-पत्रिकाएँ भाषा सीखने में साधक है। पत्र-पत्रिकाओं में भाषा के अनेक रूप प्रयोग किए जाते हैं और इनकी भाषा साहित्यिकता से भरी होती है। इसलिए पत्र-पत्रिकाएँ भाषा सीखने में बाधक न होकर साधक हैं।

40. भाषा की पाठ्य-पुस्तक में .... से सम्बन्धित पाठ होने चाहिए। *(CTET 2012, VI-VIII)*
(a) संस्कृति
(b) साहित्य
(c) विज्ञान
(d) ये सभी

व्याख्या (b) भाषा की पाठ्य-पुस्तक में साहित्य से सम्बन्धित पाठ होने चाहिए। इससे भाषायी ज्ञान के साथ-साथ साहित्यिक ज्ञान भी प्राप्त होता है।

41. भाषा की पाठ्य-पुस्तक में ऐसे पाठ रखे जाएँ, जो *(CTET 2012, VI-VIII)*

(a) केवल व्याकरणिक नियमों का ही अभ्यास कराते हों
(b) अत्यन्त छोटे हों
(c) सरल भाषा से युक्त हों
(d) बच्चों के परिवेश से जुड़े हों

व्याख्या (d) भाषा की पाठ्य-पुस्तक में ऐसे पाठ रखे जाएँ, जो बच्चों के परिवेश से जुड़े हों। इससे भाषा के प्रति उनका लगाव बढ़ेगा एवं बच्चों का बौद्धिक एवं मानसिक विकास भी तीव्र गति से होगा।

42. भाषा की कक्षा में समाचार-पत्र पत्रिकाओं का उपयोग यह सुनिश्चित करता है कि *(CTET 2012, VI-VIII)*

(a) शिक्षण-सामग्री का उपयोग हो रहा है
(b) बच्चों की भाषा पर समाचार-पत्र-पत्रिकाओं का प्रभाव पड़ें
(c) बच्चों को मुख्य शीर्षक याद है
(d) बच्चे प्रमाणित लेख, समाचार आदि पर अपनी प्रतिक्रिया देने की क्षमता रखते हैं

व्याख्या (d) भाषा की कक्षा में समाचार-पत्र-पत्रिकाओं का उपयोग यह सुनिश्चित करता है कि 'बच्चे प्रमाणित लेख, समाचार आदि पर प्रतिक्रिया देने की क्षमता रखते हैं। इससे उनके भाषायी विकास का परिचय मिलता है।

43. कहानी सुनाने से *(CTET 2011, I-V)*

(a) बच्चे प्रसन्न होते हैं
(b) बच्चे कक्षा में एकाग्रचित होकर शान्त बैठते हैं
(c) बच्चे अनुशासित रहते हैं
(d) बच्चों की कल्पनाशक्ति व चिन्तन-शक्ति का विकास होता है

व्याख्या (d) कहानी सुनाने से बच्चों की कल्पनाशक्ति एवं चिन्तनशक्ति का विकास होता है। कहानी सुनते समय बच्चे उसी स्तर से सोचना प्रारम्भ करते हैं। इससे उनकी बुद्धि का तीव्रता से विकास होने लगता है।

44. लोकगीतों को भाषा की कक्षाओं में स्थान दिया जाना चाहिए, क्योंकि *(CTET 2011, VI-VIII)*

(a) लोकगीतों को बढ़ावा देना भाषा-शिक्षण का मुख्य उद्देश्य है
(b) लोकगीत गाए जा सकते हैं
(c) केवल लोकगीतों के माध्यम से पारम्परिक मूल्यों की शिक्षा दी जा सकती है
(d) इससे बच्चे संस्कृतिगत विशेषताओं से परिचित होते हैं

व्याख्या (d) लोकगीतों को भाषा की कक्षाओं में स्थान दिया जाना चाहिए, क्योंकि इससे बच्चे संस्कृतिगत विशेषताओं से परिचित होते हैं। लोकगीत किसी देश, समाज एवं क्षेत्र की संस्कृति पर आधारित होते हैं।

45. एकांकी पढ़ाने का सबसे अच्छा तरीका है *(CTET 2011, VI-VIII)*

(a) बच्चों से अलग-अलग पात्रों के संवाद पढ़वाए जाएँ और फिर एकांकी का मंचन हो
(b) एकांकी को बच्चे घर से पढ़कर आएँ और कक्षा में शिक्षक सवाल पूछें
(c) शिक्षक स्वयं पढ़ते हुए सवाल पूछते जाएँ
(d) शिक्षक स्वयं पढ़ें और बच्चे सुनें

व्याख्या (a) एकांकी पढ़ाने का सबसे अच्छा तरीका है कि बच्चों से अलग-अलग पात्रों के संवाद पढ़वाएँ जाएँ और फिर एकांकी का कक्षा में अभिनय द्वारा अभ्यास कराया जाए। प्रत्यक्ष रूप से देखकर बच्चे उसके मूल भाव को समझ सकेंगे।

» State TETs

46. प्राथमिक स्तर पर कविता-शिक्षण उपयोगी नहीं होगा *(UPTET 2016, VI-VIII)*

(a) जिसे छात्र सरलता से समझ सके
(b) जो कविताएँ छात्रों की सृजनशीलता को बढ़ाने वाली हों
(c) जो कविताएँ अन्तर्राष्ट्रीय वादों से सम्बन्धित हों
(d) जिनमें नीति, हास्य, वीरता, देशभक्ति जैसी भावनाएँ निहित हों

व्याख्या (c) प्राथमिक स्तर पर ऐसा कविता-शिक्षण उपयोगी नहीं होगा, जो कविताएँ अन्तर्राष्ट्रीय वादों से सम्बन्धित हों।
प्राथमिक स्तर पर तो ऐसी कविताएँ हों जिसे छात्र सरलता से समझ सकें, जो छात्रों की सृजनशीलता को बढ़ाने वाली हों और जिनमें नीति, हास्य, वीरता, देशभक्ति जैसी भावनाएँ निहित हों।
प्राथमिक स्तर पर अन्तर्राष्ट्रीय वादों से सम्बन्धित कविताएँ छात्रों के लिए उपयोगी नहीं हैं एवं उनकी अधिगम क्षमता से बाहर होंगी।

47. किस दृश्य-उपकरण में पारदर्शी का प्रयोग होता है? *(UPTET 2016, VI-VIII)*

(a) ओवरहैड प्रक्षेपक (प्रोजेक्टर) में
(b) स्लाइड प्रक्षेपक (प्रोजेक्टर) में
(c) अपारदर्शी प्रक्षेपक (ओपेक प्रोजेक्टर) या एपिडाइस्कोप में
(d) फिल्म स्ट्रिप में

व्याख्या (a) ओवरहैड प्रक्षेपक (प्रोजेक्टर) में (OHP) पारदर्शी (ट्रान्सपेरेन्सी) का प्रयोग किया जाता है। एक बल्ब और परावर्तक दर्पण के द्वारा दृश्य को पर्दे पर प्रक्षेपित करके विस्तृत कर देते हैं जिससे फिल्म या सामग्री आकर्षक एवं रुचिकर बन जाती है।

48. हिन्दी भाषा सीखने में पाठ्य-पुस्तक *(UTET, BTET, 2016, 11, I-V, VI-VIII)*

(a) साध्य है
(b) साधन है
(c) एकमात्र संसाधन है
(d) इनमें से कोई नहीं

व्याख्या (b) हिन्दी भाषा सीखने में पाठ्य-पुस्तक एक साधन है। छात्रों को हिन्दी भाषा का ज्ञान कराने के लिए पुस्तकें साधन के रूप में प्रयोग होती हैं न कि साध्य के रूप में और प्रत्येक स्तर पर बच्चों को उनकी पुस्तकों के अनुरूप ही हिन्दी भाषा का ज्ञान देते हैं।

49. प्रिण्ट मीडिया में सम्मिलित नहीं किया जा सकता *(REET 2016, I-V)*

(a) समाचार-पत्र
(b) पत्रिकाएँ
(c) पाठ्य-पुस्तक
(d) विद्यालय पत्रिकाएँ

व्याख्या (c) पाठ्य-पुस्तक को प्रिण्ट मीडिया में सम्मिलित नहीं किया जाता, क्योंकि यह कक्षा-शिक्षण में शिक्षण-सहायक सामग्री के रूप में प्रयोग की जाती है। समाचार-पत्र, पत्रिकाएँ एवं विद्यालय पत्रिकाएँ, पैम्फलेट आदि जनसंचार के प्रिण्ट माध्यम के अन्तर्गत आते हैं।

50. रेडियो की सीमाओं को कौन-सा श्रव्य साधन दूर कर सकता है? *(REET 2016, VI-VIII)*

(a) ग्रामोफोन
(b) लिंग्वाफोन
(c) टेप-रिकॉर्डर
(d) उपरोक्त में से कोई नहीं

व्याख्या (c) रेडियो की सीमाओं को टेप-रिकॉर्डर श्रव्य-साधन दूर कर सकता है, क्योंकि टेप-रिकॉर्डर से रिकॉर्ड की गई सामग्री को बार-बार सुना जा सकता है एवं बच्चों की उच्चारण सम्बन्धी अशुद्धियों को आसानी से दूर किया जा सकता है।

51. 'लिंग्वाफोन' कैसा शैक्षिक उपकरण है? *(REET 2016, VI-VIII)*

(a) दृश्य
(b) श्रव्य
(c) दृश्य-श्रव्य
(d) इनमें से कोई नहीं

व्याख्या (b) 'लिंग्वाफोन' एक श्रव्य शैक्षिक उपकरण है। रेडियो, टेप-रिकॉर्डर, ऑडियो आदि श्रव्य शिक्षण सहायक सामग्री है। कम्प्यूटर, मोबाइल, टी.वी., वीडियो, ओवर हैड प्रोजेक्टर आदि दृश्य-श्रव्य उपकरण हैं।

52. काव्य शिक्षण का उद्देश्य है *(UPTET 2014, VI-VIII)*

(a) भाषा में प्रयुक्त होने वाले विराम चिह्नों में परिचित कराना
(b) व्याकरणिक नियमों की जानकारी देना
(c) संगीत कला में निपुण बनाना
(d) रसानुभूति एवं आनन्दनुभूति कराना

व्याख्या (d) काव्य-शिक्षण का उद्देश्य 'रसानुभूति एवं आनन्दनुभूति' कराना है। काव्य-शिक्षण में उच्च प्राथमिक स्तर पर रस, छन्द एवं अलंकार का भी संक्षिप्त ज्ञान देना निहित है।

53. नाटक शिक्षण में 'कक्षाभिनय प्रणाली' के प्रयोग से *(UPTET 2014, I-V)*

(a) शिक्षक एवं बच्चों का समय व्यर्थ होता है।
(b) पात्रानुसार बच्चों द्वारा अभिनय से सीखने की प्रक्रिया में तेजी आती है
(c) बच्चों पर विपरीत प्रभाव पड़ता है
(d) उपरोक्त में से कोई नहीं

व्याख्या (b) नाटक-शिक्षण में 'कक्षा अभिनय प्रणाली' के प्रयोग से पात्रानुकूल (पात्रानुसार) बच्चों द्वारा अभिनय से सीखने की प्रक्रिया में तेजी आती है। इस प्रणाली में शिक्षक कक्षा में छात्रों को अभिनय का अभ्यास कराता है।

54. प्रत्येक पाठ के प्रारम्भ में होना चाहिए *(HTET 2014, VI-VIII)*

(a) पाठ का सार (b) परिशिष्ट (c) प्रस्तावना (d) अभ्यास

व्याख्या (c) प्रत्येक पाठ के प्रारम्भ में 'प्रस्तावना' होनी चाहिए। अन्य विकल्पों में पाठ का सार तथा अभ्यास पाठ के अन्त में दिए जाते हैं तथा परिशिष्ट पुस्तक के अन्त में देना उचित होता है।

55. नाटक शिक्षण की उपयुक्त विधि है *(UPTET 2013, VI-VIII)*

(a) कक्षा अभिनय प्रणाली
(b) रंगमंच प्रणाली
(c) अर्थबोध प्रणाली
(d) व्याख्या प्रणाली

व्याख्या (a) नाटक-शिक्षण की उपयुक्त विधि 'कक्षा अभिनय प्रणाली' मानी जाती है। इसमें शिक्षक छात्रों को पात्रानुसार भूमिका देता है और कक्षा में अभिनय का अभ्यास करवाता है, जिससे अभिनय की कमियाँ प्रारम्भ में ही दूर की जा सकती हैं।

56. निम्नलिखित में से भाषिक सहवर्ती क्रिया नहीं है *(HTET 2012, I-V]*

(a) अन्त्याक्षरी (b) अनुलेख (c) आद्याक्षरी (d) कविता पाठ

व्याख्या (b) 'अनुलेख' भाषिक सहवर्ती क्रिया नहीं है। अनुलेख में किसी लिखित सामग्री को देखकर पुनः लिखा जाता है। लिखना, नृत्य करना, अभिनय करना आदि भाषिक सहवर्ती क्रियाएँ हैं। अन्त्याक्षरी, आद्याक्षरी, कविता-पाठ सभी भाषिक सहवर्ती क्रियाएँ है। आद्याक्षरी में प्रारम्भ प्रथम शब्द से होता है, जबकि अन्त्याक्षरी में अन्तिम अक्षर से, दोनों परस्पर विलोम हैं।

57. भाषा शिक्षण में दृश्य-श्रव्य साधनों के प्रयोग का मुख्य प्रयोजन है *(REET 2012, I-V)*

(a) शिक्षण में विविधता लाना
(b) विद्यार्थियों की विभिन्न इन्द्रियों को क्रियाशील बनाना
(c) रोचकता का संचार करना
(d) मनोरंजन करना

व्याख्या (b) भाषा-शिक्षण में दृश्य-श्रव्य साधनों के प्रयोग का मुख्य प्रयोजन 'विद्यार्थियों की विभिन्न इन्द्रियों को क्रियाशील बनाना है, साथ ही शिक्षण प्रक्रिया को रुचिकर एवं प्रभावशाली बनाना दृश्य-श्रव्य साधनों के प्रयोग का उद्देश्य होता है।

58. पाठ्य-पुस्तक में दिए गए अभ्यास कैसे हों? *(BTET 2011, I-V)*

(a) जिनके उत्तर निश्चित हों
(b) जो अनुमान और कल्पना पर आधारित हों
(c) जो बहुविकल्पीय हों
(d) जो व्याकरण पर ही आधारित हों

व्याख्या (a) पाठ्य-पुस्तक में दिए गए अभ्यास ऐसे हों 'जिनके उत्तर निश्चित हों'। यदि विद्यार्थी गलत या सन्देहपूर्ण प्रश्न के उत्तर का अभ्यास करेंगे, तो उनके मस्तिष्क में भ्रमपूर्ण उत्तर बैठ जाएगा। विद्यार्थियों को उन्हें ज्ञात उत्तर से अभ्यास कराया जाना चाहिए, इससे उनका मनोबल बढ़ेगा।

अध्याय 24

उपचारात्मक शिक्षण

» CTET

1. तीसरी कक्षा का मोहित अकसर पढ़ते समय शब्दों की पुनरावृत्ति करता है। आप उसके पठन के बारे में क्या कहेंगे? *(CTET 2018, I-V)*

(a) उसे पढ़ना नहीं आता
(b) उसे पढ़ने में बहुत कठिनाई होती है
(c) वह अर्थ की खोज में पुनरावृत्ति करता है
(d) उसे शब्द पढ़ने में कठिनाई होती है

व्याख्या (c) तीसरी कक्षा का मोहित अकसर पढ़ते समय शब्दों की पुनरावृत्ति करता है, तो 'वह अर्थ की खोज में पुनरावृत्ति करता है' अथवा शब्द के अर्थ को समझने की कोशिश करता है।

2. डिस्ग्राफिया से प्रभावित बच्चों को मुख्य रूप से ...... में कठिनाई होती है। *(CTET 2018, I-V)*

(a) सुनने
(b) बोलने
(c) पढ़ने
(d) लिखने

व्याख्या (d) डिस्ग्राफिया से प्रभावित बच्चों को मुख्य रूप से लिखने में कठिनाई होती है। डिस्ग्राफिया लेखन सम्बन्धी अक्षमता से सम्बन्धित बीमारी है, जिसमें बच्चा वर्तनी, हस्तलेखन आदि में कुशल नहीं हो पाता है और उसका मानसिक स्तर निम्न बना रहता है।

3. सार्थक, पढ़ते समय कभी-कभी वाक्यों, शब्दों की पुनरावृत्ति करता है। यह भाषायी व्यवहार दर्शाता है कि- *(CTET 2018, I-V)*

(a) वह पढ़ने में अधिक समय लेता है
(b) वह अटक-अटक कर ही पढ़ सकता है
(c) वह समझ के साथ पढ़ने की कोशिश करता है
(d) उसे लम्बे शब्दों को पढ़ने में कठिनाई होती है

व्याख्या (c) यदि सार्थक, पढ़ते समय कभी-कभी वाक्यों, शब्दों की पुनरावृत्ति करता है, तो 'वह समझ के साथ पढ़ने की कोशिश करता है', ताकि वह पाठ का अर्थ ग्रहण कर सके।

4. श्यामला केवल उन्हीं प्रश्नों के उत्तर लिखती है, जो उसने याद किए हैं। इसका कारण हो सकता है *(CTET 2017, VI-VIII)*

(a) उसकी स्मरण-शक्ति बहुत तेज है
(b) उसकी विचार-प्रक्रिया अव्यवस्थित है
(c) उसमें कल्पनाशीलता जैसे गुण का अभाव है
(d) उसकी कक्षा में सब ऐसा ही करते हैं

व्याख्या (c) श्यामला केवल उन्हीं प्रश्नों के हल लिखती है, जो उसने याद किए हैं, तो इसका अर्थ है कि 'उसमें कल्पनाशीलता जैसे गुण का अभाव है।' श्यामला में प्रश्नों के उत्तर रटने की प्रवृत्ति है और वह कल्पना द्वारा उत्तर का सृजन नहीं कर सकती है।

5. सन्दर्भ के अनुसार, शब्दों के उपयुक्त चयन सम्बन्धी त्रुटियों को दूर करने के लिए सर्वाधिक कारगर तरीका क्या है? *(CTET 2017, VI-VIII)*

(a) व्याकरण की विविध पुस्तकें पढ़ाना
(b) विविध शब्दों का वाक्य-प्रयोग करवाना
(c) विविध शब्दों की सूची याद करवाना
(d) विविध भाषा-प्रयोग से परिचित कराना

व्याख्या (d) सन्दर्भ के अनुसार, शब्दों के उपयुक्त चयन सम्बन्धी त्रुटियों को दूर करने का सर्वाधिक कारगर तरीका है, कि शिक्षक द्वारा बच्चों को 'विविध भाषा-प्रयोग से परिचित कराना चाहिए।' उचित शब्द प्रयोग के ज्ञान से शब्द चयन सम्बन्धी त्रुटियाँ दूर हो सकेंगी।

6. सुरभि किसी भी ऐसे शब्द-विशेष को बोलने में कठिनाई अनुभव करती है, जिसमें दो से अधिक बार 'त' की आवृत्ति हुई हो। आप उससे/उसे *(CTET 2016, I-V)*

(a) ऐसे शब्दों को बार-बार सुनने के लिए कहेंगी
(b) बोलते समय इस ओर ध्यान न देने के लिए कहेंगी
(c) 'त' वाले शब्दों का बार-बार उच्चारण करवाएँगी
(d) ऐसे शब्दों का विकल्प ढूँढ़कर देंगी

व्याख्या (a) सुरभि को कहा जा सकता है, कि वह 'ऐसे शब्दों को बार-बार सुने', क्योंकि 'त' की आवृत्ति वाले शब्द को बार-बार सुनने से वह उच्चारण सम्बन्धी होने वाली त्रुटियों को दूर कर सकती है और उचित रूप से सुनकर ही उचित उच्चारण सम्भव हो पाता है।

7. निशिता अपने सहपाठियों से ठीक तरह से बात करती है, परन्तु कक्षा में उत्तर देते समय हकलाती है। वह सम्भवत: *(CTET 2016, I-V)*

(a) बड़े समूह में अपनी बात कहने में दबाव महसूस करती है
(b) कक्षा में हँसी का माहौल पैदा करना चाहती है
(c) घर से पाठ याद करके नहीं आती है
(d) जान-बूझकर ऐसा करती है, जिससे उससे सवाल न पूछे जाएँ

व्याख्या (a) यदि निशिता सहपाठियों से ठीक तरह से बात करती है और कक्षा में उत्तर देने में हकलाती है, तो वह 'बड़े समूह में अपनी बात कहने में दबाव महसूस करती है।' इसको दूर करने का उपाय समूह-परिचर्चा हो सकता है।

8. गोमती 'श' को 'स' बोलती है। आप उसे टोकती नहीं हैं और सहज अभिव्यक्ति के अवसर देती हैं, परन्तु चिन्तित हैं कि किस तरह से उसका उच्चारण ठीक करवाया जाए। आप *(CTET 2015, I-V)*

(a) 'श' और 'स' के प्रयोग वाली श्रवण सामग्री सुनने के अनेक अवसर देंगी
(b) उसे चेतावनी देंगी कि एक निश्चित कक्षा तक ही यह गलती सहन की जाएगी
(c) उसके अभिभावक को कहेंगी कि उसे 'श' और 'स' का पृथक-पृथक अभ्यास करवाएँ
(d) उसे 'श' और 'स' के अन्तर को लिखकर समझाएँगी

व्याख्या (d) गोमती के द्वारा 'श' को 'स' बोलने के उच्चारण को ठीक करने के लिए 'श' और 'स' के अन्तर को लिखकर समझाना उचित होगा। साथ ही 'श' और 'स' का शब्दों में प्रयोग करके उच्चारण द्वारा भी इस अन्तर को समझाया जा सकता है।

9. मोना अकसर लिखते समय शब्दों के अक्षरों को छोड़ देती है, जैसे 'पढ़ती' को 'पती', 'अभिनव' को 'अनव' लिखना। इसका सबसे उपयुक्त कारण हो सकता है कि- *(CTET 2016, VI-VIII)*

(a) उसे लिखना रुचिकर नहीं लगता हो
(b) उसके विचार और लिखने की गति में सामंजस्य न हो
(c) उसके विचारों में स्पष्टता न हो
(d) उसे मात्राओं का ज्ञान न हो

व्याख्या (c) मोना अकसर 'पढ़ती' को 'पती' और 'अभिनव' को 'अनव' लिखती है, तो हो सकता है कि उसके विचारों में स्पष्टता न हो। वह स्पष्ट सुनकर शब्दों के विषय में दृष्टिकोण नहीं बना पाती है, जिससे वह त्रुटिपूर्ण लिखती है।

10. सतीश सातवीं कक्षा का विद्यार्थी है। वह निबन्ध लिखते समय कुँजी या गाइड से रटी हुई भाषा का प्रयोग करता है। इसके कारणों में सबसे कमजोर कारण हो सकता है *(CTET 2016, VI-VIII)*

(a) उसकी लिखित भाषा पर पकड़ नहीं है
(b) उसमें विचार करने का सामर्थ्य नहीं है
(c) सृजनात्मक लेखन की शिक्षण पद्धति उचित नहीं है
(d) उसकी मौखिक भाषा बेहद कमजोर है।

व्याख्या (d) सतीश का निबन्ध लिखते समय रटी हुई भाषा का प्रयोग करना यह दर्शाता है, कि 'उसकी मौखिक भाषा बेहद कमजोर है' और उसमें रटने की प्रवृत्ति है, इस कारण उसकी कल्पनाशीलता का विकास नहीं हो सका है।

11. रूपा बड़े समूह के सामने अपनी बात कहते समय अटकती है। एक शिक्षक के रूप में आप उसकी सहायता कैसे करेंगे? *(CTET 2016, VI-VII)*

(a) प्रारम्भ में छोटे-छोटे समूहों में बात करने के भरपूर अवसर देंगे
(b) उसे बार-बार समझाएँगे कि बड़े समूह में किस तरह बोला जाता है
(c) उसमें बलपूर्वक आत्मविश्वास उत्पन्न करेंगे
(d) उसे हमेशा बड़े समूह के सामने बालने के लिए कहेंगे

व्याख्या (a) यदि रूपा बड़े समूह के सामने अपनी बात कहने में अटकती है, तो 'प्रारम्भ में उसे छोटे-छोटे समूहों में बात करने के भरपूर अवसर देंगे।' इससे वह आगे चलकर बड़े समूह में बोलने में समर्थ होगी।

12. किस तरह के बच्चों को हिन्दी भाषा सीखने में अधिक कठिनाई का सामना करना पड़ेगा? *(CTET 2016, VI-III)*

(a) जिनकी मातृभाषा मानक हिन्दी नहीं है
(b) जिनकी मातृभाषा सरल है
(c) जिनकी मातृभाषा हिन्दी से भिन्न है
(d) जिनकी मातृभाषा हिन्दी के समान है

व्याख्या (c) ऐसे बच्चों को हिन्दी भाषा सीखने में अधिक कठिनाई होगी, 'जिनकी मातृभाषा हिन्दी से भिन्न है।' ऐसे बच्चों को अपनी मातृभाषा से इतर भाषा की संरचना को समझने में कठिनाई होगी।

13. रमेश सातवीं कक्षा में पढ़ता है। वह सामान्य बातचीत में ठीक है, लेकिन पढ़ते समय वह बार-बार अटकता है। वह सम्भवत: ········ से ग्रस्त है। *(CTET 2016, 15, 14, I-V, VI-VIII)*

(a) डिस्कैल्कुलिया (b) डिस्ग्राफिया
(c) डिस्लैक्सिया (d) डिस्फेजिया

व्याख्या (c) 'डिस्लैक्सिया' पठन विकार से सम्बन्धित रोग है। यदि रमेश सामान्य बातचीत में ठीक है, लेकिन पढ़ने में बार-बार अटकता है, तो वह 'डिस्लैक्सिया' नामक बीमारी से पीड़ित है। इसमें बच्चा पढ़ते समय शब्द की ठीक से पहचान नहीं कर पाता है, जिससे वह पढ़ते समय बार-बार अटकता है।

14. जिन बच्चों को लिखने में कठिनाई होती है, सम्भवतया वे .... से ग्रसित हो सकते हैं। *(CTET 2015, 14, I-V)*

(a) गणितीय-अक्षमता (डिस्कैल्कुलिया)
(b) स्वर-अक्षमता (डिस्फोनिया)
(c) पठन-अक्षमता (डिस्लैक्सिया)
(d) लेखन-अक्षमता (डिस्ग्राफिया)

व्याख्या (d) जो बच्चे लिखने में कठिनाई महसूस करते हैं, वे बच्चे सम्भवतया लेखन-अक्षमता (डिस्ग्राफिया) से ग्रसित हो सकते हैं। 'डिस्ग्राफिया' लेखन सम्बन्धी विकार है।

15. पहली कक्षा की नादिरा पढ़ते हुए बार-बार अटकती है। ऐसे में आप क्या करेंगे? *(CTET 2014, I-V)*

(a) नादिरा को डाँटेंगे कि वह सही से क्यों नहीं पढ़ती
(b) उसे पढ़ने के लिए मना कर देंगे
(c) उससे कहेंगे कि पहले पढ़ना सीख लो फिर कक्षा में पढ़ना
(d) शिक्षक धैर्य से काम लेते हुए उसकी पढ़ने-सीखने में मदद करेंगे

व्याख्या (d) नादिरा पढ़ते हुए बार-बार अटकती है, तो 'शिक्षक के नाते धैर्य से काम लेते हुए उसकी पढ़ने-सीखने में मदद करेंगे, क्योंकि धैर्य और दृढ़ता प्राथमिक शिक्षक के लिए आवश्यक विशेषताएँ हैं।

16. यदि सुलेखा 'रेलगाड़ी' को 'रेलगाडि' लिखती है, तो एक भाषा-शिक्षक के रूप में आप क्या करेंगे? *(CTET 2014, I-V)*

(a) सुलेखा से 'रेलगाड़ी' शब्द तीस बार लिखवाएँगे ताकि दोबारा गलती न हो
(b) उसकी कॉपी पर 'रेलगाड़ी' शब्द लिखेंगे और सुलेखा से पूछेंगे कि लिखे हुए दोनों शब्दों में क्या अन्तर है? उसे अपना शब्द स्वयं ठीक करने के लिए कहेंगे
(c) 'रेलगाडि' शब्द पर घेरा लगाकर सही शब्द लिखकर सुलेखा की कॉपी वापस कर देंगे
(d) 'रेलगाडि' शब्द पर घेरा लगाएँगे और सुलेखा को डाँटेंगे ताकि वह आगे से शब्दों को सही-सही लिखे

व्याख्या (b) यदि सुलेखा 'रेलगाड़ी' को 'रेलगाडि' लिखती है, तो 'उसकी कॉपी पर 'रेलगाड़ी' शब्द लिखेंगे और सुलेखा से पूछेंगे कि लिखे हुए दोनों शब्दों में क्या अन्तर है? उसे अपना शब्द स्वयं ठीक करने के लिए कहेंगे।' इससे ध्वनि की उच्चारण सम्बन्धी त्रुटि दूर की जा सकती है।

17. संगीता अकसर शब्दों को उल्टा लिखती है और लिखते समय कुछ अक्षरों को छोड़ देती है। उसे लिखने में कठिनाई होती है। उसकी समस्या .... से सम्बन्धित है। *(CTET 2014, I-V)*

(a) डिस्ग्राफिया
(b) डिस्कैल्कुलिया
(c) दृष्टिबाधिता
(d) डिस्लैक्सिया

व्याख्या (a) संगीता द्वारा शब्दों को उल्टा लिखना और लिखते समय अक्षर छोड़ देना, उसके लेखन सम्बन्धी विकार को दर्शाता है, जिसे 'डिस्ग्राफिया' कहा जाता है। इसमें बच्चा अक्षरों को क्रम में नहीं लिखता, उल्टा लिखता है अथवा अक्षरों को छोड़ देता है।

18. दृष्टिबाधित बच्चों को भाषा सिखाते समय *(CTET 2012, I-V)*

(a) उन्हें कक्षा में अलग बैठाना चाहिए ताकि उन पर विशेष ध्यान दिया जा सके
(b) उन्हें विभिन्न भाषिक गतिविधियों में शामिल नहीं करना चाहिए
(c) कम पाठों वाली पाठ्य-पुस्तक का निर्माण किया जाना चाहिए
(d) अधिक-से-अधिक मौखिक भाषा का प्रयोग करना चाहिए

व्याख्या (d) दृष्टिबाधित बच्चों को भाषा सिखाते समय 'अधिक-से- अधिक मौखिक भाषा का प्रयोग करना चाहिए'। उन्हें कक्षा में अलग बैठाना, भाषिक गतिविधियों में शामिल न करना और उनके लिए कम पाठों वाली पाठ्य-पुस्तकों का निर्माण करना असंगत होगा।

19. उपचारात्मक शिक्षण की सफलता मुख्यत: निर्भर करती है *(CTET 2012, 11, I-V, VI-VIII)*

(a) बच्चों की समाज-सांस्कृतिक पृष्ठभूमि पर
(b) बच्चों की भाषागत त्रुटियों की सूची बनाने पर
(c) समस्याओं की पहचान पर
(d) समस्याओं के कारणों की सही पहचान पर

व्याख्या (c) उपचारात्मक शिक्षण की सफलता मुख्यत: 'समस्याओं की पहचान पर निर्भर करती है', क्योंकि शिक्षण में आने वाली समस्याओं को सही रूप से पहचाने बिना उनका निराकरण नहीं किया जा सकता है।

20. माधुरी पढ़ते समय कभी-कभी वाक्यों, शब्दों की पुनरावृत्ति करती है। इसका यह भाषायी व्यवहार दर्शाता है कि- *(CTET 2012, VI-VIII)*

(a) वह समझ के साथ पढ़ने की कोशिश कर रही है
(b) वह अटक-अटककर ही पढ़ सकती है
(c) उसे पढ़ना बिल्कुल नहीं आता
(d) वह पढ़ने में ज्यादा समय लेती है

व्याख्या (a) माधुरी पढ़ते हुए कभी-कभी वाक्यों एवं शब्दों की पुनरावृत्ति करती है, तो इसका अर्थ है कि 'वह समझ के साथ पढ़ने की कोशिश कर रही है।'

21. भाषा सीखने में जो त्रुटियाँ होती हैं *(CTET 2011, VI-VIII)*

(a) उन्हें कठोरता से लेना चाहिए
(b) उन्हें जल्दी से दूर किया जाना चाहिए
(c) वे बच्चों की त्रुटियों की ओर संकेत करती हैं
(d) वे सीखने की प्रक्रिया का स्वाभाविक हिस्सा होती हैं जो समय के साथ दूर होने लगती हैं

व्याख्या (d) भाषा सीखने में जो त्रुटियाँ होती हैं 'वे सीखने की प्रक्रिया का स्वाभाविक हिस्सा होती हैं' जो समय के साथ दूर होने लगती हैं। सीखना एक सतत् प्रक्रिया है, जो समय के साथ परिपक्व होती है। अत: त्रुटियों को अभ्यास द्वारा दूर किया जा सकता है।

22. सीमा हर पाठ को बहुत जल्दी सीख लेती है, जबकि रीना उसे सीखने में ज्यादा समय लेती है। यह विकास की ...... को दर्शाता है। *(UTET 2017, I-V)*

(a) वैयक्तिक भिन्नता
(b) अन्त: सम्बन्ध
(c) निरन्तरता
(d) सामान्य से विशिष्ट की ओर

व्याख्या (a) सीमा हर पाठ को बहुत जल्दी सीख लेती है, जबकि रीना उसे सीखने में ज्यादा समय लेती है। यह विकास की 'वैयक्तिक भिन्नता' को दर्शाता है। सीखने की क्षमता में भिन्नता होती है। कक्षा में एक बच्चा पाठ को जल्दी सीखता है और दूसरा देर से। यह अधिगम क्षमता बच्चे के परिवेश और उसकी आनुवंशिकता पर भी निर्भर करता है।

23. 'गद्य शिक्षण' में काठिन्य निवारण किया जा सकता है *(UPTET 2016, VI-VIII)*

(a) चित्र दिखाकर
(b) वस्तु को प्रत्यक्ष दिखाकर
(c) मॉडल दिखाकर
(d) ये सभी

व्याख्या (d) 'गद्य शिक्षण' में काठिन्य निवारण 'चित्र दिखाकर', 'वस्तु को प्रत्यक्ष दिखाकर' एवं 'मॉडल दिखाकर' किया जा सकता है। गद्य-शिक्षण में 'प्रत्यक्ष विधि' अधिक प्रभावशाली होती है।

24. उच्चारण सुधारने का कार्य किन कक्षाओं में करना चाहिए? *(REET 2016, I-V)*

(a) प्रारम्भिक
(b) माध्यमिक
(c) उच्च-माध्यमिक
(d) उच्च कक्षाओं में

व्याख्या (a) उच्चारण सुधारने का कार्य प्रारम्भिक कक्षाओं में किया जाता है। प्राथमिक स्तर पर स्वर, व्यंजन, शब्द का उच्चारण, पढ़ना सिखाना एवं लेखन आदि कार्य किये जाते हैं। उच्च प्राथमिक स्तर पर व्याकरणिक आधार पर भाषा ज्ञान दिया जाता है, जबकि प्राथमिक स्तर पर उच्चारण की अशुद्धियाँ दूर की जाती हैं।

25. उपचारात्मक शिक्षण का उद्देश्य है *(REET 2016, VI-VIII)*

(a) छात्रों की त्रुटियों का पता लगाना
(b) विषय के प्रति रुचि उत्पन्न करना
(c) छात्रों का पिछड़ापन दूर करना
(d) छात्रों की प्रगति का ज्ञान प्राप्त करना

व्याख्या (c) उपचारात्मक शिक्षण का उद्देश्य कक्षा के छात्रों की समस्याओं को पहचान कर, अनुदेशन प्रक्रिया से शिक्षण द्वारा दूर करना है, जिससे 'छात्रों का पिछड़ापन दूर किया जा सकता है।' उपचारात्मक शिक्षण अनुदेशनात्मक शिक्षण प्रक्रिया पर आधारित होता है।

26. भाषा के सम्बन्ध में उपचारात्मक शिक्षण का उद्देश्य है *(UPTET 2014, I-V)*

(a) भाषा प्रयोग सम्बन्धी कठिनाइयों की पहचान तथा उनका निदान
(b) बच्चों को व्यस्त रखना
(c) बच्चों को श्रेणीवार विभक्त करना
(d) बच्चों की त्रुटियों की केवल सूची बनाना

व्याख्या (a) भाषा के सम्बन्ध में उपचारात्मक शिक्षण का उद्देश्य 'भाषा प्रयोग सम्बन्धी कठिनाइयों की पहचान तथा उनका निदान करना है।' 'उपचारात्मक शिक्षण विधि' शिक्षण की सर्वोत्तम पद्धति है। यह छात्रों के पिछड़ेपन को दूर करने में कारगर साबित होती है।

27. 'प्रताप' को 'परताप' उच्चारण करना, कौन-से प्रकार के अशुद्ध उच्चारण का भेद हैं? *(HTET 2014, I-V)*

(a) स्वरागम
(b) स्वरालाप
(c) आकार-इकार भ्रम
(d) आगम

व्याख्या (b) 'प्रताप' को 'परताप' उच्चारण करना 'स्वरालाप' अशुद्ध दोष के अन्तर्गत आता है। 'रविन्द्र' को 'रविन्दर', 'चन्द्र' को 'चन्दर' बोलना सभी 'स्वरालाप' दोष के उदाहरण हैं।

28. तन्वी जब भी प्रश्न का उत्तर देने के लिए खड़ी होती है, वह बोलने में हकलाने लगती है, इसका कारण है *(BTET 2011, VI-VIII)*

(a) उसे बोलना नहीं आता
(b) आत्मविश्वास के साथ बोलने की योग्यता नहीं रखती
(c) औपचारिक स्थितियों में बोलने में वह मनोवैज्ञानिक दबाव महसूस करती है
(d) 'b' और 'c' दोनों

व्याख्या (d) तन्वी जब प्रश्न का उत्तर देने लगती है, तो वह हकलाने लगती है। इसका कारण है कि उसमें 'आत्मविश्वास के साथ बोलने की योग्यता नहीं है और औपचारिक स्थितियों में बोलने में वह मनोवैज्ञानिक दबाव महसूस करती है।'

अध्याय 25

विविध

» STATE TETs

भाषा

1. निम्नलिखित में से किस देश में हिन्दी भाषा का प्रयोग लिखने एवं बोलने में किया जाता है? *(UPTET 2017, I-V)*
(a) ऑस्ट्रेलिया (b) दक्षिण अमेरिका
(c) पाकिस्तान (d) मॉरीशस

व्याख्या (d) मॉरीशस देश में हिन्दी भाषा का प्रयोग लिखने एवं बोलने में किया जाता है, जबकि मॉरीशस की राजभाषा अंग्रेजी है, लेकिन मॉरीशस देश ने हिन्दी को भारतेन्दु युग के साथ ही अपना लिया गया था। लगभग डेढ़ सौ वर्ष से मॉरीशस में साहित्य, पत्रकारिता, दूरदर्शन, रेडियो एवं शिक्षण में हिन्दी को अपनाकर समृद्ध बनाया गया है। वर्ष 2018 में मॉरीशस में हिन्दी निदेशालय का उद्घाटन भारतीय राष्ट्रपति श्री रामनाथ कोविन्द ने किया।

2. निम्नलिखित में से कौन-सी व्याकरण और वर्तनी से शुद्ध भाषा कहलाती है? *(UPTET 2017, I-V)*
(a) साहित्यिक भाषा (b) प्रांजल भाषा
(c) व्याकरणिक भाषा (d) मानक भाषा

व्याख्या (d) व्याकरण और वर्तनी से शुद्ध भाषा 'मानक भाषा' कहलाती है। मानक भाषा शुद्ध, परिष्कृत एवं व्याकरण सम्मत होती है, लेकिन इसमें परिवर्तनशीलता और प्रवाहमयता नहीं आ पाती और मानक होने के कारण यह स्थिर हो जाती है, जो दोषपूर्ण होता है।

3. हिन्दी भाषा में कितनी बोलियाँ हैं? *(UPTET 2017, I-V)*
(a) 15 (b) 25 (c) 18 (d) 22

व्याख्या (c) हिन्दी भाषा में कुल 18 बोलियाँ हैं। हिन्दी को पाँच उप-भाषाओं में बाँटा गया है
(i) पश्चिमी हिन्दी-ब्रजभाषा, खड़ीबोली, बुन्देलखण्डी, कन्नौजी एवं बांगरू।
(ii) पूर्वी हिन्दी-अवधी, बघेली एवं छत्तीसगढ़ी।
(iii) बिहारी हिन्दी—मैथिली, मगही एवं भोजपुरी।
(iv) राजस्थानी हिन्दी—मालवी, मेवाती, मारवाड़ी एवं जयपुरी।
(v) पहाड़ी हिन्दी—कुमाऊँनी एवं गढ़वाली।

4. निम्नलिखित में मौखिक अभिव्यक्ति का रूप है *(UPTET 2017, I-V)*
(a) शुद्ध वर्तनी (b) सुलेख
(c) श्रुतलेख (d) आशु भाषण

व्याख्या (d) मौखिक अभिव्यक्ति का एक रूप 'आशु भाषण' है। आशु भाषण में भाषणकर्ता को भाषण के कुछ समय पहले ही विषय बताया जाता है। अन्य विकल्प लेखन कौशल से सम्बन्धित हैं।

5. हिन्दी किस भाषा परिवार की भाषा है? *(UTET 2017, VI-VIII)*
(a) एकाक्षरी (b) द्रविड़
(c) भारोपीय (d) सेमेटिक

व्याख्या (c) हिन्दी 'भारोपीय' परिवार की भाषा है। भारोपीय परिवार की अन्य भाषाएँ-गुजराती, मराठी, नेपाली आदि हैं।

6. भारत के संविधान के किस अनुच्छेद में हिन्दी को राजभाषा घोषित किया गया है? *(UTET 2017, VI-VIII)*
(a) अनुच्छेद—315 (b) अनुच्छेद—343
(c) अनुच्छेद—368 (d) अनुच्छेद—385

व्याख्या (b) भारतीय संविधान के भाग 17 के अध्याय 1 की धारा 343 में हिन्दी को राजभाषा घोषित किया गया है। अनुच्छेद— 343 से 351 तक हिन्दी और प्रादेशिक भाषाओं से सम्बन्धित प्रावधान हैं।

7. निम्नांकित में कौन-सी भारोपीय परिवार की भाषा नहीं है? *(UTET 2016, VI-VIII)*
(a) गुजराती (b) मराठी
(c) तमिल (d) हिन्दी

व्याख्या (c) 'तमिल' भारोपीय परिवार की भाषा नहीं हैं, बल्कि द्रविड़ परिवार की भाषा है और हिन्दी, गुजराती एवं मराठी तीनों भारोपीय परिवार की भाषा हैं।

8. संविधान सभा में हिन्दी को राजभाषा बनाने का निर्णय कब लिया गया? *(UTET 2016, VI-VIII)*

(a) 26 जनवरी, 1950 (b) 14 सितम्बर, 1949
(c) 14 सितम्बर, 1950 (d) 15 अगस्त, 1947

व्याख्या (b) संविधान में हिन्दी को राजभाषा 14 सितम्बर, 1949 में बनाने का निर्णय लिया गया था। 14 सितम्बर हिन्दी दिवस के रूप में मनाया जाता है। अन्य विकल्प असंगत हैं।

9. निम्नांकित में कौन-सी बोली पश्चिमी हिन्दी वर्ग की नहीं है? *(UTET 2016, VI-VIII)*

(a) अवधी (b) ब्रज
(c) कन्नौजी (d) बुन्देली

व्याख्या (a) अवधी, बघेली और छत्तीसगढ़ी पूर्वी हिन्दी की बोलियाँ हैं, जबकि खड़ीबोली, हरियाणवी, ब्रजभाषा, कन्नौजी और बुन्देली पश्चिमी हिन्दी की बोलियाँ हैं। पूर्वी हिन्दी का विकास अर्द्धमागधी अपभ्रंश से हुआ है, जबकि पश्चिमी हिन्दी का विकास शौरसेनी अपभ्रंश से हुआ है।

10. हिन्दी दिवस मनाया जाता है *(UTET 2014, I-V)*

(a) 14 सितम्बर को (b) 05 सितम्बर को
(c) 05 अक्टूबर को (d) 26 जनवरी को

व्याख्या (a) हिन्दी दिवस 14 सितम्बर को मनाया जाता है।

11. हिन्दी किस लिपि में लिखी जाती है? *(UPTET 2011, I-V)*

(a) ब्राह्मी (b) देवनागरी (c) खरोष्ठी (d) गुरुमुखी

व्याख्या (b) हिन्दी भाषा 'देवनागरी' लिपि में लिखी जाती है, जबकि उर्दू 'फारसी' लिपि में, अंग्रेजी 'रोमन' लिपि में एवं पंजाबी भाषा 'गुरुमुखी' लिपि में लिखी जाती है। ब्राह्मी और खरोष्ठी प्राचीन लिपियाँ हैं।

12. हिन्दी की मूल उत्पत्ति किससे हुई है? *(UPTET 2011, I-V)*

(a) लौकिक संस्कृत (b) वैदिक संस्कृत
(c) मागधी (d) शौरसेनी अपभ्रंश

व्याख्या (d) हिन्दी भाषा की उत्पत्ति 'शौरसेनी अपभ्रंश' से हुई है। हिन्दी भाषा की उत्पत्ति एवं विकास का क्रम निम्न प्रकार है वैदिक संस्कृत → लौकिक संस्कृत → पालि → प्राकृत → अपभ्रंश (पुरानी हिन्दी)→ अवहट्ट। तत्पश्चात् हिन्दी क्षेत्रीय भाषा ब्रज, अवधी, खड़ीबोली की ओर विकसित हुई।

13. हिन्दी भाषा के अतिरिक्त कौन-सी भाषा देवनागरी लिपि में लिखी जाती है? *(BTET 2011, I-V)*

(a) पंजाबी (b) मराठी
(c) उर्दू (d) इनमें से कोई नहीं

व्याख्या (b) हिन्दी भाषा के अतिरिक्त 'मराठी' भाषा भी देवनागरी लिपि में लिखी जाती है।

हिन्दी भाषा–साहित्य का इतिहास

1. सूफी सन्तों की शैली है *(UPTET 2017, VI-VIII)*

(a) मर्सिया (b) मसनवी (c) गजल (d) तर्जुमा

व्याख्या (b) सूफी सन्तों ने 'मसनवी' शैली को अपनाया है। यह फारसी शैली है। मध्यकालीन हिन्दी के सूफी सन्तों ने इसे अपनाया है। 'पद्मावत' में जायसी ने मसनवी शैली अपनाई है। मसनवी शैली में ईश्वर वन्दना (हम्द) तत्पश्चात् हजरत मुहम्मद की स्तुति (नअत) फिर मुहम्मद साहब के चार मित्रों की प्रशंसा (मंकबत) और फिर शाहे वक्त (तत्कालीन शासक) की प्रशंसा (मदह) की जाती है। इसके बाद गुरु महिमा का निरूपण करने के बाद अपनी आस्थाओं और धार्मिक विश्वासों की विवेचना की जाती है।

2. हिन्दी के प्रचार-प्रसार की सर्वाधिक प्राचीन संस्था है *(UTET 2017, 13, I-V)*

(a) आर्य समाज (b) नागरी प्रचारिणी सभा
(c) हिन्दी साहित्य सम्मेलन (d) राष्ट्रभाषा प्रचार समिति

व्याख्या (b) हिन्दी के प्रचार-प्रसार में योगदान देने वाली प्राचीन संस्था 'नागरी प्रचारिणी सभा' है। इसकी स्थापना 1893 ई. में डॉ. श्यामसुन्दर दास ने की थी। नागरी प्रचारिणी सभा ने हिन्दी के प्रचार-प्रसार एवं साहित्य सृजन में महत्त्वपूर्ण योगदान दिया है।

3. 'गद्य यदि लेखकों की कसौटी है, तो निबन्ध गद्य की कसौटी है' यह कथन किसका है? *(UTET 2017, I-V)*

(a) भारतेन्दु हरिश्चन्द्र (b) रामचन्द्र शुक्ल
(c) महावीर प्रसाद द्विवेदी (d) राम विलास शर्मा

व्याख्या (b) 'गद्य यदि लेखकों की कसौटी है, तो निबन्ध गद्य की कसौटी है।' यह कथन आचार्य रामचन्द्र शुक्ल का है।

4. हिन्दी का प्रथम महाकाव्य कौन-सा है? *(UTET 2017, VI-VIII)*

(a) पद्मावत (b) पृथ्वीराजरासो
(c) रामचरितमानस (d) रामचन्द्रिका

व्याख्या (b) हिन्दी का प्रथम महाकाव्य 'चन्दबरदाई' कृत महाकाव्य 'पृथ्वीराजरासो' को माना जाता है। 'पद्मावत' जायसी का, 'रामचरितमानस' तुलसीकृत एवं 'रामचन्द्रिका' आचार्य केशवदास द्वारा रचित महाकाव्य है।

5. आदिकाल के लिए 'वीरगाथाकाल' नाम किसने प्रस्तावित किया? *(UPTET 2016, I-V)*

(a) डॉ. रामकुमार वर्मा (b) राहुल सांकृत्यायन
(c) आचार्य रामचन्द्र शुक्ल (d) आचार्य हजारीप्रसाद द्विवेदी

व्याख्या (c) आदिकाल के लिए 'वीरगाथाकाल' नाम आचार्य रामचन्द्र शुक्ल ने अपने ग्रन्थ 'हिन्दी साहित्य का इतिहास' में प्रस्तावित किया है।

6. आदिकाल में पहेलियाँ लिखने वाले कवि थे *(UPTET 2016, I-V)*

(a) जगनिक (b) खुसरो (c) सरहपा (d) गोरखनाथ

व्याख्या (b) आदिकाल में पहेलियाँ अमीर खुसरो ने लिखी हैं। अमीर खुसरो का जन्म एटा जिले के पटियाली गाँव में 1255 ई. में हुआ था। आदिकाल में खुसरो ने खड़ीबोली का प्रयोग काव्यभाषा के रूप में किया। खुसरो के ग्रन्थों की संख्या 100 बताई जाती है। अमीर खुसरो ने पहेली के साथ-साथ 'खालिकबारी, मुकरियाँ, दो सकुने और गजल भी लिखी हैं। ये निजामुद्दीन औलिया के शिष्य थे और अबुल हसन इनका असली नाम था।

7. भूषण, किस काल के कवि थे? *(UPTET 2016, I-V)*

(a) वीरगाथाकाल (b) भक्तिकाल
(c) रीतिकाल (d) आदिकाल

व्याख्या (c) भूषण, 'रीतिकाल' की रीतिसिद्ध धारा के कवि थे। भूषण, आचार्य चिन्तमणि और मतिराम के भाई थे। इनका जन्म 1613 ई. और मृत्यु 1715 ई. में हुई थी। भूषण, छत्रपति शिवाजी और छत्रसाल बुन्देला के आश्रय में रहे। इनकी पालकी में स्वयं महाराज छत्रसाल ने कंधा लगाया था। ये वीर रस के अद्वितीय कवि हैं। राजा रूद्रशाह सोलंकी ने इन्हें 'भूषण' की उपाधि दी थी। शिवराज भूषण और शिवा बावनी जयदेव के चन्द्रलोक के आधार पर रचित हैं। शिवराज भूषण में 105 अलंकारों के लक्षण एवं उदाहरण हैं। छत्रसाल दशक में छत्रसाल की वीरता का वर्णन है।

8. 'अष्टछाप' के कवि नहीं है *(UPTET 2016, I-V)*

(a) नाभादास (b) कृष्णदास (c) परमानन्ददास (d) नन्ददास

व्याख्या (a) 'अष्टछाप' के कवि नाभादास नहीं हैं। अष्टछाप आठ कृष्णभक्त कवियों का समूह है। इसकी रचना 1565 ई. में बल्लभाचार्य के पुत्र गोस्वामी विट्ठलनाथ ने की थी। अष्टछाप में चार बल्लभाचार्य और चार विट्ठलनाथ के शिष्य थे। बल्लभाचार्य के शिष्य थे— सूरदास, कुम्भनदास, परमानन्ददास एवं कृष्णदास। विट्ठलनाथ के शिष्य थे—गोविन्द स्वामी, नन्ददास, छीतस्वामी एवं चतुर्भुजदास थे।

9. आदिकाल की रचना है *(UPTET 2016, I-V)*

(a) अखरावट (b) छत्रसाल दसक
(c) दीपशिखा (d) खुमानरासो

व्याख्या (d) 'खुमानरासो' आदिकाल की रचना है, जिसके रचयिता दलपति विजय हैं। खुमानरासो का रचनाकाल 1729 ई. भी माना जाता है। इसकी रचना लगभग 5,000 छन्दों में की गई है। आचार्य शुक्ल इसे 9वीं शताब्दी की रचना मानते हैं।

10. हिन्दी का प्रथम मौलिक उपन्यास किसे माना जाता है? *(UPTET 2016, VI-VIII)*

(a) नूतन ब्रह्मचारी (b) तितली
(c) त्याग-पत्र (d) परीक्षा गुरु

व्याख्या (d) हिन्दी का प्रथम मौलिक उपन्यास 1882 ई. में लाला श्रीनिवासदास द्वारा लिखित 'परीक्षा गुरु' को ही माना जाता है। उपन्यास कला का विकास वास्तविक रूप से तो प्रेमचन्द्र के उपन्यासों में मिलता है।

11. 'नई कविता' पत्रिका का प्रकाशन कहाँ से आरम्भ हुआ? *(UPTET 2016, VI-VIII)*

(a) इलाहाबाद (b) लखनऊ
(c) कलकत्ता (d) दिल्ली

व्याख्या (a) 'नई कविता' पत्रिका का प्रकाशन वर्ष 1954 ई. में डॉ. जगदीश गुप्त द्वारा प्रयागराज (इलाहाबाद) से आरम्भ हुआ। यह अर्द्धवार्षिक पत्रिका थी। नई कविता शब्द का प्रयोग अज्ञेय द्वारा हुआ था।

12. हिन्दी का 'कौन-सा' प्रेमाख्यान कवि एक आँख का काना था? *(UTET 2016, I-V)*

(a) ईश्वर दास (b) शेखनवी
(c) कुतुबन (d) जायसी

व्याख्या (d) हिन्दी की सूफी काव्यधारा के प्रमुख कवि मलिक मुहम्मद जायसी एक आँख से काने थे अर्थात् 'एकाक्षी' थे और उनके चेहरे पर चेचक के दाग भी थे, तो उन्हें देखकर एक बार शेरशाह सूरी हँस पड़ा था, तो जायसी ने कहा "मोहि का हंसेसि कि कोहरहि" अर्थात् तुम मुझ पर हँसे हो या उस अल्लाह पर जिसने मुझे बनाया है, तो बादशाह को लज्जित होते हुए माफी माँगनी पड़ी।

13. घनानन्द को किस युग का कवि माना जाता है? *(UPTET 2014, I-V)*

(a) आदिकाल (b) भक्तिकाल
(c) रीतिकाल (d) भारतेन्दु काल

व्याख्या (c) घनानन्द रीतिकाल की रीतिमुक्त काव्यधारा के प्रमुख कवि थे। ये मुहम्मदशाह के दरबार की वेश्या सुजान से बहुत प्रेम करते थे। 1739 ई. में नादिरशाह के सैनिकों ने धन के लालच में इनका कत्ल कर दिया। इनमें प्रेम की सच्ची पीर थी, बिहारी की तरह बाहरी उछल-कूद नहीं थी। 'अति सूधौ सनेह को मारग' इनकी प्रसिद्ध पंक्ति है। इनकी रचनाएँ सुजानसागर, इश्कलता, विरहलीला, वियोग बेलि, कोकसार, कृपाकन्द, रस केलि वल्ली तथा यमुनायश आदि प्रमुख हैं।

14. 'बिहारी' के प्रसिद्ध हैं *(UPTET 2014, I-V)*

(a) कवित्त (b) सवैया
(c) पद (d) दोहे

व्याख्या (d) बिहारीलाल की एकमात्र रचना 'बिहारी सतसई' है। यह 719 दोहों सहित ब्रजभाषा में लिखी गई है। बिहारी सतसई अपनी श्रृंगारिकता के लिए प्रसिद्ध है। कहा जाता है कि
'सतसैया के दोहरे ज्यो नावक के तीर।
देखन में छोटे लगैं, घाव करैं गम्भीर।

15. डॉ. नगेन्द्र ने किस युग को 'स्थूल के प्रति सूक्ष्म का विद्रोह' कहा है? *(UPTET 2014, VI-VIII)*

(a) भारतेन्दु युग (b) भक्तिकाल (c) रीतिकाल (d) छायावाद

व्याख्या (d) डॉ. नगेन्द्र ने 'छायावाद' युग को स्थूल के प्रति सूक्ष्म का विद्रोह कहा है। छायावाद एक विशेष प्रकार की भाव पद्धति है, जीवन के प्रति एक विशेष भावात्मक दृष्टिकोण है।

16. किस कवि को 'कवियों का कवि' कहा जाता है? *(UPTET 2013, I-V)*

(a) धर्मवीर भारती (b) शमशेर बहादुर सिंह
(c) रघुवीर सहाय (d) सर्वेश्वर दयाल सक्सेना

व्याख्या (b) शमशेर बहादुर सिंह को 'कवियों का कवि' कहा जाता है। शमशेर बहादुर दूसरे सप्तक के कवि हैं और प्रेम एवं सौन्दर्य के कवि भी हैं। शमशेर बहादुर के प्रमुख काव्य संग्रह—कुछ कविताएँ, कुछ और कविताएँ, चुका भी नहीं हूँ मैं, इतने पास अपने, काल तुझसे होड़ है मेरी, बात बोलेगी हम नहीं, उदिता, अभिव्यक्ति का संघर्ष, कहीं बहुत दूर से एवं सुकून की तलाश आदि। ये मार्क्सवाद के प्रमुख समर्थक थे।

17. महावीर प्रसाद द्विवेदी ने आदिकाल को क्या संज्ञा दी है? *(UPTET 2013, I-V)*

(a) चारणकाल (b) आदिकाल (c) वीरकाल (d) बीजवपन काल

व्याख्या (d) महावीर प्रसाद द्विवेदी ने हिन्दी साहित्य के आदिकाल को 'बीजवपन काल' (जिस काल में बीज बोया गया) कहा है।

18. छायावादी प्रवृत्ति की रचना सबसे पहले दिखाई पड़ी *(UPTET 2013, VI-VIII)*

(a) सुमित्रानन्दन पन्त की कविता में
(b) मुकुटधर पाण्डेय की रचनाओं में
(c) सूर्यकान्त त्रिपाठी 'निराला' की रचनाओं में
(d) श्रीधर पाठक की रचनाओं में

व्याख्या (a) आचार्य शुक्ल ने छायावाद का प्रारम्भ वर्ष 1918 से माना है। पन्त के 'पल्लव' ग्रन्थ की कुछ कविताएँ वर्ष 1918 तक प्रकाशित हो चुकी थीं। प्रसाद का 'झरना' काव्य वर्ष 1918 में प्रकाशित हुआ था, तब तक निराला की 'जूही की कली' कविता वर्ष 1916 में प्रकाशित हो चुकी थी। मुकुटधर पाण्डेय को छायावाद का प्रवर्तक माना जाता है।

19. 'द्विवेदी युग' नामकरण किया गया है *(UPTET 2013, VI-VIII)*

(a) आचार्य हजारी प्रसाद द्विवेदी के नाम पर
(b) शान्तिप्रिय द्विवेदी के नाम पर
(c) महावीर प्रसाद द्विवेदी के नाम पर (d) सोहनलाल द्विवेदी के नाम पर

व्याख्या (c) 'द्विवेदी युग' का नामकरण आचार्य महावीर प्रसाद द्विवेदी के नाम पर किया गया है। द्विवेदी युग की समय सीमा वर्ष 1900 से 1918 तक मानी जाती है। आचार्य महावीर प्रसाद द्विवेदी जी का हिन्दी के विकास में अमूल्य योगदान है उन्होंने खड़ीबोली में काव्य रचना करने के लिए कवियों को प्रेरित किया। गुप्त, हरिऔध आदि ने खड़ीबोली में काव्य रचना प्रारम्भ की। इन्होंने हिन्दी को परिष्कृत किया। अत: इन्हीं के नाम पर इस युग का नाम 'द्विवेदी युग' पड़ा है।

20. 'लोकमंगल' की भावना के सर्वश्रेष्ठ कवि इनमें से कौन हैं? *(UPTET 2013, VI-VIII)*

(a) मलिक मोहम्मद जायसी
(b) गोस्वामी तुलसीदास
(c) सच्चिदानन्द हीरानन्द वात्स्यायन 'अज्ञेय'
(d) मुक्तिबोध

व्याख्या (b) 'लोकमंगल' की भावना के सर्वश्रेष्ठ कवि गोस्वामी तुलसीदास जी हैं। आचार्य शुक्ल ने तुलसी को 'लोकमंगल का कवि' कहा है। ऐसा भी कहा जाता है कि 'तुलसी का सारा काव्य समन्वय की विराट चेष्टा है।'

21. निम्नलिखित में से रीतिकालीन कवि कौन हैं? *(UPTET 2013, VI-VIII)*

(a) मीराबाई (b) सूरदास
(c) नाभादास (d) बिहारी लाल

व्याख्या (d) बिहारीलाल रीतिकाल के रीतिसिद्ध काव्यधारा के कवि हैं, जो काव्यलक्षण या काव्यतत्त्वों का ज्ञान तो रखते थे, परन्तु इन्होंने कोई रीति ग्रन्थ नहीं लिखे। ये रीति निरूपण में पारंगत थे।

22. उपन्यास एवं विवेच्य विषय-वस्तु की दृष्टि से असंगत युग्म है *(UPTET 2016, VI-VIII)*

(a) वरदान — रजवाड़ों की दासियों की समस्याओं पर
(b) सेवासदन — गणिका समस्या एवं विवाह से सम्बन्धित समस्या पर
(c) प्रेमाश्रम — कृषक जीवन की समस्याओं पर
(d) कायाकल्प — साम्प्रदायिक समस्या योगाभ्यास व पुनर्जन्मवाद पर

व्याख्या (a) 'वरदान' उपन्यास में मुंशी प्रेमचन्द ने रजवाड़ों की दासियों की समस्या नहीं, बल्कि दो प्रेमियों की दुखान्त कथा का वर्णन है, जो अपने भावी जीवन की सुखद कल्पना में खोए थे। 'सेवासदन' में गणिका (वेश्या) समस्या एवं विवाह से सम्बन्धित समस्याएँ हैं। 'प्रेमाश्रम' में कृषक जीवन की समस्या है, तो 'कायाकल्प' साम्प्रदायिक समस्या, योगाभ्यास एवं पुनर्जन्म पर आधारित है।

23. आधुनिक हिन्दी साहित्य की पहली आत्मकथा के लेखक कौन माने जाते हैं? *(UPTET 2013, I-V)*

(a) बाबू श्यामसुन्दर दास (b) देवेन्द्र सत्यार्थी
(c) हरिवंशराय बच्चन (d) जयशंकर प्रसाद

व्याख्या (a) आधुनिक हिन्दी साहित्य की पहली आत्मकथा 'मेरी आत्मकहानी' को माना जाता है, जो बाबू श्यामसुन्दर दास द्वारा वर्ष 1941 में लिखी गई थी। हरिवंशराय बच्चन की आत्मकथा चार भागों में प्रकाशित हुई

(i) क्या भूलूँ क्या याद करूँ।
(ii) नीड़ का निर्माण फिर।
(iii) बसेरे से दूर।
(iv) दश द्वार से सोपान तक।।

देवेन्द्र सत्यार्थी की आत्मकथा के दो भाग प्रकाशित हुए थे

1. चाँद सूरज के वीरन,
2. नील यक्षिणी।

पत्र-व्यवहार

1. 'वह लेख जिसमें किसी मुद्दे के प्रति समाचार-पत्र की अपनी राय प्रकट होती है।' को कहते हैं *(UTET 2016, I-V)*

(a) आलेख
(b) विशेष रिपोर्ट
(c) सम्पादकीय
(d) उल्टा पिरामिड

व्याख्या (c) 'वह लेख जिसमें किसी मुद्दे के प्रति समाचार-पत्र की अपनी राय प्रकट होती है' उसे सम्पादकीय कहते हैं। सम्पादकीय में सम्पादक द्वारा किसी मुद्दे की समीक्षा की जाती है।

2. बड़ों के लिए उपयुक्त अभिवादन का चयन कीजिए *(UTET 2011, I-V)*

(a) सप्रेम नमस्कार
(b) सादर प्रणाम
(c) सस्नेह
(d) चिरंजीव

व्याख्या (b) 'सादर प्रणाम' अपने से बड़ों के लिए उपयुक्त अभिवादन है। बराबर वालों के लिए 'सप्रेम नमस्कार' छोटों के लिए 'सस्नेह' और 'चिरंजीव' का आशीर्वाद देते हैं।

3. किसी कार्यालय द्वारा एक साथ अनेक प्रेषितियों को भेजा जाने वाला शासकीय-पत्र, ज्ञापन या आदेश कहलाता है *(REET 2011, VI-VIII)*

(a) परिपत्र (b) विज्ञापन (c) अधिसूचना (d) आवेदन

व्याख्या (a) जब कोई शासकीय-पत्र, ज्ञापन या आदेश अनेक प्रेषितियों को एकसाथ भेजा जाता है, तब वह 'परिपत्र' कहलाता है।

4. अधिसूचना का प्रकाशन कहाँ होता है? *(REET 2011, VI-VIII)*

(a) राजपत्र (गजट) (b) समाचार-पत्र
(c) सूचना पट्ट (d) इनमें से कोई नहीं

व्याख्या (a) अधिसूचना का प्रकाशन सरकारी स्तर पर भारतीय राजपत्रों (गजट) के लिए किया जाता है।

5. निविदा सूचना का उद्देश्य होता है *(REET 2011, VI-VIII)*

(a) सामान की आपूर्ति करवाना (b) सामान की नीलामी
(c) निर्माण कार्य करवाना (d) ये सभी

व्याख्या (d) निविदा सूचना का उद्देश्य निर्माण कार्य में सामान की आपूर्ति करवाने के लिए तथा सामान की नीलामी के लिए निर्माण कार्य करवाना होता है।

कुछ अन्य प्रश्न

1. पद्य, गद्य और नाटक हमारी ……… संवेदना को धार प्रदान करने के साथ-साथ हमारे जीवन के ……… पहलू को समृद्ध करते हैं। *(UPTET 2016, VI-VIII)*

(a) भाषिक, सौन्दर्यात्मक
(b) भाषिक, ज्ञानात्मक
(c) सांस्कृतिक, साहित्यिक
(d) सांस्कृतिक, भौतिक

व्याख्या (c) पद्य, गद्य और नाटक हमारी 'सांस्कृतिक' संवेदना को धार प्रदान करने के साथ-साथ हमारे जीवन के 'साहित्यिक' पहलू को समृद्ध करते हैं, क्योंकि ये विधाएँ किसी क्षेत्र एवं समाज के सांस्कृतिक परिवेश को उजागर करती हैं।

2. कौन-सा महीना 'भाद्रपद' महीने के बाद आता है? *(UPTET 2016, VI-VIII)*

(a) श्रावण (b) अश्विन
(c) पौष (d) आषाढ़

व्याख्या (b) निम्न में से 'भाद्रपद' महीने के बाद आने वाला महीना 'अश्विन' है। हिन्दी महीनों के नामों का क्रम निम्न प्रकार हैं—चैत्र → बैशाख → ज्येष्ठ → आषाढ़ → श्रावण (सावन) → भाद्रपद → अश्विन (क्वार) → कार्तिक अगहन → पूस → माघ → फाल्गुन।

3. 'तदीय समाज' की स्थाना किसने की थी *(UPTET 2016, VI-VIII)*

(a) दयानन्द सरस्वती (b) राजा राममोहन राय
(c) भारतेन्दु हरिश्चन्द्र (d) केशवचन्द्र सेन

व्याख्या (c) 'तदीय समाज' की स्थापना भारतेन्दु हरिश्चन्द्र ने की थी, जबकि ब्रह्म समाज की स्थापना 1828 ई. में राजा राममोहन राय ने, आर्य समाज की 1867 ई. में स्वामी दयानन्द सरस्वती ने और प्रार्थना समाज की स्थापना 1867 ई. में केशवचन्द्र के द्वारा की गई थी।

4. वे कथन जो आपसी व्यवहार में सामान्य रूप से प्रयुक्त होते हैं, उन्हें कहते हैं *(UPTET 2014, VI-VIII)*

(a) अनौपचारिक कथन (b) औपचारिक कथन
(c) प्रासंगिक कथन (d) तर्कसंगत कथन

व्याख्या (a) जो कथन आपसी व्यवहार में सामान्य रूप से प्रयुक्त होते हैं, उन्हें अनौपचारिक कथन कहा जाता है।

5. 'रामचरितमानस' में काण्ड का सही क्रम है *(UPTET 2014, VI-VIII)*

(a) सुन्दरकाण्ड, अयोध्याकाण्ड, बालकाण्ड, लंकाकाण्ड
(b) बालकाण्ड, अयोध्याकाण्ड, सुन्दरकाण्ड, लंकाकाण्ड
(c) अयोध्याकाण्ड, बालकाण्ड, सुन्दरकाण्ड, लंकाकाण्ड
(d) लंकाकाण्ड, अयोध्याकाण्ड, बालकाण्ड, सुन्दरकाण्ड,

व्याख्या (b) 'रामचरितमानस' में काण्डों का सही क्रम है
1. बालकाण्ड 2. अयोध्याकाण्ड 3. अरण्यकाण्ड
4. किष्किंधाकाण्ड 5. सुन्दरकाण्ड 6. लंकाकाण्ड
7. उत्तरकाण्ड (यह करुण रस से परिपूर्ण है।)

6. कवि केशवदास की कौन-सी कृति अपने वर्ण्य-विषय की अपेक्षा छन्दों की विधिता में भटक गई लगती है? *(UPTET 2013, VI-VIII)*
(a) रामचन्द्रिका (b) कविप्रिया (c) रसिकप्रिया (d) रतन बावनी

व्याख्या (a) 'केशवदास' द्वारा रचित रामचन्द्रिका (1601 ई.) में 105 प्रकार के अलंकारों का प्रयोग किया गया है। यह राम कथा पर आधारत कृति है। इसमें 39 प्रकाश (अध्याय) हैं। आचार्य केशवदास कठिन काव्य के 'प्रेत' कहे जाते हैं।

7. ताजमहल .... का अद्भुत नमूना है। रिक्त स्थान की पूर्ति किस शब्द से होगी? *(UPTET-2013, VI-VIII)*
(a) शिल्पकला (b) मूर्तिकला (c) चित्रकला (d) स्थापत्यकला

व्याख्या (d) ताजमहल 'स्थापत्यकला' का एक अद्भुत नमूना है। दिल्ली की जामा मस्जिद, आगरा का लालकिला, दिल्ली का लालकिला, फतेहपुर सीकरी का बुलन्द दरवाजा तत्कालीन स्थापत्यकला के ही नमूने हैं।

8. 'गोदान' उपन्यास की कथावस्तु की कसावट में कमी आई है *(UPTET 2013, VI-VIII)*
(a) बहुत कम चरित्रों को शामिल करने से
(b) शहरी और ग्रामीण पृष्ठभूमि के दो विस्तृत और लगभग विरोधी वातावरणों को समेट लेने से
(c) दार्शनिक श्रेणी के चरित्रों द्वारा लम्बे भाषण तथा अल्पज्ञ चरित्रों द्वारा उपदेश दिलाने से
(d) साधारण स्तर की स्त्रियों के साथ उत्कृष्ट कोटि की स्त्रियों को एक ही मंच पर ले आने से

व्याख्या (b) गोदान उपन्यास में ग्रामीण और शहरी दो विरोधी संस्कृतियाँ साथ-साथ चलती हैं। इससे उपन्यास की कथावस्तु की कसावट में कुछ कमी आई है। गोदान (1936) में कृषक जीवन की पीड़ा संजोई गई है और मेहता मालती के प्रेम का आदर्श रूप भी है। यह एक आदर्शोन्मुखी तथा यर्थाथवादी उपन्यास है।

9. .... व्यक्ति को किंकर्त्तव्यविमूढ़ बना देती है? *(UPTET 2013, VI-VIII)*
(a) दुविधा (b) सुविधा
(c) विविधा (d) अविधा

व्याख्या (a) 'दुविधा' व्यक्ति को किंकर्त्तव्यविमूढ़ बना देती है और उसे अपना कर्त्तव्य नहीं सूझता है तथा वह असमंजस की स्थिति में बना रहता है।

10. 'हिन्दी नई चाल में ढली' कथन किसका है? *(UPTET 2013, VI-VIII)*
(a) हजारी प्रसाद द्विवेदी (b) भारतेन्दु हरिश्चन्द्र
(c) रामचन्द्र शुक्ल (d) नगेन्द्र

व्याख्या (b) 'हिन्दी नई चाल में ढली' कथन भारतेन्दु हरिश्चन्द्र का है। राजा शिवप्रसाद सितारे हिन्द की हिन्दी में उर्दू शब्द थे, तो राजा लक्ष्मण सिंह की हिन्दी संस्कृतनिष्ठ थी।

11. 'घुड़सवार' शब्द निम्न में से क्या है? *(UPTET 2011, VI-VIII)*
(a) रूढ़ शब्द (b) योगरूढ़ शब्द
(c) यौगिक शब्द (d) निरर्थक शब्द

व्याख्या (c) 'घुड़सवार' शब्द यौगिक शब्द है। यौगिक शब्द वे हैं, जो दो सार्थक शब्दों से बनते हैं; जैसे—आग बबूला, दूधवाला आदि इसमें दोनों शब्द सार्थक होते हैं।

12. 'अजायबघर' है *(UPTET 2011, VI-VIII)*
(a) देशी शब्द (b) तत्सम शब्द (c) विदेशी शब्द (d) संकर शब्द

व्याख्या (d) 'अजायबघर' एक संकर शब्द है। वे शब्द, जो दो भाषाओं से मिलकर बनते हैं, संकर शब्द कहलाते हैं; जैसे—टिकटघर, बमवर्षा एवं रेलगाड़ी आदि।

13. निम्नलिखित में योगरूढ़ शब्द चुनिए *(UPTET 2011, VI-VIII)*
(a) पील (b) चक्रपाणि (c) दूधवाला (d) नैन

व्याख्या (b) चक्रपाणि 'योगरूढ़' शब्द है। योगरूढ़ वे शब्द होते हैं, जो दो शब्दों के योग से बनते हैं, लेकिन अर्थ में रूढ़ हो जाते हैं; जैसे—पंकज = पंक + ज अर्थात् कीचड़ में उत्पन्न होने वाला, जबकि इसका अर्थ कमल ही होता है। चक्रपाणि = चक्र + पाणि अर्थात् चक्र को हाथ में धारण करने वाला अर्थात् विष्णु।

14. शब्दों के अक्षरों का हेर-फेर कहलाता है *(CGTET 2017, I-V)*
(a) वर्ण विपर्यय (b) तद्भव (c) शब्दशोधन (d) विकृति

व्याख्या (a) शब्दों के अक्षरों का हेर-फेर 'वर्ण विपर्यय' कहलाता है।

15. कालक्रम के अनुसार निम्नांकित रचनाओं का सही अनुक्रम बताइए *(UTET 2017, VI-VIII)*
(a) राग दरबारी, झूठा सच, चन्द्रकान्ता, गोदान
(b) झूठा सच, चन्द्रकान्ता, गोदान, राग दरबारी
(c) चन्द्रकान्ता, गोदान, झूठा सच, राग दरबारी
(d) गोदान, राग दरबारी, झूठा सच, चन्द्रकान्ता

व्याख्या (c) कालक्रम के अनुसार रचनाओं का सही क्रम होगा
- चन्द्रकान्ता (1892), देवकी नन्दन खत्री
- गोदान (1936), मुंशी प्रेमचन्द
- झूठा सच (1958), यशपाल
- राग दरबारी (1967), श्री लाल शुक्ल

**16. जब मैं था तब हरि नहीं, अब हरि हैं मैं नाँहि।
सब अँधियारा मिटि गया, जब दीपक देख्या माँहि।
उपरोक्त दोहे में 'अँधियारा और दीपक' किसके प्रतीक हैं?** *(UTET 2016, I-V)*
(a) अन्धेरे और प्रकाश के (b) बुरे और अच्छे के
(c) अज्ञान और ज्ञान के (d) प्रभु और प्राप्ति के

व्याख्या (c) 'जब मैं था तब हरि नहीं, अब हरि है मैं नाँहि।'
सब अँधियारा मिटि गया, जब दीपक देख्या माँहि।
प्रस्तुत दोहे में 'अँधियारा' अज्ञान का प्रतीक है और 'दीपक' ज्ञान का प्रतीक। जब ज्ञान का दीपक जीव को दिखता है, तो अज्ञानरूपी अँधियारा समूल रूप से मिट जाता है।

17. 'अधिकार सुख कितना मादक किन्तु सारहीन है', पंक्ति प्रसाद के किस नाटक में ली गई है? *(UTET 2016, VI-VIII)*

(a) स्कन्दगुप्त (b) चन्द्रगुप्त
(c) ध्रुवस्वामिनी (d) अजातशत्रु

व्याख्या (a) 'अधिकार सुख कितना मादक किन्तु सारहीन है' पंक्ति प्रसाद के 'स्कन्दगुप्त' नाटक की हैं। चन्द्रगुप्त ध्रुवस्वामिनी और अजातशत्रु भी प्रसाद के ही ऐतिहासिक नाटक हैं।

18. 'सुमति कुमति सब कें उर रहहीं'। नाथ पुराना निगम अस कहहीं।।' *(UTET 2016, VI-VIII)*
उपरोक्त चौपाई रामचरितमानस के किस काण्ड की है?

(a) बालकाण्ड (b) अयोध्याकाण्ड
(c) उत्तरकाण्ड (d) सुन्दरकाण्ड

व्याख्या (d) प्रस्तुत चौपाई रामचरितमानस के 'सुन्दरकाण्ड' से ली गई है। सुन्दरकाण्ड के नायक हनुमान जी हैं।

19. 'किसी वस्तु को गलत समझ लेना' है *(REET 2016, I-V)*

(a) सन्देह (b) संशय (c) भ्रान्ति (d) अज्ञान

व्याख्या (c) किसी वस्तु को गलत समझ लेना भ्रान्ति है। भ्रान्तिमान में व्यक्ति उपमेय को उपमान समझ लेता है; जैसे— रस्सी है या साँप। इसमें भ्रान्ति खत्म हो जाती है, परन्तु सन्देह में हमेशा, सन्देह बना ही रहता है।

20. भाषा में बिम्ब के प्रकार हैं *(REET 2016, VI-VIII)*

(a) दो (b) एक
(c) सात (d) चार

व्याख्या (d) भाषा में बिम्ब चार प्रकार के माने गए हैं, जो निम्नलिखित हैं
1. चाक्षुषबिम्ब 2. नाद बिम्ब
3. गन्ध बिम्ब 4. स्वाद बिम्ब।

21. संस्कृति की दूसरी मंजिल है *(HTET 2016, I-V)*

(a) चिरन्तन मूल्यों का संरक्षक
(b) संगीत कला आदि का संरक्षक
(c) परम्परा और रूढ़ि का आश्रय स्थल
(d) उपरोक्त सभी

व्याख्या (d) संस्कृति की दूसरी मंजिल चिरन्तन मूल्यों का संरक्षक, संगीत कला आदि का संरक्षक एवं परम्परा और रूढ़ि का आश्रय स्थल है। अत: उपर्युक्त सभी विकल्प संस्कृति की दूसरी मंजिल हैं।

22. सुमित्रानन्दन पन्त का जन्म .... में हुआ था। *(UTET 2013, VI-VIII)*

(a) भवाली (b) कौसानी (c) नैनीताल (d) अल्मोड़ा

व्याख्या (b) सुमित्रानन्दन पन्त का जन्म अल्मोड़ा के 'कौसानी' में वर्ष 1900 में हुआ था और मृत्यु वर्ष 1977 में इलाहाबाद में हुई। इन्हें प्रकृति का 'सुकुमार कवि' कहा जाता है। पन्त जी छायावाद के चार प्रमुख स्तम्भ कवियों में से एक हैं। इन्हें 'चिदम्बरा' पर भारतीय ज्ञानपीठ पुरस्कार प्राप्त हुआ है।

23. किसी विषय में विद्वता प्राप्त करने के लिए आवश्यक है। *(UPTET, 2013, VI-VIII)*

(a) प्रतियोगिता (b) अध्यवसाय (c) चिन्तन (d) मनन

व्याख्या (b) किसी विषय में विद्वता प्राप्त करने के लिए अध्यवसाय की आवश्यकता होती है। अध्ययन द्वारा ही ज्ञान प्राप्त किया जा सकता है। कहा भी जाता है कि 'करत-करत अभ्यास के जड़मति होत सुजान'।

24. आज .... संकट के बादल छाए हैं। *(REET 2012, I-V)*

(a) देश पर (b) देश को (c) देश के (d) देश से

व्याख्या (a) आज 'देश पर' संकट के बादल छाए हैं। रिक्त स्थान की पूर्ति 'देश पर' शब्द से करना उचित होगा। अन्य विकल्प असंगत हैं।

25. रिक्त स्थान की पूर्ति के लिए उपर्युक्त विकल्प का चयन कीजिए *(UTET 2011, I-V)*
महात्मा गाँधी अहिंसा के साक्षात् .... थे।

(a) विग्रह (b) अनुग्रह (c) परिग्रह (d) अपरिग्रह

व्याख्या (c) महात्मा गाँधी अहिंसा के साक्षात 'परिग्रह' थे। रिक्त स्थान की पूर्ति 'परिग्रह' शब्द द्वारा करना उचित होगा। अन्य विकल्प असंगत हैं।

26. वहाँ मोहन के .... कोई नहीं था' वाक्य में रिक्त स्थान पर प्रयुक्त होगा। *(REET 2011, VI-VIII)*

(a) या (b) और (c) अलावा (d) अथवा

व्याख्या (c) वहाँ मोहन के 'अलावा' कोई नहीं था। वाक्य में रिक्त स्थान पर 'अलावा' शब्द का प्रयोग उचित होगा अन्य विकल्प असंगत हैं।

क्विक रीविज़न

सम्पूर्ण सिलेबस का करें

क्विक रीविज़न

1 वर्ण-विचार एवं वर्तनी

वर्ण भाषा की सबसे छोटी इकाई है एवं वर्णों का व्यवस्थित समूह 'वर्णमाला' कहलाता है। हिन्दी में मूल रूप से 52 वर्ण होते हैं जिनमें 11 स्वर, 35 व्यंजन, 2 अयोगवाह और 4 संयुक्त व्यंजन शामिल हैं।

स्वर

स्वतन्त्र ध्वनियाँ स्वर कहलाती हैं। जिन ध्वनियों के उच्चारण में हवा मुख-विवर से अबाध गति से बाहर निकलती है, उन्हें स्वर कहते हैं। स्वर तीन प्रकार के होते हैं

1. **मूल स्वर** (ह्रस्व स्वर) जिन स्वरों के उच्चारण में अन्य स्वरों की सहायता नहीं लेनी पड़ती है, ह्रस्व स्वर कहलाते हैं; जैसे–अ, इ, उ, ऋ।
2. **दीर्घ स्वर** जिन स्वरों के उच्चारण में ह्रस्व स्वरों से दुगुना समय लगे, वे दीर्घ स्वर कहलाते हैं; जैसे–आ, ई, ऊ, ए, ऐ, ओ, औ।
3. **प्लुत स्वर** वे स्वर, जिनके उच्चारण में दीर्घ स्वर से भी अधिक समय लगता है, प्लुत स्वर कहलाते हैं; जैसे–राऽऽऽम।

व्यंजन

व्यंजन वे वर्ण, जो स्वरों की सहायता से उच्चारित होते हैं, व्यंजन कहलाते हैं। परम्परागत रूप से ये 33 माने गए हैं। 'ड़' और ढ़ को जोड़ने पर व्यंजन 35 माने गए हैं। व्यंजन निम्न प्रकार के होते हैं

1. **स्पर्श व्यंजन** इन व्यंजनों के उच्चारण में श्वास मुँह के विभिन्न भागों में स्पर्श करती है। इसके अन्तर्गत वर्गीय व्यंजन (क वर्ग, च वर्ग, ट वर्ग, त वर्ग एवं प वर्ग) आते हैं।
2. **अन्तःस्थ व्यंजन** इस प्रकार के वर्णों का उच्चारण स्वर तथा व्यंजनों के मध्य स्थित होता है; जैसे–य, र, ल, व।
3. **ऊष्म व्यंजन** इनके उच्चारण के समय श्वास मुख-अवयवों से रगड़ कर ऊष्मा उत्पन्न करती है। इन्हें संघर्षी व्यंजन भी कहते हैं; जैसे–श, ष, स, ह।
4. **उत्क्षिप्त व्यंजन** इनके उच्चारण में जीभ झटके के साथ ऊपर उठकर नीचे आती है; जैसे–ड़, ढ़।
5. **घोष व्यंजन** घोष व्यंजन के उच्चारण में स्वर तन्त्र में ध्वनि का कम्पन होता है। किसी वर्ग का तीसरा, चौथा और पाँचवाँ व्यंजन घोष व्यंजन होता है; जैसे–ग, घ, ङ, ज, झ, ञ, ड, ढ, ण, द, ध, न, ब, भ, म।

   अघोष व्यंजन इनके उच्चारण में स्वर तन्त्र में कम्पन नहीं होता है। किसी वर्ग का पहला एवं दूसरा वर्ण अघोष होता है; जैसे–क, ख, च, छ, ट, ठ, त, थ, प, फ।
6. **अल्पप्राण** इनके उच्चारण में मुख से श्वास कम मात्रा में निकलती है। किसी वर्ग का पहला, तीसरा और पाँचवाँ वर्ण अल्पप्राण कहलाता है। जैसे–क, ग, ङ, च, ज, ञ, ट, ड, ण।

   महाप्राण-इनके उच्चारण में मुख से श्वास अधिक मात्रा में निकलती है। प्रत्येक वर्ग का दूसरा, चौथा व्यंजन वर्ण महाप्राण कहलाता है; जैसे–ख, घ, छ, झ, ठ, ढ, थ, ध, फ, भ।
7. **अनुनासिक व्यंजन** इन व्यंजनों के उच्चारण में वायु नासिका (नाक) से निकलती है। इनमें किसी वर्ग का अन्तिम (पाँचवाँ) वर्ण आता है; जैसे-ङ, ञ, ण, न, म।

वर्तनी

शब्दों को सही क्रम तथा शुद्ध रूप में लिखना ही 'वर्तनी' कहलाता है। कुछ महत्त्वपूर्ण शब्दों की शुद्ध-अशुद्ध वर्तनी इस प्रकार है

अशुद्ध	शुद्ध	अशुद्ध	शुद्ध
अनुग्रहीत	अनुगृहीत	प्रतिछाया	प्रतिच्छाया
अजानवाहु	आजानुबाहु	गृहीणी	गृहिणी
अहिल्या	अहल्या	पयोपान	पयःपान
ऐक्यता	ऐक्य	मन्त्रीमण्डल	मन्त्रिमण्डल
कृशांगिनी	कृशांगी	शशी	शशि
केन्द्रियकरण	केन्द्रीयकरण	समिक्षा	समीक्षा
उज्वल	उज्ज्वल	परिक्षा	परीक्षा
अंतर्कथा	अन्तःकथा	सुश्रुषा	शुश्रूषा
कवियत्री	कवयित्री	विरहणी	विरहिणी
आर्शीवाद	आशीर्वाद	अन्ताक्षरी	अन्त्याक्षरी
कौशिल्या	कौशल्या	श्रृंगार	शृंगार

2 शब्द-भेद

वर्णों का सार्थक समूह शब्द कहलाता है। व्युत्पत्ति तथा रचना के आधार पर शब्दों को दो भागों में बाँटा गया है।

व्युत्पत्ति की दृष्टि से शब्दों के पाँच रूप मिलते हैं

1. **तत्सम** जो संस्कृत से हिन्दी भाषा में बिना रूप परिवर्तन के आ गए हैं, तत्सम शब्द कहलाते हैं; जैसे–क्षेत्र, मयूर, रात्रि, कार्य, कर्म, पूर्णिमा, आदि।
2. **तद्भव** तद्भव वे शब्द हैं जो संस्कृत भाषा से हिन्दी में आते-आते कुछ परिवर्तित हो गए हैं; जैसे–खेत, मोर, रात, काज, करम, पूनम, आदि।

   कुछ महत्त्वपूर्ण तत्सम-तद्भव शब्दों की सूची इस प्रकार है

तत्सम	तद्भव	तत्सम	तद्भव
कृषक	किसान	कर्पूर	कपूर
अश्रु	आँसू	गोधूम	गेहूँ
तीक्ष्ण	तीखा	गोमय	गोबर
अक्षोट	अखरोट	भ्रमर	भँवरा, भौंरा
घृत	घी	साक्षी	साखी
दुग्ध	दूध	अग्नि	आग

3. **देशज शब्द** जो शब्द क्षेत्रीय भाषाओं से हिन्दी में शामिल हुए हैं, देशज शब्द कहलाते हैं। इनकी व्युत्पत्ति के मूल स्रोत का कुछ भी ज्ञान नहीं है। ये लोक भाषाओं पर आधारित होते हैं; जैसे–लोटा, फुनगी, तेन्दुआ, ठेस, डिब्बा, खिचड़ी, कलाई, जूता, खिड़की, ठुमरी, कटोरा आदि।
4. **विदेशी शब्द** जो शब्द विभिन्न विदेशी भाषाओं से हिन्दी भाषाओं में समाहित हुए हैं, वे आगत या विदेशी शब्द कहलाते हैं। विदेशी भाषाओं के कुछ शब्द निम्न प्रकार हैं
   - (i) **अंग्रेजी** टाई, सूटकेस, रेल, प्लेटफार्म, स्कूल, प्लेट, पेन, फाइल आदि।
   - (ii) **फारसी** आदमी, जमीन, कारोबार, आमदनी, रईस, बीवी, पुदीना, सब्जी आदि।
   - (iii) **अरबी शब्द** दफा, सबूत, अदालत, वकील, सजा, मुजरिम, दलील, कानून आदि।
   - (iv) **तुर्की** चाकू, तोप, बारूद, बन्दूक, कैंची, उस्तरा, कुर्ता, बेगम आदि।

(v) **पुर्तगाली** आया, बाल्टी, मिस्त्री, साबुन, तौलिया, सन्तरा, चम्मच आदि।

5. **संकर शब्द** जो शब्द, दो या दो से अधिक भाषाओं के शब्दों से मिलकर बनते हैं, संकर शब्द कहलाते हैं; जैसे-
वर्षगाँठ = वर्ष (संस्कृत) + गाँठ (हिन्दी)
टिकटघर = टिकट (अंग्रेजी) + घर (हिन्दी)
जेलखाना = जेल (अंग्रेजी) + खाना (फारसी)

रचना के आधार पर शब्द तीन प्रकार के माने गए हैं

1. **रूढ़ शब्द** वे शब्द जिनके खण्ड नहीं होते और जो परम्परा से किसी विशिष्ट अर्थ में चले आ रहे हैं, रूढ़ शब्द कहलाते हैं; जैसे–कान, नाक, मुँह, घोड़ा आदि।
2. **यौगिक शब्द** वे शब्द, जो दो या दो से अधिक सार्थक शब्द खण्डों के योग से बनते हैं, यौगिक शब्द कहलाते हैं; जैसे–
विद्या + आलय = विद्यालय
गंगा + जल = गंगाजल
रसोई + घर = रसोईघर
निज + ता = निजता
उप + नगर = उपनगर
3. **योगरूढ़ शब्द** योगरूढ़ वे यौगिक शब्द हैं, जो अपना सामान्य अर्थ छोड़कर विशेष अर्थ देते हैं। जैसे–पंकज, पंक + ज अर्थात् कीचड़ में पैदा होने वाला, परन्तु इसका अर्थ कमल होता है। इसी प्रकार पीताम्बर, लम्बोदर आदि योगरूढ़ शब्द हैं।

3 » पद–परिचय

जिस प्रकार सार्थक वर्णों के समूह को शब्द कहा जाता है, उसी प्रकार शब्द के साथ कारक चिह्न लगने से पद बनता है और कई पदों से मिलकर वाक्य का निर्माण होता है। वाक्य के निर्माण में संज्ञा, सर्वनाम, क्रिया, विशेषण, कारक, वचन, लिंग, अव्यय और वाच्यों की महत्त्वपूर्ण भूमिका रहती है। इन वाक्यांशों का परिचय निम्न प्रकार है

संज्ञा

जिन विकारी शब्दों से किसी व्यक्ति, स्थान, प्राणी, भाव आदि के नाम का बोध हो, उन्हें संज्ञा कहते हैं; जैसे–भारत, सुरेश, चाय, हिमालय, गंगा, ईमानदारी आदि। व्युत्पत्ति के आधार पर संज्ञा के तीन भेद माने जाते हैं।

1. **व्यक्तिवाचक संज्ञा** जिन संज्ञा शब्दों से किसी वस्तु, व्यक्ति या स्थान का बोध हो, उन्हें 'व्यक्तिवाचक संज्ञा' कहते हैं; जैसे–राम, कृष्ण, अमरूद, दिल्ली, अमेरिका, गीता, कुरान आदि।
2. **जातिवाचक संज्ञा** जिन संज्ञा शब्दों से किसी एक ही प्रकार की अनेक वस्तुओं का बोध हो, उन्हें 'जातिवाचक संज्ञा' कहते हैं; जैसे–औरत, आदमी, घोड़ा, किताब, शिक्षक, वर्षा, बिजली, तूफान आदि। जातिवाचक संज्ञा के दो उपभेद होते हैं
(i) **द्रव्यवाचक (पदार्थ वाचक) संज्ञा** जिन संज्ञा शब्दों से पदार्थ या द्रव्य का बोध होता है, द्रव्यवाचक संज्ञा कहलाते हैं। इनकी हम नाप-तौल तो सकते हैं, लेकिन गिन नहीं सकते; जैसे–सोना, चाँदी, दूध, पानी, घी, ताँबा, लोहा आदि।
(ii) **समूहवाचक संज्ञा** समूहवाचक संज्ञा से एक ही जाति के व्यक्तियों या वस्तुओं के समूह का बोध होता है; जैसे–कक्षा, सेना, गुच्छा, ढेर, संघ, गिरोह, दल आदि।
3. **भाववाचक संज्ञा** किसी वस्तु या व्यक्ति के गुण, दशा या व्यापार का बोध कराने वाले शब्द 'भाववाचक संज्ञा' कहलाते हैं; जैसे–प्रेम, शत्रुता, सुन्दरता, जवानी, उन्नति, कुशाग्रता, मिठास आदि।

सर्वनाम

संज्ञा के स्थान पर जिन शब्दों का प्रयोग किया जाता है, उन्हें सर्वनाम कहते हैं; जैसे–मैं, तू, आप, यह, वह, जो, सो, कोई, कुछ, क्या आदि। सर्वनाम के छः भेद होते हैं

1. **पुरुषवाचक सर्वनाम** वक्ता, श्रोता या अन्य का बोध कराने वाला सर्वनाम, पुरुषवाचक सर्वनाम है। इसके तीन भेद होते हैं
(i) उत्तम पुरुष–मैं, हम (वक्ता)
(ii) मध्यम पुरुष–तू, तुम, आप (श्रोता)
(iii) अन्य पुरुष–वे, वह, उसे (अन्य)
2. **प्रश्नवाचक सर्वनाम** इन सर्वनाम शब्दों का प्रयोग प्रश्न पूछने के लिए होता है; जैसे–कौन, क्या, कहाँ आदि।
3. **निजवाचक सर्वनाम** जहाँ वक्ता या लेखक स्वयं के लिए सर्वनाम शब्द का प्रयोग करता है वहाँ निजवाचक सर्वनाम होता है; जैसे–अपने आप, स्वयं, खुद, स्व आदि।
4. **सम्बन्धवाचक सर्वनाम** वाक्य में संज्ञा या सर्वनाम के साथ सम्बन्ध प्रदर्शित करने के लिए जिस सर्वनाम का प्रयोग किया जाए, उसे सम्बन्धवाचक सर्वनाम कहते हैं;
जैसे–जिसकी-उसकी, जो-सो, जो-वही।
जिसकी लाठी, **उसकी** भैंस।
जो देता है, **सो** लेता है।
जो कहा गया, **वही** करो।
5. **निश्चयवाचक सर्वनाम** जिन सर्वनाम शब्दों से किसी निश्चित वस्तु का बोध होता है, उन्हें निश्चयवाचक सर्वनाम कहते हैं; जैसे–यह वही पेड़ है।
6. **अनिश्चयवाचक सर्वनाम** जिन सर्वनाम शब्दों से किसी निश्चित वस्तु का बोध न हो, उन्हें अनिश्चयवाचक सर्वनाम कहते हैं; जैसे–कोई, कुछ आदि।

क्रिया

जिन शब्दों से किसी कार्य के होने का बोध होता है, उन्हें क्रिया कहते हैं; जैसे–खाना, पीना, पढ़ना आदि। क्रिया के मुख्यतः दो भेद होते हैं

1. **सकर्मक क्रिया** जिन क्रियाओं के कार्य का फल कर्म पर पड़ता है, उन्हें सकर्मक कहते हैं; जैसे–अध्यापक ने लड़के को पीटा। इसमें पीटने का फल लड़के (कर्म) पर पड़ा। इस वाक्य में सकर्मक क्रिया है।
2. **अकर्मक क्रिया** जिन क्रियाओं के कार्य का फल कर्ता पर ही पड़ता है, उन्हें अकर्मक क्रिया कहते हैं; जैसे–विद्यार्थी पढ़ता है। इसमें पढ़ना क्रिया का फल विद्यार्थी (कर्ता) पर पड़ता है। अतः इस वाक्य में अकर्मक क्रिया है।

क्रिया के अन्य महत्त्वपूर्ण भेद निम्नलिखित हैं

1. **संयुक्त क्रिया** जहाँ वाक्य में दो क्रियाओं का प्रयोग हो, वहाँ संयुक्त क्रिया होती है; जैसे–मीरा खाना बना चुकी है।
2. **सहायक क्रिया** जो क्रिया मुख्य क्रिया की सहायक हो, उसे सहायक क्रिया कहते हैं; जैसे–हीरालाल अभी घर गया हुआ है।
3. **प्रेरणार्थक क्रिया** जहाँ कर्ता किसी अन्य से कार्य करवाए, वहाँ प्रेरणार्थक क्रिया होती है; जैसे–मैंने श्याम से पानी मँगवाया।
4. **पूर्वकालिक क्रिया** जब वाक्य में एक कार्य को समाप्त करने के लिए दूसरा कार्य किया जाए, वहाँ पूर्वकालिक क्रिया होती है; जैसे–इसे पकड़कर मेरे पास लाओ।
5. **द्विकर्मक क्रिया** जिस क्रिया के दो कर्म हों, द्विकर्मक क्रिया कहते हैं; जैसे–हरि ने यह साँप डण्डे से मार डाला।

विशेषण

संज्ञा या सर्वनाम की विशेषता बताने वाले शब्दों को 'विशेषण' कहते हैं; जैसे–अच्छा लड़का, काली गाय, नया कोट। इसमें अच्छा, काली, नया विशेषण शब्द हैं। जिसकी विशेषता बताई जाती है उसे विशेष्य कहते हैं; जैसे काला घोड़ा। घोड़ा-विशेष्य है और काला विशेषण। विशेषण की विशेषता बताने वाले शब्द 'प्रविशेषण' कहलाते हैं

जैसे–	सीता	अति	सुन्दर है
	विशेष्य	प्रविशेषण	विशेषण

विशेषण के मुख्यतः चार भेद होते हैं

1. **गुणवाचक विशेषण** संज्ञा के गुण-दोष, रूप-रंग, आकार-प्रकार जैसी विशेषताएँ बताने वाले शब्द 'गुणवाचक विशेषण' होते हैं। जैसे–नया, पुराना, लाल, पीला, दुबला, मोटा, भला, बुरा, झूठा, सच्चा, भूत, भविष्य, चमकीला, धुँधला, गोल आदि।
2. **संख्यावाचक विशेषण** संज्ञा या सर्वनाम की संख्या बताने वाले शब्द 'संख्यावाचक विशेषण' होते हैं; जैसे–एक, सौ, हजार, कुछ, बहुत, पहला, दूसरा, दुगुना, तिगुना, चौगुना आदि।

3. **परिमाणवाचक विशेषण** किसी वस्तु की नाप-तौल बताने वाले शब्द परिमाणवाचक विशेषण होते हैं; जैसे–दो किलो, चार मीटर, पूरा आनन्द, सारा धन आदि।
4. **सार्वनामिक विशेषण** सर्वनाम जब किसी संज्ञा के पहले आते हैं, तो 'सार्वनामिक विशेषण' कहे जाते हैं; जैसे–यह, वह, ऐसा, जैसा, कैसा आदि।

कारक

संज्ञा या सर्वनाम के जिस रूप से क्रिया से उसका सम्बन्ध सूचित हो, उसे कारक कहते हैं। कारक के आठ भेद होते हैं

1. **कर्ता कारक** इससे क्रिया को करने वाले का बोध होता है। इसकी विभक्ति 'ने' होती है; जैसे–मोहन ने खाया। यहाँ क्रिया मोहन द्वारा हुई है। अतः 'मोहन' कर्ता कारक है।
2. **कर्म कारक** जिस पर क्रिया का प्रभाव पड़े, वह कर्म कारक होता है; जैसे–श्याम ने गीता को पत्र लिखा।

   इस वाक्य में 'लिखने' का प्रभाव 'पत्र' पर पड़ रहा है, इसलिए पत्र 'कर्म कारक' है। इसका विभक्ति चिह्न 'को' होता है।
3. **करण कारक** जिस साधन से क्रिया को किया जाए, वह करण कारक कहलाता है; जैसे–शिकारी ने शेर को बन्दूक से मारा। वाक्य में 'बन्दूक' द्वारा शेर मारने का उल्लेख है। अतः बन्दूक 'करण' कारक है। करण कारक के चिह्न-से, के द्वारा, के कारण, के साथ, के बिना आदि हैं।
4. **सम्प्रदान कारक** जिसके लिए कुछ किया जाए या जिसको कुछ दिया जाए, इसका बोध कराने वाले शब्द को सम्प्रदान कारक कहते हैं; जैसे–शिक्षक ही शिष्य को ज्ञान देता है। इस वाक्य में 'शिष्य' को ज्ञान दिया जाता है तो 'शिष्य' सम्प्रदान कारक होगा। इसका चिह्न-को, के लिए है।
5. **अपादान कारक** इसमें अलग होने का भाव व्यक्त होता है। इसका चिह्न 'से' है; जैसे–पेड़ से फल गिरा। इस वाक्य में फल, पेड़ से अलग हो रहा है। अतः पेड़ में अपादान कारक है।
6. **सम्बन्ध कारक** इसमें एक संज्ञा या सर्वनाम का दूसरी संज्ञा या सर्वनाम से सम्बन्ध का बोध होता है। इसकी विभक्ति का, की, के, रा, री, रे होती है; जैसे–यह प्रेमचन्द का उपन्यास है।
7. **अधिकरण कारक** इसमें किसी क्रिया के होने के स्थान या समय का बोध होता है। इसकी विभक्ति 'में, पर' होती है; जैसे–उमेश लखनऊ में रहता है। चिड़िया पेड़ पर है।
8. **सम्बोधन कारक** इसमें किसी को संकेत करने, पुकारने, चेतावनी, सम्बोधित करने का बोध होता है; जैसे–अजी, सुनते हो, हे भगवान!, मेरे बेटे पर दया करो।

वचन

संज्ञा, सर्वनाम, विशेषण और क्रिया के जिस रूप से संख्या का बोध हो, उसे वचन कहते हैं। हिन्दी में वचन दो प्रकार के होते हैं

1. **एकवचन** एक वस्तु या एक व्यक्ति का बोध कराने वाले शब्द 'एक वचन' होते हैं; जैसे–नदी, बालक, घोड़ा, गाय, बहन, लड़का आदि।
2. **बहुवचन** दो या दो से अधिक वस्तु या व्यक्ति का बोध कराने वाले शब्द 'बहुवचन' कहलाते हैं; जैसे–नदियाँ, घोड़े, पहिए, कथाएँ, बहनें, गधे, लताएँ, रातें, चिड़ियाँ, स्त्रीजन, नारीवृन्द, अधिकारी वर्ग, तिथियाँ आदि।
   - 'प्रत्येक' तथा 'हर एक' का बहुवचन नहीं होता।
   - प्राण, लोग, दर्शन, आँसू, ओंठ का प्रयोग सदा बहुवचन में होता है।
   - द्रव्यवाचक संज्ञा शब्दों का प्रयोग हमेशा 'एक वचन' में होता है; जैसे–सोना, चाँदी, तेल, धन, लोहा आदि।

लिंग

संज्ञा के जिस रूप से व्यक्ति या स्त्री की जाति का बोध हो, उसे लिंग कहते हैं। 'चिह्न या निशान' लिंग का शाब्दिक अर्थ होता है। संज्ञा के लिंग के अनुसार ही विशेषण, सर्वनाम, क्रिया और विभक्ति का लिंग निर्धारित होता है। हिन्दी में लिंग के दो भेद होते हैं

1. **पुल्लिंग** जिन संज्ञा शब्दों से यथार्थ या कल्पित पुरुषत्व का बोध होता है, उन्हें पुल्लिंग कहते हैं; जैसे–लड़का, लेखक, कवि आदि।
2. **स्त्रीलिंग** जिन संज्ञा शब्दों से यथार्थ या कल्पित स्त्रीत्व का बोध होता है, उन्हें स्त्रीलिंग कहते हैं; जैसे–लड़की, लेखिका, बकरी आदि।

कुछ शब्दों के पुल्लिंग से स्त्रीलिंग रूप निम्नलिखित हैं

पुल्लिंग	स्त्रीलिंग	पुल्लिंग	स्त्रीलिंग
गधा	गधी	लाला	लालाइन
गीदड़	गीदड़ी	पण्डित	पण्डितानी
साला	साली	पूज्य	पूज्या
माली	मालिन	सुत	सुता
लेखक	लेखिका	चोट्टा	चोट्टी
कवि	कवयित्री	देव	देवी

अव्यय

कुछ शब्दों में लिंग, वचन, कारक आदि के कारण कोई रूप-परिवर्तन नहीं होता, उन्हें 'अव्यय' कहते हैं। ये अविकारी शब्द होते हैं; जैसे–जब, तब, अभी, उधर, वहाँ, अरे, वाह, किन्तु, परन्तु, एवं, इसलिए, अतएव आदि। अव्यय के पाँच भेद होते हैं

1. **क्रिया-विशेषण** क्रिया की विशेषता बताने वाले शब्द क्रिया-विशेषण होते हैं; जैसे–यहाँ, वहाँ, तेज, धीरे-धीरे, अभी आदि।

   क्रिया-विशेषण के कुछ प्रमुख भेद होते हैं
   - (i) कालवाचक क्रिया-विशेषण–आजकल, अभी, तुरन्त, दिनभर, रातभर, कब, हमेशा आदि।
   - (ii) स्थानवाचक क्रिया-विशेषण–यहाँ, वहाँ, जहाँ, भीतर, बाहर, इधर-उधर आदि।
   - (iii) परिमाणवाचक क्रिया-विशेषण–थोड़ा, पर्याप्त, काफी, ठीक-ठाक, बहुत, कम, अत्यन्त आदि।
   - (iv) रीतिवाचक क्रिया-विशेषण–वैसे, अचानक, इसलिए, ध्यानपूर्वक, सचमुच, वास्तव में आदि।
2. **सम्बन्धबोधक अव्यय** जो अव्यय वाक्य में संज्ञा का अन्य शब्दों से सम्बन्ध बताते हैं, उन्हें सम्बन्धबोधक अव्यय कहते हैं; जैसे–नीचे, बाहर, भीतर, कारण, ऊपर आदि।
3. **समुच्चयबोधक अव्यय** जो शब्द शब्दों, वाक्यों या वाक्यांशों को जोड़ते हैं, उन्हें समुच्चयबोधक अव्यय या योजक शब्द कहते हैं; जैसे–तथा, लेकिन, क्योंकि, ताकि, अथवा आदि।

   समुच्चयबोधक के दो भेद होते हैं
   - (i) समानाधिकरण–किन्तु, और, या, अथवा, तथा, परन्तु, लेकिन, अतः आदि।
   - (ii) व्यधिकरण–इसलिए, यद्यपि, तथापि, कि, मानो, क्योंकि, ताकि, यदि आदि।
4. **विस्मयादिबोधक अव्यय**–जिन अव्ययों से हर्ष, शोक, विस्मय, दुःख, घृणा, शर्म आदि का भाव पता चले, उन्हें विस्मयादिबोधक अव्यय कहते हैं; जैसे–वाह!, हाय!, आह! आदि।
5. **निपात** किसी बात पर अतिरिक्त भार देने के लिए निपात का प्रयोग किया जाता है। इसे अव्ययों की श्रेणी में रखा जाता है; जैसे–भी, तो, तक, केवल, ही आदि।

वाच्य

क्रिया का वह रूप जिससे वाक्य में क्रिया के मुख्य विषय कर्ता, कर्म तथा भाव का बोध हो, उसे वाच्य कहते हैं। वाच्य के तीन भेद होते हैं

1. **कर्तृवाच्य** जहाँ क्रिया का लिंग, वचन कर्ता के अनुसार हो, उसे कर्तृवाच्य कहते हैं; जैसे–शिव करुणा को पढ़ाता है।
2. **कर्मवाच्य** जहाँ क्रिया का लिंग, वचन कर्म के अनुसार हो, उसे कर्मवाच्य कहते हैं; जैसे–पेड़ से पत्ते गिरते हैं।
3. **भाववाच्य** जहाँ वाक्य में कर्ता और कर्म को छोड़कर भाव की प्रधानता हो, भाववाच्य कहते हैं; जैसे–रमा से उठा नहीं जाता।

4 » उपसर्ग एवं प्रत्यय

उपसर्ग

वे अव्यय हैं, जो किसी शब्द के प्रारम्भ में प्रयुक्त होकर विशेष अर्थ प्रकट करते हैं, उपसर्ग कहलाते हैं।

कुछ उपसर्ग एवं उनसे निर्मित शब्द निम्न हैं

उपसर्ग	शब्द	उपसर्ग	शब्द
अति	अतिक्रमण	सु	सुन्दर, सुकर्म
अधि	अध्यक्ष	अ	अमोल, अलग
अनु	अनुशासन	अन्	अनधिकार
अप	अपकीर्ति	तिरस्	तिरस्कार
अभि	अभिभावक	पुरस्	पुरस्कार, पुरोहित
अव	अवतार, अवज्ञा	पुरा	पुरातन
आ	आक्रमण, आक्रोश	पुनर्	पुनर्जन्म
उत	उद्गम, उत्पन्न	प्रातर	प्रातःकाल

संस्कृत के कुछ उपसर्ग

अ	अज्ञान	उन	उन्नीस
अन	अनमोल	स-सु	सकाम, सुस्थिर
अध	अधखिला	कु	कुमार्गी, कुपुत्र
दु	दुर्जन	चौ	चौमासा

कुछ विदेशी उपसर्ग (उर्दू, फारसी एवं अंग्रेजी)

उपसर्ग	शब्द	उपसर्ग	शब्द
हर	हर एक, हर घड़ी	बा	बाकायदा
ना	नाउम्मीद	खुश	खुशकिस्मत
कम	कमकीमत	गैर	गैरहाजिर

प्रत्यय

प्रत्यय का आशय उन वर्णों या वर्ण समूहों से है जो शब्दों के तुरन्त बाद प्रयोग होकर उसके अर्थों में नवीनता व विशेषता का संवर्धन करते हों। प्रत्यय उपसर्गों की भाँति अविकारी शब्द हैं। प्रत्यय के दो भेद होते हैं

1. **कृत या कृदन्त प्रत्यय** मूल क्रिया के अन्त में जिन प्रत्ययों का प्रयोग होता है, वे कृत या कृदन्त प्रत्यय कहलाते हैं।

   कृत या कृदन्त प्रत्यय के पाँच भेद होते हैं

   (i) **भाववाचक कृदन्त** पड़ाव, चढ़ाव, मिलान, चढ़ाई, घाटा, गुजारा, प्यास, घटिया, पढ़ाई, बढ़ती, पुरातन, भरनी, ठोकर, रुकावट आदि।

   (ii) **कर्तृवाचक कृदन्त** तैराक, लड़ाकू, लेखक, चालक, घुमक्कड़, अड़ियल, जड़िया, बिकाऊ, बिगाड़ू, लुटेरा आदि।

   (iii) **कर्मवाचक कृदन्त** पढ़ाना, चलाना, कहावत, खिलौना, खाना, टहलना, सोना, उठना, कहना आदि।

   (iv) **करणवाचक कृदन्त** झूला, फाँसी, झाड़ू, निद्रालू, जामन, कसना, घोटना, बेलना आदि।

   (v) **कर्तृवाचक कृदन्तीय विशेषण** सुहावना, उड़ाना, रोना, दसवाँ, बैठक, चमक, दमक आदि।

2. **तद्धित प्रत्यय** इन प्रत्ययों का प्रयोग संज्ञा, सर्वनाम एवं विशेषणों के साथ होता है। तद्धित प्रत्यय के छः भेद होते हैं

   (i) **भाववाचक तद्धित** जोड़ा, चूरा, चतुराई, भलाई, बालपन, चाहत, रंगत, मोटापा, तमस, गरमाहट, मिठास आदि।

   (ii) **स्थानवाचक तद्धित** राजपुताना, तिलंगाना, पिछाड़ी, बरेलवी, लखनवी, देवबन्दी, मेरठी आदि।

   (iii) **कर्तृवाचक** सुनार, लुहार, रसोइया, तेली, मनिहार, लकड़हारा, सँपेरा, गँजेड़ी, चायवाला, घरवाला आदि।

   (iv) **गुणवाचक तद्धित** ठण्डा, प्यासा, गँवार, साम्प्रदायिक, धार्मिक, देशी, विदेशी, खर्चीला, बाजारू, पेटू, मँझला, दयावन्त, सुनहरा, रूपहला आदि।

   (v) **ऊनतावाचक तद्धित** गठरिया, डिबिया, टिमकी, रोंगटा, चोटी, बाँसुरी, छतरी, डफली, बचवा आदि।

   (vi) **स्त्रीवाचक तद्धित** नौकरानी, सेठानी, देवरानी, पण्डितानी।
   - इन—नातिन, पड़ोसिन, लुहारिन।
   - भीलनी, सिंहनी, मोरनी, जाटनी।

5 » सन्धि-विच्छेद

सन्धि दो वर्णों के मेल से होने वाले विकार को 'सन्धि' कहते हैं। सन्धि तीन प्रकार की होती है

1. **स्वर सन्धि** दो स्वरों के मेल से उत्पन्न विकार या रूप परिवर्तन को 'स्वर सन्धि' कहते हैं। स्वर सन्धि के पाँच भेद होते हैं

   (i) **दीर्घ सन्धि** जब दो सवर्ण स्वर मिलकर दीर्घ हो जाते हैं, तब दीर्घ सन्धि होती है; जैसे-
   शिव + आलय = शिवालय
   (अ + आ = आ)
   रवि + इन्द्र = रवीन्द्र (इ + इ = ई)

   (ii) **गुण सन्धि** यदि अ या आ के पश्चात् इ या ई, उ या ऊ, अथवा ऋ आए तो दोनों मिलकर ए, ओ और अर् हो जाते हैं; जैसे-
   राज + इन्द्र = राजेन्द्र (अ + इ = ए)
   महा + ईश्वर = महेश्वर (आ + ई = ए)
   देव + ऋषि = देवर्षि (अ + ऋ = अर्)

   (iii) **यण् सन्धि** जब लघु या दीर्घ इ, उ, ऋ के बाद कोई असमान स्वर आए तो इनके स्थान पर क्रमशः य, व, र, ल हो जाता है; जैसे–
   यदि + अपि = यद्यपि (इ + अ = य)
   मधु + अरि = मध्वरि (उ + अ = व)
   मातृ + आज्ञा = मात्राज्ञा
   (ऋ + आ = त्रा)

   (iv) **वृद्धि सन्धि** यदि अ या आ के बाद ए या ऐ अथवा ओ या औ आए तो क्रमशः ऐ और औ हो जाता है; जैसे—मत + ऐक्य = मतैक्य (अ + ऐ = ऐ)
   महा + औषधि = महौषधि
   (आ + औ = औ)

   (v) **अयादि सन्धि** जब ए, ऐ, ओ, औ के बाद कोई भिन्न स्वर आए तो इनके स्थान पर क्रमशः अय्, आय्, अव्, आव् हो जाता है; जैसे-
   शे + अन = शयन (ए + अ = अय्)
   नै + अक = नायक (ऐ + अ = आय्)
   भो + अन = भवन (ओ + अ = अव्)
   पौ + अन = पावन (औ + अ = आव्)

2. **व्यंजन सन्धि** व्यंजन से स्वर अथवा व्यंजन के मेल को 'व्यंजन सन्धि' कहते हैं; जैसे–
   जगत् + आनन्द = जगदानन्द
   (त् + आ = दा)
   दिक् + गज = दिग्गज (क् + ग = ग्ग)
   तत् + मय = तन्मय (त् + म = न्म)
   सम् + सार = संसार (म + स = ं)
   वि + छेद = विच्छेद (इ + छ = च्छ)
   उत् + श्वास = उच्छवास (त् + श = च्छ)
   उत् + द्वार = उद्धार (त् + ह = द्ध)

3. **विसर्ग सन्धि** विसर्ग के साथ स्वर या व्यंजन के मेल से जो विकार उत्पन्न होता है, उसे 'विसर्ग सन्धि' कहते हैं; जैसे—निः + फल = निष्फल।

   (i) यदि विसर्ग से पहले और बाद में 'अ' हो तो पहले 'अ' और विसर्ग के स्थान पर 'ओ' हो जाता है; जैसे–
   तेजः + असि = तेजोसि

   (ii) यदि विसर्ग के बाद च, छ हो तो विसर्ग का 'श' हो जाता है; जैसे–
   कः + चित = कश्चित
   निः + चित = निश्चित

   (iii) विसर्ग के बाद क, ख, प, फ हो तो विसर्ग का रूप नहीं बदलता है; जैसे–
   रजः + कण = रजः कण

   (iv) विसर्ग के बाद ट, ठ हों तो विसर्ग का 'ष' हो जाता है; जैसे–
   दुः + ट = दुष्ट
   नः + ट = नष्ट

6 » समास

समास दो या दो से अधिक शब्दों के आपस में मिलने पर जब एक शब्द बन जाता है, तो उसे समास कहा जाता है। समास के छह भेद होते हैं

1. **अव्ययीभाव समास** इस समास में पहला पद प्रधान होता है और सामासिक पद या समास पद अव्यय (उपसर्ग) होता है; जैसे–
   आपादमस्तक - पाद (पैरों) से मस्तक तक
   प्रतिमास - महीने-महीने
   यथाक्रम - क्रम के अनुसार
2. **तत्पुरुष समास** इस समास में अन्तिम पद प्रधान होता है तथा प्रथम पद विशेषण और दूसरा पद विशेष्य होता है। तत्पुरुष समास के

पहले पद में द्वितीया से सप्तमी कारक तक की विभक्ति का लोप होता है; जैसे–

गगनचुम्बी – गगन को चूमने वाला
सुखयुक्त – सुख से युक्त
देशभक्ति – देश के लिए भक्ति

3. **कर्मधारय समास** जिस समास में उपमान और उपमेय अथवा विशेषण और विशेष्य द्वारा सामासिक पद बनता है, तो उसे कर्मधारय समास कहते हैं; जैसे–

मृगनयन – मृग के नयनों के समान नयन
नीलकमल – नीला है जो कमल
पीताम्बर – पीत है जो अम्बर

4. **द्वन्द्व समास** जहाँ दोनों पद प्रधान हों और उनके बीच 'और' शब्द का लोप हो जाता है; जैसे–

जय-पराजय – जय और पराजय
लाभालाभ – लाभ और अलाभ
रामकृष्ण – राम और कृष्ण
रामलक्ष्मण – राम और लक्ष्मण

5. **द्विगु समास** जिस समास का पूर्व पद संख्यावाची होता है और उससे समूह का बोध होता है, उसे द्विगु समास कहते हैं; जैसे–

चौराहा – चार राहों का समूह
चतुर्भुज – चार भुजाओं का समाहार
त्रिफला – तीन फलों का समाहार

6. **बहुव्रीहि समास** जब किसी समास में दोनों पदों के अतिरिक्त किसी तीसरे पद की प्रधानता होती है, तो उसे बहुव्रीहि समास कहते हैं; जैसे–

दशानन – दश हैं आनन जिसके अर्थात् रावण
चन्द्रशेखर – चन्द्र है शिखर पर जिसके (शिव)
लम्बोदर – लम्बा है उदर जिसका (गणेश)

7 » विराम चिह्न

विराम चिह्न विराम का अर्थ रुकना या ठहरना है, जो चिह्न बोलते या पढ़ते समय रुकने का संकेत देते हैं, उन्हें विराम चिह्न कहते हैं।

विराम चिह्नों का प्रयोग

1. **पूर्ण विराम (।)** जहाँ वाक्य पूर्ण या समाप्त हो जाता है, वहाँ पर पूर्ण विराम चिह्न का प्रयोग करते हैं; जैसे–हिन्दी हमारी राष्ट्रभाषा है।
2. **अर्द्ध विराम (;)** जहाँ अल्प विराम की अपेक्षा कुछ अधिक देर तक रुकना पड़े, वहाँ अर्द्ध विराम चिह्न का प्रयोग होता है; जैसे-
मैं आपका काम कर दूँगा; आप निश्चित रहें।
3. **अल्प विराम (,)** जहाँ थोड़ी देर रुकना पड़े, वहाँ पर अल्प विराम चिह्न का प्रयोग करते हैं; जैसे–आत्मा अजर, अमर और अविनाशी है।
4. **प्रश्नवाचक (?)** जब किसी वाक्य में प्रश्नवाचक भाव हो, तो उसके अन्त में प्रश्नवाचक चिह्न का प्रयोग करते हैं; जैसे–
क्या तुम कॉलेज नहीं जाओगे?
5. **योजक चिह्न (-)** दो विलोम शब्द एवं 'और' का लोप करने के लिए या सम्बन्ध प्रदर्शन के लिए योजक चिह्न का प्रयोग होता है; जैसे–
यश-अपयश, कम-से-कम, खाना-पीना, कभी-कभी।
6. **विस्मयादिबोधक चिह्न (!)** आश्चर्य, करुणा, घृणा, भय आदि भावों की अभिव्यक्ति के लिए विस्मयादिबोधक चिह्न का प्रयोग होता है; जैसे–
वाह! तुम धन्य हो।
छि छि! कितने गन्दे हो तुम।
7. **उद्धरण चिह्न** ('....') (''....'') ये दो प्रकार के होते हैं इकहरे ('....') और दुहरे (''....''); जैसे–
'कामायनी' छायावाद की श्रेष्ठतम रचना है।
डॉ. वर्मा ने कहा है–''निराला जी की कविता 'वह तोड़ती पत्थर' बड़ी मार्मिक है।''
8. **निर्देशक या रेखिका चिह्न (-)** किसी विषय-विचार अथवा विभाग के मन्तव्य को स्पष्ट करने के लिए निर्देशक चिह्न या रेखिका चिह्न का प्रयोग किया जाता है; जैसे–
तुलसी ने कहा –''परहित सरिस धर्म नहीं भाई।''
9. **विवरण चिह्न (:-)** सामान्यतः विवरण चिह्न का प्रयोग निर्देशक चिह्न की भाँति ही होता है। विशेष रूप से जब किसी विवरण को प्रारम्भ करना होता है अथवा किसी कथन को विस्तार देना होता है, तब विवरण चिह्न का प्रयोग किया जाता है; जैसे–
जयशंकर प्रसाद ने कहा है:-'जीवन विश्व की सम्पत्ति है।'
10. **त्रुटि चिह्न (^)** अक्षर, पद, पद्यांश या वाक्य के छूट जाने पर छूटे अंश को उस वाक्य के ऊपर लिखने हेतु वाक्य के अंश के नीचे त्रुटि चिह्न का प्रयोग किया जाता है; जैसे–
    नहीं
राम ने खाना ^ खाया।

8 » वाक्य एवं वाक्य भेद

वाक्य विचारों को अभिव्यक्ति देने वाले पद समूह वाक्य कहलाते हैं। वाक्य सार्थक शब्दों का एक व्यवस्थित समूह होता है।

वाक्य में कर्ता एवं क्रिया अवश्य होते हैं, जिससे पूर्ण अर्थ की अभिव्यक्ति ना हो वह वाक्य नहीं है। वाक्य के दो भाग होते हैं–1. उद्देश्य 2. विधेय।

जिसके विषय में कुछ कहा जाए वह उद्देश्य है। बाकी (शेष) वाक्यांश विधेय होता है।

जैसे–श्याम गाना गाता है।

उद्देश्य 'श्याम' तथा विधेय–गाना गाता है।

वाक्य भेद रचना के आधार पर वाक्य के तीन भेद होते हैं

1. **सरल वाक्य** एक ही उद्देश्य और एक ही विधेय वाले वाक्य, सरल वाक्य होते हैं; जैसे–
बिजली चमकती है।
2. **संयुक्त वाक्य** जिसमें दो या दो से अधिक वाक्य-खण्ड स्वतन्त्र होते हुए भी किसी समुच्चयबोधक द्वारा जुड़े होते हैं, संयुक्त वाक्य कहलाते हैं; जैसे– सीता पुस्तक पढ़ रही है और कमला खेल रही है।
मैं आया और वह गया।
3. **मिश्रित वाक्य** जिस वाक्य में एक प्रधान वाक्य हो और अन्य वाक्य उसके अधीन हों, उसे मिश्रित वाक्य कहते हैं; जैसे-
मैं यह जानता हूँ कि यह काम आपसे नहीं होगा।
मैंने तुम्हारी पेन्सिल चुराई, यह असत्य है।

अर्थ की दृष्टि से वाक्य के आठ भेद होते हैं

1. **सामान्य कथनात्मक** (विधान वाचक) **वाक्य**–अध्यापिका पढ़ा रही है।
2. **इच्छार्थक वाक्य**–बेटा, तुम ऊँचाई पर बढ़ते जाओ।
3. **प्रश्नवाचक वाक्य**–आप विद्यालय कब जाओगे?
4. **निषेधात्मक वाक्य**–बेटा, दूसरों की चीजें मत छूना।
5. **विस्मयादिबोधक**–अफसोस! वह इतनी जल्दी चला गया।
6. **संकेतवाचक वाक्य**–यदि तुम वृन्दावन चलो तो मैं भी चलूँगा।
7. **सन्देहवाचक वाक्य**–शायद ही मनोहर आज आए।
8. **आज्ञार्थक वाक्य**–आप कमरे से बाहर चले जाइए।

9 » शब्द भण्डार

विलोम शब्द

विलोम का अर्थ है–'उल्टा' या 'विपरीत'। उल्टे अर्थ में प्रयोग होने वाले शब्द को विलोम या विपरीतार्थक शब्द कहते हैं।

प्रमुख विलोम शब्द निम्नलिखित हैं-

शब्द	विलोम	शब्द	विलोम
विश्लेषण	संश्लेषण	अधोलिखित	उपरिलिखित
अर्वाचीन	प्राचीन	अनुग्रह	विग्रह
अत्यधिक	अत्यल्प	अभिज्ञ	अनभिज्ञ
ऋत	अनृत	अगाध	छिछला
चिरन्तन	नश्वर	अश्लील	श्लील
गुप्त	प्रकट	आंकुचन	प्रसारण
कृश	पुष्ट	ऋजु	वक्र
ईद	मुहर्रम	आगामी	विगत

पर्यायवाची शब्द

'पर्याय' का अर्थ है 'बदले में आने वाला'। जहाँ पर दो शब्दों के अर्थ में समानता होती है वे शब्द एक-दूसरे के पर्याय कहलाते हैं। पर्यायवाची शब्दों को 'प्रतिशब्द या 'समानार्थक' शब्द भी कहा जाता है। कुछ महत्त्वपूर्ण पर्यायवाची शब्द निम्न प्रकार हैं

शब्द	पर्यायवाची शब्द
अर्जुन	पार्थ, भारत, गुडाकेश, धनंजय, कौन्तेय, गांडीवधारी
आकाशगंगा	मंदाकिनी, सुरनदी, नभगंगा, स्वर्गनदी
आश्रम	मठ, विहार, कुटी, अखाड़ा, संघ
ऐश्वर्य	ऋद्धि, सम्पन्नता, वैभव, समृद्धि
आम	रसाल, सहकार, अमृतफल, पिकबन्धु, पियम्बु
उपवास	व्रत, लंघन, निराहार, अनशन, फाका
ओस	तुषार, तुहिनकण, हिमकण, हिमबिन्दु
कबूतर	कपोत, रक्तलोचन, पारावत, हरीत
कली	कोपल, मुकुल, नवपल्लव, कलिका
चाँदनी	कौमुदी, ज्योत्स्ना, चन्द्रिका

समश्रुति भिन्नार्थक शब्द

समश्रुति भिन्नार्थक चार शब्दों से मिलकर बना है-

सम + श्रुति + भिन्न + अर्थ।

इसका अर्थ है 'सुनने में समान लगने वाले किन्तु भिन्न अर्थ वाले दो शब्द अर्थात् वे शब्द जो सुनने और उच्चारण करने में समान प्रतीत हों, किन्तु उनके अर्थ भिन्न-भिन्न हों 'समश्रुति भिन्नार्थक' शब्द कहलाते हैं। कुछ शब्द-युग्म और उनके भिन्न अर्थ निम्न प्रकार हैं-

शब्द	भिन्न अर्थ	शब्द	भिन्न अर्थ
असित	काला	कपिश	मटमैला
अशित	भोथरा	कपीश	वानर राजा
अयश	बदनामी	चषक	प्याला
अयस्	लोहा	चसक	लत
अमित	बहुत	दारु	लकड़ी
अमीत	शत्रु	दारू	शराब
अंस	कंधा	निश्चल	अडिग
अंश	हिस्सा	निश्छल	छलरहित
अश्व	घोड़ा	परिक्षा	कीचड़
अश्म	पत्थर	परीक्षा	इम्तहान

वाक्यांश के लिए एक शब्द

वाक्यांश के लिए एक शब्द का प्रयोग भाषा सौन्दर्य में वृद्धि कर देता है। ऐसे शब्दों को 'स्थानापन्न शब्द' भी कहते हैं। कुछ महत्त्वपूर्ण शब्दों की सूची निम्नलिखित है-

शब्द	वाक्यांश
निरामिष	मांस रहित भोज
अप्रत्याशित	जिसकी पूर्व से आशा न की गई हो
आधिभौतिक	जीवों द्वारा होने वाला दुःख
प्रत्युत्पन्नमति	जिसे तुरन्त उचित उत्तर सूझ जाए
स्वेदज	जो पसीने से उत्पन्न हो
स्वयंभू	जो स्वयं उत्पन्न हुआ हो
छिद्रान्वेशी	जो दूसरों में दोष ही देखता हो
अधिपत्य	पहाड़ के ऊपर की समतल भूमि
अतीन्द्रिय	इन्द्रियों की पहुँच से बाहर
कुलीन	अच्छे कुल में जन्म लेने वाला
जंगम	एक स्थान से दूसरे स्थान पर चलने वाला
जिजीविषा	जीने की इच्छा
जौहर	अपने सतीत्व की रक्षा के लिए किया जाने वाला आत्मदाह

शब्दार्थ

शब्दों का अर्थ हिन्दी भाषा का ज्ञान कराना है। इससे भाषा-वैशिष्ठ्य का अभिज्ञान होता है। कुछ शब्द और उनके अर्थ निम्न प्रकार हैं-

शब्द	अर्थ
अन्वेषण	पूर्व विद्यमान वस्तु की खोज
अनुसन्धान	निर्धारित तथ्य की छानबीन
अंचल	साड़ी का छोर
व्याधि	रोग (शारीरिक)
अभिभाषण	राष्ट्रपति द्वारा दिया जाने वाला भाषण
अमिष	संसारी सुख
आद्य	प्रथम
अव्यय	अविकारी शब्द
अपत्य	संतान
अर्घ	मूल्य
अपर	अतिरिक्त
अवर	नीचे का
असन	भोजन
क्लैव्य	नपुंसकता

10 » मुहावरे एवं लोकोक्तियाँ

मुहावरे

ऐसा वाक्यांश, जो सामान्य अर्थ का बोध न कराकर किसी विलक्षण अर्थ की प्रतीति कराए, मुहावरा कहलाता है।

यहाँ कुछ महत्त्वपूर्ण मुहावरे अर्थ सहित प्रस्तुत हैं

मुहावरे	अर्थ
आइने में मुँह देखना	वास्तविकता का ज्ञान होना
अन्धे के आगे रोना अपना दीदा खोना	असहाय व्यक्ति से सहायता माँगना
अच्छी मति जो चाहो, बूढ़े पूछन जाओ	बड़े बूढ़ों की सलाह से कार्य सिद्ध हो जाते हैं
आज का बनिया कल का सेठ	काम करते रहने से आदमी बड़ा बन ही जाता है
आस्तीन का साँप	कपटी मित्र
अँगूर खट्टे होना	अपनी असफलता पर पर्दा डालना
अपना तोसा अपना भरोसा	अपने पास रखी वस्तुओं पर भरोसा
अपनी करनी पार उतरनी	कर्म के अनुरूप ही फल की प्राप्ति
देशी कुतिया विलायती बोल	अपना छोड़ना दूसरे की नकल करना
चाँदी का जूता मारना	पैसे के बल पर काम करवाना
रंगा सियार होना	बाहर से कुछ और भीतर से कुछ और
कुँए में भाग पड़ी होना	बुरी बात का व्यापक प्रभाव होना
लिखे ईसा पढ़े मूसा	गन्दी लिखावट
ईंट की देवी, भाँग का प्रसाद	जैसा व्यक्ति वैसी आवभगत
पढ़े फारसी बेचे तेल	योग्यतानुसार कार्य न करना

लोकोक्तियाँ

किसी महापुरुषों, साहित्यकारों, विद्वानों द्वारा कही गई उक्तियाँ या वचन जो लोक (समाज) में प्रचलित हो जाते हैं। उनके मूल में कोई घटना या लोककथा होती है। लोकोक्ति का अर्थ बिना वाक्य प्रयोग के भी अभिव्यक्त होता है। कुछ महत्त्वपूर्ण लोकोक्तियाँ निम्नलिखित हैं-

आए थे हरि भजन को ओटन लगे कपास

अर्थ एक कार्य को पूरा ना कर दूसरे निम्न काम में लग जाना।

ऊँट चढ़े पर कुत्ता काटे

अर्थ विपत्ति सर्वत्र पीछा करती है।

एकै साधे सब सधै, सब साधे सब जाय

अर्थ एक बार में एक ही कार्य करना चाहिए।

खिसियानी बिल्ली खम्भा नोंचे

अर्थ कमजोर की खीझ।

घर का जोगी जोगड़ा आन गाँव का सिद्ध

अर्थ योग्य व्यक्ति की घर में महत्ता नहीं होती।

दाल-भात में मूसरचन्द

अर्थ दूसरों के बीच व्यर्थ में पड़ना (हस्तक्षेप करना)।

साँप मरे ना लाठी टूटे

अर्थ बिना किसी नुकसान के काम बना।

11 » रस, छन्द एवं अलंकार

रस

रस शब्द की व्युत्पत्ति के अनुसार–'रसस्यते असो इति रसाः' अर्थात् जिससे आस्वाद मिले, वही रस है, किन्तु यह सामान्य अर्थ है। साहित्य के पठन-पाठन से जो आनन्दानुभूति होती है, वही काव्यशास्त्र में 'रस' कहलाता है। भरतमुनि का प्रचलित रस सूत्र है–

'विभावानुभावव्यभिचारी संयोगाद्रसनिष्पत्तिः'

अर्थात् विभाव, अनुभाव और व्यभिचारी भावों के संयोग से रस की निष्पत्ति होती है। रस के चार तत्त्व होते हैं

1. **स्थायी भाव** हृदय में मूल रूप से विद्यमान रहने वाले भाव, स्थायी भाव कहलाते हैं। स्थायी भावों की संख्या नौ होती है।
2. **विभाव** वह कारण जो आश्रय में भाव जाग्रत या उद्दीप्त करता हो। स्थायी भावों के उद्बोधक कारण को विभाव कहते हैं। विभाव के दो प्रकार होते हैं
   (i) **आलम्बन विभाव** इसके कारण स्थायी भाव जाग्रत होते हैं।
   (ii) **उद्दीपन विभाव** जिन वस्तुओं या परिस्थितियों को देखकर स्थायी भाव उद्दीप्त होने लगता है, वह उद्दीपन विभाव कहलाता है।
3. **अनुभाव** आलम्बन या उद्दीपन विभाव द्वारा रस को पुष्ट करने वाली शारीरिक या मानसिक चेष्टाएँ अनुभाव कहलाती हैं।
4. **संचारी भाव** मन में संचरण करने वाले (आने-जाने वाले) भावों को संचारी या व्यभिचारी भाव कहते हैं। ये भाव पानी के बुलबुलों के समान उठते और विलीन हो जाने वाले भाव होते हैं। संचारी भावों की कुल संख्या 33 होती है।

रस के प्रकार

रस नौ प्रकार के होते हैं, परन्तु वात्सल्य एवं भक्ति को भी रस माना गया है।

1. **शृंगार रस** शृंगार रस को आचार्य भोजराज ने 'रसराज' कहा है। नायक-नायिका के सौन्दर्य और प्रेम सम्बन्धी वर्णन की परिपक्व अवस्था को शृंगार रस कहते हैं। इसके दो भेद होते हैं, संयोग शृंगार और वियोग-शृंगार। इसका स्थायी भाव 'रति' होता है; जैसे–

   एक पल मेरे प्रिया के दृग पलक
   थे उठे ऊपर, सहज नीचे गिरे।
   चपलता ने इस विकम्पित पुलक से
   दृढ़ किया मानो प्रणय सम्बन्ध था।

2. **करुण रस** किसी प्रिय वस्तु या व्यक्ति के अनिष्ट से हृदय को जो क्षोभ होता है, वह करुण रस कहलाता है। इसका स्थायी भाव 'शोक' होता है; जैसे–

   ''हाय राम! कैसे झेलें हम अपनी लज्जा अपना शोक।
   गया हमारे ही हाथों से अपना राष्ट्रपिता परलोक।।''

3. **वीर रस** युद्ध अथवा अन्य शौर्य पराक्रम वाले कार्यों में हृदय में जो उत्साह उत्पन्न होता है, उसी से वीर रस की पुष्टि होती है। इसका स्थायी भाव 'उत्साह' है। ; जैसे–

   हे सारथे! हैं द्रोण क्या, देवेन्द्र भी आकर अड़े,
   है खेल क्षत्रिय बालकों का व्यूह-भेदन कर लड़ें।

4. **भयानक रस** किसी भयानक वस्तु, दृश्य, जीव या व्यक्ति को देखने, सुनने या उसका स्मरण होने से चित्त में जो व्याकुलता उत्पन्न होती है, उसे भय कहते हैं। इस 'भय' 'स्थायी भाव से भयानक रस की उत्पत्ति होती है; जैसे–

   नभ ते झपटत बाज लजि, भूल्यो सकल प्रपंच।
   कंपित तन व्याकुल नयन, लावक हिल्यौन रंच।।

5. **रौद्र रस** जहाँ पर अपने गुरु-आत्मीय की निन्दा, देशभक्ति का अपमान हो, वहाँ पर शत्रु से प्रतिशोध की भावना क्रोध से पुष्ट होकर, रौद्र रस के रूप में व्यक्त होती है; जैसे–

   ''बोरौ, सबै रघुवंश कुठार की,
   धार में बारन बाजि, सरत्थहिं।
   बान की वायु उड़ाव के लच्छन,
   लच्छ करौं अरिहा, समरत्थहिं।''

6. **शान्त रस** संसार के प्रति उदासीनता तथा जीवन की नश्वरता का बोध होने से उत्पन्न वैराग्य के भाव को शान्त रस कहते हैं। इसका स्थायी भाव 'निर्वेद' होता है; जैसे–

   ''मन रे तन कागद का पुतला,
   लागै बूँद विनसि जाय छिन में गरब करै क्यों इतना।''

7. **हास्य रस** विचित्र स्थिति या परिस्थितियों के कारण उत्पन्न विनोद को हास्य रस कहते हैं। इसका स्थायी भाव 'हास' होता है; जैसे–

   ''विन्ध्य के वासी उदासी, तपोव्रत धारी महा बिनु नारि दुखारे।
   गौतमतीय तरी तुलसी सो, कथा सुनि में मुनि वृन्द सुखारे।।''

8. **वीभत्स रस** घृणित वस्तुओं, व्यक्तियों आदि को देखकर या उनके विषय में सुनने या विचार करने से उत्पन्न घृणा के कारण वीभत्स रस की निष्पत्ति होती है। इसका स्थायी भाव 'जुगुप्सा' या 'घृणा' होता है; जैसे–

   ''सिर पर बैठो काग आँखि दोउ-खात निकारत।
   खींचत जीभहिं स्यार अतिहि आनन्द उर धारत।।''

9. **अद्भुत रस** किसी आश्चर्यजनक वस्तु को देखकर या ऐसी ही कोई बात सुनकर होने वाले विस्मय से अद्भुत रस की निष्पत्ति होती है। इसका स्थायी भाव 'विस्मय' होता है; जैसे–

   ''देखा जसोदा ने बाल मुख में, जीवंत ब्रह्माण्ड सारा।
   हुई विस्मित सिहरन लागि, समझी स्व को ज्यूँ नभ-तारा।।''

10. **वात्सल्य रस** छोटों के प्रति उनके माता-पिता, भाई-बहन आदि के हृदय में उत्पन्न स्नेह के भाव को वात्सल्य रस कहते हैं। इसका स्थायी भाव 'स्नेह' या 'वत्सलता' होता है; जैसे–

    ''कर-मुख में नवनीत तन रेणु मण्डित, शिशु श्याम सोहे रहे हैं।
    नंद-जसोदा देख छवि ऐसी, मन ही मन इतराए रहे हैं।''

11. **भक्ति रस** जब हृदय ईश्वर की भक्ति में लीन हो जाता है, तो उसके हृदय में ईश्वर के प्रति जो भाव पैदा होता है, उससे भक्ति रस की निष्पत्ति होती है। इसका स्थायी भाव 'ईश्वर विषयक रति' होता है; जैसे–

    ''कहूँ क्यूँ प्रभु मैं अलग हूँ तुमसे,
    तुम मुझमें और मैं हूँ तुममें।''

छन्द

लय, विराम, तुक, मात्रा, वर्ण आदि के नियमों से बँधी पंक्तियाँ छन्द कहलाती हैं। वर्ण, मात्रा, यति, गति, चरण, तुक आदि छन्द के अंग होते हैं। गण तीन वर्णों का समूह होता है और गणों की संख्या आठ होती है।

यगण, मगण, तगण, रगण, जगण, भगण, नगण, सगण।

छन्द मुख्य रूप से तीन प्रकार के होते हैं

1. **मात्रिक छन्द** इस छन्द में छन्द की पहचान मात्राओं की गणना के आधार पर होती है।
2. **वर्णिक छन्द** इन छन्दों की पहचान के लिए वर्णों के क्रम पर विचार किया जाता है।
3. **मुक्त छन्द** इनकी पहचान में मात्रा और वर्णों पर ध्यान नहीं दिया जाता है।

कुछ मात्रिक छन्द

1. **दोहा** इसके प्रथम और तृतीय चरण में 13-13 मात्राएँ और द्वितीय एवं चतुर्थ चरण में 11-11 मात्राएँ होती हैं। यह अर्द्धसम मात्रिक छन्द हैं; जैसे–

   SS II SS IS SS SII SI
   मेरी भव बाधा हरौ, राधा नागरि सोइ।
   S II S SS IS SI III II SI
   जा तन की झाँई परे, स्याम हरित दुति होई।।

2. **सोरठा** यह अर्द्धसम मात्रिक छन्द है। इसके पहले और तीसरे चरण में 11-11 मात्राएँ तथा दूसरे और चौथे चरण में 13-13 मात्राएँ होती हैं। यह दोहे का उल्टा छन्द होता है, जैसे–

   II SII S SI SI SSI IIIS
   सुन केवट के बैन, प्रेम लपेटे अटपटे।
   IIS IISSI III SIS III II
   बिहसे करुणाएन, चितह जानकी लखन तन।।

3. **चौपाई** यह एक सममात्रिक छन्द है। इसके प्रत्येक चरण में 16-16 मात्राएँ होती हैं तथा अन्त में दो गुरु शुभ माने जाते हैं। इसमें चार चरण होते हैं। जैसे–

   I I I I S S I I I I SS
   निरखि सिद्ध साधक अनुरागे।
   I I I I SI I SII S S
   सहज सनेहु सराहन लागे।
   होत न भूतल भाव भरत को।
   अचर सचर चर अचर करत को।।

4. **बरवै**-यह अर्द्ध सम मात्रिक छन्द है। इसके विषम चरणों में 12-12 और सम चरणों में 7-7 मात्राएँ होती हैं। रोला, कुण्डलिया, हरिगीतिका, छप्पय, गीतिका आदि अन्य मात्रिक छन्द हैं।

कुछ वर्णिक छन्द

1. **इन्द्रवज्रा** इसके प्रत्येक चरण में दो तगण, एक जगण और दो गुरु होते हैं। इसके प्रत्येक चरण में 11 वर्ण होते हैं; जैसे–

S S I S S I I S I S S
मैं जो नया ग्रन्थ विलोकता हूँ।
भाता मुझे सो नव मित्र सा है।

2. **उपेन्द्रवज्रा** इसमें, जगण, तगण, जगण और दो गुरु के क्रम से प्रत्येक चरण में 11 वर्ण होते हैं; जैसे–
चले बली पादक पादुका लै
I S I S S I I S I S S –11वर्ण
प्रदक्षिणा राम सियाहु को दै

3. **वंशस्थ** यह वर्णिक समवृत छन्द है और इसके प्रत्येक चरण में 12 वर्ण होते हैं। प्रत्येक चरण में जगण, तगण, जगण और रगण आते हैं और 12वें वर्ण पर यति होती है; जैसे–
लसी कहीं थी सरसा सरोजिनी –12 वर्ण
कुभोदिनी मानस मोदिनी कहीं –12 वर्ण

4. **वसन्ततिलका** वर्णिक समवृत छन्द है। इसके प्रत्येक चरण में 14 वर्ण होते हैं। प्रत्येक चरण में क्रमशः तगण, भगण, जगण और दो गुरु होते हैं; जैसे–
कुंजें वही, थल वही, यमुना वही हैं। 14 वर्ण
बेले वही, वन वही, विटपी वही है।। 14 वर्ण

5. **कवित्त** यह वर्णिक समवृत्त छन्द है। इसमें 31 वर्ण होते हैं और 16-15 वर्णों पर यति होती है और अन्तिम वर्ण गुरु होता है।

6. **सवैया** 22 से 26 वर्णों तक के चार चरणों वाले छन्द सवैया कहलाते हैं। इसके 48 भेद बताए गए हैं।

7. **मालिनी** प्रत्येक चरण में नगण, नगण, मगण, यगण, यगण होते हैं। इसमें 7-8 वर्णों पर यति से 15 वर्ण होते हैं; जैसे–
प्रिय पति वह मेरा प्राण-प्यारा कहाँ है? -15 वर्ण
दुःख जलनिधि-डूबी का सहारा कहाँ है?-15 वर्ण

अलंकार

काव्य की शोभा बढ़ाने वाले तत्त्वों को अलंकार कहते हैं।

काव्य में जहाँ शब्दों द्वारा चमत्कार उत्पन्न हो, वहाँ **शब्दालंकार** और जहाँ अर्थ के द्वारा सौन्दर्य उत्पन्न हो, वहाँ **अर्थालंकार** होता है। प्रमुख अलंकार निम्नलिखित हैं

1. **अनुप्रास अलंकार** एक ही व्यंजन वर्ण की आवृत्ति होने पर अनुप्रास अलंकार होता है; जैसे–
मुदित महीपति मन्दिर आए,
सेवक सचिव सुमंत बुलाए।

2. **यमक अलंकार** जहाँ एक ही शब्द या शब्द-समूह का दो या अधिक बार प्रयोग हो लेकिन प्रत्येक बार अर्थ अलग हो; वहाँ यमक अलंकार होता है; जैसे–
''कहै कवि बेनी, बेनी ब्याल की चुराई लीनी''।

3. **श्लेष** जहाँ एक शब्द एक ही बार प्रयोग होता है, परन्तु अलग सन्दर्भों में अलग-अलग अर्थ निकलते हैं, वहाँ श्लेष अलंकार होता है; जैसे–
''मंगन को देख पट देत बार-बार है।''

4. **उपमा** जहाँ गुण, स्वभाव, धर्म के आधार पर समान लगने वाली दो वस्तुओं की परस्पर तुलना की जाए वहाँ उपमा अलंकार होता है; जैसे– ''हरि पद कोमल कमल से''

5. **रूपक** जहाँ उपमेय की तुलना उपमान से भेदरहित रूप में होती है वहाँ रूपक अलंकार होता है; जैसे–
''चरण कमल बन्दौ हरि राई।''

6. **अतिशयोक्ति** जहाँ किसी वस्तु का बढ़ा-चढ़ाकर वर्णन किया जाए वहाँ अतिशयोक्ति अलंकार होता है; जैसे–
''सुनत पथिक मुँह, निसि चलति लूबै उहिग्राम''

7. **असंगति** जहाँ कारण कहीं हो और कार्य कहीं हो; वहाँ असंगति अलंकार होता है। जैसे–
''मेरे जीवन की उलझन, बिखरी थीं उनकी अलकें।
पी ली मदिरा किसने, बन्द हमारी पलकें।।''

8. **प्रतीप** जहाँ उपमेय का उपमान के रूप में वर्णन किया जाए वहाँ प्रतीप अलंकार होता है। जैसे–
'इन चचंल नयनों का जादू, जड़ मीन कहाँ से पाएँगे'

9. **भ्रान्तिमान** जहाँ समानता के कारण एक वस्तु में किसी दूसरी वस्तु का भ्रम हो, वहाँ भ्रान्तिमान अलंकार होता है; जैसे–''रस्सी है या साँप''

10. **अपह्नुति** जहाँ उपमेय का निषेध कर उपमान का आरोप कर दिया जाए, वहाँ अपह्नुति अलंकार होता है; जैसे–
वह मधुशाला नहीं, जहाँ पर मदिरा बेची है,
भेंट जहाँ मस्ती की मिलती, मेरी वह मधुशाला है।

11. **विभावना** जहाँ कारण के बिना कार्य का होना पाया जाता है, वहाँ विभावना अलंकार होता है; जैसे– याद तो करता नहीं हूँ अब तुम्हें मैं।
चाह फिर भी तिर रही है आज मन में।

12 » वाक्य शुद्धि

वाक्य शुद्धि भाषा में वाक्य का स्थान सर्वोपरि होता है। व्याकरणिक रूप से शुद्ध, सन्तुलित और व्यवस्थित वाक्य ही अपने भाव की पूर्ण रूप से अभिव्यक्ति करने में समर्थ होता है। वाक्य में प्रायः संज्ञा, सर्वनाम, विशेषण, लिंग, वचन, कारक, क्रिया, क्रिया-विशेषण, अव्यय, सन्धि, समास, काल आदि से सम्बन्धित अशुद्धियाँ वाक्य की भावाभिव्यक्ति में बाधा उत्पन्न करती हैं।

वाक्य में निम्न से सम्बन्धित अशुद्धियों को दूर करना ही वाक्य शुद्धि कहलाता है। कुछ शुद्ध वाक्य इस प्रकार हैं-

अशुद्ध तुम्हें स्मरण दिलाना चाहिए।
शुद्ध तुम्हें स्मरण कराना चाहिए।
अशुद्ध तुम अपने मत का स्पष्टीकरण करो।
शुद्ध तुम अपना मत स्पष्ट करो।
अशुद्ध आप कार को भी लाए हैं।
शुद्ध आप कार भी लाए हैं।
अशुद्ध साहित्य और जीवन का घनघोर सम्बन्ध है।
शुद्ध साहित्य और जीवन का परस्पर सम्बन्ध है।
अशुद्ध सभा के प्रत्येक सदस्यों की यही राय थी।
शुद्ध सभा के प्रत्येक सदस्य की यही राय थी।
अशुद्ध वह विलाप करके रोने लगी।
शुद्ध वह विलाप करने लगी।
अशुद्ध मैं आपका धन्यवाद करता हूँ।
शुद्ध मैं आपको धन्यवाद देता हूँ।
अशुद्ध वे बड़े सज्जन व्यक्ति हैं।
शुद्ध वे बड़े सज्जन हैं।
अशुद्ध सुनो! दवाई खाने का समय हो गया है।
शुद्ध सुनो! दवा खाने का समय हो गया है।
अशुद्ध उसने नौकरी छोड़ दिया।
शुद्ध उसने नौकरी छोड़ दी।
अशुद्ध आज हमारी सौभाग्यवती कन्या का विवाह है।
शुद्ध आज हमारी आयुष्मती कन्या का विवाह है।
अशुद्ध दो पूड़ियाँ सेंक दो।
शुद्ध दो पूड़ियाँ बना दो।

13 » रचनाएँ एवं उनके रचनाकार

कुछ रचनाएँ और उनके रचनाकार दिए जा रहे हैं, जो परीक्षा की दृष्टि से महत्त्वपूर्ण हैं-

रचना	रचनाकार
वैदेही वनवास	अयोध्या सिंह उपाध्याय 'हरिऔध'
तुलसीदास	सूर्यकान्त त्रिपाठी 'निराला'
शिवराज भूषण	भूषण
शब्द रसायन	देव
सूरज का सातवाँ घोड़ा	धर्मवीर भारती
आर्यों का आदि देश	डॉ. सम्पूर्णानन्द
संस्कृति के चार अध्याय	'दिनकर'
अशोक के फूल	हजारी प्रसाद द्विवेदी
भक्तमाल	नाभादास
परमाल रासो	जगनिक
पृथ्वीराज रासो	चन्दबरदाई
सौ अजान एक सुजान	पण्डित बालकृष्ण भट्ट
हिन्दी शब्दानुशासन	पण्डित किशोरीदास वाजपेयी
पहाड़ पर लालटेन	मंगलेश डबराल
पद्मावत	जायसी
मृगावती	कुतुबन
अनुराग बाँसुरी	नूर मुहम्मद

रचना	रचनाकार
चित्रावली	उसमान
चिन्तामणि	रामचन्द्र शुक्ल
यामा	महादेवी वर्मा
कितनी नावों में कितनी बार	अज्ञेय
चिदम्बरा	पंत
श्रीरामचरितमानस	तुलसीदास
सूरसागर	सूरदास
हम बुरे नहीं थे	मणिका मोहिनी
गुरुदेव	महावीर शरण
हारे को हरिनाम	दिनकर
नाच्यो बहुत गोपाल	अमृतलाल नागर
छोटी मछली बड़ी मछली	शैलेश मटियानी
मुक्तिगन्धा	सोहनलाल द्विवेदी
शेखर : एक जीवन	अज्ञेय
आवारा मसीहा	विष्णु प्रभाकर
तेरा प्यार	राजीव सक्सेना
डूबते मस्तूल	नरेश मेहता
कुरु-कुरु स्वाहा	मनोहरश्याम जोशी
घासीराम कोतवाल	विजय तेन्दुलकर
गद्दार	कृष्णचन्दर

रचना	रचनाकार
दलित साहित्य का सौन्दर्यशास्त्र	ओमप्रकाश वाल्मीकि
दीक्षा	नरेन्द्र कोहली
बेघर	ममता कालिया
नीम की छाँव	मधुमालती जैन
लहर पुकारे	नीरज
खुशबू के शिलालेख	भवानी प्रसाद मिश्र
शासन की बन्दूक	नागार्जुन
फुरसतनामा	सुदर्शन मजीठिया
कुर्शी सूत्र	यशवंत कोठारी
त्यागपत्र	जैनेन्द्र कुमार
कालीदास की लालित्य योजना	हजारी प्रसाद द्विवेदी
आलोचक की आस्था	डॉ. नगेन्द्र
गिरमिटिया गाँधी	गिरिराज किशोर
मोहनदास	उदय प्रकाश
पृथ्वीपुत्र	वासुदेव शरण अग्रवाल
कला और बूढ़ा चाँद	सुमित्रानन्दन पन्त
अँधेर नगरी	भारतेन्दु हरिश्चन्द्र
शिव शम्भू के चिट्ठे	बालमुकुन्द गुप्त
आत्महत्या के विरुद्ध	रघुवीर सहाय
बाणभट्ट की आत्मकथा	हजारी प्रसाद द्विवेदी

रचना	रचनाकार
बकरी	सर्वेश्वरदयाल सक्सेना
रामचन्द्रिका	केशवदास
सदाचार का ताबीज	हरिशंकर परसाई
तीसरे बन्दर की कथा	लतीफ घोघी
अफलातूनों का शहर	केशवचन्द्र वर्मा
वर्णरत्नाकर	ज्योतिश्वर ठाकुर
राउल वेल	रोड़ा कवि
पउमचरिउ	स्वयंभू
श्रावकाचार	देवसेन
पाहुड़दोहा	रामसिंह
चन्दायन	मुल्लादाऊद
चाँद का मुँह टेड़ा है	मुक्तिबोध
अपने-अपने पिन्जरे	मोहनदास नेमिशराय
अन्या से अनन्या	प्रभा खेतान
मेरी तिब्बत यात्रा	राहुल सांस्कृत्यायन
साकेत	मैथिलीशरण गुप्त
राम की शक्तिपूजा	निराला
मानस का हंस	अमृतलाल नागर
अन्धा कुआँ	लक्ष्मीनारायण लाल

शिक्षाशास्त्र

1 » अधिगम एवं अर्जन

भाषा-अधिगम

जब किसी भाषा को व्यवस्थित शिक्षण प्रक्रिया द्वारा सीखा जाता है, तो वह भाषा अधिगम कहलाता है। इसका शिक्षण कक्षा अथवा व्यवस्थित तरीके से विद्यालय में होता है।
इसमें शिक्षण सहायक सामग्री का प्रयोग अधिगम को सुगम और रुचिपूर्ण बनाने के लिए किया जाता है। भाषा अधिगम के लिए निम्नलिखित चीजें आवश्यक हैं

1. भाषा अधिगम के लिए कौशलों का प्रयोग एवं उनका अभ्यास अत्यावश्यक होता है।
2. भाषा अधिगम एक सतत् और चेतनापूर्ण प्रक्रिया है। यदि परिवेश को सार्थक बनाया जाए, तो यह प्रक्रिया और अधिक प्रभावशाली हो सकती है।
3. भाषा अधिगम के लिए विशेष परिस्थितियों को निर्मित किया जाता है, जिससे अधिगमकर्ता भाषा सीखने में रुचि ले सके।
4. भाषा अधिगम द्वितीय और तृतीय भाषा का होता है। प्रथम भाषा, मातृभाषा के अधिगम की आवश्यकता नहीं होती है।

भाषा-अर्जन

जब किसी भाषा को बिना किसी व्यवस्थित शिक्षण प्रणाली के सहज रूप से सीखा जाता है, तो वह भाषा-अर्जन कहलाता है। इसमें विशेष प्रयास की आवश्यकता नहीं होती है। भाषा अर्जन बालक अपने परिवेश से स्वाभाविक रूप से करता है। भाषा-अर्जन की प्रमुख विशेषताएँ निम्न प्रकार हैं

1. भाषा-अर्जन बालक के मस्तिष्क की जन्मजात क्षमता द्वारा किया जाता है।
2. अधिगमकर्ता किसी भी भाषा का अर्जन उसके सुलभ वातावरण से करता है।
3. भाषा-अर्जन अचेतन प्रक्रिया है। इसके अर्जन के लिए कोई विशेष प्रयास की आवश्यकता नहीं होती है।
4. भाषा-अर्जन अनुकूल वातावरण में हो तो और ज्यादा प्रभावशाली होता है।
5. भाषा-अर्जन मातृभाषा अथवा क्षेत्रीय भाषा का होता है।

2 » भाषा शिक्षण के सिद्धान्त

भाषा का अर्थ एवं महत्त्व

भाषा वह साधन है, जिसके माध्यम से हम अपने विचारों को अभिव्यक्त करते हैं। यह हमारे व्यक्तित्त्व निर्माण, विकास, अस्मिता और सामाजिक-सांस्कृतिक पहचान का भी साधन है। भाषा अपने समाज की संरचना, साहित्य, संस्कृति, मनोविज्ञान एवं सौन्दर्य की प्रचलित मान्यताओं से जुड़ी होती है।

भाषा शिक्षण का अर्थ एवं महत्त्व

भाषा शिक्षण वह प्रक्रिया है, जिसमें इस बात पर बल दिया जाता है कि बच्चा पढ़ना-लिखना कैसे सीख सकता है, ताकि वह भाषा को समझकर उसका प्रयोग कर सके। बच्चे को समाज की व्यवस्था के अनुकूल ढालने के लिए भी भाषा शिक्षण आवश्यक होता है।

'वाइगोत्स्की' के अनुसार ''बालकों के भाषा सीखने में समाज तथा परिवार एक महत्त्वपूर्ण भूमिका निभाते हैं।'' भाषा बाल विकास में भी सहायक होती है।

भाषा शिक्षण के उद्देश्य

भाषा शिक्षण के उद्देश्य निम्न हैं

1. **वक्ता के कथन को समझने की योग्यता** वक्ता द्वारा शाब्दिक और गैर-शाब्दिक रूप से व्यक्त किए गए विचारों को समझने की योग्यता का विकास करना भाषा शिक्षण का उद्देश्य होता है।

2. **सुसंगत लेखन** लेखन एक यान्त्रिक कौशल नहीं है। इसमें विभिन्न सम्बन्ध युक्तियों, व्याकरण, शब्द-ज्ञान, विषय, विराम-चिह्नों आदि पर पर्याप्त नियन्त्रण अर्जित करने के कौशल भी सम्मिलित हैं। अपने विचारों को सरल और व्यवस्थित ढंग से व्यक्त करने का विश्वास भी पैदा होना चाहिए।
3. **समझ के साथ पठन की योग्यता का विकास** वक्ता को विभिन्न व्याकरण सम्मत, अर्थगत और लिपि संकेतों के प्रयोग द्वारा आरेखित तरीके से सम्बन्धित विषय-वस्तु के पठन की आदत विकसित करनी चाहिए और अपने पूर्व ज्ञान से जोड़कर निष्कर्ष से अर्थ निर्माण करने की योग्यता होनी चाहिए।
4. **भाषा का वैज्ञानिक अध्ययन** भाषा की कक्षा में विभिन्न शिक्षण तकनीकियाँ अपनाई जानी चाहिए। बच्चे आँकड़ों का संकलन, आकलन, आँकड़ों का अवलोकन उनका वर्गीकरण एवं परिकल्पना करने इत्यादि में सक्षम होने चाहिए।

भाषा शिक्षण के सिद्धान्त

भाषा शिक्षण के सिद्धान्तों का प्रयोग करके विद्यार्थियों के भाषायी कौशलों को समृद्ध किया जा सकता है। भाषा शिक्षण के निम्नलिखित सिद्धान्त हैं

1. **अनुबन्धन का सिद्धान्त** भाषा शिक्षण में अनुबन्धन या साहचर्य का बहुत महत्त्व है। शैशवावस्था में जब बच्चे शब्द सीखते हैं, तो सीखना अमूर्त नहीं होता, बल्कि किसी मूर्त वस्तु से जोड़कर उन्हें शब्दों की जानकारी दी जाती है।
2. **अनुकरण का सिद्धान्त** चैपिनीज, शर्ली, कर्टी और वैलेण्टाइन आदि मनोवैज्ञानिकों ने अनुकरण के आधार पर भाषा सीखने का अध्ययन किया है। वे कहते हैं कि बालक अपने परिवार और साथियों की भाषा का अनुकरण करके सीखते हैं। जैसी भाषा जिस समाज में बोली जाती है, बच्चे उसी को सीखते हैं। यदि परिवार या समाज की भाषा में कोई दोष है तो वह सीखी हुई भाषा में भी परिलक्षित होता है।
3. **अभिप्रेरणा या रुचि का सिद्धान्त** हिन्दी में पाठ्य सामग्री और उसकी शिक्षण प्रणालियों का चयन बच्चों की रुचि एवं आवश्यकताओं के अनुरूप किया जाना चाहिए, क्योंकि बिना रुचि के बच्चों को भाषा नहीं सिखाई जा सकती। साथ ही भाषा सीखने के समय लगातार उन्हें प्रेरित (अभिप्रेरित) करने की आवश्यकता होती है, ताकि भाषा सीखने के प्रति विद्यार्थियों में रुचि एवं उत्साह बना रहे।
4. **क्रियाशीलता का सिद्धान्त** क्रियाशीलता बालकों में सीखने के क्रम में रुचि एवं उत्साह को बनाए रखती है, इसलिए अधिकांश शिक्षाशास्त्रियों ने भाषा-शिक्षण में इस सिद्धान्त को अपनाने की सिफारिश की है। क्रियाशीलता के लिए छात्रों से प्रश्न पूछना, स्कूल के साहित्यिक कार्यक्रमों में उन्हें भागीदारी के लिए कहना, पाठों का अभ्यास कराना, मौखिक एवं लिखित कार्य कराना आदि कार्य किए जाते हैं।
5. **अभ्यास का सिद्धान्त** थॉर्नडाइक ने कहा है–''भाषा एक कौशल है और इसका विकास अभ्यास पर ही निर्भर है।'' भाषा के कलात्मक और भावात्मक दोनों पक्षों के लिए अभ्यास अनिवार्य है। अभ्यास द्वारा छात्रों के भाषायी कौशलों को लगातार बेहतर बनाया जा सकता है। इसलिए विद्यार्थियों को लेख आधारित कार्य देना चाहिए।
6. **आवृत्ति का सिद्धान्त** भाषा सीखने में आवृत्ति का महत्त्वपूर्ण स्थान है, क्योंकि सीखी हुई बात को जितना दोहराया जाएगा, वह उतने ही अधिक समय तक स्थायी बनी रहेगी।
7. **साहचर्य का सिद्धान्त** बच्चों को सुनकर बोलना सीखने के लिए उस भाषा के बोलने वालों का साहचर्य मिलना आवश्यक है। बच्चा माँ को माँ और पिता को पिता कहना और पहचानना तभी जल्दी शुरू करेगा जब माँ और पिता को प्रत्यक्ष देखेगा।
8. **अनुपात एवं क्रम का सिद्धान्त** भाषा-शिक्षण में भाषा-कौशलों में छात्रों को निपुण बनाना भाषा-शिक्षण का मूल उद्देश्य है। बच्चे को सभी भाषायी कौशलों में निपुण बनाकर ही शिक्षण उद्देश्य प्राप्त किए जाते हैं। मुख्य रूप से चार भाषायी कौशल होते हैं–
   श्रवण, वाचन, पठन एवं लेखन। इन सभी कौशलों में निपुणता का अनुपात सही होना चाहिए।
9. **चयन का सिद्धान्त** हिन्दी भाषा शिक्षण के लिए कब किस सिद्धान्त या पद्धति को अपनाना है। इसके चयन का उपयुक्त ज्ञान अध्यापक को होना चाहिए। किस पाठ को किस रूप में प्रस्तुत करके छात्रों के लिए सरल एवं सहज बनाया जाए, ताकि वे सरलतापूर्वक विषय वस्तु को समझ सकें, जो रूप अधिक लाभकारी हो, उसका चयन करना चाहिए, जिससे छात्र लाभान्वित हो सकें।
10. **बालकेन्द्रिता का सिद्धान्त** भाषा-शिक्षण के समय यह ध्यान रहे कि शिक्षण का केन्द्र बालक है। भाषा शिक्षण में बालक के स्वभाव, क्षमता, रुचि, स्तर आदि का ध्यान रखा जाना चाहिए।
11. **मातृभाषा शिक्षण का सिद्धान्त** बच्चों को उनकी मातृभाषा में शिक्षण सिखाने से वे शीघ्रता से अपने ज्ञान में वृद्धि करते हैं। मनोवैज्ञानिक मानते हैं कि मातृभाषा में शिक्षण कार्य करने से विद्यार्थी शब्दों के साथ वस्तुओं का सम्बन्ध स्थापित कर लेते हैं, जिससे उसके विचार स्थायी रूप से निर्मित होते हैं।
12. **पुनर्बलन का सिद्धान्त** बी.एफ. स्किनर ने इस सिद्धान्त में स्पष्ट किया है कि जब तक अधिगम प्रक्रिया में अधिगमकर्ता को सफलता मिलती रहती है, तब तक वह उत्साहित होकर सीखता रहता है। सफलताएँ ही उसके मनोबल में वृद्धि कर लक्ष्य की ओर अग्रसर करती रहती हैं।
13. **वैयक्तिक विभिन्नता का सिद्धान्त** कक्षा के सभी छात्रों में वैयक्तिक विभिन्नताएँ होती हैं। किसी का उच्चारण अशुद्ध, किसी का लेखन अशुद्ध, कोई श्रवण बाधित, कोई मौन पठन नहीं कर सकता। पाठ की अधिगम क्षमता में भी छात्रों में भिन्नता होती है। इसलिए अध्यापक को इन सबकी वैयक्तिक विभिन्नताओं एवं कठिनाइयों को ध्यान में रखकर शिक्षण कार्य करना चाहिए।
14. **निश्चित उद्देश्य एवं पाठ्य-सामग्री का सिद्धान्त** भाषा शिक्षण के एक नहीं अनेक उद्देश्य होते हैं। बच्चों के ज्ञान, कौशल, रुचि एवं अभिवृत्ति का विकास करना होता है। प्रत्येक उद्देश्य की प्राप्ति, एक निश्चित अनुपात में होनी चाहिए। इसलिए विषय-वस्तु से सम्बन्धित विशेष नियमों से छात्रों को परिचित कराकर उसके बाद सामान्य नियमों से विद्यार्थियों को परिचित कराना चाहिए।
    अध्यापक को शिक्षण से पूर्व पाठ के उद्देश्य और उन उद्देश्यों की प्राप्ति के लिए विषय-सामग्री का चयन बच्चों के स्तर के अनुकूल करना चाहिए।

भाषा शिक्षण के प्रमुख नियम

भाषा शिक्षण के प्रमुख नियम निम्नलिखित हैं

1. मूर्त से अमूर्त की ओर
2. ज्ञात से अज्ञात की ओर
3. अनिश्चित से निश्चित की ओर
4. विश्लेषण से संश्लेषण की ओर
5. आगमन से निगमन की ओर
6. मनोवैज्ञानिकता से तार्किकता की ओर

3 » भाषा के कार्य एवं इसके विकास में बोलने एवं सुनने की भूमिका

भाषा अपने विचारों को अभिव्यक्त करने का माध्यम है। भाषा बौद्धिक क्षमता को भी अभिव्यक्त करती है। **हरलॉक** महोदय ने भाषा के सम्बन्ध में कहा है कि ''भाषा में सम्प्रेषण के वे सभी साधन आते हैं, जिसमें विचारों एवं भावों को प्रतीकात्मक बना दिया जाता है, जिसमें व्यक्ति अपने विचारों और भावों को दूसरे के समक्ष अर्थपूर्ण ढंग से अभिव्यक्त कर सके।''

भाषा के कार्य एवं महत्त्व

भाषा के कार्य एवं महत्त्व निम्नलिखित हैं

1. **इच्छाओं और आवश्यकताओं की सन्तुष्टि** भाषा, व्यक्ति को अपनी आवश्यकता, इच्छा, पीड़ा अथवा मनोभावों को दूसरे के समक्ष व्यक्त करने की क्षमता प्रदान करती है, जिससे दूसरा व्यक्ति

सरलता से उसकी आवश्यकताओं को समझकर समाधान प्रदान करता है।

2. **विचार-विनिमय के सरलतम एवं सर्वोत्कृष्ट साधन के रूप में** बालक जन्म के कुछ दिनों बाद परिवार में रहकर भाषा सीखने लगता है। यह अनुकरण द्वारा होता है, इसे सीखने के लिए अध्यापक की आवश्यकता नहीं होती और यह बालक के विचार-विनिमय में सहायक होती है।
3. **सामाजिक सम्बन्ध के लिए** भाषा के माध्यम से ही समाज से तालमेल स्थापित किया जा सकता है। अपने विचारों को अभिव्यक्त करके व्यक्ति समाज में अपनी भूमिका का निर्वाह कर सकता है। अन्तर्मुखी बालक समाज में कम अन्तः क्रिया कर पाते हैं।
4. **ज्ञान प्राप्ति के प्रमुख साधन के रूप में** भाषा के माध्यम से ही एक पीढ़ी समस्त संचित ज्ञान सामाजिक विरासत के रूप में अगली पीढ़ी को हस्तान्तरित करती है। भाषा के माध्यम से हम प्राचीन और नवीन एवं वैश्विक ज्ञान को प्राप्त करते हैं।
5. **सामाजिक मूल्यांकन के लिए महत्त्वपूर्ण** बालक समाज में किस तरह व्यवहार करता है एवं उसकी भाषा क्या है इस सबसे उसकी सामाजिक भूमिका का मूल्यांकन होता है।
6. **व्यक्तित्व के निर्माण में सहायक** भाषा व्यक्तित्व के विकास में सहायक होती है। व्यक्ति अपने आन्तरिक भावों को भाषा के माध्यम से ही व्यक्त करता है। अपने विचारों एवं भावों को सफलतापूर्वक अभिव्यक्त करने तथा उनके द्वारा अनेक भाषाएँ बोलने में समर्थता, विकसित व्यक्ति के ही लक्षण हैं। किसी व्यक्ति की अभिव्यक्ति जितनी स्पष्ट होगी, उसके व्यक्तित्व का विकास भी उतने ही प्रभावशाली ढंग से होगा।

भाषा को प्रभावित करने वाले कारक

भाषा को प्रभावित करने वाले कारक निम्न हैं

1. **स्वास्थ्य** स्वास्थ्य भाषा अधिगम और अर्जन दोनों को प्रभावित करता है। जिन बच्चों का स्वास्थ्य जितना अच्छा होता है, उनमें भाषा के विकास की गति उतनी ही तीव्र होती है।
2. **बुद्धि** हरलॉक के अनुसार, ''जिन बच्चों का बौद्धिक स्तर उच्च होता है उनका भाषायी विकास अपेक्षाकृत निम्न बौद्धिक क्षमता वालों से अच्छा होता है। टर्मन, फिशर एवं यम्बा का भी मानना है कि तीव्र बुद्धि वाले बालकों का उच्चारण एवं शब्द भण्डार अधिक होता है।
3. **सामाजिक-आर्थिक स्थिति** बालकों का सामाजिक-आर्थिक स्तर भी भाषा को प्रभावित करता है। यही कारण है कि ग्रामीण क्षेत्र में पढ़ने वाले बालकों की शाब्दिक क्षमता शहरी या अन्य पब्लिक स्कूलों में पढ़ने वाले बालकों से सामान्यतः कम होती है।
4. **लिंगीय भिन्नता** सामान्यतः बालिकाएँ, बालकों की अपेक्षा अधिक शुद्ध उच्चारण करती हैं, किन्तु ऐसा प्रत्येक मामले में नहीं है।
5. **परिवार का आकार** छोटे परिवार में बालक की भाषा का विकास बड़े परिवारों की तुलना में अच्छा होता है, क्योंकि छोटे परिवारों में माता-पिता अपने बच्चों के प्रशिक्षण के दौरान उनसे वार्तालाप करने के कारण उन पर अधिक ध्यान देते हैं।
6. **बहुजन्म** ऐसा अध्ययन से प्रमाणित है कि यदि एक साथ अधिक सन्तानें उत्पन्न होती हैं तो उनमें भाषा-विकास विलम्ब से होता है। यह परस्पर निर्भरता और अनुकरण पर आधारित होता है। एक बच्चा जो गलती करता है, तो अनुकरण करके दूसरा भी वही गलती करता है।
7. **द्वि-भाषावाद** द्वि-भाषा परिवार भी बालक के भाषायी विकास को प्रभावित करता है। यदि पिता हिन्दी बोलने वाला और माँ शुद्ध अंग्रेजी बोलने वाली हो तो ऐसे में बच्चों का भाषा विकास प्रभावित होता है।
8. **संवेगात्मक तनाव** जिन बच्चों के संवेगों का कठोरता से दमन कर दिया जाता है, उन बच्चों का भाषायी विकास देरी से होता है।

भाषा विकास में सुनने की भूमिका

भाषा विकास में सुनने की भूमिका निम्नलिखित है

1. **श्रवण कौशल** भाषायी विकास में सर्वप्रथम श्रवण कौशल का विकास होता है। विद्यार्थियों में दूसरों के विचारों को सुनकर भली-भाँति उनका अर्थ ग्रहण करने की क्षमता का विकास करना है।
2. **शुद्ध उच्चारण में** सुनना एक स्वाभाविक प्रक्रिया है। इसके माध्यम से बच्चों में शुद्ध उच्चारण करने के कौशल का विकास होता है। सुनने के बिना अन्य कौशलों का विकास सम्भव नहीं है। वह सुनकर ही शुद्ध उच्चारण के द्वारा अशुद्धियों को दूर करने में सफल हो पाता है।
3. **शब्द भण्डार में वृद्धि** सुनने की प्रक्रिया से बच्चों के शब्दकोश में वृद्धि होती है और उसका भाषायी विकास समृद्ध होता है।
4. **महत्त्वपूर्ण जानकारी प्राप्त करने में** बालक लोगों द्वारा कही गई बातों, रेडियो, टी.वी., ऑडियो जैसे उपकरणों से सुनकर, समाज, सामाजिक व्यवहार, जीवन आदि से सम्बन्धित उपयोगी जानकारियाँ प्राप्त करता है।
5. **दूसरों की अभिवृत्तियों को ग्रहण करने में** श्रवण कौशल से एक बालक दूसरों के भावों, विचारों एवं अनुभवों जैसी अभिवृत्तियों को ग्रहण करता है।
6. **ध्वनियों का विभेदीकरण करने में** सुनना, ध्वनियों के विभेदीकरण में सबसे अच्छा माध्यम है। इसके द्वारा बालक विभिन्न प्रकार की ध्वनियों के मध्य अन्तर करना सीखता है, जिससे बालक के वाचन, पठन एवं लेखन कौशलों का भी विकास होता है।

भाषा विकास में बोलने की भूमिका

भाषा विकास में बोलने की भूमिका निम्नलिखित हैं

1. **वाचिक कौशल**-वाचिक कौशल का अर्थ विद्यार्थियों द्वारा मौखिक रूप से अपने भावों को अभिव्यक्त करना है। इससे वह अपने विचारों एवं भावों को अभिव्यक्त करने के साथ ही लोगों से संवाद स्थापित करता है। मौखिक कौशल में दक्षता विद्यार्थी में आत्मविश्वास का संचार करती है।
2. **बच्चों में सुनकर ज्ञान का मूल्यांकन करने में सहायक** इससे सुने गए ज्ञान का मूल्यांकन करने में सहायता मिलती है। इससे शिक्षक बच्चों की त्रुटियों की जाँच करके कक्षा-कक्ष में हुए शिक्षण का मूल्यांकन कर सकता है।
3. **बच्चों के संकोच को समाप्त करने में सहायक** बोलना एक ऐसी प्रक्रिया है, जिससे भाषा शिक्षण को अन्तर्गत बच्चों में पैदा होने वाली झिझक को दूर किया जा सकता है। कक्षा में शिक्षण के दौरान कुछ बच्चे बड़ी ही सहज मुद्रा में अधिगम प्राप्त करते हैं, परन्तु जब शिक्षक उनसे कुछ पूछते हैं, तो वे मौन हो जाते हैं। 'बोलना' बच्चों में संकोच को समाप्त कर भाषा-विकास में सहायता करता है।
4. **भाव, विचार एवं ज्ञान को अभिव्यक्त करने में सहायक** बोलने के माध्यम से एक बालक अपने भाव, विचार एवं ज्ञान को अभिव्यक्त करता है, जिससे उसमें भाषा का विकास होता है। यदि उसमें बोलने का कौशल नहीं होगा, तो उसके सीखने की प्रक्रिया बहुत धीमी हो जाती है।

4 » भाषा अधिगम में व्याकरण की भूमिका

भाषा एवं व्याकरण : अर्थ एवं परिभाषा

मनुष्य एक सामाजिक प्राणी है, जिसने विचारों के आदान-प्रदान के लिए कुछ सार्थक ध्वनि-प्रतीकों को अपनाया, ये ध्वनि प्रतीक ही भाषा कहलाए। लगातार प्रयोग होने के कारण वह स्थिर नहीं रहती और परिवर्तनशील बनी रहती है। भाषा सदा ही विकासोन्मुख एवं अर्जनशील रही है। इसलिए यह कभी वृद्धि के रूप में तो कभी ह्रास के रूप में दिखाई देती है।

डॉ. स्वीट के अनुसार, ''व्याकरण भाषा का व्यावहारिक विश्लेषण अथवा उसका शरीर है।''

डॉ. जैगर के अनुसार ''प्रचलित भाषा सम्बन्धी नियमों की व्याख्या ही व्याकरण है।''

कामता प्रसाद गुरु के अनुसार ''जिस शास्त्र में शब्दों के शुद्ध रूप और प्रयोग में नियमों का निरूपण होता है, उसे व्याकरण कहते हैं।''

भाषा अधिगम में व्याकरण की भूमिका

भाषा अधिगम में व्याकरण की भूमिका निम्नलिखित है

1. भाषा परिवर्तनशील एवं विकासशील है। व्याकरण भाषा को अव्यवस्थित होने से बचाता है। भाषा के स्वरूप को शुद्ध रखने, उसको विकृति से बचाने के लिए व्याकरण की शिक्षा अनिवार्य है।
2. व्याकरण भाषा का सहचर है। भाषा अनुकरण से सीखी जाती है। भाषा का मानक रूप सीखने के लिए या सिखाने के लिए व्याकरण का ज्ञान आवश्यक है।
3. विद्यार्थियों को मानक भाषा का प्रयोग करने के लिए व्याकरण के नियमों से परिचित होना आवश्यक है। व्याकरण के ज्ञान से भाषा की अशुद्धियों को पहचाना जा सकता है।

व्याकरण शिक्षण के उद्देश्य

व्याकरण शिक्षण के उद्देश्य निम्नलिखित हैं

1. छात्रों को शुद्ध बोलने, लिखने तथा पढ़ने की प्रेरणा देना। भाषा सम्बन्धी नियमों से अवगत कराकर छात्रों को शुद्ध भाषा का प्रयोग करना सिखाना।
2. व्याकरण के द्वारा छात्रों में रचना एवं सृजनात्मकता का विकास करना।
3. छात्रों को ध्वनियों, ध्वनियों के मध्य के सूक्ष्म अन्तर, शब्द-योजना, शब्द-शक्तियों एवं शुद्ध वर्तनी का ज्ञान कराना, वाक्य रचना के नियम, विराम चिह्नों का शुद्ध प्रयोग आदि का ज्ञान कराना।
4. छात्रों को शब्द, सूक्ति, लोकोक्ति, मुहावरे आदि का प्रसंगानुकूल अर्थ निकालना और स्वराघात एवं बलाघात के अनुसार अर्थबोध कराने के योग्य बनाना।
5. छात्रों में भाषा के गुण-दोष समझने की रुचि उत्पन्न करना, भाषा रचना का ज्ञान प्राप्त कराना और नई भाषा को सीखने में सहायता करना।
6. भाषा की प्रकृति एवं गठन का व्यावहारिक ज्ञान कराना।
7. भाषिक तत्त्वों की संरचनाओं का ज्ञान प्रदान करना।
8. मौखिक अभिव्यक्ति हेतु सर्वमान्य भाषा सिखाना।

व्याकरण की शिक्षण विधियाँ

व्याकरण की प्रमुख शिक्षण विधियाँ निम्नलिखित हैं

1. **निगमन विधि** इस विधि में पहले छात्रों को नियम कण्ठस्थ कराए जाते हैं, फिर उदाहरण द्वारा उन्हें समझाया जाता है। यह व्याकरण शिक्षण की प्राचीनतम विधि है, इसके अन्तर्गत सूत्र विधि और पुस्तक विधि का प्रयोग होता है।
2. **आगमन विधि** इस विधि में उदाहरणों की सहायता से व्याकरण के सामान्य नियमों तक पहुँचते हैं।
3. **भाषा संसर्ग विधि** यह उच्च माध्यमिक स्तर पर उपयोगी है। इसमें भाषा पर अधिकार करने के लिए प्रसिद्ध लेखकों की कृतियाँ पढ़ाई जाती हैं, जिससे छात्र भाषा के सही रूप का ज्ञान करते हैं। लेकिन यह विधि अपने आप में पूर्ण नहीं है।
4. **प्रयोग विधि** इसमें उदाहरण प्रस्तुत करके समान लक्षण वाले अंशों के कार्य एवं गुण निकलवाए जाते हैं तत्पश्चात् उसका अभ्यास करवाया जाता है। इसके सोपान-तुलना एवं विश्लेषण, नियमीकरण एवं निष्कर्ष, प्रयोग और अभ्यास हैं।
5. **सह-सम्बन्ध विधि** इस विधि का प्रयोग शब्द शिक्षण, वर्तन शिक्षण, उच्चारण शिक्षण आदि के समय किया जाता है। इसमें गद्य रचना के अभ्यास के दौरान आए व्याकरण के नियमों की जानकारी प्रदान की जाती है।
6. **प्रत्यक्ष भाषा-शिक्षण विधि** यह विधि बिना व्याकरण नियमों का ज्ञान कराए, भाषा के शुद्ध रूप का अनुकरण करने के अवसर प्रदान करती है। ऐसे लेखक जिनका भाषा पर पूर्ण अधिकार है, उनसे बालकों को वार्तालाप के अवसर प्रदान कराती है। प्राथमिक स्तर के लिए यह विधि उत्तम है।
7. **खेल विधि** इसमें शिक्षक, विद्यार्थियों को व्याकरण का ज्ञान कराने के लिए किसी खेल का चयन करके पाठ की आवश्यकतानुसार नियमों का निर्धारण करते हैं। इसमें व्याकरण की नीरसता छात्रों के मार्ग में बाधा नहीं बनती। विद्यार्थी खेल-खेल में शब्द-भेद, लिंग भेद, वचन आदि के नियमों को सहजता से सीख लेते हैं।
8. **विश्लेषणात्मक विधि** इसमें शिक्षक आगमन विधि की तरह विद्यार्थियों को व्याकरण के नियम पढ़ाते हुए पहले उदाहरण देते हैं फिर उन पर विचार-विमर्श करके छात्रों से नियम निकलवाए जाते हैं।

व्याकरण शिक्षण के सोपान

व्याकरण शिक्षण प्रक्रिया हेतु निम्नलिखित सोपानों को प्रयुक्त करना अनिवार्य हैं–

1. पूर्वज्ञान
2. प्रस्तावना
3. उद्देश्य कथन

5 » भाषायी विविधता वाले कक्षा-कक्ष की समस्याएँ

भाषा शिक्षण में बहुभाषिक कक्षा एक महत्त्वपूर्ण संसाधन का कार्य करती है। बहुभाषिक कक्षा से अभिप्राय एक ऐसी कक्षा से है, जिसमें बच्चे भिन्न-भिन्न भाषायी क्षेत्रों से आते हैं और शिक्षक उनकी मातृभाषा को शिक्षण के माध्यम के रूप में प्रयोग करने का अधिकाधिक प्रयास करते हैं। इसमें अनेक समस्याएँ भी आती है जिन्हें ध्यान में रखकर शिक्षक भाषा-शिक्षण का कार्य करता है।

भाषायी विविधता या बहुभाषिकता

दो या दो से अधिक भाषाओं को सहजता से बोलने वाले व्यक्ति को बहुभाषी कहते हैं। बहुभाषिकता भारतीय अस्मिता का अभिन्न अंग है। यहाँ सौलह सौ से अधिक भाषाओं की पहचान की गई है, जो पाँच भाषा-परिवारों के अन्तर्गत आती हैं, किन्तु 47 भाषाएँ ही स्कूलों में पठन-पाठन के माध्यम के रूप में प्रयोग की जाती हैं और इनमें से केवल 22 भाषाओं को ही संविधान द्वारा राजभाषा के रूप में मान्यता दी गई है। बहुभाषिकता समाज में सम्प्रेषण को बाधित करने के बजाय सहायता प्रदान करती है। इसी बात को ध्यान में रखते हुए त्रिभाषा सूत्र लागू किया गया था। श्री दौलत सिंह कोठारी कमीशन द्वारा विद्यालयों में त्रिभाषा सूत्र को वर्ष 1968 में लागू किया गया जिसमें एक शास्त्रीय भाषा, राष्ट्रीय भाषा और आधुनिक यूरोपीय भाषाएँ शामिल हैं।

कक्षा-कक्ष में बहुभाषिकता को बढ़ावा देने की आवश्यकता

1. बहुभाषिकता, बच्चे की अस्मिता का निर्माण करती है और यह भारत के भाषा-परिदृश्य का विशिष्ट लक्षण भी है। उसका संसाधन के रूप में उपयोग करना, कक्षा नीति का हिस्सा बनाना एवं शिक्षण अधिगम प्रक्रिया में एक माध्यम के रूप में प्रयोग करना रचनात्मक भाषा-शिक्षक का कार्य है।
2. बहुभाषिकता, उपलब्ध संसाधन का बेहतर प्रयोग ही नहीं है, इससे यह भी सुनिश्चित हो सकता है कि हर बच्चा स्वीकार्य और संरक्षित महसूस करे। बच्चों के शब्दों और उच्चारण में भिन्नता पाई जाती है, इसलिए भाषिक पृष्ठभूमि के आधार पर किसी बच्चे को पीछे नहीं छोड़ा जा सकता है।
3. अध्ययन से यह पता चलता है कि द्विभाषी या बहुभाषिक क्षमता संज्ञानात्मक वृद्धि, सामाजिक सहिष्णुता, विस्तृत चिन्तन और बौद्धिक उपलब्धियों के स्तर को बढ़ाती है, इसलिए भाषाओं को विद्यालयों में एक संसाधन के रूप में प्रयोग किया जाता है।
4. कक्षा में विभिन्न भाषाओं के प्रयोग से बच्चों को भाषा और संस्कृति दोनों को जानने के अवसर मिलते हैं, वे मातृभाषा के साथ ही दूसरों की भाषा और संस्कृति का सम्मान करने लगते हैं।
5. बहुभाषिकता, संज्ञानात्मक विकास व शैक्षणिक सम्प्राप्ति के बीच सकारात्मक जुड़ाव है, इसलिए यह अत्यन्त जरूरी है कि स्कूलों में बहुभाषायी शिक्षण को प्रोत्साहित किया जाए।

भाषा विविधता वाली कक्षा में भाषा शिक्षण की समस्याएँ

भाषा विविधता वाली कक्षा में शिक्षक को भाषा शिक्षण में कुछ समस्याओं का सामना करना पड़ता है। जिनका विवरण निम्न प्रकार किया गया है

1. **क्षेत्रीय भाषाओं का छात्रों पर प्रभाव** भारत बहुभाषिक देश है। यहाँ के हर क्षेत्र की भाषा में अन्तर है और छात्रों पर क्षेत्रीय भाषा का प्रभाव स्पष्ट देखा जा सकता है, जो शिक्षण प्रक्रिया को बाधित करता है।
2. **बच्चों को सामाजिक आधार पर सुदृढ़ करने की समस्या** भाषा-शिक्षण में बच्चों को सामाजिक आधार पर सुदृढ़ करने की चुनौती होती है, यदि बच्चों को सामाजिक आधार पर सुदृढ़ नहीं बनाया गया, तो बच्चा कभी भी एक सामाजिक व्यक्ति नहीं बन सकेगा।
3. **बच्चों में सम्प्रेषण कौशल का विकास करने की चुनौती** बच्चों में सम्प्रेषण कौशल का विकास करने के लिए भाषा पर नियन्त्रण और इसमें कुशलता आवश्यक है, किन्तु क्षेत्रीय भाषाओं के प्रभाव से इसमें कई प्रकार की समस्याएँ उत्पन्न होती हैं।
4. **अध्यापक को विभिन्न भाषाओं सम्बन्धी ज्ञान की समस्या** भारत की भाषायी विविधता के कारण एक शिक्षक के लिए विभिन्न भाषाओं का ज्ञान होना कठिन है, जो बहुभाषिक कक्षा में शिक्षण अधिगम प्रक्रिया में एक समस्या बनी रहती है।
5. **छात्रों में भाषायी कौशलों का विकास करने की समस्या**-भाषायी विविधता के कारण छात्रों को विविध भाषायी कौशलों के अधिगम (सुनने, बोलने, पढ़ने और लिखने) के विकास में चुनौतियों का सामना करना पड़ सकता है, क्योंकि क्षेत्रीय भाषा के प्रभाव के कारण भाषायी कौशलों में निपुणता प्राप्त करने पर भी इसका प्रभाव पड़ सकता है।
6. **भाषा के प्रति छात्रों की रुचि और रुझान का अभाव** भाषा-शिक्षण की एक समस्या यह है कि छात्रों में भाषा सीखने के प्रति रुचि तथा रुझान का अभाव पाया जाता है, जिस कारण भाषा-शिक्षण का कार्य और अधिक चुनौतीपूर्ण हो जाता है।

भाषायी विविधता वाली कक्षा में शिक्षण-समस्याओं का समाधान

भाषा विविधता वाली कक्षा-कक्ष में शिक्षक निम्न बातों का अनुकरण करके समस्याओं का समाधान कर सकते हैं

1. बहुभाषिक कक्षा में शिक्षण प्रक्रिया के दौरान अध्यापक को सदैव विद्यार्थियों को अपनी भाषा में बोलने के अवसर प्रदान करने चाहिए।
2. भाषा-शिक्षण बहुभाषिक होना चाहिए, केवल कई भाषाओं के शिक्षण के अर्थ में नहीं, बल्कि शिक्षण कार्य की तैयारी के रूप में भी, ताकि बहुभाषिक कक्षा को एक संसाधन के तौर पर प्रयोग में लाया जाए।
3. बच्चों को प्राथमिक स्तर की विद्यालयी शिक्षा उनकी मातृभाषा में दी जाए, जिससे शिक्षण अधिगम प्रक्रिया सरल एवं छात्रों के लिए सहज हो सके।
4. बच्चे प्रारम्भ से ही बहुभाषिक शिक्षा प्राप्त कर सकें, इसके लिए त्रिभाषा फॉर्मूला को उसके मूल-भाव के साथ लागू किए जाने की जरूरत है, ताकि वह बहुभाषी देश में बहुभाषी संवाद के माहौल को बढ़ावा दें।
5. गैर-हिन्दी भाषी राज्यों में बच्चे हिन्दी सीखते हैं। हिन्दी प्रदेशों के मामलों में, बच्चे वह भाषा सीखें जो उनके क्षेत्र में नहीं बोली जाती है। इन भाषाओं के अलावा आधुनिक भारतीय भाषा के रूप में अष्टम सूची में शामिल किसी भी भाषा का अध्ययन शुरू किया जा सकता है।
6. बहुभाषिक कक्षा में शिक्षण अधिगम प्रक्रिया को सरल बनाने के लिए अध्यापक को समृद्ध भाषिक परिवेश का निर्माण करना चाहिए।

6 » भाषा कौशल

मनुष्य सुनकर, बोलकर, लिखकर व पढ़कर ज्ञानार्जन करता है। भाषा-शिक्षण में इन चारों उपक्रमों को भाषायी कौशल कहा जाता है। भाषायी कौशलों में निपुणता प्राप्त करना अर्थात् सुनकर व पढ़कर अर्थ ग्रहण करना एवं बोलकर व लिखकर अपने विचारों को भली-भाँति अभिव्यक्त कर पाना ही भाषा-शिक्षण का प्रमुख उद्देश्य होता है। भाषा कौशल को चार प्रकारों में विभाजित किया जाता है

1. श्रवण कौशल का अर्थ

श्रवण का सम्बन्ध कर्ण अर्थात् कानों से होता है। श्रवण शब्द का अर्थ सामाजिक प्रसंग में सुनने से ग्रहण किया जाता है। छात्र कविता, कहानी, भाषण, वाद-विवाद, वार्तालाप आदि का ज्ञान सुनकर ही प्राप्त करता है और उसका अर्थ भी ग्रहण करता है।

श्रवण कौशल का महत्त्व

श्रवण कौशल शिक्षण का महत्त्व निम्न प्रकार है

1. बच्चा जन्मोपरान्त ही सुनने लगता है। वह ध्वनि-संकेतों द्वारा ही अर्थ ग्रहण करता है। यह उसके अच्छी प्रकार सुनने की विशेषता है कि वह ध्वनियों के सूक्ष्म अन्तर को समझता है।
2. श्रवण कौशल द्वारा ही अन्य कौशलों को विकसित किया जा सकता है।
3. इससे ध्वनियों के सूक्ष्म अन्तर को पहचाना जा सकता है और सुनना अध्ययन की आधारशिला है।
4. सुनने से वाचन कौशल के साथ-साथ लेखन कौशल और व्यक्तित्व का विकास भी सम्भव है।

श्रवण कौशल की शिक्षण विधियाँ

कक्षा में श्रवण कौशल हेतु अनेक विधियों का प्रयोग किया जाता है, जिनका वर्णन निम्न रूप से किया गया है

1. **सस्वर वाचन** सस्वर वाचन से छात्र, शिक्षक के आदर्श वाचन को सुनकर उसका अनुकरण करते हैं।
2. **प्रश्नोत्तर विधि** शिक्षक प्रश्नोत्तर करके छात्रों के श्रवण कौशल का मूल्यांकन कर सकते हैं।
3. **कहानी विधि** कहानी सुनकर या सुनाकर विद्यार्थियों की श्रवणवेन्द्रियों को विकसित किया जा सकता है।
4. **श्रुतलेख विधि** श्रुतलेख, सुनकर लिखना होता है। जो छात्र ध्यान से सुनेगा, वही पूरी सामग्री लिख सकेगा। यह श्रवण कौशल की प्रमुख विधि है।
5. **भाषण विधि** इसमें छात्रों को भाषण सुनाकर तत्पश्चात् उनसे प्रश्न पूछे जाते हैं। इससे छात्रों के श्रवण कौशल का मूल्यांकन सम्भव होता है।
6. **अन्य सहगामी क्रियाएँ** इसमें वाद-विवाद, नाटक मंचन, कविता पाठ इत्यादि कार्यक्रमों के माध्यम से श्रवण कौशल का विकास किया जाता है।

श्रवण कौशल के शिक्षण हेतु दृश्य-श्रव्य सहायक सामग्री

श्रवण कौशल के शिक्षण हेतु दृश्य-श्रव्य सहायक सामग्री निम्न प्रकार हैं

(i) ग्रामोफोन एवं टेपरिकॉर्डर (ii) रेडियो
(iii) चलचित्र (iv) वीडियो
(v) कम्प्यूटर आदि।

2. मौखिक अभिव्यक्ति कौशल

मानव सामान्यतः अपनी अनुभूतियों तथा मनोवेगों की अभिव्यक्ति मौखिक भाषा में ही करता है, क्योंकि भावों की अभिव्यक्ति का साधन उच्चारित भाषा ही होती है।

मौखिक अभिव्यक्ति का महत्त्व

भाषा कौशल के सम्बन्ध में मौखिक अभिव्यक्ति अत्यन्त महत्त्वपूर्ण है। इसके महत्त्व को निम्न रूप से समझा जा सकता है

1. भाषा की शिक्षा मौखिक भाषा से प्रारम्भ होती है। इसलिए मौखिक भाषा ही अभिव्यक्ति का सहज एवं सरलतम माध्यम है।
2. मौखिक अभिव्यक्ति में अनुकरण और अभ्यास के अवसर मिलते हैं, जिससे भाषा को आकर्षक बनाया जा सकता है।
3. मौखिक भाषा व्यवहार में प्रयुक्त होती है। इसलिए लिखित भाषा की अपेक्षा मौखिक भाषा परिवेश में प्रयोग होती है।

4. सामाजिक अन्त:क्रिया में मौखिक भाषा की महत्त्वपूर्ण भूमिका होती है।

मौखिक अभिव्यक्ति की विशेषताएँ

मौखिक अभिव्यक्ति की विशेषताएँ निम्नलिखित हैं

(i) स्वाभाविकता (ii) स्पष्टता
(iii) शुद्धता (iv) बोधगम्यता
(v) शिष्टता (vi) मधुरता
(vii) प्रवाहमयता (viii) अवसरानुकूलता और
(x) श्रोताओं के अनुकूल भाषा।

मौखिक अभिव्यक्ति कौशल की शिक्षण विधियाँ

मौखिक अभिव्यक्ति कौशल की शिक्षण विधियाँ निम्नलिखित हैं

1. **वार्तालाप** वार्तालाप का स्तर छात्रों की बौद्धिकता के अनुसार रखकर उन्हें वार्तालाप में शामिल किया जा सकता है।
2. **सस्वर वाचन** सस्वर वाचन कराकर अर्थात् ऊँची आवाज में पठन कराकर शिक्षक छात्रों के मौखिक कौशल को विकसित कर सकते हैं।
3. **प्रश्नोत्तर** प्रश्नोत्तर प्रक्रिया छात्रों को शिक्षण प्रक्रिया में सहभागिता का अवसर प्रदान करती है।
4. कहानी सुनाना।
5. **चित्र वर्णन** चित्र वर्णन करके छोटी कक्षाओं में शिक्षण रुचिकर और उत्साहपूर्ण हो जाता है।
6. कविता सुनना एवं सुनाना।
7. वाद-विवाद प्रतियोगिता कराकर।

3. पठन कौशल

पठन कौशल का अर्थ-भाषा की लिपि को पहचानकर उच्चारित करना तथा अर्थ ग्रहण करना है। बच्चा इस कौशल के अन्तर्गत सुनी हुई ध्वनि को छपे हुए लिपि प्रतीकों के साथ सम्बन्ध स्थापित करके सस्वर या मौन रूप से पढ़ते हुए उसमें निहित भावों एवं विचारों को ग्रहण करना सीखता है।

पठन प्रक्रिया के सोपान

पठन कौशल के विकास में तीन सोपान सहायक हैं

1. **प्रत्यक्षीकरण** इस प्रक्रिया में शिक्षक वर्णों, शब्दों आदि से छात्रों को परिचित कराने के लिए श्यामपट्ट पर या उनकी कॉपियों में वर्णों को लिखता है, जिससे उन्हें उनकी पहचान हो जाए।
2. **अर्थग्रहण** अर्थग्रहण से अभिप्राय लिखित सामग्री को पढ़कर उसके मूलभाव को समझना है।
3. **प्रयोग** प्रयोग से अभिप्राय मनुष्य ने पढ़कर जो भी ज्ञान अर्जित किया है, उसका अपने दैनिक जीवन में प्रयोग करना है।

पठन के प्रकार

पठन के दो प्रकार होते हैं

1. **सस्वर पठन** इसमें जोर-जोर से बोलकर पढ़ते हुए अर्थ ग्रहण करने को सस्वर पठन कहा जाता है। यह दो प्रकार से होता है-
   (i) **वैयक्तिक पठन** एक व्यक्ति द्वारा किए जाने वाले सस्वर पठन को वैयक्तिक पठन कहते हैं।
   (ii) **सामूहिक पठन** दो या दो से अधिक छात्रों द्वारा किए जाने वाले पठन को सामूहिक पठन कहते हैं। इससे छात्रों की झिझक दूर होती है।
2. **मौन पठन** लिखित सामग्री को चुपचाप बिना आवाज निकाले पढ़ना मौन पठन कहलाता है। यह दो प्रकार से होता है
   (i) गम्भीर पठन (ii) द्रुत पठन

पठन कौशल की शिक्षण विधियाँ

पठन कौशल की प्रमुख शिक्षण विधियाँ निम्न हैं

शब्द तत्त्व पर आधारित विधियाँ

(i) वर्णबोध विधि (ii) ध्वनि साम्य विधि
(iii) स्वरोच्चारण विधि

अर्थ ग्रहण पर आधारित विधियाँ

(i) देखो और कहो विधि (ii) वाक्य विधि
(iii) कहानी विधि (iv) अनुकरण विधि
(v) सम्पर्क विधि

पठन सम्बन्धी दोष

पठन सम्बन्धी प्रमुख दोष निम्न प्रकार हैं

(i) अटक-अटक कर पढ़ना
(ii) पढ़ते समय अनुचित मुद्रा, पुस्तक की आँखों से सही दूरी न होना
(iii) अशुद्ध उच्चारण
(iv) पढ़ने में गति का न होना
(v) दृष्टि दोष होना
(vi) अक्षर या संयुक्ताक्षरों सम्बन्धी त्रुटियाँ
(vii) भावानुकूल आरोह-अवरोह का अभाव
(viii) पठन सम्बन्धी मार्ग दर्शन का अभाव
(ix) अध्यापक का व्यवहार

पठन सम्बन्धी दोषों का निवारण

पठन सम्बन्धी दोषों का निवारण निम्न प्रकार किया जा सकता है

1. **आवृत्ति-पुनरावृत्ति** बार-बार आवृत्ति या पुनरावृत्ति के द्वारा अभ्यास कराकर पठन सम्बन्धी दोष दूर किए जा सकते हैं।
2. **वातावरण परिवर्तन** बच्चों को सिखाने हेतु उपयुक्त वातावरण उपलब्ध कराकर पठन सम्बन्धी दोषों को दूर किया जा सकता है।
3. **चिकित्सा विधि** यदि किसी अंग में विकार है, तो चिकित्सकों की मदद से उस दोष को दूर किया जा सकता है।
4. छात्रों के मानसिक स्तर के अनुकूल पाठ्य-सामग्री का चयन करके।
5. **आदर्श पठन** पहले शिक्षक, छात्रों के समक्ष आदर्श पठन करता है, तो छात्र अनुकरण करके पठन के दोष दूर कर पाते हैं।

4. लेखन कौशल

जब ध्वन्यात्मक रूप एवं भावों को लिपिबद्ध करके स्थायित्व प्रदान करते हैं, तो वह भाषा का लिखित रूप कहलाता है। भाषा के प्रतीकों, ध्वनि को लिपिबद्ध करना, लिखना और इसमें दक्षता प्राप्त करना ही लेखन कौशल है।

लेखन कौशल के उद्देश्य

लेखन कौशल के उद्देश्य निम्न प्रकार हैं

1. छात्र सोचने और निरीक्षण करने के पश्चात् भावों को क्रमबद्ध कर सकेंगे।
2. शब्दों की शुद्ध वर्तनी से सुपाठ्य लेख लिख सकेंगे।
3. ध्वनि, ध्वनि-समूहों, सूक्ति, मुहावरों का ज्ञान के साथ विराम चिह्नों का यथोचित प्रयोग कर सकेंगे।
4. व्याकरण सम्मत भाषा में अनुलेख, अतिलेख और श्रुतिलेख लिख सकेंगे।
5. छात्रा वाक्यों में शब्दों, वाक्यांशों तथा उपवाक्यों का क्रम अर्थानुकूल रख सकेंगे।

लेखन कौशल की प्रविधियाँ

बच्चों की लेखन क्षमता को विकसित करने एवं उसमें उन्हें निपुणता प्राप्त करवाने के लिए उन्हें लिखना सिखाना, कलम पकड़ना लिखने के लिए उचित आसन में बैठना इत्यादि के विषय में बताना आवश्यक है। लेखन शिक्षण के लिए शिक्षक द्वारा निम्नलिखित प्रविधियों का प्रयोग किया जाना चाहिए

1. **स्पष्ट वर्ण लेखन विधि** लिखने का आरम्भ करते समय बच्चों को लिखने का अभ्यास न होने के कारण, उन्हें लिखने का अभ्यास करवाया जाता है।
2. **खण्डशः लेखन विधि** बच्चों द्वारा सार्थक रेखाएँ बनाने में निपुणता प्राप्त करने के उपरान्त उन्हें वर्णों को खण्डों में लिखना सिखाया जाता है।
3. **मॉण्टेसरी विधि** (आँख, कान और हाथों के प्रयोग पर बल देना)
4. **रूपरेखा अनुकरण विधि** (इसमें शिक्षक श्यामपट्ट या स्लेट पर चॉक या पेन्सिल से बिन्दु बनाते हुए शब्द या वाक्य लिख देता है)।
5. **पेस्टालॉजी विधि** इसमें बच्चों को लकड़ी या प्लास्टिक से बने अर्द्धवृत्त, रेखाओं से मिलाकर वर्ण बनाने सिखाए जाते हैं।
6. **स्वतन्त्र अनुकरण विधि** शिक्षक द्वारा स्लेट या अभ्यास पुस्तिका पर लिखे गए अक्षरों को देखकर उनके नीचे स्वयं उसी प्रकार के अक्षर लिखना बच्चे इस प्रविधि में सिखते हैं।
7. **जेकटॉट विधि** इसमें शिक्षक बालकों द्वारा पढ़े वाक्य को स्वयं लिखकर छात्रों को लिखने के लिए देता है। छात्र एक-एक शब्द लिखकर अध्यापक के शब्द से मिलाकर शुद्ध करते हैं और पूरा वाक्य लिखने के बाद शिक्षक मूल वाक्य को बिना देखे लिखने को कहता है।

लेखन कौशल में कुशलता प्राप्त करने के लिए

लेखन कौशल में कुशलता प्राप्त करने के लिए लेखन को तीन भागों में विभाजित किया गया है

1. **सुलेख** इसमें बच्चे को पाठ्य-पुस्तिका में से देखकर लिखने के लिए कहा जाता है।
2. **अनुलेख** सुन्दर लिखावट के लिए प्रतिलेख या अनुलेख का भी सहारा लिया जाता है। इसमें प्रथम पंक्ति में सुन्दर मोटे अक्षर लिखकर द्वितीय पंक्ति रिक्त रखते हैं। छात्र छपे अक्षर को नीचे देखकर स्वयं लिखते हैं। अनुलेख को कक्षा तीन तक अवश्य कराना चाहिए।
3. **श्रुतलेख** श्रुतलेख अर्थात् 'सुना हुआ लेख'। इस विधि में अध्यापक बोलता है और छात्र उसके कथन को सुनकर अभ्यास पुस्तिका या तख्ती पर लिखता जाता है। इसमें भाषा की शुद्धता प्रमुख है। श्रुतलेख वर्तनी शिक्षण के लिए आवश्यक है।

7 » भाषा-बोधगम्यता (सुनना, बोलना, पढ़ना एवं लिखना) और प्रवीणता का मूल्यांकन

मूल्यांकन

शिक्षण अधिगम प्रक्रिया के दौरान विद्यार्थी भाषा को कितनी सहजता के साथ प्रयोग करने में सक्षम हुआ है, इसको जाँचना ही मूल्यांकन कहलाता है। लिखित, मौखिक एवं प्रायोगिक परीक्षण मूल्यांकन के प्राथमिक साधन हैं, इनके अतिरिक्त निरीक्षण, दत्त कार्य, पोर्टफोलियो, संचयी अभिलेख इत्यादि ऐसी विधियाँ हैं, जो विद्यार्थियों की प्रगति का मूल्यांकन करने में सहायक होती हैं।

भाषा शिक्षण में मूल्यांकन की आवश्यकता एवं महत्त्व

भाषा शिक्षण में मूल्यांकन की आवश्यकता एवं महत्त्व निम्न प्रकार हैं

1. मूल्यांकन प्रक्रिया से शिक्षण अधिगम प्रक्रिया के दौरान छात्र द्वारा अर्जित ज्ञान का पता चलता है और शिक्षक के निर्धारित लक्ष्यों की जाँच की जा सकती है।
2. शिक्षक द्वारा शिक्षण विधियों का मूल्यांकन हो सकता है, साथ ही छात्रों की बुद्धिलब्धि का मूल्यांकन भी हो सकता है।
3. सतत् मूल्यांकन से विद्यार्थियों की प्रगति का पता लगाकर उनकी कमजोरियों का निदान किया जा सकता है।

मूल्यांकन का उद्देश्य

मूल्यांकन के उद्देश्य निम्न प्रकार हैं

1. विद्यार्थियों के भाषायी कौशलों की प्रगति का आकलन करना।
2. सतत् मूल्यांकन से भाषा शिक्षण की कठिनाइयों को दूर किया जा सकता है।
3. विद्यार्थियों की रचनात्मकता एवं सृजनात्मकता का विकास करना।
4. छात्रों की योग्यताओं, कुशलताओं, रुचियों आदि का पता लगाकर उनके अनुसार शिक्षण विधियों को अपनाना।
5. पठन-पाठन को प्रभावशाली बनाने के लिए शिक्षण हेतु उपचारात्मक व्यवस्था प्रदान करना।
6. मूल्यांकन प्रक्रिया द्वारा अध्यापक विद्यार्थियों के भाषायी कौशलों में दक्षता का आकलन कर सकता है।

सतत् एवं व्यापक मूल्यांकन

इस पर वर्ष 1986 की राष्ट्रीय शिक्षा नीति में दृढ़तापूर्वक विचार किया गया है। इस योजना में 'सतत्' शब्द का अर्थ, छात्रों की वृद्धि और विकास के अभिज्ञात पक्षों का मूल्यांकन करने पर बल देना है। सतत् मूल्यांकन तीन प्रकार से होता है

1. **निदानात्मक मूल्यांकन** वे विद्यार्थी जो शिक्षक द्वारा छात्रों के लिए निर्धारित किए गए लक्ष्यों तक नहीं पहुँच पाते, उनके आशानुरूप प्रगति न होने के कारणों को जाँचने के लिए शिक्षक इस पद्धति का प्रयोग करता है और उसके अनुसार उपचारात्मक शिक्षण पद्धति को अपनाता है।
2. **रचनात्मक मूल्यांकन** इस मूल्यांकन पद्धति के अन्तर्गत शिक्षक विद्यार्थियों की शैक्षिक प्रगति का मूल्यांकन करता है और तत्पश्चात् वह उनकी शैक्षिक प्रगति के विषय में उन्हें फीडबैक देता है। शिक्षक छात्रों की प्रगति के अनुरूप ही शिक्षण विधि अपनाता है।
3. **संकलनात्मक मूल्यांकन** इस मूल्यांकन पद्धति का सम्बन्ध सम्पूर्ण शैक्षिक सत्र से है। यह मूल्यांकन शैक्षिक सत्र के अन्त में होता है। इस मूल्यांकन का उद्देश्य विद्यार्थियों द्वारा पूरे सत्र में प्राप्त किए गए ज्ञान का आकलन करना होता है।

मूल्यांकन के प्रकार

मूल्यांकन के निम्न प्रकार हैं

1. **अभिरुचि परीक्षण** विद्यार्थी में विदेशी भाषा सीखने की क्षमता है या नहीं, इस प्रकार की कोई क्षमता या सम्भावना है या नहीं, इसकी जाँच इस परीक्षण द्वारा होती है।

   इससे वे विद्यार्थी चुने जा सकते हैं, जो उक्त भाषा सीखने के योग्य हैं।
2. **कसौटी सन्दर्भित परीक्षण** इस परीक्षण का उद्देश्य खास विषय-वस्तु से होता है। निदानात्मक या उपलब्धिपरक जाँच इस श्रेणी में आते हैं। इससे यह पता चलता है कि विशिष्ट पहलू के ज्ञान में विद्यार्थी की क्या स्थिति है? उसने कितना सीखा है। यह कोर्स की इकाई की समाप्ति के उपरान्त होता है।
3. **मानक सन्दर्भित मूल्यांकन** यह मूल्यांकन वैश्विक-भाषा योग्यता की जाँच से सम्बन्धित है। यह रोजगार और दक्षता से सम्बन्धित जाँच है। इसका उद्देश्य है विद्यार्थी ने जो कुछ सीखा, उसे वह कहाँ तक वास्तविक स्थिति में कार्यान्वित करने में सक्षम है। ये परीक्षण वस्तुनिष्ठ या वर्णनात्मक हो सकते हैं।

परीक्षण तैयार करना

कोई भी परीक्षण तैयार करने की प्रक्रिया, यहाँ तक कि कक्षा के भीतर की भी प्रक्रिया मुख्यतः तीन चरणों में सम्पादित होती हैं

1. अभिकल्प तैयार करने की अवस्था में प्रश्नों का विवरण, पहचान और चुनाव शामिल हैं। इसमें वास्तविक परीक्षा सम्बन्धी कार्य, लिखित अनुदेशन और अंकन की कार्यविधि भी शामिल होती है।
2. कार्यान्वयन की अवस्था में परीक्षण किया जाता है, सूचनाएँ एकत्र की जाती हैं और अंकों का विश्लेषण किया जाता है।
3. परीक्षण का विकास शिक्षक को परीक्षण की उपयोगिता को ध्यान से देखने या पड़ताल करने का अवसर प्रदान करता है। इस परीक्षण के अन्तर्गत वस्तुनिष्ठ, मिलान करना, वर्णनात्मक, वाक्य पूरे करना आदि प्रकार के प्रश्न पूछे जाते हैं।

परीक्षण के लिए दिए जाने वाले कार्य

यह परीक्षण अनेक प्रकार के हो सकते हैं;
जैसे—क्लोज परीक्षण करना, श्रुतलेख, अनुवाद, नोटलेना, संयोजन, जोड़ा मिलाना, बहुवैकल्पिक, क्रमबद्ध करना आदि से लेकर पोर्टफोलियो-आकलन तक।

मूल्यांकन की विधियाँ

मूल्यांकन की विधियाँ निम्न हैं

1. **परीक्षा विधि** यह परीक्षा तीन प्रकार की होती है
   (i) **लिखित परीक्षा** छात्रों की उपलब्धियों एवं व्यवहार परिवर्तन की जाँच जब लिखित रूप में की जाती है, तो उसे लिखित परीक्षा कहते हैं।

   इसके तीन भेद हैं
   - निबन्धात्मक परीक्षा
   - लघु उत्तरीय परीक्षा
   - वस्तुनिष्ठ परीक्षा

   (ii) **मौखिक परीक्षा** इस परीक्षा पद्धति में छात्रों से मौखिक रूप से प्रश्न पूछकर उनके उत्तर मौखिक रूप से ही देने को कहा जाता है। इसमें श्रवण एवं वाचन कौशलों के विकास पर विशेष ध्यान दिया जाता है।

   (iii) **प्रायोगिक परीक्षा** यह विधि गणित और विज्ञान जैसे तकनीकी विषयों तथा अन्य विषयों के क्रियात्मक पक्षों का मूल्यांकन करने में सक्षम है। यह विधि सीखने की अवधारणा को घोषित करती है।
2. **निरीक्षण** निरीक्षण विधि में अध्यापक, अध्यापक विद्यार्थियों की गतिविधियों तथा उनके व्यवहार का निरीक्षण करके उनके भाषायी कौशलों का मूल्यांकन करता है। यह प्राथमिक स्तर पर अति लाभदायक है।

3. **पोर्टफोलियो** बच्चों द्वारा बनाए गए चित्र, सहगामी क्रियाओं के लिए कार्य, स्व-आकलन शीट, अभिभावक आकलन शीट, सहपाठी आकलन शीट आदि संकलित करके उनका विश्लेषण किया जाता है।
4. **विभिन्न प्रतियोगिताएँ** विभिन्न प्रतियोगिताओं के द्वारा विद्यार्थियों की क्षमताओं की जानकारी प्राप्त होती है। इन प्रतियोगिताओं में विद्यार्थी का कौशल एवं ज्ञान परखा जाता है।
5. **संचयी अभिलेख** इस विधि में अध्यापक विद्यार्थियों की गतिविधियों को जाँचने के लिए एक आलेख तैयार करता है और उसके आधार पर उनकी प्रगति का मूल्यांकन किया जाता है। इसमें विद्यार्थियों की रुचियों, अभिक्षमताओं और सामाजिक समायोजनों के प्रगतिशील विकास का विवरण रखा जाता है।
6. **घटना-वृत्त** इस विधि में विद्यार्थी द्वारा विद्यालय में होने वाले कार्यक्रमों में की जाने वाली भागीदारी के आधार पर उसका मूल्यांकन किया जाता है। इस विधि में उसके योगदान का परीक्षण आलेख द्वारा किया जाता है।
7. **रेटिंग स्केल** विद्यार्थियों के समक्ष कोई पंक्ति, कविता, आलेख आदि प्रस्तुत किया जाता है, जिस पर उन्हें अपना निर्णय देने को कहा जाता है और उन्हें विभिन्न रेटिंग प्रदान की जाती है।

प्रश्न-पत्र निर्माण एवं ब्लू प्रिण्ट

प्रश्न-पत्र बनाने से पूर्व एक योजना तैयार करना अत्यन्त आवश्यक है, जिसमें प्रश्नों का प्रकार, उद्देश्य, अंकों का अधिभार आदि सम्मिलित हैं, इसे ब्लू प्रिण्ट कहते हैं।

इसमें पाठ्यक्रम की प्रत्येक इकाई को उचित अधिभार देना चाहिए। इससे त्रुटियों की सम्भावना नहीं रहती और आदर्श प्रश्न-पत्र बनता है।

ब्लू प्रिण्ट के निर्माण में ध्यान रखने योग्य बातें निम्न हैं

(i) प्रश्नों के उद्देश्य
(ii) प्रश्न का प्रकार
(iii) प्रश्न-पत्र को हल करने में सम्भावित समय
(iv) विषय-वस्तु पर अधिभार
(v) प्रश्नों का कठिनाई स्तर
(vi) विकल्प का दिया जाना
(vii) प्रश्न-पत्र का खण्डों में विभाजन

मूल्यांकन की विशेषताएँ

भाषा शिक्षण के मूल्यांकन की विशेषताएँ निम्नलिखित हैं

1. **यथार्थता** जिन इकाइयों पर बल दिया गया है, उन्हीं का परीक्षण होना चाहिए।
2. **विश्वसनीयता** एक समान परिस्थितियों में किसी प्रश्न, परीक्षण या परीक्षा का उत्तर पूर्णत: एक ही प्रकार का होगा तो मापन विश्वसनीय है।
3. **जाँच में सुगमता** मूल्यांकन पद्धति इतनी सुगम हो कि विद्यार्थियों की क्षमताओं, योग्यताओं और कुशलताओं की सुगमता से जाँच हो सके।
4. **वस्तुनिष्ठता** प्रश्न ऐसा हो, जिसका उत्तर एक ही हो, वस्तुनिष्ठता से परीक्षा में किसी प्रकार की मनमानी नहीं होती है।
5. **व्यावहारिकता** मूल्यांकन व्यावहारिक होना चाहिए, ताकि उसे व्यवहार में लाया जा सके।
6. **वैज्ञानिकता** मूल्यांकन सत्यता, यथार्थता, वैधता, व्यावहारिकता और वस्तुनिष्ठता के गुण और लक्षणों के अनुकूल होने पर वैज्ञानिक दृष्टिकोण से परिपूर्ण होता है।

8 » शिक्षण सहायक सामग्री

शिक्षण सहायक सामग्री : अर्थ एवं परिभाषा

शिक्षण अधिगम प्रक्रिया को रुचिकर बनाने में प्रयोग की जाने वाली सहायक सामग्रियाँ शिक्षण सहायक सामग्री कहलाती हैं।

डेण्ड के अनुसार, ''सहायक सामग्री वह सामग्री है, जो कक्षा में या अन्य शिक्षण परिस्थितियों में लिखी या बोली गई पाठ्य-सामग्री को समझने में सहायता प्रदान करती है।''

शिक्षण सहायक सामग्री का महत्त्व

शिक्षण सहायक सामग्री का महत्त्व निम्न है

1. शिक्षण सहायक सामग्री विषय को स्थायी रूप से सीखने एवं समझने में सहायक होती है।
2. शिक्षक के वक्तव्य से ज्यादा प्रभाव शिक्षण सहायक सामग्री से पाठ को रोचक बनाते हुए अनुभवों के द्वारा ज्ञान प्रदान करती है।
3. यह शिक्षण समय एवं ऊर्जा दोनों बचाकर विचारों में प्रवाहमयता लाती है।
4. अध्यापन रुचिकर होने से छात्र अधिक सक्रिय रहते हैं और पाठ को सरलता से ग्रहण कर भाषा सम्बन्धी कठिनाइयों को दूर करते हैं।
5. इससे विद्यार्थी अनुसन्धान व परियोजना कार्यों में बढ़-चढ़ कर हिस्सा लेते हैं।
6. इसमें छात्र पाठ्य-वस्तु को प्रत्यक्ष देखने, छूने, महसूस करने का अवसर प्राप्त करते हैं।

शिक्षण सहायक सामग्री के प्रयोग के उद्देश्य

शिक्षण सहायक सामग्री के प्रयोग करने के प्रमुख उद्देश्य निम्न हैं

1. छात्रों में पाठ के प्रति रुचि जगाना तथा बालकों में तथ्यात्मक सूचनाओं को रोचक ढंग से प्रस्तुत करना।
2. सीखने की गति में सुधार करना। छात्रों को अधिक क्रियाशील बनाना एवं रुचियों पर आशानुकूल प्रभाव डालना।
3. तीव्र एवं मन्द बुद्धि बालकों को योग्यतानुसार शिक्षा देना।
4. जटिल विषयों को भी सरल रूप में प्रस्तुत करना।
5. बालक का ध्यान अध्ययन पर केन्द्रित करके अमूर्त पदार्थों को मूर्त रूप में प्रस्तुत करना।
6. बालकों की निरीक्षण क्षमता का विकास करना।

शिक्षण सहायक सामग्री प्रयोग में ध्यान देने योग्य बातें

शिक्षण सहायक सामग्री प्रयोग करते समय निम्न बातें ध्यान में रखनी चाहिए

1. यह पाठ्य-वस्तु से सम्बन्धित और छात्रों के अनुभव, समझ तथा आयु के अनुसार होनी चाहिए।
2. यह छात्रों में रुचि जाग्रत करने वाली हो और अनावश्यक प्रयोग न हो।
3. उपयोग से पूर्व शिक्षक को एक बार उस सामग्री का कृत्रिम अवस्था में प्रयोग का अभ्यास कर लेना चाहिए। प्रयोग के तुरन्त बाद छात्रों के सामने से उसे हटा लेना चाहिए।
4. अनुदेशनात्मक सामग्री का प्रयोग वातावरण एवं परिस्थिति के अनुसार सही स्थान पर होना चाहिए।

हिन्दी भाषा-शिक्षण एवं शिक्षण सहायक सामग्री

हिन्दी शिक्षक अनुदेशनात्मक सामग्री की सहायता से हिन्दी साहित्य एवं भाषा का ठोस ज्ञान छात्रों को दे सकता है। इसमें निम्न बातें ध्यान में रखनी चाहिए

1. शिक्षक को प्रयुक्त की जाने वाली सामग्री की ठोस जानकारी हो, तभी इन साधनों का प्रयोग करें।
2. शिक्षक को छात्र मनोविज्ञान का ज्ञान होना चाहिए।
3. अध्यापक छात्रों के अधिगम को प्रभावशाली बनाने के लिए एक समय में कई साधनों का प्रयोग न करें।
4. शिक्षक द्वारा उपकरणों के प्रयोग में सावधानी बरतनी चाहिए।
5. शिक्षक को उद्देश्य पर ध्यान केन्द्रित रखना चाहिए, क्योंकि शिक्षण सहायक सामग्री साधन है, साध्य नहीं।

शिक्षण सहायक सामग्रियों के प्रकार

शिक्षण सहायक सामग्रियों के प्रमुख प्रकार निम्न हैं

1. **श्रव्य साधन** इनका सम्बन्ध श्रवणेन्द्रियों (कानों) से होता है। इनके द्वारा छात्र सुनकर अधिगम प्राप्त करते हैं। इसमें निम्नलिखित साधन आते हैं
   (i) रेडियो
   (ii) ग्रामोफोन तथा लिंग्वाफोन
   (iii) टेपरिकॉर्डर
2. **दृश्य साधन** इसका अभिप्राय है कि वे उपकरण, जिन्हें छात्र देख सकते हैं। इसका सम्बन्ध नेत्रों से है; जैसे–
   (i) श्यामपट्ट (ii) सूचना पट्ट
   (iii) नमूने (iv) चित्र
   (v) मानचित्र एवं रेखाचित्र
   (vi) चार्ट (vii) फ्लेनेल बोर्ड
   (viii) संग्रहालय (ix) प्रक्षेपक (प्रोजेक्टर)
   (x) मूक चित्र
   (xi) संवाद सामग्री

3. **दृश्य-श्रव्य साधन** इन उपकरणों का प्रयोग छात्र देख-सुनकर करते हैं। इसमें दृश्येन्द्रिय और श्रवणेन्द्रिय दोनों का एकसाथ प्रयोग करके छात्र ज्ञान प्राप्त करते हैं; जैसे–
   (i) टेलीविजन (ii) चलचित्र (iii) नाटक (iv) मोबाइल (v) कम्प्यूटर

अन्य शिक्षण सहायक सामग्री

भाषा शिक्षण में अन्य शिक्षण सहायक सामग्री का भी प्रयोग किया जाता है, जो इस प्रकार हैं

1. **भ्रमण** इसे सरस्वती यात्रा भी कहते हैं। यह पुस्तक के बाहर की दुनिया का व्यावहारिक ज्ञान प्रदान करती है, जहाँ छात्र वस्तुओं को प्रत्यक्ष देख-समझकर उसका ज्ञान अर्जन करते हैं।
2. **फ्लैश बोर्ड** यह सामग्री प्रायः छोटी कक्षाओं के लिए ज्यादा उपयुक्त है, जिसमें कार्ड के माध्यम से शब्द-चित्र को जोड़ना, मात्राओं आदि के लिए कार्ड तैयार किए जाते हैं।
3. **भाषा खेल** भाषा सम्बन्धी खेलों का उपयोग भाषा शिक्षक के लिए बेहद लाभकारी होता है।

भाषा शिक्षण में पाठ्य-पुस्तक का महत्त्व

पाठ्य-पुस्तकों का निर्माण पाठ्यक्रम में निर्धारित किए गए शैक्षिक-उद्देश्यों की प्राप्ति के लिए किया जाता है। भाषा शिक्षण में पाठ्य-पुस्तकों का महत्त्व निम्न प्रकार है

1. पाठ्य-पुस्तकें विद्यार्थी के भाषायी कौशलों–श्रवण, वाचन, पठन एवं लेखन में निपुणता प्राप्त करने में सहायक हैं।
2. पाठ्य-पुस्तकें विद्यार्थी में स्व-अध्ययन के गुण को विकसित करने में सहायक होती हैं।
3. पाठ्य-पुस्तकें विद्यार्थियों में शिक्षा के प्रति रुचि उत्पन्न करने में सहायक हैं।
4. पाठ्य-पुस्तकें पाठ्यक्रम को व्यवस्थित रूप से चलाने में सहायक होती हैं।

अच्छी पाठ्य-पुस्तक के गुण

अच्छी पाठ्य-पुस्तक के गुण निम्न हैं

1. एक अच्छी पाठ्य-पुस्तक में सम्पूर्ण पाठ्यक्रम व्यवस्थित ढंग से संगृहीत होता है।
2. अच्छी पाठ्य-पुस्तक में संकलित अध्याय विद्यार्थियों की आयु, मानसिक एवं बौद्धिक अवस्था के अनुसार होने चाहिए।
3. अच्छी पाठ्य-पुस्तक विद्यार्थियों में ज्ञान प्राप्ति के लिए जिज्ञासा उत्पन्न करने वाली होनी चाहिए
4. पाठ्य-पुस्तक की भाषा सरल एवं स्पष्ट हो जो छात्रों की योग्यता के अनुसार होनी चाहिए। एक अच्छी पाठ्य-पुस्तक में साहित्य की विधाओं में विविधता होनी चाहिए; जैसे–कहानी, कविता, नाटक निबन्ध आदि।

9 » उपचारात्मक शिक्षण

भाषा अधिगम में विद्यार्थियों की होने वाली कठिनाइयों को पहचानकर उसका उपयुक्त समाधान करना ही उपचारी (उपचारात्मक) शिक्षण कहलाता है।

हिन्दी भाषा शिक्षण में उपचारात्मक शिक्षण

1. शैक्षणिक निदान का प्रयोजन ही उपचारी शिक्षण है। शैक्षणिक निदान द्वारा बालकों की कठिनाइयों का पता लगाकर उन कठिनाइयों को दूर करने के लिए शिक्षक जो विधियाँ अपनाता है, उसे उपचारी शिक्षण कहते हैं।
2. उपचारी शिक्षक के कई रूप होते हैं; जैसे–बालकों की कठिनाइयों का सामूहिक रूप से निवारण और उचित अभ्यास, व्यक्तिगत रूप से बालक की अशुद्धियों का निवारण, उपचार गृहों अथवा भाषा प्रयोगशालाओं में बालकों के उच्चारण एवं भाषा सम्बन्धी प्रशिक्षण और अभ्यास।

शैक्षणिक निदान एवं उपचारी शिक्षण का महत्त्व

शैक्षणिक निदान एवं उपचारी शिक्षण का महत्त्व निम्नलिखित है

1. आधुनिक 'शिक्षण में निदान एवं उपचारी शिक्षण' एक नवीन प्रयोग है और इससे बालकों को विशेष लाभ होता है, जो किसी कारण से सीखने की प्रक्रिया में पिछड़ जाते हैं और अपेक्षित प्रगति नहीं कर पाते।
2. शैक्षणिक निदान में बालकों की सीखने सम्बन्धी कठिनाइयों की पहचान करके उन्हें दूर करने में समुचित शिक्षण प्रक्रिया अपनाई जाती है, जिससे बालकों को अपनी शक्ति या योग्यतानुसार शैक्षिक प्रगति करने का अवसर मिलता है।
3. उपचारी शिक्षण द्वारा छात्रों की व्यक्तिगत कठिनाइयों को दूर किया जाता है। इस क्रिया से अन्य छात्रों के समय की भी बरबादी नहीं होती।

उपचारात्मक शिक्षण के उद्देश्य

उपचारात्मक शिक्षण के प्रमुख उद्देश्य निम्न हैं

1. विद्यार्थियों के भाषा सम्बन्धी विभिन्न दोषों का निवारण करके उसे सामाजिक दृष्टि से अधिक कुशल एवं योग्य बनाना।
2. विद्यार्थी की ज्ञानपरक अशुद्धियों तथा भाषायी (भाषिक) व्याघात सम्बन्धी दोषों को दूर करना।
3. विद्यार्थियों में इस प्रकार की भाषायी आदतों या व्यवहारों को विकसित करना, जो उस समय तक विद्यार्थी ने नहीं सीखी हैं।

उच्चारण में उपचारी शिक्षण की आवश्यकताएँ

उच्चारण में उपचारी शिक्षण की आवश्यकताएँ निम्न हैं

1. अशुद्ध उच्चारण से भाषा का स्वरूप बिगड़ता है।
2. बिना शुद्ध उच्चारण ज्ञान के भाषा के शुद्ध रूप का ज्ञान नहीं हो सकता। ध्वनियों के अशुद्ध उच्चारण से न भाषा ठीक ढंग से समझी जा सकती है और न ही सम्यक् ज्ञान सम्भव है।
3. बाल्यावस्था से ही बच्चे को शुद्ध उच्चारण की आदत डालनी चाहिए।
4. अशुद्ध उच्चारण पठन एवं लेखन कौशल को भी प्रभावित करता है। उन्हें दोषमुक्त बनाए रखने के लिए उपचारी शिक्षण आवश्यक है।
5. गैर-हिन्दी भाषी क्षेत्रों के बालकों पर प्रान्तीय भाषाओं का प्रभाव पड़ता है, ऐसे बालकों को हिन्दी उच्चारण में प्रान्तीय भाषाओं के प्रभाव से बचाना चाहिए।
6. कई विद्यार्थियों में श, ष, स ध्वनियों के उच्चारण में अनेक दोष होते हैं। छात्रों को इनके उच्चारण सम्बन्धी दोष से मुक्त करना चाहिए।

भाषा दोष

मुख्यतः भाषा दोष निम्नलिखित प्रकार के होते हैं

(i) ध्वनि परिवर्तन
(ii) अस्पष्ट उच्चारण
(iii) हकलाना
(iv) तुतलाना
(v) तीव्र एवं अस्पष्ट वाणी

उच्चारण दोष के कारण

उच्चारण दोष के प्रमुख कारण निम्न हैं

1. **शारीरिक कारण** उच्चारण अंगों कण्ठ, तालु, होंठ, दाँत आदि में विकार के कारण उच्चारण सम्बन्धी दोष आ जाते हैं।
2. वर्णों के उच्चारण का ज्ञान न होना। वीरेन्द्र को वीरेन्दर कहना।
3. **क्षेत्रीय बोलियों का प्रभाव** 'ने' के स्थान पर 'ण' का प्रयोग, 'स' के स्थान पर 'ह' का प्रयोग।
4. **अन्य भाषाओं का प्रभाव** उर्दू के कारण हिन्दी के क, ख, ग का क़, ख़, ग़ हो जाना, 'आ' का 'ऑ' हो जाना।
5. **भौगोलिक कारण** हरियाणा में 'ह' को 'स' बोलते हैं। राजस्थान में 'न' को 'ण' बोलते हैं।
6. **मनोवैज्ञानिक कारण** भय, संकोच, शीघ्रता, विलम्ब आदि से उच्चारण में दोष आ जाते हैं।
7. **अध्यापक की अयोग्यता** यदि शिक्षक के उच्चारण में दोष है, तो छात्र भी अनुकरण द्वारा अशुद्ध उच्चारण करते हैं।
8. शुद्ध भाषा के वातावरण का प्रभाव।
9. अक्षरों एवं मात्राओं का अस्पष्ट ज्ञान।
10. देवनागरी ध्वनियों का अस्पष्ट उच्चारण।

उच्चारण दोष के विभिन्न प्रकार

उच्चारण दोष के विभिन्न प्रकार इस प्रकार हैं

1. **स्वर-लोप** परमात्मा का प्रमात्मा होना।
2. **स्वर-भक्ति** 'श्री' का 'सिरी' होना।
3. **स्वरागम** स्थान, स्नान, स्कूल में 'इ' का आगम होकर-इस्नान, इस्कूल बोलना।
4. **ऋ का अशुद्ध प्रयोग** अमृत-अम्रत।
5. **इ, उ का 'ई', ऊ एवं न एवं ण** का भ्रमपूर्वक प्रयोग।

6. **क्ष और छ में भ्रम** अक्षर-अछर, क्षत्रिय-छत्रिय।
7. **श, ष का भ्रम** प्रकाश-प्रकाष, निष्काम-निश्काम।
8. **व और ब का भ्रम** नवाब-नबाव, वसंत-बसंत।
9. **ड और ड़ का भ्रम** गुड़-गुड।
10. **ढ का ढ़ में भ्रम** पढ़ाई-पढाई, कढ़ाई-कढाई।
11. **चन्द्रबिन्दु और अनुस्वार का भ्रम** गंगा-गँगा, चाँद-चांद।

उच्चारण सम्बन्धी दोषों का निराकरण

उच्चारण सम्बन्धी दोषों का निराकरण निम्न प्रकार से किया जाता है

(i) उच्चारण अंगों की चिकित्सा
(ii) पुस्तकों के शुद्ध पाठ पर बल
(iii) शुद्ध वाचन
(iv) उच्चारण प्रतियोगिताएँ
(v) भाषण एवं संवाद प्रतियोगिताएँ
(vi) बल, विराम तथा सस्वर पाठन का अभ्यास
(vii) अनुकरण विधि का प्रयोग।

उच्चारण सम्बन्धी दोषों के निराकरण में सहायक दृश्य-श्रव्य उपकरण

उच्चारण सम्बन्धी दोषों के निराकरण में सहायक दृश्य-श्रव्य बाते निम्न हैं

1. ध्वनि यन्त्रों का चित्र
2. सिर एवं गर्दन का मॉडल
3. दर्पण
4. **ग्रामोफोन** शुद्ध उच्चारण के लिए
5. **लिंग्वाफोन** शुद्ध उच्चारण की शिक्षा के लिए
6. टेपरिकॉर्डर
7. **लैरिंगोस्कोप** स्वरतन्त्रियों की गतिविधियों के अध्ययन में यह प्रसिद्ध यन्त्र है
8. इन्द्रीस्कोप, ऑटोफोनोस्कोप, नेमोग्राफ, प्लास्क स्टेथोग्राफ, विदेशों में उच्चारण सम्बन्धी अशुद्धियों को दूर करने में प्रयोग होते हैं

सस्वर वाचन सम्बन्धी उपचारी शिक्षण में ध्यान रखने योग्य बातें

सस्वर वाचन सम्बन्धी उपचारी शिक्षण में ध्यान रखने योग्य बातें निम्न हैं

1. दोषपूर्ण सस्वर वाचन करने वाले छात्रों की योग्यता को ध्यान में रखकर उनके अनुकूल विषय-सामग्री द्वारा शिक्षण प्रारम्भ करना चाहिए, जिससे धीरे-धीरे पठन में उनकी रुचि बढ़ेगी।
2. ऐसे अभ्यास दिए जाएँ जिससे छात्र अपनी प्रगति जान सकें। रोचक एवं उपयोगी पुस्तकों की चर्चा, साहसिक कहानियाँ आदि।
3. बालक की छिपी हुई विशिष्ट प्रतिभा, योग्यता कुशलता का उसे आभास कराना, जिससे उसकी हीन भावना, झिझक एवं संकोच दूर हो, आत्मसम्मान का भाव पैदा हो।

भाषायी कौशलों से सम्बन्धित विकार

बच्चों द्वारा भाषायी कौशलों में निपुणता प्राप्त करने में निम्नलिखित विकार होते हैं

1. **अफेज्या** भाषा एवं सम्प्रेषण अधिगम अशक्तता को 'अफेज्या' कहा जाता है। इससे पीड़ित छात्र मौखिक रूप से सीखने एवं अभिव्यक्ति में कठिनाई का अनुभव करता है। मस्तिष्क की क्षति से यह विकार उत्पन्न होता है। मस्तिष्क में क्षति के कारण बातचीत करने में आंशिक या पूर्णतः अक्षमता को डिस्फेजिया कहते हैं।
2. **अलेक्सिया** मस्तिष्क की क्षति के कारण पढ़ने की अक्षमता को 'अलेक्सिया' कहा जाता है। इसे शब्द-अन्धता या विजुअल अफेज्या भी कहा जाता है।
3. **डिस्लेक्सिया** 'डिस्लेक्सिया' पठन विकास से सम्बन्धित है। इस अधिगम अशक्तता में बालक को पढ़ने में कठिनाई होती है, क्योंकि वह कुछ अक्षरों के वर्णों में भेद नहीं कर पाता है। इस विकार से पीड़ित बच्चे बड़ा और बढ़ा में अन्तर नहीं समझते।
4. **अप्रेक्सिया** अप्रेक्सिया में व्यक्ति माँसपेशियों के संचालन से सम्बद्ध गतिक कौशल; जैसे–लिखने, चलने, टहलने, बोलने में निपुण नहीं हो पाता। अप्रेक्सिया का एक प्रकार 'डिस्प्रेक्सिया' है, जो तन्त्रिका तन्त्र सम्बन्धी विकार है।
5. **डिस्ग्राफिया** 'डिस्ग्राफिया' लिखने सम्बन्धी अशक्तता है। इसमें या तो बच्चा ठीक से लिख नहीं पाता या उसकी लिखावट ठीक नहीं हो पाती। इसका कारण हाथ, हथेली या अँगुलियों सम्बन्धी कमियाँ होती हैं।

5 प्रैक्टिस सेट्स

प्रैक्टिस सेट-1

CTET पर आधारित

महत्वपूर्ण निर्देश

1. इस प्रैक्टिस सेट में कुल 30 प्रश्न हैं, जो कि हिन्दी विषय पर आधारित हैं।
2. प्रत्येक प्रश्न के लिए एक अंक निर्धारित है तथा गलत उत्तर देने के लिए नकारात्मक अंक का प्रावधान नहीं है।
3. सभी प्रश्न वस्तुनिष्ठ प्रकार के हैं।

1. बच्चों की शब्द सम्पदा उनके भाषा सीखने की प्रक्रिया में
(a) साधन है (b) साध्य है
(c) अवरोधक है (d) 'a' और 'b' दोनों

2. भाषा शिक्षण के लिए आवश्यक है
(a) स्वयं का मूल्यांकन करने की योग्यता
(b) छात्रों का मूल्यांकन करने की योग्यता
(c) नवाचारों का ज्ञान
(d) उपर्युक्त सभी

3. भाषा शिक्षण का उद्देश्य नहीं है
(a) रचनात्मकता का विकास
(b) आत्माभिव्यक्ति
(c) विषय-वस्तु को समझने की योग्यता का विकास
(d) उपर्युक्त में से कोई नहीं

4. बच्चों के भाषायी विकास को प्रभावित करता है
(b) अध्यापक की शिक्षण विधि
(b) विद्यार्थी की रुचि
(c) विद्यार्थी का परिवेश
(d) उपरोक्त सभी

5. बालकों द्वारा शब्दों या वर्णों में अन्तर करना आधारित है
(a) व्याकरण पर
(b) विभेदीकरण पर
(c) शब्द संरचनाओं पर
(d) पाठ्य-पुस्तकीय ज्ञान पर

6. विद्यार्थियों की समृद्ध भाषा सहायक होती है
(a) सामाजिक सम्मान में
(b) भावों की स्पष्ट अभिव्यक्ति में
(c) व्यक्तित्व के मूल्यांकन में
(d) उपरोक्त सभी

7. व्याकरण के नियमों को कण्ठस्थ नहीं करवाया जाता है
(a) पुस्तक विधि में (b) आगमन विधि में
(c) निगमन विधि में (d) सूत्र विधि में

8. व्याकरण शिक्षण का महत्त्व सबसे कम है
(a) लेखन कौशल के विकास में
(b) शुद्ध, वाचिक अभिव्यक्ति में
(c) लोकोक्तियों व मुहावरों के द्वारा भाषा के प्रभावी प्रयोग में
(d) पाठ्य-पुस्तक के शुद्ध पठन में

9. कक्षा में बहुभाषिकता का परिवेश निर्मित करने के लिए आप
(a) विद्यार्थियों को अपनी भाषा में बोलने के अवसर प्रदान करेंगी
(b) उनकी भाषा की पाठ्य-पुस्तक पढ़वाएँगी
(c) बहुभाषिकता कक्षा में बाधा उत्पन्न करती है, इसलिए केवल हिन्दी भाषा में ही पढ़ाएँगी
(d) 'a' और 'b' दोनों

10. भाषायी कौशल
(a) एक-दूसरे पर निर्भर होते हैं
(b) अलग-अलग सीखे जाते हैं
(c) इसका आपस में कोई सम्बन्ध नहीं होता
(d) उपर्युक्त सभी

11. श्रवण कौशल के विकास में सहायक है
(a) सस्वर वाचन (b) रेखानुकरण
(c) सुलेख (d) पाठ का सार लिखना

12. मौखिक कौशल का उद्देश्य है
(a) उचित गति एवं लय से आत्माभिव्यक्ति
(b) किसी के विचारों को सुनकर उन्हें पुनः शब्दशः बोलना
(c) बोल-बोलकर लिखना
(d) अर्थ ग्रहण करते हुए पढ़ना

13. भाषा-आकलन की प्रक्रिया
(a) पाठ के अन्त में दिए गए अभ्यासों के माध्यम से होती है
(b) सीखने-सिखाने के दौरान भी चलती है
(c) केवल बच्चों का निष्पादन जानने के लिए होती है
(d) केवल शिक्षक का निष्पादन जानने के लिए होती है

14. प्राथमिक भाषा की कक्षा में कौन-सी शिक्षण सहायक सामग्री सर्वाधिक प्रभावी है?
(a) अनावश्यक प्रयोग करने पर
(b) आवश्यकतानुसार प्रयोग करने पर
(c) 'a' और 'b' दोनों
(d) उपर्युक्त में से कोई नहीं

15. भाषा सीखने में जो त्रुटियाँ होती हैं
(a) उन्हें कठोरता से लेना चाहिए
(b) उन्हें शीघ्रता से दूर किया जाना चाहिए
(c) वे शिक्षण-अधिगम प्रक्रिया के दोषपूर्ण होने की ओर संकेत करती हैं
(d) वे सीखने की प्रक्रिया का स्वाभाविक हिस्सा होती हैं; जो सीखने के साथ दूर होने लगती हैं

निर्देश (प्र.सं. 16-21) *नीचे दिए गए पद्यांश को पढ़कर पूछे गए प्रश्नों के उत्तर दीजिए।*

आँगन में बँधे खम्भे से
लट सी उलझ जाती हैं
बहनें और दर्द की एक सदी
खुली छत की गर्म हवा में
कबूतर बन उड़ जाती हैं।
वे बाप की छप्पन साल पुरानी कमीज हैं
वे माँ के बचपन की यादें हैं
जो उठती हैं हर शाम
चूल्हे के धुएँ संग
और उड़ती हैं पतंग बन।

16. 'आँगन' शब्द है
(a) देशज (b) आगत
(c) तत्सम (d) तद्‌भव

17. 'दर्द की एक सदी' से तात्पर्य है
(a) दु:खद समय
(b) दीर्घकालिक दर्द
(c) दर्द का दशक
(d) दीर्घकालिक पसोपेश

18. उपर्युक्त कविता में कवि किस तथ्य की तरफ संकेत करता है?
(a) ज्ञान (b) स्वतन्त्रता
(c) व्यवसाय (d) दर्शन

19. 'वे बाप की छप्पन साल पुरानी कमीज' से कवि का क्या तात्पर्य है?
(a) वस्त्र व्यापार (b) पुराना अनुभव
(c) पिता का प्यार (d) आन्तरिक मनोभाव

20. कविता में 'चूल्हे के धुएँ संग' से कवि का तात्पर्य है
(a) प्रदूषण से (b) अँधेरे से
(c) भूख से (d) जिन्दगी से

21. 'उड़ती हैं पतंग बन' पंक्ति में कवि किसकी यादों को याद करता है?
(a) खुद की यादें (b) पिता की यादें
(c) माँ की यादें (d) पतंग की यादें

निर्देश (प्र.सं. 22-30) *नीचे दिए गए अनुच्छेद को पढ़कर पूछे गए प्रश्नों के उत्तर दीजिए।*

कृष्ण और कालिन्दी दोनों एक-दूसरे के पूरक हैं। यह तो नहीं कह सकता कि कदम्ब के बिना कृष्ण अधूरे थे, किन्तु उसका अभाव अवश्य खटकता है। प्रसिद्ध है कृष्ण की बंसी की मधुर आवाज और गोपियों की कृष्णोत्सर्ग प्रेम-कथाएँ। भोर का फूटता प्रभात हो या रात्रि की छिड़ती रागिनी हो।

जब कभी कृष्ण की मुरली पेड़-पौधों, कुँज लताओं को चीरती, गूँजती हुई गोप-बालाओं के कानों में पहुँचती थी, वे प्रेम में भावविह्वल हो, मदहोश बनी अपने प्रिय के पास चल पड़ती थीं। कहते हैं मुरलीधर का सान्निध्य पाने की गोपियों की अकुलाहट परमात्म-तत्त्व में मिलने की आत्मा की छटपटाहट का संकेत है। इस लौकिकता में भी अलौकिकता अन्तर्निहित है, पर इस अलौकिकता को पहुँचे हुए लोग ही समझ पाते हैं। मुझ जैसों की क्या बिसात? मेरे लिए तो आत्मा और परमात्मा का सम्बन्ध किसी भी प्रकार की क्लिष्टता से बढ़कर है।

मुझे अगर कुछ सूझता है, तो बस कदम्ब, जिसकी पूर्ण आकृति से लेकर फूल, फल, पत्तियों, मकरन्द, यहाँ तक कि उन सूक्ष्म कोशिकाओं के स्वरूप भी अपनी व्याख्या चाहते हैं मुझसे। कृष्ण का ग्वाल-बालों के साथ वृन्दावन की झुरमुटों और वनों में गायों का चराना, उनकी मनभावनी बँसी की मधुर आवाज सुन गायों का रम्भाना या फिर कृष्ण की माखन चोरी, गोपियों का उलाहना, यशोदा माता की डाँट-फटकार सारे-के-सारे कृष्ण कृतित्व मुझे कदम्ब के इर्द-गिर्द चक्कर लगाते प्रतीत होते हैं।

22. लेखक को कदम्ब का अभाव क्यों खटकता है?
(a) क्योंकि वह कदम्ब के बिना कृष्ण की कल्पना नहीं कर सकता
(b) क्योंकि वह यह मानता है कि कदम्ब के वृक्ष के बिना कृष्ण पूरे नहीं हैं
(c) लेखक के लिए कृष्ण कृतित्व का आधार कदम्ब है
(d) लेखक प्रकृति प्रेमी है

23. निम्नलिखित में से गोपियों के प्रेमभाव विह्वल होने के पीछे कौन उत्प्रेरक का कार्य करता है?
(a) कदम्ब का वृक्ष
(b) गोपियों का कृष्ण प्रेम
(c) बाँसुरी की धुन
(d) अपने प्रिय से मिलने की तीव्र इच्छा

24. निम्नलिखित में से यमुना नदी के किस पर्यायवाची शब्द का गद्यांश में प्रयोग हुआ है?
(a) रागिनी (b) कालिन्दी
(c) मनभावनी (d) लता

25. प्रस्तुत गद्यांश की केन्द्रीय विषय-वस्तु के रूप में कौन उपस्थित है?
(a) गोपियों एवं कृष्ण का प्रेम
(b) कदम्ब का वृक्ष
(c) कृष्ण व कालिन्दी
(d) लौकिकता में अन्तर्निहित अलौकिकता

26. निम्नलिखित शब्दों में से कौन-सा शब्द तद्‌भव है?
(a) अन्तर्निहित (b) माखन
(c) सान्निध्य (d) कृतित्व

27. निम्नलिखित में से किस शब्द में दो प्रत्ययों का प्रयोग हुआ है?
(a) भाव विह्वल (b) अलौकिकता
(c) बिसात (d) मुरलीधर

28. ".....पर इस अलौकिकता को पहुँचे हुए लोग ही समझ पाते हैं। मुझे जैसों की क्या बिसात?" रेखांकित शब्द को निम्नलिखित में से कौन-सा शब्द प्रतिस्थापित कर सकता है?
(a) लक्ष्य प्राप्त (b) लब्धप्रतिष्ठित
(c) सिद्ध पुरुष (d) तत्त्वज्ञानी

29. प्रस्तुत गद्यांश में 'छटपटाहट' शब्द का क्या अर्थ है?
(a) व्याकुलता (b) व्यग्रता
(c) तीव्र इच्छा (d) अभिलाषा

30. गद्यांश में किस-किस पर कृष्ण की मनभावनी बाँसुरी का प्रभाव दर्शाया गया है?
(a) केवल जड़ जीवों पर
(b) केवल चेतन जीवों पर
(c) 'a' और 'b' दोनों
(d) उपर्युक्त में से कोई नहीं

उत्तरमाला

1 *(a)*	2 *(d)*	3 *(d)*	4 *(d)*	5 *(b)*	6 *(c)*	7 *(b)*	8 *(d)*	9 *(a)*	10 *(a)*
11 *(a)*	12 *(a)*	13 *(b)*	14 *(c)*	15 *(d)*	16 *(a)*	17 *(b)*	18 *(b)*	19 *(b)*	20 *(d)*
21 *(a)*	22 *(c)*	23 *(c)*	24 *(b)*	25 *(b)*	26 *(b)*	27 *(b)*	28 *(c)*	29 *(c)*	30 *(b)*

प्रैक्टिस सेट-2

CTET पर आधारित

महत्वपूर्ण निर्देश

1. इस प्रैक्टिस सेट में कुल 30 प्रश्न हैं, जो कि हिन्दी विषय पर आधारित हैं।
2. प्रत्येक प्रश्न के लिए एक अंक निर्धारित है तथा गलत उत्तर देने के लिए नकारात्मक अंक का प्रावधान नहीं है।
3. सभी प्रश्न वस्तुनिष्ठ प्रकार के हैं।

1. शिक्षण का स्किनर सिद्धान्त ...... सिद्धान्त पर आधारित है।
(a) संगति (b) ऑपरेशनिज्म
(c) अनुकूलन (d) सुदृढ़ीकरण

2. बच्चों के भाषायी विकास में सहायक है
(a) विद्यालय (b) सांस्कृतिक कार्यक्रम
(c) भाषण (d) उपरोक्त सभी

3. बी. एफ. स्किनर का सम्बन्ध है
(a) पुनर्बलन के सिद्धान्त से
(b) मातृभाषा शिक्षण के सिद्धान्त से
(c) बाल-केन्द्रिता के सिद्धान्त से
(d) जीवन समन्वय के सिद्धान्त से

4. भाषा शिक्षण का नियम नहीं है
(a) विश्लेषण से संश्लेषण की ओर
(b) निश्चित से अनिश्चित की ओर
(c) आगमन से निगमन की ओर
(d) विशेष से सामान्य की ओर

5. ध्वनियों के विभेदीकरण में सहायक है
(a) श्रवण कौशल
(b) भाषण
(c) वाद-विवाद करना
(d) वाचन कौशल

6. भाषा में सतत् और व्यापक मूल्यांकन का उद्देश्य है
(a) केवल यह जानना कि बच्चों ने कितना सीखा
(b) बच्चों को उत्तीर्ण-अनुत्तीर्ण श्रेणी में रखना
(c) बच्चों द्वारा भाषा सीखने की प्रक्रिया को जानना व समझना
(d) केवल बच्चों की कमियाँ जानना

7. 'ज्ञात से अज्ञात' नियम का प्रतिपादन होता है
(a) निगमन विधि में
(b) खेल विधि में
(c) आगमन विधि में
(d) समवाय विधि में

8. बहुभाषिकता
(a) शिक्षण-अधिगम प्रक्रिया को बाधित करती है
(b) बच्चों के संज्ञानात्मक विकास में सहायक होती है
(c) कक्षा में क्षेत्रीयता को बढ़ावा देती है
(d) बच्चों के भाषायी विकास में बाधक है

9. श्रवण कौशल का सबसे कम महत्त्वपूर्ण उद्देश्य है
(a) अर्थ ग्रहण करने की योग्यता का विकास करना
(b) छात्रों में मौलिकता का विकास करना
(c) लेखन कौशल में निपुणता प्रदान करवाना
(d) केवल सुनने की क्षमता को विकसित करना

10. मौन पठन सहायक है
(a) उचित ध्वनि निर्गम में
(b) प्रभावोत्पादकता में
(c) अर्थ प्रतीप्ति में
(d) स्वाध्याय में रुचि उत्पन्न करने में

11. मूल्यांकन की विशेषता है
(a) विषय-वस्तु पर अधिभार
(b) बिना किसी भेदभाव के मूल्यांकन करना
(c) प्रश्नों का कठिन स्तर
(d) अत्यधिक सख्ती से उत्तर जाँचना

12. निम्नलिखित में से कौन-सा 'नाटक-शिक्षण' में सतत् और व्यापक मूल्यांकन के लिए सर्वाधिक महत्त्वपूर्ण है?
(a) लिखित परीक्षा
(b) मुख्य संवादों को सुन्दर रूप से लिखना
(c) पढ़े गए नाटक का मंचन
(d) पात्रों का चरित्र-चित्रण लिखना

13. शिक्षण सहायक सामग्री
(a) शैक्षिक कुशलता को प्रभावित करती है
(b) प्रेरणा का कार्य करती है
(c) प्रयोग करते हुए सीखने पर बल देती है
(d) उपर्युक्त सभी

14. बाल साहित्य का महत्त्व है
(a) मानसिक विकास में
(b) कल्पना शक्ति के विकास में
(c) सृजनात्मकता के विकास में
(d) ये सभी

15. उपचारात्मक शिक्षण किस प्रकार का कार्य है?
(a) आदेशात्मक (b) अनुदेशनात्मक
(c) नकारात्मक (d) सैद्धान्तिक

निर्देश (प्र. सं. 16-21) *नीचे दिए गए पद्यांश को पढ़कर पूछे गए प्रश्नों के उत्तर दीजिए।*

शेष
कई बार लगता है
मैं ही रह गया हूँ
अबीता पृष्ठ
बाकी पृष्ठों पर
जम गई है धूल।
धूल के बिखरे कणों में
रह गए हैं नाम
कई बार लगता है
एक मैं ही रह गया हूँ
अपरिचित नाम।
इतने परिचय हैं
और इतने सम्बन्ध
इतनी आँखें हैं
और इतना फैलाव
पर बार-बार लगता है
मैं ही रह गया हूँ
सिकुड़ा हुआ दिन।

16. उपर्युक्त पंक्तियों में 'अबीता पृष्ठ' से कवि का क्या आशय है?
(a) स्वयं का अस्तित्व (b) भविष्य की योजना
(c) स्वयं का किसी के साथ गठजोड़
(d) असामयिक व्यवहार

17. प्रस्तुत पंक्तियों से कवि की किस मानसिकता का पता चलता है?
(a) उत्साह की (b) अवसाद की
(c) निराशा की (d) हतोत्साह की

18. निम्न में से 'आँख' का पर्यायवाची कौन-सा नहीं है?
(a) नयन (b) चक्षु
(c) लोचन (d) नेय

19. 'सिकुड़ा हुआ दिन' से कवि का क्या आशय है?
(a) संकुचित आवेशन (b) संकुचित दृष्टि
(c) संकुचित आभा (d) संकुचित व्यक्तित्व

20. निम्न में से कौन-से शब्द में उपसर्ग है?
(a) फैलाव (b) परिचय
(c) अपरिचित (d) सिकुड़ा

21. 'बाकी पृष्ठों पर जम गई है धूल' से कवि का क्या आशय है?
(a) बीता हुआ कल
(b) बीता हुआ साम्राज्य
(c) बीता हुआ अन्धकार
(d) धूल-धक्कड़ से जमी पृष्ठ

निर्देश (प्र. सं. 22-30) *नीचे दिए गए अनुच्छेद को पढ़कर पूछे गए प्रश्नों के उत्तर दीजिए।*

नव उपभोक्तावादी संस्कृति ने पूरे विश्व को खोखली यथार्थवादी सोच दी है। सांस्कृतिक उपनिवेशवाद ने तो हद ही कर दी। यह सांस्कृतिक उपनिवेशवाद बड़े राष्ट्रों और छोटे राष्ट्रों, धनी राष्ट्रों और गरीब राष्ट्रों एवं विकसित राष्ट्रों और विकासशील राष्ट्रों के बीच में ही रखा तरबूज नहीं है, बल्कि यह एक राष्ट्र और समाज के भीतर पनपता नया स्वकेन्द्रित यथार्थ भी है। मनुष्य की अँजुरी में सहेजे भाव, मुट्ठी भर राख हो गए। कोई आदर्श सुरक्षित नहीं बचा। स्वार्थ के बेखौफ बौखलायेपन ने सम्बन्धों, मूल्यों और संवेदनाओं की जड़ों में अँगारे दाब दिए। पहले के समाज में स्वार्थ न रहा हो, उपभोक्ता न रहा हो, ऐसी बात नहीं है, पर वे लोग मनुष्य पहले थे, उपभोक्ता बाद में। खाते समय कोई आ जाए और घर में यदि और भोजन न हो, तो अपनी थाली में से ही थोड़ा-सा उस भूखे को देने की बात कही गई है। पुराने समय में लोग ऐसा करते भी रहे हैं। इसे नैतिकता भले ही कहें, पहले तो यह मनुष्यता ही है। मनुष्य के सौन्दर्य-बोध और संवेदना का परिष्कार और विस्तार तो होना ही चाहिए। अपनी जरूरतों के साथ दूसरों की जरूरतों का ध्यान और उनकी पूर्ति में समान और समभाव भी व्यक्ति को एक तरह से सांसारिक संन्यासी ही बनाता है।

संकीर्णता, तुच्छता, ढोंग और डायनपने से बाहर निकलकर मानवता की उच्चतर जमीन पाना, मुक्ति की रातरानी के देश में पहुँच जाना है। जहाँ बुद्ध, कबीर और गाँधी पहुँच सके थे।

22. गद्यांश के अनुसार पहले के समाज के उपभोक्ता पर कौन हावी दृष्टिगोचर होता है?
(a) स्वार्थ
(b) नैतिकता
(c) मानवता
(d) यथार्थवादी सोच

23. निम्नलिखित में से कौन-सा भाव मनुष्य को सांसारिक संन्यासी बनाता है?
(a) उपभोक्तावाद व मानववाद का हावी होना
(b) नैतिक होना
(c) पर हित का भाव रखना
(d) आवश्यकताओं एवं उनकी पूर्ति में स्वयं व अन्य में भेद न करना

24. गद्यांश के अनुसार जो मानवीय गुणों का ह्रास एवं आदर्शों की असुरक्षा उत्पन्न हुई है, उसकी जड़ में कौन-से कारक निहित हैं?
(a) नव उपभोक्तावादी संस्कृति
(b) सांस्कृतिक उपनिवेशवाद
(c) 'a' और 'b' दोनों
(d) स्वार्थ की वृद्धि

25. गद्यांश के अनुसार किन नैसर्गिक मानवीय गुणों को व्यापकता प्रदान करने तथा उनके और अधिक शुद्ध रूप ग्रहण करने की बात कही गई है?
(a) नैतिकता
(b) स्वार्थ
(c) सौन्दर्य-बोध तथा संवेदना
(d) सांसारिक संन्यासी के गुण

26. 'स्वकेन्द्रित' का विलोम शब्द है
(a) अन्यकेन्द्रित (b) आत्मकेन्द्रित
(c) परकेन्द्रित (d) विकेन्द्रित

27. निम्न में से किस शब्द में दो प्रत्ययों का प्रयोग हुआ है?
(a) नैतिकता (b) मनुष्यता
(c) सांसारिक (d) संवेदना

28. निम्न में से किस शब्द में 'अ' उपसर्ग का प्रयोग नहीं किया जा सकता?
(a) विकसित (b) नैतिकता
(c) सुरक्षित (d) आदर्श

29. निम्न में से 'संकीर्णता' शब्द का विलोम शब्द है
(a) असंकीर्णता (b) विशालता
(c) व्यापकता (d) विस्तार

30. निम्न में से कौन-सा तद्भव शब्द है?
(a) यथार्थ (b) मनुष्य
(c) मुट्ठी (d) राष्ट्र

उत्तरमाला

1 *(b)*	2 *(d)*	3 *(a)*	4 *(b)*	5 *(a)*	6 *(c)*	7 *(c)*	8 *(b)*	9 *(d)*	10 *(d)*
11 *(b)*	12 *(c)*	13 *(d)*	14 *(d)*	15 *(b)*	16 *(a)*	17 *(d)*	18 *(d)*	19 *(d)*	20 *(c)*
21 *(a)*	22 *(c)*	23 *(d)*	24 *(c)*	25 *(c)*	26 *(c)*	27 *(a)*	28 *(d)*	29 *(c)*	30 *(c)*

प्रैक्टिस सेट-3

CTET पर आधारित

महत्वपूर्ण निर्देश

1. इस प्रैक्टिस सेट में कुल 30 प्रश्न हैं, जो कि हिन्दी विषय पर आधारित हैं।
2. प्रत्येक प्रश्न के लिए एक अंक निर्धारित है तथा गलत उत्तर देने के लिए नकारात्मक अंक का प्रावधान नहीं है।
3. सभी प्रश्न वस्तुनिष्ठ प्रकार के हैं।

---

1. भाषा सीखने में सहायक है
(a) परिवेश (b) परिवार
(c) विद्यालय (d) ये सभी

2. भाषा अधिगम के सन्दर्भ में कौन-सा कथन सही नहीं है?
(a) भाषा अधिगम में कभी-भी अनुवाद का सहारा नहीं लिया जाता
(b) भाषा-अर्जन में विभिन्न संकल्पनाएँ मातृभाषा में बनती हैं
(c) भाषा-अर्जन सहज और स्वाभाविक होता है, जबकि भाषा अधिगम प्रयासपूर्ण होता है
(d) सांस्कृतिक विभिन्नता भाषा-अर्जन और भाषा-अधिगम को प्रभावित करने वाला महत्त्वपूर्ण कारक है

3. भाषा साधन है
(a) व्यक्तित्व के निर्माण का
(b) सामाजिक-सांस्कृतिक पहचान का
(c) व्यक्ति की पहचान का
(d) उपर्युक्त सभी

4. मातृभाषा शिक्षण से अभिप्राय है
(a) बच्चे को उसकी माता की भाषा में शिक्षा देना
(b) बच्चे को उसकी प्रारम्भिक भाषा में शिक्षा देना
(c) बच्चे को हिन्दी भाषा में शिक्षा देना
(d) 'a' और 'b' दोनों

5. बालकों द्वारा शब्दों या वर्णों में अन्तर करना आधारित है
(a) व्याकरण पर
(b) विभेदीकरण पर
(c) शब्द संरचनाओं पर
(d) पाठ्य-पुस्तकीय ज्ञान पर

6. 'व्याकरणिक नियमों का ज्ञान शुद्ध भाषा प्रयोग का आधार है'।
(a) पूर्णतः सही है
(b) पूर्णतः असत्य है
(c) अंशतः सही है
(d) उपर्युक्त में से कोई नहीं

7. व्याकरण शिक्षण का महत्त्व सबसे कम है
(a) लेखन कौशल के विकास में
(b) शुद्ध, वाचिक अभिव्यक्ति में
(c) लोकोक्तियों व मुहावरों के द्वारा भाषा के प्रभावी प्रयोग में
(d) पाठ्य-पुस्तक के शुद्ध पठन में

8. व्याकरण के नियम कण्ठस्थ कराए जाते हैं
(a) निगमन विधि में (b) आगमन विधि में
(c) प्रयोग विधि में (d) खेल विधि में

9. 'त्रिभाषा सूत्र' में शास्त्रीय भाषा है
(a) अरबी (b) हिन्दी
(c) जर्मन (d) मलयालम

10. आपकी कक्षा में कुछ विद्यार्थी 'सड़क' को 'सरक' बोलते हैं। इसका सबसे सम्भावित कारण है
(a) लापरवाही का होना
(b) इनकी मातृभाषा का प्रभाव
(c) उन्हें हिन्दी न आना
(d) सुनने में समस्या

11. फरीदा अपनी कक्षा में बच्चों से श्रुतलेख लिखवाती है
(a) वह श्रवण कौशल को विकसित कर रही है
(b) वह लेखन कौशल को विकसित कर रही है
(c) वह वाचन कौशल को विकसित कर रही है
(d) श्रवण एवं वाचन कौशल दोनों को विकसित कर रही है

12. 'पठन' का प्रकार है
(a) ध्यानमग्न पठन (b) एकाग्रचित्त पठन
(c) द्रुत पठन (d) अर्थ ग्रहण पठन

13. बच्चों में ज्ञान का आकलन करने में सर्वाधिक सहायक है
(a) प्रायोगिक प्रश्न (b) लघु उत्तरीय प्रश्न
(c) वस्तुनिष्ठ प्रश्न (d) मौखिक प्रश्न

14. प्राथमिक भाषा की कक्षा में कौन-सी शिक्षण सहायक सामग्री सर्वाधिक प्रभावी है?
(a) ग्लोब (b) चित्र एवं नमूने
(c) शैक्षिक भ्रमण (d) ग्रामोफोन

15. बच्चों की लेखन क्षमता को प्रभावित करने वाला रोग है
(a) अफेज्या (b) अप्रेक्सिया
(c) डिस्लेक्सिया (d) अलेक्सिया

निर्देश (प्र. सं. 16-24) *नीचे दिए गए अनुच्छेद को पढ़कर पूछे गए प्रश्नों के उत्तर दीजिए।*

भारतेन्दु युग मात्र साहित्यिक युग ही नहीं, अपितु स्वतन्त्रता एवं राष्ट्रीय जागरण का युग बोध कराने वाला युगदृष्टा का युग था। महात्मा गाँधी के लिए यही प्रेरक युग कहा जाना पत्रकारिता का शाश्वत सत्य होगा। स्वतन्त्रता आन्दोलन के लिए राजनेताओं को जितना संघर्ष करना पड़ा, उससे तनिक भी कम संघर्ष पत्रों एवं पत्रकारों को नहीं करना पड़ा। बुद्धिजीवियों, ऋषियों की मौन साधना, तपस्या और त्याग इतिहास की धरोहर हैं, जिसे मात्र साहित्य तक सीमित नहीं रखा जाना चाहिए, बल्कि स्वतन्त्रता की बलिवेदी पर आहूति करने वालों को शृंखलाबद्ध समूह के रूप में भी माना जाना चाहिए।

तकनीकी रूप में प्रारम्भिक पत्रकार स्वयं रिपोर्टर, लिपिक, प्रूफरीडर, पैकर, प्रिण्टर, सम्पादक एवं वितरक भी थे। क्रूरता, अन्याय, क्षोभ, विरोध, क्लेश एवं गतिरोध उनकी दिनचर्या थी, फिर भी वे अटल थे, अडिग थे, क्योंकि उनके समक्ष एक लक्ष्य था। वे देशभक्त थे। देशभक्ति के समक्ष सभी अवरोधों, प्रतिरोधों एवं बाधक विचारों का खण्डन उनका उद्‌देश्य था।

16. प्रारम्भिक पत्रकारों ने अपने कार्य को सम्पन्न करने के लिए स्वयं बहुआयामी भूमिकाएँ निर्वाह कीं। यह प्रेरणा उन्हें कहाँ से मिली?
(a) राष्ट्रवादी विचारधारा से
(b) राजनेताओं के संघर्ष से
(c) देशभक्ति से
(d) संसाधनों की कमी से

17. 'विरोध' का विलोम शब्द है
(a) प्रतिरोध (b) गतिरोध
(c) अवरोध (d) समर्थन

18. किसकी भूमिका को मात्र एक आयाम तक ही सीमित न रखे जाने की आवश्यकता व्यक्त की गई है?
(a) राजनेताओं की
(b) महात्मा गाँधी की
(c) युगबोध कराने वाले युगदृष्टा की
(d) बुद्धिजीवियों द्वारा राष्ट्रीय आन्दोलन के समय किए गए लेखन कर्म की

19. ".....ऋषियों की मौन साधना, तपस्या और त्याग इतिहास की धरोहर हैं।" रेखांकित शब्द के स्थान पर किस और शब्द का प्रयोग किया जा सकता है?
(a) उपलब्धि (b) कोस
(c) विरासत (d) खोज

20. भारतेन्दु युग को स्वतन्त्रता का युगबोध कराने वाले युगदृष्टा का युग कहा गया है। निम्न में से कौन-सा कथन इस सन्दर्भ में सही नहीं है?
(a) गाँधीजी ने प्रेरणा इसी युग से प्राप्त की थी
(b) राजनेताओं के साथ-साथ साहित्यकारों, पत्रकारों ने भी अपना योगदान स्वतन्त्रता संघर्ष में दिया
(c) यह युग केवल साहित्य सृजन तक सीमित न था
(d) भारतीय पत्रकारिता का प्रादुर्भाव हुआ

21. गद्यांश में पत्रकारिता के किस आयाम को प्रकाशित करने का प्रयास किया गया है?
(a) साहित्यकार
(b) स्वतन्त्रता संघर्ष में भूमिका
(c) राजनेता की भूमिका
(d) गाँधीजी का प्रेरणा स्रोत

22. प्रस्तुत गद्यांश में 'युगदृष्टा' शब्द का अर्थ है
(a) युग में दिखाई देने वाला
(b) युग पर्यन्त जीवित रहने वाला
(c) युग को दिशा देने वाला
(d) युग को दर्शाने वाला

23. निम्नलिखित में से कौन-सा 'शाश्वत' शब्द का पर्यायवाची शब्द नहीं है?
(a) सर्वकालिक (b) प्रकट
(c) सनातन (d) अक्षय

24. 'देशभक्त' का विलोम शब्द है
(a) देशद्रोही (b) राष्ट्रवादी
(c) अदेशभक्त (d) प्रतिदेश भक्त

निर्देश (प्र. सं. 25-30) *नीचे दिए गए पद्यांश को पढ़कर पूछे गए प्रश्नों के उत्तर दीजिए।*

गगन के रक्ताभ रंग में,
डूबते सूरज की किरणें,
पूछती हैं आज मुझसे
जान पाए क्या कभी तुम,
फर्क है क्या
भोर और सन्ध्या की धुन्धली लालिमा में?
और मैं,
अनभिज्ञ, निश्चल, मूक, कातर,
दूर नभ में डूबते,
सूरज की किरणों से,
निकलते प्रश्न चिह्नों की दिशा में
देखता हूँ, खोजता
अजना अजाना एक उत्तर।
क्षितिज के गहरे धुँधल के
थाम लेते हाथ मेरा,
और ले चलते मुझे,
उस पार अपने।

25. 'सूरज' का पर्यायवाची है
(a) दिवाकर (b) निकर
(c) उषाकर (d) अभयंकर

26. 'क्षितिज' से तात्पर्य है
(a) धरती
(b) सूर्य की किरणें
(c) आसमान और धरती का मिलन बिन्दु
(d) आकाश

27. 'फर्क है क्या भोर और सन्ध्या की धुँधली लालिमा में' पंक्ति से कवि का क्या आशय है?
(a) ऊर्जा (b) तीव्रता
(c) आवेश (d) उत्प्रेरण

28. 'दूर नभ में डूबते सूरज की किरणों से' पंक्ति से कवि की किस विचारधारा का पता चलता है?
(a) कवि की आशावादी दृष्टि
(b) सूरज की किरणों की तीव्रता
(c) डूबते सूरज का प्रकाश
(d) नभ की ऊँचाई

29. कविता में 'कातर' से तात्पर्य है
(a) निर्भीक (b) उत्साही
(c) डरपोक (d) दृढ़ निश्चयी

30. 'अनभिज्ञ' का विलोम होगा
(a) भिज्ञ (b) अभिज्ञ
(c) सभिज्ञ (d) अज्ञ

उत्तरमाला

1 *(d)*	2 *(a)*	3 *(d)*	4 *(d)*	5 *(b)*	6 *(c)*	7 *(d)*	8 *(a)*	9 *(a)*	10 *(b)*
11 *(d)*	12 *(c)*	13 *(c)*	14 *(b)*	15 *(b)*	16 *(c)*	17 *(d)*	18 *(d)*	19 *(c)*	20 *(d)*
21 *(b)*	22 *(c)*	23 *(b)*	24 *(a)*	25 *(a)*	26 *(c)*	27 *(a)*	28 *(a)*	29 *(c)*	30 *(a)*

प्रैक्टिस सेट-4

CTET पर आधारित

महत्वपूर्ण निर्देश

1. इस प्रैक्टिस सेट में कुल 30 प्रश्न हैं, जो कि हिन्दी विषय पर आधारित हैं।
2. प्रत्येक प्रश्न के लिए एक अंक निर्धारित है तथा गलत उत्तर देने के लिए नकारात्मक अंक का प्रावधान नहीं है।
3. सभी प्रश्न वस्तुनिष्ठ प्रकार के हैं।

निर्देश (प्र.सं.1-9) *निम्नलिखित गद्यांश को पढ़कर दिए गए प्रश्नों के सही/सबसे उपयुक्त उत्तर वाले विकल्प को चुनकर लिखिए।*

हमारी सांस्कृतिक विरासत का ही एक अंग है, हमारा राष्ट्रीय चिह्न, जिसे हमने सम्राट अशोक की विरासत के रूप में प्राप्त किया है। सारनाथ में जहाँ गौतम बुद्ध ने सर्वप्रथम अपने ज्ञान के प्रकाश से संसार को आलोकित किया था, वहाँ सम्राट अशोक ने शिलालेख और यह चिह्न स्थापित किया था। यहीं से इस चिह्न को राष्ट्रीय चिह्न के रूप में अपनाया गया। यह चिह्न सम्राट अशोक और महात्मा बुद्ध की शिक्षाओं की स्मृति को तो ताजा करता ही है, वरन् इस चिह्न में हमारी असीम सांस्कृतिक विरासत भी झलकती है।

यद्यपि यह विवरण प्राप्त नहीं है कि सम्राट अशोक के काल में इस चिह्न का निर्माण और प्रचलन कब हुआ, परन्तु यह निश्चित है कि इस चिह्न का सम्बन्ध सम्राट अशोक से है और सम्भव है इस चिह्न का प्रचलन पहले से रहा हो। यह इस चिह्न में निहित गूढ़ अर्थों से ज्ञात होता है, जो ज्ञान की सर्वोच्च पराकाष्ठा को प्रदर्शित करते हैं।

सांकेतिक भाषा में विचारों और भावनाओं को चिह्नों या चित्रों के माध्यम से प्रकट करने का इतिहास अति प्राचीन है। इसी सांकेतिकता का उपयोग सम्राट अशोक के इस चिह्न में भी परिलक्षित होता है। सामान्य दृष्टि से इस चिह्न को देखकर यही कहा जाएगा कि सिंह, शक्ति और गौरव के प्रतीक तथा आधार पर स्थित अश्व, ऊर्जा एवं गति, वृषभ, कठिन परिश्रम एवं धैर्य तथा इन दोनों के मध्य स्थित चक्र धर्म को प्रदर्शित करता है, परन्तु इस चिह्न का गूढ़ार्थ ऋग्वेद के अध्ययन से ज्ञात होता है, जिसे संसार में मानव सभ्यता का सबसे प्राचीनतम ग्रन्थ माना जाता है। इस ग्रन्थ की भाषा भी सांकेतिक है। संक्षेप में यदि कहा जाए, तो यह चिह्न सृष्टि की निरन्तरता, जीवन और उस पर आधारभूत परम मौलिक ऊर्जा के नियन्त्रण को प्रदर्शित करता है।

1. विचारों की अभिव्यक्ति के सन्दर्भ में सारनाथ का चिह्न क्या है?
(a) नव प्रवर्तन (b) परम्परा का वाहक
(c) समकालीन दर्पण (d) कला का नमूना

2. यह चिह्न गूढ़ अर्थ में क्या प्रकट करता है?
(a) सृष्टि का निर्माण चक्र
(b) जीवन पर परम सत्ता का नियन्त्रण
(c) परम्परा की समृद्धि
(d) बौद्ध के सन्देशों को

3. अशोक चिह्न किस आधार पर बुद्ध की शिक्षाओं की स्मृति को ताजा करता है?
(a) इस पर धर्म-चक्र उत्कीर्ण है
(b) सम्राट अशोक महात्मा बुद्ध के अनुयायी थे
(c) इस स्थान पर महात्मा बुद्ध ने सर्वप्रथम उपदेश दिया था
(d) इसमें बौद्ध की शिक्षा के संकेत हैं

4. ऋग्वेद एवं अशोक चिह्न में क्या समानता है?
(a) दोनों सांस्कृतिक विरासत हैं
(b) दोनों प्राचीनतम हैं
(c) दोनों ऐतिहासिक हैं
(d) दोनों की भाषा सांकेतिक है

5. प्राचीन का विलोम शब्द है
(a) अप्राचीन (b) प्राचीनतम
(c) अर्वाचीन (d) आद्यतन

6. निम्नलिखित में से किस शब्द में तम प्रत्यय लगने के पश्चात् वह विशेषण बन जाता है?
(a) संकेत (b) प्राचीन
(c) ज्ञान (d) प्रचलन

7. अशोक चिह्न के चित्रों के सम्बन्ध में क्या सत्य है?
(a) चित्र केवल बौद्ध शिक्षाओं के प्रतीक हैं
(b) चित्रों में गूढ़ अर्थ प्रकट होता है
(c) चित्रों में प्रतीकात्मक एवं गूढ़ अर्थ पृथक्-पृथक् हैं
(d) चित्रों में ज्ञान की पराकाष्ठा प्रकट होती है

8. निम्नलिखित में से किस शब्द में दो प्रत्यय लगे हैं?
(a) प्राचीनतम (b) सभ्यता
(c) सांकेतिकता (d) आधारभूत

9. संक्षेप का विलोम है
(a) असंक्षेप (b) विस्तृत
(c) विस्तार (d) विराट

निर्देश (प्र.सं.10-15) *निम्नलिखित काव्यांश को पढ़कर दिए गए प्रश्नों के सही/सबसे उपयुक्त उत्तर वाले विकल्प को चुनकर लिखिए।*

कोई हँस रहा है कोई रो रहा है
कोई पा रहा है कोई खो रहा है
कोई ताक में है किसी को है गफलत
कोई जागता है कोई सो रहा है
कहीं नाउम्मीदी ने बिजली गिराई
कोई बीज उम्मीद के बो रहा है
इसी सोच में मैं तो रहता हूँ 'अकबर'
यह क्या हो रहा है यह क्यों हो रहा है

10. "रो रहा है" से कवि का क्या आशय है?
(a) आँसू बहाना (b) कष्ट प्रगट करना
(c) उलाहना देना (d) इनमें से कोई नहीं

11. निम्नलिखित में से खोना का पर्यायवाची नहीं है
(a) त्यागना (b) गायब
(c) विलुप्त (d) अदृश्य

12. गफलत का अर्थ क्या है?
(a) विरह (b) संशय
(c) वेदना (d) प्रताड़ना

13. "कहीं नाउम्मीदी ने बिजली गिराई" कोई बीज उम्मीद के बो रहा है" पंक्ति में कवि की किस विचारधारा का संकेत मिलता है?
(a) निराशावादी
(b) आशावादी
(c) संशयवादी
(d) प्रत्यक्षवादी

14. निम्नलिखित में से अकबर का शब्दार्थ क्या है?
(a) ईश्वर (b) ब्रह्म
(c) महान् (d) हजरत

15. 'कोई सो रहा है' से कवि का क्या आशय है?
(a) व्यक्ति सो रहा है
(b) सांसारिक घटनाओं से बेखबर है
(c) लोगों की चालाकियों से बेखबर है
(d) उपरोक्त में से कोई नहीं

16. निम्नलिखित में से कौन-सा मनोवैज्ञनिक तत्व द्वितीय भाषा सीखने की प्रक्रिया को प्रभावित करता है?
(a) अभिवृत्ति एवं अभिप्रेरणा
(b) अभिवृत्ति
(c) अभिप्रेरणा
(d) इनमें से कोई नहीं

17. कहाँ 'बच्चे के संज्ञानात्मक विकास' के लिए सबसे अच्छा तरीका परिभाषित किया गया है?
(a) खेल का मैदान
(b) स्कूल और कक्षा का वातावरण
(c) सभागार
(d) घर

18. डिस्लेक्सिया है
(a) व्यवहार विकार
(b) मस्तिष्क सम्बन्धी विकार
(c) लेखन सम्बन्धी
(d) पठन सम्बन्धी विकार

19. एक रचनात्मक शिक्षार्थी ······· को सन्दर्भित करता है।
(a) चित्रकला एवं संगीत में बहुत प्रतिभाशाली
(b) बहुत बुद्धिमान
(c) पार्श्व सोच और समस्या को हल करने में सक्षम
(d) परीक्षाओं में लगातार अच्छे अंक प्राप्त करने में सक्षम

20. निम्न में से कौन-सा मूल्यांकन के द्वारा सम्भव नहीं है?
(a) यह व्यवहार की योग्यता के पहलू को छिपा सकते हैं
(b) छात्रों को अपने स्वयं के प्रदर्शन को जानने के द्वारा प्रेरित किया जा सकता है
(c) मूल्यांकन अंकों में व्यवहार बताते हैं
(d) यह प्रणाली में सुधार कर सकते हैं

21. शैक्षिक दौरे स्कूल के छात्रों के लिए क्यों आवश्यक हैं?
(a) छात्र यात्रा से खुश हो जाएँगे
(b) अध्ययन छात्रों के लिए बोझ नहीं होना चाहिए
(c) छात्रों को प्रत्यक्ष सम्बन्ध/सम्पर्क से स्थायी ज्ञान प्राप्त होगा
(d) छात्र यात्रा का आनन्द प्राप्त करेंगे

22. उपचारात्मक शिक्षण के उद्देश्य हैं
(a) नई भाषा के विषय का परिचय
(b) हाल ही में पढ़ाए गए विषय का परीक्षण
(c) बार-बार सिखाने पर भी भाषा का विषय ठीक से नहीं सीखा पाना
(d) फिर से सिखाने के बाद भाषा का विषय अच्छे से सीख जाना

23. एक बच्चा कक्षा में अच्छा प्रदर्शन करता है, उसकी/उसे ········ करना/देना अनिवार्य है।
(a) प्रशंसा करना (b) पुरस्कार देना
(c) सम्मानित करना (d) ये सभी

24. संवाद कौशल छात्रों में विकसित किया जाना चाहिए इससे छात्रों में ········ को बढ़ावा मिलेगा।
(a) अधिकतम वृद्धि
(b) श्रवण क्षमता में वृद्धि
(c) समझ शक्ति में वृद्धि
(d) दूसरों पर अपने विचार की अभिव्यक्ति में वृद्धि

25. निम्न में से कौन-सा रचनात्मक परियोजना का एक उदाहरण है?
(a) एक विषय पर निबन्ध लेखन
(b) खेल के लिए मैदान तैयार करना
(c) कार्य के लिए एक मॉडल तैयार करना
(d) उपरोक्त सभी

26. शैक्षिक पिछड़ेपन का कारण हो सकता है
(a) निष्क्रियता
(b) निराशा
(c) गरीब सामाजिक समायोजन
(d) ये सभी

27. निम्नलिखित में से कौन प्राथमिक स्तर पर शिक्षण की सबसे अच्छी तकनीक है?
(a) खेल शिक्षण
(b) व्यावहारिक प्रशिक्षण
(c) करके सीखना
(d) ब्लैक बोर्ड और चॉक प्रशिक्षण

28. व्याकरण शिक्षण के लिए सर्वाधिक उपयुक्त शिक्षण विधि है
(a) प्रत्यक्ष विधि (b) आगमन विधि
(c) निगमन विधि (d) भाषा संसर्ग विधि

29. भाषा शिक्षण में मातृभाषा का शिक्षण कार्य में प्रयोग करना
(a) उचित है
(b) अनुचित है
(c) स्पष्ट रूप से कुछ नहीं कहा जा सकता
(d) उपरोक्त में से कोई नहीं

30. अफेज्या है
(a) वाचन सम्बन्धी विकार
(b) लेखन सम्बन्धी विकार
(c) पठन सम्बन्धी विकार
(d) श्रवण सम्बन्धी विकार

उत्तरमाला

1 *(b)*	2 *(a)*	3 *(d)*	4 *(b)*	5 *(c)*	6 *(b)*	7 *(d)*	8 *(c)*	9 *(b)*	10 *(b)*
11 *(a)*	12 *(b)*	13 *(d)*	14 *(a)*	15 *(b)*	16 *(a)*	17 *(b)*	18 *(d)*	19 *(c)*	20 *(a)*
21 *(c)*	22 *(c)*	23 *(a)*	24 *(d)*	25 *(a)*	26 *(d)*	27 *(c)*	28 *(b)*	29 *(a)*	30 *(a)*

प्रैक्टिस सेट-5

CTET पर आधारित

महत्वपूर्ण निर्देश

1. इस प्रैक्टिस सेट में कुल 30 प्रश्न हैं, जो कि हिन्दी विषय पर आधारित हैं।
2. प्रत्येक प्रश्न के लिए एक अंक निर्धारित है तथा गलत उत्तर देने के लिए नकारात्मक अंक का प्रावधान नहीं है।
3. सभी प्रश्न वस्तुनिष्ठ प्रकार के हैं।

निर्देश (प्र. सं. 1-6) *निम्नलिखित गद्यांश को पढ़कर दिए गए प्रश्नों के सही/सबसे उपयुक्त उत्तर वाले विकल्प को चुनकर लिखिए।*

चार्वाक की विचारधारा का सर्वाधिक महत्त्वपूर्ण पक्ष ज्ञानमीमांसीय प्रत्यक्षवाद है, जिसके अन्तर्गत चार्वाक ने यथार्थ ज्ञान के एकमात्र प्रमाण के रूप में प्रत्यक्ष को स्वीकार किया है। चार्वाक दर्शन सामान्य रूप से अन्याय भारतीय दर्शनों के समान ही यह स्वीकार करता है कि ज्ञानेन्द्रियों व विषय के सन्निकर्ष से उत्पन्न ज्ञान ही प्रत्यक्ष है।

चार्वाक की मान्यता है कि एकमात्र प्रत्यक्ष के द्वारा हमें अभ्रान्त तथा निश्चयात्मक ज्ञान प्राप्त होता है। चार्वाक का यह विचार अन्य दार्शनिक विचारों से भिन्न है, क्योंकि चार्वाक दर्शन के अतिरिक्त अन्य सभी भारतीय दर्शनों में प्रत्यक्ष के अतिरिक्त कम-से-कम अनुमान को तो अवश्य ही प्रमाण के रूप में स्वीकार किया गया है।

चार्वाक ने प्रत्यक्ष को एकमात्र प्रमाण के रूप में स्वीकार ही नहीं किया है, बल्कि अनुमान, उपमान तथा शब्द प्रमाण का खण्डन भी किया है। इस क्रम में उन्होंने कहा है कि अनुमान निराधार है। अनुमान का आधार है व्याप्ति और व्याप्ति स्थापना कभी हो ही नहीं सकती, क्योंकि हम कभी भी भूत व भविष्य की बात तो दूर की है, वर्तमान के ही सभी हेतु व साध्यों का प्रत्यक्ष नहीं कर सकते। फलत: हेतु व साध्य के बीच व्याप्ति स्थापना नहीं हो सकती। अत: अनुमान से यथार्थ ज्ञान सम्भव नहीं है।

उपमान तथा लौकिक शब्द दोनों ही अनुमान पर आधारित हैं, अत: अनुमान के खण्डन के साथ ही इनका स्वत: खण्डन हो जाता है। वैदिक शब्दों के सन्दर्भ में चार्वाक का मत है कि इनकी रचना धूर्त ब्राह्मणों ने अपने स्वार्थ सिद्धि के लिए ही की है। अत: वैदिक शब्द अप्रामणिक है।

1. गद्यांश के आधार पर निम्न कथनों में से सत्य कथन की पहचान कीजिए।
(a) समस्त इन्द्रिय अनुभूत ज्ञान को चार्वाक ने सत्य माना
(b) अन्य दर्शन इस विचारधारा को स्वीकार नहीं करते
(c) अनुमान के खण्डन हो जाने पर उपमान और लौकिक भी खण्डित हो जाते हैं।
(d) इसमें मन अनुभूत कल्पना और भाव का महत्त्वपूर्ण स्थान होता है

2. निम्नलिखित कथनों में से कौन-सा/से कथन सही है/हैं?
(a) चार्वाक के विचार प्रत्यक्ष प्रमाण की महत्ता में वृद्धि के लिए उत्तरदायी नहीं हैं
(b) अनुमान का कोई आधार नहीं है, क्योंकि व्याप्ति की कभी स्थापना नहीं हो सकती
(c) चार्वाक दर्शन ने अपने पूर्ववर्ती कुछ दर्शनों की परम्परा को आगे बढ़ाया
(d) उसके अनुसार अनुमान को प्रमाण रूप से स्वीकार नहीं किया गया है

3. निम्नलिखित कथनों पर विचार करें तथा सत्य कथन की पहचान करें।
(a) चार्वाक प्रत्यक्ष को यथार्थ ज्ञान के एकमात्र प्रमाण के रूप में स्वीकार करते हैं
(b) उन्होंने वैदिक शब्दों की प्रमाणिकता को अस्वीकार किया है
(c) ज्ञान मीमांसीय अप्रत्यक्षवाद चार्वाक का सबसे महत्त्वपूर्ण पक्ष है
(d) उपरोक्त सभी

4. चार्वाक दर्शन की किस विचाराधारा से सम्बद्ध है?
(a) अक्रियावादी (b) भौतिकतावादी
(c) यथास्थितिवादी (d) मीमांसावादी

5. सभी भारतीय दर्शनों में किसे एक प्रमाण के रूप में स्वीकार किया जाता है?
(a) प्रत्यक्ष (b) उपमान
(c) अनुमान (d) लौकिक

6. निम्नलिखित में कौन-सा शब्द अनुमान पर आधारित है?
(a) लौकिक (b) साध्य
(c) सन्निकर्ष (d) यथार्थ

7. चार्वाक के अनुसार वैदिक शब्दों की रचना किसने की है?
(a) ब्राह्मणों ने (b) क्षत्रियों ने
(c) वैश्यों ने (d) शुद्रों ने

8. चार्वाक की विचारधारा का सर्वाधिक महत्त्वपूर्ण पक्ष क्या है?
(a) ज्ञानमीमांसीय प्रत्यक्षवाद
(b) निश्चयवाद
(c) अक्रीय अप्रत्यक्षवाद
(d) अप्रमाणिकतावाद

9. निम्नलिखित में कौन-सा कथन असत्य है?
(a) वैदिक शब्द अप्रमाणिक है
(b) अनुमान से यथार्थ ज्ञान सम्भव है
(c) उपमान अनुमान पर आधारित है
(d) हेतु एवं साध्य के बीच व्याप्ति स्थापना नहीं हो सकती

निर्देश (प्र. सं. 10-15) *निम्नलिखित काव्यांश को पढ़कर दिए गए प्रश्नों के सही/सबसे उपयुक्त उत्तर वाले विकल्प को चुनकर लिखिए।*

वह छाया है मेरे पावन विश्वासों की,
वह पूँजी है मेरे गूँगे अभ्यासों की,
वह सारी रचना का क्रम है,
वह जीवन का संचित श्रम है,
बस उतना ही मैं हूँ,

बस उतना ही मेरा आश्रय है,
तुम उसको मत वाणी देना
वह पीड़ा है जो हमको,
तुमको, सबको अपनाती है,
सच्चाई है-अनजानों का भी हाथ पकड़
चलना सिखलाती है,
वह यति है-हर गति को नया जन्म देती है
आस्था है-रेती में भी नौका खेती है
वह टूटे मन का सामर्थ है,
वह भटकी आत्मा का अर्थ है,
तुम उसको मत वाणी देना।

10. "वह छाया है तेरे पावन विश्वासों की" का आशय है
(a) अटल विश्वास (b) पवित्र विश्वास
(c) नर्मस्पर्शी विश्वास (d) ये सभी

11. उपरोक्त कविता में कौन किसके बारे में वर्णन करता है?
(a) एक पुत्र पृथ्वी के बारे में
(b) एक पुत्र माता के बारे में
(c) एक पुत्र, माता और पुत्र के सम्बन्धों के बारे में
(d) एक पुत्र, एक देवी के बारे में

12. आवास का पर्यायवाची नहीं है
(a) गृह (b) निवास
(c) आश्रय (d) गृहालय

13. 'पीड़ा' से कवि का क्या तात्पर्य है?
(a) प्रेम (b) दर्द
(c) प्रसंग (d) मानवता

14. उपरोक्त कविता में 'वाणी' से कवि का क्या आशय है?
(a) रूप (b) आवाज
(c) भेद (d) ध्वनि

15. उपरोक्त कविता की किस पंक्ति में अतिशय विश्वास की भावना का संकेत मिलता है?
(a) अनजानों का भी हाथ पकड़ चलना सिखलाती है
(b) हर गति को नया जन्म देती है
(c) रेती में भी नौका खेती है
(d) वह भटकी आत्मा का अर्थ है

16. निम्नलिखित में से कौन-सा कथन, सीखने की प्रक्रिया में एक सुविधा के रूप में नहीं माना जा सकता?
(a) अधिगम लक्ष्य उन्मुख है
(b) हमारा घर एक सीखने का स्थान है
(c) केवल शैक्षिक संस्थान ही सीखने का स्थान है
(d) सीखना एक व्यापक प्रक्रिया है

17. विशेष रूप से प्राथमिक स्तर के छात्रों को शिक्षा देने की कठिनाइयों को सम्बोधित करने का सबसे अच्छा तरीका है
(a) शिक्षण विधियाँ शिक्षार्थी के अनुकूल होनी चाहिए
(b) बहुमूल्य और महत्त्वपूर्ण सहायता सामग्री
(c) आसान और रोचक पाठ्य पुस्तक
(d) कहानी-कथन विधि

18. मूल्यांकन की दिशा में पहला कदम है
(a) मापना क्या है, इसका निर्णय करना
(b) परीक्षण का विकास
(c) परीक्षण का प्रबन्ध
(d) उपरोक्त में से कोई नहीं

19. भारतीय समाज के बहुभाषी चरित्र को .... के रूप में देखा जाता है।
(a) शिक्षण अधिगम प्रक्रिया में एक बाधा
(b) स्कूल जीवन के संवर्द्धन के लिए एक संसाधन
(c) छात्रों को प्रेरित करना शिक्षक की क्षमता के लिए एक चुनौती है
(d) एक पहलू है, जोकि स्कूल जीवन को शिक्षार्थियों के लिए एक जटिल अनुभव प्रदान करता है

20. सृजनात्मक उत्तर के लिए आवश्यक है
(a) प्रत्यक्ष शिक्षण और सीधे प्रश्न
(b) सामग्री-आधारित प्रश्न
(c) खुले अन्त वाले प्रश्न
(d) एक बेहद अनुशासित कक्षा

21. विद्यार्थियों की पढ़ाई में अन्तराल के निदान को .... द्वारा पालन किया जाना चाहिए।
(a) उपयुक्त उपचारात्मक उपाय
(b) गहन ड्रिल और अभ्यास
(c) सभी पाठ का व्यवस्थित दोहराया जाना
(d) शिक्षार्थियों और माता-पिता को परिणाम की रिपोर्ट करना

22. निम्नलिखित में से क्या मूल्यांकन की विशेषता नहीं है?
(a) यह एक व्यवस्थित प्रक्रिया है, जो पूर्व निर्धारित उद्देश्यों की दिशा में जाती है
(b) यह कार्य के अन्त में किया जाता है
(c) यह शिक्षक और विद्यार्थी की आवश्यकता को पूरा करने के लिए एक उद्देश्यपूर्ण गतिविधि है
(d) उपरोक्त में से कोई नहीं

23. निम्न में से किस विषय का अध्ययन एक प्राथमिक शिक्षक के लिए अत्यधिक उपयोगी है?
(a) कानून (b) खगोल
(c) सांख्यिकी (d) बाल मनोविज्ञान

24. इनमें से शिक्षक के लिए एक अनिवार्य गुणवत्ता नहीं है
(a) बच्चों के लिए प्रेम
(b) पुस्तकों से प्रेम
(c) नृत्य का ज्ञान
(d) सम्बन्धित विषय का ज्ञान

25. व्याकरण शिक्षण सहायक है
(a) सृजनात्मक लेखन कौशल के विकास में सहायक
(b) विभिन्न सन्दर्भों में भाषा की समझ उत्पन्न करने में सहायक
(c) भाषा के मानक रूप से परिचित कराने में सहायक
(d) उपरोक्त सभी

26. बहुभाषिक कक्षा-कक्ष का निर्माण करने में सहायक नहीं है
(a) छात्रों का मातृभाषा में विचारों को अभिव्यक्त करना
(b) शिक्षक द्वारा भाषा शिक्षण में मातृभाषा की मनाही करना
(c) भिन्न भाषायी शब्दों से परिचित करवाना
(d) उपरोक्त सभी

27. पठन सम्बन्धी विकार नहीं है
(a) डिस्ग्राफिया
(b) अफेज्या
(c) अलेक्सिया
(d) डिस्लेक्सिया

28. पठन कौशल के विकास में सहायक है
(a) आदर्श पठन
(b) अनुकरण पठन
(c) आवृत्ति-पुनरावृत्ति विधि
(d) रूपरेखानुकरण विधि

29. सहायक सामग्री का उद्देश्य नहीं है
(a) ज्ञान को स्थायित्व प्रदान करना
(b) सहायक सामग्री का प्रदर्शन करना
(c) शिक्षण में विद्यार्थियों को सक्रिय बनाना
(d) भाषा सम्बन्धी कठिनाइयों को दूर करना

30. समृद्ध भाषिक परिवेश के निर्माण में सहायक नहीं है
(a) प्रिण्ट समृद्ध वातावरण
(b) भाषा प्रयोगशाला
(c) विचारों को अभिव्यक्त करने के अवसर
(d) केवल विद्यालयी शिक्षा

उत्तरमाला

1 (a)	2 (a)	3 (d)	4 (b)	5 (a)	6 (a)	7 (a)	8 (a)	9 (b)	10 (d)
11 (c)	12 (d)	13 (b)	14 (a)	15 (d)	16 (c)	17 (a)	18 (a)	19 (b)	20 (c)
21 (a)	22 (b)	23 (d)	24 (c)	25 (d)	26 (b)	27 (a)	28 (a)	29 (b)	30 (d)